ZUIGAORENMINJIANCHAYUAN
SIFA JIESHI ZHIDAOXING ANLI LIJIE YU SHIYONG

2022

最高人民检察院
司法解释 指导性案例
理解与适用

最高人民检察院法律政策研究室 编著

【权威解读·要旨提示·析案答疑·应用指南】

中国检察出版社

图书在版编目（CIP）数据

最高人民检察院司法解释指导性案例理解与适用．2022／最高人民检察院法律政策研究室编著．—北京：中国检察出版社，2023.4

ISBN 978－7－5102－2832－2

Ⅰ．①最…　Ⅱ．①最…　Ⅲ．①法律解释－中国②案例－中国③法律适用－中国　Ⅳ．①D920.5

中国国家版本馆 CIP 数据核字(2023)第 070690 号

最高人民检察院司法解释　指导性案例理解与适用（2022）

最高人民检察院法律政策研究室　编著

责任编辑：李冬青
技术编辑：王英英
美术编辑：曹　晓

出版发行：中国检察出版社
社　　址：北京市石景山区香山南路 109 号（100144）
网　　址：中国检察出版社（www.zgjccbs.com）
编辑电话：（010）86423786
发行电话：（010）86423726　86423727　86423728
（010）86423730　86423732
经　　销：新华书店
印　　刷：河北宝昌佳彩印刷有限公司
开　　本：710mm×960mm　16 开
印　　张：36
字　　数：661 千字
版　　次：2023 年 4 月第一版　　2023 年 4 月第一次印刷
书　　号：ISBN 978－7－5102－2832－2
定　　价：98.00 元

出版说明

最高人民检察院司法解释和指导性案例对促进检察机关严格公正司法，保障法律统一正确实施，具有重要意义。依据《最高人民检察院司法解释工作规定》，最高人民检察院就检察工作中具体应用法律的问题制定的司法解释，具有法律效力，是司法人员办理案件的重要法律依据。《最高人民检察院关于案例指导工作的规定》提出，各级人民检察院应当参照指导性案例办理类似案件，可以引述相关指导性案例进行释法说理，但不得代替法律或者司法解释作为案件处理决定的直接依据。各级人民检察院检察委员会审议案件时，承办检察官应当报告有无类似指导性案例，并说明参照适用情况。各级人民检察院应当将指导性案例纳入业务培训，加强对指导性案例的学习应用。

同时，最高人民检察院还发布了为数不少的事实上对法律适用活动产生重大乃至决定性影响的规范性文件，这些规范性文件包括但不限于“意见”“办法”等。为帮助读者准确理解和适用最高人民检察院发布的司法解释、指导性案例及司法文件，以指导司法实践，我们特别编辑出版了《最高人民检察院司法解释 指导性案例理解与适用》，本书为2022年版，全面收录了2022年1月至2023年2月最高人民检察院及最高人民检察院与最高人民法院等部门联合制定发布的司法解释及相关规范性文件29个、最高人民检察院指导性案例13批53件，并附有上述多数文件起草者或指导性案例选编者撰写的相关解读文章。

由于时间仓促，疏漏之处在所难免，敬请读者批评指正。

2023年3月

目　录

一、司法解释

二、司法解释性质文件

三、工作文件

四、指导性案例

一、司法解释

最高人民检察院
关于推进行政执法与刑事司法衔接工作的规定

（2021年6月2日最高人民检察院第十三届检察委员会第六十八次会议通过 2021年9月6日公布并施行 高检发释字〔2021〕4号）

第一条 为了健全行政执法与刑事司法衔接工作机制，根据《中华人民共和国人民检察院组织法》《中华人民共和国行政处罚法》《中华人民共和国刑事诉讼法》等有关规定，结合《行政执法机关移送涉嫌犯罪案件的规定》，制定本规定。

第二条 人民检察院开展行政执法与刑事司法衔接工作，应当严格依法、准确及时，加强与监察机关、公安机关、司法行政机关和行政执法机关的协调配合，确保行政执法与刑事司法有效衔接。

第三条 人民检察院开展行政执法与刑事司法衔接工作由负责捕诉的部门按照管辖案件类别办理。负责捕诉的部门可以在办理时听取其他办案部门的意见。

本院其他办案部门在履行检察职能过程中，发现涉及行政执法与刑事司法衔接线索的，应当及时移送本院负责捕诉的部门。

第四条 人民检察院依法履行职责时，应当注意审查是否存在行政执法机关对涉嫌犯罪案件应当移送公安机关立案侦查而不移送，或者公安机关对行政执法机关移送的涉嫌犯罪案件应当立案侦查而不立案侦查的情形。

第五条 公安机关收到行政执法机关移送涉嫌犯罪案件后应当立案侦查而不立案侦查，行政执法机关建议人民检察院依法监督的，人民检察院应当依法受理并进行审查。

第六条 对于行政执法机关应当依法移送涉嫌犯罪案件而不移送，或者公安机关应当立案侦查而不立案侦查的举报，属于本院管辖且符合受理条件的，人民检察院应当受理并进行审查。

第七条 人民检察院对本规定第四条至第六条的线索审查后，认为行政执法机关应当依法移送涉嫌犯罪案件而不移送的，经检察长批准，应当向同级行政执法机关提出检察意见，要求行政执法机关及时向公安机关移送案件并将有关材料抄送人民检察院。人民检察院应当将检察意见抄送同级司法行政机关，行政执法机关实行垂直管理的，应当将检察意见抄送其上级机关。

行政执法机关收到检察意见后无正当理由仍不移送的，人民检察院应当将有关情况书面通知公安机关。

对于公安机关可能存在应当立案而不立案情形的，人民检察院应当依法开展立案监督。

第八条　人民检察院决定不起诉的案件，应当同时审查是否需要对被不起诉人给予行政处罚。对被不起诉人需要给予行政处罚的，经检察长批准，人民检察院应当向同级有关主管机关提出检察意见，自不起诉决定作出之日起三日以内连同不起诉决定书一并送达。人民检察院应当将检察意见抄送同级司法行政机关，主管机关实行垂直管理的，应当将检察意见抄送其上级机关。

检察意见书应当写明采取和解除刑事强制措施，查封、扣押、冻结涉案财物以及对被不起诉人予以训诫或者责令具结悔过、赔礼道歉、赔偿损失等情况。对于需要没收违法所得的，人民检察院应当将查封、扣押、冻结的涉案财物一并移送。对于在办案过程中收集的相关证据材料，人民检察院可以一并移送。

第九条　人民检察院提出对被不起诉人给予行政处罚的检察意见，应当要求有关主管机关自收到检察意见书之日起两个月以内将处理结果或者办理情况书面回复人民检察院。因情况紧急需要立即处理的，人民检察院可以根据实际情况确定回复期限。

第十条　需要向上级有关单位提出检察意见的，应当层报其同级人民检察院决定并提出，或者由办理案件的人民检察院制作检察意见书后，报上级有关单位的同级人民检察院审核并转送。

需要向下级有关单位提出检察意见的，应当指令对应的下级人民检察院提出。

需要异地提出检察意见的，应当征求有关单位所在地同级人民检察院意见。意见不一致的，层报共同的上级人民检察院决定。

第十一条　有关单位在要求的期限内不回复或者无正当理由不作处理的，经检察长决定，人民检察院可以将有关情况书面通报同级司法行政机关，或者提请上级人民检察院通报其上级机关。必要时可以报告同级党委和人民代表大会常务委员会。

第十二条　人民检察院发现行政执法人员涉嫌职务违法、犯罪的，应当将案件线索移送监察机关处理。

第十三条　行政执法机关就刑事案件立案追诉标准、证据收集固定保全等问题咨询人民检察院，或者公安机关就行政执法机关移送的涉嫌犯罪案件主动听取人民检察院意见建议的，人民检察院应当及时答复。书面咨询的，人民检察院应当在七日以内书面回复。

人民检察院在办理案件过程中，可以就行政执法专业问题向相关行政执法机关咨询。

第十四条 人民检察院应当定期向有关单位通报开展行政执法与刑事司法衔接工作的情况。发现存在需要完善工作机制等问题的，可以征求被建议单位的意见，依法提出检察建议。

第十五条 人民检察院根据工作需要，可以会同有关单位研究分析行政执法与刑事司法衔接工作中的问题，提出解决方案。

第十六条 人民检察院应当配合司法行政机关建设行政执法与刑事司法衔接信息共享平台。已经接入信息共享平台的人民检察院，应当自作出相关决定之日起七日以内，录入相关案件信息。尚未建成信息共享平台的人民检察院，应当及时向有关单位通报相关案件信息。

第十七条 本规定自公布之日起施行，《人民检察院办理行政执法机关移送涉嫌犯罪案件的规定》（高检发释字〔2001〕4 号）同时废止。

《最高人民检察院关于推进行政执法与刑事司法衔接工作的规定》的理解与适用*

高景峰　李文峰　王　佳**

《最高人民检察院关于推进行政执法与刑事司法衔接工作的规定》（以下简称《规定》）经2021年6月2日最高人民检察院第十三届检察委员会第六十八次会议通过，于2021年9月6日公布，自公布之日起施行。为便于理解和适用，现对《规定》解读如下。

一、《规定》制发的背景及过程

2020年8月，修订后的国务院《行政执法机关移送涉嫌犯罪案件的规定》再次明确检察机关对行政执法机关应当移送涉嫌犯罪案件承担监督职责。2021年6月，《中共中央关于加强新时代检察机关法律监督工作的意见》（以下简称《意见》）对健全行政执法和刑事司法衔接机制，完善检察机关与相关部门信息共享、案情通报、案件移送制度提出了明确要求。为贯彻落实《意见》要求，充分发挥检察机关法律监督职能，进一步健全行政执法与刑事司法衔接（以下简称“行刑衔接”）工作机制，实现无缝对接、双向衔接，维护社会公平正义，最高人民检察院起草制定了《规定》。起草过程中，最高人民检察院征求了专家学者、省级检察机关的意见，并多次向国家监委、公安部、司法部征求意见。

二、《规定》制发过程中坚持的原则

为确保《规定》的内容科学合理，引导行政执法与刑事司法衔接工作适应新时代检察工作的要求，在起草过程中，注重把握如下原则：一是坚持法治思维，严格遵循现行法律规定。根据人民检察院组织法、刑事诉讼法、行政诉讼法相关规定设计监督范围、监督权行使方式，于法有据。二是坚持问题导向，立足解决实践难题。针对实务中存在的“以罚代刑”“不罚不刑”、监督刚性不足、衔接不畅等问题，《规定》进一步明确了检察监督启动情形、检察监督刚性、具体衔接机制等。三是坚持传承既有经验，形成治理合力。近年来，检察机关会同有关部门出台了系列文件，开展了多次专项监督，办理了一

---

* 原文载《人民检察》2021年第23期。

** 作者单位：最高人民检察院法律政策研究室。

批有影响力的案件。《规定》总结既有经验，在案件咨询机制、定期向有关单位通报工作情况、配合司法行政机关建设信息平台等方面提出明确要求。四是坚持凝聚共识，充分吸收各方面建议。《规定》在起草过程中，认真梳理分析了多方面的意见和建议，并予以充分考虑和吸收。

三、《规定》的主要内容

《规定》共十七条，主要规定了检察机关开展“行刑衔接”工作的基本原则，内设机构职能分工，正向衔接与反向衔接的各自启动情形，监督方式，与监察机关的配合以及与行政执法机关衔接机制等内容。其中涉及的主要问题如下。

（一）关于对“行刑衔接”的理解

最高人民检察院在《“十四五”时期检察工作发展规划》等文件中涉及“行刑衔接”时使用了“双向衔接”的表述，由对行政执法向刑事司法单向移送的关注，转为对刑事司法与行政执法“双向衔接”的强调，是法治不断进步的体现。“行刑衔接”是行政权与司法权共同参与社会治理，行政执法与刑事司法相互连接的过程，这一概念本身即包含了双向衔接之意：所谓正向衔接，是指行政执法机关查处的案件，因涉嫌犯罪应当移送公安、司法机关立案侦查而没有移送，检察机关依法监督行政执法机关移送案件的法律活动；所谓反向衔接，是指公安、司法机关立案侦查的案件，检察机关经审查，依法作出不起诉决定，不追究刑事责任，但是需要给予行政处罚，向有关主管机关提出检察意见，并移送相关案件的法律活动。

原行政处罚法没有对这种反向衔接作出明确，2021 年 1 月修订的行政处罚法第二十七条第一款增加规定：“对依法不需要追究刑事责任或者免予刑事处罚，但应当给予行政处罚的，司法机关应当及时将案件移送有关行政机关。”刑事诉讼法对此也有明确规定，第一百七十七条第三款规定：“人民检察院决定不起诉的案件，应当同时对侦查中查封、扣押、冻结的财物解除查封、扣押、冻结。对被不起诉人需要给予行政处罚、处分或者需要没收其违法所得的，人民检察院应当提出检察意见，移送有关主管机关处理。”与刑事诉讼法和行政处罚法相比，《规定》在启动程序、相应处理方面分别规定了正反两向衔接；同时，强调办理不起诉案件必须同步审查是否需要给予行政处罚，在提出检察意见时应当写明采取强制措施和涉案财物处理情况，并可以将办案中收集的有关证据一并移送。

（二）关于对“监督”的理解

2018 年人民检察院组织法修订过程中，曾有意见提出明确规定检察机关

“对行政机关应当移送的涉嫌犯罪案件实行法律监督”，并作为检察机关的职权之一。但由于认识不一，人民检察院组织法对此未予明确。修订后的《行政执法机关移送涉嫌犯罪案件的规定》第十四条第一款维持原表述：“行政执法机关移送涉嫌犯罪案件，应当接受人民检察院和监察机关依法实施的监督。”《意见》明确规定：“对于行政执法机关不依法向公安机关移送涉嫌犯罪案件的，检察机关要依法监督。”上述条文充分说明，检察机关作为对行政执法机关移送涉嫌犯罪案件履行监督职责的主体这一定位并未发生变化，也为检察机关继续开展相关工作指明了方向。如何理解“监督”，需要注意如下要点：

一是检察机关对行政执法机关移送涉嫌犯罪案件的监督，是在法律规定的职权范围内依法履职。检察机关作为法律监督机关，其监督行为必须遵照宪法和法律的范围。从法理上，行政执法与刑事司法独立运行、功能各异又内在联系，检察机关以监督刑事立案、不起诉案件移送有关主管机关为切入口，承担“行刑衔接”职责。检察监督权的行使应当尊重行政执法权的依法运行，遵循法定程序、使用法定手段，不得突破法律规定。因此，《规定》第四条至第七条规定的监督启动方式和处理情形中，反复强调了“依法”。

二是注意与有关部门的衔接配合。检察机关履行监督职能，离不开党委和政府的重视、相关部门配合、人民群众的支持。《规定》第二条规定了检察机关履行监督职能的基本原则；第六条专门规定了受理群众举报作为线索来源渠道；第十一条规定对有关单位在要求的期限内不答复、不处理的，检察机关在必要时可以报告同级党委、人大常委会。上述条款旨在强调，检察机关履行监督职责，要注重配合协作，坚持审慎依法，不得干扰行政执法机关正常的执法程序；要解决人民群众关心的问题；要积极主动地向党委、人大汇报工作，争取理解与支持。

（三）关于监督方式

关于不起诉案件需要给予相关当事人行政处罚的，刑事诉讼法第一百七十七条第三款明确规定检察机关应当提出检察意见。检察机关对行政执法机关移送涉嫌犯罪案件的监督应当采用何种方式，实践中各地做法不太统一，除了检察意见外，有的地方还采用检察建议的方式。2011 年中共中央办公厅、国务院办公厅转发的国务院法制办等八部门《关于加强行政执法与刑事司法衔接工作的意见》第十五条规定：“……人民检察院发现行政执法机关不移送或者逾期未移送的，应当向行政执法机关提出意见，建议其移送。”《人民检察院刑事诉讼规则》第五百五十七条第三款规定：“人民检察院接到控告、举报或者发现行政执法机关不移送涉嫌犯罪案件的，经检察长批准，应当向行政执法机关提出检察意见，要求其按照管辖规定向公安机关移送涉嫌犯罪案件。”《人民检察院刑事诉讼法律文书格式样本（2020 版）》中的“检察意见书”明确可以适用于上述情形。因此，按照相关司法解释和规范性文件的要求，《规定》第七条、第十四条对检察意见与检察建议的适用情形作出了区分：对于行政执法机关不移送涉嫌犯罪案件进行监督，应当制发检察意见书；如果发现存在需要完善工作机制等问题的，则应按照《人民检察院检察建议工作规定》提出检察建议。

需要特别说明的是，在《规定》起草过程中，有的地方检察机关提出，对不起诉案件的检察意见书可以就行政处罚的种类、强度、履行方式等提出具体意见，以增强监督针对性和监督刚性。笔者认为，这种做法欠妥。行政处罚决定应当由行政执法机关依照行政处罚法规定的原则和程序，依法作出并承担相应的义务、责任。检察权与行政权各自独立运行，检察机关履行法律监督职责并非代行行政处罚职责。检察意见书移送的是案件，应当写明的是案件来源、查处情况及检察机关认定的事实、证据等，可以要求行政执法机关依法给予行政处罚，但不宜提出处罚种类、强度等具体意见建议。

此外，关于检察机关作出不捕决定后是否可以提出检察意见的问题，因目前这一做法缺乏法律依据，且检察机关作出不捕决定后，如果不再追究刑事责任的，一般应由公安机关作出撤案决定并进行相应处理。因此，《规定》未将这部分内容纳入。关于提起公诉案件是否可以同步提出行政处罚的检察意见的问题，从司法实践来看，同步提出检察意见有一定的客观需求，如证券犯罪案件，在起诉的同时建议有关单位取消被告人的证券从业资格；醉驾案件，可以建议吊销被告人驾驶证；组织、强迫卖淫案件，可以建议对卖淫、嫖娼人员进行行政处罚等。从法理上，对犯罪行为人在追究刑事责任的同时进行行政处罚并不违反“一事不再罚”原则（同类型的刑事处罚和行政处罚可以折抵，如罚金刑和人身自由刑，可以与行政罚款、行政拘留折抵；不同类型的处罚措施可以并存）。但是，《规定》暂未就此问题予以规定。主要考虑是：一是缺乏法律依据。目前对不起诉案件提出行政处罚的检察意见，刑事诉讼法有明确规定；对于起诉案件能否提出检察意见，刑事诉讼法及行政处罚法等法律均未规定，会签文件也没有涉及。二是实务操作仍有难题。例如，检察机关提起公诉后，案件仍在处理中，实践中行政执法机关往往要等到法院作出判决后，根据判决结果作出相应处罚。而且法院也有制发司法建议书的权力。笔者认为，今后对这一问题可以继续深入研究，与立法机关及相关单位充分沟通后，在形成共识的基础上适时予以规范。

（四）关于检察意见同级提出原则

在起草过程中，曾有观点提出，检察意见应当向“本级或者上级人民政府，或者实行垂直管理的上级行政执法机关”提出，主要是便于行政执法机关及时启动内部追责，内部追责应优先于检察外部监督。但是，《行政执法机关移送涉嫌犯罪案件的规定》、刑事诉讼法和行政处罚法相关条款未将检察意见的提出作为内部追责的启动程序，也没有规定内部追责优先于检察监督。检察意见旨在促进案件线索及时在行政执法与刑事司法两个环节移交，避免出现“真空”。提出检察意见与行政执法机关内部追责是两个相互独立的不同体系，是否提出检察意见也不会影响到行政执法机关内部追责等程序的进行。实践中，检察机关一直是向同级行政执法机关提出检察意见，运行效果良好，也符合目前相关国家机关的级别对应关系。如果向上级政府或者上级机关提出检察意见，会形成级别上的不对等。因此，《规定》第七条、第八条均明确写明检察意见“向同级行政执法机关”或者“向同级有关主管机关”提出。需要特别指出的是，政府机构改革后，司法行政机关承担了原政府法制办的职能，在“行刑衔接”工作中发挥重要作用，《规定》第七条、第八条中要求检察机关向有关单位提出检察意见时，应当抄送同级司法行政机关。

为进一步规范检察履职，避免下级检察机关向上级行政执法机关提出检察意见的情形，《规定》第十条还参照《人民检察院检察建议工作规定》第三条的规定，明确需要向上级、下级、异地有关单位提出检察意见的，也应当遵循同级原则，即应当层报上级决定并提出、指令下级提出或征求异地检察机关意见。这里的“异地”是指制发检察意见的检察院管辖范围以外的地方，不仅指跨省，本省内（不含直辖市）不同市、县内也属于“异地”。对于跨行政区划检察院，其所在地与其管辖范围内的其他市、县之间不属于“异地”，需要制发检察意见的，可以不征求行政执法机关或者有关主管机关所在地检察机关的意见。考虑到检察意见是基于个案的案内监督程序，与个案办理密不可分，从对等、便利的角度，对“征求意见”的形式，可做灵活掌握，如在一些实行某类罪名集中管辖的地方，可以由上级检察院对征求意见的方式及答复方式统一进行工作机制设计。

（五）检察意见的刚性

《规定》第九条参照《人民检察院检察建议工作规定》第十九条，增加了不起诉案件检察意见回复时限的规定。第十一条规定了跟踪监督，即有关单位在要求的期限内不回复或者无正当理由不作处理的，检察机关可以采取的具体措施。其中，要求“两个月以内”予以答复的规定，主要是为了避免检察意见发出后“杳无音信”。考虑到涉嫌犯罪案件线索的查核，行政处罚决定的作出应当遵循行政执法的相关程序要求及办案规定，这里的“两个月以内”并不意味着行政执法机关必须将案件处理完毕，而是答复处理结果或者办理情况。此外，在安全生产、环保、食药等特定领域，检察机关与有关部门会签了系列文件，如最高人民检察院与应急管理部、公安部、最高法联合印发的《安全生产行政执法与刑事司法衔接工作办法》，与环境保护部、公安部联合印发的《环境保护行政执法与刑事司法衔接工作办法》，与国家食品药品监督管理总局、公安部、最高法、国务院食品安全委员会办公室联合印发的《食品药品行政执法与刑事司法衔接工作办法》。这些文件均要求行政执法机关应当自收到检察意见书后3日内将案件移送公安机关，并将执行情况通知检察机关。在这些特定领域，应当继续适用会签文件提出的时间要求。

（六）关于与监察机关的衔接配合

《行政执法机关移送涉嫌犯罪案件的规定》第十四条规定：“行政执法机关移送涉嫌犯罪案件，应当接受人民检察院和监察机关依法实施的监督。”对此，如何理解？检察机关在监督行政执法机关移送涉嫌犯罪案件中的职责，主要是对行政执法机关应当移送涉嫌犯罪案件而不移送的违法事实进行监督，监督方式是向行政执法机关提出检察意见，督促其移送。对于监督中发现的行政执法机关相关工作人员涉嫌职务违法或职务犯罪的线索，应当由监察机关按照管理权限开展监督调查处置。检察机关的监督与监察机关的监督形成合力，共同推进“行刑衔接”。对此，《规定》第十二条规定：“人民检察院发现行政执法人员涉嫌职务违法、犯罪的，应当将案件线索移送监察机关处理。”在征求意见过程中，曾有观点提出，此处的“行政执法人员”应当使用“公职人员”的表述，将公安机关的公职人员也纳入进来。其实《规定》第十二条旨在解决对行政执法机关移送涉嫌犯罪案件监督过程中与监察机关职权的衔接，不涉及侦（调）查权的划分。公安人员具备行政执法人员和司法工作人员的双重身份，如果在此处使用“公职人员”，那么需要单独针对公安人员区分多种情况，而对于监察机关和检察机关的管辖范围，监察法、刑事诉讼法及相关司法解释规范性文件已有充分规定，没有必要在此重复。此外，关于移送线索的具体程序，鉴于相关文件已有具体要求，《规定》在此不再赘述。

（七）关于需要行政处罚的不起诉案件证据材料是否一律移送

刑事诉讼法第一百七十七条第三款未要求对于不起诉案件，检察机关应当同步向有关主管机关移送案卷证据材料。并且，关于刑事诉讼取得的证据能否直接在行政处罚中使用，目前法律尚无规定。而且实践中的证据还包括另案处理的案件线索、通过技术侦查手段获取的证据等，也不宜全案移送。综上，《规定》第八条出于办案便利、避免重复取证、节约司法资源的考虑，明确了对于办案过程中收集的相关证据材料，检察机关“可以”一并移送，将裁量权交给办案检察机关根据实践需要进行取舍。

（八）关于内部职能分工

在起草过程中，对行政执法机关移送涉嫌犯罪案件的监督由检察机关哪个部门负责存在不同观点。实践中有的地方检察机关探索将不起诉案件移送有关主管机关处理的后续工作交给行政检察部门。事实上，关于正向衔接，对行政执法机关移送涉嫌犯罪案件的监督主要涉及罪与非罪的判断，且与对公安机关的刑事立案监督密切相关，应属于刑事检察的范畴。关于反向衔接，对被不起诉人是否需要给予行政处罚的审查属于刑事办案的自然延伸，检察官在作出不起诉决定时通常会一并予以考虑。由行政检察部门归口负责虽然有助于统一出口，但一个案件由负责捕诉的部门与行政检察部门重复审查，难免出现“两张皮”的现象，而且不利于提高司法效率、节约司法资源。经综合考虑，《规定》第三条规定：“人民检察院开展行政执法与刑事司法衔接工作由负责捕诉的部门按照管辖案件类别办理。负责捕诉的部门可以在办理时听取其他办案部门的意见。本院其他办案部门在履行检察职能过程中，发现涉及行政执法与刑事司法衔接线索的，应当及时移送本院负责捕诉的部门。”

最高人民法院、最高人民检察院
关于办理危害食品安全刑事案件适用法律若干问题的解释

（2021年12月13日最高人民法院审判委员会第1856次会议、2021年12月29日最高人民检察院第八十四次会议通过 2021年12月30日公布 2022年1月1日施行 法释〔2021〕24号）

为依法惩治危害食品安全犯罪，保障人民群众身体健康、生命安全，根据《中华人民共和国刑法》《中华人民共和国刑事诉讼法》的有关规定，对办理此类刑事案件适用法律的若干问题解释如下：

第一条 生产、销售不符合食品安全标准的食品，具有下列情形之一的，应当认定为刑法第一百四十三条规定的“足以造成严重食物中毒事故或者其他严重食源性疾病”：

（一）含有严重超出标准限量的致病性微生物、农药残留、兽药残留、生物毒素、重金属等污染物质以及其他严重危害人体健康的物质的；

（二）属于病死、死因不明或者检验检疫不合格的畜、禽、兽、水产动物肉类及其制品的；

（三）属于国家为防控疾病等特殊需要明令禁止生产、销售的；

（四）特殊医学用途配方食品、专供婴幼儿的主辅食品营养成分严重不符合食品安全标准的；

（五）其他足以造成严重食物中毒事故或者严重食源性疾病的情形。

第二条 生产、销售不符合食品安全标准的食品，具有下列情形之一的，应当认定为刑法第一百四十三条规定的“对人体健康造成严重危害”：

（一）造成轻伤以上伤害的；

（二）造成轻度残疾或者中度残疾的；

（三）造成器官组织损伤导致一般功能障碍或者严重功能障碍的；

（四）造成十人以上严重食物中毒或者其他严重食源性疾病的；

（五）其他对人体健康造成严重危害的情形。

第三条 生产、销售不符合食品安全标准的食品，具有下列情形之一的，

应当认定为刑法第一百四十三条规定的“其他严重情节”：

（一）生产、销售金额二十万元以上的；

（二）生产、销售金额十万元以上不满二十万元，不符合食品安全标准的食品数量较大或者生产、销售持续时间六个月以上的；

（三）生产、销售金额十万元以上不满二十万元，属于特殊医学用途配方食品、专供婴幼儿的主辅食品的；

（四）生产、销售金额十万元以上不满二十万元，且在中小学校园、托幼机构、养老机构及周边面向未成年人、老年人销售的；

（五）生产、销售金额十万元以上不满二十万元，曾因危害食品安全犯罪受过刑事处罚或者二年内因危害食品安全违法行为受过行政处罚的；

（六）其他情节严重的情形。

第四条 生产、销售不符合食品安全标准的食品，具有下列情形之一的，应当认定为刑法第一百四十三条规定的“后果特别严重”：

（一）致人死亡的；

（二）造成重度残疾以上的；

（三）造成三人以上重伤、中度残疾或者器官组织损伤导致严重功能障碍的；

（四）造成十人以上轻伤、五人以上轻度残疾或者器官组织损伤导致一般功能障碍的；

（五）造成三十人以上严重食物中毒或者其他严重食源性疾病的；

（六）其他特别严重的后果。

第五条 在食品生产、销售、运输、贮存等过程中，违反食品安全标准，超限量或者超范围滥用食品添加剂，足以造成严重食物中毒事故或者其他严重食源性疾病的，依照刑法第一百四十三条的规定以生产、销售不符合安全标准的食品罪定罪处罚。

在食用农产品种植、养殖、销售、运输、贮存等过程中，违反食品安全标准，超限量或者超范围滥用添加剂、农药、兽药等，足以造成严重食物中毒事故或者其他严重食源性疾病的，适用前款的规定定罪处罚。

第六条 生产、销售有毒、有害食品，具有本解释第二条规定情形之一的，应当认定为刑法第一百四十四条规定的“对人体健康造成严重危害”。

第七条 生产、销售有毒、有害食品，具有下列情形之一的，应当认定为刑法第一百四十四条规定的“其他严重情节”：

（一）生产、销售金额二十万元以上不满五十万元的；

（二）生产、销售金额十万元以上不满二十万元，有毒、有害食品数量较大或者生产、销售持续时间六个月以上的；

（三）生产、销售金额十万元以上不满二十万元，属于特殊医学用途配方食品、专供婴幼儿的主辅食品的；

（四）生产、销售金额十万元以上不满二十万元，且在中小学校园、托幼机构、养老机构及周边面向未成年人、老年人销售的；

（五）生产、销售金额十万元以上不满二十万元，曾因危害食品安全犯罪受过刑事处罚或者二年内因危害食品安全违法行为受过行政处罚的；

（六）有毒、有害的非食品原料毒害性强或者含量高的；

（七）其他情节严重的情形。

第八条 生产、销售有毒、有害食品，生产、销售金额五十万元以上，或者具有本解释第四条第二项至第六项规定的情形之一的，应当认定为刑法第一百四十四条规定的“其他特别严重情节”。

第九条 下列物质应当认定为刑法第一百四十四条规定的“有毒、有害的非食品原料”：

（一）因危害人体健康，被法律、法规禁止在食品生产经营活动中添加、使用的物质；

（二）因危害人体健康，被国务院有关部门列入《食品中可能违法添加的非食用物质名单》《保健食品中可能非法添加的物质名单》和国务院有关部门公告的禁用农药、《食品动物中禁止使用的药品及其他化合物清单》等名单上的物质；

（三）其他有毒、有害的物质。

第十条 刑法第一百四十四条规定的“明知”，应当综合行为人的认知能力、食品质量、进货或者销售的渠道及价格等主、客观因素进行认定。

具有下列情形之一的，可以认定为刑法第一百四十四条规定的“明知”，但存在相反证据并经查证属实的除外：

（一）长期从事相关食品、食用农产品生产、种植、养殖、销售、运输、贮存行业，不依法履行保障食品安全义务的；

（二）没有合法有效的购货凭证，且不能提供或者拒不提供销售的相关食品来源的；

（三）以明显低于市场价格进货或者销售且无合理原因的；

（四）在有关部门发出禁令或者食品安全预警的情况下继续销售的；

（五）因实施危害食品安全行为受过行政处罚或者刑事处罚，又实施同种行为的；

（六）其他足以认定行为人明知的情形。

第十一条 在食品生产、销售、运输、贮存等过程中，掺入有毒、有害的非食品原料，或者使用有毒、有害的非食品原料生产食品的，依照刑法第一百四十四条的规定以生产、销售有毒、有害食品罪定罪处罚。

在食用农产品种植、养殖、销售、运输、贮存等过程中，使用禁用农药、食品动物中禁止使用的药品及其他化合物等有毒、有害的非食品原料，适用前款的规定定罪处罚。

在保健食品或者其他食品中非法添加国家禁用药物等有毒、有害的非食品原料的，适用第一款的规定定罪处罚。

第十二条 在食品生产、销售、运输、贮存等过程中，使用不符合食品安全标准的食品包装材料、容器、洗涤剂、消毒剂，或者用于食品生产经营的工具、设备等，造成食品被污染，符合刑法第一百四十三条、第一百四十四条规定的，以生产、销售不符合安全标准的食品罪或者生产、销售有毒、有害食品罪定罪处罚。

第十三条 生产、销售不符合食品安全标准的食品，有毒、有害食品，符合刑法第一百四十三条、第一百四十四条规定的，以生产、销售不符合安全标准的食品罪或者生产、销售有毒、有害食品罪定罪处罚。同时构成其他犯罪的，依照处罚较重的规定定罪处罚。

生产、销售不符合食品安全标准的食品，无证据证明足以造成严重食物中毒事故或者其他严重食源性疾病，不构成生产、销售不符合安全标准的食品罪，但构成生产、销售伪劣产品罪，妨害动植物防疫、检疫罪等其他犯罪的，依照该其他犯罪定罪处罚。

第十四条 明知他人生产、销售不符合食品安全标准的食品，有毒、有害食品，具有下列情形之一的，以生产、销售不符合安全标准的食品罪或者生产、销售有毒、有害食品罪的共犯论处：

（一）提供资金、贷款、账号、发票、证明、许可证件的；

（二）提供生产、经营场所或者运输、贮存、保管、邮寄、销售渠道等便利条件的；

（三）提供生产技术或者食品原料、食品添加剂、食品相关产品或者有毒、有害的非食品原料的；

（四）提供广告宣传的；

（五）提供其他帮助行为的。

第十五条 生产、销售不符合食品安全标准的食品添加剂，用于食品的包装材料、容器、洗涤剂、消毒剂，或者用于食品生产经营的工具、设备等，符合刑法第一百四十条规定的，以生产、销售伪劣产品罪定罪处罚。

生产、销售用超过保质期的食品原料、超过保质期的食品、回收食品作为原料的食品，或者以更改生产日期、保质期、改换包装等方式销售超过保质期的食品、回收食品，适用前款的规定定罪处罚。

实施前两款行为，同时构成生产、销售不符合安全标准的食品罪，生产、销售不符合安全标准的产品罪等其他犯罪的，依照处罚较重的规定定罪处罚。

第十六条 以提供给他人生产、销售食品为目的，违反国家规定，生产、销售国家禁止用于食品生产、销售的非食品原料，情节严重的，依照刑法第二百二十五条的规定以非法经营罪定罪处罚。

以提供给他人生产、销售食用农产品为目的，违反国家规定，生产、销售国家禁用农药、食品动物中禁止使用的药品及其他化合物等有毒、有害的非食品原料，或者生产、销售添加上述有毒、有害的非食品原料的农药、兽药、饲料、饲料添加剂、饲料原料，情节严重的，依照前款的规定定罪处罚。

第十七条 违反国家规定，私设生猪屠宰厂（场），从事生猪屠宰、销售等经营活动，情节严重的，依照刑法第二百二十五条的规定以非法经营罪定罪处罚。

在畜禽屠宰相关环节，对畜禽使用食品动物中禁止使用的药品及其他化合物等有毒、有害的非食品原料，依照刑法第一百四十四条的规定以生产、销售有毒、有害食品罪定罪处罚；对畜禽注水或者注入其他物质，足以造成严重食物中毒事故或者其他严重食源性疾病的，依照刑法第一百四十三条的规定以生产、销售不符合安全标准的食品罪定罪处罚；虽不足以造成严重食物中毒事故或者其他严重食源性疾病，但符合刑法第一百四十条规定的，以生产、销售伪劣产品罪定罪处罚。

第十八条 实施本解释规定的非法经营行为，非法经营数额在十万元以上，或者违法所得数额在五万元以上的，应当认定为刑法第二百二十五条规定的“情节严重”；非法经营数额在五十万元以上，或者违法所得数额在二十五万元以上的，应当认定为刑法第二百二十五条规定的“情节特别严重”。

实施本解释规定的非法经营行为，同时构成生产、销售伪劣产品罪，生产、销售不符合安全标准的食品罪，生产、销售有毒、有害食品罪，生产、销售伪劣农药、兽药罪等其他犯罪的，依照处罚较重的规定定罪处罚。

第十九条 违反国家规定，利用广告对保健食品或者其他食品作虚假宣传，符合刑法第二百二十二条规定的，以虚假广告罪定罪处罚；以非法占有为目的，利用销售保健食品或者其他食品诈骗财物，符合刑法第二百六十六条规定的，以诈骗罪定罪处罚。同时构成生产、销售伪劣产品罪等其他犯罪的，依照处罚较重的规定定罪处罚。

第二十条 负有食品安全监督管理职责的国家机关工作人员滥用职权或者玩忽职守，构成食品监管渎职罪，同时构成徇私舞弊不移交刑事案件罪、商检徇私舞弊罪、动植物检疫徇私舞弊罪、放纵制售伪劣商品犯罪行为罪等其他渎职犯罪的，依照处罚较重的规定定罪处罚。

负有食品安全监督管理职责的国家机关工作人员滥用职权或者玩忽职守，不构成食品监管渎职罪，但构成前款规定的其他渎职犯罪的，依照该其他犯罪定罪处罚。

负有食品安全监督管理职责的国家机关工作人员与他人共谋，利用其职务行为帮助他人实施危害食品安全犯罪行为，同时构成渎职犯罪和危害食品安全犯罪共犯的，依照处罚较重的规定定罪从重处罚。

第二十一条 犯生产、销售不符合安全标准的食品罪，生产、销售有毒、有害食品罪，一般应当依法判处生产、销售金额二倍以上的罚金。

共同犯罪的，对各共同犯罪人合计判处的罚金一般应当在生产、销售金额的二倍以上。

第二十二条 对实施本解释规定之犯罪的犯罪分子，应当依照刑法规定的条件，严格适用缓刑、免予刑事处罚。对于依法适用缓刑的，可以根据犯罪情况，同时宣告禁止令。

对于被不起诉或者免予刑事处罚的行为人，需要给予行政处罚、政务处分或者其他处分的，依法移送有关主管机关处理。

第二十三条 单位实施本解释规定的犯罪的，对单位判处罚金，并对直接负责的主管人员和其他直接责任人员，依照本解释规定的定罪量刑标准处罚。

第二十四条 “足以造成严重食物中毒事故或者其他严重食源性疾病”“有毒、有害的非食品原料”等专门性问题难以确定的，司法机关可以依据鉴定意见、检验报告、地市级以上相关行政主管部门组织出具的书面意见，结合其他证据作出认定。必要时，专门性问题由省级以上相关行政主管部门组织出具书面意见。

第二十五条 本解释所称“二年内”，以第一次违法行为受到行政处罚的生效之日与又实施相应行为之日的时间间隔计算确定。

第二十六条 本解释自2022年1月1日起施行。本解释公布实施后，《最高人民法院、最高人民检察院关于办理危害食品安全刑事案件适用法律若干问题的解释》（法释〔2013〕12号）同时废止；之前发布的司法解释与本解释不一致的，以本解释为准。

最高人民法院、最高人民检察院
关于办理危害药品安全刑事案件适用法律若干问题的解释

（2022 年 2 月 28 日最高人民法院审判委员会第 1865 次会议、2022 年 2 月 25 日最高人民检察院第十三届检察委员会第九十二次会议通过　2022 年 3 月 3 日最高人民法院、最高人民检察院公告公布　2022 年 3 月 6 日施行　高检发释字〔2022〕1 号）

为依法惩治危害药品安全犯罪，保障人民群众生命健康，维护药品管理秩序，根据《中华人民共和国刑法》《中华人民共和国刑事诉讼法》及《中华人民共和国药品管理法》等有关规定，现就办理此类刑事案件适用法律的若干问题解释如下：

第一条　生产、销售、提供假药，具有下列情形之一的，应当酌情从重处罚：

（一）涉案药品以孕产妇、儿童或者危重病人为主要使用对象的；

（二）涉案药品属于麻醉药品、精神药品、医疗用毒性药品、放射性药品、生物制品，或者以药品类易制毒化学品冒充其他药品的；

（三）涉案药品属于注射剂药品、急救药品的；

（四）涉案药品系用于应对自然灾害、事故灾难、公共卫生事件、社会安全事件等突发事件的；

（五）药品使用单位及其工作人员生产、销售假药的；

（六）其他应当酌情从重处罚的情形。

第二条　生产、销售、提供假药，具有下列情形之一的，应当认定为刑法第一百四十一条规定的“对人体健康造成严重危害”：

（一）造成轻伤或者重伤的；

（二）造成轻度残疾或者中度残疾的；

（三）造成器官组织损伤导致一般功能障碍或者严重功能障碍的；

（四）其他对人体健康造成严重危害的情形。

第三条　生产、销售、提供假药，具有下列情形之一的，应当认定为刑法

第一百四十一条规定的“其他严重情节”：

（一）引发较大突发公共卫生事件的；

（二）生产、销售、提供假药的金额二十万元以上不满五十万元的；

（三）生产、销售、提供假药的金额十万元以上不满二十万元，并具有本解释第一条规定情形之一的；

（四）根据生产、销售、提供的时间、数量、假药种类、对人体健康危害程度等，应当认定为情节严重的。

第四条 生产、销售、提供假药，具有下列情形之一的，应当认定为刑法第一百四十一条规定的“其他特别严重情节”：

（一）致人重度残疾以上的；

（二）造成三人以上重伤、中度残疾或者器官组织损伤导致严重功能障碍的；

（三）造成五人以上轻度残疾或者器官组织损伤导致一般功能障碍的；

（四）造成十人以上轻伤的；

（五）引发重大、特别重大突发公共卫生事件的；

（六）生产、销售、提供假药的金额五十万元以上的；

（七）生产、销售、提供假药的金额二十万元以上不满五十万元，并具有本解释第一条规定情形之一的；

（八）根据生产、销售、提供的时间、数量、假药种类、对人体健康危害程度等，应当认定为情节特别严重的。

第五条 生产、销售、提供劣药，具有本解释第一条规定情形之一的，应当酌情从重处罚。

生产、销售、提供劣药，具有本解释第二条规定情形之一的，应当认定为刑法第一百四十二条规定的“对人体健康造成严重危害”。

生产、销售、提供劣药，致人死亡，或者具有本解释第四条第一项至第五项规定情形之一的，应当认定为刑法第一百四十二条规定的“后果特别严重”。

第六条 以生产、销售、提供假药、劣药为目的，合成、精制、提取、储存、加工炮制药品原料，或者在将药品原料、辅料、包装材料制成成品过程中，进行配料、混合、制剂、储存、包装的，应当认定为刑法第一百四十一条、第一百四十二条规定的“生产”。

药品使用单位及其工作人员明知是假药、劣药而有偿提供给他人使用的，应当认定为刑法第一百四十一条、第一百四十二条规定的“销售”；无偿提供给他人使用的，应当认定为刑法第一百四十一条、第一百四十二条规定的

“提供”。

第七条 实施妨害药品管理的行为，具有下列情形之一的，应当认定为刑法第一百四十二条之一规定的“足以严重危害人体健康”：

（一）生产、销售国务院药品监督管理部门禁止使用的药品，综合生产、销售的时间、数量、禁止使用原因等情节，认为具有严重危害人体健康的现实危险的；

（二）未取得药品相关批准证明文件生产药品或者明知是上述药品而销售，涉案药品属于本解释第一条第一项至第三项规定情形的；

（三）未取得药品相关批准证明文件生产药品或者明知是上述药品而销售，涉案药品的适应症、功能主治或者成分不明的；

（四）未取得药品相关批准证明文件生产药品或者明知是上述药品而销售，涉案药品没有国家药品标准，且无核准的药品质量标准，但检出化学药成分的；

（五）未取得药品相关批准证明文件进口药品或者明知是上述药品而销售，涉案药品在境外也未合法上市的；

（六）在药物非临床研究或者药物临床试验过程中故意使用虚假试验用药品，或者瞒报与药物临床试验用药品相关的严重不良事件的；

（七）故意损毁原始药物非临床研究数据或者药物临床试验数据，或者编造受试动物信息、受试者信息、主要试验过程记录、研究数据、检测数据等药物非临床研究数据或者药物临床试验数据，影响药品的安全性、有效性和质量可控性的；

（八）编造生产、检验记录，影响药品的安全性、有效性和质量可控性的；

（九）其他足以严重危害人体健康的情形。

对于涉案药品是否在境外合法上市，应当根据境外药品监督管理部门或者权利人的证明等证据，结合犯罪嫌疑人、被告人及其辩护人提供的证据材料综合审查，依法作出认定。

对于“足以严重危害人体健康”难以确定的，根据地市级以上药品监督管理部门出具的认定意见，结合其他证据作出认定。

第八条 实施妨害药品管理的行为，具有本解释第二条规定情形之一的，应当认定为刑法第一百四十二条之一规定的“对人体健康造成严重危害”。

实施妨害药品管理的行为，足以严重危害人体健康，并具有下列情形之一的，应当认定为刑法第一百四十二条之一规定的“有其他严重情节”：

（一）生产、销售国务院药品监督管理部门禁止使用的药品，生产、销售的金额五十万元以上的；

（二）未取得药品相关批准证明文件生产、进口药品或者明知是上述药品而销售，生产、销售的金额五十万元以上的；

（三）药品申请注册中提供虚假的证明、数据、资料、样品或者采取其他欺骗手段，造成严重后果的；

（四）编造生产、检验记录，造成严重后果的；

（五）造成恶劣社会影响或者具有其他严重情节的情形。

实施刑法第一百四十二条之一规定的行为，同时又构成生产、销售、提供假药罪、生产、销售、提供劣药罪或者其他犯罪的，依照处罚较重的规定定罪处罚。

第九条 明知他人实施危害药品安全犯罪，而有下列情形之一的，以共同犯罪论处：

（一）提供资金、贷款、账号、发票、证明、许可证件的；

（二）提供生产、经营场所、设备或者运输、储存、保管、邮寄、销售渠道等便利条件的；

（三）提供生产技术或者原料、辅料、包装材料、标签、说明书的；

（四）提供虚假药物非临床研究报告、药物临床试验报告及相关材料的；

（五）提供广告宣传的；

（六）提供其他帮助的。

第十条 办理生产、销售、提供假药、生产、销售、提供劣药、妨害药品管理等刑事案件，应当结合行为人的从业经历、认知能力、药品质量、进货渠道和价格、销售渠道和价格以及生产、销售方式等事实综合判断认定行为人的主观故意。具有下列情形之一的，可以认定行为人有实施相关犯罪的主观故意，但有证据证明确实不具有故意的除外：

（一）药品价格明显异于市场价格的；

（二）向不具有资质的生产者、销售者购买药品，且不能提供合法有效的来历证明的；

（三）逃避、抗拒监督检查的；

（四）转移、隐匿、销毁涉案药品、进销货记录的；

（五）曾因实施危害药品安全违法犯罪行为受过处罚，又实施同类行为的；

（六）其他足以认定行为人主观故意的情形。

第十一条 以提供给他人生产、销售、提供药品为目的，违反国家规定，生产、销售不符合药用要求的原料、辅料，符合刑法第一百四十条规定的，以生产、销售伪劣产品罪从重处罚；同时构成其他犯罪的，依照处罚较重的规定定罪处罚。

第十二条 广告主、广告经营者、广告发布者违反国家规定，利用广告对药品作虚假宣传，情节严重的，依照刑法第二百二十二条的规定，以虚假广告罪定罪处罚。

第十三条 明知系利用医保骗保购买的药品而非法收购、销售，金额五万元以上的，应当依照刑法第三百一十二条的规定，以掩饰、隐瞒犯罪所得罪定罪处罚；指使、教唆、授意他人利用医保骗保购买药品，进而非法收购、销售，符合刑法第二百六十六条规定的，以诈骗罪定罪处罚。

对于利用医保骗保购买药品的行为人是否追究刑事责任，应当综合骗取医保基金的数额、手段、认罪悔罪态度等案件具体情节，依法妥当决定。利用医保骗保购买药品的行为人是否被追究刑事责任，不影响对非法收购、销售有关药品的行为人定罪处罚。

对于第一款规定的主观明知，应当根据药品标志、收购渠道、价格、规模及药品追溯信息等综合认定。

第十四条 负有药品安全监督管理职责的国家机关工作人员，滥用职权或者玩忽职守，构成药品监管渎职罪，同时构成商检徇私舞弊罪、商检失职罪等其他渎职犯罪的，依照处罚较重的规定定罪处罚。

负有药品安全监督管理职责的国家机关工作人员滥用职权或者玩忽职守，不构成药品监管渎职罪，但构成前款规定的其他渎职犯罪的，依照该其他犯罪定罪处罚。

负有药品安全监督管理职责的国家机关工作人员与他人共谋，利用其职务便利帮助他人实施危害药品安全犯罪行为，同时构成渎职犯罪和危害药品安全犯罪共犯的，依照处罚较重的规定定罪从重处罚。

第十五条 对于犯生产、销售、提供假药罪、生产、销售、提供劣药罪、妨害药品管理罪的，应当结合被告人的犯罪数额、违法所得，综合考虑被告人缴纳罚金的能力，依法判处罚金。罚金一般应当在生产、销售、提供的药品金额二倍以上；共同犯罪的，对各共同犯罪人合计判处的罚金一般应当在生产、销售、提供的药品金额二倍以上。

第十六条 对于犯生产、销售、提供假药罪、生产、销售、提供劣药罪、妨害药品管理罪的，应当依照刑法规定的条件，严格缓刑、免予刑事处罚的适用。对于被判处刑罚的，可以根据犯罪情况和预防再犯罪的需要，依法宣告职业禁止或者禁止令。《中华人民共和国药品管理法》等法律、行政法规另有规定的，从其规定。

对于被不起诉或者免予刑事处罚的行为人，需要给予行政处罚、政务处分或者其他处分的，依法移送有关主管机关处理。

第十七条　单位犯生产、销售、提供假药罪、生产、销售、提供劣药罪、妨害药品管理罪的，对单位判处罚金，并对直接负责的主管人员和其他直接责任人员，依照本解释规定的自然人犯罪的定罪量刑标准处罚。

单位犯罪的，对被告单位及其直接负责的主管人员、其他直接责任人员合计判处的罚金一般应当在生产、销售、提供的药品金额二倍以上。

第十八条　根据民间传统配方私自加工药品或者销售上述药品，数量不大，且未造成他人伤害后果或者延误诊治的，或者不以营利为目的实施带有自救、互助性质的生产、进口、销售药品的行为，不应当认定为犯罪。

对于是否属于民间传统配方难以确定的，根据地市级以上药品监督管理部门或者有关部门出具的认定意见，结合其他证据作出认定。

第十九条　刑法第一百四十一条、第一百四十二条规定的“假药”“劣药”，依照《中华人民共和国药品管理法》的规定认定。

对于《中华人民共和国药品管理法》第九十八条第二款第二项、第四项及第三款第三项至第六项规定的假药、劣药，能够根据现场查获的原料、包装，结合犯罪嫌疑人、被告人供述等证据材料作出判断的，可以由地市级以上药品监督管理部门出具认定意见。对于依据《中华人民共和国药品管理法》第九十八条第二款、第三款的其他规定认定假药、劣药，或者是否属于第九十八条第二款第二项、第三款第六项规定的假药、劣药存在争议的，应当由省级以上药品监督管理部门设置或者确定的药品检验机构进行检验，出具质量检验结论。司法机关根据认定意见、检验结论，结合其他证据作出认定。

第二十条　对于生产、提供药品的金额，以药品的货值金额计算；销售药品的金额，以所得和可得的全部违法收入计算。

第二十一条　本解释自2022年3月6日起施行。本解释公布施行后，《最高人民法院、最高人民检察院关于办理危害药品安全刑事案件适用法律若干问题的解释》（法释〔2014〕14号）、《最高人民法院、最高人民检察院关于办理药品、医疗器械注册申请材料造假刑事案件适用法律若干问题的解释》（法释〔2017〕15号）同时废止。

最高人民法院、最高人民检察院

关于办理破坏野生动物资源刑事案件适用法律若干问题的解释

（2021 年 12 月 13 日最高人民法院审判委员会第 1856 次会议、2022 年 2 月 9 日最高人民检察院第十三届检察委员会第八十九次会议通过　2022 年 4 月 6 日公布　2022 年 4 月 9 日施行　法释〔2022〕12 号）

为依法惩治破坏野生动物资源犯罪，保护生态环境，维护生物多样性和生态平衡，根据《中华人民共和国刑法》《中华人民共和国刑事诉讼法》《中华人民共和国野生动物保护法》等法律的有关规定，现就办理此类刑事案件适用法律的若干问题解释如下：

第一条　具有下列情形之一的，应当认定为刑法第一百五十一条第二款规定的走私国家禁止进出口的珍贵动物及其制品：

（一）未经批准擅自进出口列入经国家濒危物种进出口管理机构公布的《濒危野生动植物种国际贸易公约》附录一、附录二的野生动物及其制品；

（二）未经批准擅自出口列入《国家重点保护野生动物名录》的野生动物及其制品。

第二条　走私国家禁止进出口的珍贵动物及其制品，价值二十万元以上不满二百万元的，应当依照刑法第一百五十一条第二款的规定，以走私珍贵动物、珍贵动物制品罪处五年以上十年以下有期徒刑，并处罚金；价值二百万元以上的，应当认定为“情节特别严重”，处十年以上有期徒刑或者无期徒刑，并处没收财产；价值二万元以上不满二十万元的，应当认定为“情节较轻”，处五年以下有期徒刑，并处罚金。

实施前款规定的行为，具有下列情形之一的，从重处罚：

（一）属于犯罪集团的首要分子的；

（二）为逃避监管，使用特种交通工具实施的；

（三）二年内曾因破坏野生动物资源受过行政处罚的。

实施第一款规定的行为，不具有第二款规定的情形，且未造成动物死亡或者动物、动物制品无法追回，行为人全部退赃退赔，确有悔罪表现的，按照下列规定处理：

（一）珍贵动物及其制品价值二百万元以上的，可以处五年以上十年以下有期徒刑，并处罚金；

（二）珍贵动物及其制品价值二十万元以上不满二百万元的，可以认定为“情节较轻”，处五年以下有期徒刑，并处罚金；

（三）珍贵动物及其制品价值二万元以上不满二十万元的，可以认定为犯罪情节轻微，不起诉或者免予刑事处罚；情节显著轻微危害不大的，不作为犯罪处理。

第三条　在内陆水域，违反保护水产资源法规，在禁渔区、禁渔期或者使用禁用的工具、方法捕捞水产品，具有下列情形之一的，应当认定为刑法第三百四十条规定的“情节严重”，以非法捕捞水产品罪定罪处罚：

（一）非法捕捞水产品五百公斤以上或者价值一万元以上的；

（二）非法捕捞有重要经济价值的水生动物苗种、怀卵亲体或者在水产种质资源保护区内捕捞水产品五十公斤以上或者价值一千元以上的；

（三）在禁渔区使用电鱼、毒鱼、炸鱼等严重破坏渔业资源的禁用方法或者禁用工具捕捞的；

（四）在禁渔期使用电鱼、毒鱼、炸鱼等严重破坏渔业资源的禁用方法或者禁用工具捕捞的；

（五）其他情节严重的情形。

实施前款规定的行为，具有下列情形之一的，从重处罚：

（一）暴力抗拒、阻碍国家机关工作人员依法履行职务，尚未构成妨害公务罪、袭警罪的；

（二）二年内曾因破坏野生动物资源受过行政处罚的；

（三）对水生生物资源或者水域生态造成严重损害的；

（四）纠集多条船只非法捕捞的；

（五）以非法捕捞为业的。

实施第一款规定的行为，根据渔获物的数量、价值和捕捞方法、工具等，认为对水生生物资源危害明显较轻的，综合考虑行为人自愿接受行政处罚、积极修复生态环境等情节，可以认定为犯罪情节轻微，不起诉或者免予刑事处罚；情节显著轻微危害不大的，不作为犯罪处理。

第四条　刑法第三百四十一条第一款规定的“国家重点保护的珍贵、濒危野生动物”包括：

（一）列入《国家重点保护野生动物名录》的野生动物；

（二）经国务院野生动物保护主管部门核准按照国家重点保护的野生动物

管理的野生动物。

第五条 刑法第三百四十一条第一款规定的“收购”包括以营利、自用等为目的的购买行为；“运输”包括采用携带、邮寄、利用他人、使用交通工具等方法进行运送的行为；“出售”包括出卖和以营利为目的的加工利用行为。

刑法第三百四十一条第三款规定的“收购”“运输”“出售”，是指以食用为目的，实施前款规定的相应行为。

第六条 非法猎捕、杀害国家重点保护的珍贵、濒危野生动物，或者非法收购、运输、出售国家重点保护的珍贵、濒危野生动物及其制品，价值二万元以上不满二十万元的，应当依照刑法第三百四十一条第一款的规定，以危害珍贵、濒危野生动物罪处五年以下有期徒刑或者拘役，并处罚金；价值二十万元以上不满二百万元的，应当认定为“情节严重”，处五年以上十年以下有期徒刑，并处罚金；价值二百万元以上的，应当认定为“情节特别严重”，处十年以上有期徒刑，并处罚金或者没收财产。

实施前款规定的行为，具有下列情形之一的，从重处罚：

（一）属于犯罪集团的首要分子的；

（二）为逃避监管，使用特种交通工具实施的；

（三）严重影响野生动物科研工作的；

（四）二年内曾因破坏野生动物资源受过行政处罚的。

实施第一款规定的行为，不具有第二款规定的情形，且未造成动物死亡或者动物、动物制品无法追回，行为人全部退赃退赔，确有悔罪表现的，按照下列规定处理：

（一）珍贵、濒危野生动物及其制品价值二百万元以上的，可以认定为“情节严重”，处五年以上十年以下有期徒刑，并处罚金；

（二）珍贵、濒危野生动物及其制品价值二十万元以上不满二百万元的，可以处五年以下有期徒刑或者拘役，并处罚金；

（三）珍贵、濒危野生动物及其制品价值二万元以上不满二十万元的，可以认定为犯罪情节轻微，不起诉或者免予刑事处罚；情节显著轻微危害不大的，不作为犯罪处理。

第七条 违反狩猎法规，在禁猎区、禁猎期或者使用禁用的工具、方法进行狩猎，破坏野生动物资源，具有下列情形之一的，应当认定为刑法第三百四十一条第二款规定的“情节严重”，以非法狩猎罪定罪处罚：

（一）非法猎捕野生动物价值一万元以上的；

（二）在禁猎区使用禁用的工具或者方法狩猎的；

（三）在禁猎期使用禁用的工具或者方法狩猎的；

（四）其他情节严重的情形。

实施前款规定的行为，具有下列情形之一的，从重处罚：

（一）暴力抗拒、阻碍国家机关工作人员依法履行职务，尚未构成妨害公务罪、袭警罪的；

（二）对野生动物资源或者栖息地生态造成严重损害的；

（三）二年内曾因破坏野生动物资源受过行政处罚的。

实施第一款规定的行为，根据猎获物的数量、价值和狩猎方法、工具等，认为对野生动物资源危害明显较轻的，综合考虑猎捕的动机、目的、行为人自愿接受行政处罚、积极修复生态环境等情节，可以认定为犯罪情节轻微，不起诉或者免予刑事处罚；情节显著轻微危害不大的，不作为犯罪处理。

第八条　违反野生动物保护管理法规，以食用为目的，非法猎捕、收购、运输、出售刑法第三百四十一条第一款规定以外的在野外环境自然生长繁殖的陆生野生动物，具有下列情形之一的，应当认定为刑法第三百四十一条第三款规定的“情节严重”，以非法猎捕、收购、运输、出售陆生野生动物罪定罪处罚：

（一）非法猎捕、收购、运输、出售有重要生态、科学、社会价值的陆生野生动物或者地方重点保护陆生野生动物价值一万元以上的；

（二）非法猎捕、收购、运输、出售第一项规定以外的其他陆生野生动物价值五万元以上的；

（三）其他情节严重的情形。

实施前款规定的行为，同时构成非法狩猎罪的，应当依照刑法第三百四十一条第三款的规定，以非法猎捕陆生野生动物罪定罪处罚。

第九条　明知是非法捕捞犯罪所得的水产品、非法狩猎犯罪所得的猎获物而收购、贩卖或者以其他方法掩饰、隐瞒，符合刑法第三百一十二条规定的，以掩饰、隐瞒犯罪所得罪定罪处罚。

第十条　负有野生动物保护和进出口监督管理职责的国家机关工作人员，滥用职权或者玩忽职守，致使公共财产、国家和人民利益遭受重大损失的，应当依照刑法第三百九十七条的规定，以滥用职权罪或者玩忽职守罪追究刑事责任。

负有查禁破坏野生动物资源犯罪活动职责的国家机关工作人员，向犯罪分子通风报信、提供便利，帮助犯罪分子逃避处罚的，应当依照刑法第四百一十七条的规定，以帮助犯罪分子逃避处罚罪追究刑事责任。

第十一条　对于“以食用为目的”，应当综合涉案动物及其制品的特征，被查获的地点，加工、包装情况，以及可以证明来源、用途的标识、证明等证据作出认定。

实施本解释规定的相关行为，具有下列情形之一的，可以认定为“以食用为目的”：

（一）将相关野生动物及其制品在餐饮单位、饮食摊点、超市等场所作为食品销售或者运往上述场所的；

（二）通过包装、说明书、广告等介绍相关野生动物及其制品的食用价值或者方法的；

（三）其他足以认定以食用为目的的情形。

第十二条 二次以上实施本解释规定的行为构成犯罪，依法应当追诉的，或者二年内实施本解释规定的行为未经处理的，数量、数额累计计算。

第十三条 实施本解释规定的相关行为，在认定是否构成犯罪以及裁量刑罚时，应当考虑涉案动物是否系人工繁育、物种的濒危程度、野外存活状况、人工繁育情况、是否列入人工繁育国家重点保护野生动物名录，行为手段、对野生动物资源的损害程度，以及对野生动物及其制品的认知程度等情节，综合评估社会危害性，准确认定是否构成犯罪，妥当裁量刑罚，确保罪责刑相适应；根据本解释的规定定罪量刑明显过重的，可以根据案件的事实、情节和社会危害程度，依法作出妥当处理。

涉案动物系人工繁育，具有下列情形之一的，对所涉案件一般不作为犯罪处理；需要追究刑事责任的，应当依法从宽处理：

（一）列入人工繁育国家重点保护野生动物名录的；

（二）人工繁育技术成熟、已成规模，作为宠物买卖、运输的。

第十四条 对于实施本解释规定的相关行为被不起诉或者免予刑事处罚的行为人，依法应当给予行政处罚、政务处分或者其他处分的，依法移送有关主管机关处理。

第十五条 对于涉案动物及其制品的价值，应当根据下列方法确定：

（一）对于国家禁止进出口的珍贵动物及其制品、国家重点保护的珍贵、濒危野生动物及其制品的价值，根据国务院野生动物保护主管部门制定的评估标准和方法核算；

（二）对于有重要生态、科学、社会价值的陆生野生动物、地方重点保护野生动物、其他野生动物及其制品的价值，根据销赃数额认定；无销赃数额、销赃数额难以查证或者根据销赃数额认定明显偏低的，根据市场价格核算，必要时，也可以参照相关评估标准和方法核算。

第十六条 根据本解释第十五条规定难以确定涉案动物及其制品价值的，

依据司法鉴定机构出具的鉴定意见，或者下列机构出具的报告，结合其他证据作出认定：

（一）价格认证机构出具的报告；

（二）国务院野生动物保护主管部门、国家濒危物种进出口管理机构或者海关总署等指定的机构出具的报告；

（三）地、市级以上人民政府野生动物保护主管部门、国家濒危物种进出口管理机构的派出机构或者直属海关等出具的报告。

第十七条　对于涉案动物的种属类别、是否系人工繁育，非法捕捞、狩猎的工具、方法，以及对野生动物资源的损害程度等专门性问题，可以由野生动物保护主管部门、侦查机关依据现场勘验、检查笔录等出具认定意见；难以确定的，依据司法鉴定机构出具的鉴定意见、本解释第十六条所列机构出具的报告，被告人及其辩护人提供的证据材料，结合其他证据材料综合审查，依法作出认定。

第十八条　餐饮公司、渔业公司等单位实施破坏野生动物资源犯罪的，依照本解释规定的相应自然人犯罪的定罪量刑标准，对直接负责的主管人员和其他直接责任人员定罪处罚，并对单位判处罚金。

第十九条　在海洋水域，非法捕捞水产品，非法采捕珊瑚、砗磲或者其他珍贵、濒危水生野生动物，或者非法收购、运输、出售珊瑚、砗磲或者其他珍贵、濒危水生野生动物及其制品的，定罪量刑标准适用《最高人民法院关于审理发生在我国管辖海域相关案件若干问题的规定（二）》（法释〔2016〕17号）的相关规定。

第二十条　本解释自2022年4月9日起施行。本解释公布施行后，《最高人民法院关于审理破坏野生动物资源刑事案件具体应用法律若干问题的解释》（法释〔2000〕37号）同时废止；之前发布的司法解释与本解释不一致的，以本解释为准。

最高人民法院、最高人民检察院
关于办理海洋自然资源与生态环境公益诉讼案件若干问题的规定

（2021 年 12 月 27 日最高人民法院审判委员会第 1858 次会议、2022 年 3 月 16 日最高人民检察院第十三届检察委员会第九十三次会议通过　2022 年 5 月 10 日公布　2022 年 5 月 15 日施行　法释〔2022〕15 号）

为依法办理海洋自然资源与生态环境公益诉讼案件，根据《中华人民共和国海洋环境保护法》《中华人民共和国民事诉讼法》《中华人民共和国刑事诉讼法》《中华人民共和国行政诉讼法》《中华人民共和国海事诉讼特别程序法》等法律规定，结合审判、检察工作实际，制定本规定。

第一条　本规定适用于损害行为发生地、损害结果地或者采取预防措施地在海洋环境保护法第二条第一款规定的海域内，因破坏海洋生态、海洋水产资源、海洋保护区而提起的民事公益诉讼、刑事附带民事公益诉讼和行政公益诉讼。

第二条　依据海洋环境保护法第八十九条第二款规定，对破坏海洋生态、海洋水产资源、海洋保护区，给国家造成重大损失的，应当由依照海洋环境保护法规定行使海洋环境监督管理权的部门，在有管辖权的海事法院对侵权人提起海洋自然资源与生态环境损害赔偿诉讼。

有关部门根据职能分工提起海洋自然资源与生态环境损害赔偿诉讼的，人民检察院可以支持起诉。

第三条　人民检察院在履行职责中发现破坏海洋生态、海洋水产资源、海洋保护区的行为，可以告知行使海洋环境监督管理权的部门依据本规定第二条提起诉讼。在有关部门仍不提起诉讼的情况下，人民检察院就海洋自然资源与生态环境损害，向有管辖权的海事法院提起民事公益诉讼的，海事法院应予受理。

第四条　破坏海洋生态、海洋水产资源、海洋保护区，涉嫌犯罪的，在行使海洋环境监督管理权的部门没有另行提起海洋自然资源与生态环境损害赔偿诉讼的情况下，人民检察院可以在提起刑事公诉时一并提起附带民事公益诉讼，也可以单独提起民事公益诉讼。

第五条 人民检察院在履行职责中发现对破坏海洋生态、海洋水产资源、海洋保护区的行为负有监督管理职责的部门违法行使职权或者不作为，致使国家利益或者社会公共利益受到侵害的，应当向有关部门提出检察建议，督促其依法履行职责。

有关部门不依法履行职责的，人民检察院依法向被诉行政机关所在地的海事法院提起行政公益诉讼。

第六条 本规定自2022年5月15日起施行。

《关于办理海洋自然资源与生态环境公益诉讼案件若干问题的规定》解读*

吕洪涛　方剑明　楼之韬**

2022年5月11日，最高人民法院、最高人民检察院（以下简称“两高”）联合发布《关于办理海洋自然资源与生态环境公益诉讼案件若干问题的规定》(以下简称《规定》)，为海洋检察公益诉讼的全面开展提供了规范依据。各级检察机关特别是沿海检察机关应以《规定》的颁布实施为契机，提高政治站位，增强责任担当，正确理解和适用《规定》，推进海洋自然资源与生态环境公益诉讼检察工作迈上新台阶。

一、《规定》出台的背景和意义

在海洋经济快速发展的同时，海洋生态环境治理压力依然较大，涉及海洋自然资源与生态环境损害的案件数量也在不断上升。

以习近平同志为核心的党中央高度重视海洋强国战略。党的十八大作出建设海洋强国的重大部署，党的十九大报告进一步提出“坚持陆海统筹，加快建设海洋强国”，“加快生态文明体制改革，建设美丽中国”。《国民经济和社会发展第十四个五年规划和2035年远景目标纲要》提出“坚持陆海统筹、人海和谐、合作共赢，协同推进海洋生态保护、海洋经济发展和海洋权益维护，加快建设海洋强国”。建设海洋强国是实现中华民族伟大复兴的重大战略任务，① 保护海洋自然资源和生态环境是加快建设海洋强国、实现人海和谐共生的根本要求和基础保障，迫切需要不断加大海洋环境司法保护力度。

检察机关作为实现国家治理体系和治理能力现代化的重要参与者和促进保障力量，以积极履职引领社会法治观念养成，促进国家治理效能提升，服务保障海洋生态文明建设。自2019年2月最高人民检察院组织开展“守护海洋”检察公益诉讼专项监督活动以来，海洋公益诉讼检察业务框架基本建立，海洋公益诉讼案件办理工作全面展开，检察机关常态化促进海洋自然资源与生态环境保护。在相关法院的积极支持下，一些地方检察机关开展了海洋检察公益诉

---

* 原文载《人民检察》2022年第15期。

** 作者单位：吕洪涛、方剑明，最高人民检察院第八检察厅；楼之韬，浙江省义乌市人民检察院。

① 参见《习近平在海南考察时强调 解放思想开拓创新团结奋斗攻坚克难 加快建设具有世界影响力的中国特色自由贸易港》，载《人民日报》2022年4月14日。

讼的实践探索。最高人民检察院已发布多个海洋检察公益诉讼典型案例，如海南省海口市检察院诉海南A公司等三家被告非法向海洋倾倒建筑垃圾民事公益诉讼案被列入最高人民检察院第二十九批指导性案例。与此同时，海洋检察公益诉讼还面临一些尚待解决的突出困难，主要是对检察机关是否享有海洋公益诉权等问题，各方面存在不同认识。

海洋保护的现实需求与司法实践催生了海洋公益诉讼保护司法解释。为了正确理解和适用海洋环境保护法等有关规定，依法办理海洋自然资源与生态环境公益诉讼案件，《规定》对海洋自然资源与生态环境公益诉讼的适用范围、诉讼主体资格、诉讼管辖等内容进行明确，提供了办理海洋公益诉讼案件的规范指引。这是审判机关、检察机关践行新时代法治观，推动提升海洋法治实践的具体行动，对于丰富和完善中国特色社会主义司法制度，构建中国特色海洋公益司法保护制度，加强国家海洋利益司法保障力度具有重要意义。

二、《规定》的起草过程和主要考虑

2021年4月，“两高”开始联合研究起草《规定》。经沟通磋商，并征求全国人大环境与资源保护委员会、全国人大常委会法制工作委员会、生态环境部等单位意见，最高法审判委员会和最高检检察委员会分别审议通过了《规定》。在起草过程中，主要有以下几点考虑：一是坚持以习近平法治思想为指引，加强新时代检察机关法律监督，[①] 发挥法律监督、司法审判职能作用，探索完善符合中国特色的公益司法保护制度，推进国家治理体系和治理能力现代化，助力海洋强国战略。二是牢牢把握问题导向。围绕海洋公益诉讼司法实践中遇到的突出问题，如对检察机关诉权、诉讼管辖法院问题存在较大争议等情况，《规定》都作出了明确回应。三是总结提炼司法实践经验。自2019年2月最高人民检察院组织开展“守护海洋”检察公益诉讼专项监督活动以来，涌现了一批颇具社会影响力的典型案例。《规定》总结分析各地实践，吸收借鉴其中既符合海洋公益保护原则，又符合检察职能、审判职能特点的相关内容。四是求同存异，协同推进。对于实践层面存在的一些问题，“两高”坚持求同存异、协同推进的原则，能达成共识的，就在《规定》中予以确定；对于仍然存在不同认识的，经充分研讨形成基本共识，以适应地方法院、检察机关海洋公益诉讼保护实践发展需要，同时也为未来立法完善留下空间。

---

① 参见张军：《坚持以习近平法治思想为指引 加强新时代检察机关法律监督》，载《求是》2022年第4期。

三、《规定》的主要内容

（一）明确适用范围

《规定》第一条明确了适用范围，包括海域范围、破坏海洋自然资源和生态环境的行为类型，并且明确了检察机关可以提起各种类型的公益诉讼。《规定》适用的地域范围与海洋环境保护法第二条第一款规定的海域范围一致，并不适用于江河、湖泊等内陆水域。损害行为发生地或损害结果地位于海域，是确定《规定》适用范围的重要因素。同时，为防止或减轻海洋自然资源与生态环境损害，可能会在海上采取相应处置措施，相关预防措施费用亦属于海洋自然资源与生态环境损失赔偿范围，故采取预防措施也是界定《规定》适用范围的因素之一。以上规定旨在尽可能将所有实际影响或者潜在影响海洋自然资源与生态环境的相关纠纷纳入《规定》公益保护范畴。

（二）明确检察机关有权提起海洋自然资源与生态环境民事公益诉讼

关于检察机关是否具有提起海洋自然资源与生态环境民事公益诉讼的主体资格，之前，理论中存在分歧，实践中也存在不同做法，直接影响到检察机关在海洋资源和环境保护中的职能履行。《规定》第三条根据民事诉讼法第五十八条第二款、海洋环境保护法第八十九条第二款的规定，在行使海洋环境监督管理权的部门不提起诉讼的情况下，明确检察机关可以就海洋自然资源与生态环境损害提起民事公益诉讼。

（三）明确检察机关在海洋自然资源与生态环境公益保护中的支持起诉职能

《规定》第二条明确应当由行使海洋环境监督管理权的部门提起海洋自然资源与生态环境损害赔偿诉讼。同时，检察机关作为监督法律统一正确实施的专责机关，可以支持有关部门针对特定行为提起海洋生态环境损害赔偿之诉，以特有的法律专业和诉讼经验优势帮助激活海洋环境保护法第八十九条内在活力，发挥海洋生态环境保护屏障作用。

需要注意的是，根据《规定》，如检察机关告知行使海洋环境监督管理权的部门提起诉讼，有关部门不提起诉讼的情况下，检察机关可以自行提起民事公益诉讼。

（四）明确检察机关是提起海洋自然资源与生态环境刑事附带民事公益诉讼的唯一适格主体

为筑牢海洋自然资源与生态环境保护屏障，《规定》第四条明确检察机关是提起海洋自然资源与生态环境刑事附带民事公益诉讼的唯一适格主体。由于

《规定》没有赋予社会组织提起海洋自然资源与生态环境民事公益诉讼的主体资格，在相应刑事附带民事公益诉讼程序上与其他领域作了不同规定，明确对破坏海洋生态、海洋水产资源、海洋保护区，涉嫌犯罪的行为，在行使海洋环境监督管理权的部门没有另行提起诉讼的情况下，检察机关可以在提起刑事公诉时一并提起刑事附带民事公益诉讼，也可以单独提起民事公益诉讼。

考虑到刑事附带民事公益诉讼案件办理受刑事案件办理期限等因素影响，如因履行案件调查、公告等程序影响附带民事公益诉讼的提起，将案件转为单独民事公益诉讼的，由市级检察机关向海事法院提起相关诉讼，既可能出现不同审判机关针对同一事实作出裁判，造成司法资源的浪费；也可能出现案件跨省域办理导致检察机关之间协调配合不畅等问题。因此，《规定》第四条赋予检察机关在案件办理中对公益保护诉讼类型的灵活选择权，有利于提高司法效率、节约司法资源。

（五）明确检察机关是提起海洋自然资源与生态环境行政公益诉讼的唯一适格主体

《规定》第五条明确检察机关是提起海洋自然资源与生态环境行政公益诉讼的唯一适格主体。检察机关提起海洋自然资源与生态环境行政公益诉讼重点在于监督海洋环境执法机关违法行使职权，或者不作为致使国家利益或社会公共利益受到损害的行为，特别需要把握好检察监督与协同共治的辩证关系。该类诉讼相关程序与行政诉讼法对于检察公益诉讼授权规定一致，即先通过检察建议督促履职，再提起诉讼。

需要注意的是，检察机关提起的海洋行政公益诉讼主要应当围绕确认行政机关行为违法性和公益损害性，达到监督执法、促进依法行政的目的，而非将有关部门提起损害赔偿诉讼作为基本诉求。同时，鉴于现行海洋环境保护法和海洋资源法对海洋环境与海洋资源的规定本身存在条块分离情况，行政执法实践中存在执法主体多元、执法权力边界不清、监管职责不明等现实问题，需要检察机关在提起海洋自然资源与生态环境行政公益诉讼时进行审慎审查。

（六）明确海事法院对海洋自然资源与生态环境民事公益诉讼和行政公益诉讼的专门管辖

《规定》明确了海事法院对海洋自然资源与生态环境民事公益诉讼和行政公益诉讼的专门管辖，一方面，可以发挥海事法院的专业化审判优势，有利于保障审判质量和统一裁判尺度；另一方面，可以发挥海事法院跨行政区划设置的优势，克服地方保护主义，为依法开展海洋执法活动提供有力司法支持和监督。

需要说明的是，起草过程中有观点认为应当依据“两高”《关于检察公益诉讼案件适用法律若干问题的解释》的规定，市（分、州）检察机关提起的第一审民事公益诉讼案件，由侵权行为地或者被告住所地中级法院管辖。基层检察院提起的第一审行政公益诉讼案件，由被诉行政机关所在地基层法院管辖。《规定》对诉讼管辖的设定可能给检察机关带来异地办案的不便和增加诉讼负担等问题，但考虑到诉讼管辖主要涉及法院内部诉讼任务的分配，在坚持《人民检察院公益诉讼办案规则》所确立的公益诉讼案件立案管辖与诉讼管辖分离原则基础上，《规定》对诉讼管辖进行特殊规制与检察机关的立案管辖并行不悖，同时也不影响检察机关对涉及海洋陆源污染等公益诉讼案件的办理。

对于海洋自然资源和生态环境刑事附带民事公益诉讼案件，根据《关于检察公益诉讼案件适用法律若干问题的解释》第二十条、最高人民法院《关于适用〈中华人民共和国刑事诉讼法〉的解释》第一百七十九条第一款之规定，仍由审理刑事案件的法院进行诉讼管辖。

四、检察机关在贯彻实施《规定》中应当注意的问题

（一）重点聚焦海洋环境和资源保护领域突出问题发力监督

围绕入海排污口设置与管理不规范、陆源污染防治力度不够、海上污染防控措施执行不到位、海洋生态保护与修复工作相对滞后、海洋环境监督管理制度落实不到位等问题，结合具体实际，通过多种途径重点摸排相关公益诉讼案件线索。针对公益诉讼案件线索以及相关行政执法机关可能存在怠于履职或履职不当的行政公益诉讼案件线索进行筛查、评估，符合立案条件的，依法行使公益诉讼检察监督职能。

（二）充分履行海洋公益诉讼检察职能发力监督

围绕加强海洋领域国家利益、社会公共利益保护，《规定》对检察机关提出“高标准、严要求”的鲜明办案导向，强调对破坏海洋生态、海洋水产资源、海洋保护区，涉嫌犯罪的，同步审查跟进公益诉讼保护手段，切实增强履职能动性。检察机关应积极办理海洋环境保护民事公益诉讼及支持起诉案件。同时，牢固树立“通过诉前程序实现维护公益目的是司法最佳状态”的理念，通过强化监督、沟通、协调，推动行政机关主动履职纠错、促进依法行政，用最小司法成本获得最佳政治效果、社会效果和法律效果，实现海洋环境保护的双赢多赢共赢。

（三）持续聚焦海洋生态修复实际效果发力监督

沿海各级检察机关应积极践行“恢复性司法”理念。在民事公益诉讼案件办理中，不能简单满足于法院支持检察机关诉讼请求，还要跟踪生效裁判执

行情况，督促被告履行治理、赔偿等义务，在必要时采取执行监督措施，真正把公益诉讼的办案效果体现到恢复被污染、被破坏的生态环境上。同时，注意将办案职能向社会治理领域延伸。结合办案，深入分析海洋环境保护领域公益受损的规律和深层次原因，查找相关制度缺陷和监管漏洞，助力补足社会治理体系短板，努力实现标本兼治。

最高人民法院、最高人民检察院
关于办理危害生产安全刑事案件适用法律若干问题的解释（二）

（2022 年 9 月 19 日最高人民法院审判委员会第 1875 次会议、2022 年 10 月 25 日最高人民检察院第十三届检察委员会第一百零六次会议通过　2022 年 12 月 15 日公布　2022 年 12 月 19 日施行　法释〔2022〕19 号）

为依法惩治危害生产安全犯罪，维护公共安全，保护人民群众生命安全和公私财产安全，根据《中华人民共和国刑法》《中华人民共和国刑事诉讼法》和《中华人民共和国安全生产法》等规定，现就办理危害生产安全刑事案件适用法律的若干问题解释如下：

第一条　明知存在事故隐患，继续作业存在危险，仍然违反有关安全管理的规定，有下列情形之一的，属于刑法第一百三十四条第二款规定的“强令他人违章冒险作业”：

（一）以威逼、胁迫、恐吓等手段，强制他人违章作业的；

（二）利用组织、指挥、管理职权，强制他人违章作业的；

（三）其他强令他人违章冒险作业的情形。

明知存在重大事故隐患，仍然违反有关安全管理的规定，不排除或者故意掩盖重大事故隐患，组织他人作业的，属于刑法第一百三十四条第二款规定的“冒险组织作业”。

第二条　刑法第一百三十四条之一规定的犯罪主体，包括对生产、作业负有组织、指挥或者管理职责的负责人、管理人员、实际控制人、投资人等人员，以及直接从事生产、作业的人员。

第三条　因存在重大事故隐患被依法责令停产停业、停止施工、停止使用有关设备、设施、场所或者立即采取排除危险的整改措施，有下列情形之一的，属于刑法第一百三十四条之一第二项规定的“拒不执行”：

（一）无正当理由故意不执行各级人民政府或者负有安全生产监督管理职责的部门依法作出的上述行政决定、命令的；

（二）虚构重大事故隐患已经排除的事实，规避、干扰执行各级人民政府或者负有安全生产监督管理职责的部门依法作出的上述行政决定、命令的；

（三）以行贿等不正当手段，规避、干扰执行各级人民政府或者负有安全生产监督管理职责的部门依法作出的上述行政决定、命令的。

有前款第三项行为，同时构成刑法第三百八十九条行贿罪、第三百九十三条单位行贿罪等犯罪的，依照数罪并罚的规定处罚。

认定是否属于“拒不执行”，应当综合考虑行政决定、命令是否具有法律、行政法规等依据，行政决定、命令的内容和期限要求是否明确、合理，行为人是否具有按照要求执行的能力等因素进行判断。

第四条 刑法第一百三十四条第二款和第一百三十四条之一第二项规定的“重大事故隐患”，依照法律、行政法规、部门规章、强制性标准以及有关行政规范性文件进行认定。

刑法第一百三十四条之一第三项规定的“危险物品”，依照安全生产法第一百一十七条的规定确定。

对于是否属于“重大事故隐患”或者“危险物品”难以确定的，可以依据司法鉴定机构出具的鉴定意见、地市级以上负有安全生产监督管理职责的部门或者其指定的机构出具的意见，结合其他证据综合审查，依法作出认定。

第五条 在生产、作业中违反有关安全管理的规定，有刑法第一百三十四条之一规定情形之一，因而发生重大伤亡事故或者造成其他严重后果，构成刑法第一百三十四条、第一百三十五条至第一百三十九条等规定的重大责任事故罪、重大劳动安全事故罪、危险物品肇事罪、工程重大安全事故罪等犯罪的，依照该规定定罪处罚。

第六条 承担安全评价职责的中介组织的人员提供的证明文件有下列情形之一的，属于刑法第二百二十九条第一款规定的“虚假证明文件”：

（一）故意伪造的；

（二）在周边环境、主要建（构）筑物、工艺、装置、设备设施等重要内容上弄虚作假，导致与评价期间实际情况不符，影响评价结论的；

（三）隐瞒生产经营单位重大事故隐患及整改落实情况、主要灾害等级等情况，影响评价结论的；

（四）伪造、篡改生产经营单位相关信息、数据、技术报告或者结论等内容，影响评价结论的；

（五）故意采用存疑的第三方证明材料、监测检验报告，影响评价结论的；

（六）有其他弄虚作假行为，影响评价结论的情形。

生产经营单位提供虚假材料、影响评价结论，承担安全评价职责的中介组织的人员对评价结论与实际情况不符无主观故意的，不属于刑法第二百二十九条第一款规定的“故意提供虚假证明文件”。

有本条第二款情形，承担安全评价职责的中介组织的人员严重不负责任，导致出具的证明文件有重大失实，造成严重后果的，依照刑法第二百二十九条第三款的规定追究刑事责任。

第七条 承担安全评价职责的中介组织的人员故意提供虚假证明文件，有下列情形之一的，属于刑法第二百二十九条第一款规定的“情节严重”：

（一）造成死亡一人以上或者重伤三人以上安全事故的；

（二）造成直接经济损失五十万元以上安全事故的；

（三）违法所得数额十万元以上的；

（四）两年内因故意提供虚假证明文件受过两次以上行政处罚，又故意提供虚假证明文件的；

（五）其他情节严重的情形。

在涉及公共安全的重大工程、项目中提供虚假的安全评价文件，有下列情形之一的，属于刑法第二百二十九条第一款第三项规定的“致使公共财产、国家和人民利益遭受特别重大损失”：

（一）造成死亡三人以上或者重伤十人以上安全事故的；

（二）造成直接经济损失五百万元以上安全事故的；

（三）其他致使公共财产、国家和人民利益遭受特别重大损失的情形。

承担安全评价职责的中介组织的人员有刑法第二百二十九条第一款行为，在裁量刑罚时，应当考虑其行为手段、主观过错程度、对安全事故的发生所起作用大小及其获利情况、一贯表现等因素，综合评估社会危害性，依法裁量刑罚，确保罪责刑相适应。

第八条 承担安全评价职责的中介组织的人员，严重不负责任，出具的证明文件有重大失实，有下列情形之一的，属于刑法第二百二十九条第三款规定的“造成严重后果”：

（一）造成死亡一人以上或者重伤三人以上安全事故的；

（二）造成直接经济损失一百万元以上安全事故的；

（三）其他造成严重后果的情形。

第九条 承担安全评价职责的中介组织犯刑法第二百二十九条规定之罪的，对该中介组织判处罚金，并对其直接负责的主管人员和其他直接责任人员，依照本解释第七条、第八条的规定处罚。

第十条 有刑法第一百三十四条之一行为，积极配合公安机关或者负有安全生产监督管理职责的部门采取措施排除事故隐患，确有悔改表现，认罪认罚的，可以依法从宽处罚；犯罪情节轻微不需要判处刑罚的，可以不起诉或者免予刑事处罚；情节显著轻微危害不大的，不作为犯罪处理。

第十一条 有本解释规定的行为，被不起诉或者免予刑事处罚，需要给予行政处罚、政务处分或者其他处分的，依法移送有关主管机关处理。

第十二条 本解释自2022年12月19日起施行。最高人民法院、最高人民检察院此前发布的司法解释与本解释不一致的，以本解释为准。

二、司法解释性质文件

最高人民法院、最高人民检察院、公安部、国家安全部、司法部关于规范量刑程序若干问题的意见

（2020 年 11 月 5 日公布　2020 年 11 月 6 日施行　法发〔2020〕38 号）

为深入推进以审判为中心的刑事诉讼制度改革，落实认罪认罚从宽制度，进一步规范量刑程序，确保量刑公开公正，根据刑事诉讼法和有关司法解释等规定，结合工作实际，制定本意见。

第一条　人民法院审理刑事案件，在法庭审理中应当保障量刑程序的相对独立性。

人民检察院在审查起诉中应当规范量刑建议。

第二条　侦查机关、人民检察院应当依照法定程序，全面收集、审查、移送证明犯罪嫌疑人、被告人犯罪事实、量刑情节的证据。

对于法律规定并处或者单处财产刑的案件，侦查机关应当根据案件情况对被告人的财产状况进行调查，并向人民检察院移送相关证据材料。人民检察院应当审查并向人民法院移送相关证据材料。

人民检察院在审查起诉时发现侦查机关应当收集而未收集量刑证据的，可以退回侦查机关补充侦查，也可以自行侦查。人民检察院退回补充侦查的，侦查机关应当按照人民检察院退回补充侦查提纲的要求及时收集相关证据。

第三条　对于可能判处管制、缓刑的案件，侦查机关、人民检察院、人民法院可以委托社区矫正机构或者有关社会组织进行调查评估，提出意见，供判处管制、缓刑时参考。

社区矫正机构或者有关社会组织收到侦查机关、人民检察院或者人民法院调查评估的委托后，应当根据委托机关的要求依法进行调查，形成评估意见，并及时提交委托机关。

对于没有委托进行调查评估或者判决前没有收到调查评估报告的，人民法院经审理认为被告人符合管制、缓刑适用条件的，可以依法判处管制、宣告缓刑。

第四条　侦查机关在移送审查起诉时，可以根据犯罪嫌疑人涉嫌犯罪的情

况，就宣告禁止令和从业禁止向人民检察院提出意见。

人民检察院在提起公诉时，可以提出宣告禁止令和从业禁止的建议。被告人及其辩护人、被害人及其诉讼代理人可以就是否对被告人宣告禁止令和从业禁止提出意见，并说明理由。

人民法院宣告禁止令和从业禁止，应当根据被告人的犯罪原因、犯罪性质、犯罪手段、悔罪表现、个人一贯表现等，充分考虑与被告人所犯罪行的关联程度，有针对性地决定禁止从事特定的职业、活动，进入特定区域、场所，接触特定的人等。

第五条　符合下列条件的案件，人民检察院提起公诉时可以提出量刑建议；被告人认罪认罚的，人民检察院应当提出量刑建议：

（一）犯罪事实清楚，证据确实、充分；

（二）提出量刑建议所依据的法定从重、从轻、减轻或者免除处罚等量刑情节已查清；

（三）提出量刑建议所依据的酌定从重、从轻处罚等量刑情节已查清。

第六条　量刑建议包括主刑、附加刑、是否适用缓刑等。主刑可以具有一定的幅度，也可以根据案件具体情况，提出确定刑期的量刑建议。建议判处财产刑的，可以提出确定的数额。

第七条　对常见犯罪案件，人民检察院应当按照量刑指导意见提出量刑建议。对新类型、不常见犯罪案件，可以参照相关量刑规范提出量刑建议。提出量刑建议，应当说明理由和依据。

第八条　人民检察院指控被告人犯有数罪的，应当对指控的个罪分别提出量刑建议，并依法提出数罪并罚后决定执行的刑罚的量刑建议。

对于共同犯罪案件，人民检察院应当根据各被告人在共同犯罪中的地位、作用以及应当承担的刑事责任分别提出量刑建议。

第九条　人民检察院提出量刑建议，可以制作量刑建议书，与起诉书一并移送人民法院；对于案情简单、量刑情节简单的适用速裁程序的案件，也可以在起诉书中写明量刑建议。

量刑建议书中应当写明人民检察院建议对被告人处以的主刑、附加刑、是否适用缓刑等及其理由和依据。

人民检察院以量刑建议书方式提出量刑建议的，人民法院在送达起诉书副本时，应当将量刑建议书一并送达被告人。

第十条　在刑事诉讼中，自诉人、被告人及其辩护人、被害人及其诉讼代理人可以提出量刑意见，并说明理由，人民检察院、人民法院应当记录在案并附卷。

第十一条 人民法院、人民检察院、侦查机关应当告知犯罪嫌疑人、被告人申请法律援助的权利，对符合法律援助条件的，依法通知法律援助机构指派律师为其提供辩护或者法律帮助。

第十二条 适用速裁程序审理的案件，在确认被告人认罪认罚的自愿性和认罪认罚具结书内容的真实性、合法性后，一般不再进行法庭调查、法庭辩论，但在判决宣告前应当听取辩护人的意见和被告人的最后陈述意见。

适用速裁程序审理的案件，应当当庭宣判。

第十三条 适用简易程序审理的案件，在确认被告人对起诉书指控的犯罪事实和罪名没有异议，自愿认罪且知悉认罪的法律后果后，法庭审理可以直接围绕量刑进行，不再区分法庭调查、法庭辩论，但在判决宣告前应当听取被告人的最后陈述意见。

适用简易程序审理的案件，一般应当当庭宣判。

第十四条 适用普通程序审理的被告人认罪案件，在确认被告人了解起诉书指控的犯罪事实和罪名，自愿认罪且知悉认罪的法律后果后，法庭审理主要围绕量刑和其他有争议的问题进行，可以适当简化法庭调查、法庭辩论程序。

第十五条 对于被告人不认罪或者辩护人做无罪辩护的案件，法庭调查和法庭辩论分别进行。

在法庭调查阶段，应当在查明定罪事实的基础上，查明有关量刑事实，被告人及其辩护人可以出示证明被告人无罪或者罪轻的证据，当庭发表质证意见。

在法庭辩论阶段，审判人员引导控辩双方先辩论定罪问题。在定罪辩论结束后，审判人员告知控辩双方可以围绕量刑问题进行辩论，发表量刑建议或者意见，并说明依据和理由。被告人及其辩护人参加量刑问题的调查的，不影响作无罪辩解或者辩护。

第十六条 在法庭调查中，公诉人可以根据案件的不同种类、特点和庭审的实际情况，合理安排和调整举证顺序。定罪证据和量刑证据分开出示的，应当先出示定罪证据，后出示量刑证据。

对于有数起犯罪事实的案件的量刑证据，可以在对每起犯罪事实举证时分别出示，也可以对同类犯罪事实一并出示；涉及全案综合量刑情节的证据，一般应当在举证阶段最后出示。

第十七条 在法庭调查中，人民法院应当查明对被告人适用具体法定刑幅度的犯罪事实以及法定或者酌定量刑情节。

第十八条 人民法院、人民检察院、侦查机关或者辩护人委托有关方面制作涉及未成年人的社会调查报告的，调查报告应当在法庭上宣读，并进行质证。

第十九条　在法庭审理中，审判人员对量刑证据有疑问的，可以宣布休庭，对证据进行调查核实，必要时也可以要求人民检察院补充调查核实。人民检察院补充调查核实有关证据，必要时可以要求侦查机关提供协助。

对于控辩双方补充的证据，应当经过庭审质证才能作为定案的根据。但是，对于有利于被告人的量刑证据，经庭外征求意见，控辩双方没有异议的除外。

第二十条　被告人及其辩护人、被害人及其诉讼代理人申请人民法院调取在侦查、审查起诉阶段收集的量刑证据材料，人民法院认为确有必要的，应当依法调取；人民法院认为不需要调取的，应当说明理由。

第二十一条　在法庭辩论中，量刑辩论按照以下顺序进行：

（一）公诉人发表量刑建议，或者自诉人及其诉讼代理人发表量刑意见；

（二）被害人及其诉讼代理人发表量刑意见；

（三）被告人及其辩护人发表量刑意见。

第二十二条　在法庭辩论中，出现新的量刑事实，需要进一步调查的，应当恢复法庭调查，待事实查清后继续法庭辩论。

第二十三条　对于人民检察院提出的量刑建议，人民法院应当依法审查。对于事实清楚，证据确实、充分，指控的罪名准确，量刑建议适当的，人民法院应当采纳。

人民法院经审理认为，人民检察院的量刑建议不当的，可以告知人民检察院。人民检察院调整量刑建议的，应当在法庭审理结束前提出。人民法院认为人民检察院调整后的量刑建议适当的，应当予以采纳；人民检察院不调整量刑建议或者调整量刑建议后仍不当的，人民法院应当依法作出判决。

第二十四条　有下列情形之一，被告人当庭认罪，愿意接受处罚的，人民法院应当根据审理查明的事实，就定罪和量刑听取控辩双方意见，依法作出裁判：

（一）被告人在侦查、审查起诉阶段认罪认罚，但人民检察院没有提出量刑建议的；

（二）被告人在侦查、审查起诉阶段没有认罪认罚的；

（三）被告人在第一审程序中没有认罪认罚，在第二审程序中认罪认罚的；

（四）被告人在庭审过程中不同意量刑建议的。

第二十五条　人民法院应当在刑事裁判文书中说明量刑理由。量刑说理主要包括：

（一）已经查明的量刑事实及其对量刑的影响；

（二）是否采纳公诉人、自诉人、被告人及其辩护人、被害人及其诉讼代理人发表的量刑建议、意见及理由；

（三）人民法院判处刑罚的理由和法律依据。

对于适用速裁程序审理的案件，可以简化量刑说理。

第二十六条 开庭审理的二审、再审案件的量刑程序，依照有关法律规定进行。法律没有规定的，参照本意见进行。

对于不开庭审理的二审、再审案件，审判人员在阅卷、讯问被告人、听取自诉人、辩护人、被害人及其诉讼代理人的意见时，应当注意审查量刑事实和证据。

第二十七条 对于认罪认罚案件量刑建议的提出、采纳与调整等，适用最高人民法院、最高人民检察院、公安部、国家安全部、司法部《关于适用认罪认罚从宽制度的指导意见》的有关规定。

第二十八条 本意见自2020年11月6日起施行。2010年9月13日最高人民法院、最高人民检察院、公安部、国家安全部、司法部《印发〈关于规范量刑程序若干问题的意见（试行）〉的通知》（法发〔2010〕35号）同时废止。

“两高三部”《关于规范量刑程序若干问题的意见》的解读*

罗庆东　刘　辰**

为深入推进以审判为中心的刑事诉讼制度改革，落实认罪认罚从宽制度，进一步规范量刑程序，确保量刑公开公正，根据刑事诉讼法和有关司法解释等规定，结合工作实际，最高人民法院、最高人民检察院、公安部、国家安全部和司法部（以下简称“两高三部”）于2020年11月5日联合印发了《关于规范量刑程序若干问题的意见》（以下简称《量刑程序意见》）。为便于准确理解和适用有关规定，现解读如下。

一、修改背景和过程

2010年，“两高三部”联合制定了《关于规范量刑程序若干问题的意见（试行）》，引入量刑建议对于规范量刑程序，促进量刑公开公正，提高人民群众满意度和司法公信力发挥了积极作用。近年来，随着多个刑法修正案的出台和刑事诉讼法的修改，对于量刑情节和量刑程序的相关规定有了新的变化，特别是2018年刑事诉讼法修改确立了认罪认罚从宽这一重要制度，明确了量刑建议的法律依据和新的办案要求。2019年6月，“两高三部”决定共同修改《关于规范量刑程序若干问题的意见（试行）》。随后，最高人民检察院第一检察厅与最高人民法院刑事审判第三庭组织人员抓紧开展此项工作。经集中研究论证，广泛征求意见，充分沟通交流，最终达成一致意见。修改中，还将关于认罪认罚案件量刑建议的主要规范要求写入2019年10月“两高三部”会签的《关于适用认罪认罚从宽制度的指导意见》（以下简称《认罪认罚指导意见》），保持了规范性文件间的协调一致。

二、修订的主要内容

《量刑程序意见》共28条，是关于规范包括认罪认罚案件在内的所有刑事案件的量刑与量刑建议的程序性规定。

（一）关于规范量刑程序的基本要求

第一条是关于规范量刑程序的基本要求。其中，第一款要求法院审理刑事

* 原文载《人民检察》2021年第1期。

** 作者单位：最高人民检察院第一检察厅。

案件，在法庭审理中应当保障量刑程序的相对独立性。2012 年与 2018 年两次刑事诉讼法修改，规定了庭审中定罪与量刑程序应适当分离。为了落实这一要求，《量刑程序意见》用较大篇幅对此作了规定，分别从速裁程序、简易程序、普通程序审理案件以及裁判文书的说理等方面提出了明确要求。第二款是新增加的规定，要求检察机关在审查起诉中应当规范量刑建议。认罪认罚从宽制度要求检察机关在认罪认罚案件中应当提出量刑建议，使得量刑建议在诉讼活动中的重要性更加凸显，具有独立价值。检察机关在审查起诉中的量刑建议活动只有遵循量刑规律，遵守量刑建议的相关规定，才能提高量刑建议的规范化。

（二）关于量刑证据的收集与审查

第二条主要是规范量刑证据的收集、审查、移送工作。全面收集、审查、移送量刑证据是实现量刑公正的前提，为转变实践中存在的重定罪证据轻量刑证据的倾向，第一款规定，侦查机关、检察机关应当依照法定程序，全面收集、审查、移送证明犯罪嫌疑人、被告人犯罪事实、量刑情节的证据。

第二款是新增条款，是关于财产刑的相关规定。实践中，司法机关对于财产刑适用的重视还不够，往往注重对犯罪构成证据的收集取证，忽视对犯罪嫌疑人财产状况的调查，这为罚金刑量刑建议的提出和判决造成了障碍。特别是认罪认罚从宽制度确立后，刑事诉讼法明确规定，量刑建议包括主刑、附加刑和刑罚执行方式，这就要求重视对罚金刑量刑建议的提出。罚金刑量刑建议的提出应当根据案件具体情况及犯罪嫌疑人、被告人财产状况，综合考虑其缴纳罚金的能力，依法提出。考虑到对财产状况的调查往往难度较大、历时较久，检察机关的手段有限、办案期限较短，由侦查机关调查更为合适，因此该款规定，对于法律规定并处或者单处财产刑的案件，侦查机关应当根据案件情况对被告人的财产状况进行调查，并向检察机关移送相关证据材料；检察机关应当审查并向法院移送相关证据材料。

第三款也是新增条款，主要是对引导侦查机关全面收集量刑证据的规定。根据规定，检察机关在审查起诉时发现侦查机关应当收集而未收集量刑证据的，可以退回侦查机关补充侦查，也可以自行侦查；检察机关退回补充侦查的，侦查机关应当按照检察机关退回补充侦查提纲的要求及时收集相关证据。检察官在办案时要注意防止证据收集不及时而灭失，充分发挥引导侦查的职能作用，退回补充侦查的，要制作详细的取证提纲。同时，也要注意考量退回补充侦查的必要性，对于易调取的证据，可以通过自行侦查等方式予以调取，增强检察机关收集量刑证据的主动性和灵活性，减少不必要的程序回流，有效降低“案－件比”。

（三）关于社会调查评估

第三条系新增条款，明确了司法机关委托社区矫正机构开展社会调查评估的程序，以及社会调查评估在决定非羁押刑罚中的定位。

一是重申检察机关有权委托社区矫正机构开展社会调查评估。根据刑法、刑事诉讼法的规定，对被判处管制、宣告缓刑、假释或者暂予监外执行的罪犯，依法实行社区矫正。社区矫正法第十七条没有将检察机关列为社区矫正决定机关，一些地方对检察机关是否能够委托社区矫正机构开展社会调查评估产生了分歧，对管制、缓刑量刑建议的提出及认罪认罚从宽制度的落实产生了一定影响。对此，最高人民检察院高度重视，通过多个渠道积极反映并得到中央有关部门一致认同。《量刑程序意见》第三条第一款明确规定，对于可能判处管制、宣告缓刑的案件，侦查机关、检察机关、法院均可以委托社区矫正机构或者有关社会组织进行调查评估，该条第二款还进一步对社区矫正机构落实侦查机关、检察机关或法院的调查评估委托作出了要求。“两高三部”对检察机关有权委托社会调查评估的意见是一以贯之且明确的，各地在执行过程中，应当加强与相关部门的沟通，落实好相关规定。

二是社会调查评估意见是判处管制或宣告缓刑的重要参考，但非必要前提。第三条第三款明确，社会调查评估不是判处管制和宣告缓刑的必要条件，同理，检察机关提出缓刑或者管制的量刑建议，也不以社区调查评估为必要前提。实践中，有些案件，特别是适用速裁程序审理的轻微案件，可能在十天甚至几天内就审结提起公诉，社区矫正机构往往尚未对能否社区矫正回复意见，但是其他证据可以证明符合宣告缓刑条件的，不影响检察机关根据在案证据提出判处管制或宣告缓刑的量刑建议。

（四）关于宣告禁止令和从业禁止

第四条系新增条款，主要是适应《刑法修正案（八）》《刑法修正案（九）》新增禁止令和从业禁止的规定，规范禁止令和从业禁止建议的提出与判罚，与法律规定相衔接。基于有效预防犯罪的需要，特别是对与职业相关的犯罪，如危害食品药品安全，生产、销售伪劣商品，妨害对公司、企业的管理秩序等犯罪，不能“一判了之”，检察机关在对相关犯罪提起公诉时，要积极提出适用禁止令和从业禁止的建议。提出禁止令和从业禁止的建议前，要认真听取犯罪嫌疑人及其辩护人或者值班律师的意见。对于法院判处的禁止令和从业禁止刑罚有无得到有效执行，也需要开展跟踪监督。

（五）关于提出量刑建议的条件

第五条为新增条款，对提出量刑建议的条件进行了明确和细化。

一是对检察机关提出量刑建议的原则性规定。重申了被告人认罪认罚的案件，检察机关应当提出量刑建议。笔者认为，符合提出条件的，应尽量提出量刑建议，以利于量刑的规范化。对于非认罪认罚案件，鉴于被告人存在辩解，庭审中证据发生变化的可能性较大，量刑建议可以以幅度刑为主。

二是对提出量刑建议的条件予以细化。检察机关提出量刑建议的案件，必须犯罪事实和量刑情节均已查清。检察机关要秉承客观公正的立场全面收集、审查各种量刑证据。实践中酌定量刑情节、从宽量刑情节容易被忽略，检察官要及早关注，注意听取犯罪嫌疑人、辩护人、值班律师意见，鼓励犯罪嫌疑人、被告人及早提出对其有利的量刑情节，避免庭审中因提出新的量刑情节导致量刑建议的调整或者程序的转换，影响诉讼效率。对于不影响定罪量刑的其他情节，不要求全部查清。

（六）关于量刑建议的内容与要求

第六条主要规范量刑建议的内容与要求。对于主刑由原来的“应当具有一定幅度”改为“可以具有一定的幅度，也可以根据案件具体情况，提出确定刑期的量刑建议”。建议判处财产刑的，可以提出确定的数额，对量刑建议的精准化提出了更高的要求。

需要注意的是，《量刑程序意见》是对量刑活动的原则性规定，针对的是检察机关提起公诉的所有刑事案件，既包括认罪认罚案件，也包括其他案件。因此，为兼顾不适用认罪认罚从宽制度的案件，对量刑建议作出了可以具有一定的幅度，也可以提出确定刑期的较为原则的规定，但认罪认罚案件量刑建议是在此原则下适用更为具体、特殊条文的规定。理解该条不要忽视《量刑程序意见》前后条文的衔接呼应，《量刑程序意见》第二十七条专门对认罪认罚案件量刑建议适用《认罪认罚指导意见》的规定予以重申，即办理认罪认罚案件，检察机关一般应当提出确定刑量刑建议；对新类型、不常见犯罪案件，量刑情节复杂的重罪案件等，也可以提出幅度刑量刑建议。此外，要坚持量刑建议精准化的发展方向，对于不适用认罪认罚从宽制度的案件，根据案件的具体情况，也可以提出确定刑期的量刑建议以及确定数额的财产刑建议等。

（七）关于提出量刑建议的依据

第七条主要是规范量刑建议的提出依据。2014 年最高人民法院首次公布《关于常见犯罪的量刑指导意见》，后经修订完善，形成了对量刑的基本方法、常见量刑情节的适用、15 个常见犯罪的量刑标准的细化规定，为量刑活动提供了可量化的方法和标准。在总结经验的基础上，根据工作需要，最高人民法院、最高人民检察院拟在《刑法修正案（十一）》出台后，联合制发新的量刑指导意见。各省级检察院、法院可据此陆续制定本地区关于常见犯罪量刑的实施细则，对上述规定予以细化。这些规范性文件都是提出量刑建议的基本遵循，也是量刑活动最重要的指导标准。对于新类型、不常见犯罪案件，如何提出量刑建议，可以参照相关量刑规范提出，如可以参照相关司法解释、规范性文件中有关量刑的规定，参照指导性案例等。

该条还规定提出量刑建议应当说明理由和依据。量刑建议说理一直是量刑建议精准化的重要要求，有利于规范量刑建议活动，有利于法官采纳量刑建议；认罪认罚案件中，还有利于促进量刑协商一致，减少具结反悔。检察官应当重视对量刑建议的说理。对于说理的方式方法、详略程度，司法实践中还应加强探索，达到有效说理与保障诉讼效率间的平衡。对于适用速裁程序审理的案件，鉴于事实清楚、案情简单，可以简化说理。

（八）关于量刑建议的提出方式

第九条规范的是量刑建议的提出方式，主要有两种方式：一种是单独制作量刑建议书，另一种是在起诉书中写明量刑建议，后者主要是针对简单的适用速裁程序审理的案件。这也是总结了认罪认罚从宽制度试点以来的做法，适用速裁程序审理的案件事实清楚、证据确实充分，实践中出现变化的可能性较小，量刑建议在起诉书中载明简化了文书，有利于提高诉讼效率。而对于适用普通程序、简易程序审理的案件，由于案情、量刑情节相对复杂、易变，则可以制作量刑建议书，提出更有利于量刑建议说理和作出调整。

（九）关于量刑证据庭审举证方式

第十六条为新增条款，是关于量刑证据庭审举证方式的规定。分别从量刑证据举证一般要求和复杂案件举证两个方面作出规定。第一款规定了法庭调查中，公诉人可以根据案件情况合理安排和调整举证顺序，以及“先出示定罪证据，后出示量刑证据”的原则。第二款对有数起犯罪事实的较为复杂的案件作出规定，对于有数起犯罪事实的案件的量刑证据，可以在对每起犯罪事实举证时分别出示，也可以对同类犯罪事实一并出示。近年来发案量较大的涉众型案件，证据多、类型同一，如退赃的证据，由于受害人众多，有时难以一一对应具体某笔事实的赃款，有时一一列举耗时太久不现实。对此允许一并出示证据更符合司法实践，规定可以以一组量刑证据一并举证对应多笔事实，更有利于检察机关指控犯罪和庭审集中审理。

（十）关于量刑建议的采纳与调整

第二十三条规范了法院对量刑建议的采纳与量刑建议的调整。第一款明确了采纳量刑建议的标准，对于事实清楚，证据确实、充分，指控的罪名准确，量刑建议适当的，法院应当采纳。“应当采纳”意味着必须采纳，没有例外。第二款规定对量刑建议的调整程序。

需要强调的是，第二十三条的规定是针对所有刑事案件而言的，量刑建议的采纳标准和调整程序是原则性规定，准确地说是针对认罪认罚以外案件的规定，因此在采纳标准和调整程序上都与认罪认罚案件体现出了差别。对于认罪认罚案件量刑建议采纳标准和调整程序的要求，《量刑程序意见》第二十七条予以重申，仍然适用《认罪认罚指导意见》，即法院经审理，认为量刑建议明显不当，或者被告人、辩护人对量刑建议有异议且有理有据的，法院应当告知检察机关，检察机关可以调整量刑建议；法院认为调整后的量刑建议适当的，应当予以采纳；检察机关不调整量刑建议或者调整后仍然明显不当的，法院应当依法作出判决。

（十一）关于认罪认罚案件的量刑建议

第二十七条主要是明确《量刑程序意见》与《认罪认罚指导意见》之间的关系。《量刑程序意见》是针对所有刑事案件的规范，兼顾了认罪认罚案件与非认罪认罚案件的特点，相对较为原则。而办理认罪认罚案件，则需要按照《认罪认罚指导意见》的规范要求进行。

此外，《量刑程序意见》还规范了法院的量刑庭审程序，包括法庭审理应当保障量刑程序的相对独立性；适用认罪认罚从宽制度的速裁、简易和普通程序案件，庭审应当简化，主要围绕量刑展开；明确法庭调查和法庭辩论环节一般遵循先定罪后量刑的审理顺序；规定控辩双方无异议的有利于被告人的补充证据可以进行庭外核实；法庭辩论诉讼各方发表意见的顺序；等等。

三、适用中需要注意的问题

量刑建议是法律赋予检察机关的一项重要职责，实践中许多检察官对这项工作还不太熟悉，特别是提出确定刑量刑建议的能力还不适应这项工作，《量刑程序意见》是规范量刑程序的重要业务规范性文件，检察机关应当认真学习贯彻。

（一）切实提高对量刑建议工作重要性的认识

回顾量刑程序不断发展完善的过程，检察机关的量刑建议权经历了从无到有，从粗放到精准，从弱到强的演变。特别是 2018 年刑事诉讼法确立认罪认罚从宽制度，量刑建议从可有可无到必不可少，法律层面确立了量刑建议的重要意义。

在认罪认罚从宽制度的适用中，量刑建议具有程序启动的先决作用，是控辩双方合意的结果，对法院的判决具有法定的约束力。可以说，检察机关量刑建议的质量直接影响认罪认罚从宽制度的推进和实施，直接影响检察机关的司法权威和公信力。各级检察机关特别是刑事检察人员务必高度重视量刑建议权的重要意义和价值。

（二）加强学习培训，全面提升量刑建议能力

2010年起全国检察机关全面推开量刑建议工作，但实践中办案人员普遍对量刑建议的重视程度不够，对法院量刑规律研究不够，对量刑方法掌握不够，且不够规范和精准。认罪认罚从宽制度实施以来，量刑建议成为控辩审三方关注的一大焦点，不少检察官明显感觉到自身量刑建议的能力不足。

实践中，要高度重视量刑建议方面的专题培训，邀请资深法官、优秀检察官上台讲课，把量刑的规律、方法弄懂学透，将量刑建议的具体规则烂熟于心。各省级检察院要不断总结相关规范落实中存在的问题，加强研究指导，对一些共性问题也可以提交最高人民检察院共同研究。检察官也需要不断加强学习，尽快补齐短板，确保提出的量刑建议精准、合理，能让被告人信服，让法官采纳。

（三）借助量刑智能辅助系统提高量刑建议的精准度

最高人民检察院与最高人民法院有关部门正在积极沟通协商，共同推广量刑智能辅助系统，通过嵌入业务系统，为检察官量刑建议工作提供最直观的指引。目前，已开始部署量刑智能辅助系统在部分地区试点，希望试点省份能用尽用，多用多试，积累经验，反馈情况。各地要及时总结量刑智能辅助系统应用中存在的问题及经验做法，不断提升其智能化水平，促进量刑建议工作创新发展。

最高人民检察院
人民检察院羁押听证办法

（2021 年 4 月 8 日最高人民检察院第十三届检察委员会第六十五次会次通过 2021 年 8 月 17 日公布并施行）

第一条 为了依法贯彻落实少捕慎诉慎押刑事司法政策，进一步加强和规范人民检察院羁押审查工作，准确适用羁押措施，依法保障犯罪嫌疑人、被告人的合法权利，根据《中华人民共和国刑事诉讼法》及有关规定，结合检察工作实际，制定本办法。

第二条 羁押听证是指人民检察院办理审查逮捕、审查延长侦查羁押期限、羁押必要性审查案件，以组织召开听证会的形式，就是否决定逮捕、是否批准延长侦查羁押期限、是否继续羁押听取各方意见的案件审查活动。

第三条 具有下列情形之一，且有必要当面听取各方意见，以依法准确作出审查决定的，可以进行羁押听证：

（一）需要核实评估犯罪嫌疑人、被告人是否具有社会危险性，未成年犯罪嫌疑人、被告人是否具有社会帮教条件的；

（二）有重大社会影响的；

（三）涉及公共利益、民生保障、企业生产经营等领域，听证审查有利于实现案件办理政治效果、法律效果和社会效果统一的；

（四）在押犯罪嫌疑人、被告人及其法定代理人、近亲属或者辩护人申请变更强制措施的；

（五）羁押必要性审查案件在事实认定、法律适用、案件处理等方面存在较大争议的；

（六）其他有必要听证审查的。

第四条 羁押听证由负责办理案件的人民检察院组织开展。

经审查符合本办法第三条规定的羁押审查案件，经检察长批准，可以组织羁押听证。犯罪嫌疑人、被告人及其法定代理人、近亲属或者辩护人申请羁押听证的，人民检察院应当及时作出决定并告知申请人。

第五条 根据本办法开展的羁押听证一般不公开进行。人民检察院认为有必要公开的，经检察长批准，听证活动可以公开进行。

未成年人案件羁押听证一律不公开进行。

第六条 羁押听证由承办案件的检察官办案组的主办检察官或者独任办理案件的检察官主持。检察长或者部门负责人参加听证的，应当主持听证。

第七条 除主持听证的检察官外，参加羁押听证的人员一般包括参加案件办理的其他检察人员、侦查人员、犯罪嫌疑人、被告人及其法定代理人和辩护人、被害人及其诉讼代理人。

其他诉讼参与人，犯罪嫌疑人、被告人、被害人的近亲属，未成年犯罪嫌疑人、被告人的合适成年人等其他人员，经人民检察院许可，可以参加听证并发表意见。必要时，人民检察院可以根据相关规定邀请符合条件的社会人士作为听证员参加听证。

有重大影响的审查逮捕案件和羁押必要性审查案件的公开听证，应当邀请人民监督员参加。

第八条 决定开展听证审查的，承办案件的检察官办案组或者独任检察官应当做好以下准备工作：

（一）认真审查案卷材料，梳理、明确听证审查的重点问题；

（二）拟定听证审查提纲，制定听证方案；

（三）及时通知听证参加人员，并告知其听证案由、听证时间和地点。参加听证人员有书面意见或者相关证据材料的，要求其在听证会前提交人民检察院。

第九条 听证审查按照以下程序进行：

（一）主持人宣布听证审查开始，核实犯罪嫌疑人、被告人身份，介绍参加人员。

（二）告知参加人员权利义务。

（三）宣布听证程序和纪律要求。

（四）介绍案件基本情况、明确听证审查重点问题。

（五）侦查人员围绕听证审查重点问题，说明犯罪嫌疑人、被告人需要羁押或者延长羁押的事实和依据，出示证明社会危险性条件的证据材料。羁押必要性审查听证可以围绕事实认定出示相关证据材料。

（六）犯罪嫌疑人、被告人及其法定代理人和辩护人发表意见，出示相关证据材料。

（七）需要核实评估社会危险性和社会帮教条件的，参加听证的其他相关人员发表意见，提交相关证据材料。

（八）检察官可以向侦查人员、犯罪嫌疑人、被告人、辩护人、被害人及其他相关人员发问。经主持人许可，侦查人员、辩护人可以向犯罪嫌疑人、被告人等相关人员发问。社会人士作为听证员参加听证的，可以向相关人员发问。

（九）经主持人许可，被害人等其他参加人员可以发表意见。

（十）社会人士作为听证员参加听证的，检察官应当听取其意见。必要时，听取意见可以单独进行。

两名以上犯罪嫌疑人、被告人参加听证审查的，应当分别进行。

第十条 涉及国家秘密、商业秘密、侦查秘密和个人隐私案件的羁押听证，参加人员应当严格限制在检察人员和侦查人员、犯罪嫌疑人、被告人及其法定代理人和辩护人、其他诉讼参与人范围内。听证审查过程中认为有必要的，检察官可以在听证会结束后单独听取意见、核实证据。

第十一条 犯罪嫌疑人、被告人认罪认罚的，听证审查时主持听证的检察官应当核实认罪认罚的自愿性、合法性，并听取侦查人员对犯罪嫌疑人是否真诚认罪认罚的意见。

犯罪嫌疑人、被告人认罪认罚的情况是判断其是否具有社会危险性的重要考虑因素。

第十二条 听证过程应当全程录音录像并由书记员制作笔录。

听证笔录由主持听证的检察官、其他参加人和记录人签名或者盖章，与录音录像、相关书面意见等归入案件卷宗。

第十三条 听证员的意见是人民检察院依法提出审查意见和作出审查决定的重要参考。拟不采纳听证员多数意见的，应当向检察长报告并获同意后作出决定。

第十四条 检察官充分听取各方意见后，综合案件情况，依法提出审查意见或者作出审查决定。

当场作出审查决定的，应当当场宣布并说明理由；在听证会后依法作出决定的，应当依照相关规定及时履行宣告、送达和告知义务。

第十五条 人民监督员对羁押听证活动的监督意见，人民检察院应当依照相关规定及时研究处理并做好告知和解释说明等工作。

第十六条 参加羁押听证的人员应当严格遵守有关保密规定，根据案件情况确有必要的，可以要求参加人员签订保密承诺书。

故意或者过失泄露国家秘密、商业秘密、侦查秘密、个人隐私的，依法依纪追究责任人员的法律责任和纪律责任。

第十七条 犯罪嫌疑人、被告人被羁押的，羁押听证应当在看守所进行。犯罪嫌疑人、被告人未被羁押的，听证一般在人民检察院听证室进行。

羁押听证的安全保障、技术保障，由本院司法警察和技术信息等部门负责。

第十八条 本办法自公布之日起施行。

《人民检察院羁押听证办法》的理解与适用*

张晓津 刘中琦**

为深入贯彻《中共中央关于加强新时代检察机关法律监督工作的意见》，落实少捕慎诉慎押刑事司法政策，进一步加强和规范检察机关羁押审查工作，准确适用羁押措施，依法保障犯罪嫌疑人、被告人的合法权利，根据刑事诉讼法及有关规定，结合检察工作实际，最高人民检察院第十三届检察委员会第六十五次会议讨论通过了《人民检察院羁押听证办法》（以下简称《办法》），于 2021 年 8 月 17 日起施行。为便于司法实践中准确理解和正确适用，现就《办法》起草背景和重点内容解读说明如下。

一、《办法》出台的背景

第一，顺应经济社会发展的需要。改革开放以来，伴随着中国经济发展取得的举世瞩目的成就，我国社会主要矛盾也发生了深刻变化，人民群众对美好生活的向往从“有没有”到“好不好”提升，对民主、法治、公平、正义、安全、环境等有了更高的期待和需求，不仅关注自身的权利，还关注他人的权利保障，关注社会公平正义；不仅关注公平正义是否实现，还关注“是否以人们看得见的方式实现”。羁押制度也需要与经济社会发展相适应，努力满足人民群众更高水平的法治需求。

第二，适应法治现代化的需要。人身自由是每一个公民享有的最基本权利。根据宪法第三十七条的规定，为实现对人身自由的宪法保护，在不得不对犯罪嫌疑人采取羁押这一最严厉的强制措施时，羁押权的行使就必须严格遵守正当程序原则、受到严格的司法审查。因此，审查逮捕权被公认为一项司法审查权力。联合国《公民权利和政治权利国际公约》第九条第三项明确规定：“任何因刑事指控被逮捕或拘禁的人，应被迅速带见审判官或其他经法律授权行使司法权力的官员。”从世界各国的羁押立法看，对审前羁押一般采取司法审查制，对审前程序进行诉讼形态设计，使之形成侦辩对抗、由司法官居中裁决的格局。① 正如有学者所言，审查逮捕权是司法权，关系到公民人身自由这一宪法基本权利，应当以司法的方式进行，由独立、中立的审查主体，在听取

---

* 原文载《人民检察》2022 年第 4 期。

** 作者单位：最高人民检察院第一检察厅。

① 参见孙谦：《司法改革背景下逮捕的若干问题研究》，载《中国法学》2017 年第 3 期。

羁押行为的利益方和不利益方双方的意见后公正作出决定。①

从我国的逮捕制度和实践看，审查逮捕是检察机关诸职能中最具司法属性的一项，但以往长期采取书面、单方、封闭的行政化审查方式，信息来源单向，缺乏有效救济，司法属性不彰，招致不少批评。② 我们认为，审查逮捕的司法化需要具有四个特征：一是“兼听”。不再是检察官与公安机关单方沟通，侦查、审查逮捕流水线式作业，而是由检察官在充分听取各方意见后慎重作出审查逮捕决定。二是“中立”。检察官不预设立场，秉持客观中立，在充分评判各方意见基础上，根据相关证据材料居中裁断。三是“亲历”。检察官应当亲身经历案件审查的全过程，直接接触和审查影响逮捕决定作出的各类证据，直接听取诉讼参与人的言词陈述，而不能依靠听取汇报或书面阅卷断案。四是“可救济”。有权利则必有救济，对于被羁押的犯罪嫌疑人、被告人，应当赋予其以某种方式寻求救济的权利。从世界范围看，这种救济方式包括提起上诉、申请保释、司法复查以及羁押必要性审查等。③

第三，适应司法实践的需要。一方面，我国的犯罪形势已经发生了重大变化，全国刑事案件总量增长的情况下，重罪案件行为人从 1999 年的 16.2 万人下降至 2020 年的 3.9 万人，占比从 19.6% 下降至 3.1%。八类严重暴力犯罪发案数自 2009 年以来 10 年连降，2019 年公安机关严重暴力犯罪立案数同比下降 10.3%，仅占 2012 年的 1/3。与之相反，被判处三年有期徒刑以下刑罚的轻罪案件人数占比从 1999 年的 54.6% 上升至 2020 年的 87.3%。另一方面，宽严相济刑事政策自 2005 年提出后已逐步深入人心，与之相应的司法制度改革取得了明显成效，认罪认罚从宽制度写入刑事诉讼法并得到有效贯彻，少捕慎诉慎押司法理念上升为一项刑事司法政策。随着犯罪形势的变化，刑事政策的调整，以及犯罪控制和侦查取证能力水平明显提升等，亟须重新审视羁押的适用问题，确立与犯罪治理现代化相适应的新的理念和政策措施。

二、羁押听证制度溯源和《办法》的起草制定过程

《办法》规定的羁押听证起源于检察机关就审查逮捕方式探索开展的诉讼化、司法化改革，目的是通过改变传统的审查逮捕单方审、书面审、封闭审，行政审批色彩浓厚，司法审查属性不彰，犯罪嫌疑人权利保障不到位等问题，构建一种检察官居中裁断，侦查机关、辩护律师充分参与的司法审查程序，实现逮捕司法属性的回归和人权司法保障的完善。大致分为三个阶段。

① 参见龙宗智：《审查逮捕程序宜坚持适度司法化原则》，载《人民检察》2017 年第 10 期。

② 参见龙宗智：《审查逮捕程序宜坚持适度司法化原则》，载《人民检察》2017 年第 10 期。

③ 参见陈瑞华：《比较刑事诉讼法》，中国人民大学出版社 2010 年版，第 310—315 页。

（一）第一阶段：2000年到2012年刑事诉讼法修改，推动立法完善

1．改革推进

2000年，为回应学术界对检察机关行使审查逮捕权的质疑，针对1997年刑事诉讼法（包括1999年最高人民检察院《人民检察院刑事诉讼规则》）中关于逮捕审查仅“审阅案卷材料，制作阅卷笔录，提出审查意见”的单方、书面审模式，最高人民检察院在《检察改革三年实施意见》中提出“在审查逮捕、审查起诉中要听取有关机关和诉讼参与人的意见”。2005年《关于进一步深化检察改革的三年实施意见》、2009年《关于深化检察改革2009—2012年工作规划》均对此项改革作出部署。之后，上海等地大胆创新，围绕审查逮捕的诉讼化开展了试点探索。

2．立法确认

经过10年探索积累，在检察机关的积极推动下，2010年最高人民检察院与公安部联合下发《关于审查逮捕阶段讯问犯罪嫌疑人的规定》（已失效），要求“人民检察院办理审查逮捕案件，必要时应当讯问犯罪嫌疑人，公安机关应当予以配合”。这是审查逮捕程序诉讼化转型的改革成果第一次被正式写入检察机关和公安机关联合下发的规范性文件中。以此为基础，为保证检察机关正确行使审查逮捕权，防止错误逮捕，2012年修改后的刑事诉讼法全面吸收了这一审查逮捕诉讼化转型的制度成果，规定“人民检察院审查批准逮捕，可以讯问犯罪嫌疑人；有下列情形之一的，应当讯问犯罪嫌疑人……”。至此，逮捕案件审查模式从单方行政审批到两造参与的结构性调整得到立法确认。

（二）第二阶段：2012年刑事诉讼法实施到2018年刑事诉讼法再次修改，为解决封闭审问题探索积累实践和制度经验

随着2012年刑事诉讼法的实施以及实践探索的不断深入，当面听取意见的审查逮捕程序改革进一步得到实务界和理论界的认可，2013年召开的全国检察机关第四次侦查监督工作会议在总结上海等地“审查逮捕方式司法化”经验基础上，明确提出要“探索公开审查案件的办案方式，对于符合条件的案件，可以试行公开听取侦查人员、犯罪嫌疑人及其辩护人、被害人及其诉讼代理人意见的审查方式”。

2016年，最高人民检察院发布的《“十三五”时期检察工作发展规划纲要》明确提出“围绕审查逮捕向司法审查转型，探索建立诉讼式审查机制”。自2016年起，最高人民检察院原侦查监督厅联合中国人民大学诉讼制度与司法改革研究中心，将“审查逮捕听证”作为审查逮捕诉讼化转型的具体形式，在上海、江苏、安徽、广东、重庆和四川等六省（市）检察机关陆续开展了

改革试点工作（2018 年最高检内设机构改革后，该项工作由第一检察厅牵头负责）。各地在创新开展逮捕听证实践的基础上，积极推进相关制度机制的健全完善，为检察机关及时有力应对“我国经济社会发展呈现新的特征”给逮捕强制措施适用带来的“一系列新挑战”[①] 积累了实践和制度经验。

（三）第三阶段：2018 年检察机关推进“捕诉一体”办案机制改革至今，羁押听证进入制度化、规范化新阶段

1. 写入《人民检察院刑事诉讼规则》的羁押听证

实行“捕诉一体”办案机制给检察机关依法行使审查逮捕权带来了新的历史机遇和挑战。特别是改革伊始，学术界和实务界对“捕诉一体”后审查逮捕丧失独立地位和价值、依附于审查起诉、审查流于形式存在一些担忧和质疑。为积极回应这些担忧和质疑，切实加强审查逮捕工作，2018 年最高人民检察院《2018—2022 年检察改革工作规划》中再次明确，要“建立有重大影响案件审查逮捕听证制度，健全讯问犯罪嫌疑人、听取辩护人意见工作机制”。随后，2019 年 12 月修订《人民检察院刑事诉讼规则》时，分别在审查批准逮捕一节中增加了第二百八十一条，“对有重大影响的案件，可以采取当面听取侦查人员、犯罪嫌疑人及其辩护人等意见的方式进行公开审查”；在羁押必要性审查一节中增加第五百七十七条第二款，“必要时，可以依照有关规定进行公开审查”。这是羁押听证制度第一次在司法解释文件中得到确认。

2. 写入《人民检察院审查案件听证工作规定》的羁押听证

2020 年 10 月，最高人民检察院印发的《人民检察院审查案件听证工作规定》对审查逮捕听证、羁押必要性审查听证作出进一步规定。自《人民检察院审查案件听证工作规定》实施以来，各地检察机关积极开展审查逮捕听证、羁押必要性审查听证工作，为羁押听证的进一步制度化、规范化积累了实践样本，同时也提出了新的制度需求。

3.《办法》中的羁押听证

在系统总结各试点地方好的经验做法、好的制度建设基础上，在《人民检察院刑事诉讼规则》《人民检察院审查案件听证工作规定》的制度规范框架下，我们对羁押听证工作进行了进一步的制度化、规范化。在起草制定《办

---

① 随着我国经济社会发展呈现新的特征，逮捕这一强制措施的适用面临着一系列新挑战：一是以审判为中心的刑事诉讼制度改革，全面提升了适用逮捕的证据要求；二是司法责任制的落实，给适用逮捕的方式提出了新的挑战；三是网络信息时代重大、敏感案件适用逮捕的舆情挑战；四是刑事犯罪形态的新变化增加了逮捕司法决断的难度。参见孙谦：《司法改革背景下逮捕的若干问题研究》，载《中国法学》2017 年第 3 期。

法》过程中，我们广泛听取、充分吸收各地检察机关、公安机关、司法行政机关、律师代表以及国内知名专家学者的意见，又对相关问题作了深入研究论证，最终形成了目前发布实施的《办法》。

三、需要重点说明的问题

《办法》共十八条，从目的依据、概念内涵、听证范围、参加人员、启动方式、听证程序、保密责任、听证保障等对包括逮捕听证、羁押必要性审查听证和延长侦查羁押期限审查听证在内的羁押听证作了系统、全面的规定。

（一）关于羁押听证的目的

一是贯彻落实少捕慎诉慎押刑事司法政策，依法保障犯罪嫌疑人、被告人的合法权利，减少不必要羁押。二是通过加强和规范检察机关羁押审查工作，准确适用羁押措施。需要强调的是，贯彻落实少捕慎诉慎押刑事司法政策推进羁押听证，绝不能把羁押听证错误理解为“不羁押前的听证”。从前期各地试点和2021年开展的羁押必要性审查专项活动情况看，采取羁押听证的案件，检察机关更多地作出了不羁押的决定，专项活动中的听证后不羁押率达到80%以上，逮捕听证试点中的不捕率也明显高于其他案件，但这种较高的不羁押率，一方面是对目前过高羁押率和羁押倾向的修正，另一方面也是各地在探索羁押听证过程中对听证目的理解把握存在一些偏差造成的。审查逮捕不是一捕了之、一押到底，羁押听证也不是一听就放、要放才听。通过听证审查加强和规范检察机关羁押审查工作，根本目的在于通过听证审查准确把握犯罪嫌疑人的社会危险性和羁押必要性，准确适用羁押措施，在保障诉讼顺利进行、保障侦查取证必需的前提下，该捕的捕、该放的放。

（二）关于羁押听证的概念

羁押审查是审前程序中对侦查权实现有效控制和监督制约的重要方式，更是对犯罪嫌疑人人身自由权的司法裁量，应当贯彻司法审查原则，在充分听取犯罪嫌疑人及其辩护人意见的基础上，构建一种有侦查机关、犯罪嫌疑人、辩护律师充分参与，检察官居中裁断的司法审查程序。审查逮捕、审查延长侦查羁押期限、羁押必要性审查都属于审查决定是否剥夺或继续剥夺犯罪嫌疑人、被告人人身自由的重要司法审查程序，应当一并作为羁押审查案件纳入可以采取听证审查的案件类型范围。同时，为了更加规范、简洁地概括3种涉及羁押强制措施适用的听证审查活动，经研究并征求专家学者意见，《办法》使用了“羁押听证”的概括表述。

（三）关于羁押听证的范围

总的考虑，一方面，羁押审查案件的办案期限普遍比较紧张，如审查批准逮捕应当在七日内作出决定、提请延长侦查羁押期限的案件由侦查机关于期限届满七日前提请、羁押必要性审查案件应当在立案后十个工作日以内作出决定，因此大范围地开展听证不具有可操作性，应当适当限定范围，突出确有必要、重大影响的情形。另一方面，从目前检察机关办理的羁押审查案件情况看，不是所有的羁押案件都需要以听证形式开展审查。承办检察官经审查并依法听取犯罪嫌疑人、辩护律师意见，对于是否需要逮捕或继续羁押不存在疑虑的，当捕则捕，当放则放，不需要以听证形式进行审查。只有承办检察官初步审查后认为确有必要的，可以根据案件情况，依照《办法》开展听证审查，帮助检察官依法准确作出审查决定，确保案件办理效果。

（四）关于羁押听证的不公开原则

检察机关推进扩大非羁押强制措施的适用，在更高水平上保障人权的同时，也应保障刑事诉讼的顺利进行，兼顾保障刑事诉讼惩罚犯罪目的的实现。检察机关办理的羁押审查案件中，95%以上发生在侦查阶段，这要求羁押审查必须尊重侦查规律、保障办案需要，在根据案件具体情况开展羁押听证时，应充分考虑案件处于侦查阶段这一特点，对侦查秘密、当事人隐私等予以有效保护。不能为了听证而听证，为了公开而公开。只有在公开听证确有必要，且不影响侦查办案、不影响诉讼进展的前提下，承办检察官认为公开进行听证审查能够取得更好的政治效果、法律效果和社会效果时，报经检察长批准后才可以进行公开听证审查。

（五）关于羁押听证的参加人员

除检察官外，参加羁押听证的人员一般包括侦查人员、犯罪嫌疑人、被告人及其法定代理人和辩护人、被害人及其诉讼代理人，即羁押听证的“双方当事人”。需要特别说明的是，如何理解《办法》关于“邀请符合条件的社会人士作为听证员参加听证”的规定。

羁押听证的听证，最初即为司法审判程序中的听审，经西方国家的立法、行政程序司法化而进入立法、行政执法领域，再由我国行政处罚法立法引入后，近年来被检察机关吸收借鉴。1996年行政处罚法首次以法律的形式确立了听证制度，并在立法说明中将我国的听证制度明确定位为“申辩制度”。即当行政机关作出的决定不利于当事人时，应该给当事人提供一个机会，让他自己去申辩，提出自己的看法，并为他提供陈述理由、发表意见的机会，以此保障当事人的合法权益。[①] 围绕听证制度的这一核心功能和目的，二十多年来我

① 参见李娜：《听证程序首次进入中国法律》，载《中国律师》1996年第5期。

国的行政程序立法对听证制度不断地健全完善，其中对听证员的定位主要包括以下两个方面：一是听证主持人即听证员。例如，2020年自然资源部《自然资源听证规定》规定，“听证设听证主持人，在听证员中产生；但须是听证机构或者经办机构的有关负责人”。二是听证员应为行政机关工作人员。2018年海关总署《海关行政许可听证办法》将其限定为“审查该行政许可申请的员以外的工作人员”。

羁押听证属于司法听证范畴，刑事诉讼法关于“听取意见”的规定是其规范依据。其与行政听证在适用对象等方面有所不同，但从听证的机理和功能上一致，即在作出是否羁押的决定前“给当事人提供申辩、陈述理由、发表意见的机会”，这也是检察机关行使检察裁量权的一种重要方式。因此，我们认为，主持羁押听证的检察官和承办检察官是当然的羁押听证员。由检察官、侦查人员、犯罪嫌疑人、被告人组成的三方结构，已经充分满足羁押听证制度的诉讼化结构要求，能够保障犯罪嫌疑人、被告人诉讼权利，实现羁押审查诉讼化改造功能和价值。

同时，对于有重大争议或者重大社会影响的羁押审查案件，检察机关在以听证方式实现两造对立、居中审查的基础上，认为需要更广泛听取社会意见，通过更广泛的社会参与达到释法说理、化解矛盾、提升公信的目的，可以邀请社会人士作为听证员参加听证。

（六）关于羁押听证的程序

为有效发挥听证作用，检察官应在开展听证审查前认真审查案卷材料，整理、明确审查决定是否羁押的重点、焦点问题，并拟定审查提纲。同时，为确保听证效率、效果，听证参加人有书面意见和相关证据材料的，应于听证前提交检察机关审查。

羁押听证程序突出羁押审查案件特点，同时参考了法院庭审和行政机关听证程序。检察官宣布审查开始后，需明确审查焦点；然后由侦查人员围绕听证审查重点问题，说明犯罪嫌疑人、被告人需要羁押或者延长羁押的事实和依据，出示证明社会危险性条件的证据材料；而后由犯罪嫌疑人、被告人及其法定代理人和辩护人发表意见，出示、提交相关证据材料。参与各方可在检察官的引导下依次发表意见。

（七）关于羁押听证的保密要求

在刑事案件侦查阶段，保守侦查秘密是保障刑事诉讼顺利进行和打击犯罪的当然需要，羁押审查案件大都处于侦查阶段，有必要对侦查秘密予以保护。对于可能泄露侦查秘密、影响案件办理的，不得以听证方式审查办理；开展羁押听证过程中，如果发现涉及侦查秘密，不应被犯罪嫌疑人、辩护人知悉的证据材料和相关意见，检察官可以单独与侦查人员或辩护律师核实，或要求相关人员签署保密协议。确有听证必要的涉及国家秘密、商业秘密和个人隐私（包括未成年人）的案件，应当严格将听证参加人限制在必要的诉讼参与人范围内，不再另行邀请听证员和人民监督员参加。听证参加人泄露秘密，影响刑事诉讼顺利进行的，应当承担相应的法律责任。从试点情况看，通过健全相关保密措施能够有效保护侦查秘密，保障诉讼顺利进行。

四、关于《办法》的推进落实

受“口供至上”“由人到供”“由供到证”等传统办案习惯影响，我国的刑事诉讼活动一定程度存在“构罪即捕”“以捕代侦”“一押到底”的问题。要改变和纠正原有的对逮捕羁押强制措施的过度依赖、过多适用，对司法机关来说，是一个从理念到制度到能力的系统工程，对社会大众来说，也需要一个更新理念、逐步理解的过程。下一步，最高人民检察院将努力打好非羁押“组合拳”：

在顶层设计上，按照中央全面依法治国委员会工作部署，会同最高人民法院、公安部、国家安全部、司法部共同就推进落实少捕慎诉慎押刑事司法政策起草出台指导性意见，推动中央政法机关统一理念认识，形成政法合力。

在探索创新上，最高人民检察院从2020年底，在北京、河北、山西等12个省（市）部署了“降低羁押率的有效路径与社会危险性量化评估”试点工作，各试点地区围绕非羁押强制措施的适用，积极探索建立了符合非羁押诉讼改革方向，具有较强可操作性、实践运行切实有效的羁押必要性审查制度体系。最高人民检察院将对各地的试点工作进行总结梳理，对其中已经成熟的、可复制可推广的经验做法，及时以制度规范的形式固定下来，推广到全国。

在制度保障上，进一步探索建立非羁押强制措施的动态跟踪制度。在监督公安机关强化对取保候审、监视居住监管的同时，健全完善正向激励机制和负向脱管惩戒机制，将犯罪嫌疑人被采取非羁押强制措施后的表现作为后续审查是否可以相对不起诉、附条件不起诉以及提出从宽量刑建议的参考依据。探索构建非羁押诉讼社会支持体系，加强与社区、派出所、村（居）委会以及犯罪嫌疑人所在单位的对接联系，推动社区、事业单位、公益组织参与非羁押人员监管。

在观念引领上，我们将选编发布非羁押典型案例，用好的典型案例教育引导政法干警和社会大众转变传统羁押理念、正确把握羁押标准、在羁押审查中落实宽严相济刑事政策、营造宽缓的社会舆论环境，助推提升社会治理体系和治理能力现代化水平。

最高人民检察院
人民检察院办理认罪认罚案件开展量刑建议工作的指导意见

（2021 年 11 月 15 日最高人民检察院第十三届检察委员会第七十八次会议通过　2021 年 12 月 3 日公布并施行）

为深入贯彻落实宽严相济刑事政策，规范人民检察院办理认罪认罚案件量刑建议工作，促进量刑公开公正，加强对检察机关量刑建议活动的监督制约，根据刑事诉讼法、人民检察院刑事诉讼规则等规定，结合检察工作实际，制定本意见。

第一章　一般规定

第一条　犯罪嫌疑人认罪认罚的，人民检察院应当就主刑、附加刑、是否适用缓刑等提出量刑建议。

对认罪认罚案件，人民检察院应当在全面审查证据、查明事实、准确认定犯罪的基础上提出量刑建议。

第二条　人民检察院对认罪认罚案件提出量刑建议，应当坚持以下原则：

（一）宽严相济。应当根据犯罪的具体情况，综合考虑从重、从轻、减轻或者免除处罚等各种量刑情节提出量刑建议，做到该宽则宽，当严则严，宽严相济，轻重有度。

（二）依法建议。应当根据犯罪的事实、性质、情节和对于社会的危害程度等，依照刑法、刑事诉讼法以及相关司法解释的规定提出量刑建议。

（三）客观公正。应当全面收集、审查有罪、无罪、罪轻、罪重、从宽、从严等证据，依法听取犯罪嫌疑人、被告人、辩护人或者值班律师、被害人及其诉讼代理人的意见，客观公正提出量刑建议。

（四）罪责刑相适应。提出量刑建议既要体现认罪认罚从宽，又要考虑犯罪嫌疑人、被告人所犯罪行的轻重、应负的刑事责任和社会危险性的大小，确保罚当其罪，避免罪责刑失衡。

（五）量刑均衡。涉嫌犯罪的事实、情节基本相同的案件，提出的量刑建议应当保持基本均衡。

第三条 人民检察院对认罪认罚案件提出量刑建议，应当符合以下条件：

（一）犯罪事实清楚，证据确实、充分；

（二）提出量刑建议所依据的法定从重、从轻、减轻或者免除处罚等量刑情节已查清；

（三）提出量刑建议所依据的酌定从重、从轻处罚等量刑情节已查清。

第四条 办理认罪认罚案件，人民检察院一般应当提出确定刑量刑建议。对新类型、不常见犯罪案件，量刑情节复杂的重罪案件等，也可以提出幅度刑量刑建议，但应当严格控制所提量刑建议的幅度。

第五条 人民检察院办理认罪认罚案件提出量刑建议，应当按照有关规定对听取意见情况进行同步录音录像。

第二章 量刑证据的审查

第六条 影响量刑的基本事实和各量刑情节均应有相应的证据加以证明。

对侦查机关移送审查起诉的案件，人民检察院应当审查犯罪嫌疑人有罪和无罪、罪重和罪轻、从宽和从严的证据是否全部随案移送，未随案移送的，应当通知侦查机关在指定时间内移送。侦查机关应当收集而未收集量刑证据的，人民检察院可以通知侦查机关补充相关证据或者退回侦查机关补充侦查，也可以自行补充侦查。

对于依法需要判处财产刑的案件，人民检察院应当要求侦查机关收集并随案移送涉及犯罪嫌疑人财产状况的证据材料。

第七条 对于自首情节，应当重点审查投案的主动性、供述的真实性和稳定性等情况。

对于立功情节，应当重点审查揭发罪行的轻重、提供的线索对侦破案件或者协助抓捕其他犯罪嫌疑人所起的作用、被检举揭发的人可能或者已经被判处的刑罚等情况。犯罪嫌疑人提出检举、揭发犯罪立功线索的，应当审查犯罪嫌疑人掌握线索的来源、有无移送侦查机关、侦查机关是否开展调查核实等。

对于累犯、惯犯以及前科、劣迹等情节，应当调取相关的判决、裁定、释放证明等材料，并重点审查前后行为的性质、间隔长短、次数、罪行轻重等情况。

第八条 人民检察院应当根据案件情况对犯罪嫌疑人犯罪手段、犯罪动机、主观恶性、是否和解谅解、是否退赃退赔、有无前科劣迹等酌定量刑情节进行审查，并结合犯罪嫌疑人的家庭状况、成长环境、心理健康情况等进行审查，综合判断。

有关个人品格方面的证据材料不得作为定罪证据，但与犯罪相关的个人品格情况可以作为酌定量刑情节予以综合考虑。

第九条 人民检察院办理认罪认罚案件提出量刑建议，应当听取被害人及其诉讼代理人的意见，并将犯罪嫌疑人是否与被害方达成调解协议、和解协议或者赔偿被害方损失，取得被害方谅解，是否自愿承担公益损害修复及赔偿责任等，作为从宽处罚的重要考虑因素。

犯罪嫌疑人自愿认罪并且有赔偿意愿，但被害方拒绝接受赔偿或者赔偿请求明显不合理，未能达成调解或者和解协议的，可以综合考量赔偿情况及全案情节对犯罪嫌疑人予以适当从宽，但罪行极其严重、情节极其恶劣的除外。

必要时，人民检察院可以听取侦查机关、相关行政执法机关、案发地或者居住地基层组织和群众的意见。

第十条 人民检察院应当认真审查侦查机关移送的关于犯罪嫌疑人社会危险性和案件对所居住社区影响的调查评估意见。侦查机关未委托调查评估，人民检察院拟提出判处管制、缓刑量刑建议的，一般应当委托犯罪嫌疑人居住地的社区矫正机构或者有关组织进行调查评估，必要时，也可以自行调查评估。

调查评估意见是人民检察院提出判处管制、缓刑量刑建议的重要参考。人民检察院提起公诉时，已收到调查评估材料的，应当一并移送人民法院，已经委托调查评估但尚未收到调查评估材料的，人民检察院经审查全案情况认为犯罪嫌疑人符合管制、缓刑适用条件的，可以提出判处管制、缓刑的量刑建议，同时将委托文书随案移送人民法院。

第三章 量刑建议的提出

第十一条 人民检察院应当按照有关量刑指导意见规定的量刑基本方法，依次确定量刑起点、基准刑和拟宣告刑，提出量刑建议。对新类型、不常见犯罪案件，可以参照相关量刑规范和相似案件的判决提出量刑建议。

第十二条 提出确定刑量刑建议应当明确主刑适用刑种、刑期和是否适用缓刑。

建议判处拘役的，一般应当提出确定刑量刑建议。

建议判处附加刑的，应当提出附加刑的类型。

建议判处罚金刑的，应当以犯罪情节为根据，综合考虑犯罪嫌疑人缴纳罚金的能力提出确定的数额。

建议适用缓刑的，应当明确提出。

第十三条 除有减轻处罚情节外，幅度刑量刑建议应当在法定量刑幅度内提出，不得兼跨两种以上主刑。

建议判处有期徒刑的，一般应当提出相对明确的量刑幅度。建议判处六个月以上不满一年有期徒刑的，幅度一般不超过二个月；建议判处一年以上不满三年有期徒刑的，幅度一般不超过六个月；建议判处三年以上不满十年有期徒刑的，幅度一般不超过一年；建议判处十年以上有期徒刑的，幅度一般不超过二年。

建议判处管制的，幅度一般不超过三个月。

第十四条 人民检察院提出量刑建议应当区别认罪认罚的不同诉讼阶段、对查明案件事实的价值和意义、是否确有悔罪表现，以及罪行严重程度等，综合考量确定从宽的限度和幅度。在从宽幅度上，主动认罪认罚优于被动认罪认罚，早认罪认罚优于晚认罪认罚，彻底认罪认罚优于不彻底认罪认罚，稳定认罪认罚优于不稳定认罪认罚。

认罪认罚的从宽幅度一般应当大于仅有坦白，或者虽认罪但不认罚的从宽幅度。对犯罪嫌疑人具有自首、坦白情节，同时认罪认罚的，应当在法定刑幅度内给予相对更大的从宽幅度。

第十五条 犯罪嫌疑人虽然认罪认罚，但所犯罪行具有下列情形之一的，提出量刑建议应当从严把握从宽幅度或者依法不予从宽：

（一）危害国家安全犯罪、恐怖活动犯罪、黑社会性质组织犯罪的首要分子、主犯；

（二）犯罪性质和危害后果特别严重、犯罪手段特别残忍、社会影响特别恶劣的；

（三）虽然罪行较轻但具有累犯、惯犯等恶劣情节的；

（四）性侵等严重侵害未成年人的；

（五）其他应当从严把握从宽幅度或者不宜从宽的情形。

第十六条 犯罪嫌疑人既有从重又有从轻、减轻处罚情节，应当全面考虑各情节的调节幅度，综合分析提出量刑建议，不能仅根据某一情节一律从轻或者从重。

犯罪嫌疑人具有减轻处罚情节的，应当在法定刑以下提出量刑建议，有数个量刑幅度的，应当在法定量刑幅度的下一个量刑幅度内提出量刑建议。

第十七条 犯罪嫌疑人犯数罪，同时具有立功、累犯等量刑情节的，先适用该量刑情节调节个罪基准刑，分别提出量刑建议，再依法提出数罪并罚后决定执行的刑罚的量刑建议。人民检察院提出量刑建议时应当分别列明个罪量刑建议和数罪并罚后决定执行的刑罚的量刑建议。

第十八条 对于共同犯罪案件，人民检察院应当根据各犯罪嫌疑人在共同犯罪中的地位、作用以及应当承担的刑事责任分别提出量刑建议。提出量刑建议时应当注意各犯罪嫌疑人之间的量刑平衡。

第十九条 人民检察院可以根据案件实际情况，充分考虑提起公诉后可能出现的退赃退赔、刑事和解、修复损害等量刑情节变化，提出满足相应条件情况下的量刑建议。

第二十条 人民检察院可以借助量刑智能辅助系统分析案件、计算量刑，在参考相关结论的基础上，结合案件具体情况，依法提出量刑建议。

第二十一条 检察官应当全面审查事实证据，准确认定案件性质，根据量刑情节拟定初步的量刑建议，并组织听取意见。

案件具有下列情形之一的，检察官应当向部门负责人报告或者建议召开检察官联席会议讨论，确定量刑建议范围后再组织听取意见：

（一）新类型、不常见犯罪；

（二）案情重大、疑难、复杂的；

（三）涉案犯罪嫌疑人人数众多的；

（四）性侵未成年人的；

（五）与同类案件或者关联案件处理结果明显不一致的；

（六）其他认为有必要报告或讨论的。

检察官应当按照有关规定在权限范围内提出量刑建议。案情重大、疑难、复杂的，量刑建议应当由检察长或者检察委员会讨论决定。

第四章 听取意见

第二十二条 办理认罪认罚案件，人民检察院应当依法保障犯罪嫌疑人获得有效法律帮助。犯罪嫌疑人要求委托辩护人的，应当充分保障其辩护权，严禁要求犯罪嫌疑人解除委托。

对没有委托辩护人的，应当及时通知值班律师为犯罪嫌疑人提供法律咨询、程序选择建议、申请变更强制措施等法律帮助。对符合通知辩护条件的，应当通知法律援助机构指派律师为其提供辩护。

人民检察院应当为辩护人、值班律师会见、阅卷等提供便利。

第二十三条 对法律援助机构指派律师为犯罪嫌疑人提供辩护，犯罪嫌疑人的监护人、近亲属又代为委托辩护人的，应当听取犯罪嫌疑人的意见，由其确定辩护人人选。犯罪嫌疑人是未成年人的，应当听取其监护人意见。

第二十四条　人民检察院在听取意见时，应当将犯罪嫌疑人享有的诉讼权利和认罪认罚从宽的法律规定，拟认定的犯罪事实、涉嫌罪名、量刑情节，拟提出的量刑建议及法律依据告知犯罪嫌疑人及其辩护人或者值班律师。

人民检察院听取意见可以采取当面、远程视频等方式进行。

第二十五条　人民检察院应当充分说明量刑建议的理由和依据，听取犯罪嫌疑人及其辩护人或者值班律师对量刑建议的意见。

犯罪嫌疑人及其辩护人或者值班律师对量刑建议提出不同意见，或者提交影响量刑的证据材料，人民检察院经审查认为犯罪嫌疑人及其辩护人或者值班律师意见合理的，应当采纳，相应调整量刑建议，审查认为意见不合理的，应当结合法律规定、全案情节、相似案件判决等作出解释、说明。

第二十六条　人民检察院在听取意见的过程中，必要时可以通过出示、宣读、播放等方式向犯罪嫌疑人开示或部分开示影响定罪量刑的主要证据材料，说明证据证明的内容，促使犯罪嫌疑人认罪认罚。

言词证据确需开示的，应注意合理选择开示内容及方式，避免妨碍诉讼、影响庭审。

第二十七条　听取意见后，达成一致意见的，犯罪嫌疑人应当签署认罪认罚具结书。有刑事诉讼法第一百七十四条第二款不需要签署具结书情形的，不影响对其提出从宽的量刑建议。

犯罪嫌疑人有辩护人的，应当由辩护人在场见证具结并签字，不得绕开辩护人安排值班律师代为见证具结。辩护人确因客观原因无法到场的，可以通过远程视频方式见证具结。

犯罪嫌疑人自愿认罪认罚，没有委托辩护人，拒绝值班律师帮助的，签署具结书时，应当通知值班律师到场见证，并在具结书上注明。值班律师对人民检察院量刑建议、程序适用有异议的，检察官应当听取其意见，告知其确认犯罪嫌疑人认罪认罚的自愿性后应当在具结书上签字。

未成年犯罪嫌疑人签署具结书时，其法定代理人应当到场并签字确认。法定代理人无法到场的，合适成年人应当到场签字确认。法定代理人、辩护人对未成年人认罪认罚有异议的，未成年犯罪嫌疑人不需要签署具结书。

第二十八条　听取意见过程中，犯罪嫌疑人及其辩护人或者值班律师提供可能影响量刑的新的证据材料或者提出不同意见，需要审查、核实的，可以中止听取意见。人民检察院经审查、核实并充分准备后可以继续听取意见。

第二十九条　人民检察院提起公诉后开庭前，被告人自愿认罪认罚的，人民检察院可以组织听取意见。达成一致的，被告人应当在辩护人或者值班律师在场的情况下签署认罪认罚具结书。

第三十条 对于认罪认罚案件，犯罪嫌疑人签署具结书后，没有新的事实和证据，且犯罪嫌疑人未反悔的，人民检察院不得撤销具结书、变更量刑建议。除发现犯罪嫌疑人认罪悔罪不真实、认罪认罚后又反悔或者不履行具结书中需要履行的赔偿损失、退赃退赔等情形外，不得提出加重犯罪嫌疑人刑罚的量刑建议。

第三十一条 人民检察院提出量刑建议，一般应当制作量刑建议书，与起诉书一并移送人民法院。对于案情简单、量刑情节简单，适用速裁程序的案件，也可以在起诉书中载明量刑建议。

量刑建议书中应当写明建议对犯罪嫌疑人科处的主刑、附加刑、是否适用缓刑等及其理由和依据，必要时可以单独出具量刑建议理由说明书。适用速裁程序审理的案件，通过起诉书载明量刑建议的，可以在起诉书中简化说理。

第五章 量刑建议的调整

第三十二条 人民法院经审理，认为量刑建议明显不当或者认为被告人、辩护人对量刑建议的异议合理，建议人民检察院调整量刑建议的，人民检察院应当认真审查，认为人民法院建议合理的，应当调整量刑建议，认为人民法院建议不当的，应当说明理由和依据。

人民检察院调整量刑建议，可以制作量刑建议调整书移送人民法院。

第三十三条 开庭审理前或者休庭期间调整量刑建议的，应当重新听取被告人及其辩护人或者值班律师的意见。

庭审中调整量刑建议，被告人及其辩护人没有异议的，人民检察院可以当庭调整量刑建议并记录在案。当庭无法达成一致或者调整量刑建议需要履行相应报告、决定程序的，可以建议法庭休庭，按照本意见第二十四条、第二十五条的规定组织听取意见，履行相应程序后决定是否调整。

适用速裁程序审理认罪认罚案件，需要调整量刑建议的，应当在庭前或者当庭作出调整。

第三十四条 被告人签署认罪认罚具结书后，庭审中反悔不再认罪认罚的，人民检察院应当了解反悔的原因，被告人明确不再认罪认罚的，人民检察院应当建议人民法院不再适用认罪认罚从宽制度，撤回从宽量刑建议，并建议法院在量刑时考虑相应情况。依法需要转为普通程序或者简易程序审理的，人民检察院应当向人民法院提出建议。

第三十五条 被告人认罪认罚而庭审中辩护人作无罪辩护的，人民检察院应当核实被告人认罪认罚的真实性、自愿性。被告人仍然认罪认罚的，可以继续适用认罪认罚从宽制度，被告人反悔不再认罪认罚的，按照本意见第三十四条的规定处理。

第三十六条 检察官应当在职责权限范围内调整量刑建议。根据本意见第二十一条规定，属于检察官职责权限范围内的，可以由检察官调整量刑建议并向部门负责人报告备案；属于检察长或者检察委员会职责权限范围内的，应当由检察长或者检察委员会决定调整。

第六章 量刑监督

第三十七条 人民法院违反刑事诉讼法第二百零一条第二款规定，未告知人民检察院调整量刑建议而直接作出判决的，人民检察院一般应当以违反法定程序为由依法提出抗诉。

第三十八条 认罪认罚案件审理中，人民法院认为量刑建议明显不当建议人民检察院调整，人民检察院不予调整或者调整后人民法院不予采纳，人民检察院认为判决、裁定量刑确有错误的，应当依法提出抗诉，或者根据案件情况，通过提出检察建议或者发出纠正违法通知书等进行监督。

第三十九条 认罪认罚案件中，人民法院采纳人民检察院提出的量刑建议作出判决、裁定，被告人仅以量刑过重为由提出上诉，因被告人反悔不再认罪认罚致从宽量刑明显不当的，人民检察院应当依法提出抗诉。

第七章 附 则

第四十条 人民检察院办理认罪认罚二审、再审案件，参照本意见提出量刑建议。

第四十一条 本意见自发布之日起施行。

《人民检察院办理认罪认罚案件开展量刑建议工作的指导意见》的理解与适用*

罗庆东　刘　辰**

为深入贯彻落实第十三届全国人大常委会第二十二次会议关于《最高人民检察院关于人民检察院适用认罪认罚从宽制度情况的报告》的审议意见，推进认罪认罚从宽制度深入开展，进一步规范检察机关开展认罪认罚案件量刑建议工作，加强对检察机关量刑建议活动的监督制约，提高认罪认罚案件办理质量和效果，落实政法队伍教育整顿建章立制要求，最高人民检察院于2021年12月发布《人民检察院办理认罪认罚案件开展量刑建议工作的指导意见》(以下简称《意见》)。为便于司法实践中准确理解和正确适用，现对《意见》的主要内容及重点条款予以解读和说明。

一、《意见》的制定背景与过程

提出量刑建议是检察机关办理认罪认罚案件的重要职责和核心环节，对于促进犯罪嫌疑人、被告人认罪认罚，规范量刑活动、促进量刑公开、实现量刑公正具有重要意义。受程序规范、衔接机制、能力素质等影响，实践中检察机关办理认罪认罚案件开展量刑建议工作存在听取意见、协商量刑机制不健全，量刑建议提出程序不规范、质量不高等问题。2010年《人民检察院开展量刑建议工作的指导意见（试行)》曾对指导检察机关量刑建议工作发挥了重要作用，但因出台于认罪认罚从宽制度确立之前，现已不能满足司法实践需要。全国人大常委会在听取最高人民检察院对认罪认罚从宽制度适用情况报告的审议意见中指出，要大力提高案件办理质量和效果，关键是推进量刑精准化、科学化。[①] 最高人民检察院明确提出要“健全量刑协商机制”“规范量刑建议提出程序”,[②] 推动量刑建议规范、更加符合案件实际。《意见》充分吸收了近年来

---

* 原文载《人民检察》2022年第5期。

** 作者单位：最高人民检察院第一检察厅。

① 参见《对人民检察院适用认罪认罚从宽制度情况报告的意见和建议》，载中国人大网，http：//www. npc. gov. cn/npc/c30834/202012/f61 fel bf2ea64b31 92c023bde33ad7a7. shtml。

② 参见《最高人民检察院关于人民检察院适用认罪认罚从宽制度情况的报告——2020年10月15日在第十三届全国人民代表大会常务委员会第二十二次会议上》，载最高人民检察院官网，https：//www. spp. gov. cn/zdgz/202010/t20201 017_ 482200. sntml。

检察机关办理认罪认罚案件开展量刑建议工作的经验成果，广泛听取、充分吸收各方面意见，专门征求了全国人大常委会法工委、最高人民法院、公安部、国家安全部、司法部的意见，并经2021年11月15日最高人民检察院第十三届检察委员会第七十八次会议审议通过。

二、《意见》的主要内容与重点条文

（一）关于提出量刑建议的原则

《意见》第一章“一般规定”中明确了检察机关办理认罪认罚案件开展量刑建议工作的总体要求、原则、类型、依据等内容。《意见》第二条确立了检察机关提出量刑建议应当坚持的原则：宽严相济、依法建议、客观公正、罪责刑相适应、量刑均衡。要求检察机关提出量刑建议要综合考虑从重、从轻等各种量刑情节，既不能忽视从轻情节，也不能追求一律从轻，特别是对于罪行严重、情节恶劣的案件要当严则严，轻重有度。同时，所提出的量刑建议既要体现因认罪认罚给予的特殊从宽，又要确保罪责刑相适应、罚当其罪，做到一个案件中多个被告人之间、同一地区相似案件之间、同一时期相同类型案件之间的量刑基本均衡。《意见》第四条在重申了检察机关一般应当提出确定刑量刑建议的基础上，对于新类型、不常见犯罪案件、量刑情节复杂的重罪案件提出幅度刑量刑建议时，进一步规定应当严格控制所提量刑建议的幅度。

（二）关于量刑证据的审查

《意见》以专章对量刑证据的审查作出规定，强调对量刑情节的证据裁判。针对部分检察官对量刑证据不够重视，根据不完备的量刑证据开展协商、提出量刑建议，导致量刑建议未被法院采纳的问题，《意见》从证据裁判原则出发，对量刑证据的补充收集、审查、移送等作出全面规范，结合办案实践探索性地规定了量刑证据认定规则。《意见》第六条要求，影响量刑的基本事实和各量刑情节均应有相应的证据加以证明，强调了对量刑情节的证据裁判意识。对于量刑证据移送不全的，应当要求侦查机关予以移送；对于尚未收集的，检察机关可以通知侦查机关补充证据，也可以自行补充侦查，体现了原则性与灵活性相结合。《意见》第七条至第十条分别对自首、立功、累犯、惯犯以及认罪认罚等重要量刑情节的审查重点作出指引，还特别对个人品格情节的把握和社会调查评估意见的审查作出创新性规定。

调查评估意见是检察机关提出判处管制、缓刑量刑建议的重要参考。为增强量刑建议的准确性和可执行性，考虑到部分社会调查评估衔接、协调难等客观因素，需要一定工作周期的特点，检察机关立足尽早委托调查评估，自我加压，在《意见》第十条明确规定，检察机关拟提出判处管制、适用缓刑量刑建议的，由法律规定的“可以”委托调查评估，严格为“一般应当”委托调查评估，必要时可以自行调查评估。这一规定对检察机关提出了更高、更明确的工作要求，要求检察机关主动发挥职能作用，尽早决定委托评估事项，为法院判处管制、适用缓刑提供更为坚实、充分的基础。

（三）关于量刑建议的提出

提出量刑建议是确保量刑公正的制度前提和基础，量刑建议工作的能力水平直接关系到能否准确贯彻宽严相济刑事政策，关系到对于被告人的刑罚裁量是否公正、适当。《意见》对检察人员开展量刑建议工作提出了更高要求。

1. 从宽政策的把握

法律规定认罪认罚从宽制度适用于全部刑事案件，但并非对所有案件均不分情况地“一味从宽、一律从宽”。针对实践中部分检察官对宽严相济刑事政策把握不够全面，对部分严重危害公共安全、严重影响人民群众安全感，挑战法律和社会伦理底线的犯罪嫌疑人提出不合理的从宽量刑建议的情形，《意见》第十五条以列举形式明确了对于犯罪性质和危害后果特别严重、犯罪手段特别残忍、社会影响特别恶劣、性侵等严重侵害未成年人等严重影响人民群众安全感的犯罪案件，以及虽然罪行较轻但具有累犯、惯犯等恶劣情节的，即使犯罪嫌疑人认罪认罚也不从宽或从严把握从宽幅度，做到当严则严、罚当其罪。

2. 量刑建议的幅度

为增强量刑建议结果的可预期性，增强犯罪嫌疑人认罪认罚的信心和稳定性，《意见》在明确应当严格控制所提量刑建议幅度的基础上，为规范检察官量刑建议的裁量范围，在第十三条明确规定了提出幅度刑量刑建议的幅度范围，同时规定量刑建议不得兼跨两种以上主刑，避免量刑建议幅度刑区间过大。《意见》第二十条还对近年来司法实践中借助量刑智能辅助系统的积极探索予以肯定，对智能辅助系统用在哪儿、怎么用、效力如何等作出规定。要求检察官在参考量刑智能辅助系统的同时，充分运用检察裁量权，确保“电脑”辅助而不代替“人脑”，确保量刑建议更加科学、合理。此外，《意见》还以多个条款对既有从重又有从轻多种量刑情节、一人犯数罪、共同犯罪等情况下量刑建议的提出规则作出规定，为开展量刑建议工作提供了更明确的规范指引。

（四）关于听取意见

刑事诉讼法第一百七十三条对认罪认罚案件检察机关听取意见仅作出了原则性规定，从实践看，办理认罪认罚案件听取意见不到位和控辩量刑协商不足、质量不高等问题不同程度存在。为此，《意见》设置专章，用十个条文对听取意见的人员、内容、地点、方式、程序、要求等作出细化规定，构建了较完整的听取意见程序，提高了听取意见的透明度和公信力，提升了量刑协商水平，有利于促进协商一致。

1．量刑建议说理的内容与形式

为了提高量刑建议的说服力，《意见》就量刑建议说理的形式、内容等提出了具体要求，旨在把量刑建议说清楚、讲明白。《意见》第二十四条要求检察机关在听取意见时，应当向犯罪嫌疑人及其辩护人、值班律师告知拟认定的犯罪事实、涉嫌罪名、量刑情节，拟提出的量刑建议及法律依据。第二十六条还规定必要时可以向犯罪嫌疑人开示或部分开示影响定罪量刑的主要证据材料，并要求加强释法说理。这些规定均旨在保障犯罪嫌疑人及其辩护人、值班律师对案件情况的全面知悉，充分了解认罪认罚的犯罪事实、量刑建议及法律后果，增强对审判结果的预判，避免信息不对称造成片面认罪认罚，增强了对犯罪嫌疑人认罪认罚实质自愿性和真实性的保障。

2．辩护意见的采纳与反馈

关于律师反映较多的对辩护意见重视不够、不予理睬等问题，《意见》第二十五条规定检察机关应当认真审查辩护人提出的不同意见，提交的影响量刑的证据材料，认为意见合理的，应当采纳并相应调整量刑建议；认为意见不合理的，应当结合法律规定、全案情节、相似案件判决作出解释、说明。

3．关于辩护人见证具结

为保障律师辩护权的充分行使，《意见》第二十七条规定了在犯罪嫌疑人委托了辩护人的情况下，应当由其委托的辩护人在场见证具结并签字，不得绕开辩护人安排值班律师代为见证具结。一般来说，当事人委托的辩护人介入诉讼的程度、对当事人意志的代表程度都会高于值班律师，由其在认罪认罚环节提供法律帮助更有利于对犯罪嫌疑人权利的保障。同时，考虑到个别案件受疫情、距离等客观因素影响，辩护人若确因客观原因无法到场的，《意见》明确可以通过远程视频方式见证具结。

（五）关于量刑建议的调整

司法实践中，一些认罪认罚案件检察机关提出量刑建议后，可能会出现量刑情节发生变化、法官认为量刑建议明显不当、被告人反悔等特殊情形，需要检察机关对量刑建议进行调整，重新提出量刑建议。《意见》对量刑建议调整的时机、形式、方式等作出专章规定。

1．关于法院建议检察机关调整量刑建议

法院建议检察机关调整量刑建议时，检察机关应充分重视、认真审查、加强沟通，认真对待法院提出的调整意见。对建议合理的应当相应调整量刑建议，对建议不合理的应当充分说明理由，促进检、法达成共识。对于在提起公诉后量刑建议如何调整的问题，《意见》也予以明确。调整量刑建议应区分两种情况：一是对于被告人及辩护人没有异议的调整，从保障诉讼效率出发，可以当庭即予调整，无须重新签署具结书；二是对于当庭无法达成一致或调整量刑建议需要履行相应报告、决定程序的，为保障听取意见的充分性，避免影响庭审连贯，可以建议法庭休庭，再组织听取意见达成一致。

2. 关于被告人当庭反悔情形的处理

《意见》第三十四条规定，被告人签署认罪认罚具结书后，庭审中反悔不再认罪认罚的，检察机关应当了解反悔的原因，不能因被告人表示反悔即简单撤回从宽量刑建议，要充分阐释法律规定的反悔程序与后果，如被告人明确不再认罪认罚的，尊重被告人的选择，相应撤回因认罪认罚给予的从宽量刑建议，建议法院在量刑时考虑相应情况。

3. 关于认罪认罚案件中律师独立辩护问题

《意见》第三十五条规定，被告人认罪认罚而庭审中辩护人作无罪辩护的，检察机关应当核实被告人认罪认罚的真实性、自愿性，被告人仍然认罪认罚的，可以继续适用认罪认罚从宽制度。即检察机关应当听取被告人的意见，在被告人坚持真实、自愿认罪认罚的基础上，尊重其意愿，不影响认罪认罚从宽制度的适用。当然，对于被告人接受辩护意见不再认罪认罚的，也应尊重被告人的意见，按照反悔程序处理，检察机关调整量刑建议，不再给以特殊从宽。

（六）关于量刑监督

为充分发挥检察机关法律监督职能作用，确保认罪认罚从宽制度在法治轨道上稳定良性运行，《意见》设置专章规定量刑监督问题，将落实法律、保障权利、依法监督有机融合，明确量刑监督的情形、方式和手段，保障制度顺畅、平稳运行。

1. 关于对径行判决的法律监督

刑事诉讼法第二百零一条第二款对量刑建议的调整作出规定。从法律规定看，在法院认为量刑建议明显不当或者被告人、辩护人对量刑建议提出异议的情形下，检察机关有一个前置的调整程序，法院不得未经检察机关调整而径行作出判决。“两高三部”《关于适用认罪认罚从宽制度的指导意见》延续法律精神，明确了前置调整程序。前置调整程序既是认罪认罚从宽制度的应有之意，也是保障制度稳定适用的基础，更体现出对认罪认罚具结合意的应有尊重，有利于达成和谐顺畅的司法审判效果。为落实好法律精神、深化司法共识，《意见》对违反刑事诉讼法规定，未告知检察机关调整量刑建议而直接作出判决的情形如何处理予以明确，要求检察机关一般应当以违反法定程序为由依法提出抗诉，从而更好保障被告人的合法权益，保障法律统一正确实施。

2. 关于监督的方式

针对案件不同的错误情形，采取不同的监督方式，既是法律、司法解释的明确规定，也有助于提升监督效果。对此，《意见》第三十八条一方面坚持法治原则，规定检察机关认为判决、裁定量刑确有错误的，应当依法提出抗诉；另一方面秉持“双赢多赢共赢”理念，注重监督手段的多样性，根据违法程度，从监督效率、效果出发合理选择监督方式，分层次、有区别地采取提出检察建议、发出纠正违法通知书等方式进行监督。

3. 关于被告人上诉问题

认罪认罚案件，法院采纳检察机关量刑建议从宽判决后，被告人仅以量刑过重为由反悔上诉，司法机关应当如何处理，检察机关是否应当抗诉一直困扰着司法实务界。对此，《意见》在充分保障当事人权利的基础上，给出了明确答案，即对事实清楚、证据确实充分的案件，法院采纳检察机关量刑建议后，被告人仅以量刑过重为由提出上诉，因被告人反悔不再认罪认罚致从宽量刑明显不当的，检察机关应当依法提出抗诉。一是仅以量刑过重反悔上诉的行为违背了具结承诺，表明被告人不是真诚地悔罪悔过，对其适用认罪认罚从宽制度作出从宽处理的前提和基础不复存在，且引起了本不必要的二审程序，浪费了司法资源，无论从制度的稳定运行，还是从维护司法权威、实现立法预期看，这一行为均应当受到制约。二是受制于“上诉不加刑”原则，法院驳回上诉或者发回重审无法解决这一问题。在现行法律框架内，检察机关抗诉成为最优选择。三是因被告人反悔不认罚导致“从宽”的前提和基础不复存在，此时检察机关对符合抗诉条件的案件提出抗诉，是履行法律监督职责的体现。当然，此时检察机关的抗诉是一种程序性权利，效力在于启动二审，最终需要二审法院经过审理来确认被告人是否确属无正当理由上诉、一审判决是否不当。需要强调的是，并非对所有被告人反悔上诉的情形，检察机关都要提出抗诉。《意见》第三十九条对现阶段抗诉的重点情形作出了明确，即“因被告人反悔不再认罪认罚致从宽量刑明显不当的”，量刑明显不当属于量刑确有错误，符合法律和司法解释规定的抗诉条件。此时，检察机关提出抗诉绝非仅仅为了加重少数上诉人的刑罚，而是通过抗诉的方式引导被告人形成尊重认罪认罚具结和承诺的自觉，从而减少无谓的上诉和不必要的二审程序，助推认罪认罚从宽制度的良性运行。

（七）关于对量刑建议的监督制约

健全认罪认罚案件量刑建议工作中的检察权运行监督制约机制，是《意见》出台的重要目的之一。无论是细化程序要求，还是规范方法标准，《意见》通篇贯彻和体现了规范权力运行、加强监督制约的要求。一是完善决策程序，加强内部监督制约。《意见》区分案件类型设置不同的量刑建议提出、审核规则，明确不同决策主体的分工和责任，在保障检察官依法履行办案主体责任的同时，注重发挥检察官联席会议的决策辅助和部门负责人、检察长的监督把关作用，加强集体决策，确保“放权不放任”。二是强化流程监控，规范办案活动。《意见》规定对听取意见过程应进行同步录音录像，做到全程留痕，有据可查，提高听取意见的规范性、公信度。2021 年 12 月出台的《人民检察院办理认罪认罚案件听取意见同步录音录像规定》更是全面规范了同步录音录像的具体要求。三是构建多方参与机制，充分发挥外部监督作用。《意见》规定了听取辩方及利益相关方意见的程序，强调社会调查评估对量刑建议的参考作用，进一步细化保障辩护人和值班律师行使辩护权的规定，让办案程序更加公开透明、公正高效。四是禁止检察机关单方面反悔撤回具结书。实践中，存在部分案件量刑建议程序不规范，签署具结书后检察机关单方撤回量刑建议或者加重量刑建议的现象，影响程序公正和制度效果。对此，《意见》第三十条明确规定，对于认罪认罚案件，犯罪嫌疑人签署具结书后，没有新的事实和证据，且犯罪嫌疑人未反悔的，检察机关不得撤销具结书、变更量刑建议。除发现犯罪嫌疑人认罪悔罪不真实、认罪认罚后又反悔或者不履行具结书中需要履行的赔偿损失、退赃退赔等情形外，不得提出加重犯罪嫌疑人刑罚的量刑建议。这对检察机关量刑建议能力提出了更高要求，在量刑协商时应更加充分听取意见，在提出量刑建议时应更加审慎，体现司法诚信、契约精神的要求。

最高人民检察院
人民检察院开展国家司法救助工作细则

（2021年9月1日最高人民检察院第十三届检察委员会第七十三次会议通过 2021年9月1日公布 2021年12月31日施行）

第一章 总 则

第一条 为了进一步加强和规范人民检察院开展国家司法救助工作，根据《关于建立完善国家司法救助制度的意见（试行）》，结合检察工作实际，制定本细则。

第二条 人民检察院开展国家司法救助工作，是人民检察院在办理案件过程中，对遭受犯罪侵害或者民事侵权，无法通过诉讼获得有效赔偿，生活面临急迫困难的当事人采取的辅助性救济措施。

第三条 人民检察院开展国家司法救助工作，应当遵循以下原则：

（一）应救助尽救助。凡是符合救助条件的当事人，均应当及时提供救助，有效化解矛盾纠纷。

（二）公平、合理救助。严格把握救助标准和条件，兼顾当事人实际情况和同类案件救助数额，做到公平、合理。

（三）属地救助。对符合国家司法救助条件的当事人，由办理案件地人民检察院负责救助。

（四）辅助性救助。对同一案件的同一当事人只救助一次，其他办案机关已经予以国家司法救助的，人民检察院不再救助。对于通过诉讼能够获得赔偿、补偿的，应当通过诉讼途径解决。

第四条 人民检察院在办理案件过程中应当树立救助意识，全面了解当事人受不法侵害造成损失的情况及生活困难情况，对符合国家司法救助条件的当事人要主动告知其申请救助的方式，及时按程序提供救助。

人民检察院办理认罪认罚案件，应当充分听取被害方意见，了解被害方诉求，促使犯罪嫌疑人、被告人及时、合理进行赔偿，促进当事人和解。对于被害方确因犯罪嫌疑人、被告人没有赔偿能力，无法通过诉讼获得有效赔偿造成生活困难且符合国家司法救助条件的，应当积极协调办理救助。

第五条　当事人不符合国家司法救助条件或者实施国家司法救助后仍然面临生活困难，符合社会救助条件的，人民检察院应当积极协调有关部门依法予以社会救助。

第六条　人民检察院负责控告申诉检察的部门是开展国家司法救助的专责部门。办案部门在办案过程中发现救助线索，可以提出救助建议，并将线索材料及时移送负责控告申诉检察的部门。负责控告申诉检察的部门审查国家司法救助申请时，办案部门应当提供有关案件情况及案件材料。由办案部门开展国家司法救助更为适宜的，经检察长批准，也可以由办案部门办理。

人民检察院计划财务装备部门负责指导专责部门编制和上报国家司法救助资金年度预算，向救助资金管理部门申请核拨经费等保障工作。

第二章　工作程序

第一节　救助对象和方式

第七条　救助申请人符合下列情形之一的，人民检察院应当予以救助：

（一）刑事案件被害人受到犯罪侵害致重伤或者严重残疾，因案件无法侦破、已过追诉时效、加害人死亡或者没有赔偿能力，造成生活困难的；

（二）刑事案件被害人受到犯罪侵害致人身伤害，急需救治，无力承担医疗救治费用的；

（三）刑事案件被害人受到犯罪侵害致死或者丧失劳动能力，依靠其收入为主要生活来源的近亲属或者其赡养、扶养、抚养的其他人，因案件无法侦破、已过追诉时效、加害人死亡或者没有赔偿能力，造成生活困难的；

（四）刑事案件被害人受到犯罪侵害，致使财产遭受重大损失，因案件无法侦破、已过追诉时效、加害人死亡或者没有赔偿能力，造成生活困难的；

（五）举报人、证人、鉴定人因向检察机关举报、作证或者接受检察机关委托进行司法鉴定而受到打击报复，致使人身受到伤害或者财产受到重大损失，造成生活困难的；

（六）因道路交通事故等民事侵权行为造成人身伤害，无法通过诉讼获得赔偿，造成生活困难的；

（七）人民检察院根据实际情况，认为需要救助的其他情形。

第八条　救助申请人具有下列情形之一的，一般不予救助：

（一）对案件发生有重大过错的；

（二）无正当理由，拒绝配合查明案件事实的；

（三）故意作虚假陈述或者伪造证据，妨害诉讼的；

（四）在诉讼中主动放弃民事赔偿请求或者拒绝加害人及其近亲属赔偿的；

（五）生活困难非案件原因所导致的；

（六）通过社会救助等措施已经得到合理补偿、救助的。

第九条 国家司法救助以支付救助金为主要方式，并与法律援助、诉讼救济相配套，与社会救助相衔接。

第十条 救助金以办理案件的人民检察院所在省、自治区、直辖市上一年度职工月平均工资为基准确定，一般不超过三十六个月的工资总额。损失特别重大、生活特别困难，需要适当突破救助限额的，应当严格审核，依照相关规定报批，总额不超过人民法院依法应当判决的赔偿数额。

各省、自治区、直辖市上一年度职工月平均工资，根据已经公布的各省、自治区、直辖市上一年度职工年平均工资计算。上一年度职工年平均工资尚未公布的，以公布的最近年度职工年平均工资为准。

第十一条 确定救助金具体数额，应当综合考虑以下因素：

（一）救助申请人实际遭受的损失；

（二）救助申请人本人有无过错以及过错程度；

（三）救助申请人及其家庭的经济状况；

（四）救助申请人维持基本生活所必需的最低支出；

（五）赔偿义务人实际赔偿情况；

（六）其他应当考虑的因素。

第十二条 刑事案件被害人受到犯罪侵害致人身伤害，急需救治，无力承担医疗救治费用的，经检察长批准，人民检察院应当依据国家司法救助标准先行救助，救助后及时补办相关手续。

第十三条 需要协调有关部门对救助申请人予以社会救助的，由申请人户籍所在地或者经常居住地等社会救助申请地人民检察院负责。办理案件的人民检察院所在地与社会救助申请地不一致的，办理案件的人民检察院应当将有关案件情况、给予国家司法救助的情况、予以社会救助的建议等书面材料，移送社会救助申请地的人民检察院。

第二节 救助申请的受理

第十四条 人民检察院对于符合国家司法救助条件的救助申请人，无论其户籍所在地是否属于辖区范围，均应由办理案件的人民检察院负责受理申请并提供救助。必要时，也可以由上下级人民检察院联合救助。

第十五条 救助申请一般应当以书面方式提出。救助申请人提供书面申请确有困难的，可以口头方式提出，检察人员应当制作笔录。

无行为能力或者限制行为能力的救助申请人，可以由其法定代理人代为申请。

救助申请人系受犯罪侵害死亡的刑事被害人的近亲属或者其赡养、扶养、抚养的其他人，以及法定代理人代为提出申请的，需要提供与被害人的社会关系证明；委托代理人代为提出申请的，需要提供救助申请人的授权委托书。

第十六条 向人民检察院申请国家司法救助，应当提交下列材料：

（一）国家司法救助申请书；

（二）救助申请人的有效身份证明；

（三）实际损害结果证明，包括被害人伤情鉴定意见、医疗诊断结论及医疗费用单据或者死亡证明，受不法侵害所致财产损失情况；

（四）救助申请人及其家庭成员生活困难情况的证明材料；

（五）是否获得赔偿、救助等的情况说明或者证明材料；

（六）其他有关证明材料。

生活困难情况的证明材料应当能够说明有关救助申请人的家庭成员、劳动能力、就业状况、家庭收入等情况。

救助申请人确因特殊困难不能取得相关证明材料的，可以申请人民检察院调取。

第十七条 救助申请人或者其代理人当面递交申请书和其他申请材料的，检察人员应当当场出具收取申请材料清单，加盖本院专用印章并注明收讫日期。

检察人员认为救助申请人提交的申请材料不齐全或者不符合要求，需要补充或者补正的，应当当场或者在三个工作日内，告知救助申请人在三十日内提交补充、补正材料。

第十八条 救助申请人提交的国家司法救助申请书和相关材料齐备后，检察人员应当填写《受理国家司法救助申请登记表》。

第三节 救助申请的审查与决定

第十九条 人民检察院受理救助申请后，应当及时审查有关材料，必要时进行调查核实。审查完毕后，应当制作《国家司法救助申请审查报告》，全面反映审查情况，提出是否予以救助的意见及理由。

调查核实可以采取当面询问、组织听证、入户调查、邻里访问、群众评议、信函索证、信息核查等方式。

第二十条 审查国家司法救助申请的人民检察院需要向外地调查核实有关

情况的，可以委托有关人民检察院代为进行，并将救助申请人情况、简要案情、需要调查核实的内容等材料，一并提供受委托的人民检察院。受委托的人民检察院应当及时办理并反馈情况。

第二十一条　检察官经审查，认为救助申请符合救助条件的，应当填写《国家司法救助审批表》，提出给予救助和具体救助金额的审核意见，并附相关申请材料及调查核实材料，报检察长决定。经批准同意救助的，应当制作《国家司法救助决定书》，及时送达救助申请人。认为不符合救助条件或者具有不予救助的情形的，应当将不予救助的决定告知救助申请人，并做好解释说明工作。

第二十二条　人民检察院应当自受理救助申请之日起十个工作日内作出是否予以救助和具体救助金额的决定。

人民检察院要求救助申请人补充、补正申请材料，或者根据救助申请人请求调取相关证明的，审查办理期限自申请材料齐备之日起开始计算。

委托其他人民检察院调查核实的时间，不计入审批期限。

第四节　救助金的发放

第二十三条　人民检察院决定救助的，应当依照预算管理权限，向救助资金管理部门提出核拨救助金申请，并及时协调拨付。

人民检察院收到救助资金管理部门拨付的救助金后，应当在二个工作日内通知救助申请人领取救助金。

救助申请人领取救助金时，检察人员应当填写《国家司法救助金发放登记表》，按照有关规定办理领款手续。

第二十四条　救助金一般以银行转账方式发放，也可以与救助申请人商定发放方式。

救助金应当一次性发放，情况特殊的，经检察长批准，可以分期发放。

第二十五条　人民检察院办理的案件依照诉讼程序需要移送其他办案机关的，应当将司法救助的有关材料复印件随案卷一并移送。尚未完成国家司法救助工作的，应当继续完成。

第三章　救助资金保障和管理

第二十六条　各级人民检察院应当积极协调主管部门，将国家司法救助资金列入预算，建立动态调整机制，并推动建立健全国家司法救助资金快速审批拨付或预拨付工作机制。

第二十七条　各级人民检察院应当建立国家司法救助资金财务管理制度，

做好救助资金发放情况统计、预算申请工作。国家司法救助资金实行专款专用，不得挪作他用。

第二十八条 各级人民检察院应当在年度届满后一个月内，将本院上一年度国家司法救助工作情况形成书面报告，并附救助资金发放情况明细表，按照规定报送有关部门和上一级人民检察院，接受监督。

第四章 责任追究

第二十九条 检察人员在国家司法救助工作中具有下列情形之一，应当依法依纪追究责任：

（一）截留、侵占、私分或者挪用国家司法救助资金的；

（二）利用职务或者工作便利收受他人财物的；

（三）故意或者存在重大过失怠于履行救助职责的；

（四）违反规定发放救助资金造成重大损失的；

（五）弄虚作假为不符合救助条件的人员提供救助的。

对于非法占有的或者已发放给不符合救助条件人员的救助资金应当追回。

第三十条 救助申请人通过提供虚假材料、隐瞒真相等欺骗手段获得国家司法救助金的，应当追回救助金；涉嫌犯罪的，依法追究刑事责任。

相关单位故意出具虚假证明材料，使不符合国家司法救助条件的救助申请人获得救助的，人民检察院应当建议相关单位或者主管机关依法依纪对相关责任人予以处理，并追回救助金。

第五章 附 则

第三十一条 本细则自发布之日起施行。

《人民检察院开展国家司法救助工作细则》解读*

王　佳　邱晓晴**

2021年9月1日最高人民检察院第十三届检察委员会第七十三次会议审议通过了《人民检察院开展国家司法救助工作细则》（以下简称《细则》），并于2021年12月31日印发实施。《细则》进一步明确了检察机关开展国家司法救助工作的相关要求，对切实加强民生司法保障，强化检察机关开展国家司法救助工作效果，及时化解社会矛盾，推进诉源治理，促进案件办理政治效果、社会效果、法律效果的有机统一具有重要意义。

一、修订背景

党的十八届三中全会通过《中共中央关于全面深化改革若干重大问题的决定》，要求健全国家司法救助制度。为落实这一要求，2014年中央政法委、财政部、最高人民法院、最高人民检察院、公安部、司法部联合印发了《关于建立完善国家司法救助制度的意见（试行）》，对救助资金保障、救助对象、救助标准、工作程序等作出原则规定。为落实国家司法救助制度，促进检察机关开展国家司法救助工作制度化、规范化，2016年最高人民检察院印发了《人民检察院国家司法救助工作细则（试行）》（以下简称《细则（试行）》），为检察机关开展国家司法救助工作提供理念引导、工作指导。各级检察机关认真贯彻落实《细则（试行）》，结合办案大力开展国家司法救助工作，解决困难群众燃眉之急，及时化解矛盾纠纷，取得了良好效果。本次修订在全面总结近年来各级检察机关实践经验的基础上，对检察机关开展国家司法救助与适用认罪认罚从宽制度、当事人和解制度以及申诉案件办理工作衔接等问题一并予以研究，进一步规范了检察机关开展国家司法救助工作的主体、程序等相关内容，促进救助工作更加顺畅，制度更好落实，取得更好效果。

二、修订的重点问题及主要内容解读

（一）增加“应救助尽救助”工作原则

《细则》在第三条增加了“应救助尽救助”原则，并将《细则（试行）》中的“及时救助”原则吸收到“应救助尽救助”原则中，旨在强调检察机关

---

* 原文载《人民检察》2022年第7期。

** 作者单位：最高人民检察院法律政策研究室。

开展国家司法救助，对于符合救助条件的当事人，应当秉持“应救助即救助，应救助尽救助”的工作理念，确保当事人得到及时有效救助，充分体现司法人文关怀。

（二）强调检察机关能动救助工作要求

《细则》在第四条增加规定检察机关在办理案件过程中应当树立救助意识，全面了解当事人情况，及时提供政策指引，按照程序对符合条件的当事人提供救助。充分理解该条内容，应当注意以下几个方面：

一是坚持随案同步救助理念。检察机关开展国家司法救助工作是结合办案采取的辅助性救济措施，应当注重与案件办理同步进行。同时，要注意与其他救济途径的衔接，对于案件不属于检察机关法定职能管辖范围的，或者当事人生活困难非案件原因所致，不符合司法救助条件的，检察机关也应发挥能动性，根据情况指引当事人依法寻求行政赔偿、国家赔偿、社会救助等其他救济途径。

二是坚持主动救助理念。检察机关应当注重更新工作理念，变被动等待为积极主动作为，尤其是办案部门身处案件办理一线，应当用好前端优势，强化主动救助的工作意识，在对案件进行审查的同时，全面了解当事人受不法侵害造成损失的情况及生活困难情况，对符合国家司法救助条件的当事人要主动告知其申请救助的方式，协助当事人办理相关申请手续，争取尽早、从速提供救助。

三是注重做好与相关制度的衔接配合工作。《细则》第四条第二款规定：“人民检察院办理认罪认罚案件，应当充分听取被害方意见，了解被害方诉求，促使犯罪嫌疑人、被告人及时、合理进行赔偿，促进当事人和解。对于被害方确因犯罪嫌疑人、被告人没有赔偿能力，无法通过诉讼获得有效赔偿造成生活困难且符合国家司法救助条件的，应当积极协调办理救助。”需要注意的是，在认罪认罚案件中进行国家司法救助，其性质不是国家赔偿，更不是用国家财政资金去承担应由犯罪嫌疑人承担的赔偿责任，或者代位履行民事赔偿责任。办案人员应当准确把握国家司法救助的辅助性救济属性，对于通过诉讼程序能够获得有效赔偿的，应当通过诉讼途径解决。

（三）做好与社会救助的协调衔接工作

《细则》第五条对检察机关开展国家司法救助应当做好与社会救助的衔接提出要求。实践中，应当注意三点。

一是准确把握国家司法救助与社会救助的交叉与边界。国家司法救助与社会救助均对生活困难的申请人提供救济，但国家司法救助以缓解当事人面临的急迫困难为限，且救助金额有明确限制条件，应当坚持“救急救难”的救助标准；而社会救助则是包含最低生活保障，特困人员供养，急难社会救助，受灾人员救助，医疗、住房、教育、就业等专项救助在内的多层次社会救助体系，具有保障基本民生的兜底作用。

二是综合运用好国家司法救助与社会救助制度，共同做好困难当事人帮扶工作。检察机关除依法依规开展好司法救助工作外，对于当事人不符合国家司法救助条件或者实施国家司法救助后仍然面临生活困难的，应当及时关注其是否符合社会救助条件，对于符合社会救助条件的，积极协调有关部门做好救助接续衔接等工作。实践中，一些地方检察院积极与当地民政、教育、人社、卫计委、妇联、残联等职能部门建立“司法救助＋”工作机制，制定延伸帮扶措施，实现常态化工作联络，让救助工作有“外援”，大大提升了帮扶救助实效。

三是进一步明确负责协调社会救助的检察院。《细则》第十三条规定，对于需要协调有关部门对救助申请人予以社会救助的，应当由申请人户籍所在地或者经常居住地等社会救助申请地检察院负责。办理案件的检察院所在地与社会救助申请地不一致的，办理案件的检察院应当将有关案件情况、给予国家司法救助的情况、予以社会救助的建议等书面材料，移送社会救助申请地检察院。

（四）明确办案部门可以开展国家司法救助工作

实践中，一些地方反映，目前司法救助工作主要是由当事人主动提出申请而启动，由办案部门主动发现、主动移送的救助线索较少，导致救助工作滞后于案件办理及矛盾化解。针对这一现象，《细则》在修订过程中曾设计通过细化线索移送程序以解决上述问题。但有意见认为，办案部门亲历办案，对案件当事人及其家庭情况更为了解，由办案部门直接启动司法救助程序，更有利于调动办案检察官结合办案开展司法救助的积极性、主动性，有利于简化内部流转程序，提高工作效率。对于这一问题，我们综合考量了如下因素：第一，根据《关于建立完善国家司法救助制度的意见（试行）》第六条，政法各单位应当指定专门机构或者人员负责救助工作；第二，司法救助涉及资金动用，需统一标准和尺度，明确专责部门更有利于推动救助工作规范化发展，保障救助公平、合理。从近年来案件办理数据看，检察机关开展国家司法救助的数量逐年上升，在线索来源上，办案部门移送线索数与控申部门直接办理数量接近，对于一些特定案件，如果由办案部门在办案的同时开展司法救助，更有利于促进矛盾前端化解和诉源治理，促进认罪认罚从宽制度、当事人和解制度更好落实，赋予办案部门开展司法救助工作的职责权限具有一定合理性和必要性。综合上述考虑，对检察机关内部具体负责司法救助工作的部门作出了相应调整。

一是负责控告申诉检察的部门是开展国家司法救助的专责部门，仍应承担以下职责：接收司法救助案件线索、受理国家司法救助申请；审查国家司法救助申请、提出审查意见；反馈办理结果、发放救助金；协调有关部门予以社会救助；统筹协调申请司法救助资金预算；向同级司法救助领导小组报告；其他相关工作。实践中，一些地方积极贯彻检察职能“一体化”理念，建立了由多部门共同参与的内部联合工作机制，即对于个别案件，由控告申诉检察部门与移送部门共同开展调查核实、释法说理、矛盾化解工作，实现了救助时效与办案质效的双提升，取得了良好效果。

二是办案部门也可以直接开展国家司法救助工作。对于一些案件，如果由办案部门开展国家司法救助更为适宜的，经检察长批准，也可以由办案部门直接办理。这就要求各办案部门在办理案件过程中，除主动了解当事人受不法侵害造成损失的情况及生活困难情况，及时向当事人提供《国家司法救助申请须知》外，还应及时核查当事人是否符合救助条件，对于当事人提交救助材料的，应当一并进行审查，根据具体情况，直接开展救助工作，减少内部程序流转，提高工作效率。

（五）完善救助对象及范围

《细则》在第七条规定了检察机关应当予以救助的情形。该条的修订内容主要聚焦以下三方面：

一是将“因案件无法侦破”及“已过追诉时效”无法通过诉讼获得赔偿造成生活困难的刑事案件被害人及其近亲属，增加作为司法救助对象。实践中，存在一些因案件无法侦破难以确定加害人，或者因超过诉讼时效，使得被害人或其近亲属不能通过诉讼获得赔偿，造成生活困难的情形。对于这些情形，检察机关也应当对其予以救助。

二是将《细则（试行）》“刑事案件被害人受到犯罪侵害危及生命，急需救治，无力承担医疗救治费用的”中的“危及生命”修改为“致人身伤害”。在征求意见过程中，有意见提出，司法实践中有的刑事案件被害人受到的侵害虽不至于危及生命，但如不及时救治可能会引起部分功能丧失，建议只要达到需要及时救治的标准且无力承担医疗救治费用，便可得到司法救助。对于上述情形，检察机关应当及时伸出援助之手，救人于危难之中。因此，对该意见进行了吸收。

三是将刑事案件被害人受到犯罪侵害“丧失劳动能力”，依靠其收入为主要生活来源的近亲属或者其赡养、扶养、抚养的其他人作为国家司法救助对象。笔者认为，对于一些刑事案件被害人因受到犯罪的侵害虽未致死，但丧失了劳动能力，依靠其收入为主要生活来源的近亲属或者其赡养、扶养、抚养的其他人也应得到国家司法救助。

此外，在修订过程中，鉴于一些实践情形较为复杂，尚不宜在《细则》中统一作出明确规定，但是，检察机关根据具体情况，可以从化解矛盾的角度，灵活开展救助工作。主要包括：

一是关于因案致贫、因案返贫的被害人救助问题。征求意见过程中，一些地方反映，实践中，还存在一些虽然可以承担救治费用，但因承担救治费用造成生活困难，即因案致贫、因案返贫的刑事案件被害人，应当将其作为司法救助对象。我们认为，对于此类人员，应当根据具体情况，判断其面临困难的急迫程度，除依规审查是否应对其予以国家司法救助外，还应考虑通过开展多元救助的方式，切实帮助当事人脱离困境。

二是关于行政诉讼案件能否适用国家司法救助的问题。行政检察部门在推进行政争议实质性化解工作中，部分案件通过对当事人进行司法救助，案结事了，取得良好效果，值得肯定。《人民检察院行政诉讼监督规则》第一百三十四条规定："人民检察院办理行政诉讼监督案件，对于申请人诉求具有一定合理性，但通过法律途径难以解决，且生活困难的，可以依法给予司法救助。"因此实践中，根据案件具体情况，行政检察部门可以依法开展相关司法救助工作。

三是关于是否将犯罪嫌疑人列为可以救助对象的问题。笔者认为，对犯罪嫌疑人、被告人及其近亲属等的救助属于特案特办，不具有普遍性。对此类当事人一般不予救助，但经审慎评估，确需救助的，也可以予以救助。例如，主要依靠犯罪嫌疑人、被告人抚养、扶养、赡养的近亲属是未成年人、残疾人、老年人，因犯罪嫌疑人、被告人被羁押失去生活来源，生活面临急迫困难的。

（六）确立"一体化"联合救助工作机制

有的地方反映，因地区财政困难，一些基层检察院救助资金有限，一定程度上制约了工作的开展，建议能够联合上级共同开展救助。我们认为，探索建立检察机关"一体化"联合救助模式，有利于解决基层检察院案源多但救助资金有限，上级检察院案源少、救助资金相对充足的矛盾，因此，在《细则》第十四条中作出相关规定。对于符合国家司法救助条件的救助申请人，无论其户籍所在地是否属于辖区范围，均应由办理案件的检察院负责受理申请并提供救助。对于一些特殊情形、个别案件，例如，对于一些在管辖地有重大影响且救助金额较大的国家司法救助案件，必要时，可以由上下级检察院联合开展国家司法救助，并由上级检察院负责统筹协调。需要注意的是，采用联合救助方式，仍应遵循国家司法救助的原则和相关程序要求，严格把握救助标准和条件，兼顾当事人实际情况和同类案件救助数额，做到公平、合理；对同一案件的同一当事人只救助一次，其他办案机关已经予以国家司法救助的，检察机关不再救助；对于通过诉讼能够获得赔偿、补偿的，应当通过诉讼途径解决。

（七）完善工作程序，提升救助效果

一是从便民角度，不再规定申请人应当提交“生活困难证明”。根据民政部等六部门印发的《关于改进和规范基层群众性自治组织出具证明工作的指导意见》有关规定，从简化程序、便民服务的角度，不再要求申请人必须开具有关证明，申请人提交能够证明生活困难的材料，说明有关救助申请人的家庭成员、劳动能力、就业状况、家庭收入等情况即可。实践中，有的地方检察院优化工作方式，充分借助信息化手段，研发线上办理申请等远程救助系统，与时俱进开展工作，也取得了良好效果。

二是细化规定审查国家司法救助申请的方式。为充分体现征询人民群众意见、从源头化解矛盾的工作理念，《细则》在第十九条规定了检察机关审查救助申请必要时可以进行调查核实，调查核实可以采取当面询问、组织听证、入户调查、邻里访问、群众评议、信函索证、信息核查等方式。

三是增加协调财政部门加强资助保障的要求。考虑到一些地方反映当地党委政法委对司法救助资金实行定期、集中审批模式，存在救助资金审批不顺、预算保障不足和救助资金不能及时发放等问题，《细则》在第二十六条规定各级检察机关应当积极协调主管部门，将国家司法救助资金列入预算，建立动态调整机制，并推动建立健全国家司法救助资金快速审批拨付或预拨付工作机制。各级检察机关应当加强与地方主管部门的沟通协调，打通程序“阻滞断点”，争取达成共识，确保救助资金得到及时充足保障。

（八）关于特殊群体的司法救助工作

有意见建议将关于开展国家司法救助的相关文件综合予以吸收修订，例如，将未成年人司法救助工作的内容在文件中一并作出规定。经反复研究，我们认为，未成年人司法救助在救助理念、原则、范围、标准、方式等方面与成年人司法救助均存在较大不同，而且 2018 年最高人民检察院出台的《关于全面加强未成年人国家司法救助工作的意见》对检察机关做好未成年人司法救助工作已经作出了较为全面、明确、具体的规定，实践中检察机关开展未成年人司法救助工作，应当依照特别法优先于一般法的原则，继续适用上述意见。

三、进一步推动工作需要注意的问题

制度的生命在于落实，当前，贯彻执行好修订后的《细则》，还需要重点做好以下几方面工作：

一是切实提高政治站位，深入践行以人民为中心的发展思想。检察机关开展国家司法救助工作直接关联急难愁盼的人民群众，是检察为民办实事的生动实践。因此，各级检察机关必须从讲政治的高度，推动国家司法救助各项工作措施落实，及时主动对因案造成生活困难的当事人进行救助，实实在在发挥国家司法救助“救急解困”的功能作用，展现“司法为民”的政治担当。

二是坚持目标导向，致力解决制约司法救助工作开展的瓶颈问题。各级检察机关应针对工作中存在的问题，着力在强化线索发现、优化救助资金审批保障、健全多元协同救助机制等方面下足功夫。一方面，要加大工作统筹协调力度，突破救助资金保障不足、审批机制不畅的困境；另一方面，也要杜绝简单依赖经济救助这一单一救助模式的工作方式，准确了解当事人的具体困难，开展个性化帮扶，积极协调并联合政府、社会、涉案相关当事人等多方力量，采用协调解决低保，帮助就业、就学，申请补偿、补贴、抚恤金等多种方式，落实全方位、多元化救助，充分释放检察温暖，展现司法温情。

三是时刻心系“国之大者”，强化系统观念，自觉在服务大局中推动工作落实。国家司法救助工作是检察机关融入基层社会治理、巩固和拓展脱贫攻坚成果、服务和保障全面实施乡村振兴战略的切实之举。各级检察机关必须强化系统观念，既加强检察机关内部协作配合，也要争取各级党委政府和有关部门的支持协同，不断创新工作机制，切实提升检察机关开展国家司法救助工作质效。

最高人民法院、最高人民检察院、公安部、工业和信息化部、住房和城乡建设部、交通运输部、应急管理部、国家铁路局、中国民用航空局、国家邮政局关于依法惩治涉枪支、弹药、爆炸物、易燃易爆危险物品犯罪的意见

（2021 年 12 月 28 日公布　2021 年 12 月 31 日施行　法发〔2021〕35 号）

为依法惩治涉枪支、弹药、爆炸物、易燃易爆危险物品犯罪，维护公共安全，保护人民群众生命财产安全，根据《中华人民共和国刑法》《中华人民共和国刑事诉讼法》《中华人民共和国安全生产法》《行政执法机关移送涉嫌犯罪案件的规定》等法律、行政法规和相关司法解释的规定，结合工作实际，制定本意见。

一、总体要求

1. 严禁非法制造、买卖、运输、邮寄、储存、持有、私藏、走私枪支、弹药、爆炸物；严禁未经批准和许可擅自生产、储存、使用、经营、运输易燃易爆危险物品；严禁违反安全管理规定生产、储存、使用、经营、运输易燃易爆危险物品。依法严厉打击涉枪支、弹药、爆炸物、易燃易爆危险物品违法犯罪。

2. 人民法院、人民检察院、公安机关、有关行政执法机关应当充分认识涉枪支、弹药、爆炸物、易燃易爆危险物品违法犯罪的社会危害性，坚持人民至上、生命至上，统筹发展和安全，充分发挥工作职能，依法严惩涉枪支、弹药、爆炸物、易燃易爆危险物品违法犯罪，为经济社会发展提供坚实安全保障，不断增强人民群众获得感、幸福感、安全感。

3. 人民法院、人民检察院、公安机关、有关行政执法机关应当按照法定职责分工负责、配合协作，加强沟通协调，在履行职责过程中发现涉嫌枪支、弹药、爆炸物、易燃易爆危险物品犯罪的，应当及时相互通报情况，共同进行防范和惩治，维护社会治安大局稳定。

二、正确认定犯罪

4. 非法制造、买卖、运输、邮寄、储存、盗窃、抢夺、抢劫、持有、私藏、走私枪支、弹药、爆炸物，并利用该枪支、弹药、爆炸物实施故意杀人、故意伤害、抢劫、绑架等犯罪的，依照数罪并罚的规定处罚。

5. 违反危险化学品安全管理规定，未经依法批准或者许可擅自从事易燃易爆危险物品道路运输活动，或者实施其他违反危险化学品安全管理规定通过道路运输易燃易爆危险物品的行为，危及公共安全的，依照刑法第一百三十三条之一第一款第四项的规定，以危险驾驶罪定罪处罚。

在易燃易爆危险物品生产、经营、储存等高度危险的生产作业活动中违反有关安全管理的规定，有下列情形之一，具有发生重大伤亡事故或者其他严重后果的现实危险的，依照刑法第一百三十四条之一第三项的规定，以危险作业罪定罪处罚：

（1）委托无资质企业或者个人储存易燃易爆危险物品的；

（2）在储存的普通货物中夹带易燃易爆危险物品的；

（3）将易燃易爆危险物品谎报或者匿报为普通货物申报、储存的；

（4）其他涉及安全生产的事项未经依法批准或者许可，擅自从事易燃易爆危险物品生产、经营、储存等活动的情形。

实施前两款行为，同时构成刑法第一百三十条规定之罪等其他犯罪的，依照处罚较重的规定定罪处罚；导致发生重大伤亡事故或者其他严重后果，符合刑法第一百三十四条、第一百三十五条、第一百三十六条等规定的，依照各该条的规定定罪从重处罚。

6. 在易燃易爆危险物品生产、储存、运输、使用中违反有关安全管理的规定，实施本意见第5条前两款规定以外的其他行为，导致发生重大事故，造成严重后果，符合刑法第一百三十六条等规定的，以危险物品肇事罪等罪名定罪处罚。

7. 实施刑法第一百三十六条规定等行为，向负有安全生产监督管理职责的部门不报、谎报或者迟报相关情况的，从重处罚；同时构成刑法第一百三十九条之一规定之罪的，依照数罪并罚的规定处罚。

8. 在水路、铁路、航空易燃易爆危险物品运输生产作业活动中违反有关安全管理的规定，有下列情形之一，明知存在重大事故隐患而不排除，足以危害公共安全的，依照刑法第一百一十四条的规定，以危险方法危害公共安全罪定罪处罚；致人重伤、死亡或者使公私财产遭受重大损失的，依照刑法第一百一十五条第一款的规定处罚：

（1）未经依法批准或者许可，擅自从事易燃易爆危险物品运输的；

（2）委托无资质企业或者个人承运易燃易爆危险物品的；

（3）在托运的普通货物中夹带易燃易爆危险物品的；

（4）将易燃易爆危险物品谎报或者匿报为普通货物托运的；

（5）其他在水路、铁路、航空易燃易爆危险物品运输活动中违反有关安全管理规定的情形。

非法携带易燃易爆危险物品进入水路、铁路、航空公共交通工具或者有关公共场所，危及公共安全，情节严重的，依照刑法第一百三十条的规定，以非法携带危险物品危及公共安全罪定罪处罚。

9. 通过邮件、快件夹带易燃易爆危险物品，或者将易燃易爆危险物品谎报为普通物品交寄，符合本意见第5条至第8条规定的，依照各该条的规定定罪处罚。

三、准确把握刑事政策

10. 对于非法制造、买卖、运输、邮寄、储存、持有、私藏、走私枪支、弹药，以及非法制造、买卖、运输、邮寄、储存爆炸物的行为，应当依照刑法和《最高人民法院关于审理非法制造、买卖、运输枪支、弹药、爆炸物等刑事案件具体应用法律若干问题的解释》《最高人民法院、最高人民检察院关于办理走私刑事案件适用法律若干问题的解释》等规定，从严追究刑事责任。

11. 对于非法制造、买卖、运输、邮寄、储存、持有、私藏、走私以压缩气体为动力且枪口比动能较低的枪支以及气枪铅弹的行为，应当依照刑法和《最高人民法院、最高人民检察院关于涉以压缩气体为动力的枪支、气枪铅弹刑事案件定罪量刑问题的批复》的规定，综合考虑案件情节，综合评估社会危害性，坚持主客观相统一，决定是否追究刑事责任以及如何裁量刑罚，确保罪责刑相适应。

12. 利用信息网络非法买卖枪支、弹药、爆炸物、易燃易爆危险物品，或者利用寄递渠道非法运输枪支、弹药、爆炸物、易燃易爆危险物品，依法构成犯罪的，从严追究刑事责任。

13. 确因正常生产、生活需要，以及因从事合法的生产经营活动而非法生产、储存、使用、经营、运输易燃易爆危险物品，依法构成犯罪，没有造成严重社会危害，并确有悔改表现的，可以从轻处罚。

14. 将非法枪支、弹药、爆炸物主动上交公安机关，或者将未经依法批准或者许可生产、储存、使用、经营、运输的易燃易爆危险物品主动上交行政执法机关处置的，可以从轻处罚；未造成实际危害后果，犯罪情节轻微不需要判处刑罚的，可以依法不起诉或者免予刑事处罚；成立自首的，可以依法从轻、减轻或者免除处罚。

有揭发他人涉枪支、弹药、爆炸物、易燃易爆危险物品犯罪行为，查证属实的，或者提供重要线索，从而得以侦破其他涉枪支、弹药、爆炸物、易燃易爆危险物品案件等立功表现的，可以依法从轻或者减轻处罚；有重大立功表现的，可以依法减轻或者免除处罚。

四、加强行政执法与刑事司法衔接

15. 有关行政执法机关在查处违法行为过程中发现涉嫌枪支、弹药、爆炸物、易燃易爆危险物品犯罪的，应当立即指定 2 名或者 2 名以上行政执法人员组成专案组专门负责，核实情况后提出移送涉嫌犯罪案件的书面报告，报本机关正职负责人或者主持工作的负责人审批。

有关行政执法机关正职负责人或者主持工作的负责人应当自接到报告之日起 3 日内作出批准移送或者不批准移送的决定。决定批准移送的，应当在 24 小时内向同级公安机关移送，并将案件移送书抄送同级人民检察院；决定不批准移送的，应当将不予批准的理由记录在案。

16. 有关行政执法机关向公安机关移送涉嫌枪支、弹药、爆炸物、易燃易爆危险物品犯罪案件，应当附下列材料：

（1）涉嫌犯罪案件移送书，载明移送案件的行政执法机关名称、涉嫌犯罪的罪名、案件主办人和联系电话，并应当附移送材料清单和回执，加盖公章；

（2）涉嫌犯罪案件情况的调查报告，载明案件来源、查获枪支、弹药、爆炸物、易燃易爆危险物品情况、犯罪嫌疑人基本情况、涉嫌犯罪的主要事实、证据和法律依据、处理建议等；

（3）涉案物品清单，载明涉案枪支、弹药、爆炸物、易燃易爆危险物品的具体类别和名称、数量、特征、存放地点等，并附采取行政强制措施、现场笔录等表明涉案枪支、弹药、爆炸物、易燃易爆危险物品来源的材料；

（4）有关检验报告或者鉴定意见，并附鉴定机构和鉴定人资质证明；没有资质证明的，应当附其他证明文件；

（5）现场照片、询问笔录、视听资料、电子数据、责令整改通知书等其他与案件有关的证据材料。

有关行政执法机关对违法行为已经作出行政处罚决定的，还应当附行政处罚决定书及执行情况说明。

17. 公安机关对有关行政执法机关移送的涉嫌枪支、弹药、爆炸物、易燃易爆危险物品犯罪案件，应当在案件移送书的回执上签字或者出具接受案件回执，并依照有关规定及时进行审查处理。不得以材料不全为由不接受移送案件。

18. 人民检察院应当依照《行政执法机关移送涉嫌犯罪案件的规定》《最高人民检察院关于推进行政执法与刑事司法衔接工作的规定》《安全生产行政执法与刑事司法衔接工作办法》等规定，对有关行政执法机关移送涉嫌枪支、弹药、爆炸物、易燃易爆危险物品犯罪案件，以及公安机关的立案活动，依法进行法律监督。

有关行政执法机关对公安机关的不予立案决定有异议的，可以建议人民检察院进行立案监督。

19. 公安机关、有关行政执法机关在办理涉枪支、弹药、爆炸物、易燃易爆危险物品违法犯罪案件过程中，发现公职人员有贪污贿赂、失职渎职或者利用职权侵犯公民人身权利和民主权利等违法行为，涉嫌构成职务犯罪的，应当依法及时移送监察机关或者人民检察院处理。

20. 有关行政执法机关在行政执法和查办涉枪支、弹药、爆炸物、易燃易爆危险物品案件过程中收集的物证、书证、视听资料、电子数据以及对事故进行调查形成的报告，在刑事诉讼中可以作为证据使用。

21. 有关行政执法机关对应当向公安机关移送的涉嫌枪支、弹药、爆炸物、易燃易爆危险物品犯罪案件，不得以行政处罚代替案件移送。

有关行政执法机关向公安机关移送涉嫌枪支、弹药、爆炸物、易燃易爆危险物品犯罪案件的，已经作出的警告、责令停产停业、暂扣或者吊销许可证、暂扣或者吊销执照的行政处罚决定，不停止执行。

22. 人民法院对涉枪支、弹药、爆炸物、易燃易爆危险物品犯罪案件被告人判处罚金、有期徒刑或者拘役的，有关行政执法机关已经依法给予的罚款、行政拘留，应当依法折抵相应罚金或者刑期。有关行政执法机关尚未给予罚款的，不再给予罚款。

对于人民检察院依法决定不起诉或者人民法院依法免予刑事处罚的案件，需要给予行政处罚的，由有关行政执法机关依法给予行政处罚。

五、其他问题

23. 本意见所称易燃易爆危险物品，是指具有爆炸、易燃性质的危险化学品、危险货物等，具体范围依照相关法律、行政法规、部门规章和国家标准确定。依照有关规定属于爆炸物的除外。

24. 本意见所称有关行政执法机关，包括民用爆炸物品行业主管部门、燃气管理部门、交通运输主管部门、应急管理部门、铁路监管部门、民用航空主管部门和邮政管理部门等。

25. 本意见自2021年12月31日起施行。

最高人民法院
最高人民检察院
公安部
工业和信息化部
住房和城乡建设部
交通运输部
应急管理部
国家铁路局
中国民用航空局
国家邮政局
2021年12月28日

最高人民检察院
人民检察院办理认罪认罚案件听取意见同步录音录像规定

（2021 年 11 月 15 日最高人民检察院第十三届检察委员会第七十八次会议通过 2021 年 12 月 2 日公布 2022 年 3 月 1 日施行）

第一条 为规范人民检察院办理认罪认罚案件听取意见活动，依法保障犯罪嫌疑人、被告人诉讼权利，确保认罪认罚自愿性、真实性、合法性，根据法律和相关规定，结合办案实际，制定本规定。

第二条 人民检察院办理认罪认罚案件，对于检察官围绕量刑建议、程序适用等事项听取犯罪嫌疑人、被告人、辩护人或者值班律师意见、签署具结书活动，应当同步录音录像。

听取意见同步录音录像不包括讯问过程，但是讯问与听取意见、签署具结书同时进行的，可以一并录制。

多次听取意见的，至少要对量刑建议形成、确认以及最后的具结书签署过程进行同步录音录像。对依法不需要签署具结书的案件，应当对能够反映量刑建议形成的环节同步录音录像。

第三条 认罪认罚案件听取意见同步录音录像适用于所有认罪认罚案件。

第四条 同步录音录像一般应当包含如下内容：

（一）告知犯罪嫌疑人、被告人、辩护人或者值班律师对听取意见过程进行同步录音录像的情况；

（二）告知犯罪嫌疑人、被告人诉讼权利义务和认罪认罚法律规定，释明认罪认罚的法律性质和法律后果的情况；

（三）告知犯罪嫌疑人、被告人无正当理由反悔的法律后果的情况；

（四）告知认定的犯罪事实、罪名、处理意见，提出的量刑建议、程序适用建议并进行说明的情况；

（五）检察官听取犯罪嫌疑人、被告人、辩护人或者值班律师意见，犯罪嫌疑人、被告人听取辩护人或者值班律师意见的情况；

（六）根据需要，开示证据的情况；

（七）犯罪嫌疑人、被告人签署具结书及辩护人或者值班律师见证的情况；

（八）其他需要录制的情况。

第五条　认罪认罚案件听取意见应当由检察官主持，检察官助理、检察技术人员、司法警察、书记员协助。犯罪嫌疑人、被告人、辩护人或者值班律师等人员参与。

同步录音录像由检察技术人员或其他检察辅助人员负责录制。

第六条　同步录音录像一般应当在羁押场所或者检察机关办案区进行，有条件的可以探索在上述地点单独设置听取意见室。

采取远程视频等方式听取意见的，应当保存视频音频作为同步录音录像资料。

第七条　听取意见前，人民检察院应当告知辩护人或者值班律师听取意见的时间、地点，并听取辩护人或者值班律师意见。

在听取意见过程中，人民检察院应当为辩护人或者值班律师会见犯罪嫌疑人、查阅案卷材料提供必要的便利。

第八条　同步录音录像，应当客观、全面地反映听取意见的参与人员、听取意见过程，画面完整、端正，声音和影像清晰可辨。同步录音录像应当保持完整、连续，不得选择性录制，不得篡改、删改。

第九条　同步录音录像的起始和结束由检察官宣布。开始录像前，应当告知犯罪嫌疑人、被告人、辩护人或者值班律师。

第十条　听取意见过程中发现可能影响定罪量刑的新情况，需要补充核实的，应当中止听取意见和同步录音录像。核实完毕后，视情决定重新或者继续听取意见并进行同步录音录像。

因技术故障无法录制的，一般应当中止听取意见，待故障排除后再行听取意见和录制。技术故障一时难以排除的，征得犯罪嫌疑人、被告人、辩护人或者值班律师同意，可以继续听取意见，但应当记录在案。

第十一条　同步录音录像结束后，录制人员应当及时制作同步录音录像文件，交由案件承办人员办案使用，案件办结后由案件承办人员随案归档。同步录音录像文件的命名应当与全国检察业务应用系统内案件对应。各级人民检察院应当逐步建立同步录音录像文件管理系统，统一存储和保管同步录音录像文件。同步录音录像文件保存期限为十年。

第十二条　同步录音录像文件是人民检察院办理认罪认罚案件的工作资料，实行有条件调取使用。因人民法院、犯罪嫌疑人、被告人、辩护人或者值班律师对认罪认罚自愿性、真实性、合法性提出异议或者疑问等原因，需要查阅同步录音录像文件的，人民检察院可以出示，也可以将同步录音录像文件移送人民法院，必要时提请法庭播放。

因案件质量评查、复查、检务督察等工作，需要查阅、调取、复制、出示同步录音录像文件的，应当履行审批手续并记录在案。

第十三条 检察人员听取意见应当着检察制服，做到仪表整洁，举止严肃、端庄，用语文明、规范。

第十四条 人民检察院刑事检察、检察技术、计划财务装备、案件管理、司法警察、档案管理等部门应当各司其职、各负其责、协调配合，保障同步录音录像工作规范、高效、有序开展。

第十五条 人民检察院办理未成年人认罪认罚案件开展听取意见同步录音录像工作的，根据相关法律规定，结合未成年人检察工作实际，参照本规定执行。

第十六条 本规定自 2022 年 3 月 1 日起实施。

最高人民法院刑事审判第三庭、最高人民检察院第四检察厅、公安部刑事侦查局
关于“断卡”行动中有关法律适用问题的会议纪要

（2022年3月22日公布并施行）

各省、自治区、直辖市高级人民法院刑事审判庭、人民检察院刑事检察部、公安厅（局）刑侦局、刑侦（警）总队，新疆维吾尔自治区高级人民法院生产建设兵团分院刑事审判庭、新疆生产建设兵团人民检察院刑事检察部、新疆生产建设兵团公安局刑侦总队：

在国务院打击治理电信网络新型违法犯罪工作部际联席会议办公室的统一部署下，各级人民法院、人民检察院和公安机关认真落实习近平总书记重要指示批示精神，加强协作配合，积极履职作为，“断卡”行动深入推进，打击整治成效日益明显，有力遏制了电信网络诈骗犯罪持续高发的势头。2021年6月，最高人民法院、最高人民检察院、公安部联合发布《关于办理电信网络诈骗等刑事案件适用法律若干问题的意见（二）》（以下简称“《意见（二）》”），进一步解决了实践中的部分难点重点问题，为打击治理专项工作提供了有力法律保障。

当前，涉“两卡”（即手机卡、信用卡）犯罪形势依旧复杂严峻，犯罪类型多样且不断发展，需要进一步统一认识，明确依据，更好实现打击治理的目的。为此，2021年11月26日和2022年1月7日，最高人民法院刑事审判第三庭、最高人民检察院第四检察厅和公安部刑事侦查局先后召开联席会议，就当前“断卡”行动中各地反映的突出法律适用问题进行研究，就相关问题形成共识。现将会议纪要下发，供各地在办案中参考。

一、关于帮助信息网络犯罪活动罪中“明知他人利用信息网络实施犯罪”的理解适用。认定行为人是否“明知”他人利用信息网络实施犯罪，应当坚持主客观相一致原则，即要结合行为人的认知能力、既往经历、交易对象、与信息网络犯罪行为人的关系、提供技术支持或者帮助的时间和方式、获利情况、出租、出售“两卡”的次数、张数、个数，以及行为人的供述等主客观因素，同时注重听取行为人的辩解并根据其辩解合理与否，予以综合认定。司法办案中既要防止片面倚重行为人的供述认定明知；也要避免简单客观归罪，

仅以行为人有出售“两卡”行为就直接认定明知。特别是对于交易双方存在亲友关系等信赖基础，一方确系偶尔向另一方出租、出售“两卡”的，要根据在案事实证据，审慎认定“明知”。

在办案过程中，可着重审查行为人是否具有以下特征及表现，综合全案证据，对其构成“明知”与否作出判断：（1）跨省或多人结伙批量办理、收购、贩卖“两卡”的；（2）出租、出售“两卡”后，收到公安机关、银行业金融机构、非银行支付机构、电信服务提供者等相关单位部门的口头或书面通知，告知其所出租、出售的“两卡”涉嫌诈骗、洗钱等违法犯罪，行为人未采取补救措施，反而继续出租、出售的；（3）出租、出售的“两卡”因涉嫌诈骗、洗钱等违法犯罪被冻结，又帮助解冻，或者注销旧卡、办理新卡，继续出租、出售的；（4）出租、出售的具有支付结算功能的网络账号因涉嫌诈骗、洗钱等违法犯罪被查封，又帮助解封，继续提供给他人使用的；（5）频繁使用隐蔽上网、加密通信、销毁数据等措施或者使用虚假身份，逃避监管或者规避调查的；（6）事先串通设计应对调查的话术口径的；（7）曾因非法交易“两卡”受过处罚或者信用惩戒、训诫谈话，又收购、出售、出租“两卡”的等。

二、关于《最高人民法院、最高人民检察院关于办理非法利用信息网络、帮助信息网络犯罪活动等刑事案件适用法律若干问题的解释》（以下简称“《解释》”）第十二条第一款第（一）项的理解适用。该项所规定的“为三个以上对象提供帮助”，应理解为分别为三个以上行为人或团伙组织提供帮助，且被帮助的行为人或团伙组织实施的行为均达到犯罪程度。为同一对象提供三次以上帮助的，不宜理解为“为三个以上对象提供帮助”。

三、关于《解释》第十二条第一款第（四）项的理解适用。该项所规定“违法所得一万元”中的“违法所得”，应理解为行为人为他人实施信息网络犯罪提供帮助，由此所获得的所有违法款项或非法收入。行为人收卡等“成本”费用无须专门扣除。

四、关于《关于深入推进“断卡”行动有关问题的会议纪要》（以下简称“《2020 年会议纪要》”）中列举的符合《解释》第十二条规定的“情节严重”情形的理解适用。《2020 年会议纪要》第五条规定，出租、出售的信用卡被用于实施电信网络诈骗，达到犯罪程度，该信用卡内流水金额超过三十万元的，按照符合《解释》第十二条规定的“情节严重”处理。在适用时应把握单向流入涉案信用卡中的资金超过三十万元，且其中至少三千元经查证系涉诈骗资金。行为人能够说明资金合法来源和性质的，应当予以扣除。以上述情形认定行为“情节严重”的，要注重审查行为人的主观明知程度、出租、出售信用卡的张数、次数、非法获利的数额以及造成的其他严重后果，综合考虑与

《解释》第十二条第一款其他项适用的相当性。

行为人出租、出售的信用卡被用于接收电信网络诈骗资金，但行为人未实施代为转账、套现、取现等行为，或者未实施为配合他人转账、套现、取现而提供刷脸等验证服务的，不宜认定为《解释》第十二条第一款第（二）项规定的“支付结算”行为。

五、关于正确区分帮助信息网络犯罪活动罪、掩饰、隐瞒犯罪所得、犯罪所得收益罪与诈骗罪的界限。在办理涉“两卡”犯罪案件中，存在准确界定前述三个罪名之间界限的问题。应当根据行为人的主观明知内容和实施的具体犯罪行为，确定其行为性质。以信用卡为例：（1）明知他人实施电信网络诈骗犯罪，参加诈骗团伙或者与诈骗团伙之间形成较为稳定的配合关系，长期为他人提供信用卡或者转账取现的，可以诈骗罪论处。（2）行为人向他人出租、出售信用卡后，在明知是犯罪所得及其收益的情况下，又代为转账、套现、取现等，或者为配合他人转账、套现、取现而提供刷脸等验证服务的，可以掩饰、隐瞒犯罪所得、犯罪所得收益罪论处。（3）明知他人利用信息网络实施犯罪，仅向他人出租、出售信用卡，未实施其他行为，达到情节严重标准的，可以帮助信息网络犯罪活动罪论处。

在司法实践中，应当具体案情具体分析，结合主客观证据，重视行为人的辩解理由，确保准确定性。

六、关于《意见（二）》第三条的理解适用。为严厉打击跨境电信网络诈骗团伙犯罪，该条规定，有证据证实行为人参加境外诈骗犯罪集团或犯罪团伙，在境外针对境内居民实施电信网络诈骗犯罪行为，诈骗数额难以查证，但一年内出境赴境外诈骗犯罪窝点累计时间30日以上或多次出境赴境外诈骗犯罪窝点的，以诈骗罪依法追究刑事责任。在司法适用时，要注意把握以下三个要求：（1）有证据证明行为人参加了境外电信网络诈骗犯罪集团或犯罪团伙，且在境外针对境内居民实施了具体的诈骗犯罪行为；（2）行为人一年内出境赴境外诈骗犯罪窝点累计30日以上，应当从行为人实际加入境外诈骗犯罪窝点的日期开始计算时间；（3）诈骗数额难以查证，是指基于客观困难，确实无法查清行为人实施诈骗的具体数额。在办案中，应当首先全力查证具体诈骗数额；在诈骗数额难以查清的情况下，根据《最高人民法院、最高人民检察院关于办理诈骗刑事案件具体应用法律若干问题的解释》和《最高人民法院、最高人民检察院、公安部关于办理电信网络诈骗等刑事案件适用法律若干问题的意见》的规定，还应当查证发送诈骗信息条数和拨打诈骗电话次数，如二者均无法查明，才适用该条规定。

七、关于收购、出售、出租信用卡的行为，可否以窃取、收买、非法提供信用卡信息罪追究刑事责任的问题。《刑法修正案（五）》设立了窃取、收买、非法提供信用卡信息罪，主要考虑是：利用信用卡信息资料复制磁条卡的问题在当时比较突出，严重危害持卡人的财产安全和国家金融安全，故设立本罪，相关司法解释将本罪入罪门槛规定为1张（套）信用卡。其中的“信用卡信息资料”，是指用于伪造信用卡的电子数据等基础信息，如有关发卡行代码、持卡人账户、密码等内容的加密电子数据。在“断卡”行动破获的此类案件中，行为人非法交易信用卡的主要目的在于直接使用信用卡，而非利用其中的信息资料伪造信用卡。故当前办理“断卡”行动中的此类案件，一般不以窃取、收买、非法提供信用卡信息罪追究刑事责任。

八、关于收购、出售、出租信用卡“四件套”行为的处理。行为人收购、出售、出租信用卡“四件套”（一般包括信用卡，身份信息，U盾，网银），数量较大的，可能同时构成帮助信息网络犯罪活动罪、妨害信用卡管理罪等。“断卡”行动中破获的此类案件，行为人收购、出售、出租的信用卡“四件套”，主要流向电信网络诈骗犯罪团伙或人员手中，用于非法接收、转移诈骗资金，一般以帮助信息网络犯罪活动罪论处。对于涉案信用卡“四件套”数量巨大，同时符合妨害信用卡管理罪构成要件的，择一重罪论处。

九、关于重大电信网络诈骗及其关联犯罪案件的管辖。对于涉案人数超过80人，以及在境外实施的电信网络诈骗及其关联犯罪案件，公安部根据工作需要指定异地管辖的，指定管辖前应当商最高人民检察院和最高人民法院。

各级人民法院、人民检察院、公安机关要充分认识到当前持续深入推进“断卡”行动的重要意义，始终坚持依法从严惩处和全面惩处的方针，坚决严惩跨境电信网络诈骗犯罪集团和人员、贩卖“两卡”团伙头目和骨干、职业“卡商”、行业“内鬼”等。同时，还应当注重宽以济严，对于初犯、偶犯、未成年人、在校学生，特别是其中被胁迫或蒙骗出售本人名下“两卡”，违法所得、涉案数额较少且认罪认罚的，以教育、挽救为主，落实“少捕慎诉慎押”的刑事司法政策，可以依法从宽处理，确保社会效果良好。

各省级人民法院、人民检察院、公安机关要尽快传达并转发本会议纪要，不断提高办案能力，依法准确办理涉“两卡”犯罪案件，确保“断卡”行动深入健康开展。在司法实践中如遇有重大疑难问题，应及时对口上报。

最高人民法院刑事审判第三庭
最高人民检察院第四检察厅
公安部刑事侦查局
2022年3月22日

最高人民法院、最高人民检察院、公安部、司法部 关于未成年人犯罪记录封存的实施办法

（2022 年 5 月 24 日公布　2022 年 5 月 30 日施行）

第一条　为了贯彻对违法犯罪未成年人教育、感化、挽救的方针，加强对未成年人的特殊、优先保护，坚持最有利于未成年人原则，根据刑法、刑事诉讼法、未成年人保护法、预防未成年人犯罪法等有关法律规定，结合司法工作实际，制定本办法。

第二条　本办法所称未成年人犯罪记录，是指国家专门机关对未成年犯罪人员情况的客观记载。应当封存的未成年人犯罪记录，包括侦查、起诉、审判及刑事执行过程中形成的有关未成年人犯罪或者涉嫌犯罪的全部案卷材料与电子档案信息。

第三条　不予刑事处罚、不追究刑事责任、不起诉、采取刑事强制措施的记录，以及对涉罪未成年人进行社会调查、帮教考察、心理疏导、司法救助等工作的记录，按照本办法规定的内容和程序进行封存。

第四条　犯罪的时候不满十八周岁，被判处五年有期徒刑以下刑罚以及免予刑事处罚的未成年人犯罪记录，应当依法予以封存。

对在年满十八周岁前后实施数个行为，构成一罪或者一并处理的数罪，主要犯罪行为是在年满十八岁周岁前实施的，被判处或者决定执行五年有期徒刑以下刑罚以及免予刑事处罚的未成年人犯罪记录，应当对全案依法予以封存。

第五条　对于分案办理的未成年人与成年人共同犯罪案件，在封存未成年人案卷材料和信息的同时，应当在未封存的成年人卷宗封面标注“含犯罪记录封存信息”等明显标识，并对相关信息采取必要保密措施。对于未分案办理的未成年人与成年人共同犯罪案件，应当在全案卷宗封面标注“含犯罪记录封存信息”等明显标识，并对相关信息采取必要保密措施。

第六条　其他刑事、民事、行政及公益诉讼案件，因办案需要使用了被封存的未成年人犯罪记录信息的，应当在相关卷宗封面标明“含犯罪记录封存信息”，并对相关信息采取必要保密措施。

第七条　未成年人因事实不清、证据不足被宣告无罪的案件，应当对涉罪

记录予以封存；但未成年被告人及其法定代理人申请不予封存或者解除封存的，经人民法院同意，可以不予封存或者解除封存。

第八条 犯罪记录封存决定机关在作出案件处理决定时，应当同时向案件被告人或犯罪嫌疑人及其法定代理人或近亲属释明未成年人犯罪记录封存制度，并告知其相关权利义务。

第九条 未成年人犯罪记录封存应当贯彻及时、有效的原则。对于犯罪记录被封存的未成年人，在入伍、就业时免除犯罪记录的报告义务。

被封存犯罪记录的未成年人因涉嫌再次犯罪接受司法机关调查时，应当主动、如实地供述其犯罪记录情况，不得回避、隐瞒。

第十条 对于需要封存的未成年人犯罪记录，应当遵循《中华人民共和国个人信息保护法》不予公开，并建立专门的未成年人犯罪档案库，执行严格的保管制度。

对于电子信息系统中需要封存的未成年人犯罪记录数据，应当加设封存标记，未经法定查询程序，不得进行信息查询、共享及复用。

封存的未成年人犯罪记录数据不得向外部平台提供或对接。

第十一条 人民法院依法对犯罪时不满十八周岁的被告人判处五年有期徒刑以下刑罚以及免予刑事处罚的，判决生效后，应当将刑事裁判文书、《犯罪记录封存通知书》及时送达被告人，并同时送达同级人民检察院、公安机关，同级人民检察院、公安机关在收到上述文书后应当在三日内统筹相关各级检察机关、公安机关将涉案未成年人的犯罪记录整体封存。

第十二条 人民检察院依法对犯罪时不满十八周岁的犯罪嫌疑人决定不起诉后，应当将《不起诉决定书》、《犯罪记录封存通知书》及时送达被不起诉人，并同时送达同级公安机关，同级公安机关收到上述文书后应当在三日内将涉案未成年人的犯罪记录封存。

第十三条 对于被判处管制、宣告缓刑、假释或者暂予监外执行的未成年罪犯，依法实行社区矫正，执行地社区矫正机构应当在刑事执行完毕后三日内将涉案未成年人的犯罪记录封存。

第十四条 公安机关、人民检察院、人民法院和司法行政机关分别负责受理、审核和处理各自职权范围内有关犯罪记录的封存、查询工作。

第十五条 被封存犯罪记录的未成年人本人或者其法定代理人申请为其出具无犯罪记录证明的，受理单位应当在三个工作日内出具无犯罪记录的证明。

第十六条 司法机关为办案需要或者有关单位根据国家规定查询犯罪记录的，应当向封存犯罪记录的司法机关提出书面申请，列明查询理由、依据和使用范围等，查询人员应当出示单位公函和身份证明等材料。

经审核符合查询条件的，受理单位应当在三个工作日内开具有／无犯罪记录证明。许可查询的，查询后，档案管理部门应当登记相关查询情况，并按照档案管理规定将有关申请、审批材料、保密承诺书等一同存入卷宗归档保存。依法不许可查询的，应当在三个工作日内向查询单位出具不许可查询决定书，并说明理由。

对司法机关为办理案件、开展重新犯罪预防工作需要申请查询的，封存机关可以依法允许其查阅、摘抄、复制相关案卷材料和电子信息。对司法机关以外的单位根据国家规定申请查询的，可以根据查询的用途、目的与实际需要告知被查询对象是否受过刑事处罚、被判处的罪名、刑期等信息，必要时，可以提供相关法律文书复印件。

第十七条 对于许可查询被封存的未成年人犯罪记录的，应当告知查询犯罪记录的单位及相关人员严格按照查询目的和使用范围使用有关信息，严格遵守保密义务，并要求其签署保密承诺书。不按规定使用所查询的犯罪记录或者违反规定泄露相关信息，情节严重或者造成严重后果的，应当依法追究相关人员的责任。

因工作原因获知未成年人封存信息的司法机关、教育行政部门、未成年人所在学校、社区等单位组织及其工作人员、诉讼参与人、社会调查员、合适成年人等，应当做好保密工作，不得泄露被封存的犯罪记录，不得向外界披露该未成年人的姓名、住所、照片，以及可能推断出该未成年人身份的其他资料。违反法律规定披露被封存信息的单位或个人，应当依法追究其法律责任。

第十八条 对被封存犯罪记录的未成年人，符合下列条件之一的，封存机关应当对其犯罪记录解除封存：

（一）在未成年时实施新的犯罪，且新罪与封存记录之罪数罪并罚后被决定执行刑罚超过五年有期徒刑的；

（二）发现未成年时实施的漏罪，且漏罪与封存记录之罪数罪并罚后被决定执行刑罚超过五年有期徒刑的；

（三）经审判监督程序改判五年有期徒刑以上刑罚的；

被封存犯罪记录的未成年人，成年后又故意犯罪的，人民法院应当在裁判文书中载明其之前的犯罪记录。

第十九条 符合解除封存条件的案件，自解除封存条件成立之日起，不再受未成年人犯罪记录封存相关规定的限制。

第二十条 承担犯罪记录封存以及保护未成年人隐私、信息工作的公职人员，不当泄漏未成年人犯罪记录或者隐私、信息的，应当予以处分；造成严重后果，给国家、个人造成重大损失或者恶劣影响的，依法追究刑事责任。

第二十一条 涉案未成年人应当封存的信息被不当公开，造成未成年人在就学、就业、生活保障等方面未受到同等待遇的，未成年人及其法定代理人可以向相关机关、单位提出封存申请，或者向人民检察院申请监督。

第二十二条 人民检察院对犯罪记录封存工作进行法律监督。对犯罪记录应当封存而未封存，或者封存不当，或者未成年人及其法定代理人提出异议的，人民检察院应当进行审查，对确实存在错误的，应当及时通知有关单位予以纠正。

有关单位应当自收到人民检察院的纠正意见后及时审查处理。经审查无误的，应当向人民检察院说明理由；经审查确实有误的，应当及时纠正，并将纠正措施与结果告知人民检察院。

第二十三条 对于2012年12月31日以前办结的案件符合犯罪记录封存条件的，应当按照本办法的规定予以封存。

第二十四条 本办法所称“五年有期徒刑以下”含本数。

第二十五条 本办法由最高人民法院、最高人民检察院、公安部、司法部共同负责解释。

第二十六条 本办法自2022年5月30日起施行。

附件：1. 无犯罪记录证明

2. 保密承诺书

附件1

无犯罪记录证明

×公/检/法/司（×）证字【 】××号

经查，被查询人：　　，国籍　　，证件名称：　　　，证件号码：　　，（在××××年××月××日至××××年××月××日期间），未发现有犯罪记录。

业务编号及二维码

单位（盖章）

××××年××月××日

注：1. 此证明书只反映出具证明时信息查询平台内的犯罪记录信息情况。

2. 如未注明查询时间范围，即查询全时段信息。

3. 此证明书自开具之日起3个月内有效。

附件2

保密承诺书

________：

为了　　　　　　　（目的），根据　　　　　　，我（我们）受委派，查询贵单位　　　　　　　　　　卷宗。为保证该案未成年人犯罪记录不被泄露，特作出以下承诺：

1. 查询获得的未成年人犯罪信息仅用于以上事由，不超越范围使用。

2. 严格控制知情人范围，除必需接触的人员外，不向任何个人和单位披露。

3. 对获取的信息，采取严格的保密措施，谨防信息泄露。

违背以上承诺，造成后果的，愿意承担相应责任。

承诺人：　　　　　　单位：

年　月　日

《关于未成年人犯罪记录封存的实施办法》解读*

那艳芳　李　峰　张寒玉　白　洁**

2022年5月30日，最高人民法院、最高人民检察院、公安部、司法部联合下发了《关于未成年人犯罪记录封存的实施办法》（以下简称《实施办法》），就未成年人犯罪记录封存工作的具体标准和操作程序等进行了全面细化，对进一步提升未成年人犯罪记录封存工作的专业化、规范化水平，提升对涉案未成年人“教育、感化、挽救”效果，具有重要指导意义。为正确理解和适用《实施办法》，现就有关问题解读如下。

一、起草的背景和目的

2012年刑事诉讼法修改，增加规定了未成年人犯罪记录封存制度。其功能和意义在于，通过记录封存和限制查询范围，最大限度减少轻罪前科信息的扩散，帮助未成年人去除标签化，顺利入学、就业、重新回归社会。制度运行以来，各级法院、检察机关、公安机关、司法行政机关总体能够贯彻“教育、感化、挽救”方针，落实包括未成年人犯罪记录封存在内的一系列特殊制度、程序和要求，加强对涉罪未成年人的特殊保护。但由于刑事诉讼法特别程序对犯罪记录封存规定较为原则，相关法律法规亦未就封存的主体、内容、程序、告知、查询等作出具体规定，导致实践操作标准不一，造成一系列问题。近年来，全国人大代表、政协委员多次提出完善未成年人犯罪记录封存制度的建议、提案，新闻媒体也多次报道未成年人犯罪记录封存管理失范，相关部门监管失序，一些企业违法提供、出售、使用未成年人犯罪记录，导致出现未成年人犯罪记录泄露等情况。在最高人民检察院党组要求下，2021年6月，我们就此项制度落实情况开展专项调研。

通过调研发现，绝大多数省份存在未成年人犯罪记录应封未封或者违规查询导致泄露信息的案事件，造成涉案未成年人在考试、升学、就业、生活等方面遭遇歧视，很多涉案未成年人因无法正常工作生活而无奈走上信访维权道路。主要存在四个方面问题：一是没有实现对全部案卷材料封存到位。纸质档案未实现分类管理和有效封存，电子档案无任何封存措施，互联网公开裁判文

* 原文载《人民检察》2022年第13期。

** 作者单位：最高人民检察院第九检察厅。

书也存在泄露未成年人犯罪信息问题。二是对刑事诉讼法规定的“有关单位根据国家规定进行查询”“司法机关为办案需要进行查询”掌握过于宽泛，在提供违法犯罪信息查询服务时，未严格依照法律法规关于升学、服役、就业等资格、条件的规定审查提交材料，无差别地提供查询服务。三是政务服务平台，外卖、快递、网约车服务等公司的网络平台可以通过授权联网直接对接数据、批量查询犯罪记录。四是被封存犯罪记录的未成年人或其法定代理人申请出具无犯罪记录证明时，相关部门不予出具，或者出具隐含涉案内容的证明。此外，公检法司等机关根据各自工作需求，分别出台了相关犯罪记录管理工作规定，建立了相对独立的信息系统。但由于未做到统一封存，统一标准管理，实践中仍然存在一些影响实质封存效果的问题。

鉴于上述问题，为在国家层面统一细化相关法律规定，进一步统一认识，规范工作程序，促进公检法司等各部门之间的衔接配合，形成合力，最高人民检察院牵头起草《实施办法》，并三轮征求最高人民法院、公安部、司法部意见。其间，因部分概念及问题涉及对立法本意的理解适用，我们进一步征求了全国人大常委会法工委意见，形成发布稿。

二、制定《实施办法》的整体思路

《实施办法》系在全方位总结和提炼多年来未成年人犯罪记录封存和查询工作理论成果和实践经验的基础上制定的，制定的整体思路如下。

（一）封存内容力求全面

对于涉及未成年人案件的材料“应封尽封”。一是对于未成年人刑事案件程序中的材料，在诉讼终结前一律加密保存、不得公开；法院依法判决后，被判处五年有期徒刑以下刑罚以及免予刑事处罚的，相关部门应当主动对自己掌握的未成年人相关犯罪记录予以封存。对于共同犯罪案件，分案后未封存的成年人卷宗封皮应当标注“含犯罪记录封存信息”，并对相关信息采取必要保密措施。二是对于未成年人不予刑事处罚、不追究刑事责任、不起诉、采取刑事强制措施的记录，对涉罪未成年人进行社会调查、帮教考察、心理疏导、司法救助等工作的记录也应当依法封存。三是对于涉及未成年被害人的案件、涉及未成年人民事、行政、公益诉讼案件，也要注意对未成年人信息予以保密。四是对于2012年12月31日以前办结的案件符合犯罪记录或者相关记录封存条件的，案件材料也应当予以封存。

（二）封存措施力求有效

一是对所有的案件材料，应当执行个人信息保护法的相关规定，加密处理，执行严格的保管制度。除了纸质卷宗、档案材料等实质化封存外，特别强调电子数据也应当同步封存、加密、单独管理，并设置严格的查询权限。二是规定封存的案件材料不得向任何平台提供或者授权相关平台对接，不得授权网络平台通过联网直接查询未成年人犯罪信息。三是司法机关工作人员均负有在所负责的诉讼环节告知知悉未成年人涉案信息的人员相关未成年人隐私、信息保护规定的义务，规定了不履行该义务的法律责任。四是明确解封情形，即未成年人犯罪记录封存后，非因法定情况，不得解封，但被封存犯罪记录的未成年人，成年后又故意犯罪的，法院应当在裁判文书中载明其之前的犯罪记录。

（三）查询程序力求严格

一是进一步明确查询主体。依法严格限制单位查询主体，没有国家规定的，有关单位查询未成年人犯罪记录应当不予许可。对于个人查询本人犯罪记录可以依申请受理。二是严格查询程序，明确非因法定事由、非经法定程序，不得向任何单位和个人提供未成年人涉罪记录。对于有关单位和个人查询关于未成年人犯罪记录的申请，认真审核申请理由、依据和目的，严格把关，及时答复。三是明确出具证明的形式。即对于经查询，确实存在应当封存的犯罪记录，应当出具统一格式的、与完全没有任何犯罪记录人员相同的《无犯罪记录证明》，并后附统一格式。四是对于许可查询的，应当告知查询单位及相关人员严格按照查询目的和使用范围使用有关信息，严格遵守保密义务，不按规定使用所查询的记录或者违反规定泄露相关信息的，应当依法追究相关人员的法律责任。五是规范查询出口。为便于工作，《实施办法》维持了目前由公安机关、检察机关、审判机关、司法行政机关依职权分别提供犯罪记录查询服务的做法。

（四）责任追究力求到位

一是明确不当泄漏信息的法律责任。《实施办法》第二十条规定，承担犯罪记录封存、保护未成年人隐私、信息工作的公职人员，不当泄漏未成年人犯罪记录或者隐私、信息的，应当予以处分；造成严重后果，给国家、个人造成重大损失或者恶劣影响的，依法追究相关刑事责任。二是明确检察机关对犯罪记录封存工作的监督权。规定检察机关应当将未成年人犯罪记录封存和隐私、信息保护的全过程纳入检察监督范围，相关部门在收到纠正意见后要及时审查和反馈。

三、主要内容解读

《实施办法》共26条，涵盖未成年人犯罪记录的定义及范围、封存情形、封存主体及程序、查询主体及申请条件、提供查询服务的主体及程序、解除封存的条件及后果、保密义务及相关责任等内容，基本解决了目前未成年人犯罪记录封存中遇到的主要问题。重点条文分析如下：

第二条明确了未成年人犯罪记录的定义及范围。刑事诉讼法规定犯罪的时候不满十八周岁，被判处五年有期徒刑以下刑罚的，应当对相关犯罪记录予以封存，但对于何种材料属于“相关犯罪记录”并未明确。针对司法实践中有些地方认为犯罪记录仅限于判决、不起诉决定等终局处理结果，而强制措施记录、立案文书、侦查文书、刑罚执行文书等过程文书均不包含在封存范围内，导致有的案件在侦查、起诉环节各种信息资料已经不当泄漏，判决作出后再进行封存为时已晚的情况，为实现犯罪记录封存的效果，该条规定封存应当尽可能全面覆盖记载犯罪事实及刑事诉讼全过程的相关记录，包括公安机关立案侦查、检察机关审查逮捕、审查起诉、法院判决、社区矫正等各个阶段的各种文书、材料及电子档案信息。

第三条以列举方式明确了参照适用封存的情形。针对司法实践中有些地方认为封存的应当是犯罪记录，即仅限于经法院判决有罪的记录，而未成年人不起诉记录、采取刑事强制措施的记录等不属于犯罪记录封存范围，以及认为不予刑事处罚、不追究刑事责任等非刑罚处罚方法也不属于封存范围，因而在开具无犯罪记录证明时仍标注未成年人有相关涉案记录，致使涉案未成年人前科劣迹材料泄露的问题，经研究认为，这些情形本身也会留下与犯罪相关的记录，并对涉案未成年人产生消极影响。为充分保护涉案未成年人权利，将可能影响、降低对其社会评价的相关记录依照犯罪记录封存规定进行封存是符合法律精神的，也是落实未成年人保护法、预防未成年人犯罪法的具体举措，① 因此作出该条规定。

第四条对年满十八周岁前后实施数个行为，构成一罪或者一并处理的数罪，被判处或者决定执行五年有期徒刑以下刑罚以及免除刑事处罚的未成年人犯罪记录如何处理进行了规定。该情形是实践中的难点问题：一是当行为人连续实施数个行为构成一罪的，定罪量刑是综合衡量数个行为后作出的，对行为人十八周岁之前的行为没有做单独评价，无法对十八周岁前的犯罪记录单独封

① 未成年人保护法第一百零三条规定：“公安机关、人民检察院、人民法院、司法行政部门以及其他组织和个人不得披露有关案件中未成年人的姓名、影像、住所、就读学校以及其他可能识别出其身份的信息，但查找失踪、被拐卖未成年人等情形除外。”预防未成年人犯罪法第五十九条规定：“未成年人的犯罪记录依法被封存的，公安机关、人民检察院、人民法院和司法行政部门不得向任何单位或者个人提供，但司法机关因办案需要或者有关单位根据国家有关规定进行查询的除外。依法进行查询的单位和个人应当对相关记录信息予以保密。未成年人接受专门矫治教育、专门教育的记录，以及被行政处罚、采取刑事强制措施和不起诉的记录，适用前款规定。”

存。二是行为人十八周岁前后行为构成数罪的，单独封存十八周岁前的犯罪记录实践中难以操作。因为数罪是一并审理、一并判决，量刑是根据数罪并罚的规定作出，同一份判决书中对部分犯罪记录进行封存，不具有可操作性。经研究，为体现立法原意，同时便于实践操作，该条明确，只有“主要犯罪行为是在年满十八岁周岁前实施的”，才应当对全案依法予以封存。

第五条对未成年人与成年人共同犯罪的犯罪记录封存问题进行了规定。该条主要考虑利益平衡和实际可操作性，最大限度地采取“标注”等措施减少未成年人犯罪信息的泄露。需要说明的是，在起草过程中，有建议提出，未成年人犯罪记录如果一律全案封存，可能对社会利益造成较大损害。特别是对性侵类犯罪，如果一律予以全案封存，则无法有效执行密切接触未成年人行业禁入规定。同时，性侵类犯罪再犯率高，一律封存也不利于犯罪特殊预防。经研究后认为：一是刑事诉讼法第二百八十六条第一款明确规定“犯罪的时候不满十八周岁，被判处五年有期徒刑以下刑罚的，应当对相关犯罪记录予以封存”，未作例外性规定。二是未成年人保护法第六十二条规定了入职查询制度，共同犯罪的成年人以及涉及上述犯罪的未成年人成年后均会受到入职查询制度的制约。三是鉴于未成年人身心特点，犯罪记录如果不予封存，将不利于涉罪未成年人回归社会。因此，未作例外性规定。

第七条对宣告无罪案件的相关记录是否封存予以明确。实践中，有观点认为应当封存，无罪的记录里也可能包含对未成年人不利的信息。也有观点认为无罪判决本身就是未成年人未犯罪的证明，比封存的效果更好，无须封存。我们认为，若经审理查明犯罪行为并非被告未成年人所为而宣告无罪的，当然该卷宗材料不封存效果更好。但若是并未完全排除未成年人犯罪嫌疑的事实不清、证据不足而宣告无罪的案件，以及依照刑事诉讼法第十六条的规定不追究刑事责任的案件，鉴于大众普遍对于被侦查、起诉、审判过的人存在歧视认识，为实现促进未成年人顺利回归社会的目的，通常情况下封存相关记录对该未成年人保护更有利。

第八条明确司法机关的告知义务。实践中，很多未成年人不知道自己的犯罪记录应当被封存，因此在权利遭受侵害时不知道向有关部门反映，维护自己的合法权利。司法机关在告知相关内容的同时，亦可依此对未成年人进行教育，释明封存效果及封存条件，告知其若再次涉嫌违法犯罪时仍有向司法机关报告的义务，甚至犯罪记录可能被解除封存，以告诫其遵纪守法。

第九条在制定过程中也有不同认识。有建议提出，实践中，免除报告义务不能解决犯罪记录封存的未成年人就业时，单位政审查阅犯罪记录等情况。兵役法、公务员法、教师法、人民警察法、检察官法等法律规定，有犯罪、被刑事处罚前科的人员，不得被征集、录用。如何协调刑法、刑事诉讼法有关犯罪记录封存、免除前科报告义务的规定与有关法律规定之间的关系？符合犯罪记录封存情形的人员能否应征入伍、报考公务员？建议对被封存犯罪记录的未成年人免除前科报告义务的例外情形予以明确。但经研究，该条是对免除前科报告义务及再次犯罪如实供述的规定，依据刑法第一百条的规定，在入伍、就业时免除报告被封存的犯罪记录，不应有例外情形。至于有犯罪记录的人员能否从事特定职业，不是《实施办法》所能解决的问题，需要相关法律规定进一步明确。

第十条是针对司法实践中纸质档案未实现分类管理和有效封存，电子档案无任何封存措施，以及许多外卖、快递、网约车服务等公司的网络平台可以通过授权联网直接查询到犯罪记录，政务服务平台与相关部门进行数据对接和批量查询，相关查询并未将成年人与未成年人的犯罪记录区别对待等突出问题，设置的相关规定。需要强调的是，相较纸质卷宗材料，电子信息系统使用更为便捷与频繁，由此导致信息泄露的情况更多，该条特作出明确规定，要求对电子信息系统中的相关数据也应当实施同步化封存，进行加密或者单独管理，并设置严格的查询权限，如办案系统应当对需要封存的内容进行特殊处理或提示，户籍档案信息管理系统应当设置专门屏蔽未成年人犯罪记录模块等。

第十五条确定了被封存犯罪记录的未成年人或其法定代理人申请出具无犯罪记录证明时，受理单位须出具统一的无犯罪记录证明。调研过程中发现，被封存犯罪记录的个人申请出具无犯罪记录证明时，有的地方不出具无犯罪记录证明或者出具“十八周岁至今无犯罪记录”“该未成年人犯罪记录被封存”“未成年人犯罪记录不提供查询”等隐含有犯罪记录内容的证明，该条规定着重解决这一问题。公安部印发的《公安机关办理犯罪记录查询工作规定》第十条规定：“对于个人查询，申请人有犯罪记录，但犯罪的时候不满十八周岁，被判处五年有期徒刑以下刑罚的，受理单位应当出具《无犯罪记录证明》。”《实施办法》对涉案未成年人个人查询作了进一步细化，该条明确规定，“被封存犯罪记录的未成年人本人或者其法定代理人申请为其出具无犯罪记录证明的，受理单位应当在三个工作日内出具无犯罪记录的证明”。同时，鉴于司法实践中《无犯罪记录证明》绝大部分由公安机关出具，《实施办法》所附《无犯罪记录证明》格式与公安部规定所附一致。

第十六条明确了单位申请查询犯罪记录的条件及办理程序。该条针对相关法律法规尚未就查询主体、查询依据、查询程序等作出具体规定，导致制度运行的不稳定性和风险增加的问题，重点对查询单位需要提交的资质和依据材料、审查标准、答复的具体流程和答复标准作出进一步明确。《实施办法》制定过程中，多方提出："司法机关为办案需要"和"有关单位根据国家规定查询"规定较为原则，特别是"有关单位"的范围不明，实践中难以准确把握，建议进一步明确。经研究后认为，该条已明确有关单位进行查询需要依据国家规定，[①]而相关国家规定涉及单位众多，难以采取列举等方式进一步明确规定。至于有些限制前科人员从事特定行业的国家规定与未成年人保护法"对违法犯罪的未成年人依法处罚后，在升学、就业等方面不得歧视"的规定可能存在冲突的问题，需要立法机关对相关法律法规进行梳理，从立法层面作出有权解释。鉴于上述内容不在《实施办法》解决范围内，因此，未作进一步明确。

第十八条规定了犯罪记录封存的解除情形。司法实践中，各地对被封存的犯罪记录，是否可以作为举证质证、羁押必要性审查、盗窃数额减半、毒品再犯等的依据认识不一，有的作为前科写进诉讼文书，作为检察机关适用径行逮捕或者提出量刑建议的依据，或者作为法院裁量刑罚的量刑情节，间接导致相关犯罪记录被解封。该条在制定过程中亦存在争议。有观点认为，我国参与制定的《联合国少年司法最低限度标准规则》明确规定，少年罪犯的档案不得在其后的成人诉讼案中加以引用，因此，对封存的犯罪记录在之后的犯罪案件中不应当进行评价。有建议提出，从立法目的看，犯罪记录封存制度是为了使未成年人更好地回归社会，最大限度降低犯罪前科对未成年人今后生活的影响。如果其成年后再故意犯罪，一方面反映出其主观恶性较大，前科犯罪改造情况不佳；另一方面因其成年后的故意犯罪必然会被公开，未成年时的犯罪记录再继续封存已无实际意义。研究认为，目前对于封存的犯罪记录在之后的犯罪案件中是否应当进行评价的问题，确实比较复杂，考虑到我国犯罪记录封存的法律效果不同于前科消灭，不能因为封存而削弱刑罚对犯罪分子的惩戒、教育功能，成年后再次故意犯罪已经不能实现封存的目的，同时考虑到再次故意犯罪和过失犯罪的主观恶性差异，该条规定"被封存犯罪记录的未成年人，成年后又故意犯罪的，人民法院应当在裁判文书中载明其之前的犯罪记录"。

第二十条规定了未成年人犯罪记录和隐私、信息不当泄漏的法律责任，以便对"应当封存而未封存"等信息泄露情况追责时有据可依。无论是出于故

---

① 我国刑法第九十六条对"违反国家规定"作了解释，即"本法所称违反国家规定，是指违反全国人民代表大会及其常务委员会制定的法律和决定，国务院制定的行政法规、规定的行政措施、发布的决定和命令"。根据立法统一原则，《关于未成年人犯罪记录封存的实施办法》规定的"根据国家规定查询"中的"国家规定"应当与刑法规定一致。

意还是过失，泄漏未成年人犯罪记录或者隐私、信息，都侵犯了未成年人的合法权益。需要注意的是，公职人员政务处分法第三条确立了政务处分和处分并行的二元处分机制，“行政处分”目前已不再使用，因此，该条表述为“应当予以处分”。

第二十一条规定了未成年人应封存的信息被公开并产生就业被歧视或生活被侵犯等情形后的救济途径，未成年人及其法定代理人可以向相关机关、单位提出封存申请，或者向检察机关申请监督。涉案未成年人应当封存的信息被不当公开严重影响未成年人的改造和回归社会，为其提供救济途径在司法实践中有较强烈的需求。专项调研过程中发现，上述问题确实比较突出，考虑到其他条款无法涵盖此内容，故作为专门一条加以规定。

第二十二条明确了检察机关应当依法履行对未成年人犯罪记录封存和隐私、信息保护的法律监督职责。同时，规定了相关单位的反馈义务，有利于推动相关部门加强未成年人犯罪记录封存和隐私、信息保护工作。

第二十三条明确旧案处理标准。有意见认为，考虑到之前未被封存的相关记录已在社会公布，再行封存意义不大；同时，一律补封工作量太大，若规定一律封存而实际未封存，则涉嫌违法，建议增加“经本人申请”。在调研中发现，很多2012年刑事诉讼法修改以前审结的符合封存条件的未成年人案件没有得到封存，导致这部分群体因其在未成年人时的违法犯罪行为而影响就业、生活、晋升，而很多人不知道犯罪记录封存规定，不知道自己的合法权益已经受到侵害，无法提出申请。因此，该条明确规定对于2012年12月31日以前办结的案件符合犯罪记录封存条件的，应当予以封存，增强各地补封的主动性。

四、规范适用未成年人犯罪记录封存制度

《实施办法》是根据前期司法实践，公检法司四部门达成共识的结晶，必然会对犯罪记录封存制度的进一步落实起到促进作用。同时，也要清醒地看到，无论是对犯罪记录封存制度本身还是对其承载的功能和作用等，实践中还存在一些不同认识。如有观点认为封存标准不宜一刀切，应当综合考虑涉罪未成年人的人身危险性、再犯可能性，决定是否封存犯罪记录；有建议提出应进一步明确“司法机关为办案需要”和“有关单位根据国家规定查询”的范围，等。对于在司法实践中发现的问题，最理想的状态是能够一揽子解决。但是，因部分概念及问题涉及对立法本意的理解适用，需要由立法机关牵头，进行调研、论证、梳理；部分问题因争议较大，为避免影响《实施办法》出台进度，遂将目前最为突出、最为紧迫的问题先一步解决。同时，对未成年人犯罪记录封存的争议问题及前沿性问题应进行深入调研、论证，科学总结司法实践经验

以及新情况、新问题，及时回应社会关切，适时修改完善《实施办法》，最大限度发挥未成年人犯罪记录封存制度的作用，最大限度教育挽救每一个犯错的未成年人，有效保护未成年人的隐私权、受教育权和就业权等合法权益，使罪错未成年人受到平等对待，更好地帮助其顺利回归社会。

最高人民法院、最高人民检察院、公安部、国家移民管理局关于依法惩治妨害国（边）境管理违法犯罪的意见

（2022年6月29日公布并施行 法发〔2022〕18号）

为依法惩治妨害国（边）境管理违法犯罪活动，切实维护国（边）境管理秩序，根据《中华人民共和国刑法》《中华人民共和国刑事诉讼法》《中华人民共和国出境入境管理法》《最高人民法院、最高人民检察院关于办理妨害国（边）境管理刑事案件应用法律若干问题的解释》（法释〔2012〕17号，以下简称《解释》）等有关规定，结合执法、司法实践，制定本意见。

一、总体要求

1. 近年来，妨害国（边）境管理违法犯罪活动呈多发高发态势，与跨境赌博、电信网络诈骗以及边境地区毒品、走私、暴恐等违法犯罪活动交织滋长，严重扰乱国（边）境管理秩序，威胁公共安全和人民群众人身财产安全。人民法院、人民检察院、公安机关和移民管理机构要进一步提高政治站位，深刻认识妨害国（边）境管理违法犯罪的严重社会危害，充分发挥各自职能作用，依法准确认定妨害国（边）境管理犯罪行为，完善执法、侦查、起诉、审判的程序衔接，加大对组织者、运送者、犯罪集团骨干成员以及屡罚屡犯者的惩治力度，最大限度削弱犯罪分子再犯能力，切实维护国（边）境管理秩序，确保社会安全稳定，保障人民群众切身利益，努力实现案件办理法律效果与社会效果的有机统一。

二、关于妨害国（边）境管理犯罪的认定

2. 具有下列情形之一的，应当认定为刑法第三百一十八条规定的“组织他人偷越国（边）境”行为：

（1）组织他人通过虚构事实、隐瞒真相等方式掩盖非法出入境目的，骗取出入境边防检查机关核准出入境的；

（2）组织依法限定在我国边境地区停留、活动的人员，违反国（边）境管理法规，非法进入我国非边境地区的。

对于前述行为，在决定是否追究刑事责任以及如何裁量刑罚时，应当综合考虑组织者前科情况、行为手段、组织人数和次数、违法所得数额及被组织人

员偷越国（边）境的目的等情节，依法妥当处理。

3. 事前与组织、运送他人偷越国（边）境的犯罪分子通谋，在偷越国（边）境人员出境前或者入境后，提供接驳、容留、藏匿等帮助的，以组织他人偷越国（边）境罪或者运送他人偷越国（边）境罪的共同犯罪论处。

4. 明知是偷越国（边）境人员，分段运送其前往国（边）境的，应当认定为刑法第三百二十一条规定的“运送他人偷越国（边）境”，以运送他人偷越国（边）境罪定罪处罚。但是，在决定是否追究刑事责任以及如何裁量刑罚时，应当充分考虑行为人在运送他人偷越国（边）境过程中所起作用等情节，依法妥当处理。

5. 《解释》第一条第二款、第四条规定的“人数”，以实际组织、运送的人数计算；未到案人员经查证属实的，应当计算在内。

6. 明知他人实施骗取出境证件犯罪，提供虚假证明、邀请函件以及面签培训等帮助的，以骗取出境证件罪的共同犯罪论处；符合刑法第三百一十八条规定的，以组织他人偷越国（边）境罪定罪处罚。

7. 事前与组织他人偷越国（边）境的犯罪分子通谋，为其提供虚假证明、邀请函件以及面签培训等帮助，骗取入境签证等入境证件，为组织他人偷越国（边）境使用的，以组织他人偷越国（边）境罪的共同犯罪论处。

8. 对于偷越国（边）境的次数，按照非法出境、入境的次数分别计算。但是，对于非法越境后及时返回，或者非法出境后又入境投案自首的，一般应当计算为一次。

9. 偷越国（边）境人员相互配合，共同偷越国（边）境的，属于《解释》第五条第二项规定的“结伙”。偷越国（边）境人员在组织者、运送者安排下偶然同行的，不属于“结伙”。

在认定偷越国（边）境“结伙”的人数时，不满十六周岁的人不计算在内。

10. 偷越国（边）境，具有下列情形之一的，属于《解释》第五条第六项规定的“其他情节严重的情形”：

（1）犯罪后为逃避刑事追究偷越国（边）境的；

（2）破坏边境物理隔离设施后，偷越国（边）境的；

（3）以实施电信网络诈骗、开设赌场等犯罪为目的，偷越国（边）境的；

（4）曾因妨害国（边）境管理犯罪被判处刑罚，刑罚执行完毕后二年内又偷越国（边）境的。

实施偷越国（边）境犯罪，又实施妨害公务、袭警、妨害传染病防治等行为，并符合有关犯罪构成的，应当数罪并罚。

11. 徒步带领他人通过隐蔽路线逃避边防检查偷越国（边）境的，属于运送他人偷越国（边）境。领导、策划、指挥他人偷越国（边）境，并实施徒步带领行为的，以组织他人偷越国（边）境罪论处。

徒步带领偷越国（边）境的人数较少，行为人系初犯，确有悔罪表现，综合考虑行为动机、一贯表现、违法所得、实际作用等情节，认为对国（边）境管理秩序妨害程度明显较轻的，可以认定为犯罪情节轻微，依法不起诉或者免予刑事处罚；情节显著轻微危害不大的，不作为犯罪处理。

12. 对于刑法第三百二十一条第一款规定的"多次实施运送行为"，累计运送人数一般应当接近十人。

三、关于妨害国（边）境管理刑事案件的管辖

13. 妨害国（边）境管理刑事案件由犯罪地的公安机关立案侦查。如果由犯罪嫌疑人居住地的公安机关立案侦查更为适宜的，可以由犯罪嫌疑人居住地的公安机关立案侦查。

妨害国（边）境管理犯罪的犯罪地包括妨害国（边）境管理犯罪行为的预备地、过境地、查获地等与犯罪活动有关的地点。

14. 对于有多个犯罪地的妨害国（边）境管理刑事案件，由最初受理的公安机关或者主要犯罪地的公安机关立案侦查。有争议的，按照有利于查清犯罪事实、有利于诉讼的原则，由共同上级公安机关指定有关公安机关立案侦查。

15. 具有下列情形之一的，有关公安机关可以在其职责范围内并案侦查：

（1）一人犯数罪的；

（2）共同犯罪的；

（3）共同犯罪的犯罪嫌疑人、被告人还实施其他犯罪的；

（4）多个犯罪嫌疑人、被告人实施的犯罪存在关联，并案处理有利于查明案件事实的。

四、关于证据的收集与审查

16. 对于妨害国（边）境管理案件所涉主观明知的认定，应当结合行为实施的过程、方式、被查获时的情形和环境，行为人的认知能力、既往经历、与同案人的关系、非法获利等，审查相关辩解是否明显违背常理，综合分析判断。

在组织他人偷越国（边）境、运送他人偷越国（边）境等案件中，具有下列情形之一的，可以认定行为人主观明知，但行为人作出合理解释或者有相反证据证明的除外：

（1）使用遮蔽、伪装、改装等隐蔽方式接送、容留偷越国（边）境人

员的；

(2) 与其他妨害国（边）境管理行为人使用同一通讯群组、暗语等进行联络的；

(3) 采取绕关避卡等方式躲避边境检查，或者出境前、入境后途经边境地区的时间、路线等明显违反常理的；

(4) 接受执法检查时故意提供虚假的身份、事由、地点、联系方式等信息的；

(5) 支付、收取或者约定的报酬明显不合理的；

(6) 遇到执法检查时企图逃跑，阻碍、抗拒执法检查，或者毁灭证据的；

(7) 其他足以认定行为人明知的情形。

17. 对于不通晓我国通用语言文字的嫌疑人、被告人、证人及其他相关人员，人民法院、人民检察院、公安机关、移民管理机构应当依法为其提供翻译。

翻译人员在案件办理规定时限内无法到场的，办案机关可以通过视频连线方式进行翻译，并对翻译过程进行全程不间断录音录像，不得选择性录制，不得剪接、删改。

翻译人员应当在翻译文件上签名。

18. 根据国际条约规定或者通过刑事司法协助和警务合作等渠道收集的境外证据材料，能够证明案件事实且符合刑事诉讼法规定的，可以作为证据使用，但提供人或者我国与有关国家签订的双边条约对材料的使用范围有明确限制的除外。

办案机关应当移送境外执法机构对所收集证据的来源、提取人、提取时间或者提供人、提供时间以及保管移交的过程等相关说明材料；确因客观条件限制，境外执法机构未提供相关说明材料的，办案机关应当说明原因，并对所收集证据的有关事项作出书面说明。

19. 采取技术侦查措施收集的材料，作为证据使用的，应当随案移送，并附采取技术侦查措施的法律文书、证据清单和有关情况说明。

20. 办理案件中发现的可用以证明犯罪嫌疑人、被告人有罪或者无罪的各种财物，应当严格依照法定条件和程序进行查封、扣押、冻结。不得查封、扣押、冻结与案件无关的财物。凡查封、扣押、冻结的财物，都要及时进行审查。经查明确实与案件无关的，应当在三日以内予以解除、退还，并通知有关当事人。

查封、扣押、冻结涉案财物及其孳息，应当制作清单，妥善保管，随案移送。待人民法院作出生效判决后，依法作出处理。

公安机关、人民检察院应当对涉案财物审查甄别。在移送审查起诉、提起公诉时，应当对涉案财物提出处理意见。人民法院对随案移送的涉案财物，应当依法作出判决。

五、关于宽严相济刑事政策的把握

21. 办理妨害国（边）境管理刑事案件，应当综合考虑行为人的犯罪动机、行为方式、目的以及造成的危害后果等因素，全面把握犯罪事实和量刑情节，依法惩治。做好行政执法与刑事司法的衔接，对涉嫌妨害国（边）境管理犯罪的案件，要及时移送立案侦查，不得以行政处罚代替刑事追究。

对于实施相关行为被不起诉或者免予刑事处罚的行为人，依法应当给予行政处罚、政务处分或者其他处分的，依法移送有关主管机关处理。

22. 突出妨害国（边）境管理刑事案件的打击重点，从严惩处组织他人偷越国（边）境犯罪，坚持全链条、全环节、全流程对妨害国（边）境管理的产业链进行刑事惩治。对于为组织他人偷越国（边）境实施骗取出入境证件，提供伪造、变造的出入境证件，出售出入境证件，或者运送偷越国（边）境等行为，形成利益链条的，要坚决依法惩治，深挖犯罪源头，斩断利益链条，不断挤压此类犯罪滋生蔓延空间。

对于运送他人偷越国（边）境犯罪，要综合考虑运送人数、违法所得、前科情况等依法定罪处罚，重点惩治以此为业、屡罚屡犯、获利巨大和其他具有重大社会危害的情形。

对于偷越国（边）境犯罪，要综合考虑偷越动机、行为手段、前科情况等依法定罪处罚，重点惩治越境实施犯罪、屡罚屡犯和其他具有重大社会危害的情形。

23. 对于妨害国（边）境管理犯罪团伙、犯罪集团，应当重点惩治首要分子、主犯和积极参加者。对受雇佣或者被利用从事信息登记、材料递交等辅助性工作人员，未直接实施妨害国（边）境管理行为的，一般不追究刑事责任，可以由公安机关、移民管理机构依法作出行政处罚或者其他处理。

24. 对于妨害国（边）境管理犯罪所涉及的在偷越国（边）境之后的相关行为，要区分情况作出处理。对于组织、运送他人偷越国（边）境，进而在他人偷越国（边）境之后组织实施犯罪的，要作为惩治重点，符合数罪并罚规定的，应当数罪并罚。

对于为非法用工而组织、运送他人偷越国（边）境，或者明知是偷越国（边）境的犯罪分子而招募用工的，在决定是否追究刑事责任以及如何裁量刑罚时，应当综合考虑越境人数、违法所得、前科情况、造成影响或者后果等情节，恰当评估社会危害性，依法妥当处理。其中，单位实施上述行为，对组织者、策划者、实施者依法追究刑事责任的，定罪量刑应作综合考量，适当体现区别，确保罪责刑相适应。

25. 对以牟利为目的实施妨害国（边）境管理犯罪，要注重适用财产刑和追缴犯罪所得、没收作案工具等处置手段，加大财产刑的执行力度，最大限度剥夺其重新犯罪的能力和条件。

26. 犯罪嫌疑人、被告人提供重要证据或者重大线索，对侦破、查明重大妨害国（边）境管理刑事案件起关键作用，经查证属实的，可以依法从宽处理。

最高人民法院、最高人民检察院、公安部
关于办理信息网络犯罪案件适用刑事诉讼程序若干问题的意见

（2022年8月26日公布　2022年9月1日施行　法发〔2022〕23号）

为依法惩治信息网络犯罪活动，根据《中华人民共和国刑法》《中华人民共和国刑事诉讼法》以及有关法律、司法解释的规定，结合侦查、起诉、审判实践，现就办理此类案件适用刑事诉讼程序问题提出以下意见。

一、关于信息网络犯罪案件的范围

1. 本意见所称信息网络犯罪案件包括：

（1）危害计算机信息系统安全犯罪案件；

（2）拒不履行信息网络安全管理义务、非法利用信息网络、帮助信息网络犯罪活动的犯罪案件；

（3）主要行为通过信息网络实施的诈骗、赌博、侵犯公民个人信息等其他犯罪案件。

二、关于信息网络犯罪案件的管辖

2. 信息网络犯罪案件由犯罪地公安机关立案侦查。必要时，可以由犯罪嫌疑人居住地公安机关立案侦查。

信息网络犯罪案件的犯罪地包括用于实施犯罪行为的网络服务使用的服务器所在地，网络服务提供者所在地，被侵害的信息网络系统及其管理者所在地，犯罪过程中犯罪嫌疑人、被害人或者其他涉案人员使用的信息网络系统所在地，被害人被侵害时所在地以及被害人财产遭受损失地等。

涉及多个环节的信息网络犯罪案件，犯罪嫌疑人为信息网络犯罪提供帮助的，其犯罪地、居住地或者被帮助对象的犯罪地公安机关可以立案侦查。

3. 有多个犯罪地的信息网络犯罪案件，由最初受理的公安机关或者主要犯罪地公安机关立案侦查。有争议的，按照有利于查清犯罪事实、有利于诉讼的原则，协商解决；经协商无法达成一致的，由共同上级公安机关指定有关公安机关立案侦查。需要提请批准逮捕、移送审查起诉、提起公诉的，由立案侦

查的公安机关所在地的人民检察院、人民法院受理。

4. 具有下列情形之一的，公安机关、人民检察院、人民法院可以在其职责范围内并案处理：

（1）一人犯数罪的；

（2）共同犯罪的；

（3）共同犯罪的犯罪嫌疑人、被告人还实施其他犯罪的；

（4）多个犯罪嫌疑人、被告人实施的犯罪行为存在关联，并案处理有利于查明全部案件事实的。

对为信息网络犯罪提供程序开发、互联网接入、服务器托管、网络存储、通讯传输等技术支持，或者广告推广、支付结算等帮助，涉嫌犯罪的，可以依照第一款的规定并案侦查。

有关公安机关依照前两款规定并案侦查的案件，需要提请批准逮捕、移送审查起诉、提起公诉的，由该公安机关所在地的人民检察院、人民法院受理。

5. 并案侦查的共同犯罪或者关联犯罪案件，犯罪嫌疑人人数众多、案情复杂的，公安机关可以分案移送审查起诉。分案移送审查起诉的，应当对并案侦查的依据、分案移送审查起诉的理由作出说明。

对于前款规定的案件，人民检察院可以分案提起公诉，人民法院可以分案审理。

分案处理应当以有利于保障诉讼质量和效率为前提，并不得影响当事人质证权等诉讼权利的行使。

6. 依照前条规定分案处理，公安机关、人民检察院、人民法院在分案前有管辖权的，分案后对相关案件的管辖权不受影响。根据具体情况，分案处理的相关案件可以由不同审级的人民法院分别审理。

7. 对于共同犯罪或者已并案侦查的关联犯罪案件，部分犯罪嫌疑人未到案，但不影响对已到案共同犯罪或者关联犯罪的犯罪嫌疑人、被告人的犯罪事实认定的，可以先行追究已到案犯罪嫌疑人、被告人的刑事责任。之前未到案的犯罪嫌疑人、被告人归案后，可以由原办案机关所在地公安机关、人民检察院、人民法院管辖其所涉及的案件。

8. 对于具有特殊情况，跨省（自治区、直辖市）指定异地公安机关侦查更有利于查清犯罪事实、保证案件公正处理的重大信息网络犯罪案件，以及在境外实施的信息网络犯罪案件，公安部可以商最高人民检察院和最高人民法院指定侦查管辖。

9. 人民检察院对于审查起诉的案件，按照刑事诉讼法的管辖规定，认为应当由上级人民检察院或者同级其他人民检察院起诉的，应当将案件移送有管辖权的人民检察院，并通知移送起诉的公安机关。人民检察院认为需要依照刑事诉讼法的规定指定审判管辖的，应当协商同级人民法院办理指定管辖有关事宜。

10. 犯罪嫌疑人被多个公安机关立案侦查的，有关公安机关一般应当协商并案处理，并依法移送案件。协商不成的，可以报请共同上级公安机关指定管辖。

人民检察院对于审查起诉的案件，发现犯罪嫌疑人还有犯罪被异地公安机关立案侦查的，应当通知移送审查起诉的公安机关。

人民法院对于提起公诉的案件，发现被告人还有其他犯罪被审查起诉、立案侦查的，可以协商人民检察院、公安机关并案处理，但可能造成审判过分迟延的除外。决定对有关犯罪并案处理，符合《中华人民共和国刑事诉讼法》第二百零四条规定的，人民检察院可以建议人民法院延期审理。

三、关于信息网络犯罪案件的调查核实

11. 公安机关对接受的案件或者发现的犯罪线索，在审查中发现案件事实或者线索不明，需要经过调查才能够确认是否达到刑事立案标准的，经公安机关办案部门负责人批准，可以进行调查核实；经过调查核实达到刑事立案标准的，应当及时立案。

12. 调查核实过程中，可以采取询问、查询、勘验、检查、鉴定、调取证据材料等不限制被调查对象人身、财产权利的措施，不得对被调查对象采取强制措施，不得查封、扣押、冻结被调查对象的财产，不得采取技术侦查措施。

13. 公安机关在调查核实过程中依法收集的电子数据等材料，可以根据有关规定作为证据使用。

调查核实过程中收集的材料作为证据使用的，应当随案移送，并附批准调查核实的相关材料。

调查核实过程中收集的证据材料经查证属实，且收集程序符合有关要求的，可以作为定案依据。

四、关于信息网络犯罪案件的取证

14. 公安机关向网络服务提供者调取电子数据的，应当制作调取证据通知书，注明需要调取的电子数据的相关信息。调取证据通知书及相关法律文书可以采用数据电文形式。跨地域调取电子数据的，可以通过公安机关信息化系统传输相关数据电文。

网络服务提供者向公安机关提供电子数据的，可以采用数据电文形式。采用数据电文形式提供电子数据的，应当保证电子数据的完整性，并制作电子证

明文件，载明调证法律文书编号、单位电子公章、完整性校验值等保护电子数据完整性方法的说明等信息。

数据电文形式的法律文书和电子证明文件，应当使用电子签名、数字水印等方式保证完整性。

15. 询（讯）问异地证人、被害人以及与案件有关联的犯罪嫌疑人的，可以由办案地公安机关通过远程网络视频等方式进行并制作笔录。

远程询（讯）问的，应当由协作地公安机关事先核实被询（讯）问人的身份。办案地公安机关应当将询（讯）问笔录传输至协作地公安机关。询（讯）问笔录经被询（讯）问人确认并逐页签名、捺指印后，由协作地公安机关协作人员签名或者盖章，并将原件提供给办案地公安机关。询（讯）问人员收到笔录后，应当在首页右上方写明"于某年某月某日收到"，并签名或者盖章。

远程询（讯）问的，应当对询（讯）问过程同步录音录像，并随案移送。

异地证人、被害人以及与案件有关联的犯罪嫌疑人亲笔书写证词、供词的，参照执行本条第二款规定。

16. 人民检察院依法自行侦查、补充侦查，或者人民法院调查核实相关证据的，适用本意见第14条、第15条的有关规定。

17. 对于依照本意见第14条的规定调取的电子数据，人民检察院、人民法院可以通过核验电子签名、数字水印、电子数据完整性校验值及调证法律文书编号是否与证明文件相一致等方式，对电子数据进行审查判断。

对调取的电子数据有疑问的，由公安机关、提供电子数据的网络服务提供者作出说明，或者由原调取机关补充收集相关证据。

五、关于信息网络犯罪案件的其他问题

18. 采取技术侦查措施收集的材料作为证据使用的，应当随案移送，并附采取技术侦查措施的法律文书、证据材料清单和有关说明材料。

移送采取技术侦查措施收集的视听资料、电子数据的，应当由两名以上侦查人员制作复制件，并附制作说明，写明原始证据材料、原始存储介质的存放地点等信息，由制作人签名，并加盖单位印章。

19. 采取技术侦查措施收集的证据材料，应当经过当庭出示、辨认、质证等法庭调查程序查证。

当庭调查技术侦查证据材料可能危及有关人员的人身安全，或者可能产生其他严重后果的，法庭应当采取不暴露有关人员身份和技术侦查措施使用的技术设备、技术方法等保护措施。必要时，审判人员可以在庭外对证据进行核实。

20. 办理信息网络犯罪案件，对于数量特别众多且具有同类性质、特征或者功能的物证、书证、证人证言、被害人陈述、视听资料、电子数据等证据材料，确因客观条件限制无法逐一收集的，应当按照一定比例或者数量选取证据，并对选取情况作出说明和论证。

人民检察院、人民法院应当重点审查取证方法、过程是否科学。经审查认为取证不科学的，应当由原取证机关作出补充说明或者重新取证。

人民检察院、人民法院应当结合其他证据材料，以及犯罪嫌疑人、被告人及其辩护人所提辩解、辩护意见，审查认定取得的证据。经审查，对相关事实不能排除合理怀疑的，应当作出有利于犯罪嫌疑人、被告人的认定。

21. 对于涉案人数特别众多的信息网络犯罪案件，确因客观条件限制无法收集证据逐一证明、逐人核实涉案账户的资金来源，但根据银行账户、非银行支付账户等交易记录和其他证据材料，足以认定有关账户主要用于接收、流转涉案资金的，可以按照该账户接收的资金数额认定犯罪数额，但犯罪嫌疑人、被告人能够作出合理说明的除外。案外人提出异议的，应当依法审查。

22. 办理信息网络犯罪案件，应当依法及时查封、扣押、冻结涉案财物，督促涉案人员退赃退赔，及时追赃挽损。

公安机关应当全面收集证明涉案财物性质、权属情况、依法应予追缴、没收或者责令退赔的证据材料，在移送审查起诉时随案移送并作出说明。其中，涉案财物需要返还被害人的，应当尽可能查明被害人损失情况。人民检察院应当对涉案财物的证据材料进行审查，在提起公诉时提出处理意见。人民法院应当依法作出判决，对涉案财物作出处理。

对应当返还被害人的合法财产，权属明确的，应当依法及时返还；权属不明的，应当在人民法院判决、裁定生效后，按比例返还被害人，但已获退赔的部分应予扣除。

23. 本意见自2022年9月1日起施行。《最高人民法院、最高人民检察院、公安部关于办理网络犯罪案件适用刑事诉讼程序若干问题的意见》（公通字〔2014〕10号）同时废止。

最高人民法院
最高人民检察院
公安部
2022年8月26日

《关于办理信息网络犯罪案件适用刑事诉讼程序若干问题的意见》的理解与适用*

程 雷 侯若英 赵 玮**

近日，最高人民法院、最高人民检察院、公安部联合出台《关于办理信息网络犯罪案件适用刑事诉讼程序若干问题的意见》（以下简称《意见》），共二十三条，主要包括信息网络犯罪案件的范围、管辖、调查核实、取证、其他问题等五部分内容。《意见》是对2014年最高人民法院、最高人民检察院、公安部发布的《关于办理网络犯罪案件适用刑事诉讼程序若干问题的意见》（以下简称《2014年意见》）的修订。之所以修订，主要出于两方面考虑：一是近年来犯罪活动向网络空间滋生蔓延，犯罪手段快速翻新，网络犯罪数量大幅上升。信息网络犯罪愈发呈现跨地域实施、分工精细、产业化紧密配合、向不特定多数人实施，以及通过网络迅速扩大触及面等特点，犯罪分子逃避侦查能力不断增强，司法办案难度进一步加大，出现不少新情况新问题，亟须研究解决。二是《2014年意见》发布后，公安司法机关先后联合或单独制定出台了《关于办理刑事案件收集提取和审查判断电子数据若干问题的规定》《公安机关办理刑事案件电子数据取证规则》《人民检察院办理网络犯罪案件规定》等，结合网络犯罪新形势和司法办案新要求，完善了办案程序规定，与《2014年意见》共同形成了相对完备的办理网络犯罪案件刑事程序规则体系。因此，有必要在总结司法实践新经验、吸收采纳各部门规定成果的基础上，修订完善办理网络犯罪案件刑事程序规则。为此，最高人民法院、最高人民检察院、公安部在《2014年意见》的基础上，深入调查研究，广泛征求意见，反复研究论证，修订出台《意见》，自2022年9月1日起施行，《2014年意见》同时废止。为便于理解和掌握《意见》的基本精神和主要内容，现就其中七个重点问题解读如下。

一、关于信息网络犯罪案件的范围

近年来，信息网络犯罪案件多发高发，犯罪形态不断变化，而《2014年意见》出台时间较早，当时信息网络犯罪种类较少，以此为样本所界定的信

---

* 原文载《人民检察》2022年第19期。

** 作者单位：最高人民检察院第四检察厅。

息网络犯罪范围相对较窄，无法涵盖当前信息网络犯罪及其黑灰产关联犯罪的全貌。根据2014年以来刑法关于信息网络犯罪罪名的增加调整，综合考虑网络黑灰产业生态演变发展等特点，参照最高人民检察院《人民检察院办理网络犯罪案件规定》等规定，《意见》第一条对信息网络犯罪案件范围作相应调整，明确案件范围为：（1）危害计算机信息系统安全犯罪案件；（2）拒不履行信息网络安全管理义务、非法利用信息网络、帮助信息网络犯罪活动的犯罪案件；（3）主要行为通过信息网络实施的诈骗、赌博、侵犯公民个人信息等其他犯罪案件。其中，前两项对应刑法第二百八十五条至第二百八十七条之二规定的七类犯罪，第三项将主要行为通过信息网络实施且呈高发态势的犯罪以列举的方式纳入案件范围。

需要注意的是，《意见》第一条第三项规定主要行为通过信息网络实施，旨在将具有少量涉网因素的一般案件排除在外，其中“主要行为”可以结合涉众性、针对不特定多数人实施、主要通过网络非接触实施等因素进行判断。《意见》在列举诈骗等犯罪的同时规定了“等其他犯罪案件”，此处的“等”应理解为“等外”。其他犯罪案件符合第一条第三项规定，且与常见多发的电信网络诈骗、网络赌博、侵犯公民个人信息等犯罪在规律特点上具有相似性的，可纳入本项规定的情形。该条界定既符合当前对网络犯罪态势的总体判断，也回应了惩治网络犯罪的实践需要。

起草过程中，有意见提出网络黑灰产犯罪为网络诈骗、赌博等犯罪“输血供粮”，成为网络犯罪高发的重要原因，为加大打击黑灰产犯罪力度，建议将为信息网络犯罪提供帮助的上下游关联犯罪案件纳入《意见》适用范围。经研究认为，为网络犯罪提供软件工具、公民个人信息资料、资金通道等的犯罪行为，常见罪名包括帮助信息网络犯罪活动罪、非法利用信息网络罪、侵犯公民个人信息罪等，已在第一条第二项、第三项中规定，而掩饰、隐瞒犯罪所得，洗钱等上下游关联犯罪情形较复杂，是否主要通过信息网络实施难以一概而论，如符合第三项规定的亦可纳入该项情形。因此，《意见》未将其他上下游关联犯罪案件单独规定为一类信息网络犯罪案件，实践中，符合第一条第三项情形的可适用《意见》规定。

二、关于信息网络犯罪案件的管辖

网络犯罪链条化运作、非接触远程实施、跨地区分散作案等特点，给传统的案件管辖模式带来不少新的挑战，如何科学确立管辖连接点、合理解决管辖权争议是司法实践中的难点问题。《意见》针对新情况新问题，从以下几个方面对案件管辖规定进行修改完善。

一是适应网络犯罪发展和办案需要，适当增加案件管辖连接点。为便于侦查取证，减少指定管辖，提升查办效率，根据刑事诉讼法和有关司法解释关于刑事案件的管辖规定，《意见》第二条第二款对于信息网络犯罪案件的犯罪地规定多个连接点，包括：(1) 用于实施犯罪行为的网络服务使用的服务器所在地；(2) 网络服务提供者所在地；(3) 被侵害的信息网络系统及其管理者所在地；(4) 犯罪过程中犯罪嫌疑人、被害人或者其他涉案人员使用的信息网络系统所在地；(5) 被害人被侵害时所在地以及被害人财产遭受损失地等。

需要指出的是，该款主要根据2021年最高人民法院《关于适用〈中华人民共和国刑事诉讼法〉的解释》有关条款，对原有的表述作了规范调整。同时，增加了管辖连接点，即将“其他涉案人员使用的信息网络所在地”明确为犯罪地，旨在解决对部分没有被害人的跨境网络犯罪案件，境内司法机关管辖依据不明的问题。较为典型的如跨境赌博案件，开设赌场的犯罪分子在境外，境内赌客不是犯罪行为人，也不存在被害人，导致对这类案件在境内容易出现“管辖真空”。考虑到境内参赌人员等涉案人员往往是侦查相关犯罪的重要线索来源，相关案件往往最先由赌客所在地公安机关发现和查办，将其使用的信息网络系统所在地作为犯罪地，更有利于案件办理。同时，实践中，信息网络犯罪的实行行为、帮助行为往往多环节分散实施，犯罪地常相分离，上游犯罪的办案机关对帮助犯罪是否有管辖权常有争议。例如，检察机关在办理帮助信息网络犯罪活动犯罪案件中，犯罪嫌疑人往往是因上游诈骗罪被害人报案而被关联抓获。在诈骗犯罪嫌疑人未到案的情况下，因帮助信息网络犯罪活动并不存在直接被害人，且帮助行为和实行行为的犯罪地多不相同，导致查办诈骗犯罪的公安机关能否管辖该类犯罪案件存在争议。办案机关无论是移送管辖还是指定管辖，均不利于案件的高效办理。针对这一问题，《意见》第二条第三款规定，“涉及多个环节的信息网络犯罪案件，犯罪嫌疑人为信息网络犯罪提供帮助的，其犯罪地、居住地或者被帮助对象的犯罪地公安机关可以立案侦查”，将“被帮助对象的犯罪地”新增为管辖连接点。

二是明确分案并案处理及其管辖权规则。信息网络犯罪呈现明显的链条化、生态化特点，分工日益精细，各环节独立运行，模块化组织配合，犯罪活动多重交织。上下游犯罪案件相互关联、涉案人员众多、先后到案等情况较为常见。为便于全面查清案件事实、提高办案质效，《意见》第四条至第七条对分并案处理及管辖权规则作出完善规定。

第四条第一款援引2012年最高人民法院、最高人民检察院、公安部、国家安全部、司法部、全国人大常委会法工委等《关于实施刑事诉讼法若干问题的规定》第三条，规定了公检法机关可以在职责范围内并案处理的四种情形，包括：(1) 一人犯数罪的；(2) 共同犯罪的；(3) 共同犯罪的犯罪嫌疑人、被告人还实施其他犯罪的；（4）多个犯罪嫌疑人、被告人实施的犯罪行为存在关联，并案处理有利于查明全部案件事实的。对于何为“存在关联”往往不好把握，针对实践中多重关联、反复关联的问题，在起草过程中，有观点认为应在《意见》中明确关联的层级和范围，对关联并案作出规范，尽量减少过度关联。经研究认为，由于案件情况错综复杂，用一个具体标准确定案件关联范围，难以完全适应办案需求，也不利于对犯罪链条的全面惩治。为此，《意见》第四条第二款作出总体性规定，即对为信息网络犯罪提供程序开发、互联网接入、服务器托管、网络存储、通讯传输等技术支持，或者广告推广、支付结算等帮助，涉嫌犯罪的，可以依照第一款的规定并案侦查。需要注意的是，在实践中，检察机关应从有利于查清犯罪事实、有利于诉讼的角度考虑，坚持深挖上游犯罪、打击源头犯罪，在一个案件办理中，会同公安机关合理商定关联犯罪范围。对于办案中发现的关联程度较远的案件，从办案质量和效果出发，以移送其他有管辖权的办案机关办理为宜。

此外，多地检察机关反映，原本具有管辖权的案件，特别是已经指定管辖的案件，因涉案人数众多分案起诉，出现部分案件分案后失去管辖连接点的情形，对这些案件有无管辖权，实践中各地意见不完全一致。为统一标准，经研究认为，信息网络犯罪案件涉案人数众多、先后到案问题较为常见，分并案处理，包括先分后并、先并后分等情形符合办案需要。对于案件管辖，应立足于全案进行审查。为此，《意见》第六条明确规定：“依照前条规定分案处理，公安机关、人民检察院、人民法院在分案前有管辖权的，分案后对相关案件的管辖权不受影响。”需要说明的是，针对这一条的适用，检察机关应当结合《意见》第四条、第五条的规定，审查是否符合分并案处理的情形。特别是结合第五条“分案移送审查起诉的，应当对并案侦查的依据、分案移送审查起诉的理由作出说明”的规定，对公安机关移送审查起诉时是否附有说明分并案的依据、理由、过程的文书，以及相关说明是否合理进行审查。

三是新增跨域（境）信息网络犯罪案件的指定管辖规则。信息网络犯罪案件跨域（境）特征明显，多地、境外实施犯罪的情形较多。实践中，对于查办难度大、跨境实施、涉案人员遍布多地的重大信息网络犯罪案件，为加大犯罪惩治力度，确保查办质效，公安机关往往采用统一指挥的方式，指定下级公安机关办理。考虑到上述案件多系重大疑难复杂案件，检察机关面临统筹办案资源、充实办案力量、介入引导侦查等现实工作任务，同级法院也需要结合办案实际提前做好相应开庭准备。为保证后续刑事诉讼程序依法、有序、顺利衔接推进，《意见》第八条明确，对上述案件“公安部可以商最高人民检察院和最高人民法院指定侦查管辖”。根据之前的实践做法，可以参考涉案人数超过80人、在境外实施的信息网络犯罪及其关联犯罪等标准进行把握。公安部根据工作需要指定管辖的，指定管辖前一般先行协商最高人民检察院和最高人民法院。

此外，管辖部分还援引刑事诉讼法及相关司法解释，对管辖争议处理、多地立案协商并案、先后到案先行追诉等作出规定。需要注意的是，《意见》第三条规定，“需要提请批准逮捕、移送审查起诉、提起公诉的，由立案侦查的公安机关所在地的人民检察院、人民法院受理”。第四条第三款规定，“有关公安机关依照前两款规定并案侦查的案件，需要提请批准逮捕、移送审查起诉、提起公诉的，由该公安机关所在地的人民检察院、人民法院受理”。对于上述条款的理解，应当注意不能与相关条款割裂开来单独理解。上述条款适用的前提，均是公安机关对案件具有法定管辖权。在此前提下，上级公安机关指定管辖或有关公安机关依职权并案处理后，相关检察机关、法院作为犯罪地司法机关因本身就具有法定管辖权，无须办理指定管辖。反之，对于办案公安机关本身无法定管辖权的案件，仍然需要按照程序在不同诉讼环节，由相应办案部门向上级检察院报请指定管辖。

三、关于信息网络犯罪案件的调查核实

信息网络犯罪案件办理技术性强，且证据分散、易灭失，为保证案件顺利侦办，公安机关往往在初查阶段就开展调查核实和证据收集工作。为此，《意见》第三部分专门对信息网络犯罪案件的调查核实程序作出规定，共3条。其中，第十一条、第十二条分别规定了调查核实的适用条件和措施。检察机关在审查公安机关移送的证据材料时，应当注意判断是调查核实阶段取得的证据，还是立案后侦查阶段取得的证据。对于调查核实阶段取得的证据，如作为刑事诉讼证据使用，应结合上述规定，重点审查公安机关是否有开展调查核实的批准文件，调查核实的方法措施是否符合规定，有无对被调查对象采取强制措施，有无查封、扣押、冻结被调查对象的财产等情况。

《意见》第十三条规定了调查核实收集的证据材料的使用。关于这类证据能否作为刑事诉讼证据使用，起草过程中存在两种意见。一种意见认为，刑事诉讼法第五十二条规定，行政机关在行政执法和查办案件过程中收集的物证、书证、视听资料、电子证据等证据材料，在刑事诉讼中可以作为证据使用。2016年最高人民法院、最高人民检察院、公安部《关于办理刑事案件收集提取和审查判断电子数据若干问题的规定》第六条规定，初查过程中收集、提取的电子数据，以及通过网络在线提取的电子数据，可以作为证据使用。考虑到调查核实的性质和目的，调查核实阶段获取物证、书证、视听资料应遵循刑事诉讼程序取证要求。同时，物证、书证、视听资料与电子数据都属于客观证

据，与电子数据易篡改、易灭失相比，物证、书证、视听资料相对稳定、更易保管、易保证真实性，按照“举重以明轻”的原则，如果法律规定赋予调查核实阶段所取得的电子数据以证据资格，则也可相应赋予这一过程中所取得的物证、书证、视听资料以证据资格。同时，从办案实践看，网络犯罪具有技术性、跨域性、涉众性等特点，证据收集、提取比较困难，对于调查核实过程中依法收集的上述客观证据，经审查后可以作为刑事证据使用。另一种意见认为，公安机关调查核实活动与行政机关的行政执法和查办案件对调查对象权利的影响是不同的。行政机关的行政执法和查办案件遵循行政诉讼法、行政处罚法，这两部法律对于行政执法工作进行了全面规范。而公安机关的调查核实活动，虽有公安部2020 修正的《公安机关办理刑事案件程序规定》作出规范，但相较于上述法律，位阶相对较低，规定得也较为原则，不宜将调查核实与行政执法收集证据等同。在现阶段缺乏相应规范的情况下，对于公安机关调查核实过程中收集的证据材料能否在刑事诉讼中使用，仍应在探索中逐步规范完善。综合考虑上述意见，《意见》第十三条第一款在《关于办理刑事案件收集提取和审查判断电子数据若干问题的规定》第六条规定的基础上，增加“等材料”的表述，为调查核实证据的探索使用留有空间。但适用中仍应以“根据有关规定作为证据使用”为前提，待条件成熟后，可参照《关于办理刑事案件收集提取和审查判断电子数据若干问题的规定》第六条，先制定或者修改有关规定予以明确，以此作为使用的依据。在此基础上，《意见》第十三条第二款、第三款对相关证据的随案移送和审查运用作出进一步规定，即调查核实过程中收集的材料作为证据使用的，检察机关应当注重审查随案移送的证据以及批准调查核实的相关材料，重点审查相关证据是否查证属实，收集程序是否符合有关要求。综合各方意见，经研究认为，在现行法律授权框架下，后一种意见更为妥当，即原则上参照《关于办理刑事案件收集提取和审查判断电子数据若干问题的规定》，调查核实阶段获取的电子数据经审查可以作为证据使用，其他类型的证据可逐案探索研究。

四、关于信息网络犯罪案件的取证

《2014 年意见》分两部分规定了跨地域取证、电子数据的取证与审查两部分内容。在起草修订过程中，这两部分内容在后续出台的《关于办理刑事案件收集提取和审查判断电子数据若干问题的规定》中已作了细化完善，《意见》没有必要再作重复规定，实践中可直接参照《关于办理刑事案件收集提取和审查判断电子数据若干问题的规定》适用。

近年来，信息网络犯罪案件的取证又面临新的问题，最突出的是异地办案、协作办案以及跨区域取证等。针对异地调取电子数据成本高、安全性差的问题，公安部建立异地调查取证信息化系统，为兼顾异地调取电子数据的便利性和安全性创造了条件。为此，《意见》第十四条规范了公安机关向网络服务提供者调取电子数据和跨地域调取电子数据的规则，明确可以采用数据电文形式，且可以通过公安机关信息化系统传输，同时要求采用数据电文形式的，应当保证电子数据的完整性。检察机关在审查时，应当依据《意见》第十七条的规定，“……核验电子签名、数字水印、电子数据完整性校验值及调证法律文书编号是否与证明文件相一致等方式，对电子数据进行审查判断。对调取的电子数据有疑问的，由公安机关、提供电子数据的网络服务提供者作出说明，或者由原调取机关补充收集相关证据”。

《意见》第十五条规定了异地询（讯）问的程序规则。对此，检察机关办案中应当围绕证据合法性，重点审查被询（讯）问人签名、捺指印、协作地公安机关协作人员签名或者盖章，以及是否随案移送同步录音录像，笔录内容与同步录音录像内容是否一致等。

需要提及的是，《意见》第十六条规定，“人民检察院依法自行侦查、补充侦查，或者人民法院调查核实相关证据的，适用本意见第 14 条、第 15 条的有关规定”。随着网络犯罪案件的演变和检察办案技术融合程度的深化，检察机关开展自行侦查、补充侦查的情况越来越多。特别是 2022 年 9 月公布的反电信网络诈骗法明确规定了互联网服务提供者配合调取证据的义务。在今后办案中，检察机关也要注重积极适用上述取证方式，夯实证据基础，推动案件办理。

五、关于海量证据的取证规则

从检察办案看，近年来，网络犯罪案件普遍存在被害人众多、海量银行交易记录、海量通话聊天记录等特点，犯罪分子专门利用侦查机关难以逐条逐笔追踪到人、难以对应查证的困难，将获取公民个人信息、实施犯罪行为、转移犯罪资金等进行碎片化操作，分配至众多行为人实施、细化为众多犯罪环节、分散为海量资金流水。在起草《意见》过程中，不少一线办案人员建议总结各地实践经验，将海量证据的取证规则在《意见》中予以明确。经研究认为，证据海量性是信息网络犯罪案件的突出特征。在具体办案中，要求侦查机关对海量证据全面收集、逐一查证，不仅成本过高，也不符合客观实际。为此，《意见》第二十条对海量证据取证规则作出专门规定。具体实践中，需要重点把握以下四点：

（一）适用条件

需要符合“对于数量特别众多且具有同类性质、特征或者功能的物证、书证、证人证言、被害人陈述、视听资料、电子数据等证据材料，确因客观条件限制无法逐一收集”的条件。这里需要把握“同类性质、特征或者功能”和“确因客观条件限制无法逐一收集”两个标准，避免在一般性信息网络犯罪案件中适用。关于“同类性质、特征或者功能”，应当注意与毒品犯罪案件中的批量毒品、知识产权案件中的批量侵权复制品、侵犯公民个人信息案件中的批量公民个人信息相区别，不能简单类比，而应当主要从能够证明相同犯罪行为、相同犯罪方法手段、同类犯罪结果的角度，准确把握同类性质、特征或者功能的本质要求。如，在电信网络诈骗案件中，犯罪分子采用同一套话术、通过同一网络平台对海量被害人实施诈骗，这些被害人陈述能够证明相同的犯罪行为和手段，系具有同类性质、特征或者功能的证据材料。又如，在 DDOS 攻击案件中，黑客远程控制数万台“肉鸡”，对目标网站实施 DDOS 攻击，这其中被同一犯罪团伙批量远程控制、被种植同种木马程序的电脑，以及相关电脑被远程控制期间的操作日志、远程访问记录等，可以证明黑客实施远程控制的方法手段，也系具有同类性质、特征或者功能的证据材料。再如，在网络赌博案件中，通过同一赌博平台、同一支付通道交付赌资的批量资金流水或银行转账记录，可以证明行为人开设赌场获取赌资的犯罪结果，同样系具有同类性质、特征或者功能的证据材料。

（二）证据选取规则

即“应当按照一定比例或者数量选取证据，并对选取情况作出说明和论证”。一方面，要注意区分案件具体情况，合理确定比例和数量。案件情况千差万别，不同类型不同事实证据的信息网络犯罪案件，选取证据的比例和数量不能一概而论。选取证据时，应当从全面反映案件事实的角度，综合具有同类性质、特征或者功能的证据总量，被选取证据对犯罪事实的证明情况，被选取的证据证明方向等，合理确定比例和数量。例如，在办理电信网络诈骗犯罪案件中，针对数以万计的被害人，应当根据不同诈骗团伙、不同欺骗话术、不同支付手段等将海量被害人区分为不同性质、特征或功能的组别，在每个类别中综合考虑被害人数量、受害时间、受骗数额等情况，选取一定比例或数量被害人取证，并结合在案其他证据相互印证，以达到案件事实清楚、证据确实充分的证明标准。另一方面，注意与抽样取证相区别。起草《意见》过程中，有观点认为第二十条规定了“抽样取证”，并主张在条文中作出表述。综合研究认为，抽样是基于概率理论和数据统计理论的非全面检验方法，抽样的基本要求是随机性，尤其是保证抽取样本的随机性。尽管已有部分司法解释对抽样取证作出规定，如 2016 年最高人民法院、最高人民检察院、公安部《办理毒品犯罪案件毒品提取、扣押、称量、取样和送检程序若干问题的规定》第二十五条，2011 年最高人民法院、最高人民检察院、公安部《关于办理侵犯知识产权刑事案件适用法律若干问题的意见》第三条等，但网络犯罪案件中，从海量证据中选取证据，是建立在其他在案证据已能够证明大部分犯罪事实、需要选取部分证据予以相互印证、进而对事实认定作出综合判断的前提之下。证据选取和综合认定是办案人员运用生活经验、司法经验进行内心判断，按照经验法则和逻辑法则形成内心确信的司法判断过程，采取的是案件事实清楚、证据确实充分的证明标准，本质上是从科学性出发，确立新型证明方式，减轻取证和证明负担、减少讼累。因此，起草该条时，没有采用抽样取证的概念，也未对随机性作出规定，对该条规定的取证科学性，应当结合前文所述方法正确把握。

（三）证据审查规则

检察机关、法院应当重点审查取证方法、过程是否科学。经审查认为取证不科学的，应当由原取证机关作出补充说明或者重新取证。审查时应结合公安机关的说明和论证，综合上述适用条件和取证规则作出判断。需要强调的是，取证是否科学因案而异，总的来看，选取样本的比例大、数量多更能体现科学性，但也不宜一味求多求全，应当结合其他在案证据、海量同质性证据指向的待证明事实、被选取的证据证明情况等综合考虑。有关证据材料经一次选取后，达不到案件事实清楚、证据确实充分的证明标准，难以形成内心确信的，应当重新选取、补充选取。

（四）证据采信规则

检察机关、法院应当结合其他证据材料，以及犯罪嫌疑人、被告人及其辩护人所提辩解、辩护意见，审查认定取得的证据。经审查，对相关事实不能排除合理怀疑的，应当作出有利于犯罪嫌疑人、被告人的认定。

六、关于涉众型信息网络犯罪案件的账户资金推定规则

网络犯罪涉案人员、被害人遍布全国各地，对于涉案资金数额的认定，经常面临难以逐人核查的困难。针对这类问题，《意见》第二十一条对涉众型信息网络犯罪案件的账户资金推定规则作出规定，对于涉案人数特别多的信息网络犯罪案件，确因客观条件限制无法收集证据逐一证明、逐人核实涉案账户的资金来源，但根据银行账户、非银行支付账户等交易记录和其他证据材料，足以认定有关账户主要用于接收、流转涉案资金的，可以按照该账户接收的资金数额认定犯罪数额，但犯罪嫌疑人、被告人能够作出合理说明的除外。例如，犯罪嫌疑人提出涉嫌诈骗的账户里有合法财产并提供相应证据，经查证属实或者不能排除合理怀疑的，不能认定该账户中的资金数额全部属于犯罪数额。此

外，案外人提出异议的，应当依法审查。针对财产的程序与针对被追诉人的刑事诉讼程序相比，证明规则上可以适度宽松，更多地适用推定不违反无罪推定原则及其统摄的举证责任分配规则。

需要注意的是，该条是兜底条款，在适用时必须符合上述条件。实践中，首先应当积极、全面核实犯罪数额，收集证明账户信息的证据材料，并充分听取犯罪嫌疑人、被告人以及相关案外人的辩解、说明，不可单纯以人数众多、证据海量为由，直接适用该条款，防止适用范围不当扩大。

七、关于涉案财物处置的程序规则

实践中，电信网络诈骗、网络赌博等犯罪高发多发，多有网络洗钱参与配合，资金来源非常分散，资金流向十分复杂，加之不少案件在境外操作，许多涉案资产转移到境外，如何依法查封、扣押、甄别、认定、处置涉案财物成为实践中的突出问题。起草《意见》过程中，各方高度重视追赃挽损工作，将完善涉案财产处置程序规则作为修订的重要内容之一。《意见》第二十二条第一款规定，办理信息网络犯罪案件，应当依法及时查封、扣押、冻结涉案财物，督促涉案人员退赃退赔，及时追赃挽损，对涉案财物处置提出原则性要求。

从实践看，对于信息网络犯罪案件，仅依靠证明犯罪事实、量刑情节的证据材料，难以对涉案财物权属情况进行审查甄别、提出处理意见，必须有针对性地、全流程收集证明涉案财物性质、权属情况、依法应予追缴、没收或者责令退赔的证据材料。为保证追赃挽损的实效，公检法机关需要加强协作配合，依法、全过程、及时对财产甄别处置。为此，《意见》第二十二条第二款坚持涉案财物处置与定罪量刑并重，从公安机关收集证据、检察机关提出处理意见、法院裁判处理等方面分别提出要求，强调公检法机关各司其职、分工配合、强化制约，增强财产认定和处置的效果。具体来说，侦查环节要全面收集证明涉案财物权属情况、应予追缴或者没收等的证据材料；在移送审查起诉时随案移送并作出说明。其中，涉案财物需要返还被害人的，应当尽可能查明被害人损失情况。检察环节要根据在案证据情况审查涉案财物权属情况，在提起公诉时提出处理意见。审判环节要依法作出判决，对涉案财物作出处理。

需要注意的是，检察机关对于涉案财物处置应当加强法律监督。一方面，对于公安机关收集的证据材料不全面、涉案财物处置不规范的，应当依法引导公安机关收集完善相关证据材料，或退回公安机关补充侦查，督促规范涉案财物处置。另一方面，针对法院对涉案财物处置的判决及后续执行，检察机关也应加强同步监督。对于涉案财物处置确有错误的判决，必要时应当提出抗诉，确保涉案财物得到依法公正处置。

最高人民法院、最高人民检察院、公安部、国家安全部
关于取保候审若干问题的规定

（2022年9月5日公布并施行 公通字〔2022〕25号）

第一章 一般规定

第一条 为了规范适用取保候审，贯彻落实少捕慎诉慎押的刑事司法政策，保障刑事诉讼活动顺利进行，保护公民合法权益，根据《中华人民共和国刑事诉讼法》及有关规定，制定本规定。

第二条 对犯罪嫌疑人、被告人取保候审的，由公安机关、国家安全机关、人民检察院、人民法院根据案件的具体情况依法作出决定。

公安机关、人民检察院、人民法院决定取保候审的，由公安机关执行。国家安全机关决定取保候审的，以及人民检察院、人民法院办理国家安全机关移送的刑事案件决定取保候审的，由国家安全机关执行。

第三条 对于采取取保候审足以防止发生社会危险性的犯罪嫌疑人，应当依法适用取保候审。

决定取保候审的，不得中断对案件的侦查、起诉和审理。严禁以取保候审变相放纵犯罪。

第四条 对犯罪嫌疑人、被告人决定取保候审的，应当责令其提出保证人或者交纳保证金。

对同一犯罪嫌疑人、被告人决定取保候审的，不得同时使用保证人保证和保证金保证。对未成年人取保候审的，应当优先适用保证人保证。

第五条 采取保证金形式取保候审的，保证金的起点数额为人民币一千元；被取保候审人为未成年人的，保证金的起点数额为人民币五百元。

决定机关应当综合考虑保证诉讼活动正常进行的需要，被取保候审人的社会危险性，案件的性质、情节，可能判处刑罚的轻重，被取保候审人的经济状况等情况，确定保证金的数额。

第六条 对符合取保候审条件，但犯罪嫌疑人、被告人不能提出保证人也

不交纳保证金的，可以监视居住。

前款规定的被监视居住人提出保证人或者交纳保证金的，可以对其变更为取保候审。

第二章 决 定

第七条 决定取保候审时，可以根据案件情况责令被取保候审人不得进入下列“特定的场所”：

（一）可能导致其再次实施犯罪的场所；

（二）可能导致其实施妨害社会秩序、干扰他人正常活动行为的场所；

（三）与其所涉嫌犯罪活动有关联的场所；

（四）可能导致其实施毁灭证据、干扰证人作证等妨害诉讼活动的场所；

（五）其他可能妨害取保候审执行的特定场所。

第八条 决定取保候审时，可以根据案件情况责令被取保候审人不得与下列“特定的人员”会见或者通信：

（一）证人、鉴定人、被害人及其法定代理人和近亲属；

（二）同案违法行为人、犯罪嫌疑人、被告人以及与案件有关联的其他人员；

（三）可能遭受被取保候审人侵害、滋扰的人员；

（四）可能实施妨害取保候审执行、影响诉讼活动的人员。

前款中的“通信”包括以信件、短信、电子邮件、通话，通过网络平台或者网络应用服务交流信息等各种方式直接或者间接通信。

第九条 决定取保候审时，可以根据案件情况责令被取保候审人不得从事下列“特定的活动”：

（一）可能导致其再次实施犯罪的活动；

（二）可能对国家安全、公共安全、社会秩序造成不良影响的活动；

（三）与所涉嫌犯罪相关联的活动；

（四）可能妨害诉讼的活动；

（五）其他可能妨害取保候审执行的特定活动。

第十条 公安机关应当在其指定的银行设立取保候审保证金专门账户，委托银行代为收取和保管保证金，并将相关信息通知同级人民检察院、人民法院。

保证金应当以人民币交纳。

第十一条 公安机关决定使用保证金保证的，应当及时将收取保证金通知书送达被取保候审人，责令其在三日内向指定的银行一次性交纳保证金。

第十二条 人民法院、人民检察院决定使用保证金保证的，应当责令被取保候审人在三日内向公安机关指定银行的专门账户一次性交纳保证金。

第十三条 被取保候审人或者为其提供保证金的人应当将所交纳的保证金存入取保候审保证金专门账户，并由银行出具相关凭证。

第三章 执 行

第十四条 公安机关决定取保候审的，在核实被取保候审人已经交纳保证金后，应当将取保候审决定书、取保候审执行通知书和其他有关材料一并送交执行。

第十五条 公安机关决定取保候审的，应当及时通知被取保候审人居住地的派出所执行。被取保候审人居住地在异地的，应当及时通知居住地公安机关，由其指定被取保候审人居住地的派出所执行。必要时，办案部门可以协助执行。

被取保候审人居住地变更的，执行取保候审的派出所应当及时通知决定取保候审的公安机关，由其重新确定被取保候审人变更后的居住地派出所执行。变更后的居住地在异地的，决定取保候审的公安机关应当通知该地公安机关，由其指定被取保候审人居住地的派出所执行。原执行机关应当与变更后的执行机关进行工作交接。

第十六条 居住地包括户籍所在地、经常居住地。经常居住地是指被取保候审人离开户籍所在地最后连续居住一年以上的地方。

取保候审一般应当在户籍所在地执行，但已形成经常居住地的，可以在经常居住地执行。

被取保候审人具有下列情形之一的，也可以在其暂住地执行取保候审：

（一）被取保候审人离开户籍所在地一年以上且无经常居住地，但在暂住地有固定住处的；

（二）被取保候审人系外国人、无国籍人，香港特别行政区、澳门特别行政区、台湾地区居民的；

（三）被取保候审人户籍所在地无法查清且无经常居住地的。

第十七条 在本地执行取保候审的，决定取保候审的公安机关应当将法律文书和有关材料送达负责执行的派出所。

在异地执行取保候审的，决定取保候审的公安机关应当将法律文书和载有被取保候审人的报到期限、联系方式等信息的有关材料送达执行机关，送达方式包括直接送达、委托送达、邮寄送达等，执行机关应当及时出具回执。被取保候审人应当在收到取保候审决定书后五日以内向执行机关报到。执行机关应当在被取保候审人报到后三日以内向决定机关反馈。

被取保候审人未在规定期限内向负责执行的派出所报到，且无正当事由的，执行机关应当通知决定机关，决定机关应当依法传讯被取保候审人，被取保候审人不到案的，依照法律和本规定第五章的有关规定处理。

第十八条 执行机关在执行取保候审时，应当告知被取保候审人必须遵守刑事诉讼法第七十一条的规定，以及违反规定或者在取保候审期间重新犯罪的法律后果。

保证人保证的，应当告知保证人必须履行的保证义务，以及不履行义务的法律后果，并由其出具保证书。

执行机关应当依法监督、考察被取保候审人遵守规定的有关情况，及时掌握其住址、工作单位、联系方式变动情况，预防、制止其实施违反规定的行为。

被取保候审人应当遵守取保候审有关规定，接受执行机关监督管理，配合执行机关定期了解有关情况。

第十九条 被取保候审人未经批准不得离开所居住的市、县。

被取保候审人需要离开所居住的市、县的，应当向负责执行的派出所提出书面申请，并注明事由、目的地、路线、交通方式、往返日期、联系方式等。被取保候审人有紧急事由，来不及提出书面申请的，可以先通过电话、短信等方式提出申请，并及时补办书面申请手续。

经审查，具有工作、学习、就医等正当合理事由的，由派出所负责人批准。

负责执行的派出所批准后，应当通知决定机关，并告知被取保候审人遵守下列要求：

（一）保持联系方式畅通，并在传讯的时候及时到案；

（二）严格按照批准的地点、路线、往返日期出行；

（三）不得从事妨害诉讼的活动；

（四）返回居住地后及时向执行机关报告。

对于因正常工作和生活需要经常性跨市、县活动的，可以根据情况，简化批准程序。

第二十条 人民法院、人民检察院决定取保候审的，应当将取保候审决定书、取保候审执行通知书和其他有关材料一并送交所在地同级公安机关，由所在地同级公安机关依照本规定第十五条、第十六条、第十七条的规定交付执行。

人民法院、人民检察院可以采用电子方式向公安机关送交法律文书和有关材料。

负责执行的县级公安机关应当在收到法律文书和有关材料后二十四小时以内，指定被取保候审人居住地派出所执行，并将执行取保候审的派出所通知作出取保候审决定的人民法院、人民检察院。

被取保候审人居住地变更的，由负责执行的公安机关通知变更后的居住地公安机关执行，并通知作出取保候审决定的人民法院、人民检察院。

人民法院、人民检察院决定取保候审的，执行机关批准被取保候审人离开所居住的市、县前，应当征得决定机关同意。

第二十一条 决定取保候审的公安机关、人民检察院传讯被取保候审人的，应当制作法律文书，并向被取保候审人送达。被传讯的被取保候审人不在场的，也可以交与其同住的成年亲属代收，并与被取保候审人联系确认告知。无法送达或者被取保候审人未按照规定接受传讯的，应当在法律文书上予以注明，并通知执行机关。

情况紧急的，决定取保候审的公安机关、人民检察院可以通过电话通知等方式传讯被取保候审人，但应当在法律文书上予以注明，并通知执行机关。

异地传讯的，决定取保候审的公安机关、人民检察院可以委托执行机关代为送达，执行机关送达后应当及时向决定机关反馈。无法送达的，应当在法律文书上注明，并通知决定机关。

人民法院传讯被取保候审的被告人，依照其他有关规定执行。

第二十二条 保证人应当对被取保候审人遵守取保候审管理规定情况进行监督，发现被保证人已经或者可能违反刑事诉讼法第七十一条规定的，应当及时向执行机关报告。

保证人不愿继续保证或者丧失保证条件的，保证人或者被取保候审人应当及时报告执行机关。执行机关应当在发现或者被告知该情形之日起三日以内通知决定机关。决定机关应当责令被取保候审人重新提出保证人或者交纳保证金，或者变更强制措施，并通知执行机关。

第二十三条 执行机关发现被取保候审人违反应当遵守的规定以及保证人未履行保证义务的，应当及时制止、采取相应措施，同时告知决定机关。

第四章 变更、解除

第二十四条 取保候审期限届满，决定机关应当作出解除取保候审或者变更强制措施的决定，并送交执行机关。决定机关未解除取保候审或者未对被取保候审人采取其他刑事强制措施的，被取保候审人及其法定代理人、近亲属或者辩护人有权要求决定机关解除取保候审。

对于发现不应当追究被取保候审人刑事责任并作出撤销案件或者终止侦查决定的，决定机关应当及时作出解除取保候审决定，并送交执行机关。

有下列情形之一的，取保候审自动解除，不再办理解除手续，决定机关应当及时通知执行机关：

（一）取保候审依法变更为监视居住、拘留、逮捕，变更后的强制措施已经开始执行的；

（二）人民检察院作出不起诉决定的；

（三）人民法院作出的无罪、免予刑事处罚或者不负刑事责任的判决、裁定已经发生法律效力的；

（四）被判处管制或者适用缓刑，社区矫正已经开始执行的；

（五）被单处附加刑，判决、裁定已经发生法律效力的；

（六）被判处监禁刑，刑罚已经开始执行的。

执行机关收到决定机关上述决定书或者通知后，应当立即执行，并将执行情况及时通知决定机关。

第二十五条　采取保证金方式保证的被取保候审人在取保候审期间没有违反刑事诉讼法第七十一条的规定，也没有故意实施新的犯罪的，在解除取保候审、变更强制措施或者执行刑罚的同时，公安机关应当通知银行如数退还保证金。

被取保候审人或者其法定代理人可以凭有关法律文书到银行领取退还的保证金。被取保候审人不能自己领取退还的保证金的，经本人出具书面申请并经公安机关同意，由公安机关书面通知银行将退还的保证金转账至被取保候审人或者其委托的人提供的银行账户。

第二十六条　在侦查或者审查起诉阶段已经采取取保候审的，案件移送至审查起诉或者审判阶段时，需要继续取保候审、变更保证方式或者变更强制措施的，受案机关应当在七日内作出决定，并通知移送案件的机关和执行机关。

受案机关作出取保候审决定并执行后，原取保候审措施自动解除，不再办理解除手续。对继续采取保证金保证的，原则上不变更保证金数额，不再重新收取保证金。受案机关变更的强制措施开始执行后，应当及时通知移送案件的机关和执行机关，原取保候审决定自动解除，不再办理解除手续，执行机关应当依法退还保证金。

取保候审期限即将届满，受案机关仍未作出继续取保候审或者变更强制措施决定的，移送案件的机关应当在期限届满十五日前书面通知受案机关。受案机关应当在取保候审期限届满前作出决定，并通知移送案件的机关和执行机关。

第五章 责 任

第二十七条 使用保证金保证的被取保候审人违反刑事诉讼法第七十一条规定，依法应当没收保证金的，由公安机关作出没收部分或者全部保证金的决定，并通知决定机关。人民检察院、人民法院发现使用保证金保证的被取保候审人违反刑事诉讼法第七十一条规定，应当告知公安机关，由公安机关依法处理。

对被取保候审人没收保证金的，决定机关应当区别情形，责令被取保候审人具结悔过，重新交纳保证金、提出保证人，或者变更强制措施，并通知执行机关。

重新交纳保证金的，适用本规定第十一条、第十二条、第十三条的规定。

第二十八条 被取保候审人构成《中华人民共和国治安管理处罚法》第六十条第四项行为的，依法给予治安管理处罚。

第二十九条 被取保候审人没有违反刑事诉讼法第七十一条的规定，但在取保候审期间涉嫌故意实施新的犯罪被立案侦查的，公安机关应当暂扣保证金，待人民法院判决生效后，决定是否没收保证金。对故意实施新的犯罪的，应当没收保证金；对过失实施新的犯罪或者不构成犯罪的，应当退还保证金。

第三十条 公安机关决定没收保证金的，应当制作没收保证金决定书，在三日以内向被取保候审人宣读，告知其如果对没收保证金决定不服，被取保候审人或者其法定代理人可以在五日以内向作出没收决定的公安机关申请复议。

被取保候审人或者其法定代理人对复议决定不服的，可以在收到复议决定书后五日以内向上一级公安机关申请复核一次。

第三十一条 保证人未履行监督义务，或者被取保候审人违反刑事诉讼法第七十一条的规定，保证人未及时报告或者隐瞒不报告的，经查证属实后，由公安机关对保证人处以罚款，并将有关情况及时通知决定机关。

保证人帮助被取保候审人实施妨害诉讼等行为，构成犯罪的，依法追究其刑事责任。

第三十二条 公安机关决定对保证人罚款的，应当制作对保证人罚款决定书，在三日以内向保证人宣布，告知其如果对罚款决定不服，可以在五日以内向作出罚款决定的公安机关申请复议。

保证人对复议决定不服的，可以在收到复议决定书后五日以内向上一级公安机关申请复核一次。

第三十三条　没收保证金的决定、对保证人罚款的决定已过复议期限，或者复议、复核后维持原决定或者变更罚款数额的，作出没收保证金的决定、对保证人罚款的决定的公安机关应当及时通知指定的银行将没收的保证金、保证人罚款按照国家的有关规定上缴国库，并应当在三日以内通知决定机关。

如果保证金系被取保候审人的个人财产，且需要用以退赔被害人、履行附带民事赔偿义务或者执行财产刑的，人民法院可以书面通知公安机关移交全部保证金，由人民法院作出处理，剩余部分退还被告人。

第三十四条　人民检察院、人民法院决定取保候审的，被取保候审人违反取保候审规定，需要予以逮捕的，可以对被取保候审人先行拘留，并提请人民检察院、人民法院依法作出逮捕决定。人民法院、人民检察院决定逮捕的，由所在地同级公安机关执行。

第三十五条　保证金的收取、管理和没收应当严格按照本规定和国家的财经管理制度执行，任何单位和个人不得擅自收取、没收、退还保证金以及截留、坐支、私分、挪用或者以其他任何方式侵吞保证金。对违反规定的，应当依照有关法律和规定给予行政处分；构成犯罪的，依法追究刑事责任。

第六章　附　则

第三十六条　对于刑事诉讼法第六十七条第一款第三项规定的“严重疾病”和“生活不能自理”，分别参照最高人民法院、最高人民检察院、公安部、司法部、国家卫生计生委印发的《暂予监外执行规定》所附《保外就医严重疾病范围》和《最高人民法院关于印发〈罪犯生活不能自理鉴别标准〉的通知》所附《罪犯生活不能自理鉴别标准》执行。

第三十七条　国家安全机关决定、执行取保候审的，适用本规定中关于公安机关职责的规定。

第三十八条　对于人民法院、人民检察院决定取保候审，但所在地没有同级公安机关的，由省级公安机关会同同级人民法院、人民检察院，依照本规定确定公安机关负责执行或者交付执行，并明确工作衔接机制。

第三十九条　本规定中的执行机关是指负责执行取保候审的公安机关和国家安全机关。

第四十条　本规定自印发之日起施行。

“两高两部”《关于取保候审若干问题的规定》的理解与适用*

高景峰　李文峰　王　佳**

取保候审是刑事诉讼中一项重要的非羁押性强制措施。依法规范适用取保候审，对于尊重和保障人权，保障刑事诉讼顺利进行，贯彻少捕慎诉慎押刑事司法政策具有重要意义。最高人民法院、最高人民检察院、公安部、国家安全部在充分调研，对实践中迫切需要解决的问题进行认真研究梳理基础上，对1999年印发的《关于取保候审若干问题的规定》（以下简称《规定》）进行修订，并于2022年9月5日正式发布。

一、《规定》的修订背景与过程

1999年，最高人民法院、最高人民检察院、公安部、国家安全部专门制定《关于取保候审若干问题的规定》（以下简称1999年《规定》），以规范取保候审工作。但是，随着经济社会的不断发展和法治建设的持续推进，人民群众对民主、法治、公平、正义、安全、环境等方面提出更高需求。我国刑事犯罪结构发生较大变化，少捕慎诉慎押上升为刑事司法政策，1999年《规定》已明显不适应现实需要。取保候审在适用与执行过程中遇到的问题主要表现在：一是法律规定需要进一步明确。刑事诉讼法对取保候审的规定较为原则，特别是对“严重疾病”“生活不能自理”等缺乏相应的判断标准，在一定程度上影响了取保候审措施的正确适用。二是部分办案人员刑事司法观念没有及时跟上犯罪形势变化。改革开放40多年来，我国经济社会发展和法治建设取得巨大成就，刑事犯罪结构也发生了重大变化，严重暴力犯罪比例大幅下降，轻罪比例显著上升。同时，认罪认罚从宽制度适用率稳定保持在80%以上，成为刑事案件的主要诉讼模式。在这种情况下，有相当数量的犯罪嫌疑人、被告人已无逮捕羁押必要，对其适用取保候审足以防止发生社会危险性。然而，部分办案人员仍固守“构罪即捕”“一押到底”传统办案思维模式，不愿适用取保候审。三是较难实现有效监管。对被取保候审人员特别是异地执行取保候审人员是否遵守相关规定难以进行有效监督。对一些被取保候审人违反规定或者

---

* 原文载《人民检察》2022年第20期。

** 作者单位：最高人民检察院法律政策研究室。

未经批准离开居住地，难以及时发现并予以惩戒，造成办案人员不敢适用取保候审措施。四是相关工作衔接机制不够健全。检察机关与审判机关、公安机关工作衔接缺少细化、可操作性规定，对有的被取保候审人漏管失控，有的被取保候审人超过法定期限迟迟不能被解除。针对上述问题，最高人民法院、最高人民检察院、公安部、国家安全部充分吸收近年来司法实践中依法适用取保候审的成熟经验和成果，广泛听取各方意见，对1999年《规定》进行修改。

二、修改后《规定》的主要内容与重点条文

修改后《规定》共计6章40条，包括取保候审的一般规定、决定、执行、变更、解除、责任等内容。其中，重点对以下内容作了修改。

（一）充分体现少捕慎诉慎押刑事司法政策

一是明确应当取保候审的对象。2012年刑事诉讼法修订时，在逮捕相关规定中就已经明确了社会危险性的判断标准，并明确规定采取取保候审不足以防止发生社会危险性的，应当予以逮捕，然而实践中“构罪即捕”现象依然突出。少捕慎诉慎押刑事司法政策要求对刑事诉讼法第六十七条规定的取保候审条件和第八十一条规定的逮捕条件统筹理解。因此，修改后《规定》第三条第一款新增规定，“对于采取取保候审足以防止发生社会危险性的犯罪嫌疑人，应当依法适用取保候审”。也就是说，并非犯罪嫌疑人涉嫌犯罪，就必然符合社会危险性标准，就必然对其逮捕；而应首先考虑取保候审是否足以防止发生社会危险性，只有取保候审不足以防止发生社会危险性、符合逮捕条件的，才适用逮捕措施。检察机关对社会危险性应当综合评价，不得单纯依据是否可能判处有期徒刑以上刑罚、是否具有本地户籍、是否具有住房或者固定工作简单认定。

需要注意的是，少捕慎诉慎押刑事司法政策是宽严相济刑事政策的进一步细化和落实。少捕慎诉慎押并不意味着一味从宽。要在坚持对严重危害国家安全、公共安全犯罪以及严重暴力犯罪等重罪案件依法从严惩治的同时，对轻罪案件以及其他具有法定从轻、减轻处罚情节的犯罪嫌疑人、被告人，特别是社会危害不大的初犯、偶犯、过失犯、未成年犯，依法能不捕的不捕，必要时及时对其采取取保候审措施。

二是明确要求取保候审不得中断对案件的侦查、起诉和审理。实践中，有的当事人误以为犯罪嫌疑人、被告人被取保候审意味着涉案行为问题不大、定不了罪，案件已经终结。个别办案人员甚至把取保候审期限当作办案期限，犯罪嫌疑人、被告人一旦被取保候审，便不再继续开展侦查、审查起诉、审理工作，消极等待用尽取保候审期限，甚至将案件“疑罪从挂”。针对上述现象，

修改后《规定》第三条第二款强调："决定取保候审的，不得中断对案件的侦查、起诉和审理。严禁以取保候审变相放纵犯罪。"为落实上述要求，一方面，对于被取保候审的犯罪嫌疑人，检察机关要主动履行监督职能，督促公安机关继续侦查，及时移送审查起诉或者依法撤案。对于疑难复杂案件，可以通过适时介入侦查引导公安机关取证，准确把握法律政策界限，避免"挂案不决"。另一方面，检察机关在审查起诉时，要注意区分不同情形。对于被取保候审的犯罪嫌疑人直接移送审查起诉的，应当在1个月内作出决定。对于认罪认罚适用速裁程序的，应当在10—15日内作出决定。对于被羁押的犯罪嫌疑人，审查起诉期间变更强制措施适用取保候审的，不能因为取保候审而停止对案件的审查；对于犯罪嫌疑人脱逃或者患有严重疾病的，应当按照最高人民检察院《关于审查起诉期间犯罪嫌疑人脱逃或者患有严重疾病的应当如何处理的批复》办理。不得因对犯罪嫌疑人采取取保候审措施，将审查起诉期限等同于取保候审期限。

三是重申符合取保候审条件但无法提出保证人也不交纳保证金的处理原则。刑事诉讼法第七十四条第二款规定，"对符合取保候审条件，但犯罪嫌疑人、被告人不能提出保证人，也不交纳保证金的，可以监视居住"。修改后《规定》第六条在上述规定基础上作了适当延伸，即当上述被监视居住人能够提出保证人或者交纳保证金时，可以对其变更为取保候审。

四是对违反取保候审义务的惩戒措施分层次规范。刑事诉讼法第八十一条第四款规定："被取保候审、监视居住的犯罪嫌疑人、被告人违反取保候审、监视居住规定，情节严重的，可以予以逮捕。"违反取保候审规定，说明犯罪嫌疑人、被告人的社会危险性发生了变化，需要重新对犯罪嫌疑人、被告人的社会危险性进行考量。但需要注意的是，并非所有违反取保候审义务的行为均需要予以逮捕，修改后《规定》第五章对没收保证金、对保证人罚款、治安管理处罚、逮捕等措施的条件、程序予以分层次规范。理解修改后《规定》该章内容，要注意与最高人民检察院《人民检察院刑事诉讼规则》第一百零一条相结合，该条第二款规定："犯罪嫌疑人有下列违反取保候审规定的行为，人民检察院可以对犯罪嫌疑人予以逮捕：（一）未经批准，擅自离开所居住的市、县，造成严重后果，或者两次未经批准，擅自离开所居住的市、县；（二）经传讯不到案，造成严重后果，或者经两次传讯不到案；（三）住址、工作单位和联系方式发生变动，未在二十四小时以内向公安机关报告，造成严重后果；（四）违反规定进入特定场所、与特定人员会见或者通信、从事特定活动，严重妨碍诉讼程序正常进行。"针对上述四种情形，在具体判定是否具备逮捕必要性时，不能仅凭传讯不到案次数达到两次以上，就决定逮捕；在判断是否达到“造成严重后果”时，应当根据被取保候审人违反规定的具体情节，对刑事诉讼活动造成不利影响的后果及严重程度等具体情况予以把握。

五是对流窜作案犯罪嫌疑人、被告人明确暂住地可以执行取保候审。实践中，电信网络诈骗、网络赌博等新兴犯罪通常跨地域作案、流窜作案，办案机关通常因担心无法对犯罪嫌疑人、被告人执行取保候审而不得不捕。针对上述情况，修改后《规定》第十六条第二款规定：“取保候审一般应当在户籍所在地执行，但已形成经常居住地的，可以在经常居住地执行。”

六是明确“严重疾病”和“生活不能自理”的标准。刑事诉讼法第六十七条将“患有严重疾病”“生活不能自理”作为适用取保候审的情形，但实践中，在认定犯罪嫌疑人、被告人是否患有严重疾病、生活不能自理时，适用标准不一。如果尚未对犯罪嫌疑人采取羁押性强制措施，办案机关发现犯罪嫌疑人可能患有严重疾病，或者犯罪嫌疑人及其近亲属、辩护人提供诊断材料的，办案人员根据就诊记录及一般社会经验予以确认，或者由办案机关向医院函询，根据医院的诊断结果予以确认。对诊断的医院，有的要求县级三甲以上医院诊断并开具证明，有的则对医院没有资质要求，只要是正规医院即可。如果犯罪嫌疑人已经被羁押在看守所，则参照最高人民法院等部门印发的《暂予监外执行规定》中保外就医有关程序进行，由看守所组织包括医疗专业人士在内的人员进行诊断和鉴别，医院的选定必须是省级政府指定的医院。针对上述情形，修改后《规定》第三十六条明确，对于刑事诉讼法第六十七条中的“严重疾病”和“生活不能自理”，应当分别参照最高人民法院等部门印发的《暂予监外执行规定》所附《保外就医严重疾病范围》和最高人民法院《关于印发〈罪犯生活不能自理鉴别标准〉的通知》所附《罪犯生活不能自理鉴别标准》执行。

（二）优化对被取保候审人的监管措施

长期以来，对被取保候审人如何进行有效监管，一直是困扰司法机关的重大难题。一方面，单纯依靠“人盯人”方式远远无法满足有效监管的需要；另一方面，要求被取保候审人员定期报到、及时报告相关事项也不足以达到有效监管，被取保候审人员失管、逃跑、重新犯罪、违规事件时有发生。针对这一现象，修改后《规定》从如下方面予以明确：

一是明确异地执行取保候审时被取保候审人的报到义务。修改后《规定》第十七条规定：“被取保候审人应当在收到取保候审决定书后五日以内向执行机关报到。执行机关应当在被取保候审人报到后三日以内向决定机关反馈。”“被取保候审人未在规定期限内向负责执行的派出所报到，且无正当事由的，执行机关应当通知决定机关，决定机关应当依法传讯被取保候审人，被取保候审人不到案的，依照法律和本规定第五章的有关规定处理。”需要注意的是，检察机关在收到被取保候审人未报到的通知时，应当及时进行传讯，并要求公安机关按照修改后《规定》第五章采取相应措施。

二是细化被取保候审人可以离开居住地的条件和审批程序。刑事诉讼法第七十一条规定，被取保候审的犯罪嫌疑人、被告人“未经执行机关批准不得离开所居住的市、县”。实践中，有的被取保候审人罔顾法律规定，在取保候审期间“脱保”，如擅自外出打工、游玩等，造成恶劣社会影响；有的被取保候审人存在离开居住地外出求学、就医、工作等客观需求。为保障诉讼顺利进行，确保被取保候审人“随传随到”，同时最大程度地兼顾被取保候审人正常生活需求，促使其回归社会，修改后《规定》第十九条对被取保候审人申请离开居住地的条件、程序、应当遵守的规定、返回后向执行机关报告等内容进行了规范，并且规定办案机关可以根据具体情况简化批准程序。

需要说明的是，随着信息技术的进步，部分地方检察机关与公安机关联合探索了非羁押强制措施监管系统，有效解决了取保候审监督难等问题。但鉴于目前全国范围内实践水平不一，全面推开尚有难度，《规定》暂未写入。

（三）解决取保候审执行中遇到的具体问题

一是明确被取保候审人的活动范围。刑事诉讼法第七十一条规定，办案机关可以根据案件情况，责令被取保候审人不得进入特定的场所，不得与特定的人员会见或者通信，不得从事特定的活动等。实践中，虽然办案机关在法律文书中写明了对被取保候审人的上述要求，但由于缺乏对“特定”内容的界定，对被取保候审人无从明确具体行为限制，办案机关对于其违反规定的行为也不便于追究责任。针对上述情况，修改后《规定》第七条至第九条对“特定的场所”“特定的人员”“特定的活动”的范围进行解释和细化，以便于执行机关掌握和操作。

修改后《规定》第七条规定：“决定取保候审时，可以根据案件情况责令被取保候审人不得进入下列‘特定的场所’：（一）可能导致其再次实施犯罪的场所；（二）可能导致其实施妨害社会秩序、干扰他人正常活动行为的场所；（三）与其所涉嫌犯罪活动有关联的场所；（四）可能导致其实施毁灭证据、干扰证人作证等妨害诉讼活动的场所；（五）其他可能妨害取保候审执行的特定场所。”上述关于特定场所的界定主要从预防再犯、妨害社会管理秩序、妨害作证和取证活动的角度予以限定。

修改后《规定》第八条规定：“决定取保候审时，可以根据案件情况责令被取保候审人不得与下列‘特定的人员’会见或者通信：（一）证人、鉴定人、被害人及其法定代理人和近亲属；（二）同案违法行为人、犯罪嫌疑人、被告人以及与案件有关联的其他人员；（三）可能遭受被取保候审人侵害、滋扰的人员；（四）可能实施妨害取保候审执行、影响诉讼活动的人员。前款中的‘通信’包括以信件、短信、电子邮件、通话，通过网络平台或者网络应用服务交流信息等各种方式直接或者间接通信。”上述关于特定人员的界定，主要是从保护证人、被害方，避免滋扰其他人员影响诉讼顺利进行等方面予以限定，同时根据技术发展，将网络方式交换信息也纳入“通信”的范畴。

修改后《规定》第九条规定：“决定取保候审时，可以根据案件情况责令被取保候审人不得从事下列‘特定的活动’：（一）可能导致其再次实施犯罪的活动；（二）可能对国家安全、公共安全、社会秩序造成不良影响的活动；（三）与所涉嫌犯罪相关联的活动；（四）可能妨害诉讼的活动；（五）其他可能妨害取保候审执行的特定活动。”该条主要从避免再犯，避免妨害国家安全、公共安全、社会管理秩序，避免与在办案件的犯罪活动关联，避免影响上述活动顺利进行等方面对“特定的活动”进行界定。

二是规定保证金退还的便利途径。实践中存在案件已经终结诉讼程序或者变更强制措施，但保证金迟迟不退，或者被取保候审人不便领取退还保证金的情况。为充分保障犯罪嫌疑人、被告人的合法权益，修改后《规定》第二十五条规定：“采取保证金方式保证的被取保候审人在取保候审期间没有违反刑事诉讼法第七十一条的规定，也没有故意实施新的犯罪的，在解除取保候审、变更强制措施或者执行刑罚的同时，公安机关应当通知银行如数退还保证金。被取保候审人或者其法定代理人可以凭有关法律文书到银行领取退还的保证金。被取保候审人不能自己领取退还的保证金的，经本人出具书面申请并经公安机关同意，由公安机关书面通知银行将退还的保证金转账至被取保候审人或者其委托的人提供的银行账户。”根据该条规定，被取保候审人可以持相关法律文书直接到银行领取退还的保证金，这里的法律文书包括不起诉决定书、变更强制措施决定书等。同时，对于因在异地、严重疾病等情况不便领取的，也可以书面申请公安机关通知银行直接划拨转账。

（四）规范取保候审的工作衔接

根据刑事诉讼法第六十七条的规定，法院、检察机关和公安机关都可以作出取保候审决定，取保候审由公安机关执行。取保候审措施的规范运行，离不开公检法三机关协作配合。对此，修改后《规定》明确了以下内容：

一是完善检法机关决定的取保候审送交同级公安机关执行原则。实践中，有的案件需由异地公安机关执行取保候审；有的案件由市级检察机关办理，但需要交由被取保候审人所在地的派出所负责执行。为便于各级检察机关作出的取保候审决定得到顺利执行，修改后《规定》第二十条第一款明确规定：“人民法院、人民检察院决定取保候审的，应当将取保候审决定书、取保候审执行通知书和其他有关材料一并送交所在地同级公安机关，由所在地同级公安机关依照本规定第十五条、第十六条、第十七条的规定交付执行。”此外，为提高执行效率、节省司法资源，该条第二款规定：“人民法院、人民检察院可以采用电子方式向公安机关送交法律文书和有关材料。”第三款明确了公安机关内部的交办程序以及对执行情况的回执办理，该款规定：“负责执行的县级公安机关应当在收到法律文书和有关材料后二十四小时以内，指定被取保候审人居住地派出所执行，并将执行取保候审的派出所通知作出取保候审决定的人民法院、人民检察院。”

二是明确执行过程中检察机关对被取保候审人相关情况的掌握。具体包括：(1) 被取保候审人居住地变更的，负责执行的公安机关需及时通知检察机关。修改后《规定》第二十条第四款规定：“被取保候审人居住地变更的，由负责执行的公安机关通知变更后的居住地公安机关执行，并通知作出取保候审决定的人民法院、人民检察院。”(2) 被取保候审人离开所居住市、县的，应当征得检察机关同意。修改后《规定》第二十条第五款规定：“人民法院、人民检察院决定取保候审的，执行机关批准被取保候审人离开所居住的市、县前，应当征得决定机关同意。”(3) 保证人不愿继续担保或者丧失担保条件的，执行机关应当通知取保候审的决定机关，由决定机关决定重新提出保证人、交纳保证金或者变更强制措施。修改后《规定》第二十二条第二款规定：“保证人不愿继续保证或者丧失保证条件的，保证人或者被取保候审人应当及时报告执行机关。执行机关应当在发现或者被告知该情形之日起三日以内通知决定机关。决定机关应当责令被取保候审人重新提出保证人或者交纳保证金，或者变更强制措施，并通知执行机关。”

三是规范取保候审与其他强制措施、判决、决定等的衔接以及不同诉讼阶段之间适用取保候审的衔接。具体包括：

其一，取保候审依法变更为监视居住、拘留、逮捕以及检察机关作出不起诉决定、法院作出无罪判决的，取保候审自动解除，无须另行启动专门的解除程序。执行机关收到上述决定书或者通知后，应当立即执行并将执行情况及时通知决定机关，以充分保障犯罪嫌疑人、被告人的权利。修改后《规定》第二十四条第三款、第四款规定：“有下列情形之一的，取保候审自动解除，不再办理解除手续，决定机关应当及时通知执行机关：（一）取保候审依法变更为监视居住、拘留、逮捕，变更后的强制措施已经开始执行的；（二）人民检察院作出不起诉决定的；（三）人民法院作出的无罪、免予刑事处罚或者不负刑事责任的判决、裁定已经发生法律效力的；（四）被判处管制或者适用缓刑，社区矫正已经开始执行的；（五）被单处附加刑，判决、裁定已经发生法律效力的；（六）被判处监禁刑，刑罚已经开始执行的。执行机关收到决定机关上述决定书或者通知后，应当立即执行，并将执行情况及时通知决定机关。”

其二，侦查或者审查起诉阶段已经采取取保候审的，在进入下一个诉讼阶段时，受案机关可根据情况分别决定继续取保候审、变更保证方式或者变更强制措施。修改后《规定》第二十六条第一款规定：“在侦查或者审查起诉阶段已经采取取保候审的，案件移送至审查起诉或者审判阶段时，需要继续取保候审、变更保证方式或者变更强制措施的，受案机关应当在七日内作出决定，并通知移送案件的机关和执行机关。”

需要说明的是，实践中个别检察人员提出，如果前一阶段的取保候审措施没有即将届满，审查起诉阶段可以继续沿用，不必重新作出。对于拟适用速裁程序办理的案件以及其他可以快速办理的轻微刑事案件，时间往往是足够的，是否需要继续适用取保候审措施，主要看之前采取的取保候审措施期限是否即将届满。该观点的主要理由是：取保候审的适用条件是固定的，执行机关也未发生变化，原先作出的取保候审决定并不因为诉讼环节的推进而当然失效，在原取保候审期限够用的情况下，下一诉讼环节的受案机关没有必要重新作出决定。我们认为，不同诉讼阶段案件情况不同，规定新的受案机关重新作出取保候审决定，实际上是要求受案机关在受案后，继续审查并准确作出适用强制措施的决定，而非简单地沿用前环节的强制措施。检察机关对公安机关移送审查起诉案件是否适用强制措施重新作出决定，符合权责一致原则，有利于检察机关通过审查准确地作出继续采取、变更或解除相关强制措施的决定，也有利于检察机关发现公安机关在适用相关强制措施中存在的问题，全面履行好法律监督职能。《人民检察院刑事诉讼规则》第一百零三条规定：“公安机关决定对犯罪嫌疑人取保候审，案件移送人民检察院审查起诉后，对于需要继续取保候审的，人民检察院应当依法重新作出取保候审决定，并对犯罪嫌疑人办理取保候审手续。取保候审的期限应当重新计算并告知犯罪嫌疑人。对继续采取保证金方式取保候审的，被取保候审人没有违反刑事诉讼法第七十一条规定的，不变更保证金数额，不再重新收取保证金。”最高人民法院《关于适用〈中华人民共和国刑事诉讼法〉的解释》第一百六十二条规定：“人民检察院、公安机关已经对犯罪嫌疑人取保候审、监视居住，案件起诉至人民法院后，需要继续取保候审、监视居住或者变更强制措施的，人民法院应当在七日以内作出决定，并通知人民检察院、公安机关。决定继续取保候审、监视居住的，应当重新办理手续，期限重新计算；继续使用保证金保证的，不再收取保证金。”修改后《规定》第二十六条第一款重申了上述司法解释中需要重新作出取保候审决定的要求，同时重申不再变更保证金数额、不再重新收取保证金的要求。此外，还需要注意的是，对于继续适用取保候审强制措施的，办案机关必须在取保候审期限届满前作出决定。修改后《规定》第二十六条第三款规定："取保候审期限即将届满，受案机关仍未作出继续取保候审或者变更强制措施决定的，移送案件的机关应当在期限届满十五日前书面通知受案机关。受案机关应当在取保候审期限届满前作出决定，并通知移送案件的机关和执行机关。"

其三，受案机关重新作出取保候审决定并执行后，原取保候审措施自动解除，不再办理解除手续。修改后《规定》第二十六条第二款规定："受案机关作出取保候审决定并执行后，原取保候审措施自动解除，不再办理解除手续。对继续采取保证金保证的，原则上不变更保证金数额，不再重新收取保证金。受案机关变更的强制措施开始执行后，应当及时通知移送案件的机关和执行机关，原取保候审决定自动解除，不再办理解除手续，执行机关应当依法退还保证金。"

最高人民法院、最高人民检察院、教育部关于落实从业禁止制度的意见

（2022年11月10日公布　2022年11月15日施行　法发〔2022〕32号）

为贯彻落实学校、幼儿园等教育机构、校外培训机构教职员工违法犯罪记录查询制度，严格执行犯罪人员从业禁止制度，净化校园环境，切实保护未成年人，根据《中华人民共和国刑法》（以下简称《刑法》）、《中华人民共和国未成年人保护法》（以下简称《未成年人保护法》）、《中华人民共和国教师法》（以下简称《教师法》）等法律规定，提出如下意见：

一、依照《刑法》第三十七条之一的规定，教职员工利用职业便利实施犯罪，或者实施违背职业要求的特定义务的犯罪被判处刑罚的，人民法院可以根据犯罪情况和预防再犯罪的需要，禁止其在一定期限内从事相关职业。其他法律、行政法规对其从事相关职业另有禁止或者限制性规定的，从其规定。

《未成年人保护法》、《教师法》属于前款规定的法律，《教师资格条例》属于前款规定的行政法规。

二、依照《未成年人保护法》第六十二条的规定，实施性侵害、虐待、拐卖、暴力伤害等违法犯罪的人员，禁止从事密切接触未成年人的工作。

依照《教师法》第十四条、《教师资格条例》第十八条规定，受到剥夺政治权利或者故意犯罪受到有期徒刑以上刑罚的，不能取得教师资格；已经取得教师资格的，丧失教师资格，且不能重新取得教师资格。

三、教职员工实施性侵害、虐待、拐卖、暴力伤害等犯罪的，人民法院应当依照《未成年人保护法》第六十二条的规定，判决禁止其从事密切接触未成年人的工作。

教职员工实施前款规定以外的其他犯罪，人民法院可以根据犯罪情况和预防再犯罪的需要，依照《刑法》第三十七条之一第一款的规定，判决禁止其自刑罚执行完毕之日或者假释之日起从事相关职业，期限为三年至五年；或者依照《刑法》第三十八条第二款、第七十二条第二款的规定，对其适用禁止令。

四、对有必要禁止教职员工从事相关职业或者适用禁止令的，人民检察院

在提起公诉时，应当提出相应建议。

五、教职员工犯罪的刑事案件，判决生效后，人民法院应当在三十日内将裁判文书送达被告人单位所在地的教育行政部门；必要时，教育行政部门应当将裁判文书转送有关主管部门。

因涉及未成年人隐私等原因，不宜送达裁判文书的，可以送达载明被告人的自然情况、罪名及刑期的相关证明材料。

六、教职员工犯罪，人民法院作出的判决生效后，所在单位、教育行政部门或者有关主管部门可以依照《未成年人保护法》、《教师法》、《教师资格条例》等法律法规给予相应处理、处分和处罚。

符合丧失教师资格或者撤销教师资格情形的，教育行政部门应当及时收缴其教师资格证书。

七、人民检察院应当对从业禁止和禁止令执行落实情况进行监督。

八、人民法院、人民检察院发现有关单位未履行犯罪记录查询制度、从业禁止制度的，应当向该单位提出建议。

九、本意见所称教职员工，是指在学校、幼儿园等教育机构工作的教师、教育教学辅助人员、行政人员、勤杂人员、安保人员，以及校外培训机构的相关工作人员。

学校、幼儿园等教育机构、校外培训机构的举办者、实际控制人犯罪，参照本意见执行。

十、本意见自 2022 年 11 月 15 日起施行。

三、工作文件

最高人民检察院
检察人员考核工作指引

（2021 年 10 月 14 日公布并施行）

第一章 总 则

第一条 为深入学习贯彻习近平新时代中国特色社会主义思想和党的十九届五中全会精神，全面贯彻习近平法治思想，认真落实习近平总书记关于绩效评价和干部考核的重要指示精神，提升检察业务和队伍管理水平，推动新时代检察工作高质量发展，根据《中华人民共和国公务员法》《中华人民共和国检察官法》《党政领导干部考核工作条例》《公务员考核规定》《公务员平时考核办法（试行）》等法律法规，制定本指引。

第二条 本指引所称检察人员考核，是指检察机关按照管理权限贯彻落实干部考核、公务员考核规定，结合司法规律和职业特点，以政治素质和工作实绩为重点，对检察人员德、能、勤、绩、廉的了解、核实和评价。

第三条 检察人员实行分级分类考核。检察官考核应当落实司法责任制要求，突出对办案工作质量、效率、效果的考核。检察辅助人员、司法行政人员应当结合岗位特点，参照检察官考核理念，按照简便易行的标准设计考核指标和规则。领导干部实行有别于其他检察人员的考核机制。检察院领导成员由党委组织部门按照干部管理权限考核，上级人民检察院根据干部协管职责和司法责任制要求开展相关考核工作。

第二章 考核指标和方法

第四条 检察人员考核指标要突出质效导向，避免繁琐操作，严禁下达不切合工作实际的数量指标，坚决防止出现官僚主义、形式主义、数据造假和盲目攀比排名。

各级人民检察院要结合本院、本地区实际设置检察人员考核指标，并实行动态调整。检察院领导成员和部门负责人对本院、本部门检察人员考核指标制定及运用承担主体责任。

第五条　检察人员考核采取量化评分的方式，得分由业绩指标得分、共性指标得分和综合评价得分三部分组成。

检察人员考核评分实行分值总量控制，其中业绩指标分值不低于满分分值的60%。

第六条　业绩指标侧重不同类别人员岗位职责、工作特点，按照政治与业务深度融合要求，重点评价检察人员的政治素质和工作实绩，主要从质量、效率、效果三个维度具体设置考核指标和计分分值。其中，考核工作效果的指标及其分值设置应当体现难度和区分度，突出政策性、灵活性和阶段性，根据党中央决策部署及时调整、动态设置，充分发挥抓落实、补短板、强弱项的指挥棒功能。

检察官业绩指标主要根据检察官业绩考核评价有关规定设置。

第七条　共性指标重点评价检察人员政治品质、道德品行、履职能力、精神状态、廉洁自律等，主要围绕以下内容具体设置：

（一）学习贯彻习近平新时代中国特色社会主义思想和习近平法治思想，坚定理想信念，坚守初心使命，忠于党、忠于国家、忠于人民、忠于宪法和法律，增强“四个意识”、坚定“四个自信”、做到“两个维护”等情况；

（二）践行社会主义核心价值观，恪守检察职业道德，遵守社会公德、家庭美德、个人品德等情况；

（三）岗位练兵、业务竞赛等业绩之外体现政治鉴别能力、学习调研能力、群众工作能力、沟通协调能力、贯彻执行能力、改革创新能力、应急处突能力等情况；

（四）遵守工作纪律、规章制度，团结协作、担当奉献等体现忠于职守、爱岗敬业、勤勉尽责的精神状态和工作作风情况；

（五）执行防止干预司法“三个规定”及重大事项记录报告制度、落实中央八项规定精神及其实施细则等秉公用权、廉洁自律情况。

检察人员因前款第（一）（五）项被考核减分的，其部门负责人、分管领导应当一并减分，落实“一岗双责”。

第八条　综合评价可以结合民主测评等形式，由分管领导、部门负责人、检察官、检察辅助人员、司法行政人员等评分。各级人民检察院可以结合本院工作实际确定综合评价的人员范围、评分标准和评分要点。

检察官办案组成员主要由部门负责人或主办检察官进行评价。检察辅助人员主要由部门负责人或相关检察官进行评价。检察官对检察辅助人员的考核等次有一定建议权。

部门负责人对本部门检察人员进行综合评价，分管领导对部门负责人进行综合评价。

第九条 检察人员考核应当与日常检察队伍管理相融合，建立以月、季度、半年、年度为时间节点的实时动态考核管理机制。

（一）一月一分析。每月召开部门负责人办公会，汇总本部门检察人员考核情况，对指标计分、综合评分是否客观公正，重点工作质效评价和加减分是否准确等进行审核把关，对计分结果与实际表现有无明显偏差进行分析评判，统筹调整考核得分。考核结果应当向检察人员公示，并结合部门例会、专题工作会等开展总结点评，指导改进工作，鼓励先进，帮促后进。

（二）一季一报告。每季度检察人员考核工作落实情况、考核结果情况应向检察院党组进行专题报告。院党组结合检察队伍管理、干部能力素质、业务数据分析情况，研究提出调整干部、优化分工、改进业务等工作举措。

（三）半年一评估。检察院组织评估各部门检察人员考核开展情况。各部门评估本部门考核指标、计分规则及结果运用情况，进行合理化调整。

（四）年度总考核。结合年度考核有关工作安排，及时组织检察人员年度考核，根据得分排名开展等次评定、绩效奖金分配、交流任职、员额退出等工作。

第十条 各级人民检察院要加强组织绩效和个人绩效的衔接。在推进检察人员考核的基础上，统筹开展部门考核、条线考核、检察院考核工作，实现个人、部门和全院工作目标有机统一、工作力量有序联动、整体工作有效开展。

各级人民检察院可以围绕部门党建工作、目标绩效、队伍管理等情况对部门进行考核，部门考核结果作为确定部门负责人考核等次、调整各部门检察人员考核优秀等次比例的依据。

第三章　检察官考核

第十一条 检察官考核得分原则上在部门内部或者职责相近的本院同类岗位之间进行排名比较。人员编制少、检察官数量有限，难以在部门内形成有效竞争的，可以跨部门条线比较。

第十二条 市、县级人民检察院可以在检察官业绩指标得分的基础上，综合考虑下列因素对检察官业绩指标得分进行相应加减分或者加权换算，作为跨部门排名的主要依据：

（一）由上级院运用案件质量评价指标对所辖下级院开展条线业务数据评

价，综合考虑检察官所属部门条线在本地同级检察院中的排名情况；

（二）由上级院对全市各条线检察官的业绩指标得分进行考核排名，考虑检察官在全市相同条线检察官中的排名情况。

政法专项编制在30人以下的检察院，可以对全院检察官统一进行考核，由院领导或者考核委员会统筹确定考核等次。

第十三条 一名检察官从事多个条线业务，或者在考核周期内进行岗位调整的检察官，可以在根据本指引第十二条计算各条线业绩指标得分后，按照平均分或者加权计算总成绩。权重的标准，可以考虑上级检察院业务考评的条线分值比例、不同业务条线的工作量、本院工作重点等因素研究确定。

第十四条 以检察官办案组形式办理案件或其他检察业务的，可以由部门负责人或者主办检察官根据办案组成员承担工作量和发挥作用的大小合理确定每名检察官得分。办案组内各检察官的得分总和，一般不超过该案件或业务工作按照考核计分规则计算的得分。

第十五条 对检察长、副检察长、检察委员会专职委员，重点考核办理重大复杂敏感案件、新类型案件和在法律适用方面具有普遍指导意义案件情况。

对担任领导职务的检察官，除对办理案件等业务工作情况考核计分外，还可以根据不同层级领导职责，结合其分管部门的工作成效以及监督管理、审核把关、业务指导等情况，合理设置考核分值的构成，反映其办案、管理、指导等履职质效。

检察院领导成员的考核情况作为上级检察院考察了解干部、开展干部协管工作的重要参考，结果等次按照干部管理权限由党委组织部门确定。

第四章 检察辅助人员、司法行政人员考核

第十六条 检察辅助人员考核指标计分总体上采用基础分结合加减分的方式，具体工作量在基础分中体现，原则上不逐一细化计分。

第十七条 检察辅助人员基础分一般设置平均分，并可参考下列因素作上下浮动：

（一）结合个人工作总结述职，对工作量明显高于或者低于平均水平的，相应调整基础分；

（二）根据检察官考核结果确定相应检察辅助人员的基础分值档次；

（三）检察官根据其了解掌握的情况对检察辅助人员基础分值提出建议；检察辅助人员同时辅助多名检察官的，综合考虑各检察官建议后确定基础分值。

第十八条 检察辅助人员加减分指标以工作质效为主要标准，可以围绕下列辅助办案工作的质量、效率、效果具体设置：

（一）协助检察官讯问犯罪嫌疑人、被告人，询问证人和其他诉讼参与人的工作情况；

（二）协助检察官接待律师及案件相关人员的工作情况；

（三）协助检察官开展现场勘验、检查，实施搜查，实施查封、扣押物证、书证的工作情况；

（四）协助检察官收集、调取、核实证据的工作情况；

（五）协助检察官草拟案件审查报告，草拟法律文书的工作情况；

（六）协助检察官出席法庭的表现情况；

（七）完成检察官交办的其他办案事项情况。

第十九条 司法行政人员考核可以参考下列模式，结合具体岗位职责采用简便有效的考核方法：

（一）基础分（平均分）结合加减分模式。对于难以量化评价的工作任务，可以直接赋予基础分（平均分），同时从工作完成的创新性、规范性、准确性、及时性等方面设置加减分规则。承担急难险重任务的，或者岗位职责要求明显高于其他岗位的，可以对基础分赋予更高分值。

（二）目标绩效评价模式。主要适用于领导干部以及工作内容项目化特征明显的岗位。绩效目标应明确、具体、可控，要将检察院、部门目标任务层层分解、落实到人，根据目标任务完成情况设置过程管理和结果评价指标。

（三）按件计分结合加减分模式。适用于职责类型专一、工作内容相对固定、规范要求明确具体的岗位，主要对工作量进行评价，可以按件数等指标计分，同时根据管理规范设置加减分规则。

（四）综合评价模式。采用定性与定量相结合方式，在量化考核的基础上，通过个人工作小结或总结、领导审核评鉴的方式，对工作质量、效率、效果进行综合定性评价。可以由主管领导结合任务交办和办结情况进行逐件评价，或者对岗位职责完成情况进行逐项评价，作为确定考核等次的依据。

第五章 等次确定及结果运用

第二十条 检察人员考核按照干部考核、公务员考核有关规定确定等次。对检察人员业绩的考核评价不再另外确定等次。

检察人员平时考核结果分为好、较好、一般和较差 4 个等次，考核周期执行公务员平时考核有关规定。检察人员年度考核结果分为优秀、称职、基本称职和不称职4个等次。

第二十一条　检察人员考核实行逐月累计计分、实时动态排名。

平时考核等次，主要根据检察人员对考核周期内工作态度、工作质效、工作作风等情况的个人小结，结合实时累计考核得分排名，经审核评鉴确定。在承担急难险重任务、处理复杂问题、应对重大考验时，表现突出、有显著成绩和贡献的，当期考核结果可以直接确定为好等次。

年度考核等次，主要根据检察人员全年累计考核得分排名确定。年度考核确定为优秀等次的，应当从得分排名靠前，当年平时考核结果好等次较多，且无一般、较差等次的人员中产生。

第二十二条　检察人员考核的优秀等次名额按照公务员考核有关要求核定。其中，非检察院领导成员检察官的考核优秀等次名额实行单独核定。

第二十三条　检察人员考核应当评定为不称职等次的情形，执行公务员考核有关规定。

经检察官考评委员会全面审核工作态度、工作质效、遵守办案纪律等有关情况，认定具有下列情形之一的，检察官当年年度考核应当评定为不称职等次：

（一）办理案件和其他检察业务的总体情况较差，经量化考核达不到合格分数标准的；

（二）办案质效达不到规定要求，办案能力明显不胜任的；

（三）经检察官惩戒委员会审查认定，存在故意违反法律法规办理案件，或者因重大过失导致案件错误并造成严重后果的；

（四）因重大过失导致所办案件出现证据审查、事实认定、法律适用错误等可能影响公正司法的严重质量问题，造成恶劣影响的；

（五）连续或者多次出现办案质量和效果问题，经综合评价，政治素质、业务素质达不到检察官标准的；

（六）负有司法办案监督管理职责的检察官违反规定不正确履行职责，后果严重的；

（七）年度内因违反法律规定、违背职业操守受到党纪政纪处分，不宜继续任职的。

第二十四条　各级人民检察院应当按照一定比例，将年度考核排名靠后的检察官纳入评审范围，由检察官考评委员会组织检察业务专家、资深检察官等人员对其进行客观、专业的业务能力评审，实行先评审、后定等次。

经评审认定能够继续履职的，可以确定为称职等次。经评审认定符合公务员基本履职要求但不能胜任检察官职务的，应当确定为称职或者基本称职等次，免除检察官职务，按照人岗相适的原则转任其他岗位。经评审认定具有不称职等次情形的，应当确定为不称职等次。

市、县级人民检察院每年度对考核排名靠后检察官的评审情况要报上级检察院备案，上级检察院负责监督指导。

第二十五条 市、县级人民检察院应当对经评审认定能够继续履职的检察官进行专项培训。专项培训应坚持问题导向，重点围绕检察实务和办案技能补足能力素质短板。

第二十六条 检察人员具有下列情形的，可以按照现任职部门同类检察人员相应考核周期内的平均得分赋予基础分并根据工作质效加减分，或者由考核委员会直接确定考核等次：

（一）检察人员在岗位职责之外，根据组织安排参与重大任务、重点专项工作时间较长的；

（二）考核周期内岗位职责调整、在不同类别人员之间交流任职的；

（三）其他不便或难以累计计分排名的情形。

第二十七条 检察人员被统一调用办理其他检察院案件的，由所调用检察院提供调用期间办理案件的质量、效率、效果情况，按照被调用人员所属检察院制定的考核指标规则进行考核计分。

第二十八条 检察人员考核结果是绩效奖金分配、评优奖励、职务职级晋升、交流任职、检察官等级升降、退出员额的重要依据。

绩效奖金一般按照考核等次发放，也可以根据考核得分排名划分不同档次发放。

考核得分排名多次靠后的一般不得晋升领导职务；考核得分排名多次靠后，且工作质效不高、能力较弱、态度消极的，一般不得晋升等级、职级。

检察官年度考核确定为不称职等次，或者连续两年确定为基本称职等次的，应当免除检察官职务。检察官免职后转任检察辅助人员或者司法行政人员的，综合考虑其德才表现、任职资历、工作经历等条件，比照同等条件人员确定职级。

第二十九条 检察人员考核情况是检察队伍管理的工作抓手，作为完善日常考核、分类考核、近距离考核的知事识人体系的重要举措，以及优化部门职能配置、人员配置、任务分配的重要参考。

检察人员考核工作开展和结果运用情况，作为评价检察院领导成员、部门负责人政治担当和组织管理能力的重要依据。

第六章 附 则

第三十条 参照公务员法管理的检察院直属事业单位中除工勤人员以外的工作人员考核，可参照执行本指引。

第三十一条 本指引由最高人民检察院负责解释。

第三十二条 本指引自印发之日起施行。此前最高人民检察院发布的有关检察人员考核、考评文件规定，与本指引不一致的，按照本指引开展相关工作。

第三十三条 有关检察人员考核的内容、标准、程序、结果运用及相关事宜，本指引未作规定的，执行干部考核、公务员考核有关规定。

《检察人员考核工作指引》的理解与适用*

丁旭涛　王一鸣　黄　畅**

为深入推进检察人员考核工作，最高人民检察院印发了《检察人员考核工作指引》（以下简称《指引》），自2021年10月14日起施行。为便于正确理解和适用，现就制定《指引》的背景和考虑、起草过程和把握的原则、主要内容、重点要求等作以说明。

一、研究制定《指引》的背景和考虑

干事创业，关键在人。党的十八大以来，习近平总书记对干部考核提出了一系列新理念新思想新要求，为进一步做好干部考核工作指明了方向，提供了根本遵循。最高人民检察院党组主动跟上并落实，于2020年印发《关于开展检察官业绩考评工作的若干规定》，构建起办案质量、效率、效果三个考核维度的检察官业绩考评体系。经过一年多的实践，业绩考评在推进政治机关建设、检察忠诚履职，提升检察队伍政治、业务和职业道德素质中有效发挥了“风向标”“指挥棒”作用，检务管理水平和检察工作质效明显提升。随着业绩考评逐步落实落细，一些地方反映，对不同层级、不同规模检察机关、不同类型检察人员的考核机制和方法需进一步细化，对考核制度和工作的认识需进一步统一。

在此期间，党中央对干部考核工作提出了完善高质量发展绩效评价办法和指标体系，党政领导干部考核、公务员平时考核、公务员绩效管理、高质量发展政绩考核制度体系等一系列更高要求。2021年6月，《中共中央关于加强新时代检察机关法律监督工作的意见》明确提出，要加强过硬检察队伍建设，全面落实司法责任制。2021年7月，政法领域全面深化改革推进会提出要完善“考责”制度机制，逐步建立起以办案质量、效率和效果为基本内容，体现人民群众综合评价的业绩评价指标体系。① 特别是中央部署开展政法队伍教育整顿，更需要把强化考核作为加强领导班子建设、转变干部作风、提升工作质效的有力抓手，树立信任不能代替监督、考核就是监督的理念。

---

* 原文载《人民检察》2022年第6期。

** 作者单位：最高人民检察院政治部。

① 参见《政法领域全面深化改革推进会：加快推进执法司法责任体系改革和建设!》，载正义网，http：//news. jcrb. com/jsxw/2021/2021 07/t20210724_ 2301855. html。

在这样的大背景下，最高人民检察院党组在检察官业绩考评工作取得初步成效的基础上，进一步提出将考核对象从检察官拓展到包括检察辅助人员、司法行政人员在内的全体检察人员，将考核内容从业绩拓展到对德、能、勤、绩、廉的全面评价，将考核方式从注重年度考核拓展到平时考核与年度考核相结合，从最高人民检察院做起，逐步推向全国各级检察机关，实现对检察人员的“全员、全面、全时”考核。出台《指引》就是对上述工作部署要求的系统规范。

二、《指引》起草过程和把握的主要原则

《指引》起草工作自2020年下半年启动，历时一年多。起草过程中，最高检持续跟进了解各地检察人员考核工作情况，总结提炼地方经验做法，广泛征求、充分吸收最高人民检察院各部门及地方检察机关意见，并在中共中央组织部有关部门的具体指导下作了调整完善。起草工作主要把握四项原则：

第一，突出政治与业务深度融合。检察机关是业务性很强的政治机关，也是政治性很强的业务机关。《指引》坚持以习近平新时代中国特色社会主义思想为指导，全面贯彻习近平法治思想，将习近平总书记关于绩效评价和干部考核的重要指示精神作为起草的基本遵循。检察人员考核按照政治与业务深度融合要求，重点评价检察人员的政治素质和工作实绩。

第二，全面落实干部考核、公务员考核要求。检察人员考核不是在干部考核、公务员考核方式（平时考核、专项考核、定期考核、任期考核）之外另搞一套考核方式。检察人员作为国家政法类公务员，应全面落实中共中央组织部关于干部考核、公务员考核的各项规定和要求。同时，通过优化完善业绩考评对象、内容、方式，将业绩考评与干部考核、公务员考核评价体系紧密结合，融合为“检察人员考核”，减轻基层考核负担。

第三，体现司法规律和检察职业特点。落实司法责任制、检察人员分类管理、检察官员额制管理等要求，按照最高人民检察院党组提出的质效导向、科学管理等新要求，细化检察人员考核的内容、标准、程序、结果运用及相关事宜。《指引》未作规定的，执行干部考核、公务员考核有关规定。

第四，坚持问题导向。《指引》聚焦前期检察人员考核推进过程中各地反映集中的焦点、难点问题，注重指导性、实用性、操作性。需要统一规范的，结合检察实际从顶层设计提出明确要求：需要继续探索优化的，在总结地方经验做法的基础上提出解决思路和总体方案，给各地创新实践留出空间。

三、《指引》的主要内容

《指引》在《关于开展检察官业绩考评工作的若干规定》基本理念和指标

体系的基础上，对深化完善检察人员考核工作提出一系列新要求。《指引》分为总则、考核指标和方法、检察官考核、检察辅助人员和司法行政人员考核、等次确定及结果运用、附则等6章，共33条。

（一）厘清检察人员考核的概念和基本要求

第一，明确检察人员考核是检察机关按照管理权限贯彻落实干部考核、公务员考核规定，结合司法规律和职业特点，以政治素质和工作实绩为重点，对检察人员德、能、勤、绩、廉的了解、核实和评价。第二，强调检察人员考核实行分级分类考核，检察官、检察辅助人员、司法行政人员以及领导干部分别有不同的考核重点和考核方式。第三，提出检察人员考核应建立实时动态考核管理机制，发挥考核在日常检察业务和队伍管理中的抓手作用。第四，要求在推进检察人员考核的基础上，加强组织绩效和个人绩效的衔接，统筹开展部门考核、条线考核、检察院考核工作。

（二）完善检察人员考核指标体系

明确检察人员考核采取量化评分的方式进行，得分由业绩指标得分、共性指标得分和综合评价得分三部分组成。第一，业绩指标侧重不同类别人员岗位职责、工作特点，主要从质量、效率、效果三个维度具体设置考核指标和计分分值。其中，效果指标突出政策性、灵活性和阶段性，根据党中央决策部署及时调整、动态设置，充分发挥抓落实、补短板、强弱项的“指挥棒”功能。第二，共性指标侧重评价政治品质、道德品行、能力素质、精神状态、廉洁自律等。共性指标内容主要根据2020年中共中央组织部《公务员考核规定》关于德、能、勤、廉有关要求，结合检察工作特点具体设置。第三，综合评价则由一定范围人员对被考核对象履职情况进行综合评分，实现主客观评价相统一。实践中，综合评价可以结合民主测评等形式进行。2019年中共中央办公厅《党政领导干部考核工作条例》及《公务员考核规定》均对民主测评提出要求，《指引》第八条也对综合评价方式提出原则性意见。

（三）细化检察官考核要求

第一，明确检察官考核比较原则。考核应遵循人员类别、岗位职责、考核规则的一致性。《指引》第十一条明确检察官考核以同部门比较为原则、跨部门比较为例外的要求。这主要是考虑不同检察业务条线的办案类型差异较大，检察官岗位职责内容、考核项目、评价指标各不相同，即使效率指标可以通过设置办案强度系数、案件类型系数和个人贡献度系数进行换算，质量、效果指标也不具有可比性。检察官在部门内部或者职责相近的本院同类岗位之间进行排名比较，更具有可比性、科学性。同时，从全国来看，大部分基层检察院的编制少于50名。对于这些规模小的检察院，同一部门内的检察官人数较少，难以形成有效竞争；或者从事的业务类型差别较大，难以对其履职情况作出有效比较评价，因此对于“小院”有必要在全院范围内跨部门比较评价。

第二，明确检察官考核跨部门比较方式。《指引》第十二条明确了检察官考核跨部门比较的两项重要参考因素，对从事相同业务的检察官进行“同业比较”。根据检察官所属部门条线在本地同级检察院中的考核排名情况，或者根据检察官在全市相同条线检察官中的考核排名情况，对检察官业绩指标原始得分进行调整换算。调整换算时，可以根据考核排名直接赋分、进行加减分或者按照一定规则转化为系数。详细计算方式可以参考2021年6月最高人民检察院印发的第一批检察人员考核范例。运用这一方法的前提是上级检察院要对辖区基层检察院各业务条线检察官分别开展统一考核，或者对辖区基层检察院的各业务条线开展业务考评。同时，还应综合考虑不同检察院在编制规模、办案数量等方面的差异，科学划定比较范围，提高排名科学性。此外，政法专项编制在30人以下的检察院，检察官人数大约在10人左右，除去担任领导职务的，普通检察官的人数很少。如果再设置复杂的考核方式和规则，无异会加重管理工作负担，故《指引》明确此种情形可以由院领导或考核委员会统筹确定考核等次。

第三，明确“一人多岗”检察官考核方式。一名检察官从事多个条线业务，或者在考核周期内进行岗位调整的检察官，可以根据《指引》第十二条跨部门比较方式计算各条线业绩指标得分后，按照平均分或者加权计算总成绩。权重的标准，可以考虑上级检察院业务考评的条线分值比例、不同业务条线的工作量、本院工作重点等因素研究确定。

第四，明确检察官办案组考核方式。根据司法责任制改革有关要求，司法办案实行独任检察官或检察官办案组的基本组织形式。以检察官办案组形式办理案件或其他检察业务的，可以由部门负责人或主办检察官根据办案组成员承担的工作量和发挥作用的大小，合理确定每名检察官得分。

（四）细化担任领导职务的检察官考核要求

担任领导职务的检察官作为检察官中的“关键少数”，应按照2017年中共中央办公厅《关于加强法官检察官正规化专业化职业化建设全面落实司法责任制的意见》要求带头办案。《指引》第十五条明确对入额领导干部的考核要注意把握以下几点：第一，重点考核以“从政治上看”的站位带头办理重大复杂敏感案件、新类型案件和在法律适用方面具有指导意义案件情况。第二，考核应契合领导干部岗位特点。除对办理案件等业务工作情况考核计分外，还要结合入额院领导对分管业务部门的监督管理、审核把关、业务指导等职责，合理设置考核分值构成，全面反映组织、管理、指导等履职质效。第三，积极落实中央关于干部双重管理的有关规定，主动配合地方党委组织部门按照干部管理权限做好考核工作，将入额院领导考核情况作为推荐使用干部的重要依据。第四，健全和完善与考核相配套的分案轮案、监督管理、结果运用机制，推动入额领导干部办案规范化、制度化、常态化。

（五）细化检察辅助人员考核要求

第一，明确检察辅助人员考核方式。检察辅助人员考核总体上采用基础分结合加减分的方式，工作职责内的各项日常工作都包含在基础分里，再根据工作质效设置加减分项。基础分一般取平均分，可以根据检察辅助人员辅助检察官办案情况，按照所在办案组、所在部门的检察官平均分设置；也可以根据工作量、检察官考核结果、领导了解掌握的情况等因素对平均分上下浮动。

第二，明确检察辅助人员考核指标设置内容。检察辅助人员考核，重点评价在检察官指导下参与和承担审查案件材料、草拟法律文书等检察辅助事务情况。2015年最高人民检察院《关于完善人民检察院司法责任制的若干意见》明确了检察官助理的职责，《指引》第十八条根据相关职责针对性提出了指标设置建议。

第三，明确检察官对检察辅助人员的考核等次有一定建议权。2021年最高人民检察院《“十四五”时期检察工作发展规划》赋予了检察官对检察辅助人员的工作分配权和一定的考核建议权。《指引》相应作出要求，通过检察官与检察辅助人员“绑定式”考核，实现检察官与检察辅助人员的良性互动，提升办案团队建设。

（六）细化司法行政人员考核要求

司法行政人员岗位职责种类繁杂、差异很大，日常工作既难以完全量化，又难以直接横向比较，很难有一种考核办法“包打天下”。《指引》第十九条提出了基础分（平均分）结合加减分、目标绩效评价、按件计分结合加减分以及综合评价四种考核模式，各检察机关可以根据人员岗位职责合理选用。此外，主要采取通用考核指标、统一评价标准的，可跨部门排名比较；主要以个性化指标考核的，可只在部门内部排名比较，也可结合对部门的考核结果、部门内排名等情况进行跨部门排名比较。

（七）强化考核等次结果运用

第一，明确检察人员考核统一执行公务员考核的结果等次、比例。即根据《公务员考核规定》及2019年中共中央组织部《公务员平时考核办法（试行）》等有关规定确定考核的结果等次、比例。

第二，明确检察人员考核实行逐月累计计分、实时动态排名。主要有三点考虑：一是体现检察业务工作的延续性，有助于增强计分排名与工作实绩和综合表现的一致性，符合司法办案规律。二是有利于发挥检察人员考核的管理功能。分管院领导、部门负责人能够掌握检察业务和人员的实时状态，并根据考核数据反映的动态变化趋势及时作出调整部署。三是体现允许和鼓励“后来居上”的考核导向。

第三，明确平时考核等次确定方式。平时考核的等次主要根据检察人员对考核周期内工作态度、工作质效、工作作风等情况的个人小结，并可将当期考核的实时累计计分排名作为重要参考。同时，根据《公务员平时考核办法（试行）》有关规定，在承担急难险重任务、处理复杂问题、应对重大考验时，表现突出、有显著成绩和贡献的，当期考核结果可以直接确定为好等次。

第四，明确年度考核等次确定方式。年度考核等次主要根据检察人员全年累计考核得分排名确定。《公务员平时考核办法（试行）》规定，平时考核结果与年度考核结果挂钩。《指引》相应明确，年度考核确定为优秀等次的，应当从得分排名靠前，当年平时考核结果好等次较多，且无一般、较差等次的人员中产生。

第五，明确将检察人员考核结果作为绩效奖金分配、评优奖励、职务职级晋升、交流任职、检察官等级升降、退出员额的重要依据。需注意的是，绩效奖金一般按照考核等次发放，也可以根据考核得分排名划分不同档次发放，这主要考虑到“考核结果”不仅体现为考核等次，还包括考核得分和排名。具体到各个检察院，既可以根据考核等次（优秀、称职、基本称职、不称职）设置不同绩效奖金档次，也可以根据考核得分和排名设置不同绩效奖金档次。

（八）完善检察官考核退出机制

《指引》第二十四条、第二十五条明确建立“考核＋评审”的检察官员额退出工作机制。需说明的是，检察人员考核没有硬性规定不称职等次的比例，也不要求对考核排名靠后的检察官实行末位淘汰，但可以通过对排名靠后检察官的业务能力进行评审，让不能胜任职务的检察官退出员额。实践中，评审结果分为三种情形：第一，经评审认定能够继续履职的，可以确定为称职等次。即，如果同一部门的检察官都很优秀，即使排名靠后，也只是“特别好”和“很好”的差别，仍应给予肯定。第二，经评审认定符合公务员基本履职要求，但不能胜任检察官职务的，应当确定为称职或者基本称职等次，免除检察官职务，按照人岗相适的原则转任其他岗位。这种情况属于正常的干部交流转任，主要考虑检察官在办案业务素能要求上高于其他公务员，不能胜任检察官办案要求的，未必不能胜任其他公务员岗位，甚至可能在其他岗位上表现更为出色。第三，经评审认定具有不称职等次情形的，应确定为不称职等次，免除检察官职务，按规定程序降低一个职务或者职级任职。具体程序执行检察官单独职务序列管理和员额退出有关规定。此外，根据2019年最高人民检察院《人民检察院检察官员额退出办法》有关规定，上级检察院发现下级检察院的检察官具有退出员额情形，但下级检察院未启动退出员额程序的，应当督促下级检察院尽快启动相关程序。上级检察院应当压实领导责任，督促下级检察院严格规范开展“考核+评审”工作。

（九）提出特殊情形考核指导意见

《指引》第二十六条、第二十七条对考核实践中的特殊情况进行了规范。一是明确不便或难以累计计分排名的考核方式。对于参与重大任务、重点专项工作、岗位职责调整等特殊情况的，可以按照现任职部门同类检察人员相应考核周期内的平均得分赋予基础分并根据工作质效加减分，或者由考核委员会直接确定考核等次。二是明确统一调用检察人员的考核方式。根据人民检察院组织法有关规定，上级检察院可以统一调用辖区的检察人员办理案件。与上述参与专项工作等特殊情形不同，检察人员被统一调用，主要是参与办理特定的案件，考核主体仍在其所在检察院。故《指引》明确由所调用检察院提供调用期间办理案件的质量、效率、效果情况，再按照被调用人员所属检察院制定的考核指标规则进行考核计分。

四、适用《指引》应注意的几个问题

（一）以检察官为重点，做优全员考核

“全员”考核，就是将检察官业绩考评的理念和思路拓展运用到检察辅助人员和司法行政人员。同时，按照分级分类考核原则，“全员”考核不意味着“无差别”考核，还需要针对不同类别检察人员、不同岗位检察工作特点优化考核指标和方式。第一，三类人员考核都要将政治深度融入业务，实行指标化评价、量化计分排名，特别是要淡化单纯的工作量考核，突出质效导向。第二，检察官考核要在现有工作基础上继续做深做细。按照司法责任制改革“责权利”相统一的要求，检察官应承担更重责任，受到更严监督，接受更细考核，落实“能入能退”要求。之所以要求细化检察官考核指标，就是要压实检察官办案责任，让干与不干、干多干少、干好干差、是不是主动服务大局、是不是注重办案“三个效果”有机统一区别开来，将不能胜任办案、不能独立承担司法责任的检察官比出来、把员额退出来，让优秀的检察官有动力，形成能者上、平者让、庸者退的动态管理机制。第三，对检察辅助人员、司法行政人员的考核更加注重简便易行。检察辅助人员、司法行政人员的职能定位、工作职责与检察官差异较大，考核管理模式应当有别于检察官。

（二）以政治品质和工作实绩为重点，做实全面考核

第一，检察人员考核是对检察官业绩考评有关理念、要求的重申和进一步明确。按照《关于开展检察官业绩考评工作的若干规定》，检察官业绩考评以办案和业务工作为考评内容，但最高人民检察院党组在部署业绩考评工作时反复强调，没有脱离政治的所谓单纯的检察业务。研制检察官考核的160项质量指标、106项效率指标、46项效果指标，核心就是将看似抽象的“讲政治”转化为一个个具体的考核指标，落实到检察人员每项工作、办理的每个案件中。《指引》是对上述理念和要求的进一步巩固、深化，以期全方位促进提升检察人员政治素质、业务素质和职业道德素质。第二，政治素质、履职能力、作风表现等不是孤立的，很大程度体现为“案”“事”等工作实绩。《公务员考核规定》明确，对公务员的考核重点在政治素质和工作实绩；检察官法规定，对检察官的考核重点在检察工作实绩。《指引》强调政治与业务深度融合，要求检察人员考核评分中业绩指标分值不低于满分分值的60%，就是上述考核导向的体现。第三，实现对检察人员的全面考核评价。考核是干部管理的基础工作，既是对人的考核，也是对事的考核，要以事察人、知事识人。《公务员考核规定》要求全面考核德、能、勤、绩、廉。检察人员考核同样要突出“人”与“案”“事”的结合，把反映“人”的政治建设、思想建设、纪律作风建设等情况融入对“案”的考核指标，通过业绩来印证和评价德、能、勤、廉。

（三）以发挥检务管理功能为重点，做好全时考核

检察人员考核不仅要落实公务员平时考核有关要求，把过去的“年底算总账”转为“平时算细账”，更重要的是树立“全时段管理”的理念，向科学管理要“检察生产力”。确定考核等次本身不是目的，更重要的是实现“全时”管理，根据考核实时计分排名情况，分析点评工作，鼓励先进，帮促后进，更好地发挥考核的激励引导作用。《指引》明确建立“一月一分析、一季一报告、半年一评估、年度总考核”的实时动态考核管理机制，就是强调要把考核管理融入平时。第一，每月召开部门负责人办公会，汇总本部门检察人员考核情况，对指标计分、综合评分是否客观公正，重点工作质效评价和加减分是否准确等进行审核把关，对计分结果与实际表现有无明显偏差进行分析评判，统筹调整考核得分。特别是要结合部门例会、专题工作会等开展工作总结点评，更好指导改进工作。第二，每季度检察人员考核工作落实情况、考核结果情况应向院党组进行专题报告。院党组结合检察队伍管理、干部能力素质、

业务数据分析情况，研究提出调整干部、优化分工、改进业务等工作举措。第三，每半年组织评估各部门检察人员考核开展情况。各部门评估本部门考核指标、计分规则及结果运用情况，进行合理化调整。第四，每年结合公务员年度考核有关工作安排，及时组织检察人员年度考核，根据得分排名开展等次评定、绩效奖金分配、交流任职、员额退出等工作。

最高人民检察院第八检察厅

人民检察院公益诉讼检察部门办理英雄烈士保护民事公益诉讼案件工作指引

（2021年11月26日公布并施行）

为规范英雄烈士保护民事公益诉讼案件办理，维护社会公共利益，传承弘扬英雄烈士精神、爱国主义精神，培育践行社会主义核心价值观，根据《中华人民共和国民法典》《中华人民共和国英雄烈士保护法》《中华人民共和国民事诉讼法》《人民检察院公益诉讼办案规则》的有关规定，制定本指引。

一、关于案件范围

人民检察院办理的英雄烈士保护民事公益诉讼案件，是指侵害英雄烈士等的姓名、肖像、名誉、荣誉，损害社会公共利益的案件，包括民事公益诉讼案件和刑事附带民事公益诉讼案件。

（一）对保护主体的认定

英雄烈士是指近代以来，为了争取民族独立和人民解放，实现国家富强和人民幸福，促进世界和平和人类进步而毕生奋斗、英勇献身的英烈先驱和革命先行者。

对英雄烈士的认定，应当注意把握以下几点：1. 英雄烈士的时代范围为"近代以来"，不包括近代以前的英雄烈士，重点是中国共产党、人民军队和中华人民共和国历史上的英雄烈士。既包括个人，也包括群体；既包括有名英雄烈士，也包括无名英雄烈士。2. 英雄烈士是指已经牺牲、去世的英雄烈士。对健在的英雄模范人物的保护，适用《中华人民共和国国家勋章和国家荣誉称号保护法》《中华人民共和国军人地位和权益保障法》等相关法律法规。被侵害英雄烈士群体既包括已经牺牲的烈士，也包括健在的英雄模范人物，且该群体被侵害的名誉、荣誉密不可分的，可以作为整体纳入民事公益诉讼保护范围。3. 对经依法依规评定为烈士的，应当认定为英雄烈士；尚未评为烈士，但为党、国家、军队至高荣誉获得者等我国社会普遍公认的英雄模范人物或者群体，可以作为英雄烈士对待。4. 《中华人民共和国民法典》在《中华人民共和国英雄烈士保护法》的基础上，将英雄烈士保护公益诉讼的保护范围由“英雄烈士”扩大为“英雄烈士等”，包括近代以来，为人民利益英勇斗争而牺牲，堪为楷模的人，以及在保卫国家和国家建设中作出巨大贡献、建立卓越功勋，已经故去的人。5. 其他法律法规、司法解释等规定可以作为“英雄烈士”对待的人物或者群体属于公益诉讼保护范围。

（二）对保护客体的认定

英雄烈士保护民事公益诉讼的客体是英雄烈士等的姓名、肖像、名誉、荣誉以及社会公共利益，不包括财产性利益。

二、关于管辖立案

（一）管辖的确定

人民检察院办理英雄烈士保护民事公益诉讼案件，由违法行为发生地、损害结果发生地或者违法行为人住所地基层人民检察院立案管辖；需要提起诉讼的，应当将案件移送有管辖权人民法院对应的同级人民检察院。

刑事附带民事公益诉讼案件，由办理刑事案件的人民检察院立案管辖、提起诉讼。

利用信息网络实施侵害英雄烈士等的姓名、肖像、名誉、荣誉行为的，侵权行为发生地包括实施被诉侵权行为的计算机等终端设备所在地，侵权结果发生地包括被侵权人住所地。

（二）立案标准的把握

在立案标准的把握上，应当重点考量侵害发生的场合、传播的范围、发生的时间、行为的严重程度等因素，综合评估社会公共利益的损害程度。

具有下列歪曲、丑化、亵渎、否定英雄烈士等事迹和精神情形之一的，应当立案调查：1. 利用信息网络发布不当言论、文字、图片、音视频等，侵害英雄烈士等的姓名、肖像、名誉、荣誉，相关信息被点击、浏览、转发、评论等次数较多的；2. 利用广播、电视、电影、出版物等开放性媒体，以侮辱、诽谤或者其他方式侵害英雄烈士等的姓名、肖像、名誉、荣誉的；3. 利用参加人数较多的讲座、授课、会议等公开场合以侮辱、诽谤或者以其他方式侵害英雄烈士等的姓名、肖像、名誉、荣誉的；4. 制作、传播侵害英雄烈士等的姓名、肖像、名誉、荣誉的书籍、刊物、音像制品或者光盘、U 盘、存储卡、移动硬盘等移动存储介质，产生不良社会影响的；5. 将英雄烈士等的姓名、肖像用于或者变相用于商标、商业广告，损害其名誉、荣誉的；6. 在境外信息网络上大量散布诽谤或者以其他方式侵害英雄烈士等的名誉、荣誉的虚假信息，混淆视听的；7. 在人数较少的微信群、QQ 群等发表侮辱、诋毁英雄烈士等名誉、荣誉的言论，传播范围不大，但言辞极端，影响恶劣的；8. 其他应当立案调查的情形。

具有下列情形之一的，可以不予立案：1. 在人数较少的微信群、QQ 群等公开发表诋毁英雄烈士等名誉、荣誉的言论，被批评后及时纠正，未对外传播扩散，影响较小的；2. 在一对一等私人场合发表侵害英雄烈士等的名誉、荣誉的言论，未产生传播和不良社会影响的；3. 侵害英雄烈士等人格利益的行为发生时间久远，未扩散传播，目前已无不良影响的；4. 其他应当不予立案的情形。

三、关于调查取证

（一）调查取证重点和方法

人民检察院办理英雄烈士保护民事公益诉讼案件，围绕以下重点，依法、客观、全面调查收集证据：1. 违法主体。违法主体是个人的，应当调查身份信息、户籍信息等；违法主体是法人或其他组织的，应当调查工商登记注册信息、组织机构代码信息、法定代表人信息、社团登记等。2. 英雄烈士身份。应当调取有关机关评定为烈士的文件、追授荣誉称号的文件或者能够证实受害客体具备认定为英雄烈士实质要件的相关证明材料等。3. 违法行为和损害后果。应当围绕侵害行为的具体方式、持续时间、传播范围和程度等待证内容，综合运用调取、复制有关执法、诉讼卷宗材料；收集书证、物证、视听资料、电子数据等证据；询问违法行为人、利害关系人、证人；勘验物证、现场；咨询专业人员等取证方式固定证据。确有必要，可以使用执法记录仪等设备、委托公证机构公证调查等方式进行取证。4. 过错和因果关系。应当通过询问违法行为人、利害关系人、证人等，结合违法行为及损害后果的相关证据材料，综合认定违法主体主观上存在过错以及违法行为与损害后果之间存在因果关系等。

（二）互联网领域侵害调查取证的注意事项

对发生在互联网领域的侵害英雄烈士等的姓名、肖像、名誉、荣誉行为，还应注意调查以下内容：1. 违法主体。先向网络服务平台等调取违法主体的注册信息，再核实违法主体的真实身份信息；同时关注网络服务商是否履行了监管义务，若需承担连带责任，则一并调取网络服务商的相关主体信息。2. 违法行为。结合大数据检索方式，尽可能穷尽不同平台的不当言论，采取截图、录制违法行为的文章、视频；询问违法行为人及相关人员；向有关机关、专业人士咨询英雄烈士等的事迹情况；要求网络服务商提供违法行为的后台数据等调查方式。3. 损害后果。对通过网络发表不当言论的行为，重点收集不当言论被阅读数、点击数、转发数、评论数，不当言论被知晓的方式、程度等方面的证据；对通过微信群发布违法言论的行为，重点收集微信群成员人数、微信群组的私密性、转发数等证据。

（三）刑事、行政案件证据的转化适用

违法行为人被刑事立案或已经受到行政、刑事处罚的，可以向相关行政机关、司法机关调取相关证据材料作为证据使用。对于调取的相关证据应当围绕民事公益诉讼的诉讼请求进行转化适用，同时对于民事公益诉讼特有的实体性、程序性证据仍需另行取证。

四、关于提起诉讼

（一）诉前程序

人民检察院办理英雄烈士保护民事公益诉讼案件，一般直接征询英雄烈士等的近亲属的意见。近亲属包括配偶、父母、子女、兄弟姐妹、祖父母、外祖父母、孙子女、外孙子女。征询意见范围应当是全部近亲属，征询意见的事项包括近亲属本人是否需要自行提起民事诉讼、是否同意检察机关提起民事公益诉讼等。人民检察院可以采取谈话询问、发送征询意见函等形式征询英雄烈士等近亲属的意见。近亲属人数较多的，可以商请出具联合声明书等书面材料。英雄烈士等系现役军人牺牲的，可以联合军事检察机关共同做好意见征询工作。多个人民检察院同一时期办理多名违法行为人侵害同一英雄烈士等的姓名、肖像、名誉、荣誉案件的，其共同的上级人民检察院可以指定适合的人民检察院统一征询英雄烈士等近亲属的意见。

被侵害的英雄烈士等人数众多、难以确定近亲属，或者直接征询近亲属意见确有困难的，可以通过公告的方式征询英雄烈士等的近亲属的意见。公告一般包括以下内容：检察机关在履行职责中发现的违法行为人在英雄烈士保护领域损害社会公共利益或者有重大损害危险的基本事实；告知英雄烈士等的近亲属在公告期内可以向有管辖权的人民法院提起诉讼；英雄烈士等的近亲属已经提起诉讼的，将提起诉讼的情况向检察机关反馈；公告期满英雄烈士等的近亲属未提起诉讼的，检察机关可以依法提起民事公益诉讼；公告期限；联系人、联系地址、联系电话、公告单位、日期等。

（二）诉前终结审查

经调查，人民检察院发现存在以下情形之一的，应当终结审查：1. 不存在违法行为的。2. 违法行为人死亡的，没有遗产，也没有应当承担义务的人。3. 英雄烈士等的近亲属不同意人民检察院提起公益诉讼的。4. 英雄烈士等的近亲属依法向人民法院提起诉讼的。5. 违法行为情节轻微，当事人充分认识到自己的错误，主动公开赔礼道歉、消除影响的。

检察机关如果诉前督促违法行为人主动承担相应民事责任，拟终结案件的，应当征求英雄烈士等近亲属的意见；确有必要的，可以通过公开听证等方式增强作出决定的公信力。

（三）诉讼请求

英雄烈士保护民事公益诉讼案件的诉讼请求包括：停止侵害、消除影响、恢复名誉、赔礼道歉等，以上诉讼请求可以单独适用，也可以合并适用。在确定具体诉讼请求时，应当注意把握以下几点：1. 侵害人已经实际履行停止侵害的行为或者超出其控制范围和能力，侵害人无法停止侵害的，可以不主张停止侵害的诉讼请求。2. 消除影响是指要求侵害人在影响所及范围内以公开形式向接受到不当言论的所有受众承认侵害过错，澄清事实或者消除所造成的不良影响。3. 恢复名誉是指当受众相信侵害人的不当言论，从而造成对英雄烈士社会评价降低、名誉受损时，要求侵害人对相关受众进行澄清，以达到恢复英雄烈士受损名誉的目的。4. 赔礼道歉可以采用发布公告或登报发布致歉信等方式进行，发布平台的层级应当根据实际侵害所影响的地域范围进行选择确定。5. 人民检察院办理英雄烈士保护民事公益诉讼案件，可以商请人民法院，探索提出从业限制、惩罚性赔偿、替代性公益修复方式等诉讼请求，增强对相关侵害行为的惩戒力度和公益修复的实效性。

具有下列情形之一的，可以提出要求相关平台承担连带责任的诉讼请求：1. 网络社交平台、出版社、电视台等网络服务的提供者和文稿、言论发表平台，未对违法行为人发表的文稿、言论尽到审查义务，在具备管理信息能力和预防侵害技术措施的情况下，未采取必要措施阻却违法行为，存在主观过错的。2. 网络服务提供者接到被侵害英雄烈士等的近亲属等发出的包含构成侵害的初步证据及权利人的真实身份信息的通知后未及时采取必要措施的，对损害的扩大部分与该网络用户承担连带责任。

（四）撤回起诉

对于违法事实清楚、证据充分，违法行为人认错态度良好，且已经实际履行停止侵害、消除影响、恢复名誉、赔礼道歉等行为，诉讼请求全部实现的，可以撤回起诉。

（五）支持起诉

支持起诉一般由英雄烈士等的近亲属向人民检察院申请而发起，人民检察院也可以依职权启动。人民检察院在接到英雄烈士等的近亲属提出的支持起诉申请后，应当重点审查以下内容：1. 是否系疑难、复杂或者有重大社会影响的案件。2. 英雄烈士等的近亲属是否存在诉讼能力不足的情况。

人民检察院在向人民法院提交支持起诉意见书后，发现英雄烈士等的近亲属无正当理由变更、撤回部分诉讼请求，撤回起诉或者与被告达成和解协议等，致使社会公共利益不能得到有效保护的，可以撤回支持起诉。撤回支持起诉后，认为英雄烈士等的近亲属提起的民事诉讼不足以保护社会公共利益，符合立案条件的，可以另行立案。

五、关于执行监督

英雄烈士保护民事公益诉讼案件判决、裁定发生法律效力后，被告如不履行，应当由人民法院移送执行。对违法行为人拒不履行判决、裁定中确定的消除影响、恢复名誉、赔礼道歉等责任的，检察机关可以商请人民法院采取公告、登报等方式，将判决的主要内容和有关情况公布于众，相关费用由被执行人承担，并可以依照《中华人民共和国民事诉讼法》第一百零二条第六项的规定追究被执行人的法律责任。

六、关于办案协同

人民检察院公益诉讼部门办理英雄烈士保护民事公益诉讼案件，应当加强与刑事检察部门的协同配合：1. 完善侵害英雄烈士名誉、荣誉刑事案件信息共享和线索双向移送机制，人民检察院公益诉讼部门在刑事检察部门受案时，同步进行公益诉讼审查；在公益诉讼办案过程中，发现可能构成刑事犯罪的，及时移送刑事检察部门处理。2. 加强调查与刑事审查的协同，及时转化和固定附带民事公益诉讼证据，对需要补充调查且侦查机关更易取得相关证据材料的，可以联合刑事检察部门制作补充调查提纲，引导侦查机关调查取证。3. 加强联合讯问，向犯罪嫌疑人释明其应当承担的刑事责任、民事责任以及积极履行民事责任可以作为刑事责任酌情从轻判决的因素，探索将自愿承担民事责任写入《认罪认罚具结书》等。4. 加强刑事附带民事公益诉讼庭审协作，明确流程分工，公益诉讼起诉人应当围绕诉讼请求，重点对附带民事公益诉讼特有的程序性、实体性事实进行举证、质证，发表出庭意见；对于刑事公诉人在庭审中已经出示的有关刑事犯罪的证据，可以不再重复举证，确有必要的，可以简要说明证明目的。

犯罪嫌疑人认罪认罚，在起诉前已实际履行停止侵害、消除影响、恢复名誉、赔礼道歉等行为，达到恢复受损公益目的的，可以不提起附带民事公益诉讼。对于侵害英雄烈士名誉、荣誉刑事不起诉的案件，公益诉讼部门应及时对相关侵害行为是否符合民事公益诉讼的立案、起诉标准进行调查研判，确有必要的，可以单独提起民事公益诉讼。

人民检察院公益诉讼部门办理英雄烈士保护民事公益诉讼案件，应当加强与行政监管部门的协作配合：1. 建立案件移送衔接机制，及时受理审查公安机关、行政监管部门等移送的侵害英雄烈士等姓名、肖像、名誉、荣誉线索；对可能需要行政处罚的线索，及时移送相关部门依法开展工作。2. 侵害英雄烈士等的姓名、肖像、名誉、荣誉信息，在网络平台上被大量转载，超出违法行为人控制范围和能力的，应当立即通报有关行政监管部门，建议其要求网络运营者停止传输，采取消除等处置措施和其他必要措施。3. 侵害英雄烈士等的姓名、肖像、名誉、荣誉的行为，发生时间久远，未扩散传播，目前已无不良影响，无立案必要的，应当通报有关行政监管部门，建议其要求相关平台采取消除等处置措施并作技术处理。

最高人民检察院第八检察厅
公益诉讼检察七条禁令

（2021年12月3日公布并施行）

一、严禁擅自处置案件线索，不得私自办案、有案不立、压案不查。

二、严禁违规调查取证，不得违法采取限制人身自由或查封、扣押财产等强制性措施。

三、严禁违规调解、和解，不得因调解、和解而损害国家利益、社会公共利益和他人合法权益。

四、严禁滥用职权，不得以办案名义违规干预行政机关依法履职或干涉企业正常生产经营活动。

五、严禁越权办案，不得未经请示报告擅自办理重大、敏感案件。

六、严禁以维护公益为名谋取私利，不得办金钱案、人情案、关系案。

七、严禁违反“三个规定”，不得违规过问、干预、插手司法办案，或与有关社会组织、鉴定评估机构、当事人、律师、特殊关系人等进行不正当接触交往。

最高人民检察院
人民检察院巡回检察工作规定

（2021年11月4日最高人民检察院第十三届检察委员会第七十七次会议通过　2021年12月8日公布并施行）

第一章　总　则

第一条　为规范监狱、看守所巡回检察工作，增强法律监督实效，根据《中华人民共和国人民检察院组织法》《中华人民共和国刑事诉讼法》《中华人民共和国监狱法》《中华人民共和国看守所条例》等有关规定，结合工作实际，制定本规定。

第二条　人民检察院对监狱、看守所实行巡回检察，保障被监管人合法权益，维护监管秩序稳定，纠防冤错案件，促进监狱、看守所严格执法，保障刑事诉讼活动顺利进行，保证国家法律在刑罚执行和监管活动中的正确实施。

人民检察院应当结合对监狱、看守所的巡回检察，对承担派驻检察职责的检察机关履职情况进行检查，推动检察监督和监管执法水平的共同提升。

第三条　巡回检察可以采取常规、专门、机动、交叉等方式，由设区的市级以上人民检察院或者刑事执行派出检察院根据本规定分层级组织实施。

第四条　人民检察院对监狱、看守所进行巡回检察，与监管机关分工负责、互相配合、互相制约，共同推进监管执法规范化，维护国家法制的权威统一和刑事执行的公平公正。

第五条　巡回检察应当严格按照法律规定的职责、权限和程序进行，准确认定事实和适用法律。

第六条　巡回检察的任务是依法监督纠正监狱、看守所执行刑罚活动和监管执法活动中的违法情形。每次巡回检察可以有针对性地确定具体工作任务。

第七条　巡回检察实行检察官办案责任制，落实权责统一的司法权力运行机制。参加巡回检察的人员依法对其履职行为承担司法责任。

第二章 对监狱、看守所的检察

第八条 人民检察院对监狱进行巡回检察，重点监督监狱刑罚执行、罪犯教育改造、监管安全等情况，注重对减刑、假释、暂予监外执行是否合法的监督。发现违法情形的，依法进行纠正；发现司法工作人员相关职务犯罪线索的，依法立案侦查或者按照规定移送监察机关处理。

人民检察院对看守所进行巡回检察，重点监督看守所监管执法、执行羁押期限、罪犯留所服刑等情况，注重对在押人员合法权益保障的监督。发现违法情形的，依法进行纠正；发现司法工作人员相关职务犯罪线索的，依法立案侦查或者按照规定移送监察机关处理。

第九条 设区的市级人民检察院或者刑事执行派出检察院负责组织实施对辖区内监狱、看守所的常规、专门、机动巡回检察。

省级人民检察院负责组织实施对辖区内监狱、看守所的交叉巡回检察，对看守所的交叉巡回检察根据情况也可以由设区的市级人民检察院组织实施。

最高人民检察院领导全国的监狱、看守所巡回检察工作，可以采取随机抽查等方式对各地巡回检察工作情况进行检查，必要时可以直接组织省级人民检察院进行跨省交叉巡回检察。

第十条 设区的市级人民检察院或者刑事执行派出检察院对同一监狱的常规巡回检察每年至少一次，每次应当不少于十五日，其中现场检察的时间不少于十日。

设区的市级人民检察院对同一看守所的常规巡回检察每年至少一次，每次应当不少于七日，其中现场检察的时间不少于四日。

第十一条 交叉巡回检察应当对监狱、看守所执行刑罚和监管执法活动深层次问题进行重点监督，并对承担派驻检察职责的人民检察院刑事执行检察工作进行全面检查。

省级人民检察院对监狱的交叉巡回检察原则上每年不少于辖区内监狱总数的三分之一，每次检察时间应当不少于一个月，其中现场检察的时间不少于二十日。

省级人民检察院、设区的市级人民检察院每年选取辖区内一定比例的看守所进行交叉巡回检察，并报上一级人民检察院备案，每次检察时间应当不少于十日，其中现场检察的时间不少于七日。

第十二条 对服刑人员、在押人员数量较少或者有其他特殊情形的监狱、看守所，可以适当缩短常规、交叉巡回检察时间，并报上一级人民检察院备案。

第十三条 针对监狱、看守所发生被监管人非正常死亡、脱逃、突发公共卫生事件等重大事故，以及为推进相关重点任务、专项工作，可以进行专门巡回检察。

对相关事故开展专门巡回检察按照有关规定进行，应当查明事故发生经过、主要事实，确定事故原因及性质，监督监狱、看守所对事故依法处置。

专门巡回检察时间根据工作内容确定，每次一般不少于三个工作日。

第十四条 针对监狱、看守所日常监督工作中发现的问题、线索，常规、交叉巡回检察发现问题的整改落实情况，或者根据实际工作需要，可以进行机动巡回检察。

机动巡回检察应当坚持必要性、时效性原则，每次一般不少于三个工作日。

第三章　对派驻检察工作的检查

第十五条 人民检察院在巡回检察中，应当对派驻监狱检察履职情况进行同步检查，重点包括以下内容：

（一）对罪犯收监、出监、计分考核、立功奖惩等活动进行监督情况；

（二）对监狱特殊岗位罪犯选用、老病残罪犯认定等活动进行监督情况；

（三）对监狱教育改造活动进行监督情况；

（四）办理或者协助办理减刑、假释、暂予监外执行监督案件情况；

（五）办理或者协助办理事故检察案件情况；

（六）其他派驻检察职责履行情况。

第十六条 人民检察院在巡回检察中，应当对派驻看守所检察履职情况进行同步检查，重点包括以下内容：

（一）对看守所收押、出所、提讯提解、教育管理、留所服刑等活动进行监督情况；

（二）对在押犯罪嫌疑人、被告人羁押期限进行监督情况；

（三）对公安机关、国家安全机关侦查的重大案件在侦查终结前开展讯问合法性核查情况；

（四）办理或者协助办理事故检察案件情况；

（五）其他派驻检察职责履行情况。

第十七条 人民检察院在巡回检察中，应当对派驻监狱、看守所检察室工作进行同步检查，重点检查以下工作任务完成情况：

（一）在监管场所工作期间，每日抽查重点时段、重点部位监控录像，重点人员、重点环节监管信息，并做好记录；

（二）每周深入监区、监舍进行实地查看，开启检察官信箱，与被监管人个别谈话；

（三）列席减刑、假释、暂予监外执行评审会，监狱狱情分析会或者看守所所情分析会等有关会议；

（四）及时接收、登记、办理被监管人及其法定代理人、近亲属控告、举报和申诉；

（五）需要完成的其他相关工作。

派驻监狱、看守所检察室应当配备不少于二名检察人员，其中至少一人为检察官。派驻检察人员每月在检察室工作时间原则上不得少于十二个工作日，并保证每个工作日都要有检察人员在岗，每三年应当在刑事检察等部门之间轮岗交流一次。

第十八条 人民检察院进行巡回检察应当注重通过对检察机关履职情况，以及派驻检察人员轮岗交流等制度落实情况的检查，督促派驻检察切实发挥日常监督基础作用。

第十九条 人民检察院进行巡回检察应当加强与派驻检察的衔接配合，派驻检察人员应当做好与巡回检察的工作对接，并在巡回检察结束后监督落实整改意见。

第四章 巡回检察组织与人员

第二十条 人民检察院应当根据每次巡回检察方式和内容，合理组成巡回检察组。

监狱常规、交叉巡回检察组人员分别为十人左右和十五人左右。看守所常规、交叉巡回检察组人员分别为五人左右和七人左右。监狱、看守所专门和机动巡回检察组人员不少于三人。巡回检察期间，每次进入监区、监舍等场所工作不少于二人。

第二十一条 巡回检察组主办检察官一般由组织实施巡回检察的人民检察院承担刑事执行检察工作的检察官担任；检察长、副检察长参加巡回检察时，由检察长、副检察长担任。

第二十二条 巡回检察组成员主要由组织实施巡回检察的人民检察院承担刑事执行检察工作的检察人员组成，也可以抽调下级人民检察院承担刑事执行检察工作的检察人员或者安排本院其他相关部门的检察人员参加。

第二十三条　人民检察院根据巡回检察工作需要，可以按照有关规定邀请司法行政、财会审计、消防安监、卫生防疫、法医鉴定等部门中具有专门知识的人参加巡回检察。

第二十四条　人民检察院可以结合实际，建立巡回检察人才库、专家人才库并制定相关管理制度。根据每次巡回检察工作需要，可以从人才库中抽取部分人员参加巡回检察。

第二十五条　人民检察院可以邀请人大代表、政协委员和人民监督员参加巡回检察工作，自觉接受外部监督，增强工作透明度，提高司法公信力。

第五章　巡回检察工作实施

第二十六条　巡回检察前应当制定巡回检察工作方案，内容一般包括人员组成、检察对象、检察内容、检察方法、日程安排、职责分工、后勤保障等。

第二十七条　巡回检察前根据需要可以进行巡回检察业务培训，培训内容主要包括：

（一）熟悉巡回检察工作方案，明确各项工作要求；

（二）学习相关法律法规、监管执法规定；

（三）了解被巡回检察监狱、看守所的基本情况和存在问题；

（四）组织开展巡回检察实训；

（五）其他相关内容。

第二十八条　巡回检察前应当通过相关工作平台和联系制度等，收集以下狱情或者所情信息、监管执法信息：

（一）监狱、看守所关押人员构成、重点被监管人分布等情况；

（二）上一轮巡回检察情况，包括反馈意见、纠正违法通知书、检察建议书以及整改落实情况；

（三）派驻检察室日常检察监督情况，包括制发的各类法律文书以及监狱、看守所采纳情况；

（四）派驻检察室处置控告、举报、申诉情况；

（五）其他监管执法工作情况。

第二十九条　人民检察院一般应当在进行巡回检察三日前将巡回检察的时间、人员、内容、联系人等书面告知监狱或者看守所，特殊情况下可以在巡回检察当日告知。

第三十条　人民检察院应当会同监狱、看守所召开巡回检察动员部署会，向监狱、看守所通报巡回检察工作安排。

人民检察院可以在监区、监舍、会见场所以及办公场所等区域醒目位置张贴巡回检察公告，并在适当位置设置巡回检察信箱。具备条件的可以将巡回检察公告在监狱、看守所内部网络、广播站台、电子显示屏等平台上及时发布。公告内容应当包括巡回检察单位、时间、内容和联系方式等。

第三十一条 巡回检察可以采取以下工作方法：

（一）调阅、复制有关案卷材料、档案资料，包括有关账表、会议记录、计分考核、奖励材料等资料，调看监控录像和联网监管信息，复听被监管人与其亲属的亲情电话及会见录音等；

（二）实地查看监区、监舍、禁闭室、会见室、医疗场所以及被监管人生活、学习、劳动等场所；

（三）对监狱、看守所清查违禁品、危险品情况进行检查；

（四）与被监管人个别谈话，重点与即将出监或者出所人员、控告举报申诉人员、受到重大奖惩人员等进行谈话；

（五）与监管民警谈话或者召开座谈会，重点与监区民警、负责刑罚执行工作民警等进行谈话；

（六）听取监狱、看守所工作情况介绍，列席监狱狱情分析会或者看守所所情分析会等有关会议；

（七）进行问卷调查；

（八）受理被监管人及其近亲属、辩护人的控告、举报、申诉，受理监管民警举报；

（九）需要采取的其他工作方法和措施。

第三十二条 巡回检察应当制作检察记录，记载巡回检察情况。

第三十三条 进行专门、机动巡回检察，参照适用本章之规定。进行交叉巡回检察的，应当提前与同级监狱管理机关、公安机关做好沟通协调，通报有关情况。

第六章 巡回检察情况反馈与督促整改

第三十四条 巡回检察结束后，应当及时制作巡回检察报告。内容包括巡回检察工作基本情况、发现的问题、处理意见及措施、下一步工作意见或者建议等。

第三十五条 巡回检察组应当向检察长汇报巡回检察工作情况，经检察长决定，制作反馈意见。

巡回检察组应当至迟在巡回检察结束后三十日内召开巡回检察工作情况反

馈会，向监狱、看守所或者其上级主管机关通报巡回检察发现的问题，送达反馈意见。

对在巡回检察中发现检察履职方面存在的问题，巡回检察组应当向承担派驻检察职责的人民检察院反馈，必要时向其上级人民检察院反馈。

第三十六条 经调查核实后，针对巡回检察发现的问题或者线索，巡回检察组应当根据情况作出以下处理：

（一）发现轻微违法情况和工作漏洞、安全隐患的，向监狱、看守所提出口头纠正意见或者建议，并记录在案；

（二）发现严重违法情况或者存在可能导致执法不公和重大监管漏洞、重大安全隐患、重大事故风险等问题的，按照规定以相关人民检察院名义向监狱、看守所制发纠正违法通知书或者检察建议书，并指定专人督促纠正；

（三）属于检察机关管辖的司法工作人员相关职务犯罪案件线索，移送省级人民检察院统一处置；

（四）不属于检察机关管辖的案件线索，按照规定移送有关机关处理。

第三十七条 发出纠正违法通知书十五日后或者发出检察建议书二个月后，监狱、看守所仍未纠正整改、采纳或者回复意见的，应当及时向上级人民检察院报告，由上级人民检察院建议同级司法行政机关、公安机关督促纠正。

第三十八条 监狱、看守所对人民检察院的纠正意见或者检察建议提出异议的，人民检察院应当按照《人民检察院刑事诉讼规则》等有关规定，认真进行复查，并依法作出处理决定。

第三十九条 对巡回检察中发现的司法工作人员涉嫌违纪违法或者职务犯罪线索，由负责组织实施巡回检察的人民检察院安排专人跟踪了解案件线索办理情况。

第四十条 常规、交叉巡回检察结束后三个月内，针对整改意见的落实情况，应当进行专项督办。专项督办可以采取专门、机动巡回检察方式，参加人员主要从原巡回检察组抽选。

第四十一条 人民检察院应当建立与公安机关、司法行政机关、监狱、看守所的情况通报、信息共享、联席会议等制度。巡回检察中发现的重大问题和事项，及时向上一级人民检察院和地方党委请示报告。

第七章 巡回检察保障与纪律要求

第四十二条 优化巡回检察队伍结构，加强对巡回检察人员分类培训和专题培训，强化巡回检察人员的政治素质、业务素质和职业道德素质，提高巡回检察人员的履职能力和水平。

第四十三条 进行巡回检察应当充分运用信息化、智能化等手段。巡回检察案件应当按照有关规定在检察业务应用系统中办理。

第四十四条 司法警察可以协助巡回检察组依法履行职责。司法警察参与巡回检察工作的，按照规定办理用警手续。

第四十五条 巡回检察人员应当严格遵守国家法律、办案纪律和检察职业道德，严格执行监狱、看守所相关安全管理规范，严格保守在巡回检察工作中知悉的国家秘密和工作秘密，依法履行检察职责，确保办案安全。

第四十六条 巡回检察人员在工作中，对监狱、看守所存在的严重违法问题应当发现而没有发现的，应当依据规定追究有关人员失职的责任。发现后不予报告、未依法提出整改纠正意见或者不督促整改落实的，应当依据规定追究有关人员渎职的责任。

第八章　附　则

第四十七条 巡回检察工作结束后，按照最高人民检察院《人民检察院诉讼档案管理办法》立卷归档，纳入组织实施巡回检察的人民检察院诉讼档案统一管理。

第四十八条 对社区矫正等其他刑事执行活动进行巡回检察，参照本规定执行。

未成年犯管教所巡回检察工作由省级人民检察院负责组织实施。

第四十九条 省级人民检察院可以根据本规定，结合本地实际，制定具体实施办法。

第五十条 本规定由最高人民检察院负责解释。

第五十一条 本规定自印发之日起施行。《人民检察院监狱巡回检察规定》同时废止；最高人民检察院以前发布的其他相关规范性文件与本规定不一致的，以本规定为准。

《人民检察院巡回检察工作规定》的理解与适用*

侯亚辉　刘福谦　吴飞飞**

《人民检察院巡回检察工作规定》（以下简称《工作规定》）于2021年11月4日经最高人民检察院第十三届检察委员会第七十七次会议审议通过，自2021年12月8日起正式施行。《工作规定》对巡回检察工作目的、任务、内容、方法和程序等做了全面、系统的规定，是检察机关对监狱、看守所实行巡回检察的基本遵循和工作指南。为便于准确理解和适用，现就《工作规定》制定的背景、遵循的基本原则和主要内容等解读如下。

一、《工作规定》制定的背景及过程

巡回检察是最高人民检察院新一届党组和张军检察长部署实施的一项重大制度创新，是落实习近平法治思想、坚持司法为民的具体实践，对于增强刑事执行法律监督实效具有十分重要的意义。该项制度的实施经历了先试点到全面推开、先对监狱开展再到对看守所开展、规范先行到实践积极探索的稳步发展历程。

为确保巡回检察工作依法规范有序开展，2018年5月，最高人民检察院下发《检察机关对监狱实行巡回检察试点工作方案》，开展监狱巡回检察改革试点；10月，修订后的人民检察院组织法从立法层面确立了巡回与派驻相结合的检察方式；12月，最高人民检察院印发《人民检察院监狱巡回检察规定》（已失效）（以下简称旧《规定》），为监狱巡回检察提供规范支撑。各地在最高人民检察院的统一部署下，积极开展巡回检察实践探索，尤其是2020年底和2021年5月至6月，最高人民检察院直接组织两轮跨省交叉巡回检察，对10个省的10所监狱开展检察；2021年4月至10月，又部署山西、辽宁等20个省（区、市）检察机关对看守所开展巡回检察试点工作。巡回检察的实践日益深入，经验更加丰富，成效较为明显。

在三年多的时间里，检察机关不断加深对巡回检察规律的认识，形成了一些好的经验做法，也发现了一些需要改进的地方。为更好贯彻最高人民检察院党组决策部署，更好指导基层实践，进一步提升巡回检察科学性、规范性、实

---

* 原文载《人民检察》2022年第2期。

** 作者单位：最高人民检察院第五检察厅。

效性，结合最高检直接组织实施的两轮跨省监狱交叉巡回检察情况以及对看守所巡回检察试点工作情况，基于以下考虑，最高人民检察院组织制定了该《工作规定》。

（一）落实中央要求，强化对刑事执行和监管执法的检察监督

巡回检察受到党中央关注。2021 年 6 月，党中央印发《中共中央关于加强新时代检察机关法律监督工作的意见》，明确要求完善刑事执行和监管执法监督，健全对监狱、看守所等监管场所派驻检察与巡回检察相结合的工作机制。《工作规定》的出台，是全面贯彻中央要求，深化检察制度改革，健全刑事执行检察制度体系的顶层设计。

（二）坚持司法为民，巩固和深化政法队伍教育整顿成果

2021 年开展的全国政法队伍教育整顿，将违规违法办理减刑、假释、暂予监外执行（以下简称“减假暂”）案件作为六大顽瘴痼疾之一。全国各级检察机关深刻吸取云南孙小果案、北京郭文思案等违规违法“减假暂”案件沉痛教训，狠下功夫、大力整治违规违法“减假暂”问题，取得了一定成效。实践充分证明，巡回检察在预防和纠正违规违法“减假暂”方面，具有巨大的制度优势，需要通过整章建制，以巩固和深化政法队伍教育整顿成果。

（三）完善制度供给，推动刑事执行检察工作高质量发展

2018 年出台的旧《规定》为检察机关开展监狱巡回检察工作提供了基本遵循。然而，在巡回检察整体顺利推进的态势下，仍然存在监督重点不够突出、地区间发展不够平衡等问题。特别是原有规定未涉及看守所巡回检察事项，导致各地看守所巡回检察模式不统一、方式差异较大。最高检基于实践发展的需要，进一步明确和规范了监狱、看守所巡回检察工作内容、方法和程序，及时解决制约巡回检察工作发展的难点堵点问题，为推动新时代刑事执行检察工作高质量发展奠定了基础。

《工作规定》的制定过程，本着“立足实践、问题导向”的原则，以最高人民检察院党组的部署和张军检察长对巡回检察的重要指示要求为根本遵循，充分体现巡回检察实践发展最新成果，紧密结合检察工作实际。在广泛征求最高检各部门、各地检察机关、专家学者的意见以及全国人大常委会法工委、最高人民法院、公安部、司法部的意见后形成《审议稿》，后经最高人民检察院检察委员会审议通过。《工作规定》施行后，旧《规定》同时废止，最高人民检察院以前发布的其他相关规范性文件与《工作规定》不一致的，以《工作规定》为准。各地要根据《工作规定》进一步深化监狱巡回检察工作，全面推开看守所巡回检察工作。

二、遵循的基本原则

《工作规定》制定过程中，主要坚持以下原则：

一是坚持承继发展。在吸收和修正旧《规定》基础上，进一步丰富和完善巡回检察相关制度设定。旧《规定》为制度创设初始阶段各地开展监狱巡回检察提供了规范依据，但经过三年多的实践探索，相关内容需要补充、修改和完善。具体表现在：第一，有些内容不符合实践发展需要。如，关于派驻检察的职责、人员设定和派驻时间安排的规定，一定程度上导致派驻检察虚化弱化，无法充分发挥监督基础作用；关于常规、交叉巡回检察的人员设定较少、频次过多、时间过短，无法保证巡回检察质量效果；关于对巡回检察提出纠正意见的异议处置程序设定，不符合现行规范性文件规定等。对以上内容均需作出修正。第二，有些内容仅作原则性规定，不利于实践中具体操作。如，巡回检察的准备、培训和动员部署等工作，派驻检察与巡回检察工作的衔接、配合，巡回检察的案件化办理等，对以上内容均需进一步细化。第三，有些关于巡回检察工作的具体要求没有涉及。如，为推动巡回检察工作走深走实，明确不同层级检察机关在巡回检察工作中所要承担的不同职责任务；为提升巡回检察质效，将交叉巡回检察拓展到对承担派驻检察职责检察院刑事执行检察工作的全面检查等。对以上内容均需作出制度上的设计。

《工作规定》充分吸收旧《规定》符合检察权运行规律和巡回检察司法实践的相关内容，并紧密结合三年多来的巡回检察工作实践，尤其是最高检组织的两轮跨省交叉巡回检察、20 个省开展看守所巡回检察试点经验做法，针对以上需要进一步修改、完善的问题，对监狱巡回检察与看守所巡回检察一并作出比较全面、系统的规范，体例结构相对完整。

二是体现权责统一。《工作规定》的设计贯彻“有权必有责、失职要问责”的权力观。在职权设定上，明确巡回检察职责范围、检察方式、重点内容，设定巡回检察组织人员和时间安排，明确可以采取的检察方法，确定对发现问题线索的分类处置和跟踪问效等；在任务安排上，设定巡回检察对监狱、看守所的检察重点以及对派驻检察履职情况的检查重点，以确定巡回检察和派驻检察人员在各自职权范围内的责任分担；在强化履职上，用专章设定巡回检察队伍建设、经费物资保障、信息化建设要求，进而确定巡回检察应当遵守的工作纪律，确立对严重不负责任、重大失职渎职人员的问责机制。通过突出巡回检察人员监督办案主体地位、赋予办案事项决定权等，推动刑事执行监督责任落到实处。

三是坚持问题导向。为破解巡回检察期间被监管人配合度不高、实地检察针对性不强等问题，《工作规定》进一步强化情报信息收集，强调做好巡前研判，以便实现靶向发力，精准监督。第一，强调巡回检察以发现深层次问题为重点，将派驻检察反馈的问题和巡回检察前收集的信息，通过整合、分析和研判，着力发现其中反映的深层次问题，作为巡回检察的方向和重点，做到“带着问题去巡回”。第二，要求针对问题综合运用调阅材料、调看监控、实地查看、个别谈话、听取汇报、问卷调查等多种方式开展深挖细查，坚持“抓住问题不放手”。第三，突出对巡回检察发现深层次问题的督促整改和案件查办，要求将巡回检察和司法工作人员职务犯罪侦查工作有机结合，通过聚焦司法工作人员职务犯罪案件线索，形成监督威慑作用，进而夯实巡回检察效果，树立巡回检察权威。

四是强调办案思维。办案是体现刑事执行检察成效的主要途径，也是确保法律监督刚性的有力抓手。为更好体现和巩固巡回检察办案属性，促进监督与办案的深度融合，《工作规定》第七条明确“巡回检察实行检察官办案责任制，落实权责统一的司法权力运行机制”，第二十一条设定巡回检察“主办检察官制度”，并在通篇强调聚焦违规违法活动、聚焦职务犯罪线索，着力构建具有刑事执行检察工作特点的调查机制。巡回检察期间，实行全面审查与必要调查相结合，并做到准确认定事实和适用法律，确保办案安全。同时，要求巡回检察案件应当在全国检察业务应用系统中办理，加强办案流程监控和管理，从制度和程序上保证办理巡回检察案件规范性。

五是注重巡驻衔接。《工作规定》制定过程中，充分考虑到派驻检察和巡回检察都是检察机关履行刑事执行检察监督职责的方式，监督的任务和目的均是保障刑罚执行和监管活动的依法正确实施。《工作规定》中明确提出“强化派驻检察监督基础作用”“加强巡驻衔接配合”的思路，强调进行巡回检察“应当注重通过对检察机关履职情况，以及派驻检察人员轮岗交流等制度落实情况的检查，督促派驻检察切实发挥日常监督基础作用”。为促进派驻检察日常监督职能作用有效发挥，《工作规定》第三章强调，在巡回检察中还要特别注重对派驻检察职责履行情况、工作任务完成情况的同步检查，形成派驻检察与巡回检察有机结合、相辅相成的局面，共同推动提升刑罚执行和监管执法水平。

六是追求监督实效。《工作规定》突出实战、实效导向，根据实践发展需要，对巡回检察工作进行了时序性、全景式规定。在巡回检察准备阶段，详细列明制定方案、开展培训、收集信息、巡前告知、动员公告等方面工作，以提升巡回检察的针对性、实效性；在巡回检察过程中，列举可采用的检察方法，要求制作巡回检察记录，记载巡回检察情况等；在巡回检察结束后，要求制作巡回检察报告，根据巡回检察发现的问题，制作巡回检察反馈意见、监督纠正文书并进行反馈。为加强对巡回检察发现问题整改落实情况的督导，《工作规定》还专门设定了对监督意见的督促整改和案件线索跟踪问效，并设定了针对巡回检察整改意见的专项督办程序，与专门、机动巡回检察有效衔接，力促问题整改到位，确保巡回检察整体质效。

三、对《工作规定》重点内容的理解和把握

《工作规定》共8章51条，结合各地在巡回检察工作开展中反映的问题、提出的建议，以及最高检组织的两轮跨省交叉巡回检察和对看守所巡回检察试点实践经验，从基本原则、内容方式、组织人员、具体实施、反馈整改、工作保障和纪律要求等方面，对巡回检察进行系统性规范。

（一）强调巡回检察的双重任务，提升检察监督履职整体质效

《工作规定》在总则第二条明确了巡回检察的双重目的和任务。一方面，针对监管执法活动，通过排查发现问题和督促整改，促进监狱、看守所提升刑罚执行和监管执法水平，保证国家法律在刑罚执行和监管活动中的正确实施。另一方面，围绕检察监督履职，通过对监狱、看守所刑罚执行和监管活动进行检察，反向检验和审视承担派驻职责的检察院监督履职是否到位，进而推动派驻检察作用的有效发挥。为推动上述两个层面的任务都能得到足够重视和有效执行，结合巡回检察对监管执法情况和派驻检察履职情况的不同监督属性，《工作规定》分别在第二章设定了对监狱、看守所的检察重点和组织层级，在第三章设定了对派驻履职的检查重点内容和注意事项。

强调巡回检察应承担双重任务的主要考虑是，巡回检察改革的一个重要动因，就是针对派驻检察的虚化、弱化等问题而从制度层面提出的解决方案。巡回检察在加强对监狱、看守所违规违法问题进行监督纠正的同时，更加注重刀刃向内，更加偏重于对派驻检察人员履职情况的检查。从派驻检察的角度看，巡回检察的一个积极意义正在于有效督促派驻检察履职尽职，尤其是跨地区交叉巡回检察，派驻检察人员的履职情况和工作成效等都由巡回检察组向派驻检察室的领导机关直接反馈，倒逼派驻检察承担起日常监督基础作用，规范开展工作。

为便于各地对《工作规定》的理解和把握，这里特别说明：人民检察院组织法第十七条规定“人民检察院根据检察工作需要，可以在监狱、看守所等场所设立检察室，行使派出它的人民检察院的部分职权，也可以对上述场所进行巡回检察”。上述条文明确巡回检察的对象是监狱、看守所等场所，并不包括派驻检察室。因此，对于派驻检察履职情况的“检查”，是基于检察机关上下级之间领导关系的内部工作“检查”，而不是执行人民检察院组织法赋予

的“巡回检察”法定职责。

（二）明确巡回检察的工作重点，充分发挥巡回检察制度优势

巡回检察工作具有人员不固定、方式不固定和时间不固定等特点，决定了开展巡回检察应当明确重点，并坚持问题导向，以最大化彰显巡回检察制度效能。《工作规定》第八条明确，检察机关对监狱进行巡回检察，重点监督监狱刑罚执行、罪犯教育改造、监管安全等情况，注重对“减假暂”执行是否合法的监督。检察机关对看守所进行巡回检察，重点监督看守所监管执法、执行羁押期限、罪犯留所服刑等情况，注重对在押人员合法权益保障的监督。

为突出工作重点，《工作规定》第十三条、第十四条对专门和机动巡回检察的启动条件也作出修改。在吸收旧《规定》已设定的一些明确、具体事项作为启动条件基础上，专门增加“为推进相关重点任务、专项工作”“根据实际工作需要”等机动性事由，以方便各地检察机关围绕专题、专项工作，如违法“减假暂”顽瘴痼疾的整治，进行有针对性的专门或机动巡回检察，充分发挥巡回检察制度优势。

基于以上检察重点，巡回检察工作开展过程中不应纠缠于日常的、琐细的监管工作，而是要抓住执法办案中的痛点、难点，强调对刑罚执行和监管执法活动重点环节、重点领域的监督。要注重由表及里、以点带面，透过现象看本质，聚焦违规违法，聚焦深层次体制机制问题，发现违法情形的，依法进行纠正；发现司法工作人员相关职务犯罪线索的，依法立案侦查或者按照规定移送监察机关处理。同时，通过《工作规定》第六章关于巡回检察情况反馈与督促整改的相关制度设计，紧盯这些深层次问题不放手，形成监督震慑的同时，进一步提升巡回检察工作质效。

（三）确定巡回检察组织层级和开展频次，充分发挥巡回检察制度效能

《工作规定》第九条规定了巡回检察组织层级，第十条规定常规巡回检察频次和时间，第十一条规定交叉巡回检察内容、频次和时间，第十二条对常规与交叉巡回检察作出特别规定。通过这几个条文的规定，明确了巡回检察工作开展的基本要求，更好发挥巡回检察制度效能。

第一，明确常规巡回检察的组织实施主体。对监狱开展常规巡回检察由对应的设区的市级检察院或者刑事执行派出检察院组织实施。这里对看守所的常规巡回检察主体要特别说明。《工作规定》起草阶段，有意见认为，对看守所的常规巡回检察应由对该场所负有监督职责的检察院组织。但经调研发现，对县（市、区）看守所承担派驻任务的县级检察院，刑事执行检察人员配备上

无法满足巡回检察工作需要；而由设区的市级检察院组织开展巡回检察，可以有效整合人员力量，统一执法司法标准，增强法律权威。最高检部署开展的对20个省（区、市）看守所巡回检察试点，也是规定由设区的市级检察院开展常规巡回检察，各地取得了较好实践效果。基于以上考虑，《工作规定》第九条明确，对监狱、看守所的常规巡回检察一般由设区的市级检察院或者刑事执行派出检察院组织实施。

第二，明确看守所交叉巡回检察的组织实施主体。《工作规定》第九条第二款对看守所的交叉巡回检察设置了两个层级，主要考虑占全国百分之八十以上的县级看守所一般由县级检察院派驻，设区的市级检察院组织下辖的其他县级检察院对县级看守所巡回检察，也应是一种“交叉”检察。需要提醒的是，为了突出交叉巡回检察的效力效果，交叉巡回检察原则上由省级检察院组织实施，对县级看守所的交叉巡回检察由设区的市级检察院组织实施是补充或变通举措，并且基于层级考虑，设区的市级检察院不能对市级或市级以上看守所开展交叉巡回检察。

第三，明确常规、交叉巡回检察的开展频次。为实现巡回检察工作常态化，《工作规定》第十条明确，对同一监狱、看守所的常规巡回检察每年均至少组织一次。在交叉巡回检察的频次设定上，《工作规定》第十一条第二款要求省级检察院每年应至少对辖区内三分之一的监狱开展交叉巡回检察。征求意见阶段，部分省（区、市）认为该指标要求太高。经对全国各省监狱分布情况统计测算，按三分之一规定，省级检察院平均每年需开展交叉巡回检察的监狱为7个左右，监狱数量多的省份，每年10个左右。按照目前交叉巡回检察设定的时间和人员要求，各地基本能够完成。《工作规定》第十一条第三款没有明确每年开展看守所交叉巡回检察的数量，主要考虑各地看守所总数差异较大，采取固定比例或定额设定都无法解决地区间不均衡问题。最终，采取折中办法，即看守所交叉巡回检察不明确具体指标，由各地灵活掌握，但需将交叉巡回检察计划报上一级检察院备案。另外，为体现对巡回检察工作的从严要求，各地在执行中要注意，交叉巡回检察不能代替常规巡回检察，亦即常规巡回检察是固定动作，每年都要至少开展一次。

需要特别说明的是，《工作规定》第四十八条对社区矫正和未成年犯管教所的巡回检察工作进行了提示性规定。一是关于社区矫正巡回检察。2021年初，最高检已经部署探索开展社区矫正巡回检察，但鉴于社区矫正活动的开放式、人员的流动性以及监督事项的广泛性，且一般没有派驻检察室作为“前哨”，巡回检察的时间、频次、方式、方法等，都将与监狱、看守所巡回检察有较大差异。在实践样本尚不丰富、理论研究尚不成熟的情况下，暂未将社区矫正等活动的巡回检察列入《工作规定》，仅作提示性规定，各地在社区矫正巡回检察试点中，可以根据实际情况，参考或借鉴《工作规定》的相关要求。二是关于未成年犯管教所的巡回检察工作。《工作规定》专门设定对未成年犯管教所进行巡回检察的提示性条款。鉴于未成年犯管教所数量有限（每省大都只有1个），且派驻检察任务归属未成年人检察部门，对未成年犯管教所巡回检察工作一般由省级检察院组织实施，并应由未成年人检察部门牵头负责。

（四）科学界定巡回检察与派驻检察之间关系，推动实现二者的有效衔接、互融互促

《工作规定》第三章主要规定了对派驻检察工作的检查，不仅明确了巡回检察和派驻检察的关系，也通过设定对派驻检察工作的检查内容，明确了派驻检察的职责和需要承担的相关工作任务。

第一，要求巡回检察要对派驻检察履职情况进行同步检查。巡回检察与派驻检察作为刑事执行检察两种不同方式，在现实工作中都发挥着积极作用。巡回检察不仅要对监狱、看守所的刑罚执行和监管执法活动进行监督，而且也要对派驻检察履职情况进行检查。如果派驻检察权责不明、定责不清，会导致巡回检察与派驻检察的职责混乱，且通过巡回检察来推动派驻检察明责、担责的制度设计也无从实现。为切实发挥巡回检察对派驻检察履职尽责的督促和引导作用，《工作规定》第十五条、第十六条和第十七条第一款以巡回检察对派驻检察履职的同步检查，以及对派驻检察室工作任务完成情况的同步检查为切入点，实质上是对派驻检察职责的进一步强化、工作任务的进一步明确。需要说明的是，《工作规定》第十五条、第十六条是从检查职责的角度，分别列举派驻监狱、看守所检察人员应承担的监督职责；第十七条第一款是从日常工作层面，列举派驻检察人员为担负起检察职责所应完成的具体检察任务。二者的立足点不同、侧重点不同。《工作规定》通过既设定派驻检察职责范围，又设定工作指标任务，实现对派驻检察的立体评价。《工作规定》实施以后，各地应当严格按照上述规定履行好派驻检察的职责和任务，否则就会面临被追责的风险。

第二，明确派驻检察所承担的主要职责。在现行监狱、看守所检察制度设定下，派驻检察所承担的职责要与巡回检察改革前有所区别，但同时旧《规定》第八条列举的七项职责，难以充分发挥派驻检察监督基础作用。《工作规定》基于现实需要的考量，对派驻检察职责的列举采取抓住重点、聚焦核心的原则，主要围绕刑罚执行、计分考核、教育改造以及具体案件办理等关键职责进行展开。对工作繁杂的多数日常检察领域，如家属会见、亲情电话、监管安全、生活卫生、分押分管、狱内消费等方面，不一一列举，而是将之融入第

十七条第一款的每日常态化巡查、每周实地查看或个别谈话的具体任务中。此外，在派驻监狱检察职责中规定“办理或协助办理‘减假暂’监督案件”的主要考虑是，各地“减假暂”案件数量不一、派驻检察人员数量差异较大，对无法完全由派驻检察人员办理的“减假暂”监督案件，可由所派出的检察院统一分配案件，派驻检察人员对非自行办理的案件，要协助相关人员办理。同样，规定“办理或协助办理事故检察案件”，也是考虑到有些轻微事故可由检察室进行审查调查，而另一些重大事故需要以检察院的名义组织调查或者需要组织专门巡回检察，派驻检察人员应予以协助和配合开展工作。

第三，明确派驻检察对巡回检察的支持配合作用。巡回检察主要侧重于对刑罚执行和监管执法活动的检察监督，派驻检察主要侧重于对日常工作的检察监督以及对接巡回检察工作，二者各有侧重。在巡回检察改革语境下，派驻检察应为巡回检察提供基础支撑，包括提供信息、人员对接和工作配合等。如果巡回检察缺乏派驻检察室的支持、保障和配合，不仅巡回检察相关事项难以对接，而且巡回检察整改措施落实情况的监督也缺乏相应的组织保障。因此，《工作规定》第十九条明确，派驻检察应当做好与巡回检察衔接配合和工作对接。具体而言，在巡回检察开展之前，派驻检察要立足于为巡回检察发现深层次问题服务，向巡回检察组提供监管场所的相关情况，同时还需要做好监管场所与巡回检察组之间的联络协调相关事宜；在巡回检察中，要注意发挥场所熟悉、情况了解的优势，配合巡回检察组调阅复制、调看监控、实地查看、问卷调查等，并要接受巡回检察组对派驻检察工作开展情况的检查；在巡回检察后，对于监狱、看守所按照巡回检察反馈意见的整改落实情况，派驻检察室还要开展跟进督促，确保问题整改到位。

（五）设定派驻检察人数和时间等要素，保障派驻检察依法充分履行职责

《工作规定》第十七条第二款细化规定了监狱、看守所派驻检察人员的组成、工作时间以及轮岗交流等，保障派驻检察履职工作依法规范开展，发挥派驻检察监督基础作用。

第一，强化派驻检察人员配备。随着巡回检察改革的不断深入和派驻检察职能定位的新发展，旧《规定》中“派驻监狱检察室应当配备不少于一名检察人员”的设定，不能满足派驻检察履职需要，且不符合应由二人以上进行谈话、实地查看、接待来访等的基本工作要求。考虑到派驻检察人员数量的设定，既要基于全国各地刑事执行检察队伍现状，又要考虑能够落实监督主体责任和承担起具体检察职责，《工作规定》提出“二名检察人员”的配备是最低限度，各地可以根据自身队伍建设情况适当增配派驻检察人员。同时，基于派

驻检察也要办案的考量，派驻检察人员中至少应有一人为检察官。

第二，明确派驻检察工作时间。要发挥派驻检察监督的基础作用，实现监督的即时性、便利性，必须有一定的派驻时间保证和人员在岗要求，否则常态化监督无从实现，派驻检察的威慑性也无从谈起。同时，鉴于派驻检察人员还会被抽调参加相关巡回检察工作，派驻检察时间设定也不宜过长、过于僵化。《工作规定》综合各项因素，设定派驻检察人员每月在检察室工作时间原则上不得少于十二个工作日，以及工作日期间派驻检察室必须保证有检察人员在岗。

第三，设定派驻检察人员轮换期限。轮岗交流的时间设定，既要保持派驻检察工作的连续性，又要避免长期派驻造成的熟人熟事、监督虚化。综合各方面意见，《工作规定》将轮岗交流时限设定为三年。这里的轮岗交流应理解为，在同一派驻检察室连续工作满三年的派驻检察人员，应当实行轮岗交流，而不是指以检察室为单位、三年一次地将所有人员一次性交流出去。各地在执行轮岗交流制度时，应当注意保持检察工作的衔接，实现人员错峰、有序交流。同时，各地还要避免将同一名检察人员在两个检察室之间来回轮换，几轮下来造成一人对多个场所的“熟人熟事”问题。

第四，扩大派驻检察人员交流范围。根据2021年最高检《“十四五”时期检察工作发展规划》相关规定，《工作规定》将派驻检察人员轮岗交流范围，设定为在刑事检察等部门之间进行。轮岗交流旨在进一步解决“因熟生懒”“因熟生腐”、监督敏感性下降等问题。单纯地在刑事执行检察部门内进行人员轮岗，几轮下来势必又会造成人员固化、封闭保守的情况出现。为打破这种内部“自循环”，《工作规定》将人员交流范围扩大到检察机关的刑事检察等部门，推动实现派驻检察人员在承担派驻检察职责的检察院内部有效交流、轮转起来。

（六）科学合理设定巡回检察组织和人员，确保巡回检察工作质效

组成巡回检察组是巡回检察工作取得成效的关键，其人员组成的数量和结构应当合理。《工作规定》第四章明确了巡回检察组织与人员构成，包括邀请专门人员、强调专业化建设和接受社会监督等。

第一，科学组建满足任务需求的巡回检察力量。《工作规定》第二十条在人数要求上，坚持原则性与灵活性相结合，强调巡回检察的人数应当根据工作需要和检察内容设定。例如，对监狱的交叉巡回检察，设定为“十五人左右”，这里的“十五人”是提示性的规定，即一般要达到该人员数量要求；“左右”是选择性规定，即根据工作实际可以适当调剂，但不能过低，各地在执行中一定要在确保工作质效的基础上把握好度。第二十二条体现“检察一

体化”原则，指出检察机关可以统筹安排本院刑事执行检察人员、抽调下级院刑事执行检察人员或者安排本院其他部门工作人员参加巡回检察（如司法会计、司法警察、检察技术人员等）。需要说明的是，巡回检察不能脱离被检察地检察机关，为便于衔接配合和发挥派驻检察优势，被检察监狱、看守所的派驻检察人员不能作为巡回检察组成员，但应当配合开展工作。

第二，鼓励专门人员和外部力量参与巡回检察。监狱、看守所执法工作涉及劳动教育改造和日常监督管理的方方面面，体系庞杂且具有较强的专业性，如生活保障、疫情防控等需要卫生防疫专业知识，劳动收支、日用品供应管理等需要财会审计专业知识，医疗管理、病情诊断则需要医疗方面的专业知识等。检察人员受于专业限制，对某些专业性较强的检察内容力不能及。《工作规定》第二十三条指出，巡回检察工作可以适当引进医疗、安监、审计、鉴定等专业力量参加，将专业问题交给专业人员，形成工作合力，提高监督专业化水平。邀请具有专门知识的人员参加巡回检察，适用2018年最高检《关于指派、聘请有专门知识的人参与办案若干问题的规定（试行）》等有关规定。同时，《工作规定》第二十五条还规定接受社会监督，通过邀请人大代表、政协委员、人民监督员等社会代表和第三方人士参加巡回检察，以适当方式向社会公开巡回检察开展情况，接受人民群众监督，不断改进巡回检察工作。

第三，推行巡回检察队伍专业化建设。一般而言，巡回检察组系每次检察时临时组成的办案组织，但这并不排斥各地在实践中探索组建相对固定的巡回检察工作机构、培养专门的巡回检察人才。由相对固定且专业的同志牵头组织实施巡回检察，更有利于推动工作、提升质效。《工作规定》第二十四条、第四十二条分别对专业化人才培养和队伍建设作出规定，各地要从巡回检察工作整体推进、长远发展的角度，积极抽调优秀刑事执行检察人员、广泛吸纳其他业务条线优秀检察人才参与巡回检察，通过实战实训、专题培训等方式，推动在检察系统内形成一支年龄层次合理、知识结构优化、业务素质过硬的专业化巡回检察队伍。

（七）强化巡回检察组织实施和结果运用，推动巡回检察工作高质量发展

《工作规定》第五章对巡回检察工作的开展进行了时序性、全景式规定；第六章规定了巡回检察情况反馈与督促整改，强调抓实巡回检察的监督成效。通过对巡回检察工作开展进行系统、规范的制度设计，推动巡回检察工作高质量发展。

第一，设定规范的巡回检察工作程序。《工作规定》第五章第二十六条至第三十二条作为本章主体部分，对巡回检察工作实施过程进行了全面规定，按

照时间顺序和工作步骤，逐条列举需要开展的具体工作，包括制定方案、巡前培训、信息收集、巡前告知、动员公告等现场检察前的相关工作，并对检察方法进行一一列举。其中，第二十八条设定的信息情报收集工作，一般应在巡回检察队伍进驻监管场所前完成，避免因信息不对称而导致现场检察目标不明确、重点不突出。各地在具体组织实施中，可提前将人员集中，安排专人收集资料，并组织有效分析研判，确保巡回检察有的放矢。第三十一条是对检察方法的列举，各地可以根据每次巡回检察方式、内容、任务、重点等的不同，选择适用听取报告、列席相关会议、召开座谈会、个别谈话、调阅复制材料、实地查看、视频审查、音频回放、开展问卷调查、与被监管人及其家属谈话等调查方法。《工作规定》第三十三条是提示性条款，指出专门、机动巡回检察可以基于实效性考虑，结合工作实际，选择适用本章相关规定或者对相关工作流程进行简化处理，以确保工作质效。

第二，做好巡回检察情况报告和反馈工作。巡回检察组代表组织实施巡回检察的检察院开展工作，其工作情况应当向相应的检察院汇报。《工作规定》第三十五条第一款规定的汇报内容，应当既包括对监管执法方面的检察情况，又包括对派驻检察履职方面的检查情况。第二款、第三款规定的反馈包括对内和对外两个方面，即巡回检察结束后，除向监管单位反馈意见，还应当将检察履职方面存在的问题向有关检察机关反馈。

其一，对监管执法方面存在的问题实行对等通报或反馈。即地市级检察院针对监狱开展的常规巡回检察，直接向监狱反馈意见；地市级检察院针对县级看守所开展的常规或交叉巡回检察，向同级公安机关通报，并指定对应的检察院向同级公安机关反馈意见；省级检察院组织的监狱、看守所交叉巡回检察，向同级司法行政机关或者公安机关通报，并指定与监狱、看守所对应的检察机关向其反馈意见。

其二，对检察履职方面存在的问题实行逐级反馈。即省级检察院巡回检察组针对被查单位检察履职方面存在的问题，向地市级检察院反馈；地市级检察院巡回检察组针对派驻县看守所检察履职方面存在的问题，向县级检察院反馈，开展交叉巡回检察的，应将县级检察院刑事执行检察工作存在的问题一并反馈。地市级检察院巡回检察组针对派驻监狱、派驻市看守所检察履职方面存在的问题，按照《工作规定》第三十五条第一款规定向本院检察长汇报即可，不存在反馈的问题。

第三，区分不同问题和线索的处理方式。《工作规定》第三十六条规定了对轻微违法、严重违法、重大隐患、职务犯罪线索等不同类型问题或线索的处理方式。其中，法律监督文书的内容一般是巡回检察组结合检察工作情况拟定，但应由承担派驻检察职责的检察机关以本院名义发出；属于检察机关管辖的职务犯罪线索，一般由省级检察院统一线索管理；不属于检察机关管辖的职务犯罪线索和司法工作人员的一般违纪问题线索，由被检察地检察机关按照管理权限转交当地纪检监察部门处理。需要说明的是，对明显的或经调查核实确属违规违法的问题，不需要等到巡回检察结束后再行制作或指定对等的检察机关制发监督纠正文书；对经研判后认为需要调查核实或者达到立案程度的司法工作人员相关职务犯罪线索，也不需要等到巡回检察结束后再行处置，省级检察院可以在巡回检察期间自行、指定或交有管辖权的检察机关同步开展调查核实、侦查取证工作。

第四，强化跟踪问效和专项督办。巡回检察组向被巡回检察单位反馈意见和作出线索处理后，并不代表可以“鸣锣收兵”，后续还要自行或通过派驻检察室督促被检察单位明确整改责任、落实整改任务。《工作规定》第三十七条明确，发出纠正违法通知书、检察建议书后不纠正的，还应当由发出文书的单位（或派驻检察室）跟进监督整改落实；第三十九条规定对违纪违法或职务犯罪线索查办情况，还应当由组织巡回检察的单位安排专人跟踪了解进度；第四十条规定了针对常规、交叉巡回检察发现问题的整改落实情况，还应当由原巡回检察单位组织专项督办来完成“回头看”，可以采取专门、机动巡回检察方式开展。上述三条内容环环相扣，构建起针对巡回检察整改意见落实情况的监督闭环，旨在推动对巡回检察发现问题的挂单销号，保证问题整改到位、隐患清除到边、犯罪彻查到底，确保巡回检察整体工作质效。

最高人民检察院、教育部
检察官担任法治副校长工作规定

（2021 年 12 月 22 日公布　2022 年 1 月 1 日施行）

第一条　为深入贯彻习近平法治思想，认真落实“谁执法谁普法”普法责任制，切实加强青少年法治教育，进一步规范检察官担任法治副校长工作，根据《中华人民共和国未成年人保护法》《中华人民共和国预防未成年人犯罪法》《中华人民共和国教育法》等有关法律法规，结合检察机关开展法治副校长工作实际，制定本规定。

第二条　检察官在普通中小学、中等职业学校、特殊教育学校、专门学校（以下统称学校）担任法治副校长，适用本规定。

第三条　检察官由检察机关推荐或者委派，经教育行政部门或者学校聘任，兼职在学校担任法治副校长，协助开展法治教育、学生保护、预防犯罪、安全管理、依法治理等工作。

第四条　国务院教育行政部门会同最高人民检察院，建立检察机关开展法治副校长工作的协调机制，统筹指导地方教育行政部门、检察机关开展法治副校长的聘任、管理、培训、考核、评价、奖励等工作。

地方教育行政部门会同县级以上人民检察院，负责本地区检察机关开展法治副校长工作。

检察机关在教育行政部门的统筹指导下，加强与人民法院、公安机关、司法行政部门、群团组织和社会力量的协作配合，开展法治副校长工作，推动形成法治合力。

第五条　教育行政部门会同检察机关，推动法治资源均衡发展。学校聘请多名法治副校长的，应当做好职责分工。优先保障偏远地区、农村地区、薄弱学校和专门学校的法治副校长配置，鼓励和支持检察官担任法治副校长全覆盖。

第六条　检察官担任法治副校长，应当着力督促学校落实“一号检察建议”，落实侵害未成年人案件强制报告制度、教职员工准入查询违法犯罪信息制度，协助学校建立完善预防性侵害、性骚扰工作制度和学生欺凌防控工作制度等校园安全防控机制。

第七条　检察官担任法治副校长期间，主要履行以下职责：

（一）联系学校实际，结合学生特点和办理涉未成年人案件情况开展法治宣传教育，指导、帮助道德与法治等课程教师开展法治教育；

（二）指导学校落实未成年人保护责任，依法保护学生权益，协助帮扶受到违法犯罪侵害的学生，协调开展司法救助、心理疏导、身体康复、生活安置等多元综合救助；

（三）指导学校开展未成年人犯罪预防，协助对违规违纪情节严重的学生或者有不良行为、严重不良行为的学生予以教育惩戒、管理教育或者矫治教育；

（四）会同学校、相关部门，联合司法社工等对相对不起诉、附条件不起诉，以及被判处非监禁刑的学生实施精准帮教，根据需要对涉罪未成年学生的法定代理人、监护人开展家庭教育指导；

（五）协助学校依法处理安全事故纠纷，妥善处理在校教师、学生违法犯罪案件，严肃查处侵害师生合法权益和滋扰校园的案件，参与学校周边环境整治，及时向政府相关职能部门等提出意见建议，推动建立长效工作机制，维护学校周边社会秩序；

（六）指导、协助学校、教师履行法律法规规定的其他工作。

第八条　检察官担任法治副校长期间，可以采取以下方式开展工作：

（一）参与制定完善学校法治教育工作计划、学生权益保护制度、学生教育惩戒工作制度和安全管理制度等；

（二）以案释法，开设法治课程、举办法治讲座、专题报告会等法治教育活动；

（三）组织案例情景模拟、旁听庭审、模拟法庭、检察开放日、参观青少年法治教育实践基地等法治体验活动；

（四）协助校园网站等平台开设法治宣传教育栏目，举办主题班会、研讨会、辩论赛、知识竞赛等法治学习活动；

（五）协助开展优秀法治班级、法治模范学生创建活动，以及少年法学院、学生法律援助中心等法治社团活动；

（六）畅通未成年人维权渠道，收集学校、教职工、学生、家长法治需求和案件线索，提供法律咨询和帮助；

（七）结合未成年人综合保护和社会治理，为学校、教职工、家长开展法治专题培训；

（八）其他工作方式。

第九条 检察官担任法治副校长，可以结合学校工作安排、检察机关案件办理情况，在开学季、毕业季、“六一”儿童节、国家宪法日、国际禁毒日等重要时间节点，定期或者不定期开展工作。

第十条 检察官担任法治副校长，应当具备以下条件：

（一）政治素质好，品德优秀，作风正派，责任心强；

（二）有较丰富的法律专业知识及司法实践经验，从事司法工作三年以上；

（三）身心健康，了解教育教学规律，熟悉未成年人身心特点，关心未成年人健康成长；

（四）具有较强的语言、文字表达能力和组织协调能力。

检察机关原则上从现任检察官中遴选、推荐法治副校长。根据工作需要，也可以从熟悉未成年人检察工作的其他检察人员中择优遴选、推荐。

第十一条 检察官担任法治副校长实行聘任制。

检察机关会同教育行政部门，建立法治副校长人员库，推荐符合条件的检察人员入库并动态调整。

检察机关应当与教育行政部门和学校共同协商，按照符合需求、就近就便原则，从法治副校长人员库中确定聘任人选。

第十二条 检察官担任法治副校长，由教育行政部门或者学校颁发法治副校长聘书，任期一般为三年。

法治副校长任职期满后，根据工作考核情况、任职学校意见，以及本人意向，可以连续聘任，也可以交流到其他学校担任法治副校长。

法治副校长在任职期内，因工作变动或者其他原因，不宜或者不能继续履职的，检察机关应当会同教育行政部门或者学校作出调整。

第十三条 检察机关会同教育行政部门，加强法治副校长的专业建设和人才培养。

检察机关应当与教育行政部门共同推广法治副校长优秀课件，研发法治副校长履职的视频教材，出版法治副校长系列图书等业务培训资料。

检察官担任法治副校长，应当按时参加教育行政部门开展的法治副校长业务培训和工作交流，完成规定的培训任务。

第十四条 检察机关应当保障派出的法治副校长在任职学校有必要的工作时间和条件，鼓励、支持其履职尽责。

第十五条 学校应当将支持法治副校长履职纳入整体工作规划，主动向法治副校长介绍学校有关情况，定期收集教职工、学生、家长的法律服务需求并及时向法治副校长反馈，涉及法治副校长履职的会议、活动，应当事先与法治副校长沟通，并通知其参加。

学校应当结合实际，为检察官开展法治副校长工作提供必要的便利条件。

检察官担任法治副校长的基本情况和工作职责等，应当以适当方式在学校公示。

第十六条 检察机关、教育行政部门可以依据有关规定，为在偏远农村地区、交通不便地区学校担任法治副校长的检察官给予适当的食宿、交通等经费补助。

第十七条 学校应当建立法治副校长工作评价制度，以年度为单位对检察官担任法治副校长的工作情况作出评价。

学校应当将评价结果报送教育行政部门，由教育行政部门反馈检察机关。

第十八条 检察官担任法治副校长的工作情况，应当纳入业绩考核。学校作出的工作评价等应当作为业绩考核、晋职、晋级和立功受奖的重要依据。

第十九条 检察机关会同教育行政部门，定期对本区域内检察官担任法治副校长的履职情况进行考评，对成绩显著的组织和个人，按照有关规定，联合给予表彰和奖励。

第二十条 检察机关会同教育行政部门，开展检察官担任法治副校长的统计、调查和分析，发布法治副校长开展工作的情况。

第二十一条 检察官在幼儿园担任法治副园长，在高等学校担任法治辅导员的，参照本规定执行。

第二十二条 本规定自2022年1月1日起施行。

最高人民检察院
人民检察院听证员库建设管理指导意见

（2022 年 1 月 5 日最高人民检察院第十三届检察委员会第八十五次会议通过 2022 年 1 月 26 日通过并施行）

第一条 为了推动检察听证工作全面深入开展，规范听证员库建设和管理工作，根据《人民检察院审查案件听证工作规定》等规定，结合工作实际，制定本意见。

第二条 设区的市级以上人民检察院根据需要设立听证员库，作为辖区内检察院选用听证员的主要来源。有条件的基层检察院也可以设立。

第三条 人民检察院案件管理部门负责听证员库的建设管理工作。

第四条 入库人员应当符合《人民检察院审查案件听证工作规定》第七条规定条件。人民检察院可以主动邀请符合条件的人员入库，也可以通过以下途径确定人选，经审查通过后入库：

（一）国家机关、群团组织、企业事业单位、社会组织等单位推荐；

（二）发布征集听证员库成员公告，申请人自愿报名。

人民检察院应当注重吸收具有一定社会工作经验、德高望重的基层群众代表和法学、医学、经济学、理学、工学等专业人士入库。

第五条 人民检察院应当结合本辖区一段时期内的办案数量和案件类型等，合理确定听证员库的人员规模和专业结构，并进行分类管理。

需要吸收已进入其他检察院听证员库的人员进入本院听证员库的，应当经其本人同意。

第六条 听证员库成员具有下列情形之一的，人民检察院取消其听证员库成员资格：

（一）受到刑事处罚；

（二）被开除公职；

（三）被吊销律师、公证员执业证书或者被仲裁委员会除名；

（四）在听证工作中弄虚作假；

（五）存在徇私舞弊等违法情形；

（六）有其他可能影响司法公正的情形。

被取消资格的人员，不得再次入选听证员库。

第七条 听证员库成员有下列情形之一的，人民检察院可以决定其出库，并通知其本人：

（一）因身体等个人原因不能履行听证员职责；

（二）本人书面申请不再担任听证员；

（三）接受听证会邀请后两次无故缺席；

（四）有其他不宜继续担任听证员的情形。

第八条 人民检察院对听证员库成员实行动态管理，并向社会公开。对于取消听证员库成员资格或者决定出库的，要及时出库；需要补充的，按照规定及时补充。

第九条 人民检察院组织召开听证会，一般应当从听证员库中选取听证员。

需要从其他辖区检察院听证员库选取听证员的，可以商请相关人民检察院，按照入库成员自愿原则选用。

需要邀请听证员库以外人员担任听证员的，应当经检察长批准。

第十条 人民检察院应当从听证员库中随机选取听证员。

根据听证案件类型及拟听证事项涉及的专业领域等，需要安排具备专业知识的听证员参加听证会的，应当从听证员库相应类别成员中随机选取。听证员库中没有相关专业成员的，可以邀请听证员库以外的专业人员担任听证员。

第十一条 人民检察院应当为入库听证员建立工作档案，并做好履职评价记录。单位推荐的听证员，还应当向推荐单位定期反馈其履职情况。

履职评价的主要内容包括：

（一）遵守听证工作规定的情况；

（二）工作态度和勤勉状况；

（三）履行职责的情况；

（四）执行保密规定的情况等。

第十二条 听证员参加听证会的交通费、食宿费、劳务费等合理费用，按照人民检察院财务管理办法有关规定执行。

第十三条 本意见自发布之日起实施。

最高人民检察院
关于加强新时代军地检察机关协作若干问题的意见

（2022年1月30日公布并施行　高检发办字〔2022〕20号）

为适应国防和军队改革深入推进，以及军事司法体制重大变革，2016年最高人民检察院、中央军委政法委员会联合下发《关于进一步加强和完善军事检察机关和地方检察机关协作工作的意见》；2018年最高人民检察院办公厅下发《关于进一步聚焦服务保障大局深化军地检察协作的通知》；2020年最高人民检察院、中央军委政法委员会联合下发《关于加强军地检察机关公益诉讼协作工作的意见》。上述文件为军地检察机关协作提供了基本遵循和操作依据，极大的促进了军地检察机关协作，在当前对军地检察机关协作仍有指导意义，应当继续参照执行。同时，习近平强军思想、习近平法治思想的确立，2021年6月《中共中央关于加强新时代检察机关法律监督工作的意见》的发布，以及检察机关“四大检察”“十大业务”法律监督体系的形成，对军地检察协作工作提出更高要求，军地检察机关协作面临着新形势新任务新情况。结合军地检察协作实际，现就加强新时代军地检察机关协作提出以下意见。

一、充分认识加强新时代军地检察协作的重要意义

近年来，全国各级军地检察机关着眼于服从服务党、国家和军队建设发展大局，不断强化军地检察协作，依法履行检察职能，维护国防利益和军人军属权益取得显著成效。实践证明，加强军地检察协作对推进国防和军队现代化具有重要作用。党的十九大以来，党中央对加快国防和军队现代化建设作出新的战略部署，特别是党的十九届五中全会提出建军一百年奋斗目标，为新时代强军事业再次发出动员号令。确保如期实现建军一百年奋斗目标，是全党全国的责任，也是检察机关的政治责任、法律责任。各级检察机关要站在全局和战略的高度，紧紧围绕新时代强军目标，服务备战打仗、服务改革强军、服务依法治军，进一步增强责任感、使命感，与时俱进加强新时代军地检察协作。

二、积极主动拓展新时代军地检察协作内容

（一）依法严厉打击各类危害国防、军队建设和军人军属权益的犯罪。军

地检察机关要通力协作，开辟涉军案件“绿色通道”，对涉军案件快速受理、快速移送，确保依法优先办理。受案后发现属于对方管辖的案件线索，应当按规定及时移送，并将有关证据材料和涉案款物随案移送。在办理涉军案件时，军地检察机关可以在信息查询、证据调取、技术支持等方面开展协作配合；地方检察院可以就涉军物品鉴定征询部队意见。

（二）强化对涉军案件的法律监督。军地检察机关对涉军案件实施法律监督，定期进行联合督导检查，对疑难复杂、有重大影响的涉军案件采取提前介入等形式进行监督。各省级检察院每年将涉军案件办理情况逐级汇总，书面报送最高人民检察院，重要事项及时报告。

（三）加强军人家庭未成年人子女保护工作。地方检察院可以协同军事检察院或驻军部队建立军人家庭未成年人保护机制，充分发挥未检工作专业化、规范化、社会化的优势，从扩展线索发现渠道、加强情况报送、及时干预处置、信息互通常态化等方面为军人家庭未成年子女提供更加全面综合的司法保护，切实解决军人后顾之忧。

（四）共同做好退役军人司法救助工作。对退役军人司法救助案件优先受理审查，对有重大影响且救助金额较大的退役军人司法救助案件，上下级检察机关可以联动救助。军地检察机关要积极与退役军人事务部门对接，引导并帮助其落实退役军人待遇保障和帮扶救助政策。

（五）共同研究军事法律。加强在战争法律、发布军事检察案例、制发军事案件办理规则及司法解释等方面交流合作。地方检察院对维护国防和军事利益相关法律法规的制定和实施，予以关注和支持。共同促进军队法治化进程，构建中国特色军事法治体系等，为推动国防和军队建设提供司法保障。

（六）加强人才培养以及对外合作交流。统筹教育培训资源，互派专家授课，邀请对方参加重要会议和重大活动，协调参加对方组织的理论业务培训、同堂培训、检察开放日。鼓励有条件的军地检察机关互派干警挂职交流。地方检察院根据工作需要，邀请军事检察院定期开展国防教育，积极开展“检察干警军事日”、到部队参观体验、“送法进军营”等活动。

（七）共同推进检察信息化建设。地方检察院依托自身优势，在技术、人才、项目、科研等方面支持军事检察院技术信息化工作创新发展，推动军事检察院智慧检务建设，检察业务应用系统增加“涉军要素”。全面实现军地检察机关信息平台对接和资源共享，努力发挥智慧检务助推引领和检察技术监督纠错作用。

（八）共同开展代表委员联络工作。加大地方检察院与军队人大代表、政协委员沟通联络力度，创新联络方式，完善联络机制。军地检察机关可以共同组织代表委员视察检察工作，真诚听取军队代表委员的意见和建议，主动接受监督。

三、务求新时代军地检察协作取得实效

（一）加强组织领导。设立军地检察机关协作工作领导小组，加强对本省内各级人民检察院和辖区有关军事单位协作工作的组织领导。每年至少召开一次协作工作会议，专题研究军地检察协作工作。遇有重大或突发情况，及时召开协作工作会议。也可根据工作需要，适时召开专项协作会议。

（二）加强调查研究。围绕提高“四大检察”“十大业务”和协作工作质效，联合开展调查研究，拓展协作范围，注重研究相关领域、重点环节具有普遍性、代表性的突出问题。加强涉军案件数据分析，共同研究案件特点、发案规律、防范对策，积极整合案例素材，编发指导性案例和典型案例，推动协作工作创新发展。

（三）加强宣传工作。积极通过主流媒体发声，综合运用广播电视、报纸杂志、“两微一端”等媒介，广泛宣传军地检察机关协作工作取得的成效。编发《军地检察协作工作情况》专刊，积极宣传军地检察协作发展成果和法治建设成果，对协作工作落实到位，成效显著的单位及个人予以表彰奖励。

最高人民检察院
关于全面加强新时代知识产权检察工作的意见

（2021年10月26日最高人民检察院党组2021年第38次会议通过 2022年2月28日公布并施行）

创新是引领发展的第一动力，保护知识产权就是保护创新。全面建设社会主义现代化国家，必须更好推进知识产权保护工作。党的十八大以来，以习近平同志为核心的党中央从国家战略高度和进入新发展阶段要求出发，谋划推动知识产权保护工作，走出了一条中国特色知识产权发展之路，知识产权保护工作取得了历史性成就。人民检察院是国家的法律监督机关，担负着追诉知识产权犯罪、监督知识产权法律统一正确实施的重要职责使命。近年来，各级检察机关认真贯彻党中央决策部署，聚焦知识产权保护重点领域和突出问题，持续加大知识产权司法保护力度，为促进经济社会发展做出了积极贡献。

为深入贯彻落实习近平总书记在中央政治局第二十五次集体学习时的重要讲话精神，贯彻落实《中共中央关于加强新时代检察机关法律监督工作的意见》《知识产权强国建设纲要（2021－2035年）》以及《“十四五”时期检察工作发展规划》，现就全面加强新时代知识产权检察工作提出如下意见。

一、总体要求

（一）指导思想。坚持以习近平新时代中国特色社会主义思想为指导，全面贯彻习近平法治思想，深入贯彻党的十九大和十九届历次全会精神，深入学习领会“两个确立”的决定性意义，增强“四个意识”、坚定“四个自信”、做到“两个维护”，紧紧围绕统筹推进“五位一体”总体布局和协调推进“四个全面”战略布局，践行以人民为中心的发展思想，以服务和推动高质量发展、满足人民美好生活需要为目标，以改革创新为动力，坚持依法能动履职，聚焦知识产权司法保护痛点难点堵点，深入推进知识产权检察领域改革，持续健全知识产权检察体制机制，努力提高知识产权检察履职能力和水平，不断提升知识产权保护质效，更好服务经济社会高质量发展，打造检察工作自身高质量发展新引擎，为建设创新型国家和社会主义现代化强国提供更加有力保障。

（二）基本原则。坚持党的领导，在党的统一领导下忠实履行宪法法律赋予的法律监督职责。坚持服务大局，始终把知识产权检察工作放到党和国家工作大局中谋划推动。坚持激励、保护创新，着力提升知识产权综合保护质效，激发全社会创新创造活力。坚持系统观念，统筹推进知识产权检察各项工作，做到系统集成、协同高效。坚持法治思维，严格依照宪法法律忠诚履职尽责。坚持强基导向，夯实知识产权检察基层基础。坚持严格保护、协同保护、平等保护、公正合理保护，注重把握知识产权与社会公共利益之间的平衡，既严格保护知识产权，又确保公共利益和激励创新兼得；既坚持内外平等保护，又坚持总体国家安全观，有效维护国家安全和发展利益。

（三）主要目标。当前和今后一段时期知识产权检察工作的主要目标是：知识产权检察体制机制进一步健全，知识产权检察机构专门化建设取得积极进展，符合检察权运行规律和知识产权案件特点的知识产权检察综合履职模式日臻成熟，知识产权检察基层基础进一步夯实，各项检察职能全面协调充分履行，服务保障创新型国家和社会主义现代化强国建设能力显著增强，知识产权司法保护质效全面提升。

二、坚持以办案为中心，全面提升知识产权检察综合保护质效

（四）狠抓知识产权刑事检察提质增效。加大对侵犯知识产权犯罪打击力度，聚焦人民群众反映强烈的涉农领域产品、生命健康产品、环境保护产品、地理标志产品和文化体育产品等侵权假冒行为，互联网领域侵权假冒行为以及涉新业态新领域、关键核心技术侵犯知识产权犯罪，办理一批典型案件，重拳出击，形成震慑。加强刑事立案监督，重点监督对侵犯知识产权犯罪线索应当移送而不移送、应当立案而不立案、不应当立案而立案、长期“挂案”等违法情形，坚决防止和纠正以刑事手段插手民事纠纷、经济纠纷。加强侦查活动监督，深入推进重大、疑难、复杂侵犯知识产权案件介入侦查引导取证和自行补充侦查工作。会同有关部门修订完善知识产权刑事法律和司法解释，配套制定侵犯知识产权犯罪案件立案追诉标准。全面贯彻宽严相济刑事政策，严格落实少捕慎诉慎押刑事司法政策。健全完善非羁押监管措施，推动降低审前羁押率。规范运用认罪认罚从宽制度，做实企业合规，完善检察办案保护创新创业容错机制。全面推广侵犯知识产权刑事案件权利人诉讼权利义务告知工作，提升知识产权保护质效。

（五）强化知识产权民事检察精准履职。积极构建知识产权民事诉讼多元化监督格局，综合运用多种监督手段对确有错误的裁判结果、审判违法行为以及违法执行活动实行有效监督。加强案件来源机制建设，强化依职权监督意识，畅通案件来源渠道。树立精准监督理念，注重对在司法理念方面有纠偏、创新、引领价值的典型案件提出抗诉，“办理一案，治理一片”。加强对知识

产权民事审判、执行活动规律的研究，注重发现普遍性、倾向性问题，及时制发类案监督检察建议，增强监督的主动性和实效性。加大对知识产权领域虚假诉讼法律监督力度，会同有关部门健全虚假诉讼防范、发现和追究机制。研究解决知识产权案件管辖改革带来的检察监督问题，减少当事人诉累。

（六）推动知识产权行政检察走深走实。着力强化对商标、专利、植物新品种等授权确权行政案件的类案研究，加大知识产权行政诉讼监督力度。坚持穿透式监督理念，透过行政诉讼监督促进依法行政。加强对反不正当竞争、反垄断以及打击商标恶意抢注行为等行政执法问题的研究，及时向执法部门移送履职中发现的相关案件线索，促进规范市场秩序，保护公平竞争。因应知识产权行政案件管辖集中特点，健全完善授权确权类行政案件一体化办案机制，适时出台授权确权类行政案件办案指南，探索建立交办、转办、参办等工作机制。

（七）稳步开展知识产权领域公益诉讼。加强对知识产权领域公益诉讼的理论研究和实证分析，把握知识产权公益诉讼特点和规律。梳理知识产权领域公益诉讼案件线索，依托公益诉讼法定领域积极稳妥拓展知识产权领域公益保护。重点加强国家地理标志产品相关生态环境和资源保护，统筹保护涉及的食品药品安全；从维护粮食安全出发，加强种业知识产权的公益保护；从维护英烈权益出发，加大相关商标权、著作权公益损害案件办理力度；聚焦传统文化、民间文艺、传统知识保护，积极稳妥办理文物和文化遗产公益损害案件。通过办理典型案件回应社会关切、维护社会公共利益。加强与相关执法部门的沟通协作，堵塞管理漏洞，促进社会治理创新。

（八）全面推进知识产权综合司法保护。更新履职理念，强化刑事、民事、行政、公益诉讼等多种检察职能综合履行。立足知识产权刑事、民事、行政、公益诉讼检察职能行使特点，把握综合履职运行规律，积极构建符合知识产权案件特点的综合履职模式。注重加强刑、民、行、公交叉案件研究，剖析典型案件，把握类案办理规律。探索开展刑事附带民事诉讼，提升综合保护质效。注重大数据的深度应用，通过大数据分析发现知识产权司法审判、行业监管突出问题，有针对性地提出对策建议。

（九）加强商业秘密保护。聚焦高新技术、关键核心技术领域以及事关企业生存和发展的侵犯商业秘密案件，加大案件办理力度。坚持罪刑法定原则，合理界定民事纠纷与刑事犯罪边界。加大对采用盗窃、利诱、欺诈、胁迫、电子侵入或者其他不正当手段侵犯商业秘密犯罪以及为境外的机构、组织、人员窃取、刺探、收买、非法提供商业秘密犯罪的打击力度。着力加强对侵犯商业秘密行为的研究，把握侵犯商业秘密案件特点和规律，聚焦取证、举证、认证难点健全工作机制，提高办案质效。针对商业秘密案件办理中发现的企业、科研机构等在商业秘密保护中存在的问题，及时提出检察建议，督促其健全制度、加强管理。

（十）积极推动知识产权法律法规修改完善。开展知识产权基础性法律研究。积极参与推进专利法、商标法、著作权法、反垄断法、科学技术进步法、电子商务法等相关法律法规的修改完善。准确把握知识产权发展态势，加强新业态新领域知识产权保护规则研究，健全大数据、人工智能、基因技术等新业态新领域知识产权保护制度。探索完善互联网领域知识产权保护制度。加强对规制知识产权滥用行为法律制度的研究，推动完善与知识产权相关的反垄断、反不正当竞争等领域立法。推动传统文化、传统知识等领域保护办法完善。探索建立重大创新平台司法服务保障机制，提供信息查询、法律咨询、举报申诉等司法服务，将司法保护延伸到科技创新最前沿。

（十一）深入推进知识产权国际合作。秉持人类命运共同体理念，围绕构建更加公正合理的知识产权治理体制、营造良好外部环境，积极参与相关条约的磋商和谈判，服务保障国家参与世界知识产权组织框架下的全球知识产权治理。积极完善跨境司法协作安排，加强防范打击侵犯知识产权犯罪国际合作。严格依法办理涉外知识产权案件，平等保护外国权利人合法权益。依托“一带一路”知识产权合作平台，积极深化与国家组织的合作和交流，讲好中国知识产权故事。

三、坚持开拓创新，建立完善知识产权检察体制机制

（十二）协同推进知识产权司法改革。更加注重司法改革的系统性、整体性、协同性，深入研究各领域改革关联性和改革措施耦合性，以知识产权检察改革务实举措助推知识产权司法保护体制机制改革系统集成、协同推进。进一步加强与人民法院、公安机关以及行政执法机关的沟通协作，促进常态化协作机制落地落细，统一执法司法理念。加强司法保护与行政确权、行政执法、调解、仲裁、公证存证等环节的信息沟通和共享，促进行政执法标准和司法裁判标准统一，形成有机衔接、优势互补的运行机制。会同有关部门研究制定符合知识产权案件规律的诉讼规范，建立健全与审判机制、检察机制相适应的案件管辖制度和协调机制。加强对惩罚性赔偿制度执行情况的调查研究，严格规范惩罚性赔偿适用。

（十三）积极构建跨行政区划知识产权检察制度。紧紧围绕推动国家区域发展战略实施，探索推进跨行政区划知识产权检察机制建设，聚焦案件管辖、信息共享、机构设置、人员配备等问题，创新履职模式，提升履职效能。依托跨行政区划检察工作改革，及时总结推广跨行政区划知识产权检察工作经验做

法，打造若干知识产权保护高地，为跨行政区划检察工作提供知识产权检察样板。

（十四）完善司法协作机制。立足知识产权大保护工作格局和法律监督职能定位，锚定知识产权保护上下游环节，全面加强跨部门协作，强化知识产权协同保护。落实《行政执法机关移送涉嫌犯罪案件的规定》，完善案件移送标准和程序，实现行政处罚和刑事处罚无缝对接、双向衔接。紧密依托打击侵犯知识产权和制售假冒伪劣商品工作机制，充分发挥知识产权检察职能作用，推动知识产权司法保护走深走实。与公安机关、行政机关同频共振，协同推进各类知识产权保护专项行动。积极与国家知识产权局知识产权保护中心对接，建立常态化工作机制。

（十五）建立专业技术人员辅助办案机制。建立健全知识产权检察案件专家咨询制度、专家辅助人参与办案制度，实现“外智”借助。针对涉及专利、植物新品种、集成电路布图设计、技术秘密、计算机软件等专业技术性较强的案件，引入技术调查官制度。加强与农业农村部、文化和旅游部、海关总署、市场监管总局、国家版权局以及国家知识产权局等行政机关的协作，积极落实行政机关专业人员兼任检察官助理机制。加强与人民法院的沟通协作，推动实现技术调查人才库共建共享。进一步完善智库建设，组建知识产权检察人才库，充分运用智库资源提升专业能力和履职水平。

四、加强组织领导，夯实知识产权检察工作基层基础

（十六）强化政治和组织保障。深刻领会习近平总书记在中央政治局第二十五次集体学习时的重要讲话精神，进一步提高对全面加强知识产权保护极端重要性的认识，准确把握知识产权检察工作的战略定位和历史方位，切实将加强知识产权检察工作作为重要政治任务，摆上重要议事日程抓紧抓实。加强顶层设计和前瞻性思考，加大推进力度，注重与相关职能部门的沟通协调，争取各界支持，为知识产权检察工作发展创造有利条件。加强综合办案组织基层党组织建设，领导干部要履行好“一岗双责”，以党的建设带动队伍建设，引领工作开展。狠抓廉政教育，加强体制机制建设，巩固深化教育整顿成果，打造“五个过硬”检察队伍。

（十七）加强机构专门化建设。进一步加大知识产权机构建设力度，完善知识产权检察体系。各省级院要加强辖区内知识产权检察机构设置的统筹，积极主动与机构编制管理部门沟通联系，在机构设置和职数配置上争取支持；鼓励各地根据知识产权司法实践需要，因地制宜推动知识产权检察业务机构和办案组织建设，科学组建专业化办案团队，在案件较多的地方适时推开知识产权检察职能集中统一履行。

（十八）加强规范化建设。立足检察机关职能定位，研究制定符合检察职能综合履行模式的知识产权检察办案规定，为知识产权检察工作提供基本遵循。进一步加强听证工作，努力做到应听尽听，推动知识产权案件公开听证制度化、规范化、常态化。深入分析知识产权刑事案件刑罚判决情况，制定侵犯知识产权刑事案件证据审查指引，统一法律适用标准，规范检察办案活动。注重建章立制，根据知识产权检察工作特点和规律，建立科学合理的业务考评机制，充分发挥考评“风向标”“指挥棒”作用，努力形成靠制度激发干劲、凝心聚力的良好局面。

（十九）着力提升履职能力。加强对各类知识产权权利属性、案件特点以及司法规律的把握。加强办案团队专业化职业化建设，培育良好的团队文化。强化知识产权检察“一盘棋”意识，充分发挥检察一体化优势，一体调配专业力量。加强业务培训，特别是同堂实战培训，重点加强对多发高发类案、疑难问题以及新类型案件的培训，提升专业素养。适应知识产权检察专业性、技术性要求，形成一批有质量的研究成果。加强与科研院所的交流合作，充分发挥知识产权检察理论研究基地作用，为解决疑难复杂法律问题提供坚实理论支撑。进一步加大检察官参与知识产权国际交流和培训力度，培养具有国际视野的知识产权检察人才。

（二十）加大知识产权检察工作宣传力度。牢固树立“谁执法谁普法”理念，创新宣传方式、拓宽宣传渠道，通过新闻发布会、检察开放日、公开听证、发布典型案例等多种方式，全面提升知识产权检察工作宣传效果。组织办好“4·26世界知识产权日”知识产权检察主题宣传活动，引领激励创新的知识产权检察文化，厚植文化自觉和文化自信。加强知识产权文化理念传播，增强全社会知识产权意识，推动形成依法保护知识产权、服务保障创新驱动发展的司法环境和社会氛围。

（二十一）加快推进信息化建设。依托智慧检务平台，大力推动大数据、人工智能的深度应用，以现代科技赋能检察工作。运用大数据、区块链等技术推进公安机关、检察机关、审判机关、司法行政机关等跨部门大数据协同办案，实现案件数据和办案信息网上流转，推进涉案财物规范管理和证据、案卷电子化共享。建立完善知识产权检察案件智慧管理系统，实现知识产权检察案件管理、数据汇聚、智能分析、监督制约等系统集成，夯实大数据分析基层基础，实现大数据分析运用常态化。

最高人民检察院、国家知识产权局
关于强化知识产权协同保护的意见

（2022年4月25日公布并施行）

各省、自治区、直辖市人民检察院、知识产权局，解放军军事检察院，新疆生产建设兵团人民检察院、知识产权局：

为深入贯彻党中央关于全面加强知识产权保护的决策部署，认真落实中共中央、国务院印发的《知识产权强国建设纲要（2021－2035年）》和国务院印发的《"十四五"国家知识产权保护和运用规划》，优化协作配合机制，强化协同保护力度，整合知识产权行政和司法资源，深化知识产权管理部门与检察机关在知识产权保护工作中的合作，共同推动构建知识产权"严保护、大保护、快保护、同保护"工作格局，现提出如下意见。

一、总体要求

坚持以习近平新时代中国特色社会主义思想为指导，深入贯彻习近平法治思想，全面贯彻党的十九大和十九届历次全会精神，认真落实习近平总书记在十九届中央政治局第二十五次集体学习时的重要讲话精神和党中央决策部署，全面落实中共中央办公厅、国务院办公厅印发的《关于强化知识产权保护的意见》，促进知识产权行政执法标准和司法裁判标准统一，完善行政执法和司法衔接机制，构建大保护工作格局。

二、建立常态化联络机制

（一）明确联络机构。知识产权保护工作中的协作配合，由国家知识产权局知识产权保护司和最高人民检察院知识产权检察办公室归口负责，分别作为国家知识产权局和最高人民检察院之间的日常联络机构。双方各确定一名联络人，负责日常沟通联络。省级以下知识产权管理部门、检察机关根据当地实际情况，建立相应的联络机制，指定专人负责。

（二）建立会商机制。国家知识产权局和最高人民检察院建立知识产权保护协调会商机制，定期组织召开会议，根据工作需要邀请人民法院、公安机关等部门参加，相互通报知识产权保护工作情况，重点针对知识产权保护中存在的普遍性、趋势性问题加强研究，会商提出对策，以会议纪要、会签文件、共同出台指导意见等形式确认共识，并由责任方负责落实。省级以下知识产权管理部门、检察机关在日常工作中要积极拓宽交流沟通的渠道和方式，逐步建立常态化、多样化的会商沟通机制，共同研究落实相关工作。

三、建立健全信息共享机制

（三）建立关联案件双向通报制度。国家知识产权局和最高人民检察院对于行政授权确权和检察监督中的关联案件，保持密切沟通并互相通报案件办理进展情况，维护当事人合法权益。

（四）健全信息通报制度。各级知识产权管理部门、检察机关对不涉及国家秘密的工作情况、监督案件分析、工作简报等信息及时向对方进行通报，共同做好知识产权领域案件数据动态分析、案件规律研判等工作，并适时就知识产权行政执法和司法保护中出现的新情况、新问题进行沟通。

（五）推动建立信息共享平台。各级知识产权管理部门、检察机关要推进专利、商标行政执法与刑事司法衔接工作信息共享平台建设纳入电子政务建设规划，依托知识产权保护信息平台，推动跨部门跨区域信息共享，实现有关案件行政、司法信息互联互通。

四、加强业务支撑

（六）完善专家咨询库和技术调查官人才库建设。各级知识产权管理部门、检察机关要健全完善并充分利用双方已建立的专家咨询库和技术调查官人才库。检察机关建立的专家咨询库、检察研究基地等资源可以与知识产权管理部门共享；对检察机关办理的涉及到技术性事项的审查认定及需要委托鉴定的案件，知识产权管理部门可推荐有关专家。双方共同推进在知识产权行政保护和司法保护中对专业技术问题的认定途径科学化、统一化，准确高效认定技术事实，为社会公众提供合理预期，降低维权成本。

（七）加强业务协助。知识产权管理部门就刑事案件的立案追诉标准、证据的固定和保全等问题征求检察机关意见的，检察机关应当及时答复。检察机关在办理案件过程中，需要核实注册商标信息的，可以通过国家知识产权局商标注册证明公示系统核实；需要核实涉案专利法律状态的，可以向国家知识产权局在各地设立的专利代办处申请出具《专利登记簿副本》；需要核实地理标志产品信息的，可以登录国家知识产权局政府网进行检索查询。对于案件中涉及的商标的使用、相同商标、同一种商品、假冒专利行为等认定问题，检察机关可以依据相关司法解释和国家知识产权局制定的专利侵权判断标准、专利审查指南、商标侵权判断标准、商标一般违法判断标准、商标审查审理指南等综合审查认定；必要时，可以商请同级知识产权管理部门提供专业意见，知识产权管理部门应当及时答复。同级知识产权管理部门对相关问题无法认定的，可以逐级请示上级知识产权管理部门，也可以由检察机关逐级请示上级检察机关。

五、加大办案协作力度

（八）建立线索双向移送机制。各级知识产权管理部门在工作中发现涉嫌犯罪的案件线索，在向公安机关移送案件线索的同时抄送同级检察机关。对于公安机关应当立案侦查而不立案侦查的，可建议检察机关依法进行刑事立案监督。检察机关对知识产权管理部门提出的立案监督建议，应当依法受理和审查并及时反馈案件处理情况。各级检察机关对于作出不起诉决定但应予行政处罚的案件，应当移送同级负责专利商标执法的部门，相关部门及时将处理结果反馈同级检察机关。各级知识产权管理部门对人民法院生效的行政判决、裁定、调解书不服的，可依据行政诉讼法等有关法律规定向检察机关申请监督或提供线索，检察机关应依法审查并及时反馈。对于确有错误的，应当依法进行监督。

（九）建立重大案件共同挂牌督办制度。最高人民检察院对办理的重大敏感、疑难复杂案件或涉及到重点领域重要行业的案件，应及时与国家知识产权局沟通，必要时双方可共同挂牌督办，加强业务指导，共同做好案件办理和舆情管控工作。

（十）推进跨区域协作共建。国家知识产权局、最高人民检察院加强对各地知识产权管理部门、检察机关的指导和督促，围绕国家制定的区域发展战略规划，共同推进重点地区（环渤海、长三角、珠三角/泛珠三角、成渝、海西、粤港澳大湾区等）知识产权管理部门与检察机关建立联席会议、信息共享、案件移送、协作办案、人才培养等机制，完善知识产权综合保护体系。

六、加强人才交流培训

（十一）建立人才交流机制。各级知识产权管理部门和检察机关可根据工作需要互派综合素质高、专业能力强的干部进行交流学习，深入推进行政机关专业人员兼任检察官助理机制，通过人员交流学习促进双方业务的深度合作，降低沟通成本，提升保护合力。

（十二）探索开展同堂培训。各级知识产权管理部门和检察机关探索建立知识产权执法人员与检察官同堂培训机制，鼓励双方通过共同组织开展培训交流活动、互派人员参加对方组织的培训活动、邀请对方业务专家授课等方式，共同提高业务能力，统一执法办案标准，提升知识产权综合保护水平。

七、深化研究合作

（十三）开展联合调研。对于知识产权行政执法和司法办案中发现的重大问题，国家知识产权局和最高人民检察院可联合立法机关、有关行政部门、行业协会，邀请全国人大代表等开展联合调研，建立成果共建、共享机制，共同推动知识产权立法及政策制定的完善。

（十四）组织业务研讨。各级知识产权管理部门和检察机关共同加强对知识产权保护宏观战略的研究，围绕关键领域、重点行业知识产权行政保护和司法保护中存在的重大疑难和前沿问题组织业务骨干、专家学者进行研讨交流，以厘清分歧，形成共识，推动法律政策完善，推进行政执法标准与司法保护标准的统一。

八、加强宣传配合和国际合作

（十五）加强宣传配合。各级知识产权管理部门和检察机关要加强保护知识产权宣传工作，创新宣传方式，找准宣传亮点，扩大宣传途径，采用召开新闻发布会、发布白皮书和典型案例等方式，宣传知识产权行政和司法综合保护效果，营造尊重创新、保护知识产权的良好社会氛围，展示我国保护知识产权的决心和成效。

（十六）深化国际交流合作。国家知识产权局、最高人民检察院在国际合作中密切配合，以“一带一路”实施共建为契机，共同研判知识产权保护领域国际发展趋势和问题，在国际谈判、国际项目合作等方面加强沟通，扎实稳妥、积极主动参与相关国际交流活动。

九、建立奖惩机制

（十七）建立健全奖优惩劣制度。省级以上知识产权管理部门、检察机关应建立健全奖优惩劣制度，提高执法司法保护综合效能。国家知识产权局和最高人民检察院定期对查办侦破重大案件、推进协作机制、开展理论研究和宣传培训等作出突出贡献的知识产权管理部门、检察机关中的集体和个人进行表扬鼓励；对工作不力的予以通报批评。

最高人民检察院

国家知识产权局

2022 年 4 月 25 日

最高人民检察院、水利部
关于建立健全水行政执法与检察公益诉讼协作机制的意见

（2022 年 5 月 17 日公布并施行　高检发办字〔2022〕69 号）

为深入贯彻落实习近平生态文明思想、习近平法治思想和习近平总书记关于治水重要讲话指示批示精神，建立健全水行政执法与检察公益诉讼协作机制，推进水利领域检察公益诉讼工作，充分发挥检察公益诉讼的监督、支持和法治保障作用，加强对水利领域国家利益和社会公共利益的保护，推动新阶段水利高质量发展，保障国家水安全，提出如下意见。

一、深刻认识水行政执法与检察公益诉讼协作的重要意义

水是生存之本、文明之源，是经济社会发展的重要支撑和基础保障。党的十八大以来，习近平总书记专门就保障国家水安全发表重要讲话，从实现中华民族永续发展的战略高度，提出“节水优先、空间均衡、系统治理、两手发力”的治水思路，先后主持召开会议研究部署推动长江经济带发展、黄河流域生态保护和高质量发展、推进南水北调后续工程高质量发展并发表重要讲话，作出一系列重要指示批示，确立起国家“江河战略”，为河湖保护治理提供了根本遵循和行动指南。

建立检察机关提起公益诉讼制度是党中央作出的重大改革部署，是以法治思维和法治方式推进国家治理体系和治理能力现代化的重要举措。习近平总书记在党的十八届四中全会上专门对建立这一制度作了说明，强调“由检察机关提起公益诉讼，有利于优化司法职权配置、完善行政诉讼制度，也有利于推进法治政府建设”。中央全面深化改革领导小组第十二次会议指出，重点是对生态环境和资源保护、国有资产保护、国有土地使用权出让、食品药品安全等领域造成国家利益和社会公共利益受到侵害的案件提起民事或行政公益诉讼，更好维护国家利益和人民利益。党的十九届四中全会明确要求拓展公益诉讼案件范围，完善生态环境公益诉讼制度。

水灾害、水资源、水生态、水环境与公共利益密切相关，其治理管理工作具有很强的公益性特征。目前，妨碍行洪，非法取水，侵占河湖、堤防、水库

库容，毁坏水库大坝，人为造成水土流失等违法行为在一些地方还比较突出，威胁国家利益和社会公共利益。建立健全水行政执法与检察公益诉讼协作机制，推动水利部门与检察机关良性互动，形成行政和检察保护合力，共同打击水事违法行为，是深入贯彻习近平生态文明思想、习近平法治思想和党中央决策部署的重要举措，对于强化水利法治管理，在法治轨道上推动水利治理能力和水平不断提升具有重要意义。

各级检察机关要依法推进水利领域检察公益诉讼工作，积极支持水行政执法，共同维护水利领域国家利益和社会公共利益；各级水行政主管部门和国务院水行政主管部门在国家确定的重要江河、湖泊设立的流域管理机构及其所属管理机构（以下简称流域管理机构）要依法全面履职，严格规范执法，协同配合检察机关开展公益诉讼工作。

二、明确水行政执法与检察公益诉讼协作重点领域

建立健全水行政执法与检察公益诉讼协作机制，推进水利领域检察公益诉讼工作，要坚持问题导向、依法治理、协同治理，充分发挥各自职能作用，聚焦水利领域侵害国家利益或者社会公共利益，特别是情节严重、影响恶劣、拒不整改的违法行为，加大协作力度，提升河湖保护治理水平。水行政执法与检察公益诉讼协作的重点领域主要有：

（一）水旱灾害防御方面。主要包括：在水库库区内围垦、侵占库容；在河道、水库弃置、堆放阻碍行洪的物体，种植阻碍行洪的林木；在河道管理范围内建设妨碍行洪的建筑物、构筑物，非法设置拦河渔具，从事影响河势稳定和其他妨碍河道行洪的活动；在蓄滞洪区内违法建设非防洪建设项目；违法建设水工程及跨河、穿河（堤）、临河的工程设施等。

（二）水资源管理方面。主要包括：未经批准擅自取水，未依照批准的取水许可规定条件取水，违法建设取水工程，地下水取水工程未按规定封井或者回填，地下工程建设对地下水补给、径流、排泄等造成重大不利影响，水利水电、航运枢纽等工程未依法实施生态用水调度等。

（三）河湖管理方面。主要包括：非法侵占河湖水域，违法利用、占用河湖岸线，非法围垦河湖或者围河围湖造地，非法采砂；未经批准，在河道管理范围内挖筑鱼塘、修建厂房或者其他建筑设施等。

（四）水利工程管理方面。主要包括：在水库大坝、堤防等水利工程保护范围内，从事影响工程运行和危害工程安全的爆破、打井、采石、取土等活动，在堤防和护堤地建房、开采地下资源等；破坏、侵占、毁损有关水利设施；违法实施对水文监测有影响的活动等。

（五）水土保持方面。主要包括：违法造成水土流失，不依法履行水土流

失防治责任，未批先建、未验先投等违反水土保持方案制度的行为，违法在水土保持方案确定的专门存放地外弃渣等。

（六）其他方面。其他违反《中华人民共和国水法》《中华人民共和国防洪法》《中华人民共和国水土保持法》《中华人民共和国长江保护法》等法律法规，导致国家利益或者社会公共利益受到侵害的水事违法行为。

三、建立水行政执法与检察公益诉讼协作机制

（一）会商研判。水行政主管部门、流域管理机构会同检察机关定期开展工作会商，共同分析研判本区域本流域水事秩序和水利领域违法案件特点，研究协作任务和重点事项，协商解决重大问题；工作事项跨省级行政区的，由有关流域管理机构协调相关省级检察机关和水行政主管部门进行会商研判，强化流域统一治理管理；涉及其他行政机关或单位的，通过联席会议、圆桌会议等形式共同会商研判。

（二）专项行动。水行政主管部门或者流域管理机构会同检察机关加强执法司法联动，在水事违法行为多发领域、重点流域和敏感区域等，联合开展专项行动，共同维护水事秩序，提升治理水平。对跨流域或者跨区域、案情复杂或者办理难度较大等方面违法问题，市级以上水行政主管部门或者流域管理机构可以会同检察机关联合挂牌督办，共同推进问题整改。

（三）线索移送。水行政主管部门或者流域管理机构应当及时处理和评估日常监管、检查巡查、水行政执法、监督举报等渠道发现的违法问题线索，对涉及多个行政机关职责、协调处理难度大、执法后不足以弥补国家利益或者社会公共利益损失，以及其他适合检察公益诉讼的问题线索，及时移送有关检察机关。检察机关办理公益诉讼案件中发现水利领域违法问题线索，可以先行与有关水行政主管部门或者流域管理机构磋商，督促依法处理；对跨行政区域或者重大敏感问题线索，及时向有关水行政主管部门的上级机关或者流域管理机构通报情况。线索处理结果应当相互通报。线索移送具体标准由省级检察机关会同省级水行政主管部门或者流域管理机构共同研究确定。

（四）调查取证。检察机关在调查取证过程中，要加强与水行政主管部门或者流域管理机构的沟通协调。检察机关依法查阅、调取、复制水行政执法卷宗材料，收集书证、物证、视听资料、电子数据等证据的，水行政主管部门或者流域管理机构应当予以配合协助。检察机关需要水利专业技术支持的，水行政主管部门或者流域管理机构应当主动或协调有关机构提供技术支持或者出具专业意见。涉及特别复杂或者跨省级行政区案件专业技术问题的，可以由省级以上水行政主管部门或者流域管理机构协助提供技术支持或者出具专业意见。

（五）案情通报。在案件办理过程中，对于涉及水行政执法及公益诉讼案

件的重大情况、舆情等，检察机关和水行政主管部门或者流域管理机构及时相互通报，共同研究对策措施，强化协调联动。检察机关发现水行政主管部门或者流域管理机构可能存在履职不到位或者违法风险隐患的，及时通报，督促其依法履职。根据行政机关执法需要，水利领域公益诉讼案件办结后，检察机关可以向有关水行政主管部门或者流域管理机构通报案件办理相关情况。

四、强化水行政执法与检察公益诉讼协作保障

（一）加强组织领导。各级检察机关、水行政主管部门和流域管理机构要加强工作统筹，明确责任分工，强化要素保障，抓好督促落实，推动构建上下协同、横向协作、完整配套的工作体系，提升水行政执法与检察公益诉讼协作水平。最高人民检察院指定有关省级人民检察院建立流域检察公益诉讼协作平台，统一对接相关流域管理机构，牵头协调流域线索移送、案情通报等协作工作。最高人民检察院会同水利部，依托协作平台协调重大案件办理，指导推动流域水行政执法与跨省级行政区检察公益诉讼工作协同开展。

（二）推进信息共享和技术协作。检察机关和水行政主管部门或者流域管理机构共同建立水行政执法与检察公益诉讼相衔接的信息交流平台，推进信息共享交换，实现相关数据、执法线索和专业技术联通。根据检察机关办案需要，水行政主管部门或者流域管理机构提供职责范围内有关监测数据、卫星遥感影像资料及行政管理、行政处罚等信息。省级检察机关会同有关水行政主管部门或者流域管理机构可以探索共建实验室，开展涉水司法鉴定、检测和评估等工作，完善相关工作规则和技术规范。

（三）深化业务交流。检察机关与水行政主管部门或者流域管理机构要建立业务联络机制，明确专人负责日常对接，拓宽交流沟通渠道和方式。根据工作需要，建立健全专家库，互派业务骨干，协助或参与相关执法办案、业务培训、政策研究、挂职交流等。检察机关可聘请水行政执法人员或水利专家为特邀检察官助理，协助办理相关案件。水行政主管部门或者流域管理机构可聘请检察官为普法讲师，提供法律咨询意见，参与水利普法工作。

（四）注重宣传引导。检察机关、水行政主管部门和流域管理机构要积极利用报刊、广播、电视等传统媒体和网站、移动客户端、微信公众号、直播平台等新媒体，广泛宣传水行政执法与检察公益诉讼协作情况和案件办理成效，不断巩固协作成果，扩大协作影响。联合开展水利领域检察公益诉讼个案剖析和类案研究，通过印发文件、召开新闻发布会等形式，共同发布典型案例，有效发挥典型案例办理一件、影响一片、规范一类的法律效果和社会效果。

各省级检察机关、水行政主管部门和流域管理机构可以依据本意见，结合本区域、本流域实际制定实施细则。

最高人民检察院
检察官教育培训工作条例

（2022年9月6日最高人民检察院党组2022年第32次会议通过　2022年9月26日公布并施行　高检发办字〔2022〕135号）

第一章　总　则

第一条　检察官教育培训工作是建设高素质检察官队伍的先导性、基础性、战略性工程。为推进检察官教育培训工作科学化、制度化、规范化，建设高素质检察官队伍，依据《中华人民共和国公务员法》《中华人民共和国人民检察院组织法》《中华人民共和国检察官法》和中共中央《干部教育培训工作条例》等法律法规，制定本条例。

第二条　检察官教育培训工作以习近平新时代中国特色社会主义思想为指导，增强"四个意识"、坚定"四个自信"、做到"两个维护"，紧紧围绕"努力让人民群众在每一个司法案件中感受到公平正义"目标，坚持以贯彻落实习近平法治思想为主线，以提升法律监督能力为核心，以提升检察官政治素质、业务素质、职业道德素质为重点，深化改革创新，完善制度体系，增强质量效果，全面推进检察官队伍革命化、正规化、专业化、职业化建设，为推动新时代检察工作高质量发展提供坚强的思想政治保证、人才保证和智力支撑。

第三条　检察官教育培训工作应当遵循下列原则：

（一）坚持党的领导，服务大局。把党的领导落实到检察官教育培训工作各方面，紧扣党中央重大决策部署，始终围绕服务大局开展教育培训，一体推进检察官政治素质、业务素质、职业道德素质提升。

（二）坚持按需施教，学以致用。聚焦检察官职责和检察业务重点难点问题，积极回应检察官素能提升需求，以问题为导向开展检察官教育培训，推动教学相长、学用一致。

（三）坚持上下一体，全员培训。加强政治建设融入业务培训，建立统一的师资、课程、教材、标准，确保检察官教育培训上下目标一致、方向相同，实现全覆盖。

（四）坚持改革创新，开放共享。突出实战实用实效导向，创新线上线下培训方式方法，建立常态化网络培训机制，丰富培训内容，共享系统内外优质培训资源，确保检察官教育培训全时全效。

（五）坚持依法治教，严格管理。依法依规开展检察官教育培训，从严治教、从严治学，保持良好的教学秩序和学习风气。

第四条 检察官有依法接受教育培训的权利和义务。

各级人民检察院及其业务部门应当保障检察官依法接受教育培训的权利。

第二章 教育培训组织管理

第五条 检察官教育培训工作由最高人民检察院统一管理，省级人民检察院统筹负责，各级人民检察院按管理权限分级实施。

第六条 最高人民检察院和省级人民检察院应当加强教育培训工作的组织机构建设和人员力量保障。

市级人民检察院和基层人民检察院应当确定专人负责检察官教育培训工作。

第七条 各级人民检察院应当把检察官教育培训工作列入党组重点工作安排，统筹研究部署。

开展检察官教育培训工作情况应当作为各级人民检察院领导班子考核的重要内容。

第八条 最高人民检察院政治部是全国检察官教育培训主管部门，贯彻执行党和国家干部教育培训路线方针政策和法律法规，落实最高人民检察院党组对检察官教育培训工作部署要求，履行整体规划、制度建设、宏观指导、协调服务、督促检查等职能。具体负责：

（一）制定检察官教育培训政策制度，统一编制检察官教育培训中长期规划和年度培训计划等；

（二）规划和指导全国检察官队伍中领军人才、急需人才、青年人才、双语人才、涉外人才等培训工作；

（三）规划和指导检察官教育培训基地、师资、课程、教材、网络和信息化平台等建设；

（四）指导各级检察官教育培训机构开展工作，对教育培训工作进行监督、检查和评估；

（五）其他由最高人民检察院政治部负责的检察官教育培训工作。

第九条　省级人民检察院政治部是各省检察官教育培训主管部门，贯彻执行党和国家干部教育培训路线方针政策和法律法规，落实最高人民检察院党组和同级党委对检察官教育培训工作部署要求，履行本辖区检察官教育培训工作的规划、管理、指导、协调、监督等职能。具体负责：

（一）组织、指导、监督本辖区检察官教育培训工作，制定本辖区培训规划和年度培训计划；

（二）规划和指导本辖区检察官队伍中领军人才、急需人才、青年人才、双语人才、涉外人才等培训工作；

（三）规划和指导本辖区检察官教育培训基地、师资、课程、教材、网络和信息化平台等建设；

（四）指导本辖区检察官教育培训机构开展工作，对教育培训工作进行监督、检查和评估；

（五）其他由省级人民检察院政治部负责的检察官教育培训工作。

第十条　市、县级人民检察院政治部负责组织落实上级人民检察院和同级党委部署的各项教育培训任务，并根据需要组织本辖区、本单位的检察官教育培训工作。

第十一条　各级人民检察院业务部门应当在检察官业务培训中发挥主导作用，了解掌握本条线培训需求和短板弱项，加强与教育培训主管部门和承办部门会商，共同做好教育培训工作。

第十二条　建立检察官教育培训工作情况报告制度。下级人民检察院应当定期向上级人民检察院报告检察官教育培训工作情况。

各级人民检察院业务部门应当及时将开展业务竞赛、组建人才库、加强课程教材建设等情况报本院教育培训主管部门审核并备案。

第三章　教育培训分类及内容

第十三条　检察官应当根据不同情况参加相应的教育培训：

（一）贯彻落实党和国家重大决策部署的政治轮训；

（二）初任检察官的统一职前培训；

（三）初任检察长、副检察长、检委会专职委员的任职培训；

（四）晋升高级检察官的晋高培训；

（五）在职期间的岗位培训；

（六）其他培训。

第十四条　检察官政治轮训实行分级分层组织，突出政治建设融入业务培训，实现全员覆盖，重点提升检察官政治判断力、政治领悟力、政治执行力。培训时间根据实际需要安排。

第十五条 初任检察官统一职前培训，分集中教学、岗位实习和综合训练阶段，重点加强理论武装、提升法律素养、强化职业道德、掌握实务技能。培训时间为一年，集中教学时间不少于一个月。

第十六条 初任检察长、副检察长、检委会专职委员任职培训，应当在任职前或任职后 1 年内完成培训，重点加强政治理论与形势任务、司法办案理念、检察改革理论与实践、检察领导与管理能力培训。培训时间不少于 15 天。

第十七条 晋升高级检察官的晋高培训，应当在晋高 1 年内完成培训，重点加强司法办案理念、最新法律政策、重大疑难案件分析处理技能、案件管理和高级检察官实务学习等。培训时间累计不少于 30 天或者 230 学时。

第十八条 检察官在职期间的岗位培训，重点提高政治素质、业务能力和职业道德素养。每年培训时间累计不少于 12 天或者 90 学时。

第十九条 政治培训应当紧密结合检察业务，把习近平新时代中国特色社会主义思想作为必修课，重点开展习近平法治思想、党的基本理论和党章党规党纪、党史和人民检察史、理想信念、群众路线、意识形态、形势政策、保密等教育培训。

第二十条 业务培训应当坚持做到将习近平法治思想融入其中，重点培训司法办案理念、法律政策理解适用、事实认定及证据判断、新类型案件办理、法律文书说理、流程管理、防范化解风险等法律监督业务。

根据检察业务需要，有针对性加强金融、知识产权、食品药品监管、环境资源保护、大数据运用等相关知识的教育培训。

第二十一条 职业道德培训重点开展中国特色社会主义法治伦理、检察职业道德和廉洁司法等教育培训。

第二十二条 综合素质培训重点开展政策运用、群众工作、风险防控、媒介素养、心理健康、人文科技等教育培训。

第四章 教育培训方式方法

第二十三条 检察官教育培训以脱产培训、自学、检察委员会和检察官联席会议学习、岗位练兵等方式进行。

第二十四条 脱产培训以组织调训为主。检察官必须服从组织调训。各级人民检察院按照计划完成调训任务，落实线上脱产培训任务时，应当保障检察官培训时间。

检察官参加同级党委和其他培训情况，应当报上级教育培训主管部门备案，避免多头调训和重复培训。

第二十五条 建立健全检察官自学制度。各级人民检察院应当鼓励检察官在职自学和在职学历提升，并提供相应条件。

第二十六条 发挥检察委员会、检察官联席会议制度作用，加强对最高人民检察院决策部署及发布的司法解释、指导性案例、典型案例等的学习。

第二十七条 广泛组织检察官开展实战性较强的教、学、练、赛、研一体化岗位练兵活动。

第二十八条 增强网络培训吸引力，加大适应网络培训的师资库、课程库、案例库建设，大力推行线上线下融合、线上咨询答疑、远程案例研讨和会诊等形式开展各类教育培训，提升网络培训针对性、互动性、实效性。

第二十九条 大力推进跨地区、跨部门共同开展检察官与法官、人民警察、律师等法律职业共同体人员或相关行政部门人员同堂培训，凝聚法治共识。

鼓励各级人民检察院开展跨地区交流协作和区域联合培训，推动区域间优质教育培训资源共建共享。

第三十条 深化检察机关与高等院校、科研院所等交流合作，加强对检察官的联合培养培训，共建检察理论研究基地，促进检察实践与法学教育良性互动。

支持检察机关领导干部、业务专家、检察英模等优秀检察官代表到高等院校、科研院所宣讲习近平法治思想的检察实践。

第三十一条 严格规范和改进检察官赴境外培训。合理确定培训机构，择优选派培训对象，严格培训过程管理和效果评价。

最高人民检察院有计划组织检察官赴境外培训。省级人民检察院报经最高人民检察院批准可开展涉外法治培训。

第三十二条 检察官教育培训应当根据培训内容综合运用讲授式、研讨式、案例式、模拟式、体验式等教学方法，实现教学相长、学学相长。

引导和支持检察官教育培训方式方法创新。

第五章 教育培训机构

第三十三条 国家检察官学院及分院是检察官教育培训的承办部门，负责检察官教育培训的组织实施。检察官教育培训原则上应当在国家检察官学院及分院承办。

国家检察官学院应当加强对分院教学业务工作的指导。

第三十四条 国家检察官学院及分院应当以教学为中心，完善培训内容，改进培训设计，创新教学方法，加强理论研究，发挥智库作用，提高检察官教育培训工作水平。

第三十五条 国家检察官学院承担的任务：

（一）最高人民检察院组织开展的各类调训班次；

（二）初任检察官的统一职前培训；

（三）初任省级院副检察长、检委会专职委员，分州市院检察长及基层院检察长的任职培训；

（四）晋升高级检察官培训；

（五）检察官在职培训和法律职业共同体同堂培训；

（六）最高人民检察院政治部指定和地方各级人民检察院委托的其他培训；

（七）国家检察官学院根据培训需求举办的其他培训。

第三十六条 国家检察官学院分院承担的任务：

（一）省级人民检察院组织开展的各类调训班次；

（二）本辖区内其他初任副检察长、检委会专职委员等领导干部的任职培训；

（三）本辖区或与其他辖区联合举办的检察官在职培训和法律职业共同体同堂培训；

（四）最高人民检察院政治部指定和国家检察官学院委托的培训；

（五）国家检察官学院分院根据培训需求承办的其他培训。

第三十七条 加强国家检察官学院及分院硬件和软件建设与管理，大力推进国家检察官学院及分院一体化建设。

依托国家检察官学院分院建立检察官特色培训基地，构建分工明确、布局科学、优势互补、有序竞争的特色培训基地体系。

依托市级检察院和基层检察院设立检察官教育培训现场教学实践基地，充分发挥辅助教学作用。

第三十八条 检察官教育培训机构应当严格落实意识形态工作责任制，加强对师资、课程等方面的审核把关，把旗帜鲜明讲政治和从严办学要求贯穿教学管理全过程和各方面。

第六章 教育培训师资、课程、教材、经费

第三十九条 按照政治合格、素质优良、结构合理、专兼结合的原则，建

设高素质检察官教育培训师资队伍。

检察官教育培训教师，必须对党忠诚、政治坚定，严守纪律、严谨治学，应具有良好的职业道德修养、较高的政策理论水平、扎实的专业知识基础，有一定的检察工作经验，掌握现代教育培训理论和方法，具备胜任教学、科研工作的能力。

第四十条　检察官教育培训教师应当认真学习习近平新时代中国特色社会主义思想，贯彻落实习近平法治思想，紧密联系检察工作实际开展教学，不得传播违反党的理论和路线方针政策的错误观点和言论。

第四十一条　建立健全领导干部上讲台制度。鼓励各级人民检察院领导上讲台授课，领导干部上讲台情况应当纳入考核。

第四十二条　全面推进检察官教检察官制度。各类检察业务培训中，检察官教检察官比例不低于总课时的50%。检察官经组织安排完成教学任务的，工作量应当纳入所在部门业务考核范围，并应当按照规定给付课酬。

建立完善驻校检察教官制度。定期选派一些政治坚定、理论水平高、办案经验丰富、胜任教学的检察官担任国家检察官学院及分院驻校检察教官。

第四十三条　建立完善检察专职教师实务锻炼制度。国家检察官学院及分院应当根据需要定期安排专职教师参加各种形式的实务锻炼。

第四十四条　最高人民检察院和省级人民检察院应当建立检察官教育培训师资库，推动师资共享。

师资库应当按照严格准入、规范统一、从严考核、动态调整的原则进行管理，积极吸纳检察系统内外优质师资。

第四十五条　建立完善检察官教育培训课程开发和更新机制，构建富有时代特征和实践特色、覆盖所有检察业务、适应不同层级检察官素能培养的课程体系。

加强精品课程建设，重点开发贯彻习近平法治思想、体现检察理论和实践创新、适应法律职业共同体同堂培训的精品课程。建立全国检察教育培训精品课程库，实现课程资源互通共享。

第四十六条　加强教学案例库建设，推动检察机关发布的指导性案例、典型案例向教学案例转化，实现检察实践与教育培训良性互动。

第四十七条　建设开放共享、务实管用、形式多样、具有时代特色的检察官教育培训教材体系。

加强检察官教育培训教材编写、出版、发行、使用的管理和监督。

第四十八条　充分运用现代信息技术，发挥“中国检察教育培训网络学院”“检答网”等学习培训平台作用，建设全国检察机关互联互通的网络教育培训平台。

第四十九条 检察官教育培训经费列入各级人民检察院财政预算，专款专用，保证培训及师资、课程、教材、基地建设等需要。加强对检察官教育培训经费的管理，厉行节约，提高经费使用效益。

第五十条 加强对革命老区、民族地区、边疆地区检察官教育培训支持力度，推动优质教育培训资源向基层一线特别是薄弱基层院倾斜。

第七章 教育培训考核评估

第五十一条 检察官参训情况和考核结果作为年度考核、考察、任职、晋升的重要依据之一。

检察官未按规定参加培训或未通过培训考核的，检察官年度考核不得评定为优秀等次。

检察官因故未按规定参加培训或者未达到要求的，应当及时补训。

第五十二条 检察官教育培训考核由教育培训承办部门和检察官所在单位共同实施。教育培训承办部门具体考核检察官培训期间的学习态度和表现，理论、知识的掌握程度等；检察官所在单位结合年度考核情况，对其党性修养和作风养成、司法办案和解决实际问题的能力、传导培训和培训成果转化等情况进行评价。

第五十三条 健全完善检察官教育培训登记管理制度。检察官所在单位和教育培训主管部门应当建立检察官教育培训数字化档案，及时如实填写检察官参加教育培训情况和考核结果。

第五十四条 健全教育培训主管部门跟班管理制度，完善培训情况登记、反馈、跟踪管理。

注重发挥学员党支部和班委会作用，强化检察官自我管理。

第五十五条 建立健全检察官教育培训质量评估制度。重点加强对教育培训承办部门培训任务落实情况、办学方针、培训质量、师资队伍、课程质量、组织管理、学风建设、基础设施等考核评估。

检察官教育培训主管部门负责对检察官教育培训情况进行评估，也可以委托第三方培训机构进行评估。

检察官教育培训主管部门应当充分运用评估结果，改进和完善检察官教育培训工作。

第五十六条 检察官教育培训主管部门会同有关部门对检察官教育培训工作和贯彻执行本条例情况进行监督检查，制止和纠正违反本条例的行为，并对有关责任人员提出处理意见和建议。

第八章 附 则

第五十七条 检察辅助人员和司法行政人员的教育培训工作，参照本条例组织实施。

第五十八条 本条例由最高人民检察院负责解释。

第五十九条 本条例自颁布之日起施行。《检察官培训条例》（高检发政字〔2007〕3号）同时废止。

四、指导性案例

最高人民检察院
关于印发最高人民检察院第三十一批指导性案例的通知

（2021 年 11 月 29 日公布　高检发办字〔2021〕119 号）

各省、自治区、直辖市人民检察院，解放军军事检察院，新疆生产建设兵团人民检察院：

经 2021 年 11 月 1 日最高人民检察院第十三届检察委员会第七十六次会议决定，现将李某滨与李某峰财产损害赔偿纠纷支持起诉案等五件案例（检例第 122—126 号）作为第三十一批指导性案例（民事支持起诉主题）发布，供参照适用。

最高人民检察院

2021 年 11 月 29 日

李某滨与李某峰财产损害赔偿纠纷支持起诉案

（检例第 122 号）

【关键词】

残疾人权益保障　支持起诉　监护人侵权　协助收集证据

【要　旨】

因监护人侵害智力残疾的被监护人财产权，智力残疾人诉请赔偿损失存在障碍而请求支持起诉的，检察机关可以围绕法定起诉条件协助其收集证据，为其起诉维权提供帮助。在支持起诉程序中，检察机关应当依法履行支持起诉职能，保障当事人平等行使诉权。

【基本案情】

李某滨系三级智力残疾人，日常生活由弟弟李某峰照料。2017 年 1 月 24 日，李某峰以李某滨监护人身份与案外人季某签订房屋买卖协议，将登记在李某滨名下并实际为其所有的一套房屋以 130 万元价款出售给季某。签约后，售房款 130 万元转入李某峰银行账户内，房屋所有权变更登记至季某名下。2017 年 8 月 23 日，李某峰又将该售房款转入其个人名下另一银行账户内。2018 年 12 月 17 日，李某峰因肝脏疾病住院治疗。2018 年 12 月 24 日，李某峰与妻子杨某敏协议离婚，约定夫妻双方共同共有的天津市河西区的房产、所有存款及其他夫妻共同财产全部归杨某敏所有。2019 年 1 月至 6 月，李某峰陆续将上述 130 万元售房款转出，用于支付其肝脏移植手术费用。2019 年 7 月，李某峰病逝。2019 年 10 月，李某峰之女李某将李某峰银行账户内 204519.33 元返还给李某滨、李某峰姐姐李某光，剩余售房款未返还。

2020 年 1 月 13 日，天津市河西区人民法院（以下简称河西区法院）作出一审民事判决，认定李某滨为限制民事行为能力人，指定李某光为李某滨的监护人。后李某光向李某峰前妻杨某敏、女儿李某追索未返还的售房款未果。2020 年 1 月 21 日，李某滨向河西区法院提起民事诉讼，请求判令杨某敏、李某赔偿损失。因售房由原监护人李某峰实施，李某滨不了解售房价款、售房款去向等具体情节，无法提出具体的诉讼请求，河西区法院未予受理。

【检察机关履职过程】

受理情况。2020 年 1 月 21 日，李某滨以其系智力残疾人，无法收集法院受理案件所需证据为由，向天津市河西区人民检察院（以下简称河西区检察院）申请支持起诉，该院审查后予以受理。

审查过程。河西区检察院经向河西区法院了解情况后确认，法院认定李某滨为限制民事行为能力人、李某光为监护人的民事判决已生效。经向天津市规划和自然资源局了解，2017 年 1 月 24 日，李某峰以李某滨监护人名义与案外人季某签订房屋买卖协议，将李某滨名下房屋以 130 万元价格出售给季某并办理过户手续。河西区检察院与河西区司法局联系，帮助李某滨聘请法律援助律师，提供无偿法律服务。

支持起诉意见。2020 年 1 月 22 日，李某滨监护人李某光作为法定代理人再次向河西区法院提起财产损害赔偿诉讼，河西区检察院同日发出支持起诉意见书。检察机关认为，李某滨系三级智力残疾人，属于特殊群体，系支持起诉对象。李某滨名下房产被监护人李某峰售出后，售房款被李某峰私自挪用，李某滨的财产权益受到严重侵害，有权通过民事诉讼程序获得救济，是民事诉讼适格主体。本案有明确被告，具体的诉讼请求和事实、理由，属于人民法院受理民事诉讼的范围和受诉人民法院管辖，符合法定起诉受理条件。

裁判结果。2020 年 1 月 22 日，河西区法院受理李某滨的起诉。2020 年 10 月 21 日，河西区法院作出一审民事判决。法院认定，李某峰将李某滨名下房产出售并将售房款 130 万元私自挪用，其行为构成侵权，造成被监护人李某滨财产损失 1095480.67 元，应当承担侵权赔偿责任。杨某敏与李某峰原为夫妻关系，于 2018 年 12 月 24 日协议离婚，约定将夫妻共同财产中的天津市河西区的房产和其他夫妻共同财产全部归杨某敏所有，住院治疗费使用出售李某滨房产所得房款支付，属于恶意串通侵害他人财产。杨某敏是侵权行为的受益人，应在受益的财产范围内承担民事责任。据此，该院作出一审判决，判令杨某敏以天津市河西区房产市场价值 1/2 份额为限承担赔偿李某滨 1095480.67 元的责任。判决生效后，李某滨已于 2020 年 12 月 17 日收到判决确定给付的全部款项。

【指导意义】

（一）依法履行支持起诉职能，保障残疾人等特殊群体平等行使诉权。《中华人民共和国民事诉讼法》第十五条规定：“机关、社会团体、企业事业单位对损害国家、集体或者个人民事权益的行为，可以支持受损害的单位或者个人向人民法院起诉。”支持起诉的要义是支持受损害的单位或者个人起诉，特别是支持特殊群体能够通过行使诉权获得救济，保障双方当事人诉权实质平等。适用条件上，检察机关支持起诉原则上以有关行政机关、社会团体等部门履职后仍未实现最低维权目标为前提条件。在支持起诉程序中，检察机关应当秉持客观公正立场，遵循自愿原则、处分原则、诉权平等原则等民事诉讼基本原则，避免造成诉权失衡；可以综合运用提供法律咨询、协助收集证据、提出支持起诉意见、协调提供法律援助等方式为残疾人等特殊群体起诉维权提供帮助。支持起诉并非代替当事人行使诉权，检察机关不能独立启动诉讼程序。除有涉及国家利益、社会公共利益等重大影响的案件外，检察机关一般不出席法庭；出庭时可以宣读支持起诉意见书，但不参与举证、质证等其他庭审活动；当事人撤回起诉的，支持起诉程序自行终结，检察机关无需撤回支持起诉意见。

（二）被监护人的财产权受到监护人侵害，人民法院以诉讼请求不具体为由未予受理的，检察机关可以依申请支持其起诉。监护人应当履行法定职责，保护被监护人的人身权和财产权不受侵害。监护人擅自出售被监护人名下房产用于个人医疗、购房等个人支出，侵害被监护人财产权益的，被监护人有权请求监护人赔偿损失。客观上，智力残疾人等被监护人诉讼能力偏弱，在其权利受到侵害时，难以凭个人之力通过民事诉讼程序获得救济。检察机关对于履职过程中发现的残疾人合法权益受到侵害的线索，应当先行督促残疾人联合会、残疾人居住地的居民委员会、村民委员会等社会团体、自治组织为残疾人维权提供法律帮助。残疾人径行向人民法院起诉的，应当告知其有权申请法律援助。认知能力低下的残疾人因财产权受到侵害提起损害赔偿诉讼，人民法院未告知其有权申请法律援助，以其诉讼请求不具体为由未予受理的，在尊重其真实意愿的前提下，检察机关可以依申请支持起诉，帮助其获得法律救济。

（三）综合运用协助收集证据、协调提供法律援助等方式，为智力残疾人起诉维权提供帮助。依照民事诉讼法相关规定，原告起诉必须符合法定条件。智力残疾人作为限制行为能力人虽然可以实施与其智力、精神状况相适应的民事法律行为，但难以独立、充分围绕法定起诉条件收集证据，提出诉讼请求。在支持起诉程序中，检察机关可以通过提供法律咨询，加强释法说理，引导智力残疾人自行收集证据；智力残疾人无法自行收集的，检察机关可以依法协助其收集确定当事人具体诉讼请求、证明原被告与案件争议事实存在关联并符合起诉条件的相应证据。检察机关可以与司法行政部门协调，为智力残疾人提供法律援助，由法律援助人员作为智力残疾人的委托代理人参加诉讼。

【相关规定】

《中华人民共和国民事诉讼法》第十五条、第一百一十九条

《中华人民共和国残疾人保障法》第九条、第六十条

胡某祥、万某妹与胡某平赡养纠纷支持起诉案

（检例第123号）

【关键词】

老年人权益保障　支持起诉　不履行赡养义务　多元化解机制

【要　旨】

老年人依法起诉要求成年子女履行赡养义务，但是缺乏起诉维权能力的，检察机关可以依老年人提出的申请，支持其起诉维权。支持起诉的检察机关可以运用多元化解纠纷机制，修复受损家庭关系。案件办结后，可以开展案件回访，巩固办案效果。

【基本案情】

胡某祥、万某妹系夫妻。胡某祥现年84岁，基本丧失劳动能力。万某妹现年75岁，2019年7月因出血性脑梗死、高血压、糖尿病等先后住院两次，丧失自理能力。胡某祥、万某妹夫妇育有五名子女且均已成家，其中长女胡某玉患有精神疾病无赡养能力，次子胡某平有赡养能力但拒绝赡养父母，其余三子女不同程度地承担赡养义务。胡某祥、万某妹夫妻每月收入不足1400元，无力支付医疗费、护理费，生活陷入困境。

【检察机关履职过程】

受理情况。2019年12月17日，胡某祥、万某妹夫妇因次子胡某平不履行赡养义务，生活陷入困境，就起诉维权事宜向江西省南昌市青山湖区罗家镇司法所申请法律援助，并向江西省南昌市青山湖区人民检察院（以下简称青山湖区检察院）申请支持起诉，该院审查后予以受理。

审查过程。青山湖区检察院经询问当事人、实地走访等了解到，胡某祥、万某妹夫妇生活基本不能自理，次子胡某平以其父母不抚养孙辈、财产分配不均等为由拒不分担老人医疗费、护理费，经村民委员会调解未果。考虑到本案系家事纠纷，应联合司法所、村民委员会等引导调处缓解家庭矛盾，青山湖区检察院开展一系列有针对性的矛盾化解工作。一是主动约谈胡某平夫妇，向其宣讲老年人权益保障法等相关法律，阐明拒绝赡养老人的法律后果；二是主动邀请胡某平亲戚邻居参与矛盾化解，帮助胡某平夫妇认识到拒绝赡养老人带来的亲情损害，与社会主义核心价值观相悖。经多次调解，胡某平夫妇对父母的

态度发生较大变化，愿意花钱请人护理，但其同意承担的费用与客观需要尚有一定差距，无法达成和解协议。

支持起诉意见。2019 年 12 月 23 日，胡某祥、万某妹向江西省南昌市青山湖区人民法院（以下简称青山湖区法院）提起诉讼，青山湖区检察院同日发出支持起诉意见书。检察机关认为，敬老爱老自古以来就是中华民族的传统美德。成年子女应当履行对父母经济供养、生活照料和精神慰藉的赡养义务，使患病的父母及时得到治疗和护理。胡某平作为胡某祥、万某妹之子，拒不履行赡养义务，有违法律规定。

裁判结果。青山湖区法院受理本案后，青山湖区检察院主动就前期矛盾纠纷化解情况与法院沟通，配合开展调解工作。在法院、检察院、派出所、司法所等共同努力下，当事人达成调解协议。2019 年 12 月 26 日，青山湖区法院作出民事调解书：一、胡某祥、万某妹的生活费由其自理，子女胡会某、胡和某、胡某包及胡某平每月按顺序轮流负责护理父母胡某祥、万某妹，胡某平支付相应的护理费；二、胡某祥、万某妹的医疗费用由子女胡某平、胡某包各负担一半。

本案办结后，青山湖区检察院与青山湖区法院会签《关于加强民事支持起诉工作的协作意见》、与江西省南昌市青山湖区司法局会签《关于建立支持起诉和法律援助工作联系机制的规定》。青山湖区检察院联合当地村委会，开展“送法进乡村”活动，结合本案及其他相关案例开展普法宣传，教育引导村民知法守法，促进村风改善和乡村治理。2020 年 12 月 30 日，青山湖区检察院联合法院、妇联、民政局、司法所以及村委会等相关单位，再次回访了胡某祥、万某妹夫妇。胡某祥反映，其子胡某平不仅及时给付医药费、护理费，还经常上门探望。胡某祥对检察机关等单位帮助修复受损家庭关系，实现家庭和睦，表示衷心感谢。

【指导意义】

（一）运用多元化解纠纷机制，修复受损家庭关系。支持老年人追索赡养费案件，属于家事纠纷，要把化解矛盾、消除对立、修复受损家庭关系作为价值追求，坚持和发展新时代“枫桥经验”，将多元化解纠纷机制贯穿于支持起诉工作始终。要与司法行政机关、村委会、居委会基层群众性自治组织及人民调解组织等紧密合作，找准纠纷症结所在，做实做深矛盾化解工作，促使当事人达成和解协议。当事人未能达成和解协议诉至人民法院的，积极配合人民法院开展诉讼调解工作。通过人民调解、诉讼调解，最大限度地修复受损的家庭关系，树立优良家风，弘扬家庭美德。

（二）老年人缺乏起诉维权能力的，检察机关可以支持老年人起诉。百善孝为先。让老年人老有所养、老有所依是践行社会主义核心价值观的必然要求，是弘扬家庭美德的主要途径。成年子女不履行赡养义务的，缺乏劳动能力或者生活困难的父母有权要求成年子女给付赡养费。维护保障老年人合法权益是全社会的共同责任，县级以上人民政府负责老龄工作的机构，负责组织、协调、指导、督促有关部门做好老年人权益保障工作。基层群众性自治组织和依法设立的老年人组织亦负有维护老年人合法权益，为老年人服务的职责。检察机关履职中发现老年人合法权益受到侵害的，应当先行联系政府有关部门、基层群众性组织等为老年人维权提供帮助。老年人因年龄、身体、文化等原因不能独立提起诉讼追索赡养费而陷入生活困境的，其维权获得帮助后尚未解困的，检察机关可以支持老年人起诉，帮助老年人行使诉权，维护老年人的合法权益。

（三）积极开展案件回访，巩固办案效果。赡养包括经济帮助与亲情慰藉，缺一不可。新矛盾、新问题的出现可能造成修复的家庭关系再次破裂。办理此类案件，不能一诉了之，而要持续关注并巩固办案效果。灵活采取电话回访、实地回访、联合回访等形式，跟踪了解生效裁判执行情况和家庭关系现状，及时化解新矛盾、解决新问题。

【相关规定】

《中华人民共和国民事诉讼法》第十五条

《中华人民共和国民法总则》第二十六条第二款

《中华人民共和国老年人权益保障法》第十四条、第十五条第一款、第十九条第二款

孙某宽等78人与某农业公司追索劳动报酬纠纷支持起诉案

（检例第124号）

【关键词】

进城务工人员权益保障　支持起诉　追索劳动报酬　服务保障企业发展

【要　旨】

劳动报酬是进城务工人员维持生计的基本保障，用人单位未按照国家规定和劳动合同约定及时足额支付劳动报酬的，检察机关应当因案制宜，通过督促人力资源社会保障等单位履职尽责、支持起诉、移送拒不支付劳动报酬罪线索等方式保障进城务工人员获得劳动报酬。

【基本案情】

某农业公司负责温州市某现代农业园项目运营，招聘孙某宽等78名进城务工人员从事日常生产经营，但双方未签订劳动合同。2016年3月，某农业公司资金周转困难，至2017年11月共拖欠78名进城务工人员工资128.324万元。2018年1月初，78名进城务工人员仍未能领到拖欠的工资，多次到有关部门上访。

【检察机关履职过程】

受理情况。2018年1月，浙江省温州市龙湾区人民检察院（以下简称龙湾区检察院）在参与人力资源社会保障部门开展的进城务工人员讨薪专项监督活动中，发现某农业公司存在拖欠众多进城务工人员工资的线索。该院及时与人力资源社会保障、财政等部门共同努力，协调动用应急周转金50万元，为78名进城务工人员垫付部分工资。2018年4月11日，孙某宽等78名进城务工人员向龙湾区检察院申请支持起诉，请求检察机关为其起诉讨薪提供法律帮助。该院审查后予以受理。

审查过程。龙湾区检察院查明：经某农业公司与78名进城务工人员共同确认，2016年3月至2017年11月间，欠薪金额总计128.324万元。在前期开展矛盾化解工作的基础上，龙湾区检察院继续与78名进城务工人员、某农业公司沟通交流，引导双方当事人达成和解协议，但因某农业公司资金周转暂时困难未果。

支持起诉意见。2018 年 4 月 20 日，孙某宽等 78 人向浙江省温州市龙湾区人民法院（以下简称龙湾区法院）提起诉讼，龙湾区检察院同日发出支持起诉意见书。检察机关认为，某农业公司长期拖欠众多进城务工人员劳动报酬总计 128.324 万元，进城务工人员作为支持起诉申请人请求某农业公司支付劳动报酬，事实清楚，证据充分，孙某宽等 78 人提起的诉讼应予受理。

裁判结果。2018 年 4 月 20 日，龙湾区法院受理孙某宽等 78 人的起诉。庭审前，检察机关认为，某农业公司系有发展潜力的企业，资金暂时周转困难，且有关单位已动用应急周转金垫付部分拖欠的劳动报酬，建议法院主持双方调解。在龙湾区法院、检察院共同努力下，当事人达成调解协议。2018 年 4 月 27 日，龙湾区法院出具调解书，确认某农业公司于 2018 年 5 月 27 日前支付所欠孙某宽等 78 人的工资（扣除已领取的垫付金额）。某农业公司现已履行调解书确定的给付义务，经营状况良好。有关单位与某农业公司就 50 万元垫付款的后续处理已达成协议。

【指导意义】

（一）因案制宜，妥善解决欠薪问题。进城务工人员享有按时足额获得劳动报酬的权利。人力资源社会保障部门负有组织实施劳动保障监察、协调劳动者维权工作，依法查处涉劳动保障重大案件的职责。检察机关履职中发现拖欠劳动报酬线索的，应当甄别是否属于恶意欠薪。对于恶意欠薪，可能涉嫌拒不支付劳动报酬罪的，应当将犯罪线索移送公安机关立案审查。对于欠薪行为未构成犯罪的，可以协调人力资源社会保障部门履职尽责。对人力资源社会保障等职能部门履职后仍未能获得劳动报酬的，检察机关应当在尊重进城务工人员意愿的前提下，依法支持其起诉维权。

（二）依法履职，切实保护劳动者的合法权益。劳动报酬是进城务工人员维持生计的基本保障。根治进城务工人员欠薪问题，关乎进城务工人员切身利益，关乎社会和谐稳定。进城务工人员多在建筑、餐饮、快递等行业就业，因相关市场不规范、未签订劳动合同、法律知识欠缺等原因，部分进城务工人员起诉讨薪往往会遇到诸如确定用工主体难、明确诉讼请求难等问题。对经政府主管部门协调后仍未能获得劳动报酬的进城务工人员，检察机关应当及时通过提供法律咨询、协助收集证据等方式支持进城务工人员追索劳动报酬，维护其合法权益，促进社会和谐稳定。

（三）加强配合，保障进城务工人员获得劳动报酬的同时，服务保障企业发展。对于企业因经营管理、政策调整、市场变化等因素暂时无力支付进城务工人员工资的情形，可以运用多元化解纠纷机制，做好矛盾化解工作，引导进城务工人员与企业共渡难关。同时，加强与人力资源社会保障、财政、街道等单位协作配合，在为进城务工人员提供基本生活保障的前提下，为企业恢复正常经营提供缓冲期，服务保障企业发展。

【相关规定】

《中华人民共和国民事诉讼法》第十五条

《中华人民共和国劳动法》第三条

《中华人民共和国劳动合同法》第三十条

安某民等80人与某环境公司确认劳动关系纠纷支持起诉案

（检例第125号）

【关键词】

劳动者权益保障　支持起诉　确认劳动关系　社会保险

【要　旨】

劳动者要求用人单位补办社保登记、补缴社会保险费未果的，检察机关可以协助收集证据、提出支持起诉意见，支持劳动者起诉确认劳动关系，为其办理社保登记、补缴社会保险费提供帮助。

【基本案情】

安某民等80人自2003年起先后在南京市某环卫所（系事业单位，以下简称某环卫所）从事环卫工作。双方未订立劳动合同，也未办理社保登记、缴纳社会保险费。2012年11月，某环卫所改制转企为某环境公司。安某民等80人继续在某环境公司工作，但仍未订立劳动合同。2018年，安某民等80人多次向某环境公司提出补办社保登记手续、补缴入职以来社会保险费等诉求未果。2020年3月16日，安某民等80人向劳动争议仲裁机构申请确认与某环境公司之间存在劳动关系。劳动争议仲裁机构以劳动者未提交与某环境公司存在劳动关系的初步证据为由未予受理。2020年3月31日，安某民等80人诉至江苏省南京市玄武区人民法院（以下简称玄武区法院），请求确认与某环境公司存在劳动关系。

【检察机关履职过程】

受理情况。2020年4月20日，安某民等80人因无法收集某环境公司改制的证据等原因，向江苏省南京市玄武区人民检察院（以下简称玄武区检察院）申请支持起诉，请求检察机关为其维权提供法律帮助，该院审查后予以受理。

审查过程。玄武区检察院从南京市玄武区城管局调取了某环卫所改制的相关文件，证明用人单位的沿革及80人事实劳动关系的承继，该证据与确认劳动关系及劳动者的工作年限密切相关。从相关街道办事处和某环境公司调取了某环卫所改制前后的工资发放签名表，证明安某民等80人与某环境公司存在劳动关系。经询问当事人、走访了解，玄武区检察院查明：安某民等80人在某环卫所从事环卫工作均已超过10年。某环卫所改制转企后，安某民等80人向某环境公司提出补办社保登记、补缴社会保险费未果而形成群体性诉求。经梳理相关证据材料、逐人逐项核对，某环境公司需补缴安某民等80人社会保险费共计400余万元。

支持起诉意见。2020年4月27日，玄武区检察院分别向玄武区法院发出支持起诉意见书。检察机关认为，劳动者的合法权益受法律保护。安某民等80名劳动者与某环卫所存在事实劳动关系。某环卫所改制后，某环境公司承继其权利义务并延续与安某民等80人的劳动关系。安某民等80人提出的诉讼请求具有事实和法律依据。

裁判结果。玄武区法院一审审理中，玄武区检察院派员到庭宣读支持起诉意见书。2020年9月，玄武区法院作出一审民事判决。法院认定，用人单位自用工之日起即与劳动者建立劳动关系。安某民等人在某环卫所从事环卫工作，即与该所建立劳动关系。后某环卫所改制转企，相应的权利义务应由某环境公司承继。遂确认安某民等人与某环境公司存在劳动关系。一审判决生效后，社保部门为安某民等人补办了社保登记手续。玄武区检察院积极协调有关行政部门和用人单位确定社会保险费筹集方案并促成资金落实到位。后社保部门分别为75名环卫工人办理了补缴社会保险费手续。

【指导意义】

（一）劳动者提出补办社保登记、补缴社会保险费未果的，检察机关可以支持其起诉确认劳动关系，为其补办社保登记、补缴社会保险费提供帮助。国家建立基本养老保险、基本医疗保险等社会保险制度，保障劳动者在年老、患病、工伤、失业等情况下依法从国家和社会获得物质帮助的权利。用人单位应当依法为劳动者办理社会保险。实践中，部分用人单位未办理社保登记、未足额缴纳社会保险费，侵害了劳动者合法权益，使得劳动者难以实现老有所养、老有所医。检察机关履职中发现用人单位未依规为职工办理社会保险登记、未足额缴纳社会保险费的，应当先行协调政府责任部门履职尽责。经相关责任部门处理后仍未实现最低维权目标的，依照现行法律规定，劳动者诉请用人单位补办社保登记、补缴社会保险费存在客观障碍的，检察机关可依劳动者申请支持起诉确认劳动关系。人民法院确认劳动关系的生效裁判，可以作为办理社保登记、补缴社会保险费的依据。

（二）协助劳动者收集证据，为其起诉维权提供帮助。依照民事诉讼法相关规定，人民法院立案后发现不符合起诉条件的，裁定驳回原告的起诉。据此，因无法独立、充分地围绕法定起诉条件收集证据，劳动者在诉讼中可能丧失司法救济的机会。检察机关在诉讼中可依申请围绕法定起诉条件协助劳动者补充相关证据。一是协助收集被告身份的完整信息，比如用人单位变更材料、改制文件等。二是协助收集与具体诉讼请求和事实相关的起诉必备证据。比如，完整的工资支付凭证或者记录、工作证、招工招聘登记表、考勤表等。检察机关支持起诉的目的是保障劳动者实现诉权平等，而非代替劳动者行使诉权，检察机关不能独立启动诉讼程序。对于具有重大社会意义或者法律意义的案件，经商人民法院，检察机关可以出庭宣读支持起诉意见书。

【相关规定】

《中华人民共和国民事诉讼法》第十五条

《中华人民共和国劳动合同法》第七条、第三十四条

《中华人民共和国劳动法》第七十条、第七十三条

《中华人民共和国劳动争议调解仲裁法》第二条、第五条

张某云与张某森离婚纠纷支持起诉案

（检例第 126 号）

【关键词】

妇女权益保障　支持起诉　反家庭暴力　尊重家暴受害人真实意愿

【要　旨】

反家庭暴力是国家、社会和每个家庭的共同责任，检察机关应当加强与公安机关、人民法院、工会、共产主义青年团、妇女联合会、残疾人联合会、居民委员会、村民委员会等单位、组织的协作配合，形成维护家庭暴力受害人合法权益的合力。在充分尊重家庭暴力受害人真实意愿的前提下，对惧于家庭暴力不敢起诉，未获得妇女联合会等单位帮助的，检察机关可依申请支持家庭暴力受害人起诉维权。

【基本案情】

2006 年 3 月 9 日，张某云与张某森登记结婚。2019 年 6 月，因张某森实施家庭暴力，张某云起诉离婚。河北省武邑县人民法院（以下简称武邑县法院）审理后认定，夫妻双方结婚十余年，因家庭琐事发生纠纷，夫妻关系不睦，但夫妻感情尚未破裂；虽然张某云提交因遭受家庭暴力受伤的照片，但未能提供充分证据证实达到婚姻法规定的“家庭暴力”并导致夫妻感情确已破裂的程度，考虑到双方婚后育有两个子女，且尚未成年，父母离婚往往会对孩子成长产生不利影响，为顾及双方子女利益，家庭关系稳定，社会和谐，判决不准张某云与张某森离婚。一审判决生效后，张某森与张某云继续分居。张某森仍时常殴打、恐吓张某云，导致张某云无法正常生活，夫妻关系并未改善，反而更加恶化。

【检察机关履职过程】

受理情况。2020 年 4 月 12 日，张某云以遭受家庭暴力请求离婚为由向河北省武邑县司法局申请法律援助。在该局指引下，张某云向河北省武邑县人民检察院（以下简称武邑县检察院）申请支持起诉，该院审查后予以受理。

审查过程。武邑县检察院通过询问张某云，查阅张某云母亲王某同报案材料、派出所出警记录、张某云伤情照片、微信聊天记录等调查核实工作，查明：张某森对张某云多次实施殴打，造成张某云面部、颈部多处淤青、眼球充血；张某森还对张某云实施经常性恐吓等精神强制，致使张某云在第一次离婚诉讼时不敢出庭。武邑县检察院对张某云进行心理疏导，引导其走出心理阴影；向其宣讲反家庭暴力法等相关法律规定，鼓励其敢于向家庭暴力说不，勇于维护自身合法权益。

支持起诉意见。2020年4月16日，张某云再次向武邑县法院提起离婚诉讼，武邑县检察院同日发出支持起诉意见书。检察机关认为，张某云长期遭受家庭暴力，系家暴受害妇女，其合法权益依法应得到保护，根据《中华人民共和国民事诉讼法》第十五条之规定，可以支持其向人民法院起诉离婚。

裁判结果。2020年4月16日，武邑县法院受理张某云的起诉。2020年5月28日，武邑县法院作出一审民事判决，认定张某云遭受家庭暴力的事实，认为夫妻感情确已破裂，准予张某云与张某森离婚。一审判决后，张某森提出上诉。2020年7月15日，河北省衡水市中级人民法院作出民事调解书，双方当事人同意离婚，并就子女抚养、夫妻共同财产分割等达成协议。

【指导意义】

（一）加强协作配合，形成保护家庭暴力受害人的合力。国家禁止任何形式的家庭暴力。“法不入家门”已成为历史，反对家庭暴力不仅是家事，更是国家和全社会的共同责任。《反家庭暴力法》第四条规定，县级以上人民政府有关部门、司法机关、人民团体、社会组织、居民委员会、村民委员会、企事业单位，应当依照本法和有关法律规定，做好反家庭暴力工作。第六条至第十条、第十四条等诸多条款规定司法机关、行政机关、社会团体、群众性自治组织等在反家暴工作中的责任与义务。检察机关履职中发现家暴线索的，应当先行协调相关责任单位履职尽责。检察机关除做好家庭暴力受害人的法律宣讲、心理疏导外，可以与民政部门联系，将家庭暴力受害人安置到救助管理机构或者福利机构提供的临时庇护场所，提供临时生活帮助；可以引导家庭暴力受害人向公安机关报案、向人民法院申请人身保护令，保护其人身安全；对于涉嫌虐待犯罪的，可以引导家庭暴力受害人向人民法院提起刑事自诉追究加害人的刑事及附带民事赔偿责任。

（二）尊重家庭暴力受害人真实意愿，依申请支持其起诉维权。家庭暴力受害人享有婚姻自主权、人身损害赔偿请求权。家庭暴力受害人因害怕本人、父母、子女遭受报复等而不敢起诉维权，在获得妇女联合会等部门帮助下仍未能实现维权目标的，在充分尊重家庭暴力受害人真实意愿的前提下，检察机关可依其申请支持起诉，维护其合法权益。

【相关规定】

《中华人民共和国民事诉讼法》第十五条

《中华人民共和国婚姻法》第三条、第四十三条、第四十五条、第四十六条

《中华人民共和国反家庭暴力法》第二条、第三条

《中华人民共和国妇女权益保障法》第四十六条

最高人民检察院第三十一批指导性案例解读*

冯小光 朱光美**

为保障特殊群体诉权的实质平等，保护其合法权益，2021 年 12 月 23 日，最高人民检察院发布 5 件民事支持起诉指导性案例。为了便于司法实践中准确理解和参照适用，现对该批指导性案例的有关情况进行解读。

一、发布第三十一批指导性案例的背景与目的

（一）发布背景

检察机关支持起诉制度是人民检察制度的重要组成部分，可追溯至陕甘宁边区人民检察制度初创时期。民事诉讼法从 1982 年试行、1991 年正式施行至今，均把支持起诉作为一项民事诉讼制度予以明确规定。检察机关支持诉讼能力偏弱的民事主体向法院提起民事诉讼，维护其合法权益，对于切实保障民事主体诉权平等发挥了重要作用。长期以来，检察机关通过支持起诉制度，为寻求诉讼救济的弱势群体提供无偿法律帮助，彰显了制度优势和人文关怀，保障了实质意义上的诉权平等。2020 年，全国检察机关共受理民事支持起诉案件 32546 件，其中提出支持起诉意见 24355 件。① 编发民事支持起诉指导性案例，既是贯彻最高人民检察院党组部署要求，回应全国人大代表意见建议的重要举措，也是满足新时代人民群众司法需求，贯彻实施民法典的重要体现。

（二）发布目的

一是为各地民事检察部门办理民事支持起诉案件提供指引。民事诉讼法第十五条规定较为原则，对检察机关支持起诉的范围、程序、介入民事诉讼程序的程度等缺乏明确具体规定，各地检察机关探索适用支持起诉制度时存在不统一、不规范的问题，亟须发布指导性案例予以指引。

二是推动提升基层民事支持起诉工作。民事支持起诉案件绝大多数集中在

---

* 原文载《人民检察》2022 年第 1 期。

** 作者单位：最高人民检察院第六检察厅。

① 参见《2021 年 1 至 9 月，全国检察机关支持起诉民事案件 29303 件》，载最高人民检察院官网 https://www.spp.gov.cn/spp/c107228chdfgmcggeqcnpgbshkfhvbehkvkggbtrd/202112/t20211223_539545.shtml。

基层，但基层检察人员配备、队伍专业能力等有待加强。通过发布民事支持起诉指导性案例，推广各地检察机关开展支持起诉工作积累的成功经验，促进基层检察机关提升开展民事支持起诉工作的专业水平。

三是强化普法宣传，帮助更多弱势民事主体依法维权。近年来，民事支持起诉案件数量逐年递增，初步达到一定规模，但因宣传总结不够等原因，社会公众对这项工作了解不多，众多需要支持起诉制度救济的民事主体不知晓该项制度。通过制发指导性案例开展普法宣传，有利于帮助更多民事主体特别是弱势群体拿起法律武器维护自身合法权益。

二、第三十一批指导性案例的理解与适用

（一）李某滨与李某峰财产损害赔偿纠纷支持起诉案（检例第122号）

1. 该案要旨及指导意义

因监护人侵害智力残疾的被监护人财产权，智力残疾人士诉请赔偿损失存在障碍而请求支持起诉的，检察机关可以围绕法定起诉条件协助其收集证据，为其起诉维权提供帮助。在支持起诉程序中，检察机关应当依法履行支持起诉职能，保障当事人平等行使诉权。该案从三个方面进一步阐明了指导意义：一是检察机关应依法履行支持起诉职能，保障残疾人等特殊群体平等行使诉权；二是被监护人的财产权受到监护人侵害，法院以诉讼请求不具体为由未予受理的，检察机关可以依申请支持其起诉；三是检察机关应综合运用协助收集证据、协调提供法律援助等方式，为智力残疾人士起诉维权提供帮助。

2. 理解和适用中的重点问题

（1）准确理解支持起诉的内涵。民事诉讼法第十五条规定："机关、社会团体、企业事业单位对损害国家、集体或者个人民事权益的行为，可以支持受损害的单位或者个人向人民法院起诉。"民事支持起诉的要义是支持受损害的单位或者个人起诉，特别是支持特殊群体能够通过行使诉权获得救济，保障双方当事人诉权实质平等。支持起诉的对象包括但不限于未成年人、家暴受害人、老年人、残疾人、消费者、进城务工人员等群体。需要指出的是，民事支持起诉并非代替当事人行使诉权，检察机关不能独立启动诉讼程序；民事支持起诉不是保证当事人胜诉，当事人能否胜诉由法院审理后作出认定。与履行公诉职能不同，民事支持起诉一般以当事人申请为主；检察机关协助当事人围绕法定起诉条件收集证据，而非仅收集对一方当事人有利的证据；除具有重大社会影响或者法律意义的案件外，检察机关一般不派员出席法庭；必要时，检察机关派员出庭宣读支持起诉意见书，但不参与举证、质证等其他庭审活动。当事人享有完整的诉讼权利，可以自由处分。当事人撤回起诉的，支持起诉程序

自行终结，检察机关无须撤回支持起诉意见。

（2）准确理解支持起诉的适用条件。检察机关支持起诉原则上以有关行政机关、社会团体等单位履职后仍未实现最低维权目标为前提条件。公安机关、人力资源社会保障部门、残联、妇联、消费者协会等单位负有维护特殊群体合法权益的职责。现代司法机制因其专业性，特殊群体起诉维权时难免遇到一些障碍。与司法解决纠纷途径相比，行政解决纠纷途径具有主动性、倾向性、实质性等特点，便于特殊群体维护自身权益。作为法律监督机关，检察机关并非对所有案件都直接履行支持起诉职责，而是应先通过与有关单位积极协调，促请有关单位主动履职。如果有关单位履行职责遇到了问题和困难，当事人受到侵害的权益未得到弥补的，检察机关再支持起诉。

（3）协助智力残疾人士等特殊群体收集证据，应当围绕法定起诉条件进行。依照民事诉讼法相关规定，原告起诉必须符合法定条件。不符合法定条件的，法院不予受理。智力残疾人士等特殊群体囿于年龄、智力、精神状况等原因的限制，难以独立、充分地围绕法定起诉条件收集证据，提出诉讼请求。在支持起诉程序中，检察机关可以通过提供法律咨询，加强释法说理，引导智力残疾人士等特殊群体自行收集证据；智力残疾人士等特殊群体无法自行收集的，检察机关可以依法协助其收集确定当事人具体诉讼请求、证明原被告与案件争议事实存在关联并符合起诉条件的相应证据。

（二）胡某祥、万某妹与胡某平赡养纠纷支持起诉案（检例第123号）

1. 该案要旨及指导意义

老年人依法起诉要求成年子女履行赡养义务，缺乏起诉维权能力的，检察机关可以依老年人提出的申请，支持其起诉维权。支持起诉的检察机关可以运用多元化解纠纷机制，修复受损家庭关系。案件办结后，可以开展案件回访，巩固办案效果。在要旨的基础上，该案从三个方面进一步阐明了指导意义：一是运用多元化解纠纷机制，修复受损家庭关系；二是老年人缺乏起诉维权能力的，检察机关可以支持老年人起诉；三是积极开展案件回访，巩固办案效果。

2. 理解和适用中的重点问题

（1）妥善处理支持老年人起诉追索赡养费案件。赡养老年人既包括经济帮助，也包括亲情慰藉，二者缺一不可。检察机关在办理该类家事纠纷案件时，应把化解矛盾、消除对立、修复受损家庭关系作为价值追求，与司法行政机关、村委会、居委会及人民调解组织等紧密合作，共同发力，将多元化解纠纷机制贯穿于支持起诉工作始终。诉前，要找准纠纷症结所在，做到有的放矢；要丰富调解方法，做到耐心、细心、诚心；要坚持法律的规范作用与道德的教化作用相结合，做到法理情兼顾。当事人未能达成和解协议诉至法院的，检察机关应积极配合法院开展诉讼调解工作。

（2）办理家事纠纷案件时，应注重巩固办案效果。赡养关系因具有持续性特点，赡养纠纷一般难以一次性解决。新矛盾、新问题的出现可能会造成被修复的家庭关系再次破裂，致使老年人的亲情慰藉难以满足，从而产生新的诉讼。因此，在办理此类案件时，既不能一诉了之，也不能将生效裁判文书束之高阁，而要持续关注并巩固办案效果。检察机关应灵活采取电话回访、实地回访、联合回访等形式，跟踪了解生效裁判执行情况和当事人家庭关系现状，及时化解新矛盾、解决新问题，减少当事人家庭关系再次破裂的可能性。

（三）孙某宽等78人与某农业公司追索劳动报酬纠纷支持起诉案（检例第124号）

1. 该案要旨及指导意义

劳动报酬是进城务工人员维持生计的基本保障，用人单位未按照国家规定和劳动合同约定按时足额支付劳动报酬的，检察机关应当因案制宜，通过督促人力资源社会保障等单位履职尽责、支持起诉、移送拒不支付劳动报酬罪线索等方式保障进城务工人员获得劳动报酬。该案从三个方面进一步阐明了指导意义：一是因案制宜，妥善解决欠薪问题；二是依法履职，切实保护劳动者的合法权益；三是加强配合，保障进城务工人员获得劳动报酬的同时，服务保障企业发展。

2. 理解和适用中的重点问题

（1）准确区分欠薪行为的性质。为了保障进城务工人员按时足额获得劳动报酬，国务院制定并公布了《保障农民工工资支付条例》，相继出台了进城务工人员工资专用账户、工资保证金、欠薪失信联合惩戒对象名单管理等配套政策。《刑法修正案（八）》规定了拒不支付劳动报酬罪，加大了对恶意欠薪行为的打击力度。检察机关在履行职责中发现欠薪线索的，应当区分欠薪行为的性质，因案制宜，妥善解决进城务工人员欠薪问题。对于恶意欠薪，可能涉嫌拒不支付劳动报酬罪的，应当将犯罪线索移送公安机关立案侦查。对于欠薪行为未构成犯罪的，可以协调人力资源社会保障部门履职尽责。对人力资源社会保障等职能部门履职后，进城务工人员仍未能获得劳动报酬的，检察机关应当在尊重进城务工人员意愿的前提下，依法支持其起诉维权。

（2）注重统筹兼顾。面对拖欠进城务工人员工资案件，一方面，进城务工人员因欠薪生活陷入困境，另一方面，企业因经营管理、政策调整、市场变化、疫情影响等因素暂时无力支付进城务工人员工资，对此，检察机关要统筹兼顾好保障进城务工人员获得劳动报酬与保障企业发展之间的关系，既要依法保护进城务工人员的合法权益，也要服务保障企业发展。检察机关在履职过程中，可以运用多元化解纠纷机制，做好矛盾化解工作，引导进城务工人员与企业共渡难关，避免讨薪极端事件的发生，影响企业生产经营。同时，加强与人力资源社会保障、财政等部门的协作配合，多渠道为进城务工人员提供救助，比如通过调用应急周转金的方式，先行垫付企业拖欠进城务工人员的部分工资，在为进城务工人员提供基本生活保障的前提下，为企业恢复正常经营提供缓冲期，服务保障企业发展。

（四）安某民等 80 人与某环境公司确认劳动关系纠纷支持起诉案（检例第 125 号）

1. 该案要旨及指导意义

劳动者要求用人单位补办社保登记、补缴社会保险费未果的，检察机关可以协助收集证据、提出支持起诉意见，支持劳动者起诉确认劳动关系，为其办理社保登记、补缴社会保险费提供帮助。在要旨的基础上，该案从两个方面进一步阐明了指导意义：一是劳动者提出补办社保登记、补缴社会保险费未果的，检察机关可以支持其起诉确认劳动关系；二是检察机关应协助劳动者收集证据，为其起诉维权提供帮助。

2. 理解和适用中的重点问题

（1）涉补办社保登记、补缴社会保险费案件的处理宜以社会保险行政部门履职尽责为主。依照现行法律规定，劳动者不能直接诉请用人单位补办社保登记、补缴社会保险费。社会保险费征收是行政征收行为，依照社会保险法的规定，用人单位不办理社会保险登记、未按时足额缴纳社会保险费的，社会保险行政部门有权责令用人单位履行义务并对其进行处罚。劳动者认为社会保险机构不依法办理社会保险登记，可以依法申请行政复议或者提起行政诉讼。国务院《社会保险费征缴暂行条例》对此也作出了规定。对此类案件，检察机关应当先行协调社会保险行政部门处理，并宜以社会保险行政部门履职尽责为主，以检察机关支持起诉为辅。需要注意的是，在未订立书面劳动合同的情形下，生效裁判文书并非劳动者办理社保登记、补缴社会保险费的必要条件；劳动者与用人单位不存在劳动争议的，缓缴协议、补缴欠费凭证、社会保险费征收机构责令补缴时出具的相关文书等均可以作为劳动者补办社保登记、补缴社会保险费的依据。

（2）如何理解检察机关在诉讼中支持起诉。理论界、实务界对检察机关在诉讼中支持起诉的做法存有不同看法。从司法实践看，绝大多数支持起诉案件是在诉前办理的。笔者认为，虽然检察机关支持起诉原则上在诉前提出，但是检察机关在诉讼中支持当事人起诉符合立法精神，不违反法律规定。主要理由是：一是当事人在诉讼中可能丧失获得司法救济的机会。依照民事诉讼法相关规定，原告向法院起诉，应当提供符合起诉条件的相应证据。法院立案后发现不符合起诉条件的，裁定驳回原告的起诉。因此，因无法独立、充分地围绕法定起诉条件收集证据，当事人在诉讼中亦可能丧失获得司法救济的机会，难以实现诉权实质平等，检察机关有支持起诉的必要。二是保护国家利益和社会公共利益的需要。对法院已经受理的涉及国家利益、社会公共利益等重大影响的案件，检察机关通过协助当事人收集证据、提出支持起诉意见、出席法庭宣读支持起诉意见书等方式支持当事人起诉是保护国家利益和社会公共利益的应有之义。需要强调的是，检察机关支持起诉适用的条件、遵循的原则等在诉前、诉中是一致的。

（五）张某云与张某森离婚纠纷支持起诉案（检例第126号）

1. 该案要旨及指导意义

反家庭暴力是国家、社会和每个家庭的共同责任，检察机关应当加强与公安机关、法院、工会、共产主义青年团、妇女联合会、残疾人联合会、居民委员会、村民委员会等单位、组织的协作配合，形成维护家庭暴力受害人合法权益的合力。在充分尊重家庭暴力受害人真实意愿的前提下，对惧于家庭暴力不敢起诉，未获得妇女联合会等单位帮助的，检察机关可依申请支持家庭暴力受害人起诉维权。在要旨的基础上，该案从两个方面进一步阐明了指导意义：一是加强协作配合，形成保护家庭暴力受害人的合力；二是尊重家庭暴力受害人真实意愿，依申请支持其起诉维权。

2. 理解和适用中的重点问题

（1）加强与法院、公安机关、工会等单位协作配合。反对家庭暴力是国家和全社会的共同责任。反家庭暴力法规定了司法机关、行政机关、社会团体、群众性自治组织等在反家暴工作中的责任与义务。检察机关在履行职责中发现家暴线索的，应当先行协调相关责任单位履职尽责。除做好家庭暴力受害人的法律帮助、心理疏导工作外，可以与民政部门联系，将家庭暴力受害人安置到救助管理机构或者福利机构提供的临时庇护场所，为其提供临时生活帮助；可以引导家庭暴力受害人向公安机关报案、向法院申请人身保护令，保护其人身安全；对于施暴人涉嫌虐待犯罪的，可以引导家庭暴力受害人向法院提起刑事自诉追究施暴人的刑事及附带民事赔偿责任。检察机关应与相关单位协同联动，在矛盾化解、案件线索移送、协调提供司法援助、提供物质帮助等方面形成保护家庭暴力受害人权益的合力。

（2）审慎支持当事人提起离婚诉讼。在司法实践中，离婚案件涉及子女抚养、财产分配等复杂问题，对夫妻感情是否确已破裂作出准确而恰当的判断也是一个难题。检察机关支持当事人提起离婚诉讼需要审慎，以免损害检察权威。原则上，除家庭暴力受害人外，检察机关不受理其他民事主体提出的支持提起离婚诉讼的申请。家庭暴力受害人申请支持起诉离婚的，检察机关应当在查明案件事实，充分尊重家庭暴力受害人真实意愿的前提下，综合考虑各方面因素，审慎作出决定。

最高人民检察院
关于印发最高人民检察院
第三十二批指导性案例的通知

（2021年12月9日公布　高检发办字〔2021〕122号）

各省、自治区、直辖市人民检察院，解放军军事检察院，新疆生产建设兵团人民检察院：

经2021年12月7日最高人民检察院第十三届检察委员会第八十一次会议决定，现将白静贪污违法所得没收案等四件案例（检例第127—130号）作为第三十二批指导性案例（职务犯罪适用违法所得没收程序主题）发布，供参照适用。

最高人民检察院

2021年12月9日

白静贪污违法所得没收案

（检例第127号）

【关键词】

违法所得没收　证明标准　鉴定人出庭　举证重点

【要　旨】

检察机关提出没收违法所得申请，应有证据证明申请没收的财产直接或者间接来源于犯罪所得，或者能够排除财产合法来源的可能性。人民检察院出席申请没收违法所得案件庭审，应当重点对于申请没收的财产属于违法所得进行举证。对于专业性较强的案件，可以申请鉴定人出庭。

【基本案情】

犯罪嫌疑人白静，男，A国有银行金融市场部投资中心本币投资处原处长。

利害关系人邢某某，白静亲属。

诉讼代理人牛某，邢某某儿子。

2008年至2010年间，白静伙同樊某某（曾任某国有控股的B证券公司投资银行事业部固定收益证券总部总经理助理、固定收益证券总部销售交易部总经理等职务，另案处理）等人先后成立了甲公司及乙公司，并在C银行股份有限公司为上述两公司开设了资金一般账户和进行银行间债券交易的丙类账户。白静、樊某某利用各自在A银行、B证券公司负责债券买卖业务的职务便利，在A银行购入或卖出债券，或者利用B证券公司的资质、信用委托其他银行代为购入、经营银行债券过程中，增加交易环节，将白静实际控制的甲公司和乙公司引入交易流程，使上述两公司与A银行、B证券公司进行关联交易，套取A银行、B证券公司的应得利益。通过上述方式对73支债券交易进行操纵，甲公司和乙公司在未投入任何资金的情况下，套取国有资金共计人民币2.06亿余元。其中，400余万元由樊某某占有使用，其他大部分资金由白静占有使用，白静使用1.45亿余元以全额付款方式购买9套房产，登记在自己妻子及其他亲属名下。该9套房产被办案机关依法查封。

【诉讼过程】

2013年9月9日，内蒙古自治区公安厅以涉嫌职务侵占罪对白静立案侦查，查明白静已于2013年7月31日逃匿境外。2013年12月7日，内蒙古自治区人民检察院对白静批准逮捕，同年12月17日国际刑警组织对白静发布红色通报。2019年2月2日，内蒙古自治区公安厅将白静涉嫌贪污罪线索移送内蒙古自治区监察委员会，同年2月28日，内蒙古自治区监察委员会对白静立案调查。同年5月20日，内蒙古自治区监察委员会向内蒙古自治区人民检察院移送没收违法所得意见书。同年5月24日，内蒙古自治区人民检察院将案件交由呼和浩特市人民检察院办理。同年6月6日，呼和浩特市人民检察院向呼和浩特市中级人民法院提出没收违法所得申请。利害关系人及其诉讼代理人在法院公告期间申请参加诉讼，对检察机关没收违法所得申请没有提出异议。2020年11月13日，呼和浩特市中级人民法院作出违法所得没收裁定，依法没收白静使用贪污违法所得购买的9套房产。

【检察履职情况】

（一）提前介入完善主体身份证据，依法妥善处理共同犯罪案件。内蒙古自治区检察机关提前介入白静案时，审查发现证明白静构成贪污罪主体身份的证据不足，而共同犯罪人樊某某已经被呼和浩特市赛罕区人民检察院以职务侵占罪提起公诉。检察机关依法将白静案和樊某某案一并审查，建议内蒙古自治区监察委员会针对二人主体身份进一步补充调取证据。监察机关根据检察机关列出的补充完善证据清单，补充调取了A银行党委会议纪要、B证券公司党政联席会议纪要、任命文件等证据，证明白静与樊某某均系国家工作人员，二人利用职务上的便利侵吞国有资产的共同犯罪行为应当定性为贪污罪。检察机关在与监察机关、公安机关、人民法院就案件新证据和适用程序等问题充分沟通后，依法适用违法所得没收程序申请没收白静贪污犯罪所得，依法对樊某某案变更起诉指控罪名。

（二）严格审查监察机关没收违法所得意见，准确界定申请没收的财产范围。监察机关调查期间依法查封、扣押、冻结了白静亲属名下11套房产及部分资金，没收违法所得意见书认定上述财产均来源于白静贪污犯罪所得，建议检察机关依法申请没收。检察机关审查认为，监察机关查封的9套房产系以全额付款方式购买，均登记在白静亲属名下，但登记购买人均未出资且对该9套房产不知情；9套房产的购买资金均来源于白静实际控制的甲公司和乙公司银行账户；白静伙同樊某某利用职务便利套取A银行和B证券公司资金后转入甲公司和乙公司银行账户。根据现有证据，可以认定该9套房产来源于白静贪污犯罪所得。

其余2套房产，现有证据证明其中1套系白静妻兄向白静借钱购买，且事后已将购房款项归还，检察机关认为无法认定该套房产属于白静贪污犯罪所得，不应列入申请没收的财产范围；另1套房产由樊某某购买并登记在樊名下，现有证据能够证明购房资金来源于二人贪污犯罪所得，但在樊某某案中处理更为妥当。监察机关冻结、扣押的资金，检察机关审查认为来源不清，且白静夫妇案发前一直在金融单位工作，收入较高，同时使用家庭收入进行了股票等金融类投资，现有证据尚达不到认定高度可能属于白静贪污违法所得的证明标准，不宜列入申请没收范围。监察机关认可上述意见。

（三）申请鉴定人出庭作证，增强庭审举证效果。本案证据繁杂、专业性强，白静贪污犯罪手段隐秘、过程复杂，在看似正常的银行间债券买卖过程中将其所控制公司引入交易流程，通过增加交易环节、控制交易价格，以低买高卖的方式套取A银行、B证券公司应得利益。犯罪行为涉及银行间债券买卖的交易流程、交易策略、交易要素等专业知识，不为普通大众所熟知。2020年10月14日，呼和浩特市中级人民法院公开开庭审理白静贪污违法所得没收案时，检察机关申请鉴定人出庭，就会计鉴定意见内容进行解释说明，对白静操纵债券交易过程和违法资金流向等进行全面分析，有力证明了白静贪污犯罪事实及贪污所得流向，增强了庭审举证效果。

（四）突出庭审举证重点，着重证明申请没收的财产属于违法所得。庭审中，检察机关针对白静有贪污犯罪事实出示相关证据。通过出示任职文件、会议纪要等证据，证明白静符合贪污罪主体要件；运用多媒体分类示证方式，分步骤展示白静对债券交易的操纵过程，证明其利用职务便利实施了贪污犯罪。对申请没收的9套房产属于白静贪污违法所得进行重点举证。出示购房合同、房产登记信息等书证及登记购买人证言，证明申请没收的9套房产系以全额付款方式购买，但登记购买人对房产不知情且未出资；出示委托付款书、付款凭证等书证，证明申请没收的9套房产的购买资金全部来源于白静控制的甲公司和乙公司银行账户；出示银行开户资料、银行流水等书证，相关证人证言，另案被告人樊某某供述及鉴定意见，并申请鉴定人出庭对鉴定意见进行说明，证明甲公司和乙公司银行账户的资金高度可能属于白静套取的A银行和B证券公司的国有资金，且部分用于购买房产等消费；出示查封、扣押通知书、接收协助执行法律文书登记表等书证，证明申请没收的9套房产已全部被监察机关依法查封。利害关系人及其诉讼代理人对检察机关出示的证据未提出异议。人民法院采信上述证据，依法裁定没收白静使用贪污违法所得购买的9套房产。

【指导意义】

（一）准确把握认定违法所得的证明标准，依法提出没收申请。检察机关提出没收违法所得申请，应当有证据证明有犯罪事实。除因犯罪嫌疑人、被告人逃匿无法收集的证据外，其他能够证明犯罪事实的证据都应当收集在案。在案证据应能够证明申请没收的财产具有高度可能系直接或者间接来源于违法所得或者系犯罪嫌疑人、被告人非法持有的违禁品、供犯罪所用的本人财物。对于在案证据无法证明部分财产系犯罪嫌疑人、被告人违法所得及其他涉案财产的，则不应列入申请没收的财产范围。

（二）证明申请没收的财产属于违法所得，是检察机关庭审举证的重点。人民法院开庭审理申请没收违法所得案件，人民检察院应当派员出席法庭承担举证责任。针对犯罪嫌疑人、被告人实施了法律规定的重大犯罪出示相关证据后，应当着重针对申请没收的财产属于违法所得进行举证。对于涉及金融证券类等重大复杂、专业性强的案件，检察机关可以申请人民法院通知鉴定人出庭作证，以增强证明效果。

【相关规定】

《中华人民共和国监察法》第四十八条

《中华人民共和国刑法》第三百八十二条第一款

《中华人民共和国刑事诉讼法》第二百九十八条、第二百九十九条、第三百条

《人民检察院刑事诉讼规则》第十二章第四节

《最高人民法院、最高人民检察院关于适用犯罪嫌疑人、被告人逃匿、死亡案件违法所得没收程序若干问题的规定》第一条至第三条、第五条至第十条、第十三条至第十七条

彭旭峰受贿，贾斯语受贿、洗钱违法所得没收案

（检例第128号）

【关键词】

违法所得没收　主犯　洗钱罪　境外财产　国际刑事司法协助

【要　旨】

对于跨境转移贪污贿赂所得的洗钱犯罪案件，检察机关应当依法适用特别程序追缴贪污贿赂违法所得。对于犯罪嫌疑人、被告人转移至境外的财产，如果有证据证明具有高度可能属于违法所得及其他涉案财产的，可以依法申请予以没收。对于共同犯罪的主犯逃匿境外，其他共同犯罪人已经在境内依照普通刑事诉讼程序处理的案件，应当充分考虑主犯应对全案事实负责以及国际刑事司法协助等因素，依法审慎适用特别程序追缴违法所得。

【基本案情】

犯罪嫌疑人彭旭峰，男，某市基础建设投资集团有限公司原党委书记，曾任某市住房和城乡建设委员会副主任、轨道交通集团有限公司党委书记、董事长。

犯罪嫌疑人贾斯语，女，自由职业，彭旭峰妻子。

利害关系人贾某，贾斯语亲属。

利害关系人蔡某，贾斯语亲属。

利害关系人邱某某，北京某国际投资咨询有限公司实际经营者。

另案被告人彭某一，彭旭峰弟弟，已被判刑。

（一）涉嫌受贿犯罪事实

2010年至2017年，彭旭峰利用担任某市住房和城乡建设委员会副主任、轨道交通集团有限公司党委书记、董事长等职务上的便利，为有关单位或个人在承揽工程、承租土地及设备采购等事项上谋取利益，单独或者伙同贾斯语及彭某一等人非法收受上述单位或个人给予的财物共计折合人民币2.3亿余元和美元12万元。其中，彭旭峰伙同贾斯语非法收受他人给予的财物共计折合人民币31万余元、美元2万元。

2015年至2017年，彭旭峰安排彭某一使用两人共同受贿所得人民币2085万余元，在长沙市购买7套房产。案发后，彭某一出售该7套房产，并向办案机关退缴房款人民币2574万余元。

2015年9月至2016年11月，彭旭峰安排彭某一将两人共同受贿所得人民币4500万元借给邱某某；2016年11月，彭旭峰和彭某一收受他人所送对邱某某人民币3000万元的债权，并收取了315万元利息。上述7500万元债权，邱某某以北京某国际投资咨询有限公司在某商业有限公司的40%股权设定抵押担保。案发后，办案机关冻结了上述股份，并将上述315万元利息予以扣押。

2010年至2015年，彭旭峰、贾斯语将收受有关单位或个人所送黄金制品，分别存放于彭旭峰家中和贾某、蔡某家中。办案机关提取并扣押上述黄金制品。

（二）涉嫌洗钱犯罪事实

2012年至2017年，贾斯语将彭旭峰受贿犯罪所得人民币4299万余元通过地下钱庄或者借用他人账户转移至境外。

2014年至2017年，彭旭峰、贾斯语先后安排彭某一等人将彭旭峰受贿款兑换成外币后，转至贾斯语在其他国家开设的银行账户，先后用于在4个国家购买房产、国债及办理移民事宜等。应中华人民共和国刑事司法协助请求，相关国家对涉案房产、国债、资金等依法予以监管和控制。

【诉讼过程】

2017年4月1日，湖南省岳阳市人民检察院以涉嫌受贿罪对彭旭峰立案侦查，查明彭旭峰已于同年3月24日逃匿境外。同年4月25日，湖南省人民检察院对彭旭峰决定逮捕，同年5月10日，国际刑警组织对彭旭峰发布红色通报。

2017年4月21日，岳阳市人民检察院以涉嫌受贿罪、洗钱罪对贾斯语立案侦查，查明贾斯语已于同年3月10日逃匿境外。同年4月25日，湖南省人民检察院对贾斯语决定逮捕，同年5月10日，国际刑警组织对贾斯语发布红色通报。

2018年9月5日，岳阳市人民检察院将本案移交岳阳市监察委员会办理。岳阳市监察委员会对彭旭峰、贾斯语涉嫌职务犯罪案件立案调查，并向岳阳市人民检察院移送没收违法所得意见书。2019年6月22日，岳阳市人民检察院向岳阳市中级人民法院提出没收违法所得申请。利害关系人贾某、蔡某、邱某某在法院公告期间申请参加诉讼。其中贾某、蔡某对在案扣押的38万元提出异议，认为在案证据不能证明该38万元属于违法所得，同时提出彭旭峰、贾斯语未成年儿子在国内由其夫妇抚养，请求法庭从没收财产中为其预留生活、教育费用；邱某某对检察机关没收违法所得申请无异议，建议司法机关在执行时将冻结的某商业有限公司40%股份变卖后，扣除7500万元违法所得，剩余部分返还给其公司。2020年1月3日，岳阳市中级人民法院作出违法所得没收裁定，依法没收彭旭峰实施受贿犯罪、贾斯语实施受贿、洗钱犯罪境内违法所得共计人民币1亿余元、黄金制品以及境外违法所得共计5处房产、250万欧元国债及孳息、50余万美元及孳息。同时对贾某、蔡某提出异议的38万元解除扣押，予以返还；对邱某某所提意见予以支持，在执行程序中依法处置。

【检察履职情况】

（一）提前介入完善证据体系。本案涉嫌受贿、洗钱犯罪数额特别巨大，涉案境外财产分布在4个国家，涉及大量通过刑事司法协助获取的境外证据。检察机关发挥提前介入作用，对监察机关提供的案卷材料进行全面审查，详尽梳理案件涉及的上下游犯罪、关联犯罪关系以及电子证据、境外证据、再生证据等，以受贿罪为主线，列明监察机关应予补充调查的问题，并对每一项补证内容进行分解细化，分析论证补证目的和方向。经过监察机关补充调查，进一步完善了有关受贿犯罪所得去向和涉嫌洗钱犯罪的证据。

（二）证明境外财产属于违法所得。在案证据显示彭旭峰、贾斯语将受贿所得转移至4个国家，用于购买房产、国债等。其中对在某国购买的房产，欠缺该国资金流向和购买过程的证据。检察机关认为，在案证据证明，贾斯语通过其外国银行账户向境外某公司转账59.2万美元，委托该境外公司购买上述某国房产，该公司将其中49.4万美元汇往某国，购房合同价款为43.5万美元。同一时期内彭旭峰多次安排他人，将共计人民币390余万元（折合60余万美元）受贿所得汇至贾斯语外国银行账户，汇款数额大于购房款。因此，可以认定彭旭峰、贾斯语在该国的房产高度可能来源于彭旭峰受贿所得，应当认定该房产为违法所得予以申请没收。检察机关对彭旭峰、贾斯语在上述4个国家的境外财产均提出没收申请，利害关系人及其诉讼代理人均未提出异议，法院裁定均予以支持。

（三）依法审慎适用特别程序追缴违法所得。本案彭旭峰涉嫌受贿犯罪事实，大部分系伙同彭某一共同实施，彭某一并未逃匿，其受贿案在国内依照普通刑事诉讼程序办理，二人共同受贿犯罪涉及的部分境内财产已在彭某一案中予以查封、扣押或冻结。检察机关审查认为，本案系利用彭旭峰的职权实施，彭旭峰系本案主犯，对受贿行为起到了决定作用，宜将彭某一案中与彭旭峰有关联的境内财产，如兄弟二人在长沙市购买的房产、共同借款给他人的资金等，均纳入违法所得没收程序申请没收。利害关系人及其诉讼代理人和彭某一对此均未提出异议。人民法院作出的违法所得没收裁定生效后，通过国际刑事司法协助申请境外执行，目前已得到部分国家承认。

【指导意义】

（一）依法加大对跨境转移贪污贿赂所得的洗钱犯罪打击力度。犯罪嫌疑人、被告人逃匿境外的贪污贿赂犯罪案件，一般均已先期将巨额资产转移至境外，我国刑法第一百九十一条明确规定此类跨境转移资产行为属于洗钱犯罪。《最高人民法院、最高人民检察院关于适用犯罪嫌疑人、被告人逃匿、死亡案件违法所得没收程序若干问题的规定》明确规定对于洗钱犯罪案件，可以适用特别程序追缴违法所得及其他涉案财产。检察机关在办理贪污贿赂犯罪案件中，应当加大对涉嫌洗钱犯罪线索的审查力度，对于符合法定条件的，应积极适用违法所得没收程序追缴违法所得。

（二）准确认定需要没收违法所得的境外财产。《最高人民法院、最高人民检察院关于适用犯罪嫌疑人、被告人逃匿、死亡案件违法所得没收程序若干问题的规定》明确规定对于适用违法所得没收程序案件，适用"具有高度可能"的证明标准。经审查，有证据证明犯罪嫌疑人、被告人将违法所得转移至境外，在境外购置财产的支出小于所转移的违法所得，且犯罪嫌疑人、被告人没有足以支付其在境外购置财产的其他收入来源的，可以认定其在境外购置的财产具有高度可能属于需要申请没收的违法所得。

（三）对于主犯逃匿境外的共同犯罪案件，依法审慎适用特别程序追缴违法所得。共同犯罪中，主犯对全部案件事实负责，犯罪后部分犯罪嫌疑人、被告人逃匿境外，部分犯罪嫌疑人、被告人在境内被司法机关依法查办的，如果境内境外均有涉案财产，且逃匿的犯罪嫌疑人、被告人是共同犯罪的主犯，依法适用特别程序追缴共同犯罪违法所得，有利于全面把握涉案事实，取得较好办案效果。

【相关规定】

《中华人民共和国监察法》第四十八条

《中华人民共和国刑法》第一百九十一条第一款、第三百八十五条第一款

《中华人民共和国刑事诉讼法》第二百九十八条、第二百九十九条、第三百条

《人民检察院刑事诉讼规则》第十二章第四节

《最高人民法院、最高人民检察院关于适用犯罪嫌疑人、被告人逃匿、死亡案件违法所得没收程序若干问题的规定》第一条至第三条，第五条至第十条，第十三条至第十七条

黄艳兰贪污违法所得没收案

（检例第 129 号）

【关键词】

违法所得没收　利害关系人异议　善意第三方

【要　旨】

检察机关在适用违法所得没收程序中，应当承担证明有犯罪事实以及申请没收的财产属于违法所得及其他涉案财产的举证责任。利害关系人及其诉讼代理人参加诉讼并主张权利，但不能提供合法证据或者其主张明显与事实不符的，应当依法予以辩驳。善意第三方对申请没收财产享有合法权利的，应当依法予以保护。

【基本案情】

犯罪嫌疑人黄艳兰，女，原某市物资总公司（简称物资总公司）总经理、法定代表人。

利害关系人施某某，黄艳兰朋友。

利害关系人邓某某，黄艳兰亲属。

利害关系人 A 银行股份有限公司上海分行（简称 A 银行上海分行）。

利害关系人 B 银行股份有限公司上海市南支行（简称 B 银行市南支行）。

利害关系人 C 银行股份有限公司上海市虹桥开发区支行（简称 C 银行虹桥支行）。

1993 年 5 月至 1998 年 8 月，物资总公司用自有资金、银行贷款及融资借款经营期货等业务，由黄艳兰等人具体操作执行。其间，黄艳兰利用职务上的便利，先后控制和使用包括 D 商贸有限公司（简称 D 公司）等多个银行账户和证券账户进行期货交易，累计盈利人民币 1.8 亿余元，其中 1.1 亿余元未纳入物资总公司管理，由黄艳兰实际控制。

1997 年 7 月至 1999 年 4 月，黄艳兰直接或指使他人先后从 D 公司等六个账户转出人民币 3000.35 万元，以全额付款方式在上海购买 2 套房产，又向 A 银行上海分行、B 银行市南支行、C 银行虹桥支行按揭贷款在上海购买 50 套房产，分别登记在李某某（黄艳兰亲属）、施某某等人名下。在公司改制过程中，黄艳兰隐匿并占有上述房产。

2000 年 12 月，涉案 20 套房产因涉及民事纠纷被法院查封。为逃避债务，黄艳兰指使其亲属李某某将另外32套房产的合同权益虚假转让给施某某和高某某（施某某朋友），后又安排邓某某与施某某、高某某签订委托合同，继续由邓某某全权管理该房产。之后，黄艳兰指使邓某某出售15套，用部分售房款和剩余的17套房产（登记在施某某、高某某名下）出租所得款项又购买6套房产，其中4套登记在施某某名下，2套登记在蒋某（邓某某亲属）名下，另将部分售房款和出租款存入以施某某等人名义开设的银行账户。经查，上述23套房产均以按揭贷款方式购买。2002年12月至2003年5月，广西壮族自治区桂林市人民检察院依法查封了涉案23套房产，依法冻结施某某等人银行账户内存款人民币90余万元、美元2.7万余元。

【诉讼过程】

2002年8月14日，桂林市人民检察院以涉嫌贪污罪对黄艳兰立案侦查，查明黄艳兰已于2001年12月8日逃匿境外。2002年8月16日，桂林市人民检察院决定对黄艳兰刑事拘留，同年12月30日决定逮捕。2005年5月23日，国际刑警组织对黄艳兰发布红色通报。2016年12月23日，桂林市人民检察院向桂林市中级人民法院提出没收违法所得申请。利害关系人施某某、邓某某、A银行上海分行、B银行市南支行、C银行虹桥支行申请参加诉讼，对涉案财产主张权利。2018年11月15日，桂林市中级人民法院作出裁定，依法没收黄艳兰实施贪污犯罪所得23套房产、银行账户内存款人民币90余万元、美元2.7万余元及利息，依法向A银行上海分行、B银行市南支行、C银行虹桥支行支付贷款欠款本金、利息及实现债权的费用。利害关系人施某某、邓某某不服提出上诉。2019年6月29日，广西壮族自治区高级人民法院驳回上诉，维持一审裁定。

【检察履职情况】

（一）详细梳理贪污资金流向，依法认定涉案财产属于贪污违法所得。检察机关经审查在案资金流向相关证据，结合对黄艳兰实施贪污犯罪行为的分析，证实黄艳兰贪污公款后购买52套房产，其中2套以全额付款方式购买，50套以抵押贷款方式购买。司法机关已在相关民事诉讼中依法强制执行20套，黄艳兰指使邓某某出售15套，后用售房款和出租剩余17套房产所得款项又购买6套房产，另将部分售房款和出租房屋所得款项存入施某某等人名下银行账户。因此，在案23套房产以及存入施某某等人名下银行账户中的款项，均系黄艳兰贪污犯罪所得，依法应予以没收。

（二）针对性开展举证、质证、答辩，依法驳斥利害关系人不当异议。在开庭审理过程中，利害关系人邓某某及其诉讼代理人提出，以李某某名义开设的E期货账户曾转出3077万元至黄艳兰控制的D公司账户，购房资金来源于李某某从事期货交易的收益，并向法庭提交了开户资料等证据。出庭检察员对此从证据的合法性、真实性和关联性等方面，发表质证意见，提出邓某某及其诉讼代理人提交的开户资料等证据均为复印件，均未加盖出具单位公章，并有明显涂改痕迹，不具备证据的真实性。同时，根据证监会对涉案部分期货合约交易中有关单位和个人违规行为的处罚决定、期货公司出具的说明等书证、司法会计鉴定意见、检验鉴定意见以及相关证人证言，足以证实E期货账户系由黄艳兰指挥物资总公司工作人员开设和操作，账户内的保证金和资金高度可能属于物资总公司的公款。邓某某及其诉讼代理人所提意见与本案证据证明的事实不符，建议法庭不予采纳。另一利害关系人施某某及其诉讼代理人提出，施某某、高某某名下房产系施某某合法财产。对此，出庭检察员答辩指出，上述房产是相关民事纠纷过程中，黄艳兰为逃避债务，与李某某、黄某一（黄艳兰亲属）串通，将涉案房产登记到二人名下。且在变更登记后，施某某即将涉案房产委托给邓某某全权管理，涉案房产仍由邓某某实际控制，售房款、出租款等也均由邓某某控制和使用。施某某无法提交购房资金来源的证据，以证明其实际支付了购房款。因此，施某某及其诉讼代理人所提意见，与本案证据证明的事实不符，不应支持。法院对检察机关上述意见均予采纳。

（三）依法认定其他利害关系人身份，切实保护善意第三方合法权益。涉案23套房产均系黄艳兰利用贪污所得资金支付首付款后，向A银行上海分行、B银行市南支行、C银行虹桥支行以按揭贷款方式购买，三家银行对按揭贷款房产依法进行抵押，约定了担保债权的范围。诉讼期间，三家银行及其诉讼代理人提出，涉案房产的借款合同均合法有效，并享有抵押权，依法应当优先受偿。检察机关经审查认为，三家银行既未与黄艳兰串通，亦不明知黄艳兰购房首付款系贪污赃款，依法应当认定为善意第三方，其合法权益应当予以保护。根据《最高人民法院、最高人民检察院关于适用犯罪嫌疑人、被告人逃匿、死亡案件违法所得没收程序若干问题的规定》第七条第一款、第二款规定，检察机关依法认定上述三家银行系本案的"其他利害关系人"，对三家银行主张的优先受偿权，依法予以支持。

【指导意义】

（一）利害关系人对申请没收财产提出异议或主张权利的，检察人员出庭时应当作为质证重点。根据《最高人民法院、最高人民检察院关于适用犯罪嫌疑人、被告人逃匿、死亡案件违法所得没收程序若干问题的规定》第十五条的规定，利害关系人在诉讼中对检察机关申请没收的财产属于违法所得及其他涉案财产等相关事实及证据有异议的，可以提出意见；对申请没收财产主张权利的，应当出示相关证据。对于其提供的证据不合法，或其异议明显与客观事实不符的，出庭检察人员应当围绕财产状态、财产来源、与违法犯罪的关系等内容，有针对性地予以驳斥，建议人民法院依法不予支持。

（二）善意第三方对申请没收财产享有合法权益的，应当依法保护。对申请没收财产因抵押而享有优先受偿权的债权人，或者享有其他合法权利的利害关系人，如果在案证据能够证明其在抵押权设定时对该财产系违法所得不知情，或者有理由相信该财产为合法财产，依法应当认定为善意第三方，对其享有的担保物权或其他合法权利，依法应当予以保护。

【相关规定】

《中华人民共和国刑法》第三百八十二条第一款

《中华人民共和国合同法》第一百零七条、第二百零五条

《中华人民共和国担保法》第三十三条、第四十六条

《中华人民共和国刑事诉讼法》第二百九十八条、第二百九十九条、第三百条

《人民检察院刑事诉讼规则》第十二章第四节

《最高人民法院、最高人民检察院关于适用犯罪嫌疑人、被告人逃匿、死亡案件违法所得没收程序若干问题的规定》第一条至第三条，第五条至第十条，第十三条至第十七条

任润厚受贿、巨额财产来源不明违法所得没收案

（检例第130号）

【关键词】

违法所得没收　巨额财产来源不明　财产混同　孳息

【要　旨】

涉嫌巨额财产来源不明犯罪的人在立案前死亡，依照刑法规定应当追缴其违法所得及其他涉案财产的，可以依法适用违法所得没收程序。对涉案的巨额财产，可以由其近亲属或其他利害关系人说明来源。没有近亲属或其他利害关系人主张权利或者说明来源，或者近亲属或其他利害关系人主张权利所提供的证据达不到相应证明标准，或说明的来源经查证不属实的，依法认定为违法所得予以申请没收。违法所得与合法财产混同并产生孳息的，可以按照违法所得占比计算孳息予以申请没收。

【基本案情】

犯罪嫌疑人任润厚，男，某省人民政府原副省长，曾任A矿业（集团）有限责任公司（简称A集团）董事长、总经理，B环保能源开发股份有限公司（简称B环能公司）董事长。

利害关系人任某一，任润厚亲属。

利害关系人任某二，任润厚亲属。

利害关系人袁某，任润厚亲属。

（一）涉嫌受贿犯罪事实

2001年至2013年，犯罪嫌疑人任润厚利用担任A集团董事长、总经理，B环能公司董事长，某省人民政府副省长等职务上的便利，为相关请托人在职务晋升、调整等事项上提供帮助，向下属单位有关人员索要人民币共计70万元用于贿选；要求具有行政管理关系的被管理单位为其支付旅游、疗养费用，共计人民币123万余元；收受他人所送人民币共计30万元，被办案机关依法扣押、冻结。

（二）涉嫌巨额财产来源不明犯罪事实

2000年9月至2014年8月，犯罪嫌疑人任润厚及其亲属名下的财产和支出共计人民币3100余万元，港币43万余元，美元104万余元，欧元21万余元，加元1万元，英镑100镑；珠宝、玉石、黄金制品、字画、手表等物品155件。

任润厚的合法收入以及其亲属能够说明来源的财产为人民币1835万余元，港币800元，美元1489元，欧元875元，英镑132镑；物品20件。任润厚亲属对扣押、冻结在案的人民币1265万余元，港币42万余元，美元104万余元，欧元21万余元，加元1万元及物品135件不能说明来源。

【诉讼过程】

2014年9月20日，任润厚因严重违纪被免职，同年9月30日因病死亡。经最高人民检察院指定管辖，江苏省人民检察院于2016年7月11日启动违法所得没收程序。同年10月19日，江苏省人民检察院将案件交由扬州市人民检察院办理。同年12月2日，扬州市人民检察院向扬州市中级人民法院提出没收违法所得申请。

利害关系人任某一、任某二、袁某申请参加诉讼。2017年6月21日，扬州市中级人民法院公开开庭审理。同年7月25日，扬州市中级人民法院作出违法所得没收裁定，依法没收任润厚受贿犯罪所得人民币30万元及孳息；巨额财产来源不明犯罪所得人民币1265万余元、港元42万余元、美元104万余元、欧元21万余元、加元1万元及孳息，以及珠宝、玉石、黄金制品、字画、手表等物品135件。

【检察履职情况】

（一）准确把握立法精神，依法对立案前死亡的涉嫌贪污贿赂犯罪行为人适用违法所得没收程序。任润厚在纪检监察机关对其涉嫌严重违纪违法问题线索调查期间因病死亡。检察机关认为，与普通刑事诉讼程序旨在解决涉嫌犯罪人的定罪与量刑问题不同，违法所得没收作为特别程序主要解决涉嫌犯罪人的违法所得及其他涉案财产的追缴问题，不涉及对其刑事责任的追究。因此，涉嫌贪污贿赂犯罪行为人在立案前死亡的，虽然依法不再追究其刑事责任，但也应当通过违法所得没收程序追缴其违法所得。本案中，任润厚涉嫌受贿、巨额财产来源不明等重大犯罪，虽然未被刑事立案即死亡，但其犯罪所得及其他涉案财产依法仍应予以追缴，应当通过违法所得没收程序进行处理。

（二）认真核查财产来源证据，依法认定巨额财产来源不明的涉嫌犯罪事实及违法所得数额。办案中，检察机关对任润厚本人及其转移至亲属名下的财产情况、任润厚家庭支出及合法收入情况，进行了重点审查，通过对涉案270

余个银行账户存款、现金、155 件物品的查封、扣押、冻结，对 160 余名证人复核取证等工作，查明了任润厚家庭财产的支出和收入情况。根据核查情况，将任润厚家庭的购房费用、购车费用、女儿留学费用、结婚赠与及债权共 929 万元纳入重大支出范围，计入财产总额。鉴于任润厚已经死亡，且死亡前未对本人及转移至亲属名下的财产和支出来源作出说明，检察机关依法向任润厚的亲属调查询问，由任润厚亲属说明财产和支出来源，并根据其说明情况向相关单位、人员核实，调取相关证据。对于相关证据证实及任润厚亲属能够说明合法来源的工资奖金、房租收入、卖房所得、投资盈利等共计 1806 万余元，以及手表、玉石、黄金制品等物品，依法在涉案财产总额中予以扣减。将犯罪嫌疑人及其亲属名下财产和家庭重大支出数额，减去家庭合法收入及其近亲属等利害关系人能说明合法来源的收入，作为任润厚涉嫌巨额财产来源不明罪的违法所得，据此提出没收违法所得申请。利害关系人任某一和袁某对检察机关没收申请没有提出异议。任某二对于检察机关将任润厚夫妇赠与的 50 万元购车款作为重大支出计入财产总额，提出异议，并提供购车发票证明其购买汽车裸车价格为 30 万元，提出余款 20 万元不能作为重大支出，应从没收金额中扣减。检察机关根据在案证据认为不应扣减，并在出庭时指出：该 50 万元系由任润厚夫妇赠与任某二，支出去向明确，且任润厚家庭财产与任某二家庭财产并无混同；购车费用除裸车价格外，还包括车辆购置税、保险费等其他费用；任某二没有提供证据，证明购车款结余部分返还给任润厚夫妇。因此，其主张在没收金额中扣减 20 万元的依据不足，不应支持。该意见被法院裁定采纳。

（三）依法审查合法财产与违法所得混同的财产，按违法所得所占比例认定和申请没收违法所得孳息。经审查认定，依法应当申请没收的巨额财产来源不明犯罪所得为人民币 1265 万余元、部分外币以及其他物品。冻结在案的任润厚及其亲属名下财产为人民币 1800 余万存款、部分外币以及其他物品。其中本金 1800 余万元存款产生了 169 万余元孳息。关于如何确定应当没收的孳息，检察机关认为，可以按该笔存款总额中违法所得所占比例（约 1265/1800 = 70.2%），计算出违法所得相应的孳息，依法予以申请没收，剩余部分为合法财产及孳息，返还给其近亲属。法院经审理予以采纳。

【指导意义】

（一）涉嫌贪污贿赂等重大犯罪的人立案前死亡的，依法可以适用违法所得没收程序。违法所得没收程序的目的在于解决违法所得及其他涉案财产的追缴问题，不是追究被申请人的刑事责任。涉嫌实施贪污贿赂等重大犯罪行为的人，依照刑法规定应当追缴其犯罪所得及其他涉案财产的，无论立案之前死亡或立案后作为犯罪嫌疑人、被告人在诉讼中死亡，都可以适用违法所得没收程序。

（二）巨额财产来源不明犯罪案件中，本人因死亡不能对财产来源作出说明的，应当结合其近亲属说明的来源，或者其他利害关系人主张权利以及提供的证据情况，依法认定是否属于违法所得。已死亡人员的近亲属或其他利害关系人主张权利或说明来源的，应要求其提供相关证据或线索，并进行调查核实。没有近亲属或其他利害关系人主张权利或说明来源，或者近亲属或其他利害关系人虽然主张权利但提供的证据没有达到相应证明标准，或者说明的来源经查证不属实的，应当依法认定为违法所得，予以申请没收。

（三）违法所得与合法财产混同并产生孳息的，可以按照比例计算违法所得孳息。在依法查封、扣押、冻结的犯罪嫌疑人财产中，对违法所得与合法财产混同后产生的孳息，可以按照全案中合法财产与违法所得的比例，计算违法所得的孳息数额，依法申请没收。对合法财产及其产生的孳息，及时予以返还。

【相关规定】

《中华人民共和国刑法》第三百八十二条第一款、第三百八十五条第一款、第三百九十五条第一款

《中华人民共和国刑事诉讼法》第二百八十条第一款、第二百八十二条第一款

《人民检察院刑事诉讼规则》第十二章第四节

《最高人民法院、最高人民检察院关于适用犯罪嫌疑人、被告人逃匿、死亡案件违法所得没收程序若干问题的规定》第一条至第三条、第五条至第十条、第十三条至第十七条

最高人民检察院第三十二批指导性案例解读*

韩晓峰　高锋志　尚垚弘**

2021 年 12 月 9 日，最高人民检察院发布了第三十二批指导性案例，包括白静贪污违法所得没收案；彭旭峰受贿，贾斯语受贿、洗钱违法所得没收案；黄艳兰贪污违法所得没收案；任润厚受贿、巨额财产来源不明违法所得没收案共四件指导性案例（检例第 127—130 号）。这是检察机关第一次发布以职务犯罪适用违法所得没收程序为主题的指导性案例。现就发布该批指导性案例的背景、意义和其中涉及的主要问题进行解读。

一、发布第三十二批指导性案例的背景和意义

2012 年刑事诉讼法修改增设了违法所得没收特别程序，2018 年刑事诉讼法修改沿用了 2012 年修改时规定。这一程序为解决贪污贿赂等重大犯罪案件的犯罪嫌疑人、被告人逃匿或者死亡，普通刑事诉讼程序无法继续进行，从而致使大量违法所得财产流失、无法被追缴这一困境提供了解决方案。2012 年以来，在中央反腐败协调小组国际追逃追赃工作办公室统一领导下，检察机关与相关部门密切配合，积极推动适用这一程序，依法没收贪污贿赂犯罪嫌疑人、被告人违法所得，既为国家挽回经济损失，也切断外逃腐败分子资金链，大大挤压其在境外的生存空间，形成强大震慑效应，促进国际追逃追赃工作取得显著成效。随着反腐败斗争形势日益严峻复杂，追逃追赃工作已经进入攻坚期和深水区，为推动检察机关积极适用违法所得没收程序办理符合条件的职务犯罪案件，提高案件办理质效，进一步充分发挥检察机关在反腐败追逃追赃工作中的职能作用，最高人民检察院围绕职务犯罪适用违法所得没收程序主题发布该批指导性案例，主要意义在于：

一是指导全国检察机关充分发挥特别程序功能，着力促进反腐败国际追逃追赃。党的十八大以来，以习近平同志为核心的党中央以零容忍态度惩治腐败，一体推进不敢腐、不能腐、不想腐，有力遏制腐败滋生蔓延势头，反腐败斗争取得压倒性胜利并全面巩固。在全力推进反腐败斗争中，党中央高度重视国际追逃追赃工作，将其纳入反腐败工作总体部署，加强集中统一领导。对反

* 原文载《人民检察》2022 年第 2 期。

** 作者单位：最高人民检察院第三检察厅。

腐败国际追逃追赃工作来说，违法所得没收程序是一项法律利器。发布以职务犯罪适用违法所得没收程序为主题的指导性案例，有助于指导全国检察机关以高度的政治自觉、法治自觉和检察自觉，在反腐败国际追逃追赃斗争中履职尽责、积极作为、勇于担当，更好服务党和国家反腐败大局。

二是指导全国检察机关依法规范办理职务犯罪适用违法所得没收程序案件，着力提升案件办理质效。违法所得没收程序属于刑事公诉程序，由检察机关对“涉嫌犯罪事实”和“违法所得及其他涉案财产”负举证责任。但由于该程序主要解决违法犯罪资产的追缴问题，不解决被告人的刑事责任，实质上是对物的诉讼。基于案件的特殊性，从有利于反腐败斗争大局出发，结合《联合国反腐败公约》规定，刑事诉讼法和相关司法解释对违法所得没收程序中“犯罪事实”和“违法所得”的证明标准，作了与普通刑事诉讼程序不同的规定。因为实践中适用这一特别程序办理的职务犯罪案件总体数量较少，通过发布指导性案例，可以为全国检察机关依法办理类似案件提供参考和借鉴，推动该程序积极适用，不断积累实践样本，进而推动相关配套制度机制不断完善。

三是指导全国检察机关在工作中加强沟通协调，着力保障职务犯罪适用违法所得没收程序顺利推进。对于犯罪嫌疑人、被告人逃匿境外、在境外死亡或将财产转移至境外的案件，涉及大量境外取证工作，需要通过国际刑事司法协助途径解决。还有一些共同犯罪人已在国内通过普通刑事诉讼程序追究刑事责任的案件，对于如何启动违法所得没收程序、如何把握相关证明标准等，都需要与监察机关和法院等加强沟通协调。通过发布指导性案例，可以为全国检察机关办理该类案件明确方向，促进检察机关认真履行配合制约职责，做好涉案财物扣押、证据收集、标准把握、移送交接等工作，形成有效工作合力，充分发挥违法所得没收程序功能作用。

二、白静贪污违法所得没收案

（一）基本案情

白静伙同樊某某（另案处理）共同实施贪污犯罪，白静逃匿境外，监察机关以贪污罪对其立案调查。检察机关在主动介入白静案时，发现樊某某已经以职务侵占罪被提起公诉，遂同步对樊某某案进行全面审查，及时针对主体身份证据提出补证意见，并根据补证情况依法对樊某某变更起诉罪名，依法推动违法所得没收程序适用。该案监察机关针对 11 套房产和部分银行资金提出没收违法所得意见，检察机关审查认为，其中 2 套房产和银行资金没有达到高度可能的证明标准，未提出没收违法所得申请，监察机关亦同意检察机关的意见。在案件开庭审理过程中，检察机关除将证明申请没收财产属于违法所得作为举证重点外，对涉嫌犯罪事实的证据也进行简要出示，取得了良好的庭审效果。

（二）理解适用中的重点问题

1. 检察机关提出没收违法所得申请，应准确把握认定违法所得的证明标准

检察机关提出没收违法所得申请，应有证据证明有犯罪事实，除因犯罪嫌疑人、被告人逃匿无法收集的证据外，其他能够证明犯罪事实的证据都应收集在案。在案证据应能够证明申请没收的财产具有高度可能系直接或者间接来源于违法所得或者系犯罪嫌疑人、被告人非法持有的违禁品、供犯罪所用的本人财物。对于在案证据无法证明部分财产系犯罪嫌疑人、被告人违法所得及其他涉案财产的，则不应列入申请没收的财产范围。该案中监察机关调查期间依法查封、扣押、冻结了白静亲属名下11套房产及部分资金，没收违法所得意见书认定上述财产均来源于白静贪污犯罪所得，建议检察机关依法申请没收。检察机关审查认为，根据现有证据，可以认定其中9套房产来源于白静贪污犯罪所得，其余2套房产和监察机关冻结、扣押的资金，尚达不到认定高度可能属于白静贪污违法所得的证明标准，未提出没收违法所得申请。

2. 检察机关出席申请没收违法所得案件庭审，对于犯罪事实进行必要举证后，应重点对申请没收的财产属于违法所得进行举证

对于涉及金融证券类等重大复杂、专业性强的案件，检察机关可以申请法院通知鉴定人出庭作证，以增强证明效果。该案庭审中，检察机关首先通过出示任职文件、会议纪要等证据，证明白静符合贪污罪主体要件；运用多媒体分类示证方式，分步骤展示白静对债券交易的操纵过程，证明其利用职务便利实施了贪污犯罪，然后对申请没收的9套房产属于白静贪污违法所得进行重点举证。因白静等人贪污犯罪行为涉及银行间债券买卖的交易流程、交易策略、交易要素等专业知识，不为普通大众所熟知，检察机关申请鉴定人出庭，就会计鉴定意见内容进行解释说明，对白静操纵债券交易过程和违法资金流向等进行全面分析，有力证明了白静贪污犯罪事实及贪污所得流向，增强了庭审举证效果。

三、彭旭峰受贿，贾斯语受贿、洗钱违法所得没收案

（一）基本案情

彭旭峰单独或者伙同妻子贾斯语及彭某一等人受贿共计折合人民币2.3亿余元和美元12万元。除安排彭某一在国内购买房产、借给他人使用外，彭旭

峰和贾斯语还安排彭某一通过地下钱庄把大量赃款转移至境外，用于在4个国家购买房产、基金和办理移民事宜等。该案办理中检察机关主动介入，认真审查并列出详细补证清单，监察机关及时补充完善相关证据；对分布在境外的涉案房产，根据在案证据分析论证属于违法所得，依法提出没收申请；将彭某一案中与彭旭峰有关联的境内财产纳入违法所得没收程序申请没收，保证国际追逃追赃整体效果。

（二）理解适用中的重点问题

1. 对于跨境转移贪污贿赂违法所得的洗钱犯罪案件，检察机关应加大打击力度，依法推动适用特别程序追缴贪污贿赂违法所得

犯罪嫌疑人、被告人逃匿境外的贪污贿赂犯罪案件，一般均已先期将巨额资产转移至境外，刑法第一百九十一条明确规定此类跨境转移资产行为属于洗钱犯罪。2017年最高人民法院、最高人民检察院《关于适用犯罪嫌疑人、被告人逃匿、死亡案件违法所得没收程序若干问题的规定》明确对于洗钱犯罪案件，可以适用特别程序追缴违法所得及其他涉案财产。检察机关在办理贪污贿赂犯罪案件中，应当加大对涉嫌洗钱犯罪线索的审查力度，对于符合法定条件的，积极适用违法所得没收程序追缴违法所得。

2. 准确适用“具有高度可能”的证明标准，依法认定需要提出没收违法所得申请的境外财产

《关于适用犯罪嫌疑人、被告人逃匿、死亡案件违法所得没收程序若干问题的规定》明确对于适用违法所得没收程序案件，适用“具有高度可能”的证明标准。经审查，有证据证明犯罪嫌疑人、被告人将违法所得转移至境外，在境外购置财产的支出小于所转移的违法所得，且犯罪嫌疑人、被告人没有足以支付其在境外购置财产的其他收入来源的，可以认定其在境外购置的财产具有高度可能属于需要申请没收的违法所得。该案中，在案证据可证实彭旭峰、贾斯语通过境外公司购买某国房产，但欠缺在该国资金流向和购买过程的证据。检察机关认为，在案证据证明，在贾斯语于境外转账汇款购房同一时期内，彭旭峰多次安排他人将受贿款汇入贾斯语外国银行账户，汇款数额大于购房款。因此，应当认定彭旭峰、贾斯语在该国的房产高度可能来源于彭旭峰受贿所得，遂针对该房产提出没收违法所得申请，法院裁定予以支持。

3. 对于主犯逃匿境外的共同犯罪案件，依法审慎适用特别程序追缴违法所得

共同犯罪中，主犯对全部案件事实负责，犯罪后部分犯罪嫌疑人、被告人逃匿境外，部分犯罪嫌疑人、被告人在境内被司法机关依法查办的，如果境内境外均有涉案财产，且逃匿的犯罪嫌疑人、被告人是共同犯罪的主犯，依法适

用特别程序追缴共同犯罪违法所得，有利于全面把握涉案事实，取得较好办案效果。该案中彭旭峰涉嫌受贿犯罪事实，大部分系伙同彭某一共同实施，彭某一并未逃匿，其受贿案在国内依照普通刑事诉讼程序办理，二人共同受贿犯罪涉及的部分境内财产已在彭某一案中予以查封、扣押或冻结。检察机关审查认为，该案系利用彭旭峰的职权实施犯罪行为，彭旭峰系该案主犯，对受贿行为起到了决定作用，宜将彭某一案中与彭旭峰有关联的境内财产，如二人在湖南省长沙市购买的房产、共同借款给他人的资金等，均纳入违法所得没收程序申请没收。利害关系人及其诉讼代理人和彭某一对此均未提出异议。法院作出的违法所得没收裁定生效后，通过国际刑事司法协助申请境外执行，目前已得到部分国家承认。

四、黄艳兰贪污违法所得没收案

（一）基本案情

黄艳兰利用职务之便实施贪污犯罪后，使用犯罪所得赃款，以全额付款或向银行按揭贷款方式购买房产，且为隐匿房产及避免因债务纠纷被法院查封处置，将涉案房产分别登记在自己亲属和朋友名下。法院审理过程中，黄艳兰亲属和朋友对检察机关没收申请提出异议，对自己名下财产主张权利，检察机关在庭审中针对异议重点举证、质证和答辩，有效反驳其无理要求，法院对检察机关意见予以采纳，依法支持没收申请。三家办理抵押按揭贷款的银行提出对涉案房产享有抵押担保债权，申请优先受偿，检察机关审查认为其对担保财产系违法所得不知情，依法应当认定为善意第三方，对其主张的合法权益应当予以保护。

（二）理解适用中的重点问题

1. 利害关系人对检察机关申请没收财产提出异议或主张权利的，出庭检察人员应当重点质证

根据《关于适用犯罪嫌疑人、被告人逃匿、死亡案件违法所得没收程序若干问题的规定》第十五条，利害关系人在诉讼中对检察机关申请没收的财产属于违法所得及其他涉案财产等相关事实及证据有异议的，可以提出意见；对申请没收财产主张权利的，应出示相关证据。对于其提供的证据不合法，或其异议明显与客观事实不符的，出庭检察人员应当围绕财产状态、财产来源、与违法犯罪的关系等内容，有针对性地予以驳斥，建议法院依法不予支持。该案开庭审理过程中，利害关系人邓某某及其诉讼代理人提出，购房资金来源于李某某从事期货交易的收益，并向法庭提交了开户资料等证据。另一利害关系人施某某及其诉讼代理人提出，施某某、高某某名下房产系施某某合法财产。

出庭检察人员针对利害关系人所提异议，从证据的合法性、真实性和关联性等方面，发表质证意见，证明邓某某、施某某及其诉讼代理人所提意见与该案证据证明的事实不符，不应支持。法院对检察机关上述意见均予采纳。

2. 善意第三方对申请没收财产享有合法权益的，应当依法保护

对申请没收财产因抵押而享有优先受偿权的债权人，或者享有其他合法权利的利害关系人，如果在案证据能够证明其在抵押权设定时对该财产系违法所得不知情，或者有理由相信该财产为合法财产，依法应当认定为善意第三方，对其享有的担保物权或其他合法权利，依法应当予以保护。该案中涉案23套房产均系黄艳兰利用贪污犯罪所得资金支付首付款后，向三家银行以按揭贷款方式购买，三家银行对房产依法享有抵押权，并约定了担保债权的范围。诉讼期间，三家银行及其诉讼代理人提出，涉案房产的借款合同均合法有效，并享有抵押权，依法应当优先受偿。检察机关经审查认为，三家银行既未与黄艳兰串通，亦不明知黄艳兰购房首付款系贪污赃款，依法应当认定为善意第三方，其合法权益应当予以保护。根据《关于适用犯罪嫌疑人、被告人逃匿、死亡案件违法所得没收程序若干问题的规定》第七条第一款、第二款，检察机关依法认定上述三家银行系该案的“其他利害关系人”，对三家银行主张的优先受偿权予以支持。

五、任润厚受贿、巨额财产来源不明违法所得没收案

（一）基本案情

任润厚在立案前死亡，检察机关经研究论证认为，可以适用不定罪的特别程序申请没收其违法所得。任润厚已经死亡，无法对家庭巨额财产来源作出说明，检察机关认为特别程序对巨额财产来源不明罪违法所得的认定，本质系对明显超过合法收入的财产权属的确认，可以由相关利害关系人对财产来源予以说明，不能说明来源或经查证说明的来源不属实的，应当认定为违法所得，申请没收。该案依法冻结的账户中，原有本金产生的160余万元孳息，因涉及百余笔存款，且期限、利率各不相同，难以确定具体违法所得孳息。检察机关研究认为，可以按违法所得与合法财产的比例对违法所得孳息予以没收。法院经审理采纳检察机关意见。

（二）理解适用中的重点问题

1. 涉嫌贪污贿赂等重大犯罪的人立案前死亡的，依法可以适用违法所得没收程序

违法所得没收程序的目的在于解决违法所得及其他涉案财产的追缴问题，不是追究被申请人的刑事责任。涉嫌实施贪污贿赂等重大犯罪行为的人，依照

刑法规定应当追缴其犯罪所得及其他涉案财产的，无论立案之前死亡或立案后作为犯罪嫌疑人、被告人在诉讼中死亡，都可以适用违法所得没收程序。

2. 巨额财产来源不明犯罪案件中，本人因死亡不能对财产来源作出说明的，应当结合其近亲属说明的来源，或者其他利害关系人主张权利以及提供的证据情况，依法认定是否属于违法所得

已死亡人员的近亲属或其他利害关系人主张权利或说明来源的，应要求其提供相关证据或线索，并进行调查核实。没有近亲属或其他利害关系人主张权利或说明来源，或者近亲属或其他利害关系人虽然主张权利但提供的证据没有达到相应证明标准，或者说明的来源经查证不属实的，应当依法认定为违法所得，予以申请没收。该案任润厚在立案前已经死亡，且死亡前未对本人及转移至亲属名下的财产和支出来源作出说明，检察机关依法向任润厚的亲属调查询问，由其说明财产和支出来源，并根据其说明情况向相关单位、人员核实，调取相关证据。对于相关证据证实及任润厚亲属能够说明合法来源的收入和物品，依法在涉案财产总额中予以扣减。将任润厚及其亲属名下财产和家庭重大支出数额，减去家庭合法收入及任润厚亲属等利害关系人能说明合法来源的收入，作为任润厚巨额财产来源不明罪的违法所得，据此提出没收违法所得申请。

3. 违法所得与合法财产混同并产生孳息的，可按照比例计算违法所得孳息，依法申请没收

对合法财产及其产生的孳息，及时予以返还。该案检察机关经审查认定，依法应当申请没收的巨额财产来源不明犯罪所得为人民币 1265 万余元、部分外币及其他物品。冻结在案的任润厚及其亲属名下财产为人民币 1800 余万元存款、部分外币及其他物品。其中本金 1800 余万元存款产生了 169 万余元孳息。如何确定应当没收的孳息，检察机关认为，可按该笔存款总额中违法所得所占比例（约 1265/1800 = 70.2%），计算出违法所得相应的孳息，依法予以申请没收，剩余部分为合法财产及其孳息，应返还给其近亲属。法院经审理予以采纳。

最高人民检察院
关于印发最高人民检察院
第三十三批指导性案例的通知

（2022 年 1 月 30 日公布　高检发办字〔2022〕18 号）

各省、自治区、直辖市人民检察院，解放军军事检察院，新疆生产建设兵团人民检察院：

经 2021 年 12 月 29 日最高人民检察院第十三届检察委员会第八十四次会议决定，现将社区矫正对象孙某某撤销缓刑监督案等五件案例（检例第 131—135 号）作为第三十三批指导性案例（社区矫正监督主题）发布，供参照适用。

最高人民检察院

2022 年 1 月 30 日

社区矫正对象孙某某撤销缓刑监督案

（检例第131号）

【关键词】

社区矫正监督　违反规定外出、出境　调查核实　撤销缓刑

【要　旨】

人民检察院应当加强对社区矫正机构监督管理和教育帮扶社区矫正对象等社区矫正工作的法律监督，保证社区矫正活动依法进行。人民检察院开展社区矫正法律监督，应当综合运用查阅档案、调查询问、信息核查等多种方式，查明社区矫正中是否存在违法情形，精准提出监督意见。对宣告缓刑的社区矫正对象违反法律、行政法规和监督管理规定的，应当结合违法违规的客观事实和主观情节，准确认定是否属于“情节严重”应予撤销缓刑情形。对符合撤销缓刑情形但社区矫正机构未依法向人民法院提出撤销缓刑建议的，人民检察院应当向社区矫正机构提出纠正意见；对社区矫正工作中存在普遍性、倾向性违法问题或者有重大隐患的，人民检察院应当提出检察建议。

【基本案情】

社区矫正对象孙某某，男，1978年9月出生，2016年7月6日因犯非法买卖枪支罪被天津市滨海新区人民法院判处有期徒刑三年，宣告缓刑四年，缓刑考验期自2016年7月17日至2020年7月16日止。孙某某在北京市海淀区某镇司法所接受社区矫正。2019年，北京市海淀区人民检察院在日常监督时发现孙某某存在未经批准擅自外出、出境等应当撤销缓刑情形，依法监督社区矫正机构提请人民法院对孙某某撤销缓刑，收监执行原判有期徒刑三年。

【检察机关履职过程】

线索发现　2019年，海淀区人民检察院在日常监督中发现，社区矫正对象孙某某在被实施电子监管期间，电子定位轨迹出现中断情形，孙某某可能存在故意逃避监管等违法违规行为。

调查核实　海淀区人民检察院开展了以下调查核实工作。一是通过查看社区矫正综合管理平台和社区矫正档案，发现司法所对孙某某进行监督管理时，缺乏实地查访、信息核查等监管措施。二是向铁路、航空、出入境等部门调取孙某某社区矫正期间出行信息，并与请假批准手续记录对比，发现孙某某在被

实施电子监管期间故意对电子定位装置不充电擅自外出一次，在被摘除电子定位装置（因法律法规调整，孙某某不再符合使用电子定位装置条件）后又利用每个月到司法所当面报到的间隔期间擅自外出二十余次，最长一次达十九天，其中违法出境两次、累计十一天。三是对孙某某进行询问，其对未经批准擅自外出的事实予以承认。

监督意见　海淀区人民检察院经审查认为，孙某某在社区矫正期间多次违规外出并两次违法出境，违反了《中华人民共和国刑法》第七十五条、《中华人民共和国出境入境管理法》第十二条及《社区矫正实施办法》（2020 年 7 月 1 日废止，有关规定内容被 2020 年 7 月 1 日起施行的《中华人民共和国社区矫正法实施办法》吸收）第二十五条规定，且情节严重，于 2019 年 5 月 24 日向海淀区司法局提出纠正意见，建议其向法院提出撤销缓刑建议。同时，向海淀区某镇司法所制发《纠正违法通知书》，依法纠正社区矫正监管教育措施落实不到位等问题。为促进本辖区社区矫正工作全面规范提升，海淀区人民检察院对近三年办理的社区矫正监督案件进行全面梳理，针对发现的监督管理中存在的普遍性、倾向性问题，于 2019 年 10 月 21 日向海淀区司法局发出《检察建议书》，建议：建立有效监督管理机制，综合运用实地查访、信息化核查、通信联络等方式，准确掌握社区矫正对象实际情况；加强与出入境管理部门以及公安派出所的沟通协作和信息互通，采取有效措施防止社区矫正对象违法出境和违规外出等问题的发生。

监督结果　2019 年 6 月 19 日，海淀区司法局向天津市滨海新区人民法院制发《撤销缓刑建议书》。2019 年 7 月 22 日，滨海新区人民法院作出刑事裁定，撤销孙某某宣告缓刑四年，收监执行原判有期徒刑三年。同时，海淀区司法局采纳检察建议进行了整改：一是完善自身督察机制。采取专项督察、定项督察、随机督察、派驻督察等方式，进一步强化社区矫正监管教育措施的落实。二是完善与出入境管理部门及公安派出所的协作和信息互通机制。在采取原有出入境备案措施基础上，全面落实社区矫正对象护照、港澳台通行证暂停使用制度；同时加强与公安派出所的信息互通机制，及时排查社区矫正对象有无违规出行和违法出境等情况。三是加强社区矫正与法律监督配合机制。邀请检察机关共同研判社区矫正执法风险、开展线上线下警示教育，形成司法合力，以监督促社区矫正规范提升。四是对相关责任人员予以党政纪处分。

【指导意义】

（一）人民检察院开展社区矫正法律监督工作，应依法全面履行法律监督职责，确保社区矫正法的正确实施。《中华人民共和国社区矫正法》规定，对被判处管制、宣告缓刑、假释和暂予监外执行的罪犯，依法实行社区矫正，并规定人民检察院依法对社区矫正工作实行法律监督。人民检察院应当加强对社区矫正机构监督管理和教育帮扶社区矫正对象等社区矫正工作的法律监督，保证社区矫正工作依法进行，促进社区矫正对象顺利融入社会，预防社区矫正对象再次违法犯罪。在开展社区矫正监督工作时，应当加强对社区矫正档案和信息管理平台中社区矫正对象的日常监管教育、请假外出审批、考核奖惩等有关情况的审查。对于发现的违法违规监督线索，要及时开展调查核实，查清违法违规事实，准确适用法律，精准提出监督意见，更好地满足人民群众对司法公正和社会和谐稳定的需求。

（二）人民检察院办理撤销缓刑监督案件时，应当全面考量行为人主客观情形，依法判断是否符合"其他违反有关法律、行政法规和监督管理规定，情节严重"的撤销缓刑情形。现行《中华人民共和国社区矫正法实施办法》第四十六条第一款第五项沿用了2012年3月1日实施的《社区矫正实施办法》（2020年7月1日废止）第二十五条第一款第五项的规定，对社区矫正对象撤销缓刑情形规定了兜底性条款，即有"其他违反有关法律、行政法规和监督管理规定，情节严重的情形"，应当提出撤销缓刑建议。认定是否达到"情节严重"时，应当全面考量社区矫正对象违反有关法律、行政法规和监督管理规定行为的性质、次数、频率、手段、事由、后果等客观事实，并在准确把握其主观恶性大小的基础上作出综合认定。具有撤销缓刑情形而社区矫正机构未依法提出撤销缓刑建议的，人民检察院应当向社区矫正机构提出纠正意见，监督社区矫正机构向人民法院提出撤销缓刑建议。

（三）人民检察院应当依法监督社区矫正机构加强对社区矫正对象的监督管理，完善与公安机关等的沟通协作机制，防止社区矫正对象非法出境。社区矫正对象在社区矫正期间应当遵守外出、报告、会客等监管规定。依据《中华人民共和国出境入境管理法》规定，被判处刑罚尚未执行完毕的罪犯，不准出境。人民检察院应当监督社区矫正机构加强对社区矫正对象遵守禁止出境等规定情况的监督管理，督促社区矫正机构会同公安机关等部门完善沟通协作和信息互通机制，防止社区矫正对象非法出境。

（四）对社区矫正工作中存在的普遍性、倾向性违法问题和重大隐患，人民检察院应当充分运用检察建议等提升监督效果。检察建议是检察机关履行法律监督职责的重要方式。人民检察院办理社区矫正监督案件时，发现社区矫正机构存在的普遍性问题和管理漏洞，应充分运用检察建议，依法依规提出有针对性的建议，督促执行机关整改落实、规范管理、堵塞漏洞，最大限度地发挥法律监督促进社会治理的效果，实现法律监督工作和社区矫正工作的双促进、双提升。

【相关规定】

《中华人民共和国刑法》第七十五条、第七十七条

《中华人民共和国出境入境管理法》第十二条

《中华人民共和国社区矫正法》第二十七条

《中华人民共和国社区矫正法实施办法》第二十七条、第四十六条（2020年7月1日起施行）

《社区矫正实施办法》第十三条、第二十五条（2012年3月1日起施行，2020年7月1日废止）

《人民检察院刑事诉讼规则》第六百四十四条

《人民检察院检察建议工作规定》第九条

社区矫正对象崔某某暂予监外执行收监执行监督案

（检例第132号）

【关键词】

社区矫正监督　重点审查对象　变更执行地　保外就医情形消失　暂予监外执行收监执行

【要　旨】

人民检察院开展社区矫正法律监督工作，应当加强对因患严重疾病被暂予监外执行以及变更执行地等社区矫正对象的监督管理活动的监督。人民检察院在监督工作中应当准确把握暂予监外执行适用条件，必要时聘请有专门知识的人辅助审查。发现社区矫正对象暂予监外执行情形消失且刑期未满的，应当依法提出收监执行的检察建议，维护刑罚执行公平公正。

【基本案情】

社区矫正对象崔某某，男，1958年8月出生，原山东某国有企业总经理。2015年6月2日因犯受贿罪被山东省淄博市博山区人民法院判处有期徒刑十年，刑期至2025年1月20日止。2015年7月4日，崔某某被交付山东省淄博监狱服刑。2016年5月6日，崔某某因在监狱中诊断患有胃癌被暂予监外执行，在山东省淄博市博山区某镇司法所接受社区矫正。因其儿子在上海工作并定居，崔某某被暂予监外执行后在上海接受手术及化疗。后为便于病情复查及照料看护，崔某某提出申请变更社区矫正执行地至上海市金山区。2017年3月6日，崔某某变更至上海市金山区某镇司法所接受社区矫正。崔某某在上海市金山区接受社区矫正期间能遵守社区矫正相关规定，按时向社区矫正机构报告病情复查情况，矫正表现良好。

2020年，金山区人民检察院结合病情诊断、专家意见和法医审查报告认为，崔某某化疗结束后三年期间未发现癌症复发或转移现象，暂予监外执行情形消失且刑期未满，依法监督社区矫正机构提请监狱管理机关将崔某某收监执行。

【检察机关履职过程】

线索发现　2020年7月，金山区人民检察院邀请区人大代表、政协委员、医师等，以辖区内被暂予监外执行的职务犯罪社区矫正对象监督管理工作为重点，开展专项监督。检察人员发现，崔某某自2017年6月化疗结束至2020年7月，由上海市静安区中心医院出具的历次复诊小结中，均未见明显的胃癌症状描述，其是否仍符合暂予监外执行情形需要进一步调查。

调查核实　为全面掌握崔某某身体健康状况和接受社区矫正情况，金山区人民检察院查阅了崔某某刑罚变更执行和接受日常监管矫正文书档案，以及原始病历资料和每三个月的病情复查材料等，询问了社区矫正工作人员及崔某某。同时为更精准判断崔某某暂予监外执行监督工作中所涉及的医学问题，金山区人民检察院邀请主任医师杨某某作为有专门知识的人全程参与，提出咨询意见。经调查核实，崔某某在社区矫正期间能够遵守各项规定，一直接受治疗，病情较为稳定。杨某某根据调查核实情况，出具“初步认为其胃癌术后恢复情况良好，无癌症复发指征”的专家意见。

监督意见　2020年9月23日，金山区人民检察院向金山区司法局提出检察建议，建议其组织对崔某某进行病情复查和鉴定。如鉴定结果为不再符合暂予监外执行情形，应当及时提请收监执行。金山区司法局采纳了检察建议，组织病情复查。复旦大学附属金山医院作出“目前癌症未发现明显复发或转移”的诊断结论。2020年10月15日，金山区司法局就崔某某收监执行征求金山区人民检察院意见。金山区人民检察院结合病情诊断、专家意见和法医审查报告认为，崔某某化疗结束后三年期间未发现癌症复发或转移现象，可以认定其暂予监外执行情形消失且刑期未满，符合收监执行情形，遂向金山区司法局制发《检察意见书》，同意对崔某某收监执行。

监督结果　2020年10月20日，金山区司法局向山东省监狱管理局发出《收监执行建议书》。2020年10月30日，山东省监狱管理局制发《暂予监外执行收监决定书》，决定将崔某某依法收监执行。2020年11月2日，崔某某被收监执行。

【指导意义】

（一）人民检察院开展社区矫正监督工作，对于保外就医的社区矫正对象是否符合暂予监外执行条件应当加强审查。对于交付社区矫正、变更执行地的保外就医社区矫正对象，检察机关应及时审查是否符合暂予监外执行条件。对于保外就医的职务犯罪、破坏金融管理秩序和金融诈骗犯罪、黑社会性质组织犯罪等社区矫正对象，特别是在监内服刑时间较短、剩余刑期较长的人员，应当予以重点审查。社区矫正期间，人民检察院应监督社区矫正机构及时掌握暂予监外执行社区矫正对象身体状况及疾病治疗等情况，每三个月审查保外就医社区矫正对象病情复查情况。必要时，人民检察院可以自行组织或者要求社区矫正机构对社区矫正对象重新组织诊断、检查或者鉴别。为保证相关结果客观公正，诊断、检查的医疗机构应当与暂予监外执行社区矫正对象日常就诊的医疗机构不同且不存在利益相关。对于暂予监外执行情形消失的，人民检察院应当及时提出收监执行的检察建议，防止“一保到底”，切实维护刑罚执行公平公正。

（二）人民检察院开展社区矫正监督工作，可充分结合专家意见，综合判断社区矫正对象是否符合继续保外就医条件。人民检察院在对保外就医社区矫正对象的监督管理活动开展法律监督时，要重点关注社区矫正对象的身体健康状况，依法判断是否仍属于《保外就医严重疾病范围》规定的严重疾病情形。人民检察院在甄别病情是否发生重大变化、保外就医情形是否消失时，可以邀请有专门知识的人参与，辅助对病情复查诊断书及相关化验单、影像学资料、病历、鉴定意见等材料进行审查，并充分考虑专家意见后进行综合判断。

（三）人民检察院应加强对变更社区矫正执行地的监督，切实防止通过变更执行地逃避刑罚执行问题的发生。为促进社区矫正对象顺利融入社会，因工作变动、居所变化、生活需要等正当理由，社区矫正对象可以申请变更社区矫正执行地。人民检察院应当加强对变更社区矫正执行地等情形的法律监督，重点审查变更理由是否合理、相关证明材料是否充分、变更审批手续、交付接收程序等是否合法规范，同时应当监督变更执行地后的社区矫正机构加强对社区矫正对象的监督管理。

【相关规定】

《中华人民共和国刑事诉讼法》第二百六十八条

《中华人民共和国社区矫正法》第二十七条、第四十九条

《中华人民共和国社区矫正法实施办法》第二十四条、第三十条、第三十一条、第四十九条（2020年7月1日起施行）

《社区矫正实施办法》第十四条、第二十六条（2012年3月1日起施行，2020年7月1日废止）

《暂予监外执行规定》第二十一条、第二十三条、第三十一条

《人民检察院刑事诉讼规则》第六百四十四条

社区矫正对象王某减刑监督案

（检例第133号）

【关键词】

社区矫正监督　见义勇为　重大立功　减刑监督　检察听证

【要　旨】

人民检察院开展社区矫正法律监督工作，应当坚持客观公正立场，既监督纠正社区矫正中的违法行为，又依法维护社区矫正对象合法权益。发现宣告缓刑的社区矫正对象有见义勇为、抢险救灾等突出表现的，应当监督相关部门审查确定是否属于重大立功情形，是否符合减刑条件。对有重大社会影响的减刑监督案件，人民检察院可以召开听证会，围绕社区矫正对象是否符合重大立功等重点内容进行听证，结合原判罪名情节、社区矫正期间表现等依法提出检察建议。

【基本案情】

社区矫正对象王某，男，1989年6月出生，2018年3月14日因犯诈骗罪被浙江省德清县人民法院判处有期徒刑三年，宣告缓刑四年，并处罚金人民币六万元，缓刑考验期自2018年3月27日至2022年3月26日止。王某在浙江省德清县某街道司法所接受社区矫正。社区矫正期间，王某能够积极接受教育管理，各方面表现良好。

2019年11月12日上午，王某在德清县某街道进行社区服务时，发现社区卫生服务站门口的道路上，一辆正在施工的热熔划线工程车上的液化气罐突然起火，危及周边安全。王某见状主动上前施救，并成功排除险情。经德清县人民检察院监督，王某的行为被法院依法认定为重大立功，符合减刑的法定条件。湖州市中级人民法院依法裁定对王某减去有期徒刑六个月，缩减缓刑考验期一年。

【检察机关履职过程】

线索发现　救火事件经新闻媒体报道后，德清县人民检察院检察人员通过查看现场照片，并与德清县社区矫正机构确认，主动救火的人是社区矫正对象王某。德清县人民检察院认为，王某的行为可能构成重大立功情形，符合减刑条件。

调查核实　德清县人民检察院将王某主动救火的情况向社区矫正机构反映，但社区矫正机构未及时进行核查。检察机关随即开展调查核实等工作。一是审查救火事件的基本事实和证据。通过走访事发现场，询问事发地社区工作人员、社区医生、道路施工人员、消防救援人员及周边群众，收集调取现场照片等证据，了解到当日工程车上的液化气罐突然起火，王某发现后三次往返火场灭火，最后爬上工程车徒手将有随时被引爆风险的7个液化气罐全部拧紧，成功排除一起重大火灾爆炸险情。灭火过程中，王某身体多处受伤。事发地位于德清县城闹市区，来往车辆和行人较多，周边均为居民区，一旦发生爆炸可能造成重大事故。二是审查王某在社区矫正期间的表现情况。全面调取王某的社区矫正档案材料，询问王某和社区矫正机构工作人员，了解到王某原判罚金刑已履行完毕，其在社区矫正期间能够认罪悔罪，遵守法律法规和监督管理规定，积极参加教育学习和社区服务，月度考核中多次获得表扬。三是论证是否符合重大立功情形。会同公安机关、人民法院和社区矫正机构等部门，就王某的行为是否属于重大立功表现等问题进行分析论证，推动社区矫正机构有针对性地开展调查取证。2019年12月25日，德清县人民检察院向德清县公安局发出王某见义勇为举荐书，德清县公安局核实后于2020年1月3日依法确定王某的行为系见义勇为。四是召开公开听证会。考虑到王某见义勇为行为已被媒体宣传报道，具有较大的社会影响，德清县人民检察院围绕是否构成重大立功等问题组织召开检察听证会，邀请省市县三级人大代表和政协委员、社区矫正机构代表等人员作为听证员，当事人及其代理律师也参加听证。听证员认为，王某见义勇为行为成功排除了一起重大事故，符合重大立功的条件，有力传播了社会正能量，建议德清县人民检察院依法监督德清县司法局对王某提请减刑。

监督意见　2020年4月17日，德清县人民检察院依法向德清县司法局提出对社区矫正对象王某提请减刑的检察建议。

监督结果　2020年7月1日，湖州市司法局在审查德清县司法局报送的减刑建议书后，向湖州市中级人民法院提出减刑建议。湖州市中级人民法院经审理认为，社区矫正对象王某在排除重大事故中有见义勇为行为，且表现突出，构成重大立功，符合减刑的法定条件。2020年7月13日，湖州市中级人民法院依法裁定对王某减去有期徒刑六个月，缩减缓刑考验期一年。

【指导意义】

（一）人民检察院开展社区矫正法律监督工作，发现宣告缓刑社区矫正对象有重大立功线索的，应当监督社区矫正机构进行调查核实，依法维护社区矫正对象合法权益。根据有关法律和司法解释的规定，宣告缓刑的罪犯，一般不适用减刑；在缓刑考验期内有重大立功表现的，可以参照《中华人民共和国刑法》第七十八条的规定，予以减刑。因此，人民检察院在监督工作中发现社区矫正对象有见义勇为表现，可能构成重大立功的，应当监督社区矫正机构及时进行调查，依法予以确认。必要时，人民检察院可以自行开展调查核实。

（二）人民检察院在办理减刑监督案件时，可以通过公开听证方式听取各方意见，最大程度凝聚共识，确保案件办理质效。人民检察院办理有重大社会影响的社区矫正对象减刑监督案件，可以运用公开听证方式开展案件审查工作，广泛听取意见，并通过以案释法，弘扬社会主义核心价值观。在听证过程中，应重点围绕社区矫正对象的行为是否符合《中华人民共和国刑法》第七十八条规定的重大立功情形听取意见。人民检察院综合听证员意见，结合社区矫正对象见义勇为的具体表现、有效避免或阻止发生的危害后果，以及原判罪名情节、社会危害程度和社区矫正期间表现等因素，经审慎研究，依法认定符合减刑条件的，应当向刑罚执行机关提出提请减刑的检察建议。

【相关规定】

《中华人民共和国刑法》第七十八条

《中华人民共和国刑事诉讼法》第二百七十三条

《中华人民共和国社区矫正法》第三十三条

《中华人民共和国社区矫正法实施办法》第三十三条、第四十二条（2020年7月1日起施行）

《最高人民法院关于办理减刑、假释案件具体应用法律的规定》第五条、第十八条

《人民检察院刑事诉讼规则》第六百四十四条

《人民检察院办理减刑、假释案件规定》第九条

社区矫正对象管某某申请外出监督案

（检例第134号）

【关键词】

社区矫正监督　生产经营需要　申请外出　依申请监督　跟进监督

【要　旨】

人民检察院开展社区矫正法律监督工作，应当监督社区矫正机构依法履行社区矫正对象申请外出的审批职责。社区矫正对象因生产经营需要等正当理由申请外出，社区矫正机构未予批准，申请人民检察院监督的，人民检察院应当在调查核实后依法监督社区矫正机构批准。社区矫正机构批准外出的，人民检察院应当监督社区矫正机构加强对社区矫正对象外出期间的动态监督管理，确保社区矫正对象"放得出""管得住"。

【基本案情】

社区矫正对象管某某，男，1970年5月出生，江苏某电子科技有限公司控股股东、实际控制人。2016年7月21日，管某某因犯虚开增值税专用发票罪被江苏省昆山市人民法院判处有期徒刑三年，宣告缓刑五年，缓刑考验期自2016年8月2日至2021年8月1日止。管某某在安徽省芜湖市湾沚区某司法所接受社区矫正。管某某在社区矫正期间遵纪守法，服从监督管理，表现良好。

2020年8月，芜湖市湾沚区人民检察院根据管某某的申请，依法对某司法所不批准管某某外出申请进行监督。经监督，社区矫正机构依法批准管某某外出申请。

【检察机关履职过程】

线索发现　2020年8月，湾沚区人民检察院接到社区矫正对象管某某反映，其经营的某电子公司因生产经营陷入困境，亟须本人赴上海、江苏等地洽谈业务，其向某司法所申请外出，未获批准，遂向湾沚区人民检察院提出法律监督申请。

调查核实　受理管某某的申请后，湾沚区人民检察院开展了以下调查核实工作：一是了解司法所不批准管某某外出的理由。主要是担心管某某外出后，可能发生脱管或重新犯罪等问题。二是调查管某某外出的必要性。经实地走访管某某经营的公司，查阅公司营业执照、纳税申报表和业务合同等材料，询问公司相关人员，查明管某某经营的公司共有员工近200名，年均销售额7000万元，年均纳税400余万元。管某某是公司的实际控制人，公司业务一直由管某某负责经营管理。另查明新冠疫情发生以来，其公司销售业绩下滑约40%，面临停产危险，亟须管某某赴上海、江苏等地拓展加工销售市场，帮助公司复工复产。三是评估管某某的社会危险性。经查阅管某某原刑事案件卷宗、社区矫正档案，走访社区矫正工作人员，综合分析其原犯罪事实、性质、情节、社会危害性、认罪悔罪态度等情况，同时查明管某某在犯罪后认罪悔罪态度较好，在社区矫正期间认真遵守法律法规和社区矫正监督管理规定，未发生漏管、脱管情况。

监督意见　湾沚区人民检察院审查认为，管某某因犯虚开增值税专用发票罪被判处有期徒刑三年，宣告缓刑五年，且为初犯，能认罪悔罪。同时，管某某在社区矫正期间，能严格遵守社区矫正监督管理规定，创业热情较高、回报社会意愿较强，现实表现良好，造成社会危险的可能性较小，其申请外出从事企业亟须开展的生产经营活动，符合《中华人民共和国社区矫正法》第二十七条第一款、《中华人民共和国社区矫正法实施办法》第二十六条关于申请外出的条件。2020年8月26日，湾沚区人民检察院与湾沚区司法局召开联席会议，检察机关结合管某某原判罪名情节、有期徒刑缓刑考验期间改造表现、申请外出事由等情形，提出社区矫正机构应依法批准管某某外出的检察意见，并与该区司法局就批准管某某请假外出事宜达成共识。

监督结果　2020年9月10日，某司法所批准管某某外出4天。之后，管某某又因生产经营需要申请外出共计11次，均被批准。管某某因外出开展经营业务，促进企业转型升级，在疫情防控常态化条件下，企业未出现停产、裁员情况，稳定提供就业岗位近两百个。

管某某外出期间，湾沚区人民检察院监督司法所建立社区矫正对象重点监督台账，并与司法所对接，通过登录司法局社区矫正智慧矫正系统，动态获悉司法所对管某某的监督管理情况。该司法所通过电话通讯、微信实时定位、社区矫正智慧监管系统平台推送信息等方式，核查管某某行动轨迹，并将相关情况及时通报湾沚区人民检察院，实现对管某某的动态监管。

【指导意义】

（一）人民检察院开展社区矫正法律监督工作，应当监督社区矫正机构依法开展社区矫正对象外出申请审批工作。开展社区矫正法律监督，应当自觉服务保障经济社会发展大局，依法维护社区矫正对象合法权益，保障正常生产经营活动的开展。对于社区矫正对象因生产经营需要等有正当理由的外出申请，社区矫正机构未批准，申请人民检察院监督的，人民检察院可综合社区矫正对象所在企业经营状况、个人在企业经营中的职责地位、外出理由是否合理紧迫、原犯罪性质和情节、社区矫正期间表现等情况，判断申请外出的必要性和可能发生的社会危险性，准确提出监督意见。对于社区矫正对象确因生产经营、就医、就学等正当理由申请外出且无社会危险性的，应当认定为符合《中华人民共和国社区矫正法》第二十七条第一款规定，建议社区矫正机构依法予以批准。

（二）对于社区矫正机构批准社区矫正对象外出的，人民检察院应当监督社区矫正机构加强对外出社区矫正对象的动态监管。社区矫正对象经批准外出，仍应接受社区矫正机构的监督管理。人民检察院应当监督社区矫正机构将批准外出社区矫正对象列为重点监管对象，按照《中华人民共和国社区矫正法》和相关法律法规规定，采取电话联络、实时视频或者信息化大数据等高科技手段加强动态管理。必要时，可以建议外出目的地社区矫正机构协助进行监督管理，确保社区矫正对象“放得出”“管得住”。

【相关规定】

《中华人民共和国社区矫正法》第二十七条

《中华人民共和国社区矫正法实施办法》第二十六条、第二十八条（2020年7月1日起施行）

社区矫正对象贾某某申请经常性跨市县活动监督案

（检例第135号）

【关键词】

社区矫正监督　经常性跨市县活动　依申请监督　简化审批

【要　旨】

人民检察院开展社区矫正法律监督工作，应当切实加强社区矫正对象合法权益保障，着力解决人民群众“急难愁盼”问题。对于社区矫正对象因正常工作、生活需要申请经常性跨市县（包含跨不同省份之间的市、县）活动的，人民检察院应当监督社区矫正机构依法予以批准，并简化批准程序和方式。

【基本案情】

社区矫正对象贾某某，男，1978年2月出生，汽车驾驶员。2020年11月2日，贾某某因犯非法侵入住宅罪被河南省滑县人民法院判处有期徒刑十个月，宣告缓刑一年，缓刑考验期自2020年12月3日至2021年12月2日止。贾某某在河南省滑县某镇司法所接受社区矫正。贾某某在社区矫正期间遵纪守法，服从监督管理，表现良好。

2021年1月，河南省滑县人民检察院根据贾某某的申请，依法对滑县司法局不批准贾某某经常性跨市、县活动申请进行监督。经监督，社区矫正机构依法简化批准程序和方式，批准贾某某经常性跨市、县活动申请。

【检察机关履职过程】

线索发现　2021年1月，河南省滑县人民检察院接到社区矫正对象贾某某反映，其以从事长途货运服务为生，在社区矫正期间，因正常工作和生活需要经常性跨市、县活动，于2020年12月8日向滑县司法局申请经常性跨市、县活动，未获批准。现已严重影响其工作和生活，申请检察机关对滑县司法局进行监督。

调查核实　滑县人民检察院受理申请后，开展以下调查核实工作：一是了解社区矫正机构不批准贾某某申请的理由。通过走访滑县司法局，询问社区工作人员，了解到滑县司法局不批准贾某某经常性跨市、县活动外出申请的理由为：根据《中华人民共和国社区矫正法》第二十七条、《中华人民共和国社区矫正法实施办法》第二十九条规定，社区矫正对象申请经常性跨市、县活动的，可以简化批准程序和方式，批准一次的有效期为六个月。但现行法律法规没有明确经常性跨市、县活动能否跨省，因此不予批准。贾某某可以在每次外出时，临时单独申请，社区矫正机构将根据申请予以审批。二是了解贾某某申请经常性跨市、县活动的必要性。通过调取贾某某家庭情况信息、父母及岳父母病历、贷款信息、银行流水，询问贾某某及其家属、村委会成员，了解到贾某某承包某运输公司滑县至江苏和山东某运输线路，每月需往返5至8次，频次较高；运输任务一般临时通知，接到任务后再向社区矫正机构申请外出，严重影响其按时完成运输任务。贾某某全家的生活支出主要依赖其工作收入，现因无法完成运输任务，收入锐减，已开始举债偿还每月一万余元的货车贷款和房贷，家庭正常生活开支难以维持。三是评估贾某某的社会危险性。经查阅贾某某原刑事案件卷宗、社区矫正档案，走访社区矫正工作人员，了解到贾某某犯非法侵入住宅罪系亲属之间矛盾引发，被宣告缓刑，社区矫正表现良好，社会危险性较小；其从事长途运输期间未发现违反交通运输法律法规行为。

监督意见　滑县人民检察院经审查认为，一是“经常性跨市、县活动”应当包含跨不同省份之间的市、县。《中华人民共和国社区矫正法》《中华人民共和国社区矫正法实施办法》规定“社区矫正对象因正常工作和生活需要，申请经常性跨市、县活动”的主要目的，是为了帮助社区矫正对象解决正常工作需要和日常生活中遇到的实际困难，让其更好地回归社会。因此，根据立法精神，可以将“经常性跨市、县活动”中的“跨市、县”理解为包含跨省份之间的市、县。二是贾某某申请经常性跨市、县活动确有必要。贾某某的运输任务一般临时通知，每次单独申请严重影响其正常工作需要。贾某某一直从事货运服务，运输收入为家庭生活的唯一来源，如无货运服务收入，其家庭生活将无以为继，不利于贾某某顺利融入社会，易产生社会不稳定因素。贾某某申请社区矫正机构简化批准程序和方式，一次性批准其六个月经常性跨市、县活动，确有必要。

2021年1月20日，滑县人民检察院邀请人大代表、政协委员、律师、纪检监察人员作为听证员，就贾某某申请经常性跨市、县活动的必要性、社会危险性等问题组织了听证会。听证员一致认为，贾某某确属因正常工作和生活需要经常性跨市、县活动，社会危险性较小，一次性批准其六个月内可以跨市、县活动，更有利于解决贾某某家庭困难问题，帮助其更好地回归社会。滑县人民检察院参考听证意见并研究后，依法向滑县司法局提出检察意见，建议滑县司法局批准贾某某经常性跨市、县活动的申请。

监督结果　2021年1月21日，滑县司法局就“经常性跨市、县活动”范围理解问题逐级请示上级司法行政部门后，批准贾某某经常性跨市、县活动六个月。2021年10月，河南省司法厅印发《河南省社区矫正对象外出审批管理办法》，明确社区矫正对象申请跨市、县活动范围包括但不限于本省。

贾某某外出活动期间，滑县人民检察院跟进监督滑县司法局加强对贾某某的教育管理措施，保证社区矫正效果。2021年5月，滑县人民检察院进行回访调查，了解到贾某某外出期间能够遵守法律法规，通过经常性跨市、县活动从事货运服务的收入保障了家庭正常生活。

【指导意义】

（一）人民检察院开展社区矫正法律监督工作，应当切实加强社区矫正对象合法权益保障，着力解决人民群众“急难愁盼”问题。回应新时代人民群众新要求，着力解决人民群众“急难愁盼”问题，是检察机关落实“司法为民”要求的重要体现。人民检察院履行社区矫正法律监督职责，要立足于厚植党的执政根基、维护社会秩序稳定，办理好事关社区矫正对象等人民群众切身利益的每一起“小案”，努力解决人民群众操心事、烦心事、揪心事，不断提升人民群众的获得感、幸福感、安全感。

（二）准确把握立法精神，厘清“经常性跨市、县活动”界限。对社区矫正对象因正常工作和生活需要提出经常性跨市、县活动申请进行审批时，应当将经常性跨市、县活动所指的“市、县”理解为，既包括本省域内的市、县，也包括不同省份之间的市、县。对因正常工作和生活需要，以相对固定时间、频次经常性跨市、县活动的长途货运司机、物流押送员、销售员等特定社区矫正对象，人民检察院应当监督社区矫正机构依法履职，简化批准程序和方式，批准社区矫正对象经常性跨市、县活动的申请。

【相关规定】

《中华人民共和国社区矫正法》第二十七条

《中华人民共和国社区矫正法实施办法》第二十六条、第二十八条、第二十九条（2020年7月1日起施行）

最高人民检察院第三十三批指导性案例解读*

侯亚辉　刘福谦　谢　佳**

2022年2月14日，最高人民检察院发布了第三十三批指导性案例，共5件。这是检察机关第一次发布以社区矫正监督为主题的指导性案例。为准确理解适用该批指导性案例，现就相关重点问题进行解读。

一、发布第三十三批指导性案例的背景和意义

依法对社区矫正活动实行法律监督是检察机关的一项重要职责。近年来，特别是社区矫正法以及2020年最高人民法院、最高人民检察院、公安部、司法部《中华人民共和国社区矫正法实施办法》（以下简称《实施办法》）实施以来，各地检察机关牢固树立双赢多赢共赢监督理念，全面履行监督职责，规范监督、加强办案，持续强化社区矫正检察工作，更加突出对交付执行、监督管理、收监执行、脱管漏管等社区矫正重点环节、重点领域的检察监督，促进将罪犯改造成为守法公民、向社会输出"合格产品"，最大限度降低社区矫正对象再犯罪比例，为保障国家的总体安全贡献检察力量。为进一步总结各地在社区矫正监督工作中的经验做法，充分发挥指导性案例的示范引领作用，提升监督能力、办案水平，指导各地进一步规范和加强社区矫正监督工作，在社区矫正法通过并公布两周年之际，最高人民检察院发布第三十三批以社区矫正监督为主题的指导性案例。

该批5件指导性案例，是最高人民检察院发布的刑事执行检察第二批指导性案例。总体来看，有以下四个特点：

一是体现依法全面监督理念。社区矫正法第八条规定，检察机关依法对社区矫正工作实行法律监督，《实施办法》第六条进一步明确列举了检察机关的8项监督职责。5件案例重点围绕这8项监督职责，不仅选取了相对传统的监督重点收监执行的监督案件，如社区矫正对象孙某某撤销缓刑监督案、社区矫正对象崔某某暂予监外执行收监执行监督案；还选取了社区矫正法中新增以及需进一步探索的监督案例，如社区矫正对象王某减刑监督案、社区矫正对象管某某申请外出监督案、社区矫正对象贾某某申请经常性跨市县活动监督案，既

* 原文载《人民检察》2022年第9期。

** 作者单位：最高人民检察院第五检察厅。

积极回应了社区矫正监督实践需要，又依法保障了社区矫正对象合法权益。

二是突出依法能动履职理念。与检察机关办理审查逮捕、审查起诉等案件相比，刑事执行检察更具有依法能动履职的特点。尤其是社区矫正法律监督工作，监督的阵地在“社区”，在人民群众身边，更需要检察机关增强大局意识、为民意识、责任意识，充分结合地区经济发展特色和人民群众需要等实际情况进行深刻思考，形成正确的法律监督理念，以高度的政治自觉、法治自觉、检察自觉，更加积极主动地全面履行监督职责，增强主动审查发现监督线索的能力，增强积极解决监督难点问题的能力，服务经济社会高质量发展、满足人民群众司法新需要。5件指导性案例中，有3件案例是检察机关主动履职发现，2件案例是社区矫正对象提出申请，通过检察机关积极作为切实解决实际困难，均具有很好的监督效果和指导价值。

三是体现刑事执行监督方式由办事向办案转变理念。当前社区矫正监督工作在监督办案过程中还存在监督标准不统一、调查核实不充分等薄弱问题，监督的刚性、精准度和权威性没有充分发挥出来，在一定程度上影响了监督的质效。针对当前各地在社区矫正法律监督工作中存在的薄弱环节，5件指导性案例均明确了调查核实方式和提出纠正意见的情形，细化程序启动、流转与终结步骤，适时探索了在社区矫正法律监督案件中采取公开听证等方式，提升监督的透明度和公正性。同时，指导性案例围绕监督中的难点问题，如针对撤销缓刑“情节严重的”情形、减刑“重大立功表现”、申请“跨市、县活动”等情形，明确了法律条款的理解与适用，增强指导的针对性和实效性，推动检察监督规范化、精准化。

四是体现双赢多赢共赢理念。在社区矫正工作中，检察机关与被监督机关目标一致，都是为了促进社区矫正顺利开展，社区矫正对象得到有效教育矫治，顺利融入社会，预防和减少犯罪。社区矫正工作涉及的部门较多，不仅包括社区矫正机构，还包括社区矫正对象所在的单位、妇联、未成年人保护组织等，且实际工作中，各级法院、公安机关等部门也需要参与其中。检察机关要坚持监督与支持并重，既认真履行法律监督职责，依法监督纠正社区矫正活动中的各类违法情形，也要在各级党委、政法委的领导下，支持配合相关部门依法开展工作，共同促进社区矫正规范开展，共同维护司法公正和法律权威。5件指导性案例均从不同侧面代表和反映了检察机关在社区矫正监督中，牢固树立双赢多赢共赢监督理念，充分运用政治智慧、法律智慧、监督智慧，自觉把刚性规定与灵活方式结合起来，最大程度发挥法律监督职能，展现最大诚意，构建良性互动关系，努力实现政治效果、社会效果、法律效果相统一。例如，社区矫正对象孙某某撤销缓刑监督案中，检察机关在纠正个案的同时，坚持开展溯源监督，全面梳理社区矫正中的普遍性、倾向性问题，运用检察建议督促社区矫正机构整改落实、规范管理、堵塞漏洞，最大限度地发挥法律监督促进社会治理的效果，实现法律监督工作和社区矫正工作的双促进、双提升；社区矫正对象贾某某申请经常性跨市县活动监督案中，检察机关破解“跨市、县活动”争议问题，推动社区矫正机构形成统一规范适用标准。

二、个案评析

（一）社区矫正对象孙某某撤销缓刑监督案涉及的重点问题

对宣告缓刑的社区矫正对象违反法律、行政法规和监督管理规定的，应当结合违法违规的客观事实和主观情节，准确认定是否属于“情节严重”应予撤销缓刑情形。对符合撤销缓刑情形但社区矫正机构未依法向法院提出撤销缓刑建议的，检察机关应当向社区矫正机构提出纠正意见。该案涉及的重点问题有以下几点：

第一，在社区矫正监督工作中，应充分运用调查核实权，精准提出监督意见。该指导性案例是一个对社区矫正日常监管教育活动开展监督的比较典型的案例。2018 年修订的人民检察院组织法第二十一条规定，检察机关行使法律监督职权时，可以进行调查核实。这是检察机关查明事实、精准监督的“利器”。以往社区矫正检察主要是对执行文书、矫正档案等开展书面化检察，但随着社区矫正工作科技信息化发展，社区矫正检察方式也应随之转变，采取书面审查与信息化审查相结合的检察方式，通过综合研判分析发现疑问点和监督线索，不断增强线索发现能力，充分用足用好调查核实权，查清违法违规事实，精准提出监督意见。

第二，准确把握撤销缓刑的情形。对于具有撤销缓刑情形而社区矫正机构未依法提出撤销缓刑建议的，检察机关应当提出监督意见。刑法、社区矫正法均规定了宣告缓刑社区矫正对象撤销缓刑的情形，《实施办法》第四十六条列举了违反禁止令情节严重、无正当理由不按规定时间报到或者接受社区矫正期间脱离监管超过 1 个月、因违反监督管理规定受到治安管理处罚仍不改正、受到社区矫正机构 2 次警告仍不改正、其他违反有关法律法规和监督管理规定情节严重等 5 项撤销缓刑的情形，其中第五项为兜底条款。如何理解和适用这一兜底条款？我们认为，在适用上，情节严重情形应同前 4 项规定具体情形的严重性相当，并应当全面考量社区矫正对象违反有关法律、行政法规和监督管理规定行为的性质、次数、频率、手段、事由、后果等客观事实，在准确把握其主观恶性大小的基础上作出综合认定。

第三，依法监督社区矫正机构加强对社区矫正对象的监督管理，防止社区矫正对象非法出境。在社区矫正监督工作中，检察机关往往更关注社区矫正对象未经批准擅自外出的违法违规问题，但对于社区矫正对象违法出入境等更为严重的问题关注度不够。目前，仅有部分省份在本省为贯彻落实社区矫正法制定的细则中对社区矫正对象出入境管理、衔接工作进行了细化。为此，最高检第五检察厅已经会同国家移民局、司法部等有关部门，对社区矫正对象违法出入境工作中暴露出来的问题进行研究，推动相关制度的完善。

第四，充分运用检察建议方式，不断提升监督质效。检察建议是检察机关履行法律监督职责的重要方式。近年来，最高人民检察院高度重视检察建议工作，于2019年2月26日印发施行《人民检察院检察建议工作规定》。根据该规定，检察机关发现社区矫正机构等在刑事诉讼活动中或执行法院生效刑事判决、裁定、决定等法律文书过程中存在普遍性、倾向性违法问题或者其他重大隐患，需要引起重视予以解决的，可以提出检察建议。在社区矫正检察工作中，既要注重对个案的纠正，还要深入挖掘个案背后是否存在共性问题，通过检察建议促进解决一个方面、一个领域、一个时期社区矫正工作机制等问题，实现办理一案规范一片的良好效果，推动社区矫正全面提升。

（二）社区矫正对象崔某某暂予监外执行收监执行监督案涉及的重点问题

检察机关在监督工作中应当准确把握暂予监外执行适用条件，必要时聘请有专门知识的人辅助审查。发现社区矫正对象暂予监外执行情形消失且刑期未满的，应当依法提出收监执行的检察建议，维护刑罚执行公平公正。该案反映出检察机关开展社区矫正监督工作要注意以下问题：

第一，检察机关开展社区矫正监督工作，应加强对暂予监外执行社区矫正对象是否符合暂予监外执行条件的检察。通过对交付执行的法律文书、检查诊断鉴定等材料再次全面审查核对，确保暂予监外执行决定及交付依法准确进行。其中，对于“三类犯罪”（职务犯罪、破坏金融管理秩序和金融诈骗犯罪、黑社会性质组织犯罪）罪犯，以及在监内服刑时间较短、剩余刑期较长的人员，应当予以重点审查。

第二，重点监督社区矫正机构及时掌握暂予监外执行社区矫正对象身体状况及疾病治疗情况，每3个月审查保外就医社区矫正对象病情复查情况。开展社区矫正监督工作时，应将社区矫正档案中病情复查诊断及相关检查等材料与保外就医的病情诊断鉴定意见重点对比检察，判断是否符合继续暂予监外执行条件，切实防止罪犯“一保到底”。检察机关在甄别病情是否发生重大变化、保外就医情形是否消失时，可以邀请有专门知识的人参与提供专业性参考意见，必要时可以自行组织或者要求社区矫正机构对社区矫正对象重新组织诊断、检查或者鉴别。为保证相关结果客观公正，诊断、检查的医疗机构应当与暂予监外执行社区矫正对象日常就诊的医疗机构不同，且不存在利益相关性。

第三，应加强对变更社区矫正执行地的监督，切实防止通过变更执行地逃避刑罚执行问题的发生。重点审查变更理由是否合理、相关证明材料是否充分、变更审批手续、交付接收程序等是否合法规范，同时应当监督变更执行地后的社区矫正机构加强对社区矫正对象的监督管理。

（三）社区矫正对象王某减刑监督案涉及的重点问题

检察机关开展社区矫正法律监督工作，应当坚持客观公正立场，既监督纠正社区矫正中的违法行为，又依法维护社区矫正对象合法权益。发现宣告缓刑的社区矫正对象有见义勇为、抢险救灾等突出表现的，应当监督相关部门审查确定是否属于重大立功情形，是否符合减刑条件。该案需要关注的重点问题有以下几点：

第一，准确把握社区矫正对象适用减刑的实体条件和程序要求。根据我国法律规定，对于宣告缓刑的社区矫正对象，具有重大立功情形的，可以依法减刑。检察机关在办理社区矫正对象减刑监督案件时，应当按照刑法、刑事诉讼法、社区矫正法和2014年最高人民检察院《人民检察院办理减刑、假释案件规定》等有关规定逐案审查。对不符合减刑情形裁定减刑的，应当依法坚决予以纠正，防止违法减刑。发现宣告缓刑社区矫正对象有抢险救灾、舍己救人等见义勇为突出表现可能构成重大立功的，应当监督社区矫正机构及时进行调查，依法予以确认。必要时，检察机关可以自行开展调查核实。

第二，检察机关办理有重大社会影响的社区矫正对象减刑监督案件时，可以运用公开听证方式开展案件审查，广泛听取意见，并通过以案释法，弘扬社会主义核心价值观。听证中应重点围绕社区矫正对象的行为是否符合刑法第七十八条规定的重大立功情形听取意见。综合听证员意见，结合社区矫正对象见义勇为的具体表现及有效避免或阻止发生的危害后果，以及原判罪名情节、社会危害程度和社区矫正期间表现等因素，依法准确提出是否符合减刑条件的监督意见。

（四）社区矫正对象管某某申请外出监督案涉及的重点问题

社区矫正对象因生产经营需要等正当理由申请外出，社区矫正机构未予批准，申请检察机关监督的，检察机关应当在调查核实后依法监督社区矫正机构批准。该案办理中关注的重点问题有以下几点：

第一，依法准确把握社区矫正期间外出等规定的法律适用，依法监督社区矫正机构开展社区矫正对象外出申请审批工作。检察机关既要依法监督社区矫正机构随意审批外出申请，防止社区矫正对象脱管及利用外出逃避监管等情况的发生，又要监督社区矫正机构过于限制审批外出申请，依法保障社区矫正对象正常生活生产经营需要。检察机关在开展社区矫正外出审批活动监督时，可综合社区矫正对象所在企业经营状况、个人在企业经营中的职责地位、外出理由是否合理紧迫、原犯罪性质和情节、社区矫正期间表现等情况，判断申请外出的必要性和可能发生的社会危险性。对于社区矫正对象确因生产经营、就医、就学等正当理由申请外出且无社会危险性的，应当依法建议社区矫正机构予以批准。

第二，监督社区矫正机构加强对外出社区矫正对象的动态监管。部分地区社区矫正机构之所以不敢审批外出申请，不敢“放”，很大一部分原因在于怕“管不住”。检察机关在开展外出审批活动监督的同时，还要注重加强对社区矫正对象外出期间监管活动的监督，如监督社区矫正机构是否采取法律规定的电话联络、实时视频、信息化核查等方式实施动态监管；监督社区矫正机构是否依法办理社区矫正对象请假、销假手续，社区矫正对象请假地点同外出地点是否一致、是否按期返回；社区矫正对象违反外出管理规定的，社区矫正机构是否责令立即返回，是否视情节给予相应处罚等，确保社区矫正对象“放得出”“管得住”。

（五）社区矫正对象贾某某申请经常性跨市县活动监督案涉及的重点问题

对于社区矫正对象因正常工作、生活需要申请经常性跨市县（包含跨不同省份之间的市、县）活动的，检察机关应当监督社区矫正机构依法予以批准，并简化批准程序和方式。该案中以下问题需要重点关注：

第一，开展社区矫正监督，要切实加强社区矫正对象合法权益保障。着力解决人民群众“急难愁盼”问题，是检察机关落实司法为民要求的重要体现。只有办理好事关社区矫正对象等人民群众切身利益的每一起“小案”，努力解决人民群众操心事、烦心事、揪心事，才能让人民群众在检察机关的办案过程中感受到公平正义，感受到司法工作的“力度”和“温度”，从而不断提升人民群众的获得感、幸福感、安全感。

第二，准确把握立法精神，厘清“经常性跨市、县活动”界限。社区矫正法、《实施办法》对经常性跨市、县活动作了原则性规定，但未明确跨市、县活动能否跨省。理解该项规定时，应从制定法律法规初衷考量立法本意。社区矫正法对“经常性跨市、县活动”进行规定，主要是考虑到实践中社区矫正对象因工作生活需要经常性跨市、县活动，为方便其工作和生活，制定了简化批准程序和方式。同时，社区矫正法第四条规定社区矫正对象在就业、就学和享受社会保障方面不受歧视，第三十四条规定社区矫正的措施和方法应当避免对社区矫正对象的正常工作和生活造成不必要的影响；非依法律规定，不得限制或者变相限制社区矫正对象的人身自由等规定，也对依法保障社区矫正对象合法权益作了原则性规定。如果对社区矫正对象因正常工作、生活需要经常性跨市、县活动范围加以限制，显然违背了社区矫正法立法目的。因此，对申请经常性跨省外出的长途货运司机、物流押送员、销售员等特定社区矫正对象，检察机关应当从时间的连续性、工作的稳定性、往返目的地、路线的固定性把握是否有合理的申请外出理由。对确因正常工作生活所需申请外出的，应监督社区矫正机构简化批准程序和方式，批准社区矫正对象经常性跨市、县活动的申请。

最高人民检察院
关于印发最高人民检察院第三十四批指导性案例的通知

（2022 年 1 月 26 日公布　高检发办字〔2022〕8 号）

各省、自治区、直辖市人民检察院，解放军军事检察院，新疆生产建设兵团人民检察院：

经 2021 年 12 月 14 日最高人民检察院第十三届检察委员会第八十二次会议决定，现将仇某侵害英雄烈士名誉、荣誉案等五件案例（检例第 136—140 号）作为第三十四批指导性案例（网络时代人格权刑事保护主题）发布，供参照适用。

最高人民检察院
2022 年 1 月 26 日

仇某侵害英雄烈士名誉、荣誉案

（检例第136号）

【关键词】

侵害英雄烈士名誉、荣誉　情节严重　刑事附带民事公益诉讼

【要　旨】

侵害英雄烈士名誉、荣誉罪中的“英雄烈士”，是指已经牺牲、逝世的英雄烈士。在同一案件中，行为人所侵害的群体中既有烈士，又有健在的英雄模范人物时，应当整体评价为侵害英雄烈士名誉、荣誉的行为，不宜区别适用侵害英雄烈士名誉、荣誉罪和侮辱罪、诽谤罪。《刑法修正案（十一）》实施后，以侮辱、诽谤或者其他方式侵害英雄烈士名誉、荣誉的行为，情节严重的，构成侵害英雄烈士名誉、荣誉罪。行为人利用信息网络侵害英雄烈士名誉、荣誉，引起广泛传播，造成恶劣社会影响的，应当认定为“情节严重”。英雄烈士没有近亲属或者近亲属不提起民事诉讼的，检察机关在提起公诉时，可以一并提起附带民事公益诉讼。

【基本案情】

被告人仇某，男，1982年出生，南京某投资管理有限公司法定代表人。

2020年6月，印度军队公然违背与我方达成的共识，悍然越线挑衅。在与之交涉和激烈斗争中，团长祁发宝身先士卒，身负重伤；营长陈红军、战士陈祥榕突入重围营救，奋力反击，英勇牺牲；战士肖思远突围后义无反顾返回营救战友，战斗至生命最后一刻；战士王焯冉在渡河支援途中，拼力救助被冲散的战友脱险，自己却淹没在冰河中。边防官兵誓死捍卫祖国领土，彰显了新时代卫国戍边官兵的昂扬风貌。同年6月，陈红军、陈祥榕、肖思远、王焯冉被评定为烈士；2021年2月，中央军委追授陈红军“卫国戍边英雄”荣誉称号，追记陈祥榕、肖思远、王焯冉一等功，授予祁发宝“卫国戍边英雄团长”荣誉称号。

2021年2月19日上午，仇某在卫国戍边官兵英雄事迹宣传报道后，为博取眼球，获得更多关注，在住处使用其新浪微博账号“辣笔小球”（粉丝数250余万），先后发布2条微博，歪曲卫国戍边官兵祁发宝、陈红军、陈祥榕、肖思远、王焯冉等人的英雄事迹，诋毁、贬损卫国戍边官兵的英雄精神。

上述微博在网络上迅速扩散，引起公众强烈愤慨，造成恶劣社会影响。截至当日15时30分，仇某删除微博时，上述2条微博共计被阅读202569次、转发122次、评论280次。

【检察履职情况】

（一）引导侦查取证

2021年2月20日，江苏省南京市公安局建邺分局对仇某以涉嫌寻衅滋事罪立案侦查并刑事拘留。当日，江苏省南京市建邺区人民检察院经公安机关商请介入侦查，围绕犯罪对象、动机、情节、行为方式及造成的社会影响等方面提出收集证据的意见，并同步开展公益诉讼立案调查。

（二）审查逮捕

2021年2月25日，建邺分局以仇某涉嫌寻衅滋事罪提请批准逮捕。3月1日，建邺区人民检察院以仇某涉嫌侵害英雄烈士名誉、荣誉罪批准逮捕。检察机关认为：首先，仇某发布微博，以戏谑口吻贬损英雄团长"临阵脱逃"，并提出四名战士因为营救团长而牺牲、立功，质疑牺牲人数、诋毁牺牲战士的价值，侵害了祁发宝等整个战斗团体的名誉、荣誉，根据刑法第二百九十三条、《最高人民法院、最高人民检察院关于办理利用信息网络实施诽谤等刑事案件适用法律若干问题的解释》（以下简称《网络诽谤的解释》）第五条的规定，已涉嫌寻衅滋事罪；其次，仇某的行为符合3月1日实施的《刑法修正案（十一）》增设的侵害英雄烈士名誉、荣誉罪的规定，根据刑法第十二条规定的"从旧兼从轻"原则，应当按《刑法修正案（十一）》处理；再次，仇某作为有250余万粉丝的微博博主，在国家弘扬卫国戍边官兵英雄事迹的特定时间节点实施上述行为，其言论在网络迅速、广泛扩散，造成恶劣社会影响，应当认定为"情节严重"。

（三）审查起诉

2021年3月11日，建邺分局以仇某涉嫌侵害英雄烈士名誉、荣誉罪移送审查起诉。因本案系新罪名案件，没有类案和量刑指导意见供参考，建邺区人民检察院在依法审查证据、认定事实基础上，邀请不同职业、年龄、文化程度的群众参加听证，就量刑问题听取意见，并对仇某依法开展认罪认罚教育工作。仇某认罪认罚，同意量刑建议和程序适用，在辩护人见证下自愿签署具结书。

4月26日，建邺区人民检察院以仇某涉嫌侵害英雄烈士名誉、荣誉罪提起公诉，提出有期徒刑八个月的量刑建议。同时，检察机关就公益诉讼听取祁发宝和烈士近亲属的意见，他们提出希望检察机关依法办理。检察机关遂提起附带民事公益诉讼，请求判令仇某在国内主要门户网站及全国性媒体公开赔礼道歉、消除影响。

（四）指控与证明犯罪

2021年5月31日，江苏省南京市建邺区人民法院依法公开开庭审理本案。仇某对检察机关指控的事实、证据及量刑建议均无异议，当庭再次表示认罪认罚，真诚向英雄烈士及其家属道歉，向社会各界忏悔。辩护人对指控罪名不持异议，认为仇某主观恶性较小，发布的微博虽多次发酵，但绝大多数网友对仇某的观点是不赞同的，造成的不良影响较小。公诉人答辩指出，仇某作为具有媒体从业经历的“网络大V”，恶意用游戏术语诋毁、贬损卫国戍边官兵，主观恶性明显。其微博账户拥有250余万粉丝，其不当言论在网络上迅速扩散、蔓延，网友对其口诛笔伐，恰恰说明其言论严重伤害民众情感，损害社会公共利益。

公益诉讼起诉人出示证据，证明仇某的行为、后果，发表了公益诉讼的意见。仇某及其诉讼代理人对检察机关提起刑事附带民事公益诉讼的事实、证据及诉讼请求均无异议。

（五）处理结果

建邺区人民法院审理后当庭宣判，采纳检察机关指控的事实、罪名及量刑建议，支持检察机关的公益诉讼，以仇某犯侵害英雄烈士名誉、荣誉罪判处有期徒刑八个月，并责令仇某自判决生效之日起十日内通过国内主要门户网站及全国性媒体公开赔礼道歉，消除影响。判决宣告后，仇某未提出上诉，判决已生效。2021年6月25日，仇某在《法治日报》及法制网发布道歉声明。

【指导意义】

（一）对侵害英雄烈士名誉、荣誉罪中的“英雄烈士”应当依照刑法修正案的本意作适当解释。本罪中的“英雄烈士”，是指已经牺牲、逝世的英雄烈士。如果行为人以侮辱、诽谤或者其他方式侵害健在的英雄模范人物名誉、荣誉，构成犯罪的，可以适用侮辱罪、诽谤罪追究刑事责任。但是，如果在同一案件中，行为人的行为所侵害的群体中既有已牺牲的烈士，又有健在的英雄模范人物时，应当整体评价为侵害英雄烈士名誉、荣誉的行为，不宜区别适用侵害英雄烈士名誉、荣誉罪和侮辱罪、诽谤罪。虽不属于烈士，但事迹、精神被社会普遍公认的已故英雄模范人物的名誉、荣誉被侵害的，因他们为国家、民族和人民作出巨大贡献和牺牲，其名誉、荣誉承载着社会主义核心价值观，应当纳入侵害英雄烈士名誉、荣誉罪的犯罪对象，与英雄烈士的名誉、荣誉予以刑法上的一体保护。

（二）《刑法修正案（十一）》实施后，侮辱、诽谤英雄烈士名誉、荣誉，情节严重的，构成侵害英雄烈士名誉、荣誉罪。《刑法修正案（十一）》实施前，实施侮辱、诽谤英雄烈士名誉、荣誉的行为，构成犯罪的，可以按照寻衅滋事罪追究刑事责任。《刑法修正案（十一）》实施后，对上述行为认定为侵害英雄烈士名誉、荣誉罪，符合立法精神，更具有针对性，更有利于实现对英雄烈士名誉、荣誉的特殊保护。发生在《刑法修正案（十一）》实施前的行为，实施后尚未处理或者正在处理的，应当根据刑法第十二条规定的“从旧兼从轻”原则，以侵害英雄烈士名誉、荣誉罪追究刑事责任。

（三）侵害英雄烈士名誉、荣誉罪中“情节严重”的认定，可以参照《网络诽谤的解释》的规定，并可以结合案发时间节点、社会影响等综合认定。《网络诽谤的解释》第二条规定，同一诽谤信息实际被点击、浏览次数达到5000次以上，或者被转发次数达到500次以上的；造成被害人或者其近亲属精神失常、自残、自杀等严重后果的；二年内曾因诽谤受过行政处罚，又诽谤他人的；具有其他情节严重的情形的，属于“情节严重”。办理利用信息网络侵害英雄烈士名誉、荣誉案件时，可以参照上述标准，或者虽未达到上述数量、情节要求，但在特定时间节点通过具有公共空间属性的网络平台和媒介公然侵害英雄烈士名誉、荣誉，引起广泛传播，造成恶劣社会影响的，也可以认定为“情节严重”。对于只是在相对封闭的网络空间，如在亲友微信群、微信朋友圈等发表不当言论，没有造成大范围传播的，可以不认定为“情节严重”。

（四）刑事检察和公益诉讼检察依法协同履职，维护社会公共利益。检察机关办理侵害英雄烈士名誉、荣誉案件，在英雄烈士没有近亲属，或者经征询意见，近亲属不提出民事诉讼时，应当充分履行刑事检察和公益诉讼检察职能，提起公诉的同时，可以向人民法院一并提起附带民事公益诉讼，同步推进刑事责任和民事责任的追究，实现审判阶段刑事诉讼、附带民事公益诉讼由人民法院同一合议庭审理、同步判决，提高诉讼效率、确保庭审效果。

【相关规定】

《中华人民共和国刑法》第十二条、第二百九十九条之一

《中华人民共和国民法典》第一百八十五条

《中华人民共和国英雄烈士保护法》第二十二条、第二十五条、第二十六条

《中华人民共和国国家勋章和国家荣誉称号法》第二条、第三条、第四条

《国家功勋荣誉表彰条例》第一条、第二条、第五条、第六条、第七条、第八条、第十四条

《最高人民法院、最高人民检察院关于办理利用信息网络实施诽谤等刑事案件适用法律若干问题的解释》第二条、第五条

《最高人民法院、最高人民检察院关于检察公益诉讼案件适用法律若干问题的解释》第二十条

郎某、何某诽谤案

（检例第 137 号）

【关键词】

网络诽谤　严重危害社会秩序　能动司法　自诉转公诉

【要　旨】

利用信息网络诽谤他人，破坏公众安全感，严重扰乱网络社会秩序，符合刑法第二百四十六条第二款“严重危害社会秩序”的，检察机关应当依法履行追诉职责，作为公诉案件办理。对公安机关未立案侦查，被害人已提出自诉的，检察机关应当处理好由自诉向公诉程序的转换。

【基本案情】

被告人郎某，男，1993 年出生，个体工商户。

被告人何某，男，1996 年出生，务工。

被害人谷某，女，1992 年出生，务工。

2020 年 7 月 7 日 18 时许，郎某在杭州市余杭区某小区东门快递驿站内，使用手机偷拍正在等待取快递的被害人谷某，并将视频发布在某微信群。后郎某、何某分别假扮快递员和谷某，捏造谷某结识快递员并多次发生不正当性关系的微信聊天记录。为增强聊天记录的可信度，郎某、何某还捏造“赴约途中”“约会现场”等视频、图片。7 月 7 日至 7 月 16 日期间，郎某将上述捏造的微信聊天记录截图 39 张及视频、图片陆续发布在该微信群，引发群内大量低俗、侮辱性评论。

8 月 5 日，上述偷拍的视频以及捏造的微信聊天记录截图 27 张被他人合并转发，并相继扩散到 110 余个微信群（群成员约 2.6 万）、7 个微信公众号（阅读数 2 万余次）及 1 个网站（浏览量 1000 次）等网络平台，引发大量低俗、侮辱性评论，严重影响了谷某的正常工作生活。

8 月至 12 月，此事经多家媒体报道引发网络热议，其中，仅微博话题“被造谣出轨女子至今找不到工作”阅读量就达 4.7 亿次、话题讨论 5.8 万人次。该事件在网络上广泛传播，给广大公众造成不安全感，严重扰乱了网络社会公共秩序。

【检察履职情况】

（一）推动案件转为公诉程序办理

2020年8月7日，谷某就郎某、何某涉嫌诽谤向浙江省杭州市公安局余杭分局报案。8月13日，余杭分局作出对郎某、何某行政拘留9日的决定。10月26日，谷某委托诉讼代理人向浙江省杭州市余杭区人民法院提起刑事自诉，并根据法院通知补充提交了相关材料。12月14日，法院立案受理并对郎某、何某采取取保候审强制措施。

因相关事件及视频在网络上进一步传播、蔓延，案件情势发生重大变化。检察机关认为，郎某、何某的行为不仅侵害被害人的人格权，而且经网络迅速传播，已经严重扰乱网络社会公共秩序。由于本案被侵害对象系随意选取，具有不特定性，任何人都可能成为被侵害对象，严重破坏了广大公众安全感。对此类案件，由自诉人收集证据并达到事实清楚，证据确实、充分的证明标准难度很大，只有通过公诉程序追诉才能及时、有效收集、固定证据，依法惩罚犯罪、维护社会公共秩序。12月22日，浙江省杭州市余杭区人民检察院建议公安机关立案侦查。

12月25日，余杭分局对郎某、何某涉嫌诽谤罪立案侦查。12月26日，谷某向余杭区人民法院撤回起诉。

（二）引导侦查取证

余杭区人民检察院围绕诽谤罪“情节严重”的标准以及“严重危害社会秩序”的公诉情形，向公安机关提出对诽谤信息传播侵害被害人人格权与社会秩序、公众安全感遭受破坏的相关证据一并收集固定的意见。公安机关经侦查，及时收集、固定了诽谤信息传播扩散情况、引发的低俗评论以及该案给广大公众造成的不安全感等关键证据。

（三）审查起诉

2021年1月20日，余杭分局将该案移送审查起诉。余杭区人民检察院审查认为，郎某、何某为寻求刺激、博取关注，捏造损害他人名誉的事实，在网络上散布，造成该信息被大量阅读、转发，严重侵害谷某的人格权，导致谷某被公司劝退，随后多次求职被拒，使谷某遭受一定经济损失，社会评价也遭受严重贬损，且二被告人侵害对象选择随意，造成不特定公众恐慌和社会安全感、秩序感下降；诽谤信息在网络上大范围流传，引发大量低俗评论，对网络公共秩序造成严重冲击，严重危害社会秩序，符合刑法第二百四十六条第二款“严重危害社会秩序”的规定。

2月26日，余杭区人民检察院依法对郎某、何某以涉嫌诽谤罪提起公诉。鉴于二被告人认罪认罚，对被害人进行赔偿并取得谅解，余杭区人民检察院对二被告人提出有期徒刑一年，缓刑二年的量刑建议。

（四）指控与证明犯罪

2021 年 4 月 30 日，余杭区人民法院依法公开开庭审理本案。庭审中，二被告人再次表示认罪认罚。

辩护人对检察机关指控事实、定性均无异议。郎某的辩护人提出，诽谤信息的传播介入了他人的编辑、转发，属于多因一果。公诉人答辩指出，郎某作为成年人应当知道网络具有开放性、不可控性，诽谤信息会被他人转发或者评论，因此，他人的扩散行为应当由其承担责任。而且，被他人转发，恰恰说明该诽谤信息对社会秩序的破坏。

（五）处理结果

余杭区人民法院审理后当庭宣判，采纳检察机关指控的犯罪事实和量刑建议，判决二被告人有期徒刑一年，缓刑二年。宣判后，二被告人未提出上诉，判决已生效。

【指导意义】

（一）准确把握网络诽谤犯罪“严重危害社会秩序”的认定条件。网络涉及面广、浏览量大，一旦扩散，往往造成较大社会影响，与传统的发生在熟人之间、社区传播形式的诽谤案件不同，通过网络诽谤他人，诽谤信息经由网络广泛传播，严重损害被害人人格权，如果破坏了公序良俗和公众安全感，严重扰乱网络社会公共秩序的，应当认定为《最高人民法院、最高人民检察院关于办理利用信息网络实施诽谤等刑事案件适用法律若干问题的解释》第三条规定的“其他严重危害社会秩序的情形”。对此，可以根据犯罪方式、对象、内容、主观目的、传播范围和造成后果等，综合全案事实、性质、情节和危害程度等予以评价。

（二）坚持能动司法，依法惩治网络诽谤犯罪。网络诽谤传播广、危害大、影响难消除，被害人往往面临举证难、维权难，通过自诉很难实现权利救济，更无法通过自诉有效追究犯罪嫌疑人刑事责任。如果网络诽谤犯罪侵害了社会公共利益，就应当适用公诉程序处理。检察机关要适应新时代人民群众对人格尊严保护的更高需求，针对网络诽谤犯罪的特点，积极主动履职，加强与其他执法司法机关沟通协调，依法启动公诉程序，及时有效打击犯罪，加强对公民人格权的刑法保护，维护网络社会秩序，营造清朗网络空间。

（三）被害人已提起自诉的网络诽谤犯罪案件，因同时侵害公共利益需要适用公诉程序办理的，应当依法处理好程序转换。对自诉人已经提起自诉的网络诽谤犯罪案件，检察机关审查认为属于“严重危害社会秩序”，应当适用公诉程序的，应当履行法律监督职责，建议公安机关立案侦查。在公安机关立案后，对自诉人提起的自诉案件，人民法院尚未受理的，检察机关可以征求自诉人意见，由其撤回起诉。人民法院对自诉人的自诉案件受理以后，公安机关又立案的，检察机关可以征求自诉人意见，由其撤回起诉，或者建议人民法院依法裁定终止自诉案件的审理，以公诉案件审理。

【相关规定】

《中华人民共和国刑法》第二百四十六条

《中华人民共和国民法典》第九百九十条、第九百九十一条、第一千零二十四条

《最高人民法院、最高人民检察院关于办理利用信息网络实施诽谤等刑事案件适用法律若干问题的解释》第二条、第三条

《最高人民法院关于适用〈中华人民共和国刑事诉讼法〉的解释》第一条、第三百二十条

岳某侮辱案

（检例第 138 号）

【关键词】

网络侮辱　裸照　情节严重　严重危害社会秩序　公诉程序

【要　旨】

利用信息网络散布被害人的裸体视频、照片及带有侮辱性的文字，公然侮辱他人，贬损他人人格、破坏他人名誉，导致出现被害人自杀等后果，严重危害社会秩序的，应当按照公诉程序，以侮辱罪依法追究刑事责任。

【基本案情】

被告人岳某，男，1982 年出生，农民。

被害人张某，女，殁年 34 岁。

二人系同村村民，自 2014 年开始交往。交往期间，岳某多次拍摄张某裸露身体的照片和视频。2020 年 2 月，张某与岳某断绝交往。岳某为报复张某及其家人，在自己的微信朋友圈、快手 App 散布二人交往期间拍摄的张某的裸体照片、视频，并发送给张某的家人。后岳某的该快手账号因张某举报被封号。5 月，岳某再次申请快手账号，继续散布张某的上述视频及写有侮辱性文字的张某照片，该快手 App 散布的视频、照片的浏览量达到 600 余次。

上述侮辱信息在当地迅速扩散、发酵，造成恶劣社会影响。同时，岳某还多次通过电话、微信骚扰、挑衅张某的丈夫。张某倍受舆论压力，最终不堪受辱服毒身亡。

【检察履职情况】

（一）审查逮捕

2020 年 7 月 6 日，张某的丈夫以张某被岳某强奸为由到公安机关报案。7 月 7 日，河北省肃宁县公安局立案侦查。7 月 13 日，肃宁县公安局以岳某涉嫌强奸罪向河北省肃宁县人民检察院提请批准逮捕。

肃宁县人民检察院审查认为，因张某死亡，且无其他证据，无法证实岳某实施了强奸行为，但岳某为报复张某，将张某的裸体视频及带有侮辱性文字的照片发送到微信朋友圈和快手等网络平台，公然贬损张某人格、破坏其名誉，致张某自杀，情节严重，应当以侮辱罪追究其刑事责任。岳某侮辱他人，在当地造成恶劣影响，范围较广，严重危害社会秩序，应当适用公诉程序追诉。7月20日，肃宁县人民检察院以岳某涉嫌侮辱罪对其批准逮捕。

（二）审查起诉

2020年9月18日，肃宁县公安局以岳某涉嫌侮辱罪移送审查起诉。肃宁县人民检察院受理后，根据审查情况，要求公安机关向腾讯、快手公司补充调取岳某的账号信息及发布内容，确定发布内容的浏览量，以及在当地造成的社会影响。审查后，肃宁县人民检察院于10月9日以岳某涉嫌侮辱罪提起公诉，并结合认罪认罚情况，对岳某提出有期徒刑二年八个月的量刑建议。

（三）指控与证明犯罪

2020年11月25日，河北省肃宁县人民法院依法不公开开庭审理本案。

被告人岳某表示认罪认罚。岳某的辩护人提出，岳某的行为不构成犯罪。一是岳某的行为属于民事侵权行为，散布隐私尚未达到“情节严重”；二是岳某出于专门散布张某隐私视频和照片的目的而开设快手账号，两个账号粉丝共4人，不会有粉丝以外的人浏览，不符合侮辱罪“公然性”要求。公诉人答辩指出，岳某的行为已构成侮辱罪。一是张某因岳某的侮辱行为而自杀，该侮辱行为与死亡结果存在因果关系，属于“情节严重”；二是侮辱行为具有“公然性”。岳某将被害人的裸照、视频发送到网络上，使不特定多数人均可以看到，符合侮辱罪“公然性”的规定。而且，快手App并非只有成为粉丝才能浏览，粉丝人数少不代表浏览人数少，在案证据证实视频和照片的浏览量分别为222次、429次，且证人岳某坤等证实曾接收到快手同城推送的带有侮辱性文字的张某照片。

（四）处理结果

2020年12月3日，肃宁县人民法院作出判决，采纳检察机关指控的犯罪事实和量刑建议，以侮辱罪判处岳某有期徒刑二年八个月。判决宣告后，岳某未提出上诉，判决已生效。

【指导意义】

（一）侮辱他人行为恶劣或者造成被害人精神失常、自残、自杀等严重后果的，可以认定为“情节严重”。行为人以破坏他人名誉、贬低他人人格为目的，故意在网络上对他人实施侮辱行为，如散布被害人的个人隐私、生理缺陷等，情节严重的，应当认定为侮辱罪。侮辱罪“情节严重”，包括行为恶劣、后果严重等情形，如当众撕光妇女衣服的，当众向被害人泼洒粪便、污物的，造成被害人或者其近亲属精神失常、自残、自杀的，二年内曾因侮辱受过行政处罚又侮辱他人的，在网络上散布被害人隐私导致被广泛传播的，以及其他情节严重情形。

（二）侮辱罪“严重危害社会秩序”可以结合行为方式、社会影响等综合认定。侮辱罪属于告诉才处理的犯罪，但严重危害社会秩序和国家利益的除外。行为人利用信息网络侮辱他人犯罪案件中，是否属于“严重危害社会秩序”的情形，可以根据《最高人民法院、最高人民检察院关于办理利用信息网络实施诽谤等刑事案件适用法律若干问题的解释》的相关规定予以认定。行为人在网络上散布被害人裸照、视频等严重侵犯他人隐私的信息，造成恶劣社会影响的，或者在网络上散布侮辱他人的信息，导致对被害人产生大量负面评价，造成恶劣社会影响的，不仅侵害被害人人格权，而且严重扰乱社会秩序的，可以认定为“其他严重危害社会秩序的情形”，按照公诉程序依法追诉。

（三）准确认定利用网络散布他人裸照、视频等隐私的行为性质。行为人在与被害人交往期间，获得了被害人的裸照、视频等，无论其获取行为是否合法，是否得到被害人授权，只要恶意对外散布，均应当承担相应法律责任，情节严重的，要依法追究刑事责任。对上述行为认定为侮辱罪还是强制侮辱罪，要结合行为人的主客观方面综合判断。如果行为人以破坏特定人名誉、贬低特定人人格为目的，故意在网络上对特定对象实施侮辱行为，情节严重的，应当认定为侮辱罪。如果行为人出于寻求精神刺激等动机，以暴力、胁迫或者其他方式，对妇女进行身体或者精神强制，使之不能反抗或者不敢反抗，进而实施侮辱的行为，应当认定为强制侮辱罪。

【相关规定】

《中华人民共和国刑法》第二百四十六条

《最高人民法院、最高人民检察院关于办理利用信息网络实施诽谤等刑事案件适用法律若干问题的解释》第二条、第三条、第五条

钱某制作、贩卖、传播淫秽物品牟利案

（检例第 139 号）

【关键词】

制作、贩卖、传播淫秽物品牟利　私密空间行为　偷拍　淫秽物品

【要　旨】

自然人在私密空间的日常生活属于民法典保护的隐私。行为人以牟利为目的，偷拍他人性行为并制作成视频文件，以贩卖、传播方式予以公开，不仅侵犯他人隐私，而且该偷拍视频公开后具有描绘性行为、宣扬色情的客观属性，符合刑法关于“淫秽物品”的规定，构成犯罪的，应当以制作、贩卖、传播淫秽物品牟利罪追究刑事责任。以牟利为目的提供互联网链接，使他人可以通过偷拍设备实时观看或者下载视频文件的，属于该罪的“贩卖、传播”行为。检察机关办理涉及偷拍他人隐私的刑事案件时，应当根据犯罪的主客观方面依法适用不同罪名追究刑事责任。

【基本案情】

被告人钱某，男，1990 年出生，无固定职业。

钱某曾因偷拍他人性行为被行政拘留，仍不思悔改，产生通过互联网贩卖偷拍视频文件从中牟利的想法。2017 年 11 月，钱某从网络上购买了多个偷拍设备，分别安装在多家酒店客房内，先后偷拍 51 对入住旅客的性行为，并将编辑、加工的偷拍视频文件保存至互联网云盘，通过非法网站、即时通讯软件发布贩卖信息。2018 年 5 月 9 日，公安机关将钱某抓获，并在上述互联网云盘中检出偷拍视频 114 个。

此外，钱某还以“付费包月观看”的方式，先后 182 次为他人通过偷拍设备实时观看入住旅客性行为或者下载偷拍视频提供互联网链接。

【检察履职情况】

（一）引导侦查取证

2018 年 6 月 8 日，四川省成都市公安局锦江分局以钱某涉嫌传播淫秽物品罪向检察机关提请批准逮捕。

四川省成都市锦江区人民检察院审查认为，钱某偷拍他人性行为后既有传播扩散行为，也有编辑加工、贩卖牟利行为，故以制作淫秽物品牟利罪对钱某

批准逮捕，并向公安机关提出对扣押在案的手机进行电子数据检查和恢复，对其注册使用的互联网云盘信息进行提取和固定的取证意见。此后，公安机关进一步查明了钱某的作案方式、获利情况和危害后果。

（二）审查起诉

2018 年 8 月 15 日，锦江分局以钱某涉嫌制作、贩卖、传播淫秽物品牟利罪移送锦江区人民检察院审查起诉。审查起诉期间，钱某辩解其上传到互联网云盘的淫秽视频文件并非偷拍所得，而是从他人处获取后上传互联网用于个人观看。对此，检察机关自行补充侦查，对涉案多家酒店实地察看，详细了解装有偷拍设备的酒店客房布局、特征和偷拍设备安装位置、取景场域，通过与起获的视频文件中拍摄的客房画面逐一比对，结合其有罪供述，发现有 114 个视频文件中的场景与偷拍现场具有同一性，结合其他证据认定相关视频确系钱某偷拍。

2019 年 1 月 29 日，锦江区人民检察院以钱某涉嫌制作、贩卖、传播淫秽物品牟利罪提起公诉。

（三）指控与证明犯罪

2019 年 7 月 17 日、7 月 24 日，四川省成都市锦江区人民法院不公开开庭审理本案。

庭审中，辩护人对视频文件的性质和数量认定等提出了辩护意见。一是涉案的视频文件形式上不具有实物特征，内容上不具有淫秽特征，不属于淫秽物品；二是多个视频文件描绘的是同一对旅客的性行为，即便属于淫秽物品，也应当以被偷拍的旅客的对数认定数量，不能以设备自动分段或人为编辑制作的数量认定。

公诉人答辩指出，偷拍的视频文件属于淫秽物品，数量应当以钱某编辑、制作的数量为标准。一是涉案的视频文件属于淫秽物品。形式上，淫秽物品的视频文件形式与刊物、光盘等有形物具有同质性。对此，《全国人民代表大会常务委员会关于维护互联网安全的决定》明确规定，在互联网上建立淫秽网站、网页，提供淫秽站点链接服务，或者传播淫秽书刊、影片、音像、图片的，依照刑法有关规定追究刑事责任。最高人民法院、最高人民检察院的司法解释对制作、贩卖、传播视频文件、音频文件等淫秽电子信息也有明确规定。内容上，自然人在私密空间的性行为本身不具有淫秽性，但被告人将其编辑、贩卖、对外传播，则具有描绘性行为或者露骨宣扬色情的客观属性，符合刑法对“淫秽物品”的界定；二是视频文件的数量应当以钱某编辑、制作数量为标准，而非依据旅客区分。本案中每个视频文件都是钱某偷拍后通过筛选、剪辑而成；每个视频文件都能够独立播放，内容涉及不同性行为；每个视频文件都是露骨宣扬色情，被非法传播后都能给观看者带来淫秽性刺激，社会危害性不会因为数个片段均反映同一对旅客的性行为而降低。

（四）处理结果

2019年7月26日，锦江区人民法院作出判决，采纳检察机关指控的犯罪事实和意见，以制作、贩卖、传播淫秽物品牟利罪判处钱某有期徒刑三年六个月，并处罚金人民币五千元。宣判后，钱某未提出上诉，判决已生效。

（五）制发检察建议

旅客入住酒店偷拍事件频发，导致隐私安全无法得到保障，严重侵犯消费者的个人隐私，暴露出相关行业主管部门监管不力、经营者管理不善问题，检察机关从建立健全旅客隐私保护、落实实名登记入住制度、增加安防设施投入、加强日常检查巡查等方面，向治安主管部门和行业组织发出检察建议。治安主管部门落实整改，对辖区旅馆业进行滚动摸排、对场所软硬件开展检查，强化旅客入住“人证合一”，开展公民隐私权法制宣传，会同市场监管部门联合核查网络摄像头生产、销售商家，督促落实市场主体责任。行业组织开展了旅馆、酒店会员单位法制宣传、隐私安全保护培训，增加安防设备，会同治安主管部门制定治安安全防范规范，加强旅馆业安全管理水平，加大保护公民隐私安全力度。

【指导意义】

（一）准确界定“淫秽物品”“贩卖、传播行为”，依法严惩网络背景下传播淫秽物品犯罪。自然人的私人生活安宁和不愿受他人干扰的私密空间、私密活动、私密信息，依法不受侵犯。发生在酒店、旅馆、民宿等非公开空间内的性行为，属于隐私保护的范围。行为人偷拍他人性行为并经互联网传播扩散的视频，不仅侵害个人隐私，而且客观上具有描绘性行为的诲淫性，具有宣扬色情的危害性，符合刑法对“淫秽物品”的界定。行为人有偿提供互联网链接，他人付费后可以实时在线观看，与建立并运营“点对面”式互联网直播平台的传播行为性质相同，应当认定为贩卖、传播行为。

（二）行为人偷拍他人隐私，行为方式、目的多样，应当区分不同情形依法惩处。行为人非法使用偷拍设备窥探他人隐私，未贩卖、传播的，如果相关设备经鉴定属于窃听、窃照专用器材，造成严重后果的，应当以非法使用窃听、窃照专用器材罪追究刑事责任；如果行为人又将偷拍的内容贩卖、传播的，应当按照处罚较重的罪名追究刑事责任。行为人通过远程操控侵入他人自行安装的摄像头后台信息系统，对他人私密空间、行为进行窥探，进行遥控并自行观看，情节严重的，应当以非法控制计算机信息系统罪追究刑事责任；如果行为人在侵入上述计算机信息系统以后，又将偷拍的视频贩卖、传播的，应当按照处罚较重的罪名追究刑事责任。行为人以非法占有他人财物为目的，通过偷拍获取他人隐私，进而要挟他人、获取财物，构成犯罪的，应当以敲诈勒索罪追究刑事责任。上述行为尚未构成犯罪的，应当依法从严追究其行政违法责任。

（三）通过制发检察建议促进社会治理。个人隐私被非法收集、买卖，成为电信网络诈骗、网络传播淫秽物品等犯罪的源头，并催生出一条黑灰产业链，严重侵扰公民生活安宁、财产安全，破坏社会秩序。检察机关办案中要注意剖析案发地区、案发领域管理、制度上的漏洞，研究提出有针对性、可操作性的检察建议，推动有关部门建章立制、堵塞漏洞、消除隐患，促进完善社会治理。

【相关规定】

《中华人民共和国刑法》第三百六十三条、第三百六十七条

《最高人民法院、最高人民检察院关于办理利用互联网、移动通讯终端、声讯台制作、复制、出版、贩卖、传播淫秽电子信息刑事案件具体应用法律若干问题的解释》第一条

《最高人民法院、最高人民检察院关于办理利用互联网、移动通讯终端、声讯台制作、复制、出版、贩卖、传播淫秽电子信息刑事案件具体应用法律若干问题的解释（二）》第一条

柯某侵犯公民个人信息案

（检例第 140 号）

【关键词】

侵犯公民个人信息　业主房源信息　身份识别　信息主体另行授权

【要　旨】

业主房源信息是房产交易信息和身份识别信息的组合，包含姓名、通信通讯联系方式、住址、交易价格等内容，属于法律保护的公民个人信息。未经信息主体另行授权，非法获取、出售限定使用范围的业主房源信息，系侵犯公民个人信息的行为，情节严重、构成犯罪的，应当依法追究刑事责任。检察机关办理案件时应当对涉案公民个人信息具体甄别，筛除模糊、无效及重复信息，准确认定侵犯公民个人信息数量。

【基本案情】

被告人柯某，男，1980 年出生，系安徽某信息技术有限公司经营者，开发了“房利帮”网站。

2016 年 1 月起，柯某开始运营“房利帮”网站并开发同名手机 App，以对外售卖上海市二手房租售房源信息为主营业务。运营期间，柯某对网站会员上传真实业主房源信息进行现金激励，吸引掌握该类信息的房产中介人员（另案处理）注册会员并向网站提供信息，有偿获取了大量包含房屋门牌号码及业主姓名、电话等非公开内容的业主房源信息。

柯某在获取上述业主房源信息后，安排员工冒充房产中介人员逐一电话联系业主进行核实，将有效的信息以会员套餐形式提供给网站会员付费查询使用。上述员工在联系核实信息过程中亦未如实告知业主获取、使用业主房源信息的情况。

自 2016 年 1 月至案发，柯某通过运营“房利帮”网站共非法获取业主房源信息 30 余万条，以会员套餐方式出售获利达人民币 150 余万元。

上海市公安局金山分局在侦办一起侵犯公民个人信息案时，发现该案犯罪嫌疑人非法出售的部分信息购自“房利帮”网站，根据最高人民法院、最高人民检察院、公安部《关于办理网络犯罪案件适用刑事诉讼法若干问题的意见》的规定，柯某获取的均为上海地区的业主信息，遂对柯某立案侦查。

【检察履职情况】

（一）引导侦查取证

2017 年 11 月 17 日，金山分局以柯某涉嫌侵犯公民个人信息罪向上海市金山区人民检察院提请批准逮捕。

11 月 24 日，金山区人民检察院作出批准逮捕决定，并建议公安机关从电子数据、言词证据两方面，针对信息性质和经营模式继续取证。公安机关根据建议，一是调取了完整的运营数据库进行鉴定，确认了信息数量；二是结合“房利帮”网站员工证言，进一步向柯某确认了该公司是由其个人控制经营，以有偿获取、出售个人信息为业，查明本案属自然人犯罪而非单位犯罪。

（二）审查起诉

2018 年 1 月 19 日，金山分局将本案移送审查起诉。经退回补充侦查并完善证据，查清了案件事实。一是对信息数据甄别去重，结合网站的资金支出和柯某供述，进一步明确了有效业主房源信息的数量；二是对相关业主开展随机调查，证实房产中介人员向“房利帮”网站上传信息未经业主事先同意或者另行授权，以及业主在信息泄露后频遭滋扰等情况。

7 月 27 日，金山区人民检察院以柯某涉嫌侵犯公民个人信息罪提起公诉。

（三）指控与证明犯罪

2019 年 1 月 16 日，上海市金山区人民法院依法公开开庭审理本案。审理中，柯某及其辩护人对柯某的业务模式、涉案信息数量等事实问题无异议，但认为柯某的行为不构成犯罪。

辩护人提出，第一，房源信息是用于房产交易的商用信息，部分信息没有业主实名，不属于刑法保护的公民个人信息；第二，网站的房源信息多由房产中介人员上传，房产中介人员获取该信息时已得到业主许可，系公开信息，网站属合理使用，无须另行授权；第三，网站对信息核实后，将真实房源信息整合，主要向房产中介人员出售，促进房产交易，符合业主意愿和利益。

公诉人答辩指出，柯某的行为依法构成犯罪。第一，业主房源信息中的门牌号码、业主电话，组合后足以识别特定自然人，且部分信息有业主姓名，符合刑法对公民个人信息的界定；第二，业主委托房产中介时提供姓名、电话等，目的是供相对的房产中介提供服务时联系使用，不能以此视为业主同意或者授权中介对社会公开；第三，柯某安排员工冒充房产中介向业主核实时，仍未如实告知信息获取的途径及用途。而且，该网站并不从事中介业务帮助业主寻找交易对象，只是将公民个人信息用于倒卖牟利。

（四）处理结果

2019 年 12 月 31 日，金山区人民法院作出判决，采纳金山区人民检察院指控的犯罪事实和意见，以侵犯公民个人信息罪判处柯某有期徒刑三年，缓刑四年，并处罚金人民币一百六十万元。宣判后，柯某未提出上诉，判决已生效。

【指导意义】

（一）包含房产信息和身份识别信息的业主房源信息属于公民个人信息。公民个人信息，是指以电子或者其他方式记录的能够单独或者与其他信息结合识别特定自然人身份或者反映特定自然人活动情况的各种信息，包括姓名、身份证件号码、通信通讯联络方式、住址、账号密码、财产状况、行踪轨迹等。业主房源信息包括房产坐落区域、面积、售租价格等描述房产特征的信息，也包含门牌号码、业主电话、姓名等具有身份识别性的信息，上述信息组合，使业主房源信息符合公民个人信息“识别特定自然人”的规定。上述信息非法流入公共领域存在较大风险。现实生活中，被害人因信息泄露被频繁滋扰，更有大量信息进入黑灰产业链，被用于电信网络诈骗、敲诈勒索等犯罪活动，严重威胁公民人身财产安全、社会公共利益，甚至危及国家信息安全，应当依法惩处。

（二）获取限定使用范围的信息需信息主体同意、授权。对生物识别、宗教信仰、特定身份、医疗健康、金融账户、行踪轨迹等敏感个人信息，进行信息处理须得到信息主体明确同意、授权。对非敏感个人信息，如上述业主电话、姓名等，应当根据具体情况作出不同处理。信息主体自愿、主动向社会完全公开的信息，可以认定同意他人获取，在不侵犯其合法利益的情况下可以合法、合理利用。但限定用途、范围的信息，如仅提供给中介供服务使用的，他人在未经另行授权的情况下，非法获取、出售，情节严重的，应当以侵犯公民个人信息罪追究刑事责任。

（三）认定公民个人信息数量，应当在全面固定数据基础上有效甄别。侵犯公民个人信息案件中，信息一般以电子数据形式存储，往往数据庞杂、真伪交织、形式多样。检察机关应当把握公民个人信息“可识别特定自然人身份或者反映特定自然人活动情况”的标准，准确提炼出关键性的识别要素，如家庭住址、电话号码、姓名等，对信息数据有效甄别。对包含上述信息的认定为有效的公民个人信息，以准确认定信息数量。

【相关规定】

《中华人民共和国刑法》第二百五十三条之一

《中华人民共和国网络安全法》第四十一条、第四十二条

《最高人民法院、最高人民检察院关于办理侵犯公民个人信息刑事案件适用法律若干问题的解释》第一条、第二条、第三条、第四条、第十一条

与时俱进
加强网络时代人格权刑事保护
——最高人民检察院第三十四批指导性案例解读*

苗生明　罗庆东　纪丙学**

为深入贯彻习近平法治思想，适应网络时代人民群众维权新情况新要求新期待，以积极、能动检察履职为人民群众提供优质的“法治产品”“检察产品”，推动全国检察机关以高度的政治自觉、法治自觉、检察自觉贯彻落实民法典精神，加强对检察办案的指导，最高人民检察院以“网络时代人格权刑事保护”为主题发布第三十四批指导性案例。为准确理解和适用该批指导性案例，现对案例发布背景、意义和主要内容进行解读。

一、发布第三十四批指导性案例的背景和意义

发布该批指导性案例，主要出于以下考虑：一是从时代要求看，人民群众对民主、法治、公平、正义、安全、环境等方面的需求日益增长，希望过上更有尊严、更体面的生活，加强对名誉、荣誉、隐私和个人信息的保护，是人民群众在新时代提出的更高法治需求。二是从法律层面看，民法典专编规定了人格权，强化了对人格权的保护，彰显了国家和法律对人格尊严的尊重和保护。个人信息保护法进一步加大了对个人信息保护的力度，完善了个人信息保护法律体系。三是从科技发展看，网络已融入人民群众生产、生活的各个方面，给群众带来了便利，但网络空间也存在乱象丛生的现象，而且利用网络实施犯罪较传统的犯罪手段，对被害人的权益危害更大、社会影响更恶劣。

发布该批指导性案例的主要目的在于：其一，侵犯人格权犯罪案件虽然多是“小案”，但关乎民心，事关人民群众切身利益，事关公众对社会安全的感受、对公平正义的感受。通过案例引导全国检察机关落实以人民为中心的发展思想，更加关注公民人格权保护，用心用情办好人民群众身边的“小案”。其二，网络环境下侵犯人格权犯罪案件发案周期具有明显的阶段性，该类案件往往与热点案事件相伴而生，随着社会热点的转移，案件也随之减少，但同时也预示着可能会随下一个热点事件再次出现系列案。而且在网络上对他人侮辱、

---

* 原文载《人民检察》2022 年第10期。

** 作者单位：最高人民检察院第一检察厅。

诽谤，侵犯公民个人信息，传播速度快、范围广、危害严重、后果不可控。通过案例指导检察机关依法、及时、准确办理典型个案，落实“谁执法谁普法”普法责任制，引导和规范社会行为，表明网络空间不是法外之地。其三，侮辱、诋毁卫国戍边英雄烈士名誉、荣誉，网络诽谤，在网络上散布他人裸照视频，在宾馆安装摄像头偷拍他人性行为等，都是发生在人民群众身边的案件，而且每一个案件都不是偶然的，是一类不良社会现象在刑事案件上的折射。通过打击侵犯人格权犯罪活动，净化网络空间，维护清朗网络环境，弘扬社会主义核心价值观。

二、第三十四批指导性案例的主要内容

（一）仇某侵害英雄烈士名誉、荣誉案

2021 年 2 月 19 日上午，仇某在卫国戍边官兵英雄事迹宣传报道后，为博取眼球获得更多关注，使用其新浪微博账号“辣笔小球”（粉丝数 250 余万），先后发布 2 条微博，歪曲卫国戍边官兵祁发宝、陈红军、陈祥榕、肖思远、王焯冉等人的英雄事迹，诋毁、贬损他们的英雄精神。上述 2 条微博共计被阅读 202569 次、转发 122 次、评论 280 次。微博信息在网络上迅速扩散，引发公众强烈愤慨，造成恶劣社会影响。案发后，2021 年 2 月 20 日，公安机关对仇某以涉嫌寻衅滋事罪立案侦查，并提请批准逮捕。检察机关审查逮捕期间，《刑法修正案（十一）》于 2021 年 3 月 1 日实施。检察机关以仇某涉嫌侵害英雄烈士名誉、荣誉罪批准逮捕，后对仇某依法提起公诉，并提起附带民事公益诉讼。法院审理后当庭宣判，判处仇某有期徒刑八个月，并责令其自判决生效之日起 10 日内通过国内主要门户网站及全国性媒体公开赔礼道歉，消除影响。该案是《刑法修正案（十一）》实施后以侵害英雄烈士名誉、荣誉罪定性的第一案，对“英雄烈士”的内涵界定，“情节严重”的入罪标准把握，从旧兼从轻原则的适用，以及刑事附带民事公益诉讼的提出具有重要指导意义。

侵害英雄烈士名誉、荣誉罪中“英雄烈士”的界定是适用该罪的关键。对侵害英雄烈士名誉、荣誉罪中“英雄烈士”的内涵界定，应与民法典、英雄烈士保护法等前置法基本对应，即该罪中的“英雄烈士”，是指已经牺牲、逝世的英雄烈士。如果行为人以侮辱、诽谤或其他方式侵害健在的英雄模范人物名誉、荣誉，构成犯罪的，可以适用侮辱罪、诽谤罪追究刑事责任。如果侮辱、诽谤行为严重危害社会秩序和国家利益，可以适用公诉程序追诉。但如果在同一案件中，行为人的行为所侵害的群体中既有已牺牲的烈士，又有健在的英雄模范人物时，应整体评价为侵害英雄烈士名誉、荣誉的行为。例如，该案中仇某的行为既侵害了身负重伤的祁发宝的名誉、荣誉，也侵害了已牺牲的陈

红军、陈祥榕、肖思远、王焯冉烈士的名誉、荣誉，实际上侵害了整个战斗团体的名誉、荣誉，因此适用侵害英雄烈士名誉、荣誉罪处理是合适的。这一意见与2022年最高人民法院、最高人民检察院、公安部《关于依法惩治侵害英雄烈士名誉、荣誉违法犯罪的意见》的规定是一致的。同时，对“英雄烈士”的内涵界定也要依照《刑法修正案（十一）》的立法本意进行适当解释。对那些虽然没有被评定为烈士，但事迹、精神被社会普遍公认的已故英雄模范人物，因他们为国家、民族和人民作出巨大贡献和牺牲，承载着社会主义核心价值观，应与英雄烈士一体保护，纳入侵害英雄烈士名誉、荣誉罪的保护范围。

构成该罪，需达到“情节严重”的程度。如果只是在相对封闭的网络空间，如在亲友微信群、微信朋友圈等发表不当言论，没有造成大范围传播的，一般可不认定为“情节严重”。但如果侵害英雄烈士名誉、荣誉的行为引起广泛传播，造成恶劣社会影响，或具有其他情节，可以认定为“情节严重”。对此，可参照2013年最高人民法院、最高人民检察院《关于办理利用信息网络实施诽谤等刑事案件适用法律若干问题的解释》（以下简称《解释》）中第二条“情节严重”的规定，或虽然未达到上述数量、情节要求，但在特定时间节点通过具有公共空间属性的网络平台和媒介公然侵害英雄烈士名誉、荣誉，引起广泛传播，造成恶劣社会影响的，也可认定为“情节严重”。

（二）郎某、何某诽谤案

郎某在小区内使用手机偷拍正在等待取快递的谷某，并将视频发布在微信群。后郎某、何某分别假扮快递员和谷某，捏造谷某结识快递员并多次发生不正当性关系的微信聊天记录。为增强聊天记录的可信度，郎某、何某还捏造“赴约途中”“约会现场”等视频、图片。郎某将上述捏造的微信聊天记录截图39张及视频、图片陆续发布在微信群，引发群内大量低俗、侮辱性评论。后上述偷拍的视频以及捏造的微信聊天记录截图27张被他人合并转发，并相继扩散到110余个微信群（群成员约2.6万人）、7个微信公众号（阅读数2万余次）及1个网站（浏览量1000次）等网络平台，引发大量低俗、侮辱性评论，严重影响了谷某的正常工作生活。此事经多家媒体报道引发网络热议，其中，仅微博话题“被造谣出轨女子至今找不到工作”阅读量就达4.7亿、话题讨论5.8万人次。该事件在网络上被广泛传播，给广大公众造成不安全感，严重扰乱了网络社会公共秩序。

谷某向法院提起刑事自诉，法院立案受理，并对郎某、何某取保候审。因相关事件及视频在网络上进一步传播、蔓延，案件情势发生重大变化。检察机关认为，郎某、何某的行为不仅侵害被害人的人格权，而且经网络迅速传播，已经严重扰乱网络社会公共秩序，遂建议公安机关立案侦查。公安机关对郎某、何某涉嫌诽谤罪立案侦查。谷某向法院撤回起诉。后检察机关依法对郎某、何某以涉嫌诽谤罪提起公诉。法院依法公开开庭审理，判决二被告人有期徒刑一年，缓刑二年。

该案的办理，对“严重危害社会秩序和国家利益”如何把握，在自诉已经立案，符合公诉条件时，二者如何进行程序衔接具有重要指导意义。诽谤罪，告诉才处理，但严重危害社会秩序和国家利益的除外。通过网络诽谤他人，诽谤信息经由网络广泛传播，严重损害被害人人格权，如果破坏了公序良俗和公众安全感，严重扰乱网络社会公共秩序的，应认定为《解释》第三条规定的“其他严重危害社会秩序的情形”。例如，该案中郎某、何某为寻求刺激、博取关注，捏造损害他人名誉的事实在网络上散布，造成该信息被大量阅读、转发，严重侵害被害人的人格权，导致被害人被公司劝退，随后多次求职被拒，使其遭受一定经济损失，社会评价也遭受严重贬损，且二人侵害对象选择随意，造成不特定公众恐慌和社会安全感、秩序感下降，诽谤信息在网络上大范围流传，引发大量低俗评论，对网络公共秩序造成严重冲击，严重危害社会秩序。

在被害人已经提出自诉的情况下，当检察机关认为诽谤行为严重危害社会秩序和国家利益时，应遵循公诉优先原则，这既源于诉权让渡，也符合检察机关作为公共利益代表的功能定位，更有利于维护自诉人权益。所以，对被害人已提起自诉的诽谤犯罪案件，检察机关审查认为应适用公诉程序的，应履行法律监督职责，建议公安机关立案侦查。在公安机关立案后，对自诉人提起的自诉案件，法院尚未受理的，检察机关可以征求自诉人意见，由其撤回起诉。法院受理后，公安机关又立案的，检察机关可以征求自诉人意见，由其撤回起诉，或建议法院依法裁定终止自诉案件的审理，以公诉案件审理。

（三）岳某侮辱案

岳某与张某系同村村民，二人交往期间，岳某多次拍摄张某裸露身体的照片和视频。后张某与岳某断绝交往。岳某为报复张某及其家人，在自己的微信朋友圈、快手 App 散布二人交往期间拍摄的张某的裸体照片、视频，并发送给张某的家人。岳某多次申请快手账号，散布张某的上述视频及写有侮辱性文字的张某照片，浏览量达 600 余次。上述侮辱信息在当地迅速扩散、发酵，造成恶劣社会影响。同时，岳某还多次通过电话和微信骚扰、挑衅张某的丈夫，导致张某倍受舆论压力，最终不堪受辱服毒身亡。张某的丈夫到公安机关控告岳某强奸张某，公安机关同日立案侦查。公安机关提请批准逮捕后，检察机关审查认为，现有证据不能证实岳某涉嫌强奸罪，但其在网络上散布他人裸体视频、图片的行为涉嫌侮辱罪，对岳某批准逮捕。后检察机关以岳某涉嫌侮辱罪提起公诉。法院以侮辱罪判处岳某有期徒刑二年八个月。

实践中，网络侮辱案事件时有发生。当事人在不正当关系或男女朋友交往期间，甚至是夫妻关系存续期间拍摄裸照、性爱视频，产生矛盾后，其中一方将对方裸照、性爱视频等发布到网络上，有的出于泄愤报复，有的以此要挟对方继续交往，造成被害人隐私大范围扩散，名誉、荣誉受到严重损害，不但扰乱网络社会秩序，在现实社会中也造成了恶劣影响。

侮辱罪中的"情节严重"认定目前尚无司法解释作出规定。侮辱罪中的"情节严重"，包括行为恶劣、后果严重等情形，如，当众撕光妇女衣服；当众向被害人泼洒粪便、污物；造成被害人或其近亲属精神失常、自残、自杀的；两年内曾因侮辱受过行政处罚又侮辱他人的；在网络上散布被害人隐私导致被广泛传播的；以及其他情节严重情形。该案中，行为人以破坏他人名誉、贬低他人人格为目的，故意在网络上对他人实施侮辱行为，散布被害人的个人隐私，造成被害人羞愤自杀，应认定为"情节严重"。如果行为人在网络上散布被害人裸照、性爱视频等严重侵犯他人隐私的信息，造成恶劣社会影响的，或在网络上散布侮辱他人的信息，导致对被害人产生大量负面评价，造成恶劣社会影响的，不仅侵害被害人人格权，而且严重扰乱社会秩序，可以认定为《解释》中"其他严重危害社会秩序的情形"，按照公诉程序依法追诉。

（四）钱某制作、贩卖、传播淫秽物品牟利案

钱某曾因偷拍他人性行为被行政拘留，但仍不思悔改，产生通过互联网贩卖偷拍的视频文件并从中牟利的想法。钱某从网络上购买了多个偷拍设备，分别安装在多家酒店客房内，先后偷拍51对入住旅客的性行为，并将编辑、加工的偷拍视频文件保存至互联网云盘，通过非法网站、即时通讯软件发布贩卖信息。截至钱某被抓获时，上述互联网云盘中共检出偷拍视频114个。此外，钱某还以"付费包月观看"的方式，先后182次为他人通过偷拍设备实时观看入住旅客性行为或下载偷拍视频提供互联网链接。公安机关以钱某涉嫌制作、贩卖、传播淫秽物品牟利罪移送审查起诉。检察机关对钱某提起公诉。法院以制作、贩卖、传播淫秽物品牟利罪判处钱某有期徒刑三年六个月，并处罚金人民币五千元。

该案中，钱某拍摄的入住旅客的性行为能否认定为淫秽物品，存在不同意见。根据刑法第三百六十七条，淫秽物品，是指具体描绘性行为或露骨宣扬色情的诲淫性的书刊、影片、录像带、录音带、图片及其他淫秽物品。虽然旅客在私密空间的性行为本身不具有淫秽性，但钱某将其编辑、贩卖、对外传播，则属于具体描绘性行为或露骨宣扬色情的行为，不仅侵害个人隐私，而且是宣扬色情的行为，符合刑法对淫秽物品的界定。

实践中，行为人偷拍他人隐私，行为方式和目的各不同。有的是偷拍后自己观看，有的是贩卖牟利，还有的以此对被害人进行敲诈勒索；有的是私下在被害人住处、房间安装偷拍设备偷拍，有的是通过技术手段控制被害人住处自行安装的摄像头予以偷拍偷摄。认定时，应根据行为人的行为方式和目的等区分不同情形依法惩处。行为人非法使用偷拍设备窥探他人隐私，未贩卖、传播的，如果相关设备经鉴定属于窃听、窃照专用器材，造成严重后果的，应以非法使用窃听、窃照专用器材罪追究刑事责任；如果行为人又将偷拍的内容贩卖、传播的，应按照处罚较重的罪名追究刑事责任。行为人通过远程操控侵入他人自行安装的摄像头后台信息系统，对他人私密空间、行为进行窥探，进行遥控并自行观看，情节严重的，应以非法控制计算机信息系统罪追究刑事责任；如果行为人在侵入上述计算机信息系统后，又将偷拍的视频贩卖、传播的，应按照处罚较重的罪名追究刑事责任。行为人以非法占有他人财物为目的，通过偷拍获取他人隐私，进而要挟他人、获取财物，构成犯罪的，应以敲诈勒索罪追究刑事责任。上述行为尚未构成犯罪的，应依法从严追究其行政违法责任。

（五）柯某侵犯公民个人信息案

柯某自 2016 年起开始运营“房利帮”网站并开发同名手机 App，以对外售卖二手房租售房源信息为主营业务。运营期间，柯某对网站会员上传真实业主房源信息进行现金激励，吸引掌握该类信息的房产中介人员（另案处理）注册会员并向网站提供信息，有偿获取了大量包含房产门牌号码及业主姓名、电话等非公开内容的业主房源信息。柯某在获取上述信息后，安排员工冒充房产中介人员逐一电话联系业主进行核实，后将有效的信息以会员套餐形式提供给网站会员付费查询使用。上述员工在联系核实信息过程中并未如实告知业主获取、使用其房源信息的情况。自 2016 年至案发，柯某通过运营“房利帮”网站共非法获取业主房源信息 30 余万条，获取非法利益人民币 150 余万元。检察机关以柯某涉嫌侵犯公民个人信息罪提起公诉。法院以侵犯公民个人信息罪判处柯某有期徒刑三年，缓刑四年，并处罚金人民币一百六十万元。

实践中，业主买卖、出租房屋委托中介服务机构时，往往将个人姓名、电话、房屋地址、交易价格等告知中介人员，有的行为人通过种种手段从中介人员手中获取并倒卖上述信息，导致业主信息外漏，频受滋扰。上述信息能否认定为公民个人信息，业主将房源信息告知中介服务机构后，其他人获取、使用时是否需再次授权？检察机关如何审查、认定海量公民个人信息？该案的办理为解决上述问题提供了重要参考。

业主房源信息包括房产坐落区域、面积、售租价格等描述房产特征的信息，也包含门牌号码、业主电话、姓名等具有身份识别性的信息，上述信息组合，使业主房源信息符合公民个人信息“识别特定自然人”的规定。上述信息非法流入公共领域存在较大风险。被害人因信息泄露被频繁滋扰，更有大量信息进入黑灰产业链，被用于电信网络诈骗、敲诈勒索等犯罪活动，严重威胁公民人身财产安全、社会公共利益，甚至危及国家信息安全，应依法予以惩处。对生物识别、宗教信仰、特定身份、医疗健康等敏感个人信息，进行信息处理需得到信息主体的明确同意、授权。对非敏感个人信息，如上述业主电话、姓名等，应根据具体情况作出不同处理。如果是信息主体自愿、主动向社会完全公开的信息，可以认定为同意他人获取，在不侵犯信息主体合法利益的情况下可以合法、合理利用。但限定用途、范围的信息，如仅提供给中介人员供其中介服务使用的，他人在未经另行授权的情况下，非法获取、出售，情节严重的，应以侵犯公民个人信息罪追究刑事责任。

三、下一步工作考虑

2021 年 6 月，党中央印发《中共中央关于加强新时代检察机关法律监督工作的意见》，对“切实加强民生司法保障”“积极引领社会法治意识”提出了明确要求。下一步，最高人民检察院将以落实《中共中央关于加强新时代检察机关法律监督工作的意见》为契机，不断加强对人格权的保护。一是不断强化检察履职，依法惩处侵犯人格权犯罪。积极适应网络时代和民法典时代人民群众人格权保护的法治需求，用足用好政策、法律，综合考虑法理情，切实办好每一个具体案件，与各执法司法机关一起共同维护国家利益、社会公共利益和人民群众的合法权益。二是强化规范指引，研究制定相关规范性文件。《解释》对指导司法实践发挥了重要作用。然而，随着信息网络的迅速发展，尤其是微信、微博、抖音等社交平台的发展，深刻改变了信息发布和交互模式。因此，需要根据形势发展进一步完善相关规定。三是持续加强案例指导。实践中，网络直播乱象频发，有的涉嫌侵犯他人隐私权，有的涉嫌诈骗、侵犯知识产权犯罪，有的涉嫌传播色情牟利犯罪等。再如，行业“内鬼”违规违法泄露公民个人信息，危害严重。对此，最高人民检察院将通过选编发布典型案例的方式，指导检察办案，回应社会关切。

最高人民检察院
关于印发最高人民检察院第三十五批指导性案例的通知

（2022 年 3 月 2 日公布 高检发办字〔2022〕33 号）

各省、自治区、直辖市人民检察院，解放军军事检察院，新疆生产建设兵团人民检察院：

经 2022 年 2 月 9 日最高人民检察院第十三届检察委员会第八十九次会议决定，现将浙江省杭州市余杭区人民检察院对北京某公司侵犯儿童个人信息权益提起民事公益诉讼、北京市人民检察院督促保护儿童个人信息权益行政公益诉讼案等五件案例（检例第 141—145 号）作为第三十五批指导性案例（未成年人保护检察公益诉讼主题）发布，供参照适用。

最高人民检察院

2022 年 3 月 2 日

浙江省杭州市余杭区人民检察院对北京某公司侵犯儿童个人信息权益提起民事公益诉讼北京市人民检察院督促保护儿童个人信息权益行政公益诉讼案

（检例第141号）

【关键词】

民事公益诉讼　行政公益诉讼　侵犯儿童个人信息权益　综合司法保护　案件管辖

【要　旨】

检察机关在办理涉未成年人刑事案件时，应当注意发现公益诉讼案件线索，通过综合发挥未成年人检察职能，促推未成年人保护社会治理。网络运营者未依法履行网络保护义务，相关行政机关监管不到位，侵犯儿童个人信息权益的，检察机关可以依法综合开展民事公益诉讼和行政公益诉讼。网络保护公益诉讼案件，在多个检察机关均具有管辖权时，民事公益诉讼应当层报共同的上级检察机关指定管辖，行政公益诉讼一般由互联网企业注册地检察机关管辖。

【基本案情】

某App是北京某公司开发运营的一款知名短视频应用类软件。该App在未以显著、清晰的方式告知并征得儿童监护人明示同意的情况下，允许儿童注册账号，并收集、存储儿童网络账户、位置、联系方式，以及儿童面部识别特征、声音识别特征等个人敏感信息。在未再次征得儿童监护人明示同意的情况下，运用后台算法，向具有浏览儿童内容视频喜好的用户直接推送含有儿童个人信息的短视频。该App未对儿童账号采取区分管理措施，默认用户点击“关注”后即可与儿童账号私信联系，并能获取其地理位置、面部特征等个人信息。2018年1月至2019年5月，徐某某收到该App后台推送的含有儿童个人信息的短视频，通过其私信功能联系多名儿童，并对其中3名儿童实施猥亵犯罪。

【检察机关履职过程】

（一）民事公益诉讼案件办理

2020年7月，浙江省杭州市余杭区人民检察院在办理徐某某猥亵儿童案时发现北京某公司侵犯儿童个人信息民事公益诉讼案件线索，遂依托互联网技术开展初步调查。检察机关综合App收集处理的个人信息数量、App用户言词证据等证据材料，以证明App收集处理儿童个人信息的事实。对该App用户服务协议、隐私权保护政策、应用界面等内容进行手机截图，收集儿童用户未经监护人同意即可注册使用App的言词证据；使用“区块链”取证设备证明App采取监护人默示同意、一次性授权概括同意等方式收集处理儿童个人信息等，以证明App收集处理儿童个人信息行为的侵权性质。收集固定数百名儿童个人信息权益受到侵犯的证据，以证明危害后果。提取固定徐某某供述等，以证明App侵权行为与实害后果具有因果关系。

经调查并听取当地网信、公安、法院意见，组织互联网领域法律专家、技术专家进行论证，余杭区人民检察院认为，北京某公司运营的短视频App在收集、存储、使用儿童个人信息过程中，未遵循正当必要、知情同意、目的明确、安全保障、依法利用原则，其行为违反了民法总则、未成年人保护法、网络安全法关于未成年人民事行为能力、个人信息保护、对未成年人给予特殊优先保护、网络经营者应当依法收集使用个人信息等相关规定，违反了国家互联网信息办公室《儿童个人信息网络保护规定》中“网络运营者收集、使用、转移、披露儿童个人信息的，应当以显著、清晰的方式告知儿童监护人，并应当征得儿童监护人的同意”“网络运营者因业务需要，确需超出约定的目的、范围使用儿童个人信息的，应当再次征得儿童监护人的同意”等相关规定，属于违法违规收集、使用儿童个人信息、侵犯儿童个人信息的行为。

据该公司提供数据显示，2020年，平台14岁以下实名注册用户数量约为7.8万，14岁至18岁实名注册用户数量约为62万，18岁以下未实名注册未成年人用户数量以头像、简介、背景等基础维度模型测算约为1000余万。该App的行为致使众多儿童个人信息权益被侵犯，相关信息面临被泄露、违法使用的风险，给儿童人身、财产安全造成威胁，严重损害了社会公共利益。

该案为涉互联网案件，北京、浙江等地相关检察机关均具有管辖权。余杭区为徐某某猥亵儿童案发生地，杭州市为杭州互联网法院所在地，考虑到调查取证、诉讼便利等因素，经浙江省检察机关层报最高人民检察院指定管辖，2020年9月，余杭区人民检察院对该线索以民事公益诉讼案件立案。9月15日，余杭区人民检察院发布诉前公告，公告期满，没有其他适格主体提起民事公益诉讼。12月2日，余杭区人民检察院向杭州互联网法院提起民事公益诉讼，请求判令：北京某公司立即停止实施利用App侵犯儿童个人信息权益的行为，赔礼道歉、消除影响、赔偿损失。

检察机关发布诉前公告的同时，将公告送达北京某公司。该公司表达积极整改并希望调解结案的意愿。检察机关依据相关法律法规，推动公司完善管理，提出具体要求。北京某公司积极配合，对所运营App中儿童用户注册环节、儿童个人信息储存、使用和共享环节、儿童网络安全主动性保护等方面细化出34项整改措施，突出落实“监护人明示同意”等规则，重点制定单独的儿童个人信息保护规则、用户协议，建立专门儿童信息保护池、创建推送涉未成年人内容的独立算法等制度机制，并明确落实整改措施时间表。同时，该公司表示将结合整改，完善管理制度，自愿接受网信等部门审查，并愿意公开赔礼道歉、赔偿损失。

2021年2月7日，杭州互联网法院公开开庭审理此案。北京某公司对公益诉讼诉求均予认可，对检察机关依法履行公益诉讼职责、促进企业完善管理表示感谢。在法庭组织下，双方在确认相关事实证据的基础上达成调解协议：一是被告停止对儿童个人信息权益的侵权行为，对涉案App按照双方确认的整改方案、时间推进表执行整改；二是被告完成整改后，对整改情况及效果进行评估，并向公益诉讼起诉人、人民法院出具报告书；三是被告将整改方案及整改完成情况报送网信部门，接受审查；四是被告在《法治日报》及涉案App首页公开赔礼道歉。经30日公告，3月11日，杭州互联网法院出具调解书结案。

（二）行政公益诉讼案件办理

鉴于该案同时反映出相关行政主管机关对北京某公司监管不到位的行政公益诉讼案件线索，经浙江省检察机关请示，2020年10月，最高人民检察院将该线索交北京市人民检察院办理。

10月22日，北京市人民检察院对该案以行政公益诉讼立案，经调查向北京市互联网信息办公室提出依法履行监管职责，全面排查、发现和处置违法情形，推动完善儿童个人信息权益网络保护的特殊条款，落实监护人同意的法律规定等相关建议。

12月4日，北京市网信办将其约谈北京某公司负责人、推进该公司严格落实网络保护责任及提升优化软件等履职监管情况函复北京市人民检察院。根据检察机关工作建议，北京市网信办制定了《关于开展未成年人信息安全保护专项整治的工作方案》，对属地重点直播和短视频平台逐一梳理，压实网站主体责任，并将此次专项整治工作与未成年人网络环境治理等专项工作有效衔接，形成保障未成年人用网安全管理合力。

2021年4月16日，最高人民检察院向国家互联网信息办公室通报该案有关情况，提出开展短视频行业侵犯儿童个人信息权益问题专项治理，压实网络运营者未成年人保护责任，促进互联网企业对算法等相关技术规则改进提升，推动行业源头治理，建立健全风险防范长效机制，督促企业依法经营等工作建议，强化对网络空间侵犯未成年人权益行为的监管整治。12月31日，国家网信办、工信部、公安部、市场监管总局联合发布《互联网信息服务算法推荐管理规定》，对应用算法推荐技术提供互联网信息服务的治理和相关监督管理工作作出了进一步规范。

【指导意义】

（一）统筹运用四大检察职能，充分发挥未成年人检察工作优势，为未成年人提供全面综合司法保护。未成年人保护案件中一个侵害行为往往涉及多个法律关系，检察机关应当在办案履职中强化综合司法保护意识，尤其是在办理刑事案件的过程中，要同步审查未成年人其他权益是否遭受损害，推进未成年人刑事案件办理与涉未成年人民事、行政、公益诉讼案件办理相互融合，在线索发现、调查取证、综合治理等方面统筹推动，充分发挥法律监督的能动性、及时性和有效性，以四大检察业务融合发展加大未成年人全面综合司法保护力度。

（二）检察机关可以综合运用民事公益诉讼和行政公益诉讼职能，对网络侵犯未成年人个人信息权益的情形进行监督。不特定人群的个人信息权益具有公益属性。对未成年人个人信息权益应予以特殊、优先保护。针对网络侵犯未成年人个人信息权益的情形，检察机关可以综合开展民事公益诉讼和行政公益诉讼，并注重加强两种诉讼类型的衔接和协同。通过对网络运营者提起民事公益诉讼，使其承担违法行为的民事责任，实现对公共利益的有效救济。通过行政公益诉讼督促行政主管部门依法充分履行监管职责，实现最大限度保护未成年人合法权益的目的。

（三）对于跨行政区划的未成年人网络保护公益诉讼案件，应综合考虑案件性质、领域、诉讼便利、有利整改等因素，确定管辖机关。涉网络案件通常具有企业注册地、主要营业地、服务覆盖地、侵权行为地、侵害结果地分离的特点。检察机关办理未成年人网络保护公益诉讼案件，在涉及多个行政区划，多个检察院均具有管辖权的情形下，民事公益诉讼案件应当层报共同的上级检察院指定，一般应当由损害结果发生地检察机关管辖；行政公益诉讼案件一般应当由网络企业注册地检察机关管辖，以便利行政监管。

【相关规定】

《中华人民共和国民法总则》（2017年施行）第一百七十九条（现为《中

华人民共和国民法典》第一百七十九条）

《中华人民共和国民法典》（2021 年施行）第一千零三十四条、第一千零三十五条、第一千一百六十七条、第一千一百八十二条

《中华人民共和国未成年人保护法》（2020 年修订）第一百零六条

《中华人民共和国网络安全法》（2017 年施行）第四十一条、第四十三条、第七十六条

《中华人民共和国民事诉讼法》（2017 年修订）第五十五条（现为 2021 年修订后的第五十八条）

《最高人民法院、最高人民检察院关于检察公益诉讼案件适用法律若干问题的解释》（法释〔2018〕6 号）第十三条（现为 2020 年修订后的第十三条）

《最高人民法院关于互联网法院审理案件若干问题的规定》（2018 年施行）第二条

国家互联网信息办公室《儿童个人信息网络保护规定》（2019 年施行）第二条、第四条、第七条、第八条、第九条、第十条、第十一条、第十三条、第十四条

江苏省宿迁市人民检察院对章某为未成年人文身提起民事公益诉讼案

（检例第142号）

【关键词】

民事公益诉讼　未成年人文身治理　最有利于未成年人原则　公共利益

【要　旨】

为未成年人提供文身服务，损害未成年人身心健康，影响未成年人成长发展，侵犯公共利益，检察机关可以基于最有利于未成年人原则提起公益诉讼。在办理个案的基础上，检察机关可以针对此类问题的监管盲区，提出完善管理的检察建议，推动解决监管缺失问题，健全完善制度，促进社会治理。

【基本案情】

2017年6月以来，章某在江苏省沭阳县沭城街道中华步行街经营某文身馆，累计为数百人提供文身服务，其中未成年人40余名。章某还在未取得医疗美容许可证的情况下，为7名未成年人清除文身。其间，曾有未成年人家长因反对章某为其子女文身而与其发生纠纷，公安机关介入处理。部分未成年人及父母反映因文身导致就学、就业受阻，文身难以清除，清除过程痛苦且易留疤痕，但章某仍然向未成年人提供文身服务。

【检察机关履职过程】

（一）发现线索和调查核实

2020年4月，江苏省沭阳县人民检察院在办理未成年人刑事案件中发现，一些涉案未成年人存在不同程度的文身，且大部分是满臂、满背的大面积文身，有文身馆存在为未成年人提供文身、清除文身服务的行为。其中，章某经营的文身馆先后为40余名未成年人文身，并在未取得医疗美容许可证的情况下为7名未成年人清除文身。根据卫生部办公厅《医疗美容项目分级管理目录》，清除文身属于医疗美容项目。2020年10月31日，沭阳县人民检察院向县卫生健康局发出行政公益诉讼诉前检察建议，建议该局依法履行对无证清除文身行为的监管职责。县卫生健康局联合市场监督管理局、商务局在全县范围内整治无证清除文身乱象，对5家文身馆立案，并处以2.5万元罚款的行政处罚。

沭阳县人民检察院认为，未成年人文身具有易感染、难复原、就业受限制、易被标签化等危害。章某为未成年人提供文身服务，危害未成年人的身体权、健康权，影响其发展，损害社会公共利益。虽然现行相关规定对文身行业的归类管理不尽完善，对为未成年人文身也没有明确的禁止性规定，但是根据未成年人保护法关于“保护未成年人，应当坚持最有利于未成年人的原则”，以及法律对未成年人给予特殊、优先保护的规定，可以通过履行民事公益诉讼检察职能，禁止文身场所经营者继续向未成年人提供文身服务，切实保护未成年人身心健康。

2020 年 12 月，沭阳县人民检察院立案并开展调查取证工作。围绕提供文身服务时章某主观上是否明知未成年人年龄、危害后果、公共利益属性等，与章某、40 余名未成年人及其法定代理人等开展谈话询问 70 余次；对文身馆开展现场勘查、提取相关物证，拍照固定证据；向案件当事人调取支付凭证、门诊病历、发票等书证，进一步证明文身行为事实；检索文身法医学鉴定实例等文献资料以及《中国人民解放军内务条令（试行）》《关于印发公务员录用体检特殊标准（试行）的通知》等规定，对部分未成年人及父母反映的文身难以清除，导致就学、参军、就业等受阻情况进一步调查核实。

（二）诉讼过程

2020 年 12 月 25 日，沭阳县人民检察院发布诉前公告。公告期满，没有适格主体提起民事公益诉讼。2021 年 4 月 12 日，沭阳县人民检察院依据民事公益诉讼级别管辖的规定，将案件移送宿迁市人民检察院审查起诉。5 月 6 日，宿迁市人民检察院向宿迁市中级人民法院提起民事公益诉讼，请求判令：章某不得向未成年人提供文身服务，并在国家级媒体向社会公众公开赔礼道歉。

2021 年 5 月 24 日，宿迁市中级人民法院公开开庭审理本案。检察机关围绕诉讼请求、争议焦点、案件的来源和程序合法性、文身行为事实、文身损害后果等 3 组 13 项证据进行多媒体示证，发表质证意见。同时申请了沭阳县中医院美容中心主任医师、南京大学法学院教授作为专家辅助人出庭，证实文身对身体造成创伤，具有不可逆、难以复原等特征；未成年人文身后，易遭社会排斥，给未成年人造成心理创伤，文身行为还会在未成年人群体中产生模仿效应。

被告及其诉讼代理人提出，法律没有禁止给未成年人文身，现行法律没有明确界定公共利益，章某的行为未达到涉及全体或多数未成年人利益的程度，不应认定为侵犯社会公共利益。公益诉讼起诉人提出答辩意见：第一，向未成年人提供文身服务损害社会公共利益。章某对文身对象不进行筛选，对未成年人文身行为予以放任，且文身经营活动具有开放性特征，导致其提供文身服务的未成年人数量众多。文身行为可能在未成年人中随时、随机出现，侵犯未成年人权益，属于侵犯社会公共利益，符合检察机关提起公益诉讼的情形。第二，文身破坏皮肤组织健康且极难清除，清除文身需要多次、反复治疗，并留下疤痕。文身容易被贴上负面评价的标签，易出现效仿和排斥双重效应，影响未成年人正常学习、生活、就业、社交。第三，未成年人心智尚不成熟，缺乏社会经验，对自身行为甄别能力不足，对行为后果缺乏理性判断，很多未成年人对自己的文身行为表示后悔。未成年人正值生长发育期，对任何可能改变其正常身体发育状态、影响其健康成长的行为均应受到合理规制。《中华人民共和国民法典》对未成年人实施民事法律行为的保护规定，《中华人民共和国未成年人保护法》对未成年人生存权、发展权、受保护权、参与权等权利保护规定，都是体现对未成年人的特殊、优先保护。章某明知未成年人文身的损害后果，仍为未成年人文身，不仅侵犯未成年人的身体权、健康权，也影响未成年人发展。

2021年6月1日，宿迁市中级人民法院作出一审判决，判令章某停止向未成年人提供文身服务，并在判决生效之日起十日内在国家级媒体公开向社会公众书面赔礼道歉。一审宣判后，章某当庭表示不上诉并愿意履行判决确定的义务。2021年6月3日，章某在《中国青年报》发表《公开道歉书》，向文身的未成年人、家人以及社会各界公开赔礼道歉，并表示今后不再为未成年人文身。

针对文身行业归类不明、监管主体不清、对为未成年人文身行政执法依据不足等问题，沭阳县人民检察院推动起草并由沭阳县人大常委会审议出台《关于加强未成年人文身治理工作的决议》，明确文身场所不允许未成年人进入，任何人不得为未成年人提供文身服务，不得强迫、劝诱未成年人文身。同时结合各行政部门的职能，对各部门在文身治理中的职责、任务进行规范，并对为未成年人文身的从业人员从信用记录等方面予以规制，提供可操作性规则，促进问题源头治理。

【指导意义】

（一）为未成年人提供文身服务，侵犯未成年人合法权益，损害社会公共利益，属于检察机关公益诉讼监督范畴。文身对未成年人的身心健康和发展均有不同程度的现实影响和潜在危害。未成年人身心尚未成熟，认知和辨别能力较弱，自护能力不足，对文身给自身成长和未来发展带来的影响缺乏预见和判断。为未成年人提供文身服务，侵犯未成年人合法权益，且侵犯行为具有持续性和反复性，侵犯结果和范围可能随时扩大，应当认定为侵犯社会公共利益，检察机关可以提起公益诉讼。

（二）在法律规定不够明确具体、未成年人合法权益亟待保护的情况下，基于最有利于未成年人的原则，检察机关可以提起公益诉讼。《中华人民共和国未成年人保护法》确立的最有利于未成年人的原则，是联合国《儿童权利公约》确定的儿童利益最大化原则的中国化表达。检察机关在处理关乎未成年人的问题时，要全方位考虑未成年人的长远利益和根本利益，综合考虑未成年人身心特点和健康发展需要，选择最有利于未成年人的方案，采取最有利于未成年人的措施，给予未成年人特殊、优先保护。在涉及未成年人利益的案件中，当法律规定不够明确具体，各部门、各方责任难以界定，但未成年人的权益受到严重侵犯或面临侵犯危险、公益亟须保护时，检察机关可立足最有利于未成年人的原则，通过公益诉讼方式维护未成年人合法权益。

（三）检察机关可以结合个案办理推动健全制度、完善监管，促进社会治理。检察机关在办理公益诉讼案件过程中，应当用足用好现有法律规定，督促行政机关依法充分履职。对于存在法律、政策不完善、行政监管缺失等问题的，检察机关可以在个案办理的基础上，推动解决因行政监管有限性和社会事务复杂性造成的监管盲区，促进健全制度和完善管理。

【相关规定】

《中华人民共和国民法典》（2021 年施行）第十九条、第一百一十条、第一百七十九条

《中华人民共和国未成年人保护法》（2020 年修订）第三条、第四条、第六条、第一百条、第一百零六条

《中华人民共和国民事诉讼法》（2017 年修订）第五十五条（现为 2021 年修订后的第五十八条）

《最高人民法院、最高人民检察院关于检察公益诉讼案件适用法律若干问题的解释》（法释〔2018〕6 号）第五条、第十三条（现为 2020 年修订后的第五条、第十三条）

《最高人民法院关于适用〈中华人民共和国民法典〉时间效力的若干规定》（法释〔2020〕15 号）第一条、第二条

福建省福清市人民检察院督促消除幼儿园安全隐患行政公益诉讼案

（检例第 143 号）

【关键词】

行政公益诉讼　无证办学　公益诉讼检察建议　社会治理检察建议

【要　旨】

教育服务场所存在安全隐患，但行政监管不到位，侵犯未成年人合法权益的，检察机关可以开展行政公益诉讼，督促行政机关依法充分履职。检察机关在办理未成年人保护公益诉讼案件中，可以综合运用不同类型检察建议，推动未成年人权益保护的源头治理和综合治理。检察机关在督促行政机关依法全面履职过程中，应当推动行政机关选择最有利于保护未成年人合法权益的履职方式。

【基本案情】

2018 年 3 月以来，福建省福清市音西街道等 7 个街道（镇）共有无证幼儿园 16 所，在园幼儿约 1500 人。16 所幼儿园均未按规定配备消防设施，未经消防审批验收合格。其中部分幼儿园建在加油站、综合汽车站出入口、高压输变线电力走廊等危险路段，部分幼儿园直接租用普通民宅且在高层建筑内办学，部分幼儿园未经教育局审批擅自改变园址，部分幼儿园使用无资质车辆集中接送幼儿并超载，部分幼儿园玩教具配备、室内外设施设备、保健室设施、卫生设施及其他附属设施配置不达标。

【检察机关履职过程】

2018 年 3 月，福建省福清市人民检察院在办理三起“黑校车”危险驾驶案过程中，发现部分涉案幼儿园系无证办学，存在安全隐患。经调查核实，前述 16 所幼儿园无证办学违反了《中华人民共和国未成年人保护法》《中华人民共和国民办教育促进法》和住房和城乡建设部、国家发改委批准发布的《幼儿园建设标准》等法律法规、部门规章中关于保障幼儿园场所安全、办学许可证及幼儿园选址、消防等方面的规定要求。福清市教育局作为教育主管部门虽多次发出《责令停止办学行为通知书》，并向相关街道（镇）发函要求取缔，但监管手段有限、处罚措施未落到实处，也未能有效推动相关部门解决问题。无证幼儿园所在街道办事处及镇政府未严格执行《福州市学前教育管理办法》关于依法取缔无证幼儿园的规定，使部分无证幼儿园被检查时停办，检查后又复开。相关人民政府、行政机关履职不到位，使无证幼儿园长期存在，影响幼儿的生命权、健康权、受教育权。

2018 年 4 月，福清市人民检察院向福清市教育局、相关街道办事处和镇政府发出行政公益诉讼诉前检察建议：一是疏堵结合，妥善处理无证幼儿园。对缺乏基本办园条件，存在严重安全隐患的无证幼儿园，依法关停、取缔，并妥善分流在园幼儿和从业人员。对经整改后有条件取得办园许可证的无证幼儿园，主动引导，给予支持，积极促进整改以达到获取办学许可证条件，确保在园幼儿安全、健康。二是科学规划，形成合理布局。科学测算辖区内学龄前儿童数量分布，做好统筹规划工作，引导民办幼儿园合理布局，与公办幼儿园互补互惠。三是齐抓共管，落实主体责任。街道办事处、镇政府应当组织专门力量负责对无证幼儿园实施动态监管、指导整改、依法取缔工作，并协调教育、卫健、消防、物价、食药监局等部门齐抓共管，形成治理合力。福清市教育局、相关街道办事处和镇政府表示曾多次对无证幼儿园作出行政处罚并采取取缔措施，但始终无法根治，这与当地学前教育发展不平衡不充分密切相关，需要多个职能部门协同治理，建议由市政府统筹协调。

为提高监督效果，福清市人民检察院向福清市人民政府发出社会治理检察建议，建议市政府牵头，各部门各司其职，齐抓共管，通过落实责任主体和设定绩效考核指标等方式将无证幼儿园治理工作落到实处。检察建议发出后，福清市人民政府会同福清市人民检察院，召集相关街道（镇）、教育、公安、消防、安监等部门举行圆桌会议，制定联合执法方案，针对无证幼儿园选址布局、消防设施、校车营运、设施配备不达标等方面存在的隐患与问题，进行整改落实，同时明确各部门具体分工，全程监督联合执法进展。经整改，福清市教育局及相关街道（镇）回复检察建议落实情况：3 家经整改后符合办学条件的幼儿园已申请并取得办学许可，13 家整改后不符合办学条件的均已取缔关停，原在园幼儿已妥善分流至附近公办幼儿园或有资质的民办幼儿园就读。福清市人民检察院持续跟进检察建议的落实情况，定期走访、了解、调查无证幼儿园取缔后是否有反弹现象，并建议福清市人民政府定期组织开展“回头看”工作。

检察机关通过案件办理，既推动消除了幼儿园安全隐患，又妥善解决了幼儿就读问题，取得了良好的社会治理效果。此后，福清市未再发现无证民办幼儿园，政府部门持续推动普惠性幼儿园建设，公办幼儿园学额比为 66%，较

2017 年上升 6 个百分点，全市普惠学额覆盖率达 92.62%。

【指导意义】

（一）教育服务场所存在安全隐患，行政机关没有充分履职的，检察机关可以开展行政公益诉讼。对未成年人负有教育、照顾、看护等职责的教育服务场所，明知不符合办学条件，存在安全隐患，仍向未成年人开放，使未成年人合法权益面临风险，行政主管部门未依法充分履职，致使公共利益受到侵犯的，检察机关可以依法开展行政公益诉讼。

（二）不同层级人民政府和多个职能部门均具有与涉案事项相关的法定职责的，检察机关可以向能够发挥统筹作用的人民政府发出检察建议。相关人民政府、行政部门未依法完全充分履职导致公益损害的，检察机关可以通过公益诉讼检察建议督促履职。为提升监督效果，可以向能够发挥统筹作用的人民政府发出社会治理检察建议，推动人民政府对下级政府及相关职能部门进行协调调度，形成治理合力。

（三）检察机关应当建议行政机关采用有效履职方式，推动涉及未成年人合法权益问题实质性解决。行政机关对安全隐患无法消除的教育服务场所依法取缔关停时，检察机关应当建议行政机关疏堵结合、分类治理，根据未成年人及家长实际需要妥善安置受教育的未成年人，保障未成年人继续享有接受教育、照顾、看护、健康发展等权利，落实检察公益诉讼双赢多赢共赢理念。

【相关规定】

《中华人民共和国未成年人保护法》（2020 年修订）第一百零六条

《中华人民共和国未成年人保护法》（2012 年修正）第二十二条（现为 2020 年修订后的第三十五条、第三十六条）

《中华人民共和国行政诉讼法》（2017 年修订）第二十五条

《中华人民共和国民办教育促进法》（2018 年修正）第三条、第十二条、第十八条、第六十四条

《最高人民法院、最高人民检察院关于检察公益诉讼案件适用法律若干问题的解释》（法释〔2018〕6 号）第二十一条（现为 2020 年修订后的第二十一条）

贵州省沿河土家族自治县人民检察院督促履行食品安全监管职责行政公益诉讼案

（检例第 144 号）

【关键词】

行政公益诉讼　校园周边食品安全　线索发现　跟进监督　提起诉讼

【要　旨】

检察机关在履职中可以通过多种渠道发现未成年人保护公益诉讼案件线索。消除校园周边食品安全隐患，规范校园周边秩序，是未成年人保护公益诉讼检察的重点领域。对于易发多发易反弹的未成年人保护顽疾问题，检察机关应当在诉前检察建议发出后持续跟进监督，对于行政机关未能依法全面、充分履职的，应依法提起诉讼，将公益保护落到实处。

【基本案情】

2018 年秋季学期开学后，贵州省铜仁市沿河土家族自治县（以下简称“沿河县”）民族小学等 7 所中小学周边存在流动食品经营者占道制售肠粉、炒粉、油炸土豆、奶茶等食品，供周边中小学生食用的问题。流动食品经营者在未依法办理食品经营相关手续的情况下，以车辆为餐饮作业工具，未配备食品经营卫生设施，未按规定公示健康证明，未穿戴清洁的工作衣帽，所售卖食品存在安全隐患，影响中小学生身体健康，同时占道经营行为严重影响交通安全和社会管理秩序。

【检察机关履职过程】

（一）调查核实和督促履职

2018 年 9 月，检察机关接到人大代表和家长师生反映，沿河县民族小学等学校周边存在流动食品经营者以车辆为餐饮作业工具，违法向未成年学生售卖食品的现象，影响未成年人食品安全、交通安全和校园周边秩序。获取该线索后，沿河县人民检察院经调查认为：流动食品经营者未经办理经营许可或备案登记等相关手续即以车辆为餐饮作业工具进行食品经营活动，存在食品卫生安全隐患，危害未成年人身体健康，对校园周边交通安全和社会秩序造成影响。沿河县市场监管局怠于履行食品安全监督管理职责，导致食品经营者在中小学校园周边占道经营、制售食品的行为形成多发乱象，侵犯了未成年人合法权益，遂决定作为行政公益诉讼案件予以立案。

9月13日，沿河县人民检察院依法向沿河县市场监管局发出行政公益诉讼诉前检察建议，建议其依法履行职责，依法调查处理城区学校周边的流动食品经营者违法经营行为。11月12日，沿河县市场监管局书面回复称，已取缔了所有学校周边以车辆为餐饮作业工具的食品经营活动，对校园周边环境联合开展了专项执法检查。沿河县人民检察院对诉前检察建议落实情况进行跟踪监督，发现沿河县市场监管局在检察机关发出检察建议后，虽采取了取缔、劝离等措施，但食品经营者以流动作业方式在校园周边向未成年学生制售食品的问题仍时常反弹，未能得到有效遏制，社会公共利益持续处于受侵犯状态。

（二）诉讼过程

2019年8月8日，沿河县人民检察院根据贵州省高级人民法院关于行政案件集中管辖的规定，向贵州省铜仁市思南县人民法院提起行政公益诉讼，请求确认被告沿河县市场监管局对城区校园周边无证食品经营者的违法经营行为怠于履行监督管理职责违法，判决沿河县市场监管局对城区校园周边无证食品经营者的违法经营行为依法履行职责。

12月27日，思南县人民法院公开开庭审理本案。沿河县市场监管局辩称，其不具有划定临时区域和固定时段供食品摊贩经营的职责，无直接管理流动食品摊贩的职权。沿河县人民检察院答辩指出，食品摊贩是食品经营者的类型之一。对食品安全的保护是未成年人保护的重要内容，不应因食品经营者无固定经营场所而放松对食品安全的监管。根据《中华人民共和国食品安全法》《贵州省食品安全条例》及市场监管局“三定”方案等规定，市场监管局承担食品生产经营监督管理职责，负有食品安全监督管理，组织实施食品生产经营许可管理，指导食品生产小作坊、小餐饮登记管理和食品小摊贩备案管理的职责，对违法情形应当由其责令改正、给予警告、处以罚款及没收违法所得等。2020年8月1日，思南县人民法院作出判决，支持沿河县人民检察院全部诉讼请求。沿河县市场监管局未提出上诉。

判决生效后，沿河县人民检察院持续监督判决的执行，并促成沿河县人民政府牵头制定《沿河土家族自治县城区校园周边食品安全综合治理实施方案》，组织沿河县市场监管局、城市管理局、公安局、教育局、街道办事处开展城区校园周边食品安全综合治理专项行动，加强法治宣传，划定经营区域，引导流动食品经营者进行备案登记、规范经营。该县中小学校园周边流动食品经营者的经营和生活得到保障，校园周边环境秩序和交通安全得到有效治理。

【指导意义】

（一）全面正确理解“履职中发现”的含义，多渠道拓展案件线索来源。未成年人保护公益诉讼案件线索，既可以在办理其他涉未成年人案件中发现，也可以通过人大代表、政协委员转交、新闻媒体反映以及法治副校长送法进校园、开展未成年人保护主题检察开放日活动、参加未成年人保护联席会议等渠道发现。要立足法律监督职能，注意拓展未成年人保护案件线索发现渠道，通过依法履职，切实维护未成年人合法权益。

（二）校园周边食品安全涉及未成年人合法权益，是未成年人保护检察公益诉讼的工作重点。食品安全事关未成年人身心健康。消除校园周边食品安全隐患，维护校园周边秩序和交通安全，是未成年人保护检察公益诉讼的工作重点。负有监管职责的行政机关不依法充分履职，致社会公共利益持续处于被侵犯状态的，检察机关应当认真分析研究行政机关监管职责，合理确定监督对象，以促使全面履职、有效整改。

（三）检察机关履行公益诉讼职责，应当持续跟进监督，推动问题整改落实到位。对于校园周边食品安全等易发多发易反弹的未成年人保护顽疾问题，检察机关发出公益诉讼诉前检察建议后，要持续跟进落实。行政机关根据诉前检察建议采取了监督管理措施，但未成年人合法权益受侵犯状态尚未得到有效遏制或隐患尚未消除的，要结合行政机关的职责范围、履职条件、履职方式、履职效果等进行综合分析，行政机关未依照法律规定全面、充分履职的，检察机关应当依法提起诉讼。

【相关规定】

《中华人民共和国未成年人保护法》（2020 年修订）第一百零六条

《中华人民共和国食品安全法》（2018 年修订）第二条、第三十三条、第三十五条、第三十六条、第一百二十二条、第一百二十六条

《中华人民共和国行政诉讼法》（2017 年修订）第二十五条

《最高人民法院、最高人民检察院关于检察公益诉讼案件适用法律若干问题的解释》（法释〔2018〕6 号）第二十一条（现为 2020 年修订后的第二十一条）

江苏省溧阳市人民检察院督促整治网吧违规接纳未成年人行政公益诉讼案

（检例第145号）

【关键词】

行政公益诉讼 不适宜未成年人活动场所 社会支持体系 综合治理

【要 旨】

不适宜未成年人活动场所违规接纳未成年人进入，损害未成年人身心健康，易滋生违法犯罪，侵犯社会公共利益。检察机关应当依法履行公益诉讼职责，推动行政机关落实监管措施。充分发挥未成年人检察工作社会支持体系作用，促进社会综合治理，形成未成年人保护合力。

【基本案情】

2019年以来，江苏省溧阳市所辖市区及农村地区部分网吧存在违规接纳未成年人上网的问题。有的网吧未在入口处显著位置悬挂未成年人禁入标志，有的网吧经营者在未成年人进入网吧时未要求其出示身份证件并核对年龄，有的网吧经营者发现未成年人进入后，仍然使用成年人身份证帮助其开户上网，家长多次反映但未能得到解决。

【检察机关履职过程】

2019年11月，江苏省溧阳市人民检察院在办理未成年人孟某某盗窃案中发现，溧阳市辖区内多家网吧违规接纳未成年人上网，部分未成年人甚至通宵在网吧上网。溧阳市人民检察院通过发放120份调查问卷、调查走访全市所有58家网吧等方式，全面了解辖区内未成年人随意进出网吧的数量和比例，发现120名受访未成年人中曾随意进出网吧未受制止的占32%。未成年人出入网吧影响身心健康，易沾染不良习气，甚至滋生违法犯罪问题。根据《中华人民共和国未成年人保护法》、国务院《互联网上网服务营业场所管理条例》相关规定，市文体广电和旅游局负责对依法设立的互联网上网服务营业场所的经营活动进行监督管理。

2020年3月2日，溧阳市人民检察院向市文旅局发出行政公益诉讼诉前检察建议：一是结合实际情况，处罚涉案网吧；二是联合相关部门，推动专项执法；三是发挥社会力量，加强监督宣传；四是加强监督管理，规范网吧经营；五是完善制度，建立长效机制。

收到检察建议后，市文旅局对涉案网吧分别给予警告并罚款3000元的行政处罚，对相关责任人进行约谈。市文旅局、市公安局运用信息技术，联合推出双重严防系统，在全市所有网吧内全部强制上线运行，将网吧经营管理后台数据接入公安机关，实现对网吧运行数据的有效监控，确保从源头上杜绝网吧违规接纳未成年人现象。市文旅局在全市开展了为期6个月的“清风行动”，通过定期通报、签订承诺书、“文明网吧”创建等形式，推动网吧规范经营。

5月2日，市文旅局向检察机关书面回复检察建议落实情况，提出进一步加强网吧监管的工作措施：一是严格审批，强化退出机制，对违法违规的网吧一律列入黑名单；二是对照标准，完善监管体系，会同公安机关建设信息化监管平台；三是依法管理，推进社会监督，聘请200余名市场监督员对网吧进行监督；四是定人定岗，实行网格监管，全市每个网吧均有对应的管理执法人员，进行滚动式巡查；五是严管重罚，在寒假、暑假和法定节假日开展专项治理。

溧阳市人民检察院与市文旅局、市公安局召开联席会议，从2020年6月开始开展三个月的“回头看”工作。检察机关将办案中发现的放任未成年人进入营业性娱乐场所、酒吧、网吧的未成年人父母或其他监护人情况，向妇联、关工委等通报，推动妇联、关工委发挥自身优势，动员社会力量，开展家庭教育指导。积极协同相关职能部门，链接司法社工、“五老”、社区网格员、志愿者等多方资源力量，推动构建常态化监管网络体系，有效防止网吧违规接纳未成年人进入的问题复发和反弹。溧阳市人民检察院注重延伸办案效果，扩大保护范围，牵头与市教育局、公安局、司法局、团市委、卫健局、妇联等6家单位会签《关于加强未成年人权益保护的意见》，建立市青少年法治教育基地，推动形成全市未成年人保护大格局。

【指导意义】

（一）不适宜未成年人活动的场所多次违规接纳未成年人进入，行政监管不到位的，检察机关可以通过行政公益诉讼督促监管履职。营业性娱乐场所、酒吧、网吧等不适宜未成年人活动场所违规接纳未成年人，以及旅馆、宾馆、酒店等住宿经营者违规接待未成年人入住等，易对未成年人身心健康造成不良影响甚至诱发违法犯罪。上述违规行为发现难、监管难、易反弹，检察机关发现行政机关未依法充分履行监管执法职责的，可以通过行政公益诉讼，督促和支持行政机关依法履职，及时查处违规接纳未成年人的行为，避免出现侵犯未成年人合法权益和诱发违法犯罪等危害后果。

（二）充分发挥未成年人检察工作社会支持体系作用，促进构建未成年人保护大格局。检察机关在积极履行未成年人司法保护职责的同时，应当充分发挥未成年人检察工作社会支持体系优势，加强跨部门协同协作，引入并汇聚更多社会资源和专业力量参与，深入推进未成年人检察办案与社会化保护优势互补，促进齐抓共管和协同治理，以更强的综合保护合力，促进未成年人保护法律规定不折不扣地落到实处。

【相关规定】

《中华人民共和国未成年人保护法》（2020 年修订）第一百零六条

《中华人民共和国未成年人保护法》（2012 年修正）第三十六条、第六十六条（现为 2020 年修订后的第五十八条、第一百二十三条）

《中华人民共和国行政诉讼法》（2017 年修订）第二十五条

《互联网上网服务营业场所管理条例》（2019 年修订）第二十一条、第三十一条

《最高人民法院、最高人民检察院关于检察公益诉讼案件适用法律若干问题的解释》（法释〔2018〕6 号）第二十一条（现为 2020 年修订后的第二十一条）

积极履行公益诉讼检察职责 依法保护未成年人合法权益

——最高人民检察院第三十五批指导性案例解读*

那艳芳 陈 晓 隆 赟**

经最高人民检察院第十三届检察委员会第八十九次会议审议通过，最高人民检察院于近日发布了第三十五批指导性案例。该批案例以“积极履行公益诉讼检察职责 依法保护未成年人合法权益”为主题，是最高人民检察院首次发布未成年人保护领域检察公益诉讼指导性案例。为深化指导性案例的理解与适用，现就该批案例涉及的主要问题、办案重点难点等进行解读。

一、发布第三十五批指导性案例的背景和意义

党的十八大以来，以习近平同志为核心的党中央对未成年人保护工作作出一系列重要决策部署，修订未成年人保护法和预防未成年人犯罪法（以下简称“两法”），成立国务院未成年人保护工作领导小组，构建“家庭、学校、社会、网络、政府、司法”六大保护体系，工作体系不断健全，取得历史性成就。检察机关坚持以习近平法治思想为指引，认真贯彻《中共中央关于加强新时代检察机关法律监督工作的意见》，切实担当“两法”赋予的更重责任，最高人民检察院专设负责未成年人检察工作的第九检察厅，着力加强未成年人全面综合司法保护，推动“六大保护”相融与共。

但是，现阶段未成年人保护工作仍存在不少短板和不足，反映出未成年人法律政策统筹和协同不够，监管职能交叉重叠与空白现象同时存在等综合治理、社会治理问题，影响了未成年人保护工作成效。

近年来，各地检察机关聚焦食品药品安全等与未成年人切身利益密切相关领域，积极、稳妥开展公益诉讼，有效发挥保护未成年人公共利益的制度效能，办理了一批典型案件和精品案件。2020 年修订的未成年人保护法明确规定未成年人合法权益受到侵犯，涉及公共利益的，检察机关有权提起公益诉讼，为履行未成年人保护检察公益诉讼职责提供了更为有力的实体法依据。

发布该批指导性案例，一是主动适应人民群众对未成年人健康成长的更高

---

* 原文载《人民检察》2022 年第 11 期。

** 作者单位：最高人民检察院第九检察厅。

需求。未成年人健康成长是人民美好生活的重要内容，特别是随着最有利于未成年人原则在我国社会治理进程中的不断深入，未成年人保护的公益属性和国家立场更加凸显。未成年人保护检察公益诉讼能够更加直接、有效地维护未成年人合法权益，透过个案办理推动解决未成年人案件背后的社会治理问题。该批案例体现了检察机关“以人民为中心”、回应社会需求、推动未成年人保护社会治理现代化的司法探索和实践成果。二是推动未成年人检察公益诉讼工作规范开展。各地积极履职，主动探索，推动办案数量迅速增长，新类型新领域案件不断涌现，与之相应的业务规范化建设、高质量发展问题也日益突出。通过该批案例，进行必要的规则提炼与方法总结，有助于统一认识和细化标准，指导类案办理，解决实务难题，促进未成年人保护检察公益诉讼业务更加规范有序发展。三是促进形成未成年人公益保护的良好氛围。该批案例涉及的网络保护、文身治理、不适宜未成年人活动场所治理、无证幼儿园及校园周边治理等，均为未成年人保护领域的社会痛点、舆论焦点和治理难点。发布该批案例，通过办案经验的总结与宣传，有助于以最有利于未成年人原则引导形成未成年人公益保护的治理共识，营造全社会共同关心未成年人公共利益、护航未成年人健康成长的社会环境。

二、案件办理的主要特点

该批案例是从各省级检察院报送的40余件优秀案例中精选出来的，案件办理主要有以下几个特点：

一是体现最有利于未成年人原则。检察机关办理未成年人保护公益诉讼案件，应注重维护未成年人的长远利益和根本利益，综合考虑未成年人身心特点和健康发展需要，选择最有利于未成年人的方案和措施，给予未成年人特殊、优先保护。尤其是当未成年人的利益与其他相关因素交织甚至发生冲突，而法律规定不够明确具体时，坚持以保护未成年人利益作为首要考量。

二是体现综合司法保护理念。未成年人保护案件中一个侵害行为往往涉及多个法律关系。强化综合司法保护，是未成年人保护检察公益诉讼的一大特色。综合司法保护不是把公益诉讼与刑事、民事、行政检察等案件办理简单叠加和组合，而是一体推动公益诉讼线索发现、调查取证、综合治理等工作，以各项职能的统筹运用、“化学”融合，全方位保护未成年人合法权益。

三是体现主动融入“五大保护”理念。2020年修订的未成年人保护法构建了“六大保护”体系，检察机关在履行未成年人保护公益诉讼职责时，应注重互促共融，以公益保护促推家庭、学校、社会、网络、政府保护落实落地，努力实现“1+5>6=实”，合力护航未成年人健康成长。

四是体现督导不替代的理念。未成年人保护是事关国家治理体系和治理能力现代化的一项系统工程，需要各职能部门各司其职、各负其责、协力推进。检察机关开展未成年人保护行政公益诉讼，立足法律监督职责定位，督促相关职能部门履职尽责，并不是替代职能部门去做具体工作。

五是体现标本兼治的理念。未成年人保护公益诉讼的目的，在于抓前端、治未病，促进并推动源头治理和标本兼治，最大限度预防涉未成年人违法犯罪发生，避免未成年人权益受到损害。对于易复发、易反弹的顽疾问题，坚持“没完没了”持续监督跟进，确保治理取得实效。

三、案件办理和理解适用中的重点难点问题

（一）浙江省杭州市余杭区检察院对北京某公司侵犯儿童个人信息权益提起民事公益诉讼、北京市检察院督促保护儿童个人信息权益行政公益诉讼案

该案办理中有四个难点问题：一是该案涉互联网公司所侵犯的儿童个人信息权益的公益性认定问题。我国加入的联合国《儿童权利公约》确立了儿童利益最大化原则，民法典、未成年人保护法等明确规定对未成年人实行特殊、优先保护，在儿童权益受到侵害时，国家承担最终监护责任，儿童权益是社会公益的应有之义。该案中涉及的儿童用户众多，如此庞大数量的群体利益受到侵害或者存在潜在威胁，应当具有公益性。

二是提起公益诉讼的必要性问题。提起公益诉讼是保护网络行业发展、推进技术进步的有效措施。一方面，有利于促进网络行业规范发展。我国尚无专门的儿童个人信息监管机构和监管模式，互联网企业对未成年人网络风险防范制度和机制建设重视不够。以公益诉讼方式向企业和市场传达何种行为合法、何种行为违法的信号，有利于弥补行业监管不足，推动互联网公司规范运营。另一方面，互联网企业规范个人信息的处理会促使个人信息保护技术不断创新进步。

三是公益诉讼的类型选择问题。公益诉讼作为推进社会治理的一种司法路径，补充而非代替行政执法是其定位所在。从诉讼类型上看，行政公益诉讼更能体现检察权的谦抑性和检察机关在公益诉讼中的协同性、兜底性、补充性特点，可给予行政机关更多自我纠错的机会，充分发挥行政机关的第一顺位职责作用和行政执法手段多样、高效的优势，及时制止违法行为，并对相关违法行为人进行行政惩戒。民事公益诉讼在责任承担方式和责任主体范围上更加广泛，更有利于修复受损公益，在公益保护方面可以发挥行政公益诉讼难以替代的制度价值。该案综合运用民事公益诉讼和行政公益诉讼职能进行监督，形成监管合力，促进行业源头性治理并形成长效机制。

四是涉互联网案件的取证问题。在充分听取网信部门、公安机关、法院、互联网法律专家和技术专家的意见后，该案办案团队有针对性地采用“区块链”取证技术，对涉案软件的应用下载、用户服务协议、隐私权保护政策、应用界面等内容进行固定，并对该软件推送含儿童个人信息短视频及儿童账号情况进行一定时期针对性取证，最终夯实了证据，为案件办理提供了有力支撑。

（二）江苏省宿迁市检察院对章某为未成年人文身提起民事公益诉讼案

该案办理中有三个难点问题：一是为不特定未成年人文身行为能否认定为侵犯社会公共利益。办案检察机关经过多次论证认为，首先，为未成年人提供文身服务具有开放性，可以认定为侵害不特定多数人利益。其次，文身行为不利于未成年人身心健康。文身是一种有创行为，具有难清除、难复原和不可逆性，清洗过程漫长、痛苦，且费用高昂。文身未成年人在就学和就业时受到限制，在未成年人群体中易被标签化，出现效仿和排斥的双重效应，有悖于健康良好社会风尚的形成，甚至还会诱发犯罪。最后，未成年人的健康成长是重要的国家利益和社会公共利益。目前，未成年人保护呈现出国家化、社会化、公法化趋势，未成年人利益由私益向公益转变，未成年人保护职责由监护人个人职责向国家公共职责转变。当行为侵害了不特定多数未成年人利益时，不再仅属于个人利益范畴，而具备了公益属性。该案中，章某为不特定未成年人提供文身服务损害了社会公共利益。

二是行业归属类别不明时如何开展行政公益诉讼。文身治理面临行业归属类别不明、行政机关监管职责不清等困境，但检察机关发现，部分文身馆在未取得医疗机构执业许可的情况下开展清洗文身业务。而根据 2009 年卫生部办公厅《医疗美容项目分级管理目录》，清洗文身属于医疗美容项目，需有证有照经营。针对这一情况，检察机关转变思路，以“无证无照为不特定未成年人开展清洗文身”为切入点，认为市场监督管理局、卫生健康局存在监管漏洞，侵害了社会公共利益，遂先行开展行政公益诉讼，向县卫生健康局发出行政公益诉讼诉前检察建议。

三是该案能否适用 2020 年修订的未成年人保护法。涉案文身馆为未成年人文身的行为发生于 2020 年修订的未成年人保护法施行之前。立法法第九十三条规定，法律、行政法规、地方性法规、自治条例和单行条例、规章不溯及既往，但为了更好地保护公民、法人和其他组织的权利和利益而作的特别规定除外。检察机关认为，向未成年人提供文身服务，损害未成年人的身体权、健康权。为了最大限度保护未成年人，该案可以适用新修订的未成年人保护法。

（三）福建省福清市检察院督促消除幼儿园安全隐患行政公益诉讼案

该案办理中有两个难点问题：一是领域探索问题。案件办理时，未成年人保护法尚未修订，检察公益诉讼法定领域仍限于传统“4+1”领域。福清市检察院积极召开检察官联席会议进行研究论证后认为，行政诉讼法未对公益诉讼受案范围一一列举，而是采用了“等”的表述。而且民办幼儿园属于民办教育，民办教育促进法、国务院《幼儿园管理条例》规定了民办教育事业属于公益性事业，无证幼儿园侵害了众多未成年人的合法权益，侵害了社会公共利益，可以作为公益诉讼案件办理。稳妥起见，福清市检察院积极向上级检察院请示，争取上级支持，经层报最高人民检察院，最终将该案作为公益诉讼案件办理。

二是办案社会效果。该案立案时间为期中学习阶段，若过早将无证幼儿园关停取缔，将导致幼儿学习中断。该院结合行政公益诉讼期限，于4月发出检察建议，要求相关镇（街）、教育局在两个月内依法履行职责。根据上述期限，教育局及相关镇（街）政府可于学期末启动执法程序，既不影响本学期幼儿的学习生活，又为幼儿家长预留出暑假时间为幼儿新学期的入学做好安排。宣传引导上，通过教育局微信公众号以及媒体发布通告曝光无证幼儿园名单，由教育局制发“告家长书”，释明就读无证幼儿园的危害，引导家长选择规范、合格的幼儿园。履职方式上，疏堵结合、分类清理无证幼儿园，坚决取缔存在严重安全隐患的无证幼儿园，妥善分流在园幼儿和从业人员。经过几个月的清理整顿，16所无证幼儿园中有3所经整改符合条件通过了审批，其他13所达不到办园要求的一律取缔。该院还建议政府建立购买普惠性民办幼儿园教育服务机制，通过财政补助、税费减免等，减轻幼儿园经营负担，提高保教质量。建议各镇（街）政府根据城镇化进程中人口变动的情况，科学测算辖区内学龄前儿童数量分布，统筹设立民办幼儿园，避免出现布局不平衡或者“入园难”情况，根治无证幼儿园问题。

（四）贵州省沿河土家族自治县检察院诉市场监督管理局不履行食品安全监管职责行政公益诉讼案

该案办理中有三个难点问题：一是监督对象的确定。流动食品经营者在中小学校园周边占道经营的行为，多个部门负有监督管理职责，存在职责交叉和职能不清的情况，找准监督对象成为该案立案前必须解决的难点。检察机关调查后发现，流动食品经营者能够长期在校园周边制售食品，是造成上述问题隐患的源头，而这又是源于负有最直接管理职责的市场监督管理部门没有充分履职。检察机关依此决定对县市场监督管理局立案并启动公益诉讼程序开展监督。

二是持续跟进监督。检察建议制发后，检察机关持续跟进监督，三次开展公益诉讼“回头看”，发现市场监督管理局未按照诉前检察建议的要求落实整改，也未依法履行职责。为切实保护未成年人食品安全，维护社会公共利益，确保将检察建议做成刚性、做到刚性，检察机关积极争取当地党委、政府支持，依法对市场监督管理局不充分履职行为提起行政公益诉讼。

三是整改落实问题。案件判决后，流动食品经营者的去向成为检察机关关注的重点。为避免机械执法，致使部分流动经营者因无法经营引发新的社会矛盾，为更好保障民生，检察机关主动向县委汇报，得到高度重视，促成该县政府在沿河县城的河东、河西菜市场为流动食品经营者划定区域供其摆摊经营，并明确两个街道办对来此经营的流动食品经营者进行备案登记，流动食品经营者的经营活动得以保障。

（五）江苏省溧阳市检察院督促整治网吧违规接纳未成年人行政公益诉讼案

该案办理中有三个难点问题：一是如何主动履职，挖掘公益诉讼案件线索。该案线索来源于一起未成年人盗窃案。按照通常的办案流程，经过社会调查，会对犯罪嫌疑人依法作出附条件不起诉或者相对不起诉决定。但检察官在审阅案卷中发现，抓获该未成年人的地点为一间网吧门口。经调查，该未成年人曾涉足溧阳市多家网吧，网吧管理松散，未在门口张贴未成年人禁止入内的告示，未成年人出入自由不受限制。网吧是未成年人犯罪易发、多发区域，营业性网吧接纳未成年人，直接影响未成年人学业，不利于未成年人的身心健康，易滋生违法犯罪，且许多网吧还存在消防等诸多安全隐患，检察机关遂将该案作为公益诉讼案件线索立案办理。

二是如何实现从个案办理到社会治理。发出检察建议后，检察官主动对接多个职能部门，推动妇联、中国关心下一代工作委员会等开展家庭教育指导，借助网格员队伍落实日常检查，全方位多举措巩固治理效果。同时，从网吧治理扩展到对未成年人进入不宜场所、开展不宜活动、从事不宜职业的治理，与市司法局协作聘请社会工作者对进入营业性娱乐场所、酒吧、网吧的未成年人开展教育矫治、心理疏导等工作；与市公安局建立“三不宜”行为处置机制，牵头市教育局等6家单位会签《关于加强未成年人权益保护的意见》，建立市青少年法治教育基地等，致力构建长效机制，有力推动解决制约、影响未成年人权益保护和健康成长的突出问题。

三是如何将司法保护融入其他“五大保护”，构建大保护格局。检察机关在办案中充分发挥未成年人检察工作社会支持体系作用，以检察之力促进形成保护未成年人合力。面对求助无门的未成年人家长，检察官用行政公益诉讼为他们开辟了一条绿色救济通道，积极融入家庭保护；溯源治理杜绝未成年人进入不适宜场所，融入网络保护净化未成年人成长环境；推动司法专业化办案与社会化服务有机衔接、良性互动，积极联动社会力量，发挥各自优势开展社会保护。

四、持续做好未成年人保护检察公益诉讼工作

检察机关应进一步提升未成年人检察公益诉讼工作水平，努力推动“六大保护”有机融合、一体落实。

一是积极主动履职。检察机关应积极回应人民群众期待，牢牢抓住公益这个核心，以深入开展未成年人检察“质量建设年”活动为契机，持续加大办案力度，积极开展公益诉讼工作，力争取得更多的进展和成效。二是提升工作质效。最高人民检察院将研究制定未成年人公益诉讼检察工作相关规范性文件和指导性意见，指导各地检察机关提升履职办案的精准性、规范性和实效性。召开全国检察机关未成年人检察业务统一集中办理工作推进会，进一步总结成效经验，解决工作中存在的问题，推动未成年人公益诉讼检察工作高质量发展。三是强化案例指导。加大案例指导力度，持续深入总结各地的办案经验，提炼体现未成年人保护特点特色的办案规则和有益经验。收集、总结涉未成年人“四大检察”综合司法保护的案例，持续制发指导性案例和典型案例，为办案提供更多的参照借鉴和示范引领。

最高人民检察院
关于印发最高人民检察院
第三十六批指导性案例的通知

（2022年3月3日公布　高检发办字〔2022〕36号）

各省、自治区、直辖市人民检察院，解放军军事检察院，新疆生产建设兵团人民检察院：

经2022年1月19日最高人民检察院第十三届检察委员会第八十七次会议决定，现将卢某诉福建省某市公安局交警支队道路交通行政处罚检察监督案等四件案例（检例第146—149号）作为第三十六批指导性案例（行政检察类案监督主题）发布，供参照适用。

最高人民检察院

2022年3月3日

卢某诉福建省某市公安局交警支队道路交通行政处罚检察监督案

（检例第146号）

【关键词】

行政检察　类案监督　定罪量刑　吊销机动车驾驶证　抗诉　统一执法司法标准

【要　旨】

对于醉酒驾驶机动车被司法机关依法追究刑事责任的，应当由公安机关交通管理部门依法吊销行为人持有的所有准驾车型的机动车驾驶证。人民检察院办理行政诉讼监督案件，对行政执法与司法裁判存在适用法律不一致的共性问题，可以采取个案监督和类案监督相结合的方式，在监督纠正个案的同时，推动有关机关统一执法司法标准，保障法律正确统一实施。

【基本案情】

2013年5月1日21时许，卢某酒后无证驾驶无号牌两轮摩托车碰撞路边行人吴某珍，致其轻微伤。经鉴定，卢某的血液酒精浓度为255mg/100ml，已达醉酒驾驶标准；经某市公安局交通警察支队（以下简称市交警支队）某大队交通事故认定，卢某负事故全部责任。市交警支队某大队根据《中华人民共和国道路交通安全法》第九十九条规定，对卢某无证驾驶无号牌摩托车的行为作出罚款300元的处罚。该市某区人民法院以危险驾驶罪判处卢某拘役三个月，并处罚金人民币3000元（判决已生效，300元罚款已折抵）。此后，市交警支队根据《中华人民共和国道路交通安全法》第九十一条第二款规定，对卢某作出吊销机动车驾驶证的行政处罚决定，卢某不服该处罚决定，以其持有的小型汽车驾驶证与涉案交通事故无关为由向某区人民法院提起行政诉讼。

区人民法院于2013年9月24日作出一审判决，维持市交警支队所作的行政处罚决定。卢某不服，向市中级人民法院提起上诉。市中级人民法院经审理认为，卢某在同一起交通事故中，因醉酒无证驾驶已经受到刑事处罚，又因无证驾驶无号牌摩托车受到罚款的行政处罚。现市交警支队再以卢某醉酒驾驶而吊销其小型汽车驾驶证，该行政处罚与卢某已经受到的刑事处罚和行政罚款处罚存在矛盾，故于2013年12月11日作出二审判决：（1）撤销区人民法院所作的一审行政判决；（2）撤销市交警支队所作的吊销卢某机动车驾驶证的行政处罚决定。

【检察机关履职过程】

案件来源。市交警支队不服二审判决，向市人民检察院申请监督。市人民检察院依法审查后认为，二审判决适用法律错误，遂向市中级人民法院发出再审检察建议。市中级人民法院复函不予再审。市人民检察院提请福建省人民检察院抗诉。

监督意见。福建省人民检察院经审查认为，卢某醉酒无证驾驶无号牌两轮摩托车，违反《中华人民共和国道路交通安全法》的规定，分别受到刑事处罚和吊销驾驶证、罚款的行政处罚，三者之间不存在矛盾。《中华人民共和国道路交通安全法》规定的吊销机动车驾驶证是一种剥夺持证人驾驶各类型机动车上道路行驶资格的处罚，不是只剥夺驾驶某一准驾车型资格的处罚。被诉行政处罚决定是基于行为人实施严重危害道路交通安全的违法行为，认为允许其继续驾驶机动车或将危及公共安全，由此作出终止其驾驶许可的决定。这是对违法行为人道路交通安全和法律意识的一种否定性评价，与违法行为人实际持有驾驶证的准驾车型无关，也与其实施违法行为时实际驾驶的机动车类型无关。二审判决适用法律确有错误。

福建省人民检察院经调查发现，2019年，本省公安机关作出吊销驾驶证行政处罚案件中有32件被法院裁判撤销行政处罚决定。在这些案件中，公安机关认为吊销驾驶证是指对违法行为人所有准驾车型的驾驶资格一并吊销；法院认为一并吊销依据不足，且不符合过罚相当原则，通常判决撤销吊销机动车驾驶证的行政处罚决定，执法和司法中对法律理解和适用不一致。

监督结果。2019年9月30日，福建省人民检察院向福建省高级人民法院提出抗诉，认为：《中华人民共和国道路交通安全法》第九十一条第二款规定，“醉酒驾驶机动车的，由公安机关交通部门约束至酒醒，吊销机动车驾驶证，依法追究刑事责任；五年内不得重新取得机动车驾驶证”，其中“吊销机动车驾驶证，依法追究刑事责任”，并非可选择的处罚措施；根据《中华人民共和国行政处罚法》（2009年）第四条第二款关于“设定和实施行政处罚必须以事实为依据，与违法行为的事实、性质、情节以及社会危害程度相当”的规定，卢某在道路上醉酒驾驶机动车，是危害公共安全的行为，市交警支队在卢某被追究刑事责任后，对其处以吊销所有准驾车型驾驶资格的处罚符合法律规定。2020年5月21日，福建省高级人民法院采纳检察机关的抗诉意见，作出再审判决：（1）撤销市中级人民法院所作的二审判决；（2）维持区人民法院所作的一审判决。

类案监督。鉴于类似案件社会影响较大，具有一定代表性，行政执法与司法裁判对法律的理解和适用存在认识分歧，影响执法公信力和司法权威性，福建省人民检察院主动加强与省高级人民法院、省公安厅沟通协调，围绕吊销机动车驾驶证问题进行座谈研讨，就吊销机动车驾驶证行政诉讼案件裁判尺度和执法标准问题达成共识。2021 年 3 月 19 日，福建省公安厅下发《关于进一步规范吊销机动车驾驶证行政案件办理的通知》，要求加强源头管理，把吊销机动车驾驶证相关规定内容纳入申领机动车驾驶证的安全文明驾驶常识考试题库；同时，鉴于吊销机动车驾驶证行政处罚减损被处罚人权益，对被处罚人影响重大，要求规范办案程序，严格事实认定，综合考量违法驾驶者的违法事实、性质、情节以及社会危害程度，体现过罚相当。2021 年 4 月 30 日，福建省人民检察院与省高级人民法院印发会议纪要，就检察机关和人民法院正确执行《中华人民共和国道路交通安全法》，办理吊销机动车驾驶证行政案件提出具体要求，统一司法裁判尺度。截至目前，该省未再出现涉吊销驾驶证行政案件执法司法标准不统一的问题。

【指导意义】

（一）对于违反道路交通安全法律法规规定，醉酒驾驶等构成犯罪的，应当依法吊销驾驶人持有的机动车驾驶证。对构成犯罪的，刑事处罚与吊销驾驶证的行政处罚并不互相排斥，司法机关依法追究驾驶人的刑事责任，不影响行政机关依法作出吊销机动车驾驶证的行政处罚。鉴于吊销机动车驾驶证属于减损被处罚人行为能力的行政处罚，对于法律法规规定应当吊销机动车驾驶证的违法行为，必须符合法定情形，严格遵守法定程序。对于法律法规规定可以吊销机动车驾驶证的违法行为，要综合考量违法事实、性质、情节以及社会危害程度等因素决定是否吊销，确保过罚相当。

（二）吊销机动车驾驶证的行政处罚是一种资格罚，旨在剥夺持证人驾驶任何类型机动车上道路行驶的资格。法律规定对驾驶机动车实行行政许可制度，要求持证驾驶，目的在于保障道路交通公共安全。《中华人民共和国道路交通安全法》规定的吊销机动车驾驶证，是吊销持证人所有准驾车型的机动车驾驶证，并非吊销某一准驾车型的驾驶证。行政执法、司法活动中须正确理解和执行法律法规，符合立法目的和社会管理目标，实现行政处罚制度维护社会秩序、保障公共安全的治理功能。

（三）人民检察院办理行政诉讼监督案件，发现行政裁判和执法决定存在适用法律不一致的共性问题，应当开展类案监督。检察机关在依法监督纠正个案错误的同时，应当与行政机关、人民法院进行磋商，促进形成共识，解决执法司法办案中认识不一致、标准不统一等共性问题，推动统一执法司法标准，正确执行法律。

【相关规定】

《中华人民共和国行政诉讼法》（2017 年修正）第九十一条、第九十三条第二款

《中华人民共和国行政处罚法》（2009 年修正）第四条第二款（现为 2021 年修订后的第五条第二款）

《中华人民共和国道路交通安全法》（2011 年修正）第九十一条第二款、第九十九条（现为 2021 年修正后的第九十一条第二款、第九十九条）

公安部《道路交通安全违法行为处理程序规定》（2008 年修订）第四十八条（现为 2020 年修订后的第五十条）

湖南省某市人民检察院对市人民法院行政诉讼执行活动检察监督案

（检例第147号）

【关键词】

行政检察　类案监督　行政诉讼执行活动　程序违法　异地管辖

【要　旨】

人民检察院对人民法院行政诉讼执行活动实行法律监督，应当对执行立案、采取执行措施、执行结案全过程进行监督，促进行政裁判确定的内容得以依法及时实现。发现人民法院行政诉讼执行活动存在同类违法问题的，可以就纠正同类问题向人民法院提出检察建议，并持续跟踪督促落实，促进依法执行。人民法院跨行政区域集中管辖的行政案件，原则上由受理案件法院所在地同级对应的人民检察院管辖并履行相应的法律监督职责。

【基本案情】

2020年7月，湖南省某市人民检察院在履行法律监督职责中发现：李某某申请执行某县公安局返还强制扣押财产一案，实行跨区域集中管辖的某市人民法院于2019年7月16日作出的行政判决书发生法律效力后，某县公安局未履行生效法律文书确定的义务，李某某向市人民法院申请强制执行，法院裁定准予强制执行。后该院作出终结执行裁定书，但该裁定书没有依法写明当事人自收到裁定书之日起六十日内可以对终结执行行为提出异议的救济权利和期限。

市人民检察院在监督办案中还发现另有申请人苏某某申请某镇政府履行行政判决、申请人蒋某某申请某县人力资源和社会保障局履行行政判决两个案件，市人民法院作出了终结执行的裁定，亦没有写明当事人可以向人民法院提出异议及异议期限等权利救济的内容。

【检察机关履职过程】

案件来源。市人民检察院在履行职责中发现人民法院行政诉讼执行活动不规范问题在当地并非个别，影响当事人依法维护自身正当权利，损害司法裁判公正性，决定对该市人民法院2017年至2020年的行政诉讼执行案件开展专项监督。

审查核实。市人民检察院在对市人民法院20件行政诉讼执行案件进行审查、调查及类案比对后发现，该院行政诉讼执行活动存在以下违法情形：一是立案程序不规范。20件案件中有13件未在七日内立案，存在立案超期问题。二是送达、告知、执行和解等程序不规范。有7件案件存在未送达、超期送达或留置送达不符合规定等问题；有11件案件送达终结执行裁定书未告知当事人提出异议的权利和期限；有1件执行和解案件被执行人未在和解协议上签字。三是结案程序不规范。有1件案件违反非财产类执行案件不适用终结本次执行的规定，对判决责令行政机关重新作出行政行为的，以被执行人无可供执行的财产为由，裁定终结本次执行。行政判决责令行政机关重新作出行政行为的2件案件，行政机关仅出具了暂缓的说明，并未实际履行，而以终结执行、执行完毕方式变通结案。

类案监督。针对专项监督中发现的问题，市人民检察院研究认为，这20件案件中多件案件存在相同违法情形，分别进行个案监督内容重复、效率不高，应当进行类案监督。2020年9月10日，市人民检察院向市人民法院制发检察建议书，建议改进行政诉讼执行工作：一是严格落实立案登记制，在法定期限内对当事人申请的行政诉讼执行案件予以受理。二是规范送达、告知、执行和解等程序，送达法律文书应当严格按照法定方式和期限送达，并依法告知救济权利和期限；对于执行和解案件，严格审查执行和解协议，申请执行人与被执行人达成和解协议的必须签字确认。三是规范结案程序，作出终结执行或终结本次执行裁定需具备司法解释规定的前置条件。

监督结果。市人民法院收到检察建议后，从五个方面加强和改进工作，并回复市人民检察院：（1）严格执行立案登记制度，加快审查申请立案材料速度，规范执行案件立案登记行为，确保在接收材料后七日内完成立案。（2）安排专人负责送达，接收案件材料后立即通过湖南省政务外网短信平台和法院特快专递向被执行人送达执行通知书及报告财产令等材料，相关执行措施作出后，在法律规定的期限内送达法律文书。（3）严格按照《最高人民法院关于人民法院执行工作若干问题的规定（试行）》《最高人民法院关于执行和解若干问题的规定》关于执行和解协议签署的相关要求，对双方当事人达成和解的，签订书面和解协议并存卷；达成口头和解协议的，由执行人员记入笔录，并由双方当事人签名或盖章。（4）对执行结案不规范问题进行整改，依据法律和司法解释规定的终结执行、终结本次执行、执行结案等不同适用条件，根据执行实际结果，规范适用不同执行结案方式。（5）对终结执行案件，依法告知当事人提出异议的权利，将告知情况附卷，规范对当事人执行异议权利的告知程序。

对在专项监督中发现的终结本次执行不符合条件和变通结案的案件，市人民检察院跟踪督促人民法院及时采取法定措施执行到位。

【指导意义】

（一）人民检察院应当加强行政诉讼执行监督，促进人民法院依法及时执行生效行政裁判。行政诉讼执行直接关系当事人合法权益的实现。人民检察院发现人民法院在执行活动中有不依法受理执行申请、不依法作出执行裁定、不依法采取执行措施，错误适用终结本次执行、终结执行，以及其他不履行或者怠于履行执行职责情形的，应当向人民法院提出检察建议。

（二）人民检察院在履行法律监督职责中发现行政诉讼执行中存在多发的同类违法情形，可以进行类案监督。通过比对人民法院同类案件的处理情况，发现多起案件存在同类错误或者违法行为，实施个案监督内容重复、效率不高的，可以对同类案件反映出的问题进行汇总、梳理、归类，分析研判案件所反映的共性问题，依法提出针对性的类案监督检察建议，跟踪督促落实，促进一类问题的集中解决，提升监督质效。

（三）人民检察院办理人民法院跨行政区域集中管辖行政案件，应当践行便民理念，以对应监督管辖为原则，以有利于行政争议实质性化解指定管辖为补充。集中管辖法院受理的行政案件，原则上由受理案件法院所在地对应的同级检察院管辖并履行相应的法律监督职责。上级人民检察院根据实质性化解行政争议等需要，可以指定下级人民检察院办理。检察机关异地开展法律监督工作的，涉诉行政机关所在地检察机关应当提供协助。当事人向涉诉行政机关所在地检察院申请行政诉讼监督的，涉诉行政机关所在地检察院应当及时告知其向集中管辖所在地对应的检察机关申请监督，必要时可以将相关材料直接移送有管辖权的检察机关。

【相关规定】

《中华人民共和国行政诉讼法》（2017 年修正）第十一条、第一百零一条

《中华人民共和国民事诉讼法》（2017 年修正）第八十六条、第二百三十条、第二百四十条、第二百五十八条（现为 2021 年修正后的第八十九条、第二百三十七条、第二百四十条、第二百六十五条）

《最高人民法院关于适用〈中华人民共和国民事诉讼法〉的解释》（2015 年施行）第四百八十二条、第五百一十九条（现为 2020 年修正后的第四百八十二条、第五百一十九条）

《最高人民法院关于对人民法院终结执行行为提出执行异议期限问题的批复》（2016 年施行）

《最高人民法院关于执行案件立案、结案若干问题的意见》第十五条（2015年施行）

《最高人民法院关于严格规范终结本次执行程序的规定（试行）》（2016年施行）第五条

安徽省某县自然资源和规划局申请执行强制拆除违法占用土地上的建筑物行政处罚决定检察监督案

（检例第148号）

【关键词】

行政检察　类案监督　违法占地　非诉执行　不予受理　法律适用错误

【要　旨】

人民检察院在行政非诉执行监督中，对不具有行政强制执行权的行政机关依法申请人民法院强制执行，人民法院不予受理的，应当依法进行监督。发现人民法院在多个行政非诉执行案件中存在同类法律适用错误的，可以通过对其中有代表性的典型案件进行监督，解决一类案件法律适用问题，促进建立长效机制，确保法律监督效果。

【基本案情】

2018年至2020年，安徽省某县自然资源和规划局（原某县国土资源局）依据《中华人民共和国土地管理法》对辖区内未经批准擅自占用土地进行建设的违法行为进行调查后，先后作出多个包含责令限期拆除违法建筑物等内容的处罚决定。部分行政相对人在法定期限内既不申请行政复议或者提起行政诉讼，又未自行拆除违法建筑物，县自然资源和规划局依照《中华人民共和国行政处罚法》（2017年）第五十一条的规定，对其中的64个处罚决定先后以直接提交、邮寄申请书等方式向县人民法院申请强制拆除违法建筑物，县人民法院均不予受理。

【检察机关履职过程】

案件来源。2018年12月，某县人民检察院在全国检察机关行政非诉执行监督专项活动中发现该类案件线索，对其中3起典型案件启动监督程序。

调查核实。根据案件情况，检察机关重点开展了以下调查核实工作：向当地土地管理部门了解近年来拆除违法建筑物行政处罚决定的自动履行和申请法院强制执行情况；实地查看违法占地现场；向人民法院了解相关情况。检察机关查明：县自然资源和规划局申请法院强制执行符合法律规定，县人民法院对

2018 年以来该类执行申请均不予受理。

监督意见。县人民检察院审查认为，法院对自然资源和规划局强制执行申请既不受理又不作出不予受理的裁定，县自然资源和规划局在无行政强制执行权的情况下，既无法申请人民法院强制执行，又无法向上一级人民法院申请复议进行救济，案件被搁置，被非法占用的土地得不到恢复，土地管理秩序不能有效维护。经检察委员会讨论决定，于 2018 年 12 月向县人民法院提出检察建议，建议其依法受理并审查行政机关的执行申请。

回复意见。县人民法院收到检察建议后，经审判委员会讨论后回复县人民检察院：《中华人民共和国行政强制法》第四十四条、《最高人民法院关于违法的建筑物、构筑物、设施等强制拆除问题的批复》（法释〔2013〕5 号）赋予了自然资源和规划局强制执行权，土地管理法与行政强制法存在冲突，应当适用行政强制法，人民法院不予受理县自然资源和规划局的强制执行申请符合法律规定；正在与县政府、国土部门协商，妥善解决违法建筑物的强拆问题，对检察建议不予采纳。

跟进监督。县人民检察院提请市人民检察院跟进监督。市人民检察院审查认为，根据我国法律规定，行政机关自行实施强制执行应当由法律明确授权，法律没有明确规定由行政机关自行强制执行的，行政机关应当申请法院强制执行。《中华人民共和国行政强制法》对“行政机关强制执行程序”和“申请人民法院强制执行”分两章作出规定。该法第四十四条规定“对违法的建筑物、构筑物、设施等需要强制拆除的，应当由行政机关予以公告，限期当事人自行拆除。当事人在法定期限内不申请行政复议或者提起行政诉讼，又不拆除的，行政机关可以依法强制拆除”。本条规定在“行政机关强制执行程序”一章，是对“具有行政强制执行权的行政机关”实施强制拆除所作的程序性规定，不是对某一行政机关具有行政强制执行权的法律授权。案涉行政处罚决定均系自然资源主管部门根据《中华人民共和国土地管理法》作出，该法未授予自然资源主管部门强制拆除违法建筑物的执行权。该法第八十三条规定，“依照本法规定，责令限期拆除在非法占用的土地上新建的建筑物和其他设施的……由作出处罚决定的机关依法申请人民法院强制执行”。自然资源主管部门针对违反土地管理法的行为作出责令强制拆除的处罚决定，行政相对人期满不起诉又不自行拆除的，应当由行政机关依法申请人民法院强制执行。《最高人民法院关于违法的建筑物、构筑物、设施等强制拆除问题的批复》是就城乡规划领域的违法建设强制拆除所作的司法解释，即依据城乡规划法，乡镇人民政府有权对违反乡村规划的违法建筑物强制拆除，县级以上人民政府对城乡规划主管部门作出限期拆除的决定，当事人逾期不拆除的，有权责成有关部门强制拆除。本案自然资源主管部门申请执行的行政处罚决定均系依据土地管理法作出，依法应当申请人民法院强制执行，人民法院不予受理违反法律规定。

2019年6月，市人民检察院就上述3起案件向市中级人民法院提出检察建议，建议其监督县人民法院纠正违法行为。市中级人民法院在规定期限内回复，已建议县人民法院自行纠正。县人民法院依法受理并作出准予强制执行裁定，并均已执行。

建立长效机制。县人民检察院就案涉问题报告县人大常委会，并与县政府座谈交流。在各方共同推动下，2020年5月，县人民政府制发《关于进一步建立健全违法违规用地防控治理长效机制的意见》，明确行政执法部门就拆除非法占地违法建筑物向法院申请强制执行，法院裁定准予强制执行后，由县政府安排属地乡镇政府实施。此后，县人民法院对县自然资源和规划局该类案件的强制执行申请均予以受理并裁定准予执行。同时县、乡两级政府及行政主管部门按照“统一领导、属地管理、拆控并重、综合治理”的原则，建立健全网格巡查、快速反应、联合执行、联席会议等八项工作机制，确保对违法违规用地执行到位，有效遏制了土地违法行为。

【指导意义】

（一）人民检察院办理行政非诉执行监督案件，对于不具有行政强制执行权的行政机关依法申请人民法院强制执行，人民法院不予受理的，人民检察院应当依法进行监督。行政强制执行由法律设定。法律没有授权行政机关强制执行的，作出行政决定的行政机关应当申请人民法院强制执行，人民法院应当受理、审查并依法作出是否准予执行的裁定。土地管理法和城乡规划法实现的行政管理目的不同，关于法律责任的具体规定也有区别。土地管理法主要针对的是违法占地行为，城乡规划法主要针对的是“未取得建设工程规划许可证或者未按照建设工程规划许可证进行建设”的违法行为。土地管理法未授权自然资源主管部门强制拆除违法占地建筑物的执行权，因此自然资源主管部门适用土地管理法作出责令强制拆除违法占地建筑物的处罚决定后，占地违法建设行为人逾期不起诉又不自行拆除的，行政机关应当申请人民法院强制执行，而无权自行强制执行。人民检察院发现人民法院对应当受理的强制执行申请不予受理的，应当依法监督纠正。

（二）人民检察院在履行法律监督职责中发现同类案件法律适用错误，可以选择其中几个典型案件进行类案监督，促进同一类案件正确适用法律，并针对影响法律适用的难点问题建立长效机制。人民检察院开展法律监督，应当根据法律适用原则和法律解释方法，准确识别法律规范的真实含义，厘清法律适用争议，通过提出检察建议督促纠正法律适用错误。对一定数量性质相同、适用法律相同的个案存在同类错误的，可以选择几件典型案件作为突破口进行监督；对不采纳监督意见的，可以提请上级检察机关跟进监督，通过纠正典型案件错误为同一类案件纠错确定标准，提升监督效果和效率。加强类案监督成果的运用，主动向党委、人大报告，争取政府支持，提出解决问题的意见和建议，促进各方凝聚共识，形成长效工作机制。

【相关规定】

《中华人民共和国行政处罚法》（2017 年修正）第五十一条（现为 2021 年修订后的第七十二条）

《中华人民共和国行政强制法》（2012 年施行）第三十四条、第四十四条

《中华人民共和国土地管理法》（2019 年修正）第八十三条

《最高人民法院关于违法的建筑物、构筑物、设施等强制拆除问题的批复》（2013 年施行）

《人民检察院行政诉讼监督规则（试行）》（2016 年施行）第九条、第三十一条（现为 2021 年施行的《人民检察院行政诉讼监督规则》第三十六条、第一百一十一条）

糜某诉浙江省某市住房和城乡建设局、某市人民政府信息公开及行政复议检察监督案

（检例第149号）

【关键词】

行政检察　类案监督　送达日期　有效送达　诉源治理

【要　旨】

人民检察院办理因对送达日期存在争议引发的行政诉讼监督案件，发现法律文书送达不规范、影响当事人依法主张权利等普遍性问题，在监督纠正个案的同时，督促人民法院规范送达程序，促使邮政机构加强管理，确保有效送达。

【基本案情】

2017年1月11日，糜某向某市住房和城乡建设局（以下简称市住建局）申请查询位于该市某路段的一间中式平房房地产原始登记凭证。2017年2月9日，市住建局作出《政府信息依申请公开告知书》，并向糜某提供其申请公开的房地产所有权证复印件一份。2月16日，糜某向市人民政府申请行政复议。市人民政府认为，除其中一项不属于政府信息公开范围外，市住建局已向糜某提供了其申请公开的信息，在法定期限内履行了职责，遂于4月16日作出维持原行政行为的行政复议决定书，并按照糜某预留的送达地址某市×苑×幢×室，交由中国邮政速递物流股份有限公司某市分公司（以下简称某邮政公司）专递送达。同年4月18日，某邮政公司投递员因电话联系糜某未果，遂将该邮件交由糜某预留送达地址所在小区普通快递代收点某副食品商店代收，并短信告知糜某，但未确认糜某已收到告知短信。因糜某未查看短信中的通知信息，其于同年5月10日才实际收到该邮件。

2017年5月12日，糜某向某市某区人民法院提起行政诉讼，请求撤销市住建局作出的《政府信息依申请公开告知书》和市人民政府作出的《行政复议决定书》。一审法院认为，糜某于2017年4月18日收到行政复议决定，5月12日提起行政诉讼，已超过法定的十五日起诉期限，裁定不予立案。糜某向市中级人民法院提出上诉，二审法院以糜某未提供有效证据证明其因不可抗

力或者其他不属于自身原因耽误起诉期限为由，裁定驳回上诉。糜某申请再审，亦被驳回。

【检察机关履职过程】

案件来源。2018年5月，糜某向检察机关申请监督，称自其实际收到行政复议决定书的日期起算，未超过法定起诉期限。

调查核实。市人民检察院根据糜某反映的情况，在审查案卷的基础上进行调查核实：一是向邮政公司、副食品商店等单位调取收件时间相关证据；二是调查了解糜某是否存在指定代收人等情况。查明：涉案法律文书专递邮件跟踪查询单显示该邮件的处理情况为：2017年4月18日，妥投（他人收），证明糜某本人并未签收该邮件；副食品商店并非糜某的指定代收人，商店经营者钟某也不是糜某的同住成年家属或诉讼代理人，其不具有代收权限；糜某实际收到邮件的日期确为2017年5月10日。

监督意见。市人民检察院经审查认为，法院一、二审行政裁定认定事实错误。第一，在无证据证明副食品商店系糜某的指定代收人或者钟某为糜某的同住成年家属或诉讼代理人的情况下，原审法院认定糜某于2017年4月18日收到涉案行政复议决定书证据不足。邮政公司将复议决定书送达至副食品商店，并由该商店签收，不能视为有效送达。第二，钟某及邮政公司出具的相关材料可以证明糜某收到复议决定的时间为2017年5月10日。第三，根据《中华人民共和国行政诉讼法》第四十五条规定，公民、法人或者其他组织不服复议决定向人民法院提起诉讼的起诉期限为收到复议决定书之日起十五日，糜某5月10日实际收到行政复议决定书，其于5月12日向区人民法院起诉，并未超过起诉期限。市人民检察院提请浙江省人民检察院抗诉，2018年12月4日，浙江省人民检察院依法向浙江省高级人民法院提出抗诉。

监督结果。浙江省高级人民法院采纳检察机关抗诉意见，于2019年9月5日依法作出再审行政裁定，撤销原一、二审不予受理裁定，指令区人民法院立案受理。同年10月15日，区人民法院受理该案，经依法审理于2020年4月3日作出一审判决。

类案监督。针对法院对类似案件认定送达标准不统一的问题，市人民检察院通过与市中级人民法院磋商，督促法院进一步明确邮寄送达的审查认定标准，严格把握指定代收的送达认定，防止因送达标准把握不准损害当事人诉讼权利。市中级人民法院出台《关于落实立案登记制和规范送达程序的八项措施》，对文书送达程序予以规范。

市人民检察院在办理本案后，对法律文书专递送达开展专题调研，听取行政机关、人民法院及邮政部门的意见，发现法律文书送达中，邮政公司部分投递员存在将邮件随意交由不具有代收权限的商店、物业公司或农村基层组织代为签收等送达程序不符合规定情形，导致当事人诉讼权利受损。据此，市人民检察院向邮政公司发出检察建议，建议加强对投递人员业务培训，规范法律文书邮件专递业务处理流程，以有效保障当事人诉讼权利。邮政公司收到检察建议后，在检察机关推动下开展专项整改，对全市邮政 115 个网点 1399 名投递人员开展法律文书送达业务培训，同时成立政务邮件特投队伍，落实奖惩制度，改进工作方法，完善流程监督，有效提升了法律文书送达水平。

【指导意义】

（一）送达法律文书属于重要的法律行为，执法司法机关应当确保法律文书有效送达。送达具有权利保障与程序推进的双重作用。送达日期是当事人行使权利、履行义务的重要时间节点。送达不规范导致当事人未收到或者未及时收到法律文书，不仅影响当事人及时行使权利、履行义务，还可能引发新的矛盾纠纷乃至关联性案件。执法司法机关要把以人民为中心的宗旨落实到执法司法的各个环节，提高对送达工作重要性的认识，强化责任意识，遵守法定要求，确保有效送达，切实保障当事人合法权益。人民检察院开展法律监督，发现执法司法机关存在法律文书不能依法有效送达问题，可以通过制发检察建议等方式促进依法送达工作。如，2018 年 11 月 11 日，最高人民检察院就检察机关履行法律监督职责中发现的人民法院民事公告送达存在送达方式、送达内容、送达程序等不规范问题，依法向最高人民法院制发“二号检察建议书”，建议降低当事人诉讼负担，提升公告效率；充分运用大数据等现代科技手段，强化人民法院依职权调查当事人送达地址的工作力度，实现公告送达的电子推送以提高送达率等，促进普遍性问题的改进解决。

（二）人民检察院办理行政诉讼监督案件，对于人民法院错误认定法律文书送达日期，以超过起诉期限为由裁定不予立案或者驳回起诉的，应当依法进行监督。送达日期直接关系起诉期限的计算，行政起诉如无正当事由超过起诉期限，当事人则丧失诉权，法院将不再受理。人民检察院发现人民法院在审理行政诉讼案件中认定有效送达日期错误，导致确定起诉期限起算点错误的，应当依法提出监督意见，督促人民法院纠正错误。

（三）人民检察院在履行法律监督职责中，针对一类案件发现深层次社会治理问题的，应当通过类案监督促进诉源治理。人民检察院可以办理个案为切入点，开展专题调研，分析案件背后的深层次原因，发现有关单位工作制度、管理方法、工作程序不完善，或特定行业存在监管漏洞或者监管不规范问题，需要改进、完善的，可以制发检察建议，督促相关责任主体改进工作、规范管理，从源头上减少内生、次生案件发生。

【相关规定】

《中华人民共和国行政诉讼法》（2017 年修正）第四十五条、第九十一条、第九十三条、第一百零一条

《中华人民共和国行政复议法》（2017 年修正）第四十条

《中华人民共和国民事诉讼法》（2017 年修正）第八十五条（现为 2021 年修正后的第八十八条）

《中华人民共和国邮政法》（2015 年修正）第五十五条

《最高人民法院关于以法院专递方式邮寄送达民事诉讼文书的若干规定》（2005 年施行）第七条

《人民检察院行政诉讼监督规则（试行）》（2016 年施行）第十三条（现为 2021 年施行的《人民检察院行政诉讼监督规则》第五十八条）

《人民检察院检察建议工作规定》（2019 年施行）第三条、第五条

国家邮政局《法院法律文书特快专递业务处理办法（试行）》（2005 年执行）第九条

行政检察类案监督促进诉源治理

——最高人民检察院第三十六批指导性案例解读*

张步洪　张立新　刘　浩**

2022年4月18日，最高人民检察院发布以行政检察类案监督为主题的第三十六批指导性案例，分别是卢某诉福建省某市公安局交警支队道路交通行政处罚检察监督案，湖南省某市人民检察院对市人民法院行政诉讼执行活动检察监督案，安徽省某县自然资源和规划局申请执行强制拆除违法占用土地上的建筑物行政处罚决定检察监督案，糜某诉浙江省某市住房和城乡建设局、某市人民政府信息公开及行政复议检察监督案（检例第146号至第149号）。

一、本批指导性案例的发布背景

习近平总书记对政法工作作出重要指示，强调“要巩固深化政法队伍教育整顿成果，切实履行好维护国家安全、社会安定、人民安宁的重大责任，让人民群众切实感受到公平正义就在身边”。[①] 制发指导性案例，是检察机关践行习近平法治思想的生动实践。最高检党组和张军检察长对践行精准监督理念，加强类案监督多次作出指示，强调检察机关要深入贯彻习近平法治思想，全面落实《中共中央关于加强新时代检察机关法律监督工作的意见》（以下简称《意见》），坚持依法能动履职、服务大局、司法为民，止于至善，加强对类案的研究，通过办案提出精准检察建议，实现“办理一案、治理一片”的良好效果。

行政检察类案监督是检察机关发挥“一手托两家”职能，积极参与社会治理的重要体现。开展类案监督，打破就案办案的惯性思维，从个案中发现问题，以小见大，以点带面，对人民法院、行政机关在司法、执法活动中的同类错误或适用法律不一致等共性问题提出监督纠正意见，推动同类情况相同处理；或者针对行政执法、社会治理中的普遍问题，制发检察建议书，推动改进工作、完善制度，促进普遍性、倾向性问题的系统治理、源头治理，避免同类

* 原文载《中国检察官》2022年第14期。

** 作者单位：最高人民检察院第七检察厅。

① 参见《习近平对政法工作作出重要指示强调切实履行好维护国家安全社会安定人民安宁的重大责任　让人民群众切实感受到公平正义就在身边》，人民网 http://politics.people.com.cn/n1/2022/0116/c1024－32332158.html，最后访问日期：2022年6月8日。

问题再次发生，体现更高的监督质效，助力社会治理体系和治理能力现代化。

行政检察类案监督是践行精准监督、穿透式监督理念的具体监督方式。《人民检察院行政诉讼监督规则》明确规定，检察机关可以通过类案检察建议、开展专项监督活动、建立行政诉讼监督年度报告或专题报告制度等方式，推动同一类问题得到根本解决。过去的实践中，行政检察以个案监督为主，开展类案监督缺乏成熟的范式，发布行政检察类案监督指导性案例，旨在归纳提炼类案的发现机制、基本类型、监督方式、程序规则，推广成熟的办案经验，更好地指导和规范行政检察类案监督工作实践，推动行政检察工作高质量发展。

二、本批指导性案例的复制推广价值

本批案例是最高人民检察院首次以行政检察类案监督为主题发布的指导性案例，突出类案监督对公正司法、依法行政的促进作用，遵循行政检察的内在规律，对于指导引领各级检察机关开展行政检察类案监督、提高监督质效具有重要意义。

（一）卢某诉福建省某市公安局交警支队道路交通行政处罚检察监督案（检例第146号）

本案中，厦门市检察机关针对行政机关与审判机关对吊销机动车驾驶证的法律规定理解适用不一致的共性问题，通过抗诉纠错个案的同时，开展类案监督。检察机关围绕吊销机动车驾驶证行政诉讼案件裁判尺度和执法标准，与公安机关、人民法院进行磋商，推动出台相关会议纪要，就吊销机动车驾驶证行政案件办理进一步达成共识，统一执法标准和裁判尺度。

一是明确人民检察院办理行政诉讼监督案件，对行政执法与司法裁判存在适用法律不一致的共性问题，可以采取个案监督和类案监督相结合的方式，在监督纠正个案的同时，与行政机关、人民法院进行磋商形成共识，推动有关机关统一执法司法标准，保障法律正确统一实施。本案中，检察机关针对吊销机动车驾驶证是否应当吊销违法行为人持有的全部机动车驾驶证，行政执法机关与人民法院对法律理解适用存在分歧，导致执法标准与裁判尺度不一致的共性问题，在提出抗诉纠错个案的同时延伸至类案监督。检察机关围绕吊销机动车驾驶证行政裁判尺度和执法标准，与公安机关、人民法院进行磋商，通过会签规范性文件、会议纪要等形式，解决吊销机动车驾驶证司法办案中认识不一致、标准不统一等问题，统一执法标准和裁判尺度，指导同类案件的裁判，预防同类问题再次发生。

二是醉酒驾驶机动车的，依法追究刑事责任，吊销机动车驾驶证。吊销机动车驾驶证，是一种资格罚，是吊销持证人所有准驾车型的机动车上道路行驶的资格。饮酒后驾驶机动车和醉酒驾驶，车辆驾驶人员血液中的酒精含量不同，法律后果也不同。根据“两高一部”《关于办理醉酒驾驶机动车刑事案件适用法律若干问题的意见》第一条规定，醉酒驾驶机动车，依照刑法第一百三十三条第一款的规定，以危险驾驶罪定罪处罚。

道路交通安全法对于饮酒驾驶和醉酒驾驶机动车，以及饮酒驾驶和醉酒驾驶营运机动车等情形均有相应的处罚规定。醉酒驾驶机动车的，应当吊销机动车驾驶证，依法追究刑事责任；又因醉酒驾驶机动车、醉酒驾驶营运机动车、醉酒驾驶机动车发生重大交通事故等不同情形，被依法禁止5年内、10年内或终生重新取得机动车驾驶证。醉酒驾驶等构成犯罪的，刑事处罚与吊销驾驶证的行政处罚并不互相排斥，司法机关依法追究驾驶人的刑事责任，不影响行政机关依法作出吊销机动车驾驶证的行政处罚。道路交通安全法规定的吊销机动车驾驶证，是一种资格罚，旨在剥夺持证人驾驶任何类型机动车上道路行驶的资格，即吊销持证人所有准驾车型的机动车驾驶证，并非吊销某一准驾车型的驾驶证。本案中，卢某醉酒无证驾驶两轮摩托车被追究刑事责任，其没有摩托车驾驶证，但应当依法吊销其持有的小汽车驾驶证，即驾驶机动车上道路行使的资格被剥夺，而非某一车型。

吊销机动车驾驶证属于减损被处罚人行为能力的行政处罚，对于法律法规规定应当吊销机动车驾驶证的违法行为，必须符合法定情形，严格遵守法定程序。对于法律法规规定可以吊销机动车驾驶证的违法行为，要综合考量违法事实、性质、情节以及社会危害程度等因素决定是否吊销，确保过罚相当。

三是对醉酒驾驶者处以吊销机动车驾驶证和罚款的行政处罚，不违反“一事不再罚”原则。根据行政处罚法第二十九条的规定，“一事不再罚”是指行政机关对当事人的同一个违法行为，不得给予两次以上罚款的行政处罚。同一个违法行为违反多个法律规范应当给予罚款处罚的，按照罚款数额高的规定处罚。“一事不再罚”原则，旨在防止重复处罚，保护当事人合法权益。“一事不再罚”的核心是“不再罚款”，如果同一违法行为同时触犯两个或者两个以上的法律规范，行政机关可以分别依据不同的法律规范给予两次以上的处罚，但对一个违法行为，只能处以一次罚款。本案中，卢某因“醉酒后无证驾驶无号牌两轮摩托车”，除依法追究刑事责任，还受到吊销驾驶证及罚款的行政处罚，属于同一违法行为触犯两个以上的法律规范，且每个处罚均有事实和法律依据，不违反“一事不再罚”原则。

（二）湖南省某市人民检察院对市人民法院行政诉讼执行活动检察监督案（检例第147号）

湖南省某市检察机关在履行法律监督职责中发现人民法院多起行政诉讼执行案件存在同类多种违法情形，遂通过开展专项监督，对人民法院行政诉讼执行活动中存在的立案、送达、告知、执行和解、结案程序等不规范的共性问题，依法提出有针对性的类案监督检察建议，跟踪督促落实，促进人民法院依法及时执行生效裁判。

一是明确人民检察院在履行法律监督职责中，对多起司法案件存在同类错误或者其他同类违法行为的，可以进行类案监督。本案中，检察机关针对行政诉讼执行中的多发同类违法情形开展类案监督，具体方式是，经类案检索，比对人民法院同类案件的处理情况，发现多起案件存在同类错误或者违法行为，开展行政裁判执行案件专项监督。通过专项监督20起行政裁判执行案件，对人民法院行政诉讼执行活动中存在的立案超期、送达、告知、执行和解、结案程序等违法问题进行汇总、梳理、归类，分析研判案件所反映的共性问题，依法提出针对性的类案监督检察建议，跟踪督促落实，促进一类问题的集中解决，提升监督质效。

二是人民检察院对人民法院行政执行活动程序性违法的监督以类案监督方式为主。行政执行检察监督制度，旨在规范人民法院行政执行行为，监督促进人民法院依法执行。行政执行活动中的送达行为、告知行为等执行程序行为以及具体执行措施、司法网拍行为、执行异议、执行信息公开等方面的执行违法情形多属于一般的程序违法，不影响或损害当事人实体权益，或者无法进行程序权利救济的，检察监督应着眼于建议法院进行整改，加强和管理、规范程序，优先采用类案监督的方式。就多个案件中的共性问题提出类案监督，促进解决执行工作中的同类普遍问题，破解了程序问题个案监督效果不彰的难题。但类案监督检察建议不同于社会治理建议，被建议机关不能以建章立制替代整改纠错，对于个案中存在的违法侵权问题，检察机关应当进行逐案跟踪问效。

三是对于人民法院跨行政区域集中管辖行政案件，人民检察院应当践行便民理念，以对应监督管辖为原则，以有利于行政争议实质性化解指定管辖为补充。李某某申请执行某县公安局返还强制扣押财产案，系跨区域集中管辖某市人民法院办理的案件。对于集中管辖法院审理的行政案件，原则上由受理案件法院所在地对应的同级检察院管辖并履行相应的法律监督职责。上级人民检察院根据实质性化解行政争议等需要，可以指定下级人民检察院办理。检察机关异地开展法律监督工作的，被诉行政机关所在地检察机关应当提供协助。当事人向被诉行政机关所在地检察院申请行政诉讼监督的，被诉行政机关所在地检察院应当及时告知其向集中管辖所在地对应的检察机关申请监督，必要时可以将相关材料直接移送有管辖权的检察机关。对涉及国家和社会公共利益的，以及新类型、案情疑难复杂、具有普遍法律意义、存在重大法律适用分歧或者辖区内多发的同类违法案件，上级人民检察院可以提级办理。

（三）安徽省某县自然资源和规划局申请执行强制拆除违法占用土地上的建筑物行政处罚决定检察监督案（检例第148号）

某县自然资源和规划局根据土地管理法作出64个责令拆除违法建筑物行政处罚决定，行政相对人在法定期限内既不申请行政复议或提起行政诉讼，又未自行拆除，自然资源和规划局向县人民法院申请强制执行，县法院均以自然资源和规划局依法具有自行强制执行的权力为由不予受理。县检察院选取其中3起典型案件进行类案监督，通过制发检察建议、跟进监督等方式，纠正同类法律适用错误，推动建立长效机制。

一是明确检察机关在履行法律监督职责中，对人民法院审理同类行政非诉执行案件中存在同一法律适用错误的，可以进行类案监督。本案采取的类案监督方式是，对自然资源和规划局根据土地管理法作出64个责令拆除违法建筑物行政处罚决定，县法院均以自然资源和规划局具有强制执行权为由不予受理强制执行申请的法律适用错误，某县检察院选择3件典型案件作为突破口进行监督；法院不采纳监督意见后，提请上级检察机关跟进监督，通过监督纠正3件典型案件中的错误，为同类其他案件纠错作了示范，推动解决同类案件中的法律适用错误，提升监督效果和效率。同时，主动向党委、人大报告，争取政府支持，提出解决问题的意见和建议，促进各方凝聚共识，针对影响法律适用的难点问题，推动建立长效机制。

二是对行政机关依据土地管理法或城乡规划法作出“限期拆除”行政决定的强制执行，法律作了不同的强制执行权配置。土地管理法和城乡规划法分别以“合理利用土地，切实保护耕地”和“协调城乡空间布局，改善人居环境”为行政管理目的。按照土地管理法和城乡规划法规定，符合城乡规划的建设行为不会出现破坏耕地的情况，但在耕地上的违法建设行为一定不符合城乡空间布局。从法律责任上看，城乡规划法主要规制“未取得建设工程规划许可证或者未按照建设工程规划许可证进行建设”的违法行为，而土地管理法主要规制违法占地行为。擅自将农用地改为建设用地、占用耕地进行建设等违法行为，适用土地管理法而不是城乡规划法；未取得建设工程规划许可证或者未按照建设工程规划许可证进行建设的违法行为，适用城乡规划法而不是土地管理法。依据土地管理法对非法占用土地上的建筑物、构筑物等作出“限期拆除”决定，行政相对人在法定期限内不起诉又不自行拆除的，法律规定由行政机关依法申请人民法院强制执行。行政机关依据城乡规划法对未取得建设规划许可或者未按照建设规划许可证的规定进行建设的行为作出“限期拆除”决定，当事人逾期不拆除的，由建设工程所在地县级以上人民政府责成有关部门强制拆除；乡、镇政府责令停止建设、限期改正，逾期不改正的，乡、镇政府可以强制拆除。

三是行政强制法第四十四条是针对有行政强制执行权的行政机关实施强制拆除所作的特殊程序规定。根据我国法律规定，行政机关自行实施强制执行应当由法律明确授权，法律没有明确规定由行政机关自行强制执行的，行政机关应当申请法院强制执行。行政强制法对“行政机关强制执行程序”和“申请人民法院强制执行”分两章作出规定。行政机关强制执行程序要求，行政机关依法作出行政决定后，当事人在行政机关决定的期限内不履行义务的，具有行政强制执行权的行政机关依照“行政机关强制执行程序”一章的相关规定强制执行；没有行政强制执行权的行政机关作出决定以后，行政相对人在法定期限内不申请行政复议或者提起行政诉讼，又不履行行政决定的，作出行政决定的行政机关自期限届满之日起3个月内依法申请人民法院强制执行。行政机关申请法院强制执行的程序，主要规定在行政强制法“申请人民法院强制执行”一章。

该法第四十四条规定“对违法的建筑物、构筑物、设施等需要强制拆除的，应当由行政机关予以公告，限期当事人自行拆除。当事人在法定期限内不申请行政复议或者提起行政诉讼，又不拆除的，行政机关可以依法强制拆除”。本条是对具有行政强制权的行政机关，实施强制拆除所作的特殊程序规定。行政机关强制执行程序通常在行政决定规定的期限届满后就可以启动，行政复议、行政诉讼不停止执行；但考虑到强制拆除的特殊性，为防止尚有争议未得到司法救济的强制拆除实施后给相对人造成无法挽回的损失，对于行政机关实施强制拆除，除应当遵循行政强制执行的一般程序规定，包括催告、听取意见和申辩、作出强制拆除决定、送达，等等，还须满足当事人在法定期限内既不申请复议又不提起诉讼，即行政机关实施强制拆除不适用行政复议、行政诉讼不停止执行原则。

（四）糜某诉浙江省某市住房和城乡建设局、某市人民政府信息公开及行政复议检察监督案（检例第149号）

某市检察机关以糜某案为切入点，提出抗诉纠正原送达日期认定错误导致的认定超过起诉期限错误，同时对法律文书专递送达开展调研，发现法律文书送达中，邮政公司部分投递员存在将邮件随意交由不具有代收权限的商店、物业公司或农村基层组织代为签收等送达程序不合规问题，导致当事人诉讼权利受损，遂通过向该邮政公司制发改进工作、完善制度的类案检察建议，弥补程序漏洞，规范法律文书邮件专递业务处理流程，促进诉源治理。

一是明确人民检察院在履行法律监督职责中，针对一类案件发现深层次社会治理问题的，应当通过类案监督促进诉源治理。以办理个案为切入点，开展专题调研，分析一类案件背后的深层次原因，发现有关单位工作制度、管理方式、工作程序不完善，或特定行业存在监管漏洞或者监管不规范，需要改进、完善的，通过制发检察建议，督促相关责任主体改进工作、规范管理，从源头上减少内生、次生案件发生。

二是邮寄送达法律文书应当由本人签收，在指定代收情况下可以由代收人签收，或者由其诉讼代理人、同住成年家属签收，确保有效送达。送达法律文书是执法司法机关遵循法定程序和方式进行的职权行为，是法律文书生效的前提。送达是法律文书生效、当事人进行权利救济的重要前提。法律规定了七种送达方式：直接送达、留置送达、电子送达、委托送达、邮寄送达、转交送达、公告送达。对于直接送达有困难的，可以选择邮寄送达。最高人民法院《关于以法院专递方式邮寄送达民事诉讼文书的若干规定》第七条规定："受送达人指定代收人的，指定代收人的签收视为受送达人本人签收。邮政机构在受送达人提供或确认的送达地址未能见到受送达人的，可以将邮件交给与受送达人同住的成年家属代收，但代收人是同一案件中另一方当事人的除外。"第九条规定："有下列情形之一的，即为送达：（四）受送达人的诉讼代理人签收的；（五）受送达人指定的代收人签收的；（六）受送达人的同住成年家属签收的。"根据以上规定，除受送达人本人签收外，其诉讼代理人、指定代收人、同住成年家属的签收视为有效送达。本案中，副食品商店并非糜某的指定代收人，商店经营者亦非糜某的同住成年家属或诉讼代理人，依法均不具有代收权限，邮政公司将复议决定书送达至副食品商店，并由该商店签收，不能视为有效送达。

送达法律文书属于重要的法律行为，执法司法机关应当确保法律文书有效送达。送达不规范导致当事人未收到或者未及时收到法律文书，不仅影响当事人及时行使权利、履行义务，还可能引发新的矛盾纠纷乃至关联性案件。人民检察院开展法律监督，发现执法司法机关存在法律文书不能依法有效送达问题，可以通过制发检察建议等方式促进依法送达工作。2018 年 11 月 11 日，最高人民检察院向最高人民法院制发"二号检察建议书"，就是针对送达问题提出的，对发现的人民法院民事公告送达存在送达方式、送达内容、送达程序等不规范问题，建议降低当事人诉讼负担，提升公告效率；充分运用大数据等现代科技手段，强化人民法院依职权调查当事人送达地址的工作力度，实现公告送达的电子推送以提高送达率等，促进普遍性问题的改进解决。执法司法机关应当把以人民为中心落实到执法司法的各个环节，提高对送达工作重要性的认识，强化责任意识，遵守法定要求，确保有效送达，切实保障当事人合法权益。

三是对人民法院以“超过起诉期限为由不予立案或驳回起诉”的行政诉讼监督案件，检察机关应当依法审查，准确认定起诉期限起算点。诉权是当事人基于行政争议向法院请求救济的权利。起诉期限是行政争议能够诉诸人民法院寻求司法救济的有效期限。法律规定起诉期限，旨在敦促当事人及时启动权利救济程序，使不确定的行政法律关系尽快确定，维护社会秩序特别是公法秩序稳定的功能。行政诉讼中的起诉期限不同于诉讼时效，是行政法律设定的起诉条件之一，解决的是行政起诉能否进入司法实体审查的问题，一方面是维护社会稳定，另一方面亦是体现“法律不保护躺在权利上睡觉的人”，提示公民、组织及时主张权利。法律关于起诉期限的规定，区分不同情形有15日、3个月、6个月、1年以及最长5年或20年期限的不同规定。是否超过法定起诉期限，主要审查应当适用何种起诉期限、起诉期限起算点。准确判断起诉期限起算点，是保障当事人诉权的关键。行政诉讼法第四十五条规定：“公民、法人或者其他组织不服复议决定的，可以在收到复议决定书之日起十五日内向人民法院提起诉讼……”对于经过复议的行政行为，当事人不服复议决定的起诉期限，依法从收到复议决定书之日起计算。本案中，人民法院从副食品商店代收邮件时（2017年4月18日）起算当事人的起诉期限，而非按照当事人实际收到的时间（2017年5月10日）起算，送达日期的认定错误导致起算点的认定错误，法院以超起诉期限为由不予立案，未能依法保障当事人的诉权，检察机关应当依法予以监督。

三、行政检察开展类案监督的基本思路

2022年是进入全面建设社会主义现代化国家、向着第二个百年奋斗目标进军新征程的重要一年，是检察工作“质量建设年”。开展行政检察监督要深入贯彻习近平法治思想，坚持以人民为中心，以落实《意见》为主线，以高质量发展为主题，以高度的政治自觉、法治自觉、检察自觉全面深化行政检察监督，以行政检察高质量发展更好服务经济社会高质量发展，以实际行动迎接党的二十大胜利召开。

第一，通过办理个案保障法律统一正确实施。案例质量，归根结底取决于案件办理质量。各级检察机关要认真落实《意见》和“质量建设年”要求，树牢系统观念，强化和培养类案监督意识，认真学好用好本批指导性案例，发挥引领、示范和指导作用，践行“在办案中监督、在监督中办案”理念，落

实监督办案一体化要求，切实把监督的重心放到提质量、增效率、强效果上来，全面提升法律监督质效。

第二，通过办理类案实现倍增的监督效果。探索建立类案监督机制，完善类案不同判的发现、纠正和处理程序。坚决落实党中央关于全面深化行政检察监督新要求，要坚持个案监督和类案监督有机结合，以个案作为突破口，发挥大数据作用，开展类案监督、专项监督，确保同一类案件在同等条件下得到同等处理，规范执法司法行为，实现个案与类案公正。认真落实行政诉讼监督规则，在开展类案法律监督过程中，坚持跟踪问效，加强跟进监督，让人民群众切实感受到公平正义就在身边。

第三，通过诉源治理防范新的行政争议。法治建设既要抓末端、治已病，更要抓前端、治未病。要发挥行政检察"一手托两家"在提升国家治理现代化水平、提升社会治理效能的重要功能，依法能动履职，更加自觉从具体案件中"见微知著"，运用检察建议、专题报告、白皮书等方式，推动解决普遍性突出问题。要主动向党委、人大报告，争取政府支持，促进类案监督检察建议落地落实，形成解决问题的长效机制，推动诉源治理，促进抓源治本。

最高人民检察院
关于印发最高人民检察院
第三十七批指导性案例的通知

（2022年6月21日公布　高检发办字〔2022〕85号）

各省、自治区、直辖市人民检察院，解放军军事检察院，新疆生产建设兵团人民检察院：

经2022年6月16日最高人民检察院第十三届检察委员会第一百零一次会议决定，现将王某贩卖、制造毒品案等四件案例（检例第150—153号）作为第三十七批指导性案例（新型毒品犯罪主题）发布，供参照适用。

最高人民检察院

2022年6月21日

王某贩卖、制造毒品案

（检例第150号）

【关键词】

贩卖、制造毒品罪　国家管制化学品　麻醉药品、精神药品　毒品含量　涉毒资产查处

【要　旨】

行为人利用未列入国家管制的化学品为原料，生产、销售含有国家管制的麻醉药品、精神药品成分的食品，明知该成分毒品属性的，应当认定为贩卖、制造毒品罪。检察机关办理新型毒品犯罪案件，应当审查毒品含量，依法准确适用刑罚。对于毒品犯罪所得的财物及其孳息、收益和供犯罪所用的本人财物，应当依法予以追缴、没收。

【基本案情】

被告人王某，男，1979年出生，原系某公司法定代表人。

2016年，被告人王某明知国家管制的精神药品γ-羟丁酸可以由当时尚未被国家列管的化学品γ-丁内酯（2021年被列管为易制毒化学品）通过特定方法生成，为谋取非法利益，多次购进γ-丁内酯，添加香精制成混合液体，委托广东某公司（另案处理）为混合液体粘贴“果味香精CD123”的商品标签，交由广东另一公司（另案处理）按其配方和加工方法制成“咔哇氿”饮料。王某通过四川某公司将饮料销往多地娱乐场所。至案发，共销售“咔哇氿”饮料52355件（24瓶/件，275ml/瓶），销售金额人民币1158万余元。

2017年9月9日，公安机关将王某抓获，当场查获“咔哇氿”饮料720余件，后追回售出的18505件。经鉴定，“果味香精CD123”“咔哇氿”饮料中均检出γ-羟丁酸成分，含量分别为2000-44000μg/ml、80.3-7358μg/ml。

【检察机关履职过程】

（一）引导取证

2017年10月11日，四川省成都市公安局青羊区分局以王某涉嫌生产、销售有毒、有害食品罪提请批准逮捕。10月18日，成都市青羊区人民检察院

对王某依法批准逮捕。检察机关审查认为，“咔哇氿”饮料中含有国家管制的一类精神药品γ-羟丁酸，王某可能涉嫌毒品犯罪。为准确认定犯罪性质，检察机关引导公安机关重点围绕王某涉嫌犯罪主观故意开展侦查：一是核查王某的从业经历及知识背景；二是调取王某通讯记录和委托生产饮料的情况；三是调取王某隐瞒饮料成分、规避检查的情况；四是核查饮料销售价格等异常情况。

（二）审查起诉

2017年12月11日，公安机关认为王某在制造饮料过程中添加有毒、有害物质，以王某涉嫌生产、销售有毒、有害食品罪移送审查起诉。

成都市青羊区人民检察院认为本案定性存在疑问，继续引导公安机关侦查取证。一是收集、固定网络检索记录等电子证据，查明王某在生产“咔哇氿”饮料前，已明知γ-丁内酯可生成γ-羟丁酸，且明知γ-羟丁酸是国家管制的精神药品。二是收集、固定“咔哇氿”饮料包装标签等证据，结合王某的供述及其与他人的聊天记录，查明王某在家多次实验，明知γ-羟丁酸的性质和危害。三是对查获的饮料取样、送检、鉴定，收集专家的证言，证实γ-丁内酯自然状态下水解可少量生成γ-羟丁酸，但含量不稳定，在人工干预等特定条件下生成的含量较为稳定。四是调取快递发货单等书证，查明王某贩卖“咔哇氿”饮料的数量、途径。五是调查王某的涉案财物、资金流向及不动产登记情况，查封、扣押其涉案房产和资金。

检察机关综合全案事实证据审查认为，王某明知γ-丁内酯能生成γ-羟丁酸，γ-羟丁酸系国家管制的精神药品，而将γ-丁内酯作为原料生产含有γ-羟丁酸成分的饮料并进行销售，饮用后有麻醉、致幻和成瘾等后果，具有制造、贩卖毒品的主观故意和客观行为，符合贩卖、制造毒品罪的构成要件。

2018年6月15日，成都市青羊区人民检察院以王某犯贩卖、制造毒品罪依法提起公诉。

（三）指控与证明犯罪

2020年1月15日，成都市青羊区人民法院依法公开开庭审理本案。被告人王某及其辩护人对检察机关指控的主要犯罪事实、证据无异议，但提出以下辩解及辩护意见：一是“咔哇氿”饮料中含有的γ-羟丁酸，可能是原料自然生成；二是王某没有制造和贩卖毒品的主观故意；三是王某超限量滥用食品添加剂γ-丁内酯，应构成生产、销售不符合安全标准的食品罪。

针对第一条辩解及辩护意见，公诉人答辩指出：一是公安机关对原料厂商仓库内的γ-丁内酯进行抽样鉴定，未检出γ-羟丁酸成分，而对查获的“咔哇氿”饮料进行抽样鉴定，均检出γ-羟丁酸成分，能够排除“咔哇氿”饮料中γ－羟丁酸系自然生成。二是γ－丁内酯在自然状态下生成的γ－羟丁酸含量不稳定，而以γ－丁内酯为原料人工合成的γ－羟丁酸含量较为稳定，本案查获的“果味香精 CD123”和“咔哇氿”饮料中γ－羟丁酸含量均相对稳定，系特定条件下水解生成。三是王某以γ－丁内酯为原料制造混合液体“果味香精 CD123”，再以“果味香精 CD123”为原料通过特定方法制成“咔哇氿”饮料。在制造“咔哇氿”饮料过程中，虽然“果味香精 CD123”被饮料用水稀释，但鉴定意见显示成品饮料中γ－羟丁酸的含量却上升。综上，“咔哇氿”饮料中的γ－羟丁酸不是原料自然生成，而是王某通过加工生成。

针对第二条辩解及辩护意见，公诉人答辩指出：一是根据王某所作供述、通讯记录、网络搜索记录等证据，结合王某长期经营酒类、饮料工作经历，能够认定王某预谋用γ－丁内酯生成国家管制的γ－羟丁酸。二是王某通过长期实验制造出“咔哇氿”饮料，其不仅独自掌握配方，且在委托加工时刻意隐瞒使用γ－丁内酯的事实，具有隐蔽性和欺骗性，证实王某明知γ－丁内酯的特性及加工方法，仍将其作为原料加工生成γ－羟丁酸。三是王某委托生产时要求包装瓶上印刷“每日饮用量小于三瓶”“饮用后不宜驾驶汽车”等提示，配料表上用“γ－氨基丁酸”掩盖“γ－羟丁酸”，且将该饮料以远超“γ－氨基丁酸”类饮料价格销往娱乐场所，证实王某明知γ－羟丁酸的危害性，而将含有该成分的饮料销售。综上，现有证据足以证明王某具有制造、贩卖毒品的主观故意。

针对第三条辩解及辩护意见，公诉人答辩指出：超限量使用食品添加剂足以造成严重食物中毒事故的，可构成生产、销售不符合安全标准的食品罪。但本案中，王某明知γ－羟丁酸系国家管制的精神药品，在生产饮料过程中使用工业用的非食品原料γ－丁内酯生成γ－羟丁酸，以达到麻醉、致幻和成瘾的效果，其行为与生产、销售不符合安全标准的食品罪构成要件不符，应当认定为贩卖、制造毒品罪。

另外，公诉人当庭指出，被扣押的两套房产及人民币643万余元，其中有的房产登记在他人名下，部分资产存于他人账户，但均系王某的毒品犯罪所得，应当依法予以没收。

（四）处理结果

2020年6月22日，成都市青羊区人民法院作出一审判决，采纳成都市青羊区人民检察院的指控，以贩卖、制造毒品罪判处王某有期徒刑十五年，并处没收个人财产人民币四百二十七万元；依法没收扣押的用毒资购买的两套房产及违法所得、收益、孳息人民币六百四十三万余元。宣判后，王某提出上诉。2020年9月18日，成都市中级人民法院依法裁定驳回上诉，维持原判。

（五）制发检察建议

含新型毒品成分的饮料、食品向社会销售扩散，严重危害公众，特别是青少年的身心健康。针对主管部门监管不到位问题，成都市青羊区人民检察院从建立食品安全监管平台、开展综合整治、加强日常宣传及警示教育等方面，向食品安全监管部门制发检察建议。食品安全监管部门积极整改，对酒吧、KTV等娱乐场所加大监管力度，与卫生部门建立食品风险监测合作机制，加强了联合执法和饮料、食品安全监管。

【指导意义】

（一）对于生产、销售含有国家管制的麻醉药品、精神药品成分的食品的行为，应当区分不同情形依法惩处。行为人利用未被国家管制的化学品为原料，生产、销售含有国家管制的麻醉药品、精神药品成分的食品，明知该成分毒品属性的，应当认定为贩卖、制造毒品罪。行为人对化学品可生成毒品的特性或者相关成分毒品属性不明知，如果化学品系食品原料，超限量、超范围添加足以造成严重食物中毒事故或者其他严重食源性疾病的，依法构成生产、销售不符合安全标准的食品罪；如果化学品系有毒、有害非食品原料，依法构成生产、销售有毒、有害食品罪。行为人犯贩卖、制造毒品罪，同时构成生产、销售不符合安全标准的食品罪或者生产、销售有毒、有害食品罪的，应当按照处罚较重的罪名追究刑事责任。行为人对于相关毒品成分主观上是否明知，不能仅凭其口供，还应当根据其对相关物质属性认识、从业经历、生产制作工艺、产品标签标注、销售场所及价格等情况综合认定。

（二）办理新型毒品犯罪案件，应当审查涉案毒品含量。根据刑法第三百五十七条的规定，毒品数量以查证属实的走私、贩卖、运输、制造、非法持有毒品的数量计算，不以纯度折算。新型毒品混于饮料、食品中，往往含有大量水分或者其他物质，不同于传统毒品。检察机关应当综合考虑涉案新型毒品的纯度和致瘾癖性、社会危害性及其非法所得等因素，依法提出量刑建议。

（三）认真审查涉案财物性质及流转情况，依法追缴涉毒资产。追缴涉毒资产是惩治毒品犯罪的重要内容，对于提升惩治毒品犯罪质效具有重要意义。检察机关应当依法引导侦查机关及时对涉案资产进行查封、扣押，全面收集、固定证据。对于侦查机关移送的涉案资产，要着重审查性质、权属及流转，严格区分违法所得与合法财产、本人财产与其家庭成员的财产，并在提起公诉时提出明确的处置意见。对于毒品犯罪所得的财物及其孳息、收益和供犯罪所用的本人财物，应当依法予以追缴、没收。

【相关规定】

《中华人民共和国刑法》第六十四条、第一百四十三条、第一百四十四

条、第三百四十七条、第三百五十七条

《中华人民共和国禁毒法》第二条、第二十一条、第二十五条、第五十九条

《麻醉药品和精神药品管理条例》（2016 年 2 月 6 日修订）第三条、第四条

《最高人民法院关于审理毒品犯罪案件适用法律若干问题的解释》第一条

《最高人民检察院、公安部关于公安机关管辖的刑事案件立案追诉标准的规定（三）》第一条

《最高人民法院、最高人民检察院、公安部办理毒品犯罪案件毒品提取、扣押、称量、取样和送检程序若干问题的规定》第三十三条

马某某走私、贩卖毒品案

（检例第151号）

【关键词】

走私、贩卖毒品罪　麻醉药品、精神药品　主观明知　非法用途　贩卖毒品既遂

【要　旨】

行为人明知系国家管制的麻醉药品、精神药品，出于非法用途走私、贩卖的，应当以走私、贩卖毒品罪追究刑事责任。行为人出于非法用途，以贩卖为目的非法购买国家管制的麻醉药品、精神药品的，应当认定为贩卖毒品罪既遂。检察机关应当综合评价新型毒品犯罪的社会危害性，依法提出量刑建议。

【基本案情】

被告人马某某，男，1996年出生，原系某社区卫生服务中心药剂师。

2020年8月16日，马某某在网络上发布信息，称有三唑仑及其他违禁品出售。2021年4月16日，马某某通过网络向境外卖家求购咪达唑仑，并支付人民币1100元。后境外卖家通过快递将一盒咪达唑仑从德国邮寄至马某某的住处，马某某以虚构的“李某英”作为收件人领取包裹。

2021年4月20日至25日，马某某以名为“李医生”的QQ账号，与“阳光男孩”等多名QQ用户商议出售三唑仑、咪达唑仑等精神药品，马某某尚未卖出即于同年7月15日被民警抓获。民警在其住处查获透明液体12支（净重36ml，经鉴定，检出咪达唑仑成分）、蓝色片剂13粒（净重3.25mg，经鉴定，检出三唑仑成分）、白色片剂72粒（净重28.8mg，经鉴定，检出阿普唑仑成分）等物品。

【检察机关履职过程】

（一）引导取证

广东省广州市公安局海珠区分局以马某某涉嫌走私毒品罪提请批准逮捕。2021年8月20日，广州市海珠区人民检察院对其批准逮捕。根据走私类案件管辖规定，广州市人民检察院及时派出检察官介入侦查，引导取证。通过阅卷

审查，承办检察官发现有较充分证据证明马某某实施了通过网络从境外购买、走私精神药品咪达唑仑的犯罪行为，但没有证据证明从其家中搜出的其他精神药品三唑仑、阿普唑仑的来源和用途。对于走私精神药品的目的，马某某时而称拟用于非法用途，时而称拟用于贩卖，可能同时存在走私和贩卖的行为。为查明其主观上是否明知药品性质及危害，广州市人民检察院发出意见书，引导侦查机关调取马某某任职情况、学历证书、网页截图、网络聊天记录等证据，并查清涉案精神药品的来源和用途。

（二）审查起诉

2021 年 10 月 12 日，广州市公安局海珠区分局以马某某涉嫌走私毒品罪移送审查起诉。广州市海珠区人民检察院根据走私案件管辖规定，于 2021 年 11 月 5 日将案件报送广州市人民检察院。马某某的辩护人向检察机关提出意见认为，国家管制的麻醉药品和精神药品种类繁多，马某某案发时并不明知所购买的咪达唑仑、三唑仑等精神药品属于国家管制名录中的毒品，马某某的行为不构成毒品犯罪。

检察机关审查认为，一是涉案毒品均已列入向社会公布的《精神药品品种目录》，马某某作为药学专业毕业生和药剂师，具备专业知识，对于精神药品属性具有认知能力。二是据马某某供述，其明知涉案药物不能在市面上随意流通和购买，只能通过翻墙软件、借助境外网络聊天工具购买，并假报姓名作为收货人，通过隐秘手段付款，将精神药品走私入境。后马某某又在网上发布出售广告，称相关药品可用于非法用途，与多名买家商谈价格和发货方式。可见，马某某的行为构成走私、贩卖毒品罪。

经检察机关依法告知诉讼权利义务，马某某表示自愿认罪认罚。检察机关结合马某某的犯罪行为、目的、毒品效能及用量，提出了判处有期徒刑八个月，并处罚金的量刑建议。马某某在辩护人见证下自愿签署认罪认罚具结书。

2021 年 12 月 2 日，广州市人民检察院以马某某涉嫌走私、贩卖毒品罪依法提起公诉。

（三）指控与证明犯罪

2021 年 12 月 3 日，广州市中级人民法院依法公开开庭审理本案。被告人马某某对检察机关指控的事实、证据及量刑建议均无异议，当庭再次表示认罪认罚。马某某的辩护人认为，马某某自愿认罪悔罪，平时表现良好；涉案毒品数量少，未贩卖成功，也未实际使用，属于贩卖毒品未遂。

公诉人答辩指出，对于马某某的认罪态度、平时表现以及涉案毒品数量等情节，已在提出量刑建议时得到体现。马某某以贩卖为目的走私入境咪达唑仑等毒品，后又在网上发布出售毒品的信息，且与多名买家商谈交易事宜，根据相关司法解释性文件的规定，其行为已构成贩卖毒品罪既遂。

（四）处理结果

2022年2月18日，广州市中级人民法院作出一审判决，采纳检察机关的指控意见和量刑建议，以走私、贩卖毒品罪判处被告人马某某有期徒刑八个月，并处罚金人民币五千元。马某某未上诉，判决已生效。

【指导意义】

（一）审查涉案麻醉药品、精神药品的用途和行为人主观认知，依法认定走私、贩卖麻醉药品、精神药品行为的性质。麻醉药品、精神药品可以在医疗、教学、科研用途合法使用，也会被违法犯罪分子作为毒品使用。行为人向走私、贩卖毒品的犯罪分子或者吸毒人员贩卖国家管制的麻醉药品、精神药品，应当以贩卖毒品罪追究刑事责任。行为人出于其他非法用途，走私、贩卖国家管制的麻醉药品、精神药品，应当以走私、贩卖毒品罪追究刑事责任。行为人未核实购买人购买麻醉药品、精神药品具体用途，但知道其不是用于合法用途，为非法获利，基于放任的故意，向用于非法用途的人贩卖的，应当认定为贩卖毒品罪。对于“非法用途”，可以从行为人买卖麻醉药品、精神药品是否用于医疗等合法目的予以认定。判断行为人对涉案毒品性质是否明知，除审查其供述外，还应结合其认知能力、学历、从业背景、是否曾有同类药物服用史、是否使用虚假身份交易等证据进行综合认定。

（二）准确认定非法贩卖国家管制的麻醉药品、精神药品行为的犯罪既遂。根据《最高人民检察院、公安部关于公安机关管辖的刑事案件立案追诉标准的规定（三）》的规定，贩卖毒品是指明知是毒品而非法销售或者以贩卖为目的而非法收买的行为。行为人出于非法用途，以贩卖为目的非法购买国家管制的麻醉药品、精神药品的，应当认定为贩卖毒品罪既遂。

（三）综合评价新型毒品犯罪行为的社会危害性，确保罪责刑相适应。涉案麻醉药品、精神药品往往具有数量小、纯度低等特点，检察机关提出量刑建议时，应当考虑毒品数量、折算比例、效能及浓度、交易价格、犯罪次数、违法所得、危害后果、行为人的主观恶性及人身危险性等各种因素。对于将麻醉药品和精神药品用于实施其他犯罪的，还应当考量其用途、可能作用的人数及后果、其他犯罪的社会危害性等，确保罪责刑相适应。

【相关规定】

《中华人民共和国刑法》第三百四十七条、第三百五十七条

《中华人民共和国禁毒法》第二条、第二十一条、第二十五条、第五十九条

《麻醉药品和精神药品管理条例》（2016 年 2 月 6 日修订）第三条、第四条

《最高人民检察院、公安部关于公安机关管辖的刑事案件立案追诉标准的规定（三）》第一条

郭某某欺骗他人吸毒案

（检例第152号）

【关键词】

欺骗他人吸毒罪　麻醉药品、精神药品　情节严重　自行补充侦查　客观性证据审查

【要　旨】

行为人明知系国家管制的麻醉药品、精神药品而向他人的饮料、食物中投放，欺骗他人吸食的，应当以欺骗他人吸毒罪追究刑事责任。对于有证据证明行为人为实施强奸、抢劫等犯罪而欺骗他人吸食麻醉药品、精神药品的，应当按照处罚较重的罪名追究刑事责任。检察机关应当加强自行补充侦查，强化电子数据等客观性证据审查，准确认定犯罪事实。

【基本案情】

被告人郭某某，男，1990年出生，原系某公司工程技术部副经理。

2015年，郭某某为寻求刺激，产生给其女友张某甲下“迷药”的想法。此后，郭某某通过网络了解药物属性后多次购买三唑仑、γ－羟丁酸。2015年至2020年间，郭某某趁张某甲不知情，多次将购买的“迷药”放入张某甲的酒水饮料中，致其出现头晕、恶心、呕吐、昏睡等症状。其中，2017年1月，郭某某将三唑仑片偷偷放入张某甲酒中让其饮下，致其昏迷两天。

2020年10月5日，郭某某邀请某养生馆工作人员张某乙及其同事王某某（均为女性）到火锅店吃饭。郭某某趁两人离开座位之际，将含有γ－羟丁酸成分的药水倒入两人啤酒杯中。后张某乙将啤酒喝下，王某某察觉味道不对将啤酒吐出。不久，张某乙出现头晕、呕吐、昏迷等症状，被送医救治。张某乙的同事怀疑郭某某下药，遂向公安机关报案。

【检察机关履职过程】

（一）引导取证

因案件涉及新型毒品犯罪，浙江省舟山市普陀区人民检察院应公安机关商请参与案件会商，根据郭某某给人下“迷药”的事实和证据，引导公安机关从欺骗他人吸毒罪的角度取证，重点调取涉案电子数据及书证。同时，检察机

关发现郭某某属于国企工作人员，向公安机关提出收集、固定其岗位职责等方面的证据。2021 年 1 月 7 日，公安机关以郭某某涉嫌欺骗他人吸毒罪立案侦查。

（二）审查起诉

2021 年 3 月 2 日，舟山市公安局普陀区分局以郭某某涉嫌欺骗他人吸毒罪移送审查起诉。审查期间，郭某某辩解对张某甲未使用三唑仑片，对张某乙和王某某使用的“迷药”是在外地酒吧陌生人处购买的“拼酒药”，不知道该药成分，认为可能是高度酒精。舟山市普陀区人民检察院以查证毒品来源为主线自行补充侦查，从郭某某上网记录海量电子数据中，发现了其购买药品的名称、药效、使用方法、支付方式、收货地址等诸多细节，最终查明了其在火锅店使用的 γ - 羟丁酸的来源，形成了客观性证据锁链。

舟山市普陀区人民检察院审查认为，郭某某明知三唑仑、γ - 羟丁酸为国家管制的精神药品，仍在酒水饮料中掺入含上述成分的药物，欺骗多人吸食，其行为构成欺骗他人吸毒罪。郭某某作为国企工作人员，欺骗多人吸食毒品，按照相关司法解释规定，应当认定为刑法第三百五十三条第一款的规定“情节严重”的情形。

2021 年 4 月 28 日，舟山市普陀区人民检察院以郭某某犯欺骗他人吸毒罪依法提起公诉，结合郭某某的认罪态度提出了判处其有期徒刑三年六个月，并处罚金的量刑建议。

（三）指控与证明犯罪

2021 年 6 月 3 日、8 月 23 日，舟山市普陀区人民法院两次依法不公开开庭审理本案。庭审中，郭某某不供认犯罪事实，称对所下药物的成分不明知，药物不是毒品。郭某某的辩护人认为，郭某某的行为不构成犯罪。理由：一是现有证据无法证实郭某某给张某甲下的药系三唑仑片；二是郭某某缺乏对其所下“迷药”属于毒品的认知；三是郭某某的行为构成自首；四是郭某某不是国家工作人员且在本案中未造成被害人成瘾，也未出现严重后果，属于情节显著轻微，可不作为犯罪处理。

公诉人答辩指出，郭某某的行为构成欺骗他人吸毒罪，且应认定为“情节严重”。一是涉案“迷药”为国家管制精神药品三唑仑和 γ - 羟丁酸。郭某某的网络交易记录、浏览历史记录和聊天记录等客观性证据足以证明其所使用精神药品的药名、药效、购买方式等事实，特别是购买记录与作案时间的先后顺序和时间间隔对应，结合被害人张某甲、张某乙、王某某的陈述内容，就医症状和鉴定意见等，足以认定涉案“迷药”为国家管制的精神药品三唑仑和 γ - 羟丁酸。二是郭某某主观上对“迷药”的性质和毒品性状具有明知。从郭某某与网络卖家的聊天记录、郭某某浏览相关药品信息以及其通过网上邮寄、假名收货的方式进行交易等情节，足以推定其明知此类药物的性质属于毒品。三是郭某某得知他人报案后虽主动投案，但到案后拒不供认主要犯罪事实，不构成自首。四是欺骗他人吸毒罪不需要具备特定的动机或目的，亦不要求造成实害结果，郭某某“为寻求感官刺激”而下药，未让被害人染上毒瘾等不成为否定其构成欺骗他人吸毒罪的抗辩理由。五是在案证据证实郭某某系国有公司管理人员，且欺骗多人吸毒，符合《最高人民法院关于审理毒品犯罪案件适用法律若干问题的解释》规定的“情节严重”的情形。

（四）处理结果

2021 年 8 月 26 日，舟山市普陀区人民法院作出一审判决，采纳舟山市普陀区人民检察院的指控和量刑建议，以欺骗他人吸毒罪判处郭某某有期徒刑三年六个月，并处罚金人民币三千元。郭某某不服一审判决，提出上诉。同年 11 月 16 日，舟山市中级人民法院作出二审裁定，驳回上诉，维持原判。

【指导意义】

（一）准确认定欺骗他人吸食国家管制的麻醉药品、精神药品行为的性质。当前，一些不法分子给他人投放新型毒品的违法犯罪案件增多，社会危害性大。对于行为人明知系国家管制的麻醉药品、精神药品而向他人的饮料、食物中投放，欺骗他人吸食的，应当以欺骗他人吸毒罪追究刑事责任。对于有证据证明行为人为实施强奸、抢劫等犯罪而欺骗他人吸食麻醉药品、精神药品的，应当按照处罚较重的罪名追究刑事责任。

（二）针对不同情形，依法认定涉案麻醉药品、精神药品为毒品。麻醉药品、精神药品的镇静、安眠等药用功效，往往成为行为人抗辩其毒品属性的借口，对此检察机关应当严格审查。对于有证据证明行为人明知系国家管制的麻醉药品、精神药品，仍利用其毒品属性和用途的，应当依法认定相关物品为毒品；行为人对于涉案物品系毒品主观上是否明知，应当根据其年龄、职业、生活阅历、有无吸贩毒史以及对物品的交付、使用方式等证据，运用经验法则和逻辑规则综合分析判断。

（三）办理新型毒品犯罪案件，依法做好补充侦查工作。检察机关应当及时引导侦查机关对新型毒品成分、来源和用途等事实进行补充侦查，制作具体可行的补查提纲，跟踪落实补查情况。必要时，检察机关应当依法履行自行补充侦查职能，充分发掘客观性证据，尤其要重视电子数据的恢复、勘验、检索和提取，加强对电子数据的审查，全面、公正评价行为人实施的犯罪行为及后果。

【相关规定】

《中华人民共和国刑法》第三百五十三条第一款、第三百五十七条

《中华人民共和国禁毒法》第二条、第二十一条、第二十五条、第五十九条

《麻醉药品和精神药品管理条例》（2016 年 2 月 6 日修订）第三条、第四条

《最高人民法院关于审理毒品犯罪案件适用法律若干问题的解释》第十一条

《最高人民检察院、公安部关于公安机关管辖的刑事案件立案追诉标准的规定（三）》第九条

何某贩卖、制造毒品案

（检例第153号）

【关键词】

贩卖、制造毒品罪　麻醉药品、精神药品　未管制原生植物　侦查实验

【要　旨】

行为人利用原生植物为原料，通过提炼等方法制成含有国家管制的麻醉药品、精神药品的物质，并予以贩卖的，应当认定为贩卖、制造毒品罪。办理新型毒品犯罪案件，检察机关应当依法引导侦查机关开展侦查实验，查明案件事实。

【基本案情】

被告人何某，男，1992年出生，原系某单位医务人员。

2018年1月至2019年6月间，被告人何某明知某类树皮含有国家管制的精神药品成分，为谋取非法利益，通过网络购买某类树皮，磨成粉末后按特定方法熬制成水溶液“死藤水”，先后三次贩卖给袁某某、傅某某、汪某吸食，非法获利人民币1800元。2019年9月23日，何某被公安机关抓获，在其住处查获某类树皮粉末，净重256.55克。

归案后，被告人何某检举揭发他人犯罪并查证属实。

【检察机关履职过程】

（一）引导取证

2019年9月1日，公安机关对何某涉嫌贩卖毒品罪立案侦查。公安机关认为，查获的树皮粉末中检出二甲基色胺，树皮粉末和制成的“死藤水”均是毒品，何某买入树皮加工成“死藤水”销售获利的行为构成贩卖毒品罪，其应当对查获的树皮粉末以及售出的“死藤水”的总数量承担刑事责任。

鉴于本案系新类型案件，应公安机关商请，江苏省南京市秦淮区人民检察院依法介入侦查。检察机关认为，某类树属于原生态天然植物，目前并未列入国家管制，并非毒品原植物，不能仅因其含有国家管制的麻醉药品或精神药品成分而直接认定为毒品；在树皮实物灭失无法鉴定的情况下，不能直接认定犯

罪嫌疑人何某通过熬制等方式制作出的“死藤水”含有该种成分。检察机关建议公安机关开展侦查实验，并列明实验要求和注意事项。公安机关按照何某供述的制作方法和流程进行侦查实验，获取“死藤水”样本一份，现场提取、封存并形成侦查实验笔录，该份“死藤水”经送检后检出二甲基色胺成分。

（二）审查起诉

2021 年 5 月 11 日，公安机关以何某涉嫌贩卖毒品罪移送审查起诉。南京市秦淮区人民检察院审查认为，除公安机关移送审查起诉的何某三次贩卖“死藤水”的犯罪事实外，何某从树皮提炼“死藤水”的行为还涉嫌制造毒品罪。在听取辩护人意见过程中，辩护人提出，无论是何某将树皮磨成粉末的行为，还是对树皮熬制提炼成“死藤水”的行为，都只包含物理方法，不存在化学加工行为，因此也没有产生与树皮有本质区别或是新的国家管制麻醉药品、精神药品成分，其行为不构成制造毒品罪。

检察机关审查认为：第一，制造毒品的行为不仅包括以化学方法加工、配制毒品的行为，还包括以改变毒品成分和效用为目的，用混合等物理方法加工、配制毒品的行为。何某通过特定方法对树皮粉末进行反复熬制，提炼出“死藤水”，目的就是将其中的二甲基色胺从树皮粉末中溶解并浓缩至易于人体服用的液体中，从根本上改变了原树皮的天然状态和效用，该提炼行为将原生植物转变成“毒品”，应认定为制造毒品的行为。同时，何某将制成的“死藤水”贩卖给他人吸食，应当以贩卖、制造毒品罪追究其刑事责任。第二，何某将树皮磨成粉末，改变了树皮的物理形状，未改变其内部成分比例和效用，不属于刑法意义上的“制造毒品”行为，故查获的树皮粉末系可用于制造毒品的“原料”，不应当将其计入毒品数量。

经检察机关依法告知诉讼权利义务，何某自愿认罪认罚。检察机关据此提出对其判处有期徒刑一年九个月，并处罚金人民币三千元的量刑建议。何某在辩护人的见证下签署了认罪认罚具结书，认可检察机关指控的事实、罪名以及提出的量刑建议。

2021 年 7 月 1 日，南京市秦淮区人民检察院以被告人何某犯贩卖、制造毒品罪依法提起公诉。

（三）指控与证明犯罪

2021 年 7 月 21 日，南京市秦淮区人民法院依法公开开庭审理本案。庭审中，被告人何某对检察机关指控的事实、证据及量刑建议均无异议，当庭再次表示认罪认罚，希望从宽处理。辩护人对指控事实和定性不持异议，提出被告人何某贩卖、制造的毒品数量不多，有立功表现，社会危害性不大，建议宣告缓刑。

公诉人答辩指出，被告人何某多次贩卖含有国家管制的精神药品成分的“死藤水”，且所贩卖的“死藤水”是其本人购入未管制原生植物的某类树皮作为原料，提炼其中的国家管制精神药品成分所制成，应当以贩卖、制造毒品罪追究其刑事责任。何某不仅制造毒品“死藤水”用于自吸，还多次向他人贩卖牟利，结合其犯罪性质及相关量刑情节，可以依法减轻处罚，但不宜适用缓刑。

（四）处理结果

2021 年 7 月 29 日，南京市秦淮区人民法院作出一审判决，采纳检察机关的指控和量刑建议，以贩卖、制造毒品罪判处被告人何某有期徒刑一年九个月，并处罚金人民币三千元；依法没收扣押在案的“死藤水”、树皮粉末，追缴违法所得人民币一千八百元。宣判后，何某未提出上诉，判决已生效。

【指导意义】

（一）准确区分利用原生植物制成的毒品和未管制原生植物。根据禁毒法第十九条的规定，禁止非法种植罂粟、古柯植物、大麻植物以及国家规定管制的可以用于提炼加工毒品的其他原植物。以国家未管制但含有国家管制的麻醉药品、精神药品成分的原生植物为原料，通过特定方法，将植物中国家管制的麻醉药品、精神药品成分提炼制成相关物质，相关物质具有使人形成瘾癖的毒品特征，应当认定为毒品。对于未被国家管制的原生植物，以及通过研磨等方式简单改变外在形态的植物载体，虽含有国家管制的麻醉药品、精神药品成分，不认定为毒品。

（二）依法认定从未管制原生植物中提炼麻醉药品、精神药品成分行为的性质。根据《最高人民检察院、公安部关于公安机关管辖的刑事案件立案追诉标准的规定（三）》的规定，制造毒品是指非法利用毒品原植物直接提炼或者用化学方法加工、配制毒品，或者以改变毒品成分和效用为目的，用混合等物理方法加工、配制毒品的行为。行为人明知某类植物系未被国家管制的原生植物，但含有国家管制的麻醉药品、精神药品成分，采取特定方法提炼出植物中国家管制的麻醉药品、精神药品成分，改变了原生植物的物理形态，使其具备毒品效用，应当认定为制造毒品行为。行为人从未管制原生植物中提炼出毒品并予以贩卖的，应当认定为贩卖、制造毒品罪。

（三）办理新型毒品犯罪案件，应当充分运用有效的侦查方法。检察机关应当引导侦查机关采取各项侦查措施，全面收集、固定新型毒品犯罪案件关于主观明知和制造、贩卖行为认定等方面的证据。在制造毒品方法存疑等情形下，根据案件具体情况，引导侦查机关开展侦查实验，列明实验要求和注意事项，依法及时固定证据，以查明案件事实。

【相关规定】

《中华人民共和国刑法》第三百四十七条、第三百五十七条

《中华人民共和国刑事诉讼法》（2018年10月26日修正）第一百三十五条

《中华人民共和国禁毒法》第二条、第十九条、第二十一条、第二十五条、第五十九条

《麻醉药品和精神药品管理条例》（2016年2月6日修订）第三条、第四条

《最高人民检察院、公安部关于公安机关管辖的刑事案件立案追诉标准的规定（三）》第一条

依法惩治新型毒品犯罪　推进毒品问题综合治理
——最高人民检察院第三十七批指导性案例解读*

元　明　肖先华**

一、新型毒品犯罪指导性案例编发的背景情况

禁毒工作事关国家安危、民族兴衰、人民福祉，厉行禁毒是党和国家的一贯主张。近年来，毒品犯罪案件数量呈现逐年下降态势，禁毒工作取得明显成效。同时，受国内外各种因素影响，新型毒品层出不穷，禁毒形势依然严峻复杂。据统计，2019年1月至2022年3月，全国检察机关起诉涉新型毒品犯罪16万多人，其中，起诉涉甲基苯丙胺（冰毒）等毒品犯罪15万余人，起诉涉新精神活性物质犯罪1.8万人。从办案情况看，当前新型毒品犯罪呈现以下特点：一是案件总体呈上升态势。近年来检察机关起诉毒品犯罪案件总数逐年下降，由2019年的10.9万人下降至2021年的7.5万人。但起诉的新型毒品犯罪案件在毒品案件中的占比由2019年的53%上升至2021年的57%。其中，近3年起诉涉新精神活性物质犯罪分别为5183人、5549人、5561人，分别占当年新型毒品犯罪起诉数的8.8%、11%、12.7%，增长较快。二是合成大麻素类毒品犯罪增长迅速。涉新精神活性物质犯罪案件中，氯胺酮及苯环利啶类为主流，占起诉数的46%。2021年7月，国家将合成大麻素类物质列管后，全年起诉相关犯罪1078人，同比增幅257%；2022年1月至3月已起诉相关犯罪464人。此外，三唑仑、阿普唑仑、γ-羟丁酸、芬太尼等新型毒品犯罪也多发。三是犯罪手段网络化明显，查办难度大。犯罪分子普遍利用互联网进行毒品交易，采用电子支付等非接触方式完成，交易流程的“人、毒、财”分离。在交付环节，多采用寄递方式，使用虚假寄件人、收件人身份和地址，利用“跑腿”“同城直送”等方式寄递的案件增长较快。“网络+寄递”的形式，已成为贩运毒品的重要方式。在联系交易环节，犯罪分子除使用大众化的即时通讯社交软件外，还使用阅后即焚等新型通讯软件，采用代号、术语进行联系，犯罪手段隐蔽，证据收集、审查难度大。四是涉案人员累犯、再犯多，呈现年轻化趋势。大部分贩毒人员同时也是吸毒人员，“以贩养吸”较为普

---

* 原文载《中国检察官》2022年第18期。

** 作者单位：最高人民检察院第二检察厅。

遍。为寻求刺激，青少年容易成为新型毒品滥用的高危人群，吸食的同时也参与贩卖。一些惯犯利用部分青少年心智不成熟、分辨能力弱的特点，引诱青少年实施新型毒品犯罪。

针对新型毒品犯罪，近年来检察机关一手抓打击，一手抓治理，不断提升惩治效果。最高人民检察院指导办理了河南赵某贩卖、制造毒品案等一批重大犯罪案件，与公安部挂牌督办了“2021－96”等多起重大新型毒品案件；推动有关部门对芬太尼类物质整类列管；发函国家禁毒办，推动相关部门对氟胺酮等18种物质进行列管；组织“防范新型毒品，呵护无悔青春”为主题的第40次检察开放日活动，指导各地检察机关广泛开展防范新型毒品的宣传教育活动。为进一步加强办理新型毒品犯罪案件业务指导，解决重点难点问题，提高办案质量，推动各地检察机关依法全面履行法律监督职能，最高人民检察院第二检察厅根据《2022年指导性案例工作计划》，着手编写新型毒品犯罪指导性案例。第二检察厅从各地报送的181件备选案例中筛选、编写了备选案例，分别征求了全国人大常委会法工委刑法室、最高人民法院刑五庭、国家禁毒办、海关总署缉私局、国家药监局综合司等部门、部分省级检察院重罪检察部门以及最高人民检察院专家咨询委员、重罪检察专家库成员的意见。2022年6月16日，最高人民检察院第十三届检察委员会第一百零一次会议审议决定，将王某贩卖、制造毒品案等四件案例作为指导性案例发布。这批指导性案例罪名主要包括走私、贩卖、制造毒品罪，欺骗他人吸毒罪等，涉及罪与非罪、此罪与彼罪的认定，特别是如何准确区分毒品犯罪与食品、药品犯罪等疑难复杂问题，为各地开展引导侦查取证、证据审查、庭审指控、法律适用等工作提供指引。案例展示了检察机关主动参与禁毒治理工作成效，同时对社会公众起到法治宣传、警示教育作用，提升全社会的法治意识和识毒、防毒、拒毒意识。

二、新型毒品犯罪指导性案例的主要内容

（一）王某贩卖、制造毒品案（检例第150号）

2016年，被告人王某明知国家管制的精神药品γ－羟丁酸可以由当时尚未被国家列管的化学品γ－丁内酯（2021年被列管为易制毒化学品）通过特定方法生成，为谋取非法利益，多次购进γ－丁内酯，添加香精制成混合液体，委托广东某公司（另案处理）为混合液体粘贴“果味香精CD123”的商品标签，交由广东另一公司（另案处理）按其配方和加工方法制成“咔哇氿”饮料。王某通过四川某公司将饮料销往多地娱乐场所。至案发，共销售“咔哇氿”饮料52355件（24瓶/件，275ml/瓶），销售金额人民币1158万余元。经鉴定，“果味香精CD123”“咔哇氿”饮料中均检出γ－羟丁酸成分，含量分

别为 2000 - 44000μg/ml、80.3 - 7358μg/ml。

办理该案过程中，公安机关以王某涉嫌生产、销售有毒、有害食品罪提请批准逮捕、移送审查起诉。检察机关围绕王某涉嫌犯罪主观故意、案件定性等方面积极引导侦查，审查认为王某具有制造、贩卖毒品的主观故意和客观行为，符合贩卖、制造毒品罪的构成要件，以王某犯贩卖、制造毒品罪依法提起公诉。法院经审理，以贩卖、制造毒品罪判处王某有期徒刑15年，并处没收个人财产人民币427万元。该案提炼的要旨是，行为人利用未列入国家管制的化学品为原料，生产、销售含有国家管制的麻醉药品、精神药品成分的食品，明知该成分毒品属性的，应当认定为贩卖、制造毒品罪。检察机关办理新型毒品犯罪案件，应当审查毒品含量，依法准确适用刑罚。对于毒品犯罪所得的财物及其孳息、收益和供犯罪所用的本人财物，应当依法予以追缴、没收。

（二）马某某走私、贩卖毒品案（检例第151号）

2020年8月16日，马某某在网络上发布信息，称有三唑仑及其他违禁品出售。2021年4月16日，马某某通过网络向境外卖家求购咪达唑仑，并支付人民币1100元。后境外卖家通过快递将一盒咪达唑仑从德国邮寄至马某某的住处，马某某以虚构的“李某英”作为收件人领取包裹。后马某某以名为“李医生”的QQ账号，与“阳光男孩”等多名QQ用户商议出售三唑仑、咪达唑仑等精神药品，马某某尚未卖出即于同年7月15日被民警抓获。民警在其住处查获咪达唑仑36ml、三唑仑3.25mg、阿普唑仑28.8mg。

办理该案过程中，检察机关引导侦查机关调取马某某任职情况、学历证书、发布信息网页截图、网络聊天记录等证据，并查清涉案精神药品的来源和用途。公安机关以马某某涉嫌走私毒品罪移送审查起诉，检察机关审查认为马某某除构成走私毒品罪外，还涉嫌贩卖毒品罪，以走私、贩卖毒品罪对其依法提起公诉。法院经审理，以走私、贩卖毒品罪判处马某某有期徒刑8个月，并处罚金人民币5千元。该案提炼的要旨是，行为人明知系国家管制的麻醉药品、精神药品，出于非法用途走私、贩卖的，应当以走私、贩卖毒品罪追究刑事责任。行为人出于非法用途，以贩卖为目的非法购买国家管制的麻醉药品、精神药品的，应当认定为贩卖毒品罪既遂。检察机关应当综合评价新型毒品犯罪的社会危害性，依法提出量刑建议。

（三）郭某某欺骗他人吸毒案（检例第152号）

2015年，郭某某为寻求刺激，产生给其女友张某甲下“迷药”的想法。此后，郭某某通过网络了解药物属性后多次购买三唑仑、γ-羟丁酸。2015年至2020年间，郭某某趁张某甲不知情，多次将购买的“迷药”放入张某甲的酒水饮料中，致其出现头晕、恶心、呕吐、昏睡等症状。其中，2017年1月，郭某某将三唑仑片偷偷放入张某甲酒中让其饮下，致其昏迷两天。2020年10月5日，郭某某邀请某养生馆工作人员张某乙及其同事王某某（均为女性）到火锅店吃饭。郭某某趁两人离开座位之际，将含有γ-羟丁酸成分的药水倒入两人啤酒杯中。后张某乙将啤酒喝下，王某某察觉味道不对将啤酒吐出。不久，张某乙出现头晕、呕吐、昏迷等症状，被送医救治。张某乙的同事怀疑郭某某下药，遂向公安机关报案。

办理该案过程中，检察机关根据郭某某给人下“迷药”的事实和证据，引导侦查机关从欺骗他人吸毒罪的角度取证，重点调取涉案电子数据以及郭某某身份、工作职责等方面的证据，且以查证毒品来源为主线自行补充侦查，以郭某某犯欺骗他人吸毒罪依法提起公诉。法院经审理，以欺骗他人吸毒罪判处郭某某有期徒刑3年6个月，并处罚金人民币3千元。该案提炼的要旨是，行为人明知系国家管制的麻醉药品、精神药品而向他人的饮料、食物中投放，欺骗他人吸食的，应当以欺骗他人吸毒罪追究刑事责任。对于有证据证明行为人为实施强奸、抢劫等犯罪而欺骗他人吸食麻醉药品、精神药品的，应当按照处罚较重的罪名追究刑事责任。检察机关应当加强自行补充侦查，强化电子数据等客观性证据审查，准确认定犯罪事实。

（四）何某贩卖、制造毒品案（检例第153号）

2018年1月至2019年6月间，被告人何某明知某类树皮含有国家管制的精神药品成分，为谋取非法利益，通过网络购买某类树皮，磨成粉末后按特定方法熬制成水溶液“死藤水”，先后三次贩卖给袁某某、傅某某、汪某吸食，非法获利人民币1800元。2019年9月23日，何某被公安机关抓获，在其住处查获某类树皮粉末，净重256.55g。归案后，被告人何某检举揭发他人犯罪并查证属实。

办理该案过程中，针对未能扣押毒品“死藤水”实物的情况，检察机关建议侦查机关开展侦查实验，并列明实验要求和注意事项，后成功获取“死藤水”样本一份。公安机关以何某涉嫌贩卖毒品罪移送审查起诉，检察机关审查认为，何某除涉嫌贩卖毒品罪外，还涉嫌制造毒品罪，以贩卖、制造毒品罪对其依法提起公诉。法院经审理，以贩卖、制造毒品罪判处何某有期徒刑1年9个月，并处罚金人民币3千元。该案提炼的要旨是，行为人以原生植物为原料，通过提炼等方法制成含有国家管制的麻醉药品、精神药品的物质，并予以贩卖的，应当认定为贩卖、制造毒品罪。办理新型毒品犯罪案件，检察机关应当依法引导侦查机关开展侦查实验，查明案件事实。

三、新型毒品犯罪指导性案例的相关问题

（一）关于新型毒品的概念和危害

“新型毒品”是相对于传统毒品而言的，一般是指通过化学方法进行合成的毒品，即除传统的阿片类、大麻类、可卡因类以外的其他毒品，包括甲基苯丙胺（冰毒）和其他国家管制的麻醉药品、精神药品等。其中，新精神活性物质（未被联合国1961年《麻醉品单一公约》和1971年《精神药物公约》列管的物质）作为近年来出现的新型毒品，其滥用逐渐增多。近年来，新型毒品翻新变化快，检察机关办案中已涉及“咔哇氿（含γ－羟丁酸成分）”“死藤水（含二甲基色胺成分）”“神仙水（含氯胺酮等成分）”“开心水（含冰毒等成分）”“浴盐（含卡西酮成分）”“阿拉伯茶（含恰特草成分）”“邮票（含LSD成分）”“聪明药（含莫达非尼成分）”“小树枝（含合成大麻素成分）”“蓝精灵（含氟硝西泮成分）”等诸多新型毒品。

当前，社会上一些人对新型毒品的危害认识不足，重视不够，认为新型毒品吸食后虽然使人兴奋、刺激，但不上瘾、危害小，后果不严重。实际上，这些都是对新型毒品危害性的误解，值得高度警惕。一是新型毒品对身体机能损害大。吸食新型毒品可以在短时间内使人精神兴奋、产生幻觉，同时对人的记忆力和思维能力造成损害，连续使用会造成大脑神经细胞严重损伤甚至退变，导致机体的其他系统功能受到严重损伤。二是新型毒品有很强的成瘾性。许多吸毒者为了寻求刺激而把吸食新型毒品当成一种时尚行为，一些新型毒品，如苯丙胺类毒品，比传统毒品的毒害性和成瘾性更强，不易戒除，即使戒除复吸率也更高。三是新型毒品衍生犯罪危害大。一些不法分子利用新型毒品麻醉的功效，进行强奸、猥亵、抢劫等犯罪活动；还有的人吸食毒品后自控力下降，出现幻觉，实施毒驾、伤害，甚至杀人犯罪，危害极大。四是新型毒品迷惑性强。新型毒品花样繁多，有的被伪装成饼干、巧克力、饮料、“电子烟”等，具有隐蔽性和迷惑性，容易被一些不法分子利用，以迎合青少年群体好奇心强等特点，引诱青少年吸食服用。这批指导性案例涉及的γ－羟丁酸、三唑仑、咪达唑仑、阿普唑仑和二甲基色胺均属于新型毒品范畴，案例发布有利于指导办案、警示教育社会公众。

（二）关于新型毒品犯罪的法律适用问题

新型毒品犯罪案件法律适用问题很多，其中罪与非罪，此罪与彼罪，罪轻与罪重等问题是当前办案的难点。这批指导性案例主要聚焦以下法律适用问题：一是毒品犯罪与涉食品犯罪的区分。对于行为人以化学品为原料，生产、销售含有国家管制的麻醉药品、精神药品成分的食品，明知该成分毒品属性

的，应当认定为贩卖、制造毒品罪。行为人对化学品可生成国家管制的麻醉药品、精神药品的特性并不明知，对于制出的成分物质系国家管制的麻醉药品、精神药品毒品亦不知情的情形下，如果化学品属于食品原料，超限量、超范围添加足以造成严重食物中毒事故或者其他严重食源性疾病的，应当按照生产、销售不符合安全标准的食品罪定罪处罚；如果化学品系有毒、有害非食品原料，应当按照生产、销售有毒、有害食品罪定罪处罚。行为人犯贩卖、制造毒品罪，同时构成生产、销售不符合安全标准的食品罪或者生产、销售有毒、有害食品罪的，应当按照处罚较重的罪名追究刑事责任。二是毒品犯罪与涉药品犯罪的区分。麻醉药品、精神药品有双重属性，可用于医疗、教学、科研等合法使用，也可作为毒品滥用。对于麻醉、精神药品的用途，可以从行为人买卖麻醉药品、精神药品是否有合法目的予以认定，除医疗、教学、科研等合法目的以外的用途，原则上均应当认定为非法用途。对于向贩毒、吸毒人员贩卖麻醉药品、精神药品的，应当按照贩卖毒品罪进行追诉。对于非医疗、教学、科研等合法用途贩卖麻醉药品、精神药品，以及出于放任的故意，向不特定的人非法贩卖的，均应当按照贩卖毒品罪追究刑事责任。三是下“迷药”行为的认定。对于有证据证明行为人为实施强奸、抢劫等犯罪，给人投放“迷药”（麻醉药品、精神药品）的，应当按照强奸、抢劫等严重犯罪处理。特别是要充分考虑犯罪行为的时空等具体情形，对于以发生性关系为目的投放麻醉药品、精神药品，符合强奸罪等严重犯罪构成要件的，要以强奸罪等犯罪进行追诉。行为人明知系国家列管的麻醉药品、精神药品而采取隐蔽手段让他人吸食，对强奸等行为不足以认定的，可以按照欺骗他人吸毒罪定罪处罚。四是利用原生植物制成毒品和未管制原生植物的区分。以国家未管制但含有国家管制的麻醉药品、精神药品成分的原生植物为原料，通过特定方法，将植物中国家管制的麻醉药品、精神药品成分提炼制成相关物质，改变了原生植物的物理形态，该物质具有使人形成瘾癖的毒品特征，应当认定为毒品，行为人依法构成制造毒品罪。对于未被国家管制的原生植物，以及通过研磨等方式简单改变外在形态的植物载体，虽含有国家管制的麻醉药品、精神药品成分，不认定为毒品。五是新型毒品犯罪的量刑。新型毒品混于饮料、食品中，往往含有大量水分或者其他物质，涉案毒品含量应当酌情予以考虑。检察机关提出量刑建议时，应当考虑毒品数量、折算比例、效能及浓度、交易价格、犯罪次数、犯罪既未遂、违法所得、危害后果、行为人的主观恶性及人身危险性等各种因素。对于将麻醉药品和精神药品用于实施其他犯罪的，还应当考量其用途、可能作用的人数及后果、其他犯罪的社会危害性等，确保罪责刑相适应。

（三）关于新型毒品犯罪的证据审查问题

新型毒品犯罪手段隐蔽，收集、固定证据难度大，检察机关应当强化证据审查，完善证据体系，为准确定罪量刑打下坚实基础，确保案件质量。这批指导性案例主要聚焦以下证据审查问题：一是强化引导侦查取证。检察机关应当引导侦查机关采取各项侦查措施，全面收集、固定新型毒品犯罪案件的证据。特别是要着重加大对关键客观性证据的收集，尤其要重视手机、电脑中电子数据的勘验、提取和恢复、检索，准确认定犯罪事实。要做好补充侦查工作，及时对新型毒品成分、来源和用途等事实进行补充侦查，制作具体可行的补充侦查提纲，跟踪落实补充侦查情况。必要时，检察机关应当依法履行自行补充侦查职能，全面、公正评价行为人实施的犯罪行为及后果。在制造毒品方法存疑等情形下，根据案件具体情况，引导侦查机关开展侦查实验，列明实验要求和注意事项，依法及时固定证据，以查明案件事实。二是加强涉毒资产的审查。追缴涉毒资产是惩治毒品犯罪的重要内容，对于提升惩治毒品犯罪质效具有重要意义。检察机关应当依法引导侦查机关及时对涉案资产进行查封、扣押，全面收集、固定证据。对于侦查机关移送的涉案资产，要着重审查性质、权属及流转，严格区分违法所得与合法财产、本人财产与其家庭成员的财产，并在提起公诉时提出明确的处置意见。对于毒品犯罪所得的财物及其孳息、收益和供犯罪所用的本人财物，应当依法予以追缴、没收。三是强化新型毒品用途和主观明知的审查。行为人对于毒品主观上是否明知，是认定新型毒品犯罪的关键问题。麻醉药品、精神药品的镇静、安眠等药用功效，往往成为行为人抗辩其毒品属性的借口。检察机关不能仅凭行为人口供，还应当根据其对相关物质属性认识能力、认知能力、学历、从业背景、是否曾有同类药物服用史、是否使用虚假身份交易、生产制作工艺等证据进行综合认定。麻醉药品、精神药品是否用于非法用途也关系到毒品犯罪是否成立。对于“非法用途”的审查，检察机关可以从行为人买卖麻醉药品、精神药品是否用于医疗等合法目的予以认定。对于有证据证明行为人明知系国家管制的麻醉药品、精神药品，仍利用其毒品属性和用途的，应当依法认定相关物品为毒品。

四、下一步工作考虑

检察机关将以此批指导性案例发布为契机，充分发挥检察职能作用，依法惩治和预防新型毒品犯罪，进一步提升毒品问题治理效能。

一是保持高压态势。强化大局意识和担当意识，充分认清新型毒品犯罪的危害，坚持对这类犯罪“零容忍”。依法严惩走私、制造毒品、大宗运输贩卖毒品和非法生产、买卖制毒物品等源头性新型毒品犯罪，坚决从严惩处毒枭、职业毒犯、毒品再犯、累犯等主观恶性深、人身危险性大的新型毒品犯罪分子。

二是形成工作合力。加强与邮政、医药卫生、网信、市场监管等部门的联系和沟通，健全协作机制，加大信息共享，着重加强新型毒品问题巡查和预警监测。落实“七号检察建议”，加强寄递行业监管，堵塞新型毒品流通渠道。深化打击涉毒洗钱犯罪，建立司法机关、金融、海关等部门共同参与的涉毒资产查缴协调机制。加强司法机关之间的沟通协调，统一执法司法标准。

三是确保办案质量。建立办理重大毒品案件介入侦查机制，引导侦查机关完善证据体系和证据链条。积极开展自行补充侦查，加强对电子证据的审查力度，积极邀请检察技术部门参与电子数据勘查、修复和审查，获取关键的客观性证据。办案中聘请有医药学知识的专业人员对新型毒品进行分析研究，准确认定毒品危害，确保案件质量。

四是提升履职能力。加强指导性案例的解读和培训，针对实践中新型毒品犯罪证据审查和法律适用难点问题，如入罪标准、主观明知、毒品含量、危害性认定等，通过制发规范性文件，强化案例指导等方式予以解决。健全公检法联合培训机制，统一司法理念，提高办案能力和专业化、职业化水平。

五是推进综合治理。针对办案中发现的未被列管但存在滥用情形的新精神活性物质，及时向有关部门提出列管的意见。落实普法责任制，通过案例宣传、模拟法庭、新闻发布、检察开放日等形式，提高人民群众对新型毒品的认知和防范能力。尤其针对青少年等重点人群，通过法治副校长宣讲等形式，筑牢青少年拒毒防毒思想防线。针对办案中发现的社会管理漏洞，特别是对易制毒物品、制毒工具、麻醉药品、精神药品的销售监管环节，通过制发检察建议等方式促进有效监管，堵塞监管漏洞，推动禁毒治理体系和治理能力现代化。

最高人民检察院
关于印发最高人民检察院第三十八批指导性案例的通知

（2022 年 6 月 28 日公布　高检发办字〔2022〕91 号）

各省、自治区、直辖市人民检察院，解放军军事检察院，新疆生产建设兵团人民检察院：

经 2022 年 5 月 20 日最高人民检察院第十三届检察委员会第九十九次会议决定，现将李某荣等七人与李某云民间借贷纠纷抗诉案等四件案例（检例第 154—157 号）作为第三十八批指导性案例（民事生效裁判监督主题）发布，供参照适用。

最高人民检察院

2022 年 6 月 28 日

李某荣等七人与李某云民间借贷纠纷抗诉案

（检例第154号）

【关键词】

民间借贷　举证责任　司法鉴定　抗诉

【要　旨】

检察机关办理民间借贷纠纷监督案件应当全面、客观地审查证据，加强对借款、还款凭证等合同类文件以及款项实际交付情况的审查，确保相关证据达到高度可能性的证明标准，并就举证责任分配是否符合法定规则加强监督。对于鉴定意见应否采信，检察机关应当统筹考虑鉴定内容、鉴定程序、鉴定资质以及当事人在关键节点能否充分行使诉权等因素，结合案件其他证据综合作出判断。

【基本案情】

2004年至2005年期间，李某云因经营耐火材料厂，分四次向魏某义借款140万元并出具借条。2006年7月31日，魏某义因病去世。魏某义的法定继承人（即李某荣等七人）凭借条多次向李某云催要借款，李某云以已经偿还为由拒绝还款。

2007年6月5日，李某荣等七人将李某云诉至河南省新密市人民法院，请求判令：李某云偿还借款140万元及起诉后的利息。李某云应诉后，向一审法院提交内容为“李某云借款已全部还清，以前双方所写借款条和还款条自行撕毁，以此为据。2006.5.8立字据人：魏某义”的字据（以下简称还款字据），据此主张已将借款还清。李某云于2007年7月9日自行委托河南某司法鉴定中心对还款字据进行鉴定。2007年7月17日，该司法鉴定中心作出鉴定意见，认为还款字据中“魏某义”的签名系本人所写，指纹系本人捺印。经李某荣等七人申请，一审法院于2007年7月26日委托西南某司法鉴定中心对还款字据进行鉴定。2007年9月4日，该司法鉴定中心作出鉴定意见，认为还款字据上“魏某义”三字不是本人书写形成，不能确定指印是否打印形成。法庭质证中，李某云对内容为“李某云原借款下欠20万元未还，因合作硅砖款未收回，收回后归还，其他借款已全部归还，原借款条作废。2006.5.4.魏某义”的鉴定样本提出异议。经法庭核实，双方均否认提交过该鉴定样本，法院亦未向西南某司法鉴定中心送检。李某云以此为由主张鉴定意见不应采信并申请重新鉴定。一审法院委托辽宁某司法鉴定所重新鉴定。2008 年 5 月 21 日，该司法鉴定所作出鉴定意见，认为还款字据上“魏某义”签名与样本上“魏某义”签名为同一人所写。一审法院采信辽宁某司法鉴定所作出的鉴定意见，判决驳回李某荣等七人提出的全部诉讼请求。

李某荣等七人不服一审判决，向郑州市中级人民法院提出上诉。二审中，李某荣等七人申请对还款字据重新鉴定。二审法院委托北京某物证鉴定中心对还款字据进行鉴定。2009 年 10 月 19 日，该鉴定中心作出鉴定意见，认为还款字据上“魏某义”签名字迹与样本上“魏某义”签名字迹是同一人所写，指印是魏某义用印油按捺形成。二审法院采信北京某物证鉴定中心作出的鉴定意见，判决驳回上诉，维持原判。

李某荣等七人不服二审判决，向河南省高级人民法院申请再审。该院再审认定，李某云提供还款字据证明其偿还魏某义 140 万元借款，举证责任已经完成。第一，李某云自行委托河南某司法鉴定中心对还款字据进行鉴定，不违反法律规定，但该鉴定采用的样本未经质证，李某荣等七人提出异议，原审法院不予采信正确。第二，西南某司法鉴定中心采用的一份比对样本未经质证且来源不明，鉴定程序违法，原审法院不予采信正确。第三，辽宁某司法鉴定所在接受委托时，明确表示依其资质仅能接受文书鉴定，而指纹鉴定属痕迹鉴定，超出其资质范围。一审法院在征得双方当事人同意的情况下，委托辽宁某司法鉴定所在其鉴定资质范围内进行鉴定，程序合法。第四，二审法院委托北京某物证鉴定中心重新作出的鉴定，虽与辽宁某司法鉴定所作出的鉴定意见存在一定差异，但主要结论相同，印证了李某云的主张。综上，再审法院采信辽宁某司法鉴定所和北京某物证鉴定中心作出的鉴定意见，判决维持二审判决。

【检察机关履职过程】

受理及审查情况 李某荣等七人不服再审判决，向河南省人民检察院申请监督。河南省人民检察院依法受理并审查后，提请最高人民检察院抗诉。检察机关通过调阅卷宗并询问当事人，重点对以下问题进行审查：一是审查承兑汇票贴息兑付情况。在本案历次诉讼中，李某云主张已偿还的 100 万元是以承兑汇票贴息的方式兑付，而办理承兑汇票贴息兑付手续时李某云必然会在银行划转留痕。从本案的客观情况看，款项交付情况对正确认定还款事实具有重要意义，在还款字据这一核心证据存在瑕疵的情况下，原审法院并未要求李某云提供相关证据对款项交付情况予以证明，亦未依职权调取相关证据，明显不当。二是审查还款字据的形式和内容。经审查，还款字据系孤证，且存在明显裁剪

痕迹、正文与签字不是同一人所写等重大瑕疵。李某云自行委托河南某司法鉴定中心对还款字据进行鉴定时，该鉴定机构对字据原件中“魏某义”的签名和指印采用溶解、剪切的破坏性检验方法。在李某荣等七人对该瑕疵证据的真实性提出异议的情形下，原审法院亦未要求李某云提供其他能够证明还款事实的必要证据予以补强。三是审查鉴定意见。再审判决采信的鉴定意见存在李某云与鉴定机构负责人多次不当电话联系、原审法院送检时未说明该检材已经多次鉴定等瑕疵，且未采信西南某司法鉴定中心的鉴定意见，理据不充分。虽然再审法院以西南某司法鉴定中心采用未经质证且来源不明的样本为由，认定鉴定程序违法并对鉴定意见不予采信，但是从鉴定人王某荣出具的《出庭质证的书面说明》可以看出，即使不采用该份比对样本，依据其他鉴定样本也能够得出检材字迹“魏某义”非本人所写的结论。

监督意见　最高人民检察院在对承兑汇票贴息兑付、还款字据的形式和内容以及鉴定意见等情况进行全面、客观审查后，认为再审判决认定李某云已经偿还借款的事实缺乏证据证明，遂于 2015 年 5 月 12 日依法向最高人民法院提出抗诉。

监督结果　最高人民法院经审理，采纳了最高人民检察院的抗诉意见，并于 2019 年 3 月 25 日作出再审民事判决：撤销原一、二审判决及河南省高级人民法院再审判决；李某云于判决生效后十日内向李某荣等七人支付 140 万元及自 2007 年 6 月 5 日起按同期银行活期存款利率计算至付清之日止的利息。

【指导意义】

（一）检察机关办理民间借贷纠纷监督案件应当全面、客观地审查证据，并就举证责任分配是否符合法定规则加强监督。在民间借贷纠纷案件中，当事人用以证明交付借款或还款的书证往往系孤证或者存在形式、内容上的瑕疵，难以形成完整的证据链条。检察机关办理此类案件时应当重点审查以下内容：一是对借款合同、借据、收条、阶段性汇总协议等合同类文件的形式和内容进行审查；二是结合借贷金额、款项交付方式、当事人的经济能力、当地或者当事人之间的交易方式、交易习惯、当事人的财产变动情况等要素，运用日常生活经验判断相关证据的真实性以及是否能够达到高度可能性的证明标准。本案中，还款字据系孤证且自身存在重大瑕疵，债务人据此主张所借款项已经清偿，法院未要求债务人就还款字据项下的款项交付情况作出合理说明并提供相关证据，亦未在必要时依职权调取相关证据，属于举证责任分配失当。实践中，检察机关应当加强对上述问题的监督，及时监督纠正错误裁判，维护司法公正和人民群众合法权益。

（二）对鉴定意见是否采信应当结合相关证据进行综合性审查。司法鉴定是民事诉讼程序的重要组成部分，准确适用司法鉴定对于查明案件事实、充分保障当事人诉权及客观公正办理案件具有重要意义。司法实践中，检察机关对鉴定意见应当重点审查以下内容：鉴定机构或鉴定人是否具有法定鉴定资质；检材是否经各方当事人质证；鉴定人对当事人提出的异议是否答复以及答复是否合理；对合理异议鉴定机构是否作出补充鉴定意见；鉴定人是否对鉴定使用的标准和方法作出说明；鉴定人是否出庭答疑；鉴定人出具的鉴定意见与法院委托鉴定的范围、方式是否相符等。特别是在经过多次鉴定且鉴定意见存在冲突的情形下，检察机关应当统筹考虑鉴定内容、鉴定程序、鉴定资质以及当事人在关键节点能否充分行使诉权等因素，并结合案件其他证据，综合判断鉴定意见是否可以采信，防止出现“以鉴代审”的情况。

【相关规定】

《中华人民共和国民法典》第六百六十七条、第六百七十五条（本案适用的是《中华人民共和国合同法》第一百九十六条、第二百零六条）

《中华人民共和国民事诉讼法》（2017 年修正）第二百零八条、第二百零九条（现为 2021 年修正后的第二百一十五条、第二百一十六条）

《人民检察院民事诉讼监督规则（试行）》（2013 年施行）第四十七条、第九十一条（现为 2021 年施行的《人民检察院民事诉讼监督规则》第四十三条、第九十条）

某小额贷款公司与某置业公司借款合同纠纷抗诉案

（检例第155号）

【关键词】

借款合同　依职权监督　高利放贷　抗诉

【要　旨】

检察机关在办理借款合同纠纷监督案件中发现小额贷款公司设立关联公司，以收取咨询费、管理费等名义预先扣除借款本金、变相收取高额利息的，应当按照实际借款金额认定借款本金并依法计息。检察机关在办理相关案件中应当加强对小额贷款公司等地方金融组织违规发放贷款行为的审查和调查核实，发挥司法能动作用，依法维护金融秩序和金融安全。

【基本案情】

2012年11月23日，某置业公司与某小额贷款公司签订《借款合同》，约定：借款金额为1300万元；借款期限为90天，从2012年11月23日起至2013年2月22日止；借款月利率15‰，若人民银行调整贷款基准利率，则以提款日人民银行公布的同期贷款基准利率的4倍为准，逾期罚息在借款利率基础上加收50%。同日，某置业公司（甲方）与某信息咨询服务部（乙方）签订《咨询服务协议》，约定：甲方邀请乙方协助甲方办理贷款业务，为甲方提供贷款基本资料、贷款抵押品估价等办理贷款相关手续的咨询服务，使甲方融资成功；融资成功后，甲方同意在贷款期内向乙方缴纳服务费总额78万元，超过首次约定贷款期限的，按月收取服务费，不足一个月按一个月收取，标准为：以贷款金额为标的，每月按20‰收取咨询服务费。某信息咨询服务部负责人赵某露在乙方负责人处签字。同日，某小额贷款公司按约向某置业公司支付1300万元，某置业公司当即通过转账方式向赵某露支付咨询服务费45.5万元。其后，某置业公司又陆续向某小额贷款公司、某信息咨询服务部支付508.1602万元。

2015年6月24日，某小额贷款公司将某置业公司诉至重庆市永川区人民法院，请求判令：某置业公司偿还借款本金1300万元及约定的借期与逾期利息。一审法院认定，某小额贷款公司与某置业公司签订的《借款合同》合法有效，双方当事人均应按照合同约定履行各自义务，某小额贷款公司依约支付借款，某置业公司即应按照合同约定期限向某小额贷款公司偿还借款本息。某小额贷款公司主张逾期月利率为22.5‰过高，调整为按中国人民银行同期同类贷款基准利率的四倍计息。某置业公司与某信息咨询服务部签订的《咨询服务协议》合法有效且已经实际履行，故某置业公司辩称咨询服务费应作为本金抵扣的理由不能成立。一审法院遂于2016年10月31日作出判决，判令：某置业公司偿还某小额贷款公司借款本金1300万元；截至2015年3月20日，利息142.2878万元；从2015年3月21日起，以1300万元为基数按中国人民银行同期同类贷款基准利率的四倍计算至本金付清之日止的利息。当事人双方均未上诉，一审判决生效。

【检察机关履职过程】

受理及审查情况　重庆市永川区人民检察院在协助上级检察院办理某小额贷款公司与王某、何某等借款合同纠纷监督案中，发现本案监督线索。经初步调查了解，某小额贷款公司可能存在规避行业监管，变相收取高额利息，扰乱国家金融秩序的情形，遂依职权启动监督程序，并重点开展以下调查核实工作：询问赵某露以及某小额贷款公司副总经理、会计等，证实某信息咨询服务部是某小额贷款公司设立，实际上是“一套人马、两块牌子”，赵某露既是某信息咨询服务部负责人，也是某小额贷款公司出纳；调取赵某露银行流水，查明赵某露收到某置业公司咨询费后，最终将钱款转入某小额贷款公司账户；查阅某小额贷款公司财务凭证等会计资料，发现某小额贷款公司做账时，将每月收取的钱款分别做成利息与咨询费，本案实际年利率达到42%。重庆市永川区人民检察院认为原审判决确有错误，依法提请重庆市人民检察院第五分院抗诉。

监督意见　重庆市人民检察院第五分院经审查认为，当事人履行合同不得扰乱金融监管秩序。某信息咨询服务部名义上向某置业公司收取的咨询费、服务费，实际是代某小额贷款公司收取的利息，旨在规避国家金融监管，违规获取高息。本案借款本金数额应扣除借款当日支付的咨询服务费，即“砍头息”45.5万元，其后支付的咨询服务费应抵扣借款本息。原审判决认定事实错误，应予纠正。重庆市人民检察院第五分院于2020年10月26日向重庆市第五中级人民法院提出抗诉。

监督结果　重庆市第五中级人民法院裁定重庆市永川区人民法院再审。再审中，某小额贷款公司认可检察机关查明的事实。再审另查明，2017年12月28日，重庆市大足区人民法院裁定受理某置业公司的破产申请；同日，某小额贷款公司申报债权。综上，重庆市永川区人民法院采纳检察机关的抗诉意见，并于2021年6月24日作出再审判决：撤销一审判决；确认某小额贷款公司对某置业公司享有破产债权1254.50万元及利息，已付利息508.1602万元予以抵扣。当事人双方均未上诉，再审判决已生效。

【指导意义】

（一）检察机关在办理借款合同纠纷监督案中，发现小额贷款公司设立关联公司预先扣除借款本金、变相收取高额利息的，应当按照实际借款金额认定借款本金并依法计息。实践中，一些小额贷款公司作为非银行性金融机构，为规避监管，利用其在放贷业务中的优势地位，采取预扣借款本金、变相收取高额利息等违法手段，损害借款人合法权益，扰乱金融市场秩序。从表面上看，此类小额贷款公司通过设立关联公司，要求借款人与关联公司订立咨询、中介等服务合同，收取咨询、管理、服务、顾问等费用，但实际上是预先扣除借款本金、变相收取高额利息。《中华人民共和国合同法》第二百条规定，借款的利息不得预先在本金中扣除，利息预先在本金中扣除的，应当按照实际借款数额返还借款并计算利息。《中华人民共和国民法典》对上述内容再次予以确认并明确规定，禁止高利放贷，借款的利率不得违反国家有关规定。对小额贷款公司设立关联公司预扣借款本金、变相收取高额利息的行为作出否定性评价，符合民法典精神及稳定规范金融秩序的要求。

（二）检察机关在办理相关案件中应当加强对小额贷款公司等地方金融组织违规发放贷款行为的审查和调查核实，发挥司法能动作用，依法维护金融秩序和金融安全。当前，部分小额贷款公司背离有效配置金融资源，引导民间资本满足实体经济、服务“三农”、小微型企业、城市低收入者等融资需求的政策初衷，违背“小额、分散”原则，违法违规放贷，甚至违背国家房地产调控措施，以首付贷、经营贷等形式违规向买房人放贷。这不仅增加自身经营风险，而且加大金融杠杆，增大金融风险，乃至危及国家金融安全。检察机关在办理相关案件中，一方面保障借款人的合法权益，另一方面应当注重通过大数据筛查类案情况，积极调查核实当事人订立合同的目的及资金流向等是否存在异常情况，发现小额贷款公司等存在违规发放贷款情形的，可以依法通过抗诉、制发检察建议等方式，促进规范小额贷款公司经营行为，依法维护金融秩序。

【相关规定】

《中华人民共和国民法典》第六百七十条（本案适用的是《中华人民共和国合同法》第二百条）、第六百八十条

《中华人民共和国民事诉讼法》（2017年修正）第二百零八条（现为2021

年修正后的第二百一十五条）

《人民检察院民事诉讼监督规则（试行）》（2013 年施行）第四十一条、第九十一条（现为 2021 年施行的《人民检察院民事诉讼监督规则》第三十七条、第九十条）

郑某安与某物业发展公司 商品房买卖合同纠纷再审检察建议案

（检例第156号）

【关键词】

一房二卖　可得利益损失　自由裁量权　再审检察建议

【要　旨】

"一房二卖"民事纠纷中，房屋差价损失是当事人在订立合同时应当预见的内容，属可得利益损失，应当由违约方予以赔偿。对于法院行使自由裁量权明显失当的，检察机关应当合理选择监督方式，依法进行监督，促进案件公正审理。

【基本案情】

2004年3月13日，郑某安与某物业发展公司订立《商品房买卖合同》，约定购买商业用房，面积251.77平方米，单价2万元/平方米，总价503.54万元。合同还约定了交房日期、双方违约责任等条款。郑某安付清首付款201.44万元，余款302.1万元以银行按揭贷款的方式支付。2005年6月，某物业发展公司将案涉商铺交付郑某安使用，后郑某安将房屋出租。郑某安称因某物业发展公司未提供相关资料，导致案涉商铺至今未办理过户手续。2012年1月16日，某物业发展公司与某百货公司订立《商品房买卖合同》，将包括郑某安已购商铺在内的一层46－67号商铺2089.09平方米，以单价0.9万元/平方米，总价1880.181万元，出售给某百货公司。2012年1月20日，双方办理房屋产权过户手续。某物业发展公司向某百货公司依约交接一层46－67号商铺期间，某物业发展公司与郑某安就商铺回购问题协商未果。

2013年2月28日，郑某安将某物业发展公司诉至青海省高级人民法院，请求判令：解除双方签订的《商品房买卖合同》，返还已付购房款503.54万元，并承担已付购房款一倍的赔偿及房屋涨价损失。一审法院委托评估，郑某安已购商铺以2012年1月20日作为基准日的市场价格为：单价6.5731万元/平方米，总价为1654.91万元。一审法院认定，某物业发展公司于2012年1月20日向某百货公司办理案涉商铺过户手续，导致郑某安与某物业发展公司签订的《商品房买卖合同》无法继续履行，构成违约。因违约给郑某安造成的损失，应以合同正常履行后可获得的利益为限，某物业发展公司应按此时的案涉商铺市场价与购买价之间的差价 1151.37 万元，向郑某安赔偿。郑某安主张的按揭贷款利息为合同正常履行后为获得利益所支出的必要成本，其应获得的利益在差价部分已得到补偿。某物业发展公司在向某百货公司交付商铺产权时，曾就案涉商铺问题与郑某安协商过，并且某物业公司以同样方式回购了其他商铺，因此某物业发展公司实施的行为有别于“一房二卖”中出卖人存在欺诈或恶意的情形，郑某安请求某物业发展公司承担已付购房款一倍 503.54 万元的赔偿责任，不予支持。据此，一审法院判令：解除《商品房买卖合同》；某物业发展公司向郑某安返还已付购房款 503.54 万元、赔偿商铺差价损失 1151.37 万元。

郑某安、某物业发展公司均不服一审判决，向最高人民法院提出上诉。二审法院认定，某物业发展公司与郑某安订立《商品房买卖合同》时，《最高人民法院关于审理商品房买卖合同纠纷案件适用法律若干问题的解释》已经实施。因此，某物业发展公司应当预见到如其违反合同约定，根据该司法解释第八条规定，可能承担的违约责任，除对方当事人所遭受直接损失外，还可能包括已付购房款一倍的赔偿。综合本案郑某安实际占有案涉商铺并出租获益 6 年多，以及某物业发展公司将案涉商铺转售他人的背景、原因、交易价格等因素，一审判决以合同无法继续履行时点的市场价与郑某安购买价之间的差额作为可得利益损失，判令某物业发展公司赔偿郑某安 1151.37 万元，导致双方当事人之间利益失衡，超出当事人对违反合同可能造成损失的预期。根据《中华人民共和国合同法》第一百一十三条第一款规定精神，为了更好平衡双方当事人利益，酌定某物业发展公司赔偿郑某安可得利益损失 503.54 万元。据此，二审判决判令：解除《商品房买卖合同》，某物业发展公司向郑某安返还已付购房款 503.54 万元、赔偿商铺差价损失 503.54 万元。

郑某安不服二审判决，向最高人民法院申请再审，该院裁定驳回郑某安提出的再审申请。

【检察机关履职过程】

受理及审查情况　郑某安不服二审判决，向最高人民检察院申请监督。最高人民检察院通过调阅卷宗并询问当事人，重点对以下问题进行审查：一是审查郑某安主张的房屋差价损失 1151.37 万元是否属于可得利益损失及应否赔偿。本案中，郑某安依约支付购房款，其主要合同义务履行完毕，某物业发展公司亦已将案涉商铺交付郑某安。因不可归责于郑某安原因，案涉商铺未办理产权过户手续。其后，某物业发展公司再次出售案涉商铺给某百货公司并办理

过户，构成违约，应当承担违约责任。依照《中华人民共和国合同法》规定，违约损失赔偿额相当于因违约所造成的损失，包括合同履行后可以获得的利益，但不得超过违反合同一方订立合同时预见到或者应当预见到的因违反合同可能造成的损失。某物业发展公司作为从事房地产开发的专业企业，订立合同时应预见到，若违反合同约定，将承担包括差价损失赔偿在内的违约责任。某物业发展公司再次出售案涉商铺时，对案涉商铺市价应当知悉，对因此给郑某安造成的房屋差价损失也是明知的。因此，案涉房屋差价损失1151.37万元属于可得利益损失，某物业发展公司应予赔偿。二是审查生效判决酌定某物业发展公司赔偿郑某安可得利益损失503.54万元，是否属于适用法律确有错误。某物业发展公司擅自再次出售案涉商铺，主观恶意明显，具有过错，应受到法律否定性评价。郑某安出租商铺收取租金，是其作为房屋合法占有人所享有的权利，不应作为减轻某物业发展公司民事赔偿责任的事实依据。案涉商铺第二次出售价格虽仅为0.9万元/平方米，但郑某安所购商铺的评估价格为6.5731万元/平方米，某物业发展公司作为某百货公司发起人，将案涉商铺以较低价格出售给关联企业某百货公司，双方存在利害关系，故案涉商铺的第二次出售价格不应作为减轻某物业发展公司民事赔偿责任的事实依据。

监督意见　最高人民检察院在对郑某安主张的可得利益损失是否应予赔偿以及酌定调整可得利益损失数额是否属行使裁量权失当等情况进行全面、客观审查后，认为生效判决适用法律确有错误，且有失公平，遂于2019年1月21日依法向最高人民法院发出再审检察建议。

监督结果　最高人民法院于2020年3月31日作出民事裁定，再审本案。再审中，在法庭主持下，郑某安与某物业发展公司达成调解协议，主要内容为：（一）解除双方订立的《商品房买卖合同》；（二）某物业发展公司向郑某安返还已付购房款503.54万元，赔偿可得利益损失503.54万元；（三）某物业发展公司另行支付郑某安商铺差价损失450万元，于2020年12月31日支付200万元，于2021年5月31日前付清其余250万元；某物业发展公司如未能如期足额向郑某安付清上述款项，则再赔偿郑某安差价损失701.37万元。最高人民法院出具民事调解书对调解协议依法予以确认。

【指导意义】

（一）检察机关在办理“一房二卖”民事纠纷监督案件中，应当加强对可得利益损失法律适用相关问题的监督。根据《中华人民共和国合同法》第一百一十三条规定，当事人一方不履行合同义务或者履行合同义务不符合约定，给对方造成损失的，损失数额应当相当于因违约所造成的损失，包括合同履行后可以获得的利益。“一房二卖”纠纷中，出卖人先后与不同买受人订立房屋买卖合同，后买受人办理房屋产权过户登记手续的，前买受人基于房价上涨产生的房屋差价损失，属于可得利益损失，可以依法主张赔偿。同时，在计算和认定可得利益损失时，应当综合考虑可预见规则、减损规则、损益相抵规则等因素，合理确定可得利益损失数额。本案系通过再审检察建议的方式开展监督，法院采纳监督意见进行再审后，依法促成双方当事人达成调解协议，实现案结事了人和。在监督实务中，检察机关应当根据案件实际情况，合理选择抗诉或再审检察建议的方式开展监督，实现双赢多赢共赢。

（二）检察机关应当加强对行使自由裁量权明显失当行为的监督，促进案件公正审理。司法机关行使自由裁量权，应当根据法律规定和立法精神，坚持合法、合理、公正、审慎的原则，对案件事实认定、法律适用等关键问题进行综合分析判断，并作出公平公正的裁判。司法实践中，有的案件办理未能充分体现法律精神，裁量时违反市场交易一般规则，导致裁量失当、裁判不公。"一房二卖"纠纷中，涉案房屋交付使用后，签约在先的买受人出租房屋所获取的租金收益，系其履行房屋买卖合同主要义务后，基于合法占有而享有的权益，而非买受人基于出卖人违约所获得的利益，不能作为法院酌减违约赔偿金的考量因素。对行使自由裁量权失当问题，检察机关应当依法加强监督，在实现个案公正的基础上，促进统一裁判标准，不断提升司法公信，维护司法权威。

【相关规定】

《中华人民共和国民法典》第五百八十三条、第五百八十四条（本案适用的是《中华人民共和国合同法》第一百一十二条、第一百一十三条第一款）

《中华人民共和国民事诉讼法》（2017 年修正）第二百零八条、第二百零九条（现为 2021 年修正后的第二百一十五条、第二百一十六条）

《人民检察院民事诉讼监督规则（试行）》（2013 年施行）第三条、第四十七条（现为 2021 年施行的《人民检察院民事诉讼监督规则》第三条、第四十三条）

陈某与向某贵房屋租赁合同纠纷抗诉案

（检例第157号）

【关键词】

房屋租赁合同　权利瑕疵担保责任　合同解除　抗诉

【要　旨】

出租人履行房屋租赁合同，应当保证租赁物符合约定的用途。租赁物存在权利瑕疵并导致房屋租赁合同目的不能实现时，承租人有权解除房屋租赁合同。检察机关在办案中应当准确适用关于合同解除的法律规定，保障当事人能够按照法定条件和程序解除合同。

【基本案情】

2012年9月，某地产公司与向某贵、邓某辉等拆迁户分别签订《房屋拆迁补偿及产权调换安置协议》，约定对向某贵、邓某辉等拆迁户所属房产实施产权调换拆迁。2017年10月，某地产公司与向某贵、邓某辉分别签订《门面接房协议书》，两份协议约定安置的房产为案涉同一门面房。其后，某地产公司通知向某贵、邓某辉撤销前述两份协议，并重新作出拆迁安置分配方案，将案涉门面房安置给向某贵，隔壁门面房安置给邓某辉。此后，向某贵与某地产公司办理案涉门面房交房手续并实际占有使用案涉门面房，但邓某辉以其与某地产公司签订《房屋拆迁补偿及产权调换安置协议》为由，主张其为案涉门面房权利人。2018年5月1日，出租人向某贵与承租人陈某签订《房屋租赁协议》，将案涉门面房出租给陈某，租期三年，第一年租金59900元，第二年62500元，第三年62500元，保证金1000元，陈某已交纳保证金1000元及第一年的第一期租金29900元。门面房交付后，陈某即开始装修。装修中，案外人邓某辉及家人以其享有讼争门面房权属为由，多次强行阻止陈某施工。陈某多次报警，经当地派出所多次协调未果，陈某被迫停止装修。其后，陈某要求解除《房屋租赁协议》，向某贵不同意，并拒绝接收陈某交还的钥匙。

2018年7月10日，陈某将向某贵起诉至重庆市彭水苗族土家族自治县人民法院，请求判令：解除双方签订的《房屋租赁协议》；向某贵退还租金、保证金并赔偿损失。重庆市彭水苗族土家族自治县人民法院认定，《最高人民法院关于审理城镇房屋租赁合同纠纷案件具体应用法律若干问题的解释》第八条规定，租赁房屋权属有争议的，承租人可以解除合同。虽然案外人邓某辉阻止陈某使用案涉房屋，但是并无证据证明其对案涉商铺享有所有权，其干涉承租人租赁使用属于侵权行为，不属于上述司法解释规定的租赁房屋权属有争议的情形。据此，重庆市彭水苗族土家族自治县人民法院作出一审判决，判令：驳回陈某的诉讼请求。

一审判决作出后，双方当事人均未提出上诉，一审判决生效。

后陈某不服一审生效判决，向重庆市彭水苗族土家族自治县人民法院申请再审，该院于2019年10月30日裁定驳回陈某提出的再审申请。

【检察机关履职过程】

受理及审查情况 陈某不服一审生效判决，向重庆市彭水苗族土家族自治县人民检察院申请监督。重庆市彭水苗族土家族自治县人民检察院依法受理并审查后，提请重庆市人民检察院第四分院抗诉。检察机关通过调阅卷宗并询问当事人，重点对房屋租赁协议应否解除等相关情况进行审查后认为，向某贵作为出租方，虽向陈某交付案涉门面房，但在陈某装修门面房期间，案外人邓某辉以享有案涉门面房权属为由阻止陈某施工，导致陈某不能正常使用该门面房，签约目的不能实现，陈某有权解除《房屋租赁协议》。陈某租赁案涉门面房的目的是尽快完成装修投入经营使用，案外人邓某辉阻止陈某装修，导致陈某三分之二租期内未能使用该门面房，继续履行合同对陈某明显不公平。

检察机关还查明，一审判决生效后，陈某曾于2019年6月13日向向某贵发出《解除合同通知书》，通知解除双方签订的《房屋租赁协议》。向某贵收到《解除合同通知书》后，不同意解除房屋租赁协议，遂于2019年8月29日起诉至重庆市彭水苗族土家族自治县人民法院，请求判决确认陈某发出的解除合同通知无效；陈某支付剩余租金92500元及利息。重庆市彭水苗族土家族自治县人民法院认为，陈某诉向某贵房屋租赁合同纠纷一案已经确认陈某无权解除租赁合同，现陈某再次发出《解除合同通知书》无效，陈某应当依约支付租金及利息，遂判决支持向某贵的全部诉讼请求。陈某不服，上诉至重庆市第四中级人民法院。重庆市第四中级人民法院认为，案外人邓某辉对案涉门面房主张权属并阻止陈某装修，系发生了合同成立后难以预见的客观情况变化，并导致继续履行合同对陈某不公平，亦不能实现合同目的，陈某书面通知解除合同有效，判决撤销该案一审判决，驳回向某贵的诉讼请求。

监督意见 重庆市人民检察院第四分院在对案涉门面房权属、房屋租赁协议履行情况以及应否解除房屋租赁协议等问题进行全面审查后，认为陈某诉向某贵房屋租赁合同纠纷案的一审生效判决适用法律确有错误，遂于2020年6

月19日向重庆市第四中级人民法院提出抗诉。

监督结果　重庆市第四中级人民法院裁定将陈某诉向某贵房屋租赁合同纠纷一案发回重庆市彭水苗族土家族自治县人民法院重审。重庆市彭水苗族土家族自治县人民法院采纳检察机关的抗诉意见，于2020年12月22日作出再审一审判决：撤销一审生效民事判决；确认陈某与向某贵于2018年5月1日签订的《房屋租赁协议》已经解除；向某贵退还陈某房屋租金28589.32元、保证金1000元；赔偿陈某装修损失13375元。

【指导意义】

（一）检察机关在办理房屋租赁合同纠纷监督案件中，应当依法对出租人负有的出租房屋权利瑕疵担保责任作出正确认定。《中华人民共和国合同法》第二百一十六条规定，出租人应当按照约定将租赁物交付承租人，并在租赁期间保持租赁物符合约定的用途。在房屋租赁合同中，承租人与出租人签订租赁合同的目的，在于使用租赁物并获得收益，出租人应当保证租赁物符合约定的用途，即要承担对租赁物的瑕疵担保责任，包括物的瑕疵担保责任和权利的瑕疵担保责任。其中，出租人的权利瑕疵担保责任，是指出租人应担保不因第三人对承租人主张权利而使承租人不能依约使用、收益租赁物的责任。根据合同法相关规定，因第三人主张权利，致使承租人不能对租赁物使用、收益的，承租人可以请求减少租金或者不支付租金；如果承租人合同目的无法实现，亦可以主张解除租赁合同。《中华人民共和国民法典》第七百二十三条、第七百二十四条延续了上述规定精神。检察机关对此类案件应当重点审查以下内容：第一，出租房屋权利瑕疵在签约时是否存在。如在签约时已存在，承租人有权请求出租人承担瑕疵担保责任。第二，承租人是否明知出租房屋存在权利瑕疵。如承租人在签约时不知存在权利瑕疵，则其为善意相对人，有权请求出租人承担瑕疵担保责任；如承租人明知存在权利瑕疵，自愿承担案外人主张讼争标的物权属可能带来的风险，则出租人不承担瑕疵担保责任。第三，承租人是否及时告知出租人权利瑕疵存在并要求出租人合理剔除。如承租人及时告知，但出租人未能合理剔除权利瑕疵，出租人应当承担权利瑕疵担保责任；如承租人怠于履行告知义务，导致出租人丧失剔除瑕疵时机，应当减轻或者免除出租人的赔偿责任。

（二）检察机关在办案中应当准确适用关于合同解除的法律规定，保障当事人能够按照法定条件和程序解除合同。《中华人民共和国合同法》第九十三条、第九十四条规定，当事人协商一致，可以解除合同；当事人可以约定一方解除合同的条件，解除合同的条件成就时，解除权人可以解除合同；符合法律规定的相关情形，当事人可以解除合同。《中华人民共和国民法典》延续并完善上述规定：一是如果当事人以通知方式解除合同的，合同应自通知到达对方时解除；对方对解除合同有异议的，应当保障任何一方当事人均可以请求人民法院或者仲裁机构确认解除行为的效力。二是如果当事人未通知对方，直接以提起诉讼或者仲裁的方式主张解除合同，人民法院或者仲裁机构确认该主张的，应当保障合同自起诉状副本或者仲裁申请副本送达对方时解除。本案中，出租人不同意按合同约定解除合同，双方对此协商未果，后承租人诉请解除房屋租赁合同未获得法院支持，在此情形下，承租人向出租人发送《解除合同通知书》，亦未实现解除合同的目的。对于承租人通过协商与诉讼已穷尽法定的合同解除手段，但仍然未能解除合同而申请检察监督的，检察机关应当依法履行监督职责，保障当事人能够按照法定条件和程序解除合同，以维护当事人的合法权益，实现公权监督与私权救济的有效结合。

【相关规定】

《中华人民共和国民法典》第五百六十二条、第五百六十三条、第五百六十五条、第五百九十三条、第七百零八条、第七百二十三条（本案适用的是《中华人民共和国合同法》第九十三条、第九十四条、第九十六条、第一百二十一条、第二百一十六条、第二百二十八条）

《中华人民共和国民法典》第七百二十四条（本案适用的是自2009年起施行的《最高人民法院关于审理城镇房屋租赁合同纠纷案件具体应用法律若干问题的解释》第八条）

《中华人民共和国民事诉讼法》（2017年修正）第二百零八条、第二百零九条（现为2021年修正后的第二百一十五条、第二百一十六条）

《人民检察院民事诉讼监督规则（试行）》（2013年施行）第四十七条、第九十一条（现为2021年施行的《人民检察院民事诉讼监督规则》第四十三条、第九十条）

深入贯彻实施民法典　加强民事生效裁判精准监督[*]
——最高人民检察院第三十八批指导性案例解读

冯小光　赵　格　贾文琴[**]

经最高人民检察院第十三届检察委员会第九十九次会议决定，最高人民检察院围绕民事生效裁判监督主题发布第三十八批指导性案例。该批指导性案例对于保障民法典统一正确实施和实现民事检察精准监督具有重要意义。

一、发布第三十八批指导性案例的背景和意义

2020 年 5 月 28 日，第十三届全国人民代表大会第三次会议表决通过民法典。2020 年 5 月 29 日，中共中央政治局就“切实实施民法典”举行集体学习，习近平总书记在主持学习时强调，要加强民事检察工作，加强对司法活动的监督，畅通司法救济渠道，保护公民、法人和其他组织合法权益，坚决防止以刑事案件名义插手民事纠纷、经济纠纷。2021 年 6 月，党中央印发《中共中央关于加强新时代检察机关法律监督工作的意见》，明确要求以全面实施民法典为契机，进一步加强民事检察工作。民事生效裁判监督、民事执行活动监督、民事审判活动监督以及支持起诉等是民事检察工作的重要组成部分，其中民事生效裁判监督是指检察机关依法对法院作出的已经发生法律效力的民事判决、裁定进行监督，是民事检察的基础性工作及核心内容，也是实现精准监督的主要发力点。2020 年至 2022 年 6 月，全国检察机关共办结民事生效裁判监督案件约 19.1 万件，其中经审查提出抗诉 1.2 万件、提出再审检察建议 2.3 万件，抗诉改变率、再审检察建议采纳率均大幅上升。为进一步落实习近平法治思想及习近平总书记重要讲话精神，最高人民检察院提出加强民事检察精准监督工作要求。为使精准监督贯穿民事检察监督全过程、各环节，不断提升监督质效，有必要选编一批具有纠偏、进步、引领价值的民事生效裁判监督指导性案件。一是深化落实以人民为中心司法理念，将保护民事权利落到实处。在民法典颁布两周年之际，通过发布该批指导性案例，对司法实践中法律适用争议予以回应，能够最大限度凝聚共识，进一步统一司法裁判标准，及时回应人民群众有关权利保护的法治需求，促推民法典权利保护落地落实。二是促进开

---

* 原文载《人民检察》2022 年第 19 期。

** 作者单位：最高人民检察院第六检察厅。

展民事检察精准监督，有效提升监督质效。发布该批民事生效裁判监督指导性案例，能够为各级检察机关民事检察监督办案提供指引，切实提升办案人员的民事检察线索发现能力、民事案件事实认定和法律适用能力，以及对错误生效裁判法律监督能力。三是通过发布该批指导性案例，有助于引导各地通过民事生效裁判监督工作促进民法典统一正确实施，实现双赢多赢共赢。

二、第三十八批指导性案例的主要特点

该批指导性案例是从各级检察机关报送的300余件案例中筛选而来，主要具有以下特征：

一是从案由来看，选编民事生效裁判监督案件中占比较高的几类案件。经统计发现，全国检察机关民事生效裁判监督案件中，借款合同纠纷、物权纠纷、买卖合同纠纷、建设工程施工合同纠纷以及租赁合同纠纷占比较高。该批指导性案例为促进保障人民群众合法权益，选编涉及民间借贷纠纷、房屋买卖合同纠纷、租赁合同纠纷等几类常见多发的案件，从群众普遍关心的“小案”入手，切实帮助群众解决烦心事、揪心事。

二是从监督方式来看，既涉及提出抗诉的案件，也涉及提出再审检察建议的案件。民事生效裁判监督的方式包括抗诉、再审检察建议和检察建议，其中抗诉是刚性最强的监督方式，再审检察建议次之，检察建议较弱。检察机关应区分不同案件，合理选择监督方式，构建多元化、立体化监督格局，最大限度发挥法律监督效能。该批指导性案例不仅有提出抗诉的案件，还包括发出再审检察建议的案件，检察机关通过合理选择监督方式，既促进案件公正审理，又促使法院充分发挥内部审判监督机制作用，有利于节约司法资源。

三是从履职方式来看，既包含依申请监督案件，也涉及依职权监督案件。依申请监督由当事人向检察机关提起，受当事人是否申请再审的限制。而依职权监督由检察机关主动提起，能够通过依法能动履职纠正错误司法裁判。该批指导性案例包含一件依职权启动监督程序的案件，检察机关在另案中主动发现民事检察监督线索，并依法开展调查核实工作，进而依职权主动监督所涉民事生效裁判，实现民事检察精准监督。

四是从监督效果来看，既有针对个案进行纠偏的案件，也涉及以个案促类案实现社会治理的案件。民事生效裁判监督虽然是对个案中的错误司法裁判进行监督纠正，但是检察机关不能简单办案、机械办案，而应以点带面。该批指导性案例中，检察机关心怀“国之大者”，立足个案审视类案及行业问题，积极融入社会治理，主动向相关监管部门制发社会治理检察建议，促进解决一类问题，实现政治效果、社会效果和法律效果的有机统一。

三、第三十八批指导性案例的理解与适用

（一）李某荣等七人与李某云民间借贷纠纷抗诉案

近年来，民间借贷案件在民事生效裁判监督案件中占比较高，且案件数量大幅增长，监督难度不断加大。在办理该类监督案件中，检察机关应全面、客观地审查证据及鉴定意见，具体来说应当重点审查以下内容：

一是对借款合同、借据、收条、阶段性汇总协议等合同类文件的形式和内容进行审查。在民间借贷纠纷案件中，当事人用以证明交付借款或还款的书证往往系孤证或存在形式、内容瑕疵，难以形成完整证据链条。对于合同类文件存在重大瑕疵的，如该书证系孤证或存在明显剪裁痕、拼接迹等情形，检察机关应重点审查原审法院是否要求负有举证责任的当事人提供其他能够证明借款或还款事实的必要证据予以补强。

二是综合审查款项交付情况。结合借贷金额、款项交付方式、当事人的经济能力、当地或者当事人之间的交易方式、交易习惯、当事人财产变动情况等要素，运用日常生活经验判断相关证据的真实性以及是否能够达到相关证明标准。在还款字据等书证存在瑕疵的情况下，检察机关应重点审查原审法院是否要求负有举证责任的当事人提供其他相关证据，如当事人主张通过承兑汇票贴息方式兑付的，审查其是否提供银行划转留痕等证据，对款项交付情况予以证明。若原审法院未结合相关证据对款项交付情况进行审查，亦未依职权调取相关证据，检察机关应依法予以监督。

三是对鉴定意见应进行综合性审查。“以鉴代审”不仅无法查清案件事实，更在一定程度上侵害了当事人诉权。在存在多次鉴定且鉴定意见相冲突的案件中，检察机关应综合历次鉴定意见的内容、鉴定程序以及是否保障当事人充分行使诉求等多方因素，对多份鉴定意见综合审查判断，对可能存在的“以鉴代审”情况进行监督。

（二）某小额贷款公司与某置业公司借款合同纠纷抗诉案

近年来，大量非法放贷、套路贷、校园贷等不断出现，严重扰乱社会经济秩序，损害人民群众合法权益。该案就是一起典型的通过隐蔽手段变相收取高额利息的借款合同纠纷案件。案涉借款合同与咨询服务协议，看似相互独立、合法有效且实际履行，原审法院也据此认为借款人应依约履行还款义务。但经检察机关调查核实，该案实为小额贷款公司通过设立关联公司，要求借款人与关联公司签订服务合同并缴纳服务费等方式，以达到预先扣除借款本金、变相收取高额利息的不法目的。

在此类案件办理中，检察机关需要加强发现线索的敏锐性，主动行使调查

核实权，通过调取银行流水、调查案涉公司人员及账目往来、查阅财务凭证等会计资料、进行大数据筛查类案情况等方式，积极调查核实当事人订立合同目的及资金流向等是否存在异常情况，进而发现是否存在违规发放贷款等违法情形。同时，针对个案发现的违法情形，检察机关可通过制发检察建议等方式积极融入社会治理。小额贷款公司等非银行性金融机构的违规放贷行为，不仅会增加自身经营风险，而且会加大金融杠杆、增加金融风险，乃至危及国家金融安全。对此，检察机关不仅可以通过抗诉、提出再审检察建议等方式进行监督，还可以向相关监管部门制发检察建议，规范小额贷款公司经营行为，依法维护正常金融秩序。

（三）郑某安与某物业发展公司商品房买卖合同纠纷再审检察建议案

近年来，"一房二卖"民事纠纷层出不穷，不仅损害当事人合法权益，更严重损害正常交易秩序，检察机关应加强对相关民事纠纷案件的检察监督，在办理该类案件中应重点审查以下内容：

一是加强对可得利益损失法律适用相关问题的监督。"一房二卖"纠纷中，出卖人先后与不同买受人订立房屋买卖合同，后买受人办理房屋产权过户登记手续的，前买受人基于房价上涨产生的房屋差价损失，属于可得利益损失，可依法主张赔偿。可得利益损失是指在生产、销售或提供服务的合同中，生产者、销售者或服务提供者因对方的违约行为而遭受的预期纯利润损失，不包括主观推测的损失以及为取得利润所支付的费用。根据交易性质、合同目的等因素，可得利益损失主要分为生产利润损失、经营利润损失和转售利润损失等。在认定可得利益损失时，应综合考虑可预见规则、减损规则、损益相抵规则等，合理确定可得利益损失数额。可预见规则的核心在于计算违约方在缔约时应当预见的因违约所造成的损失，包括根据对方身份所能预见到可得利益的损失类型和合理预见的损失数量。减损规则的核心是衡量守约方为防止损失扩大而采取减损措施的合理性，减损措施应当是守约方根据当时情境可以做到且成本不能过高的措施。损益相抵规则旨在确定受害人因对方违约而遭受的"净损失"。就该案来说，某物业发展公司作为房地产开发企业，订立合同时应预见到，若违反合同约定，将承担包括差价损失赔偿在内的违约责任。某物业发展公司再次出售案涉商铺时，对案涉商铺市价应当知悉，对因此给郑某安造成的房屋差价损失也是明知的。因此，案涉房屋差价损失属于可得利益损失，某物业发展公司应予赔偿。

二是进一步加强对行使自由裁量权明显失当行为的监督，促进案件公正审理。广义的自由裁量，就是指在法院审判工作中，法官根据法律，依据法庭查明的事实，在个人法律意识支配下作出裁判的过程。也就是说，自由裁量是个过程，法官作出的判决和裁定是自由裁量的结果。[①] 自由裁量权的行使，既是针对个案差异化的裁判，也是司法人员利用司法智慧在法律适用过程中对既有规则的“填补”。因此，在行使自由裁量权过程中，司法机关应当根据法律规定和立法精神，坚持合法、合理、公正、审慎原则，对案件事实认定、法律适用等关键问题进行综合分析判断。司法实践中，有的案件办理未能充分体现立法精神，裁量时违反市场交易一般规则，导致裁量失当、裁判不公。“一房二卖”纠纷中，涉案房屋交付使用后，签约在先的买受人出租房屋所获取的租金收益，系其履行房屋买卖合同主要义务后，基于合法占有而享有的权益，而非买受人基于出卖人违约所获得的利益，不能作为法院酌减违约赔偿金的考量因素。对法官行使自由裁量权失当问题，检察机关应当依法加强监督，在实现个案公正的基础上，进一步促进统一裁判标准，维护司法公正与权威。

三是合理选择监督方式，努力实现双赢多赢共赢。精准监督要求检察机关在审查民事生效裁判监督案件中，做到精准发现、精准审查、精准处理，其中精准处理的重要内容是选择合适的监督方式。一般来说，如果生效裁判在适用法律方面错误，对其纠正将对同类案件的处理具有一定指导意义，检察机关可优先选择抗诉监督方式，力争通过抗诉一件解决相关领域“面”上问题。如果生效裁判仅在事实认定上存在错误或者违反法定诉讼程序，由同级检察机关通过再审检察建议方式进行监督，与提请上级检察机关抗诉的监督方式相比，可以促使法院充分发挥内部审判监督机制作用，更有利于问题解决和节约司法资源。该案便是通过再审检察建议的方式开展监督，实现案结事了人和。

（四）陈某与向某贵房屋租赁合同纠纷抗诉案

新时代，人民群众在民主、法治、公平、正义、安全、环境等方面的需求日益增长，这也集中体现在民事案件办理中。民事案件涉及面广、案件量大，与群众生活密切相关。无论标的大小、纠纷难易，即使所谓“小案”，对于当事人来说，都关乎个人与家庭切身利益，都是“天大的事情”。该案虽然所涉租金不高，但承租人面临既无法解除合同，也无法使用承租房屋的现实困境，对其而言，实属烦心事、揪心事，也是亟须民事检察发挥作用帮助解决的重要事。在办理类似案件中，检察机关需重点审查以下内容：

一是精准适用合同解除法律规定，保障当事人能够按照法定条件和程序解除合同。该案涉及当事人协商解除合同、行使法定解除权解除合同等内容，从法律规定上看，民法典延续并完善了合同法关于合同解除的相关规定。当事人

---

① 参见张军：《法官的自由裁量权与司法正义》，载《法律科学（西北政法大学学报）》2015年第4期。

以通知方式解除合同的，合同应自通知到达对方时解除；对方对解除合同有异议的，应保障任何一方当事人均可以请求法院或者仲裁机构确认解除行为的效力。如果当事人未通知对方，直接以提起诉讼或者仲裁的方式主张解除合同，法院或者仲裁机构确认该主张，合同自起诉状副本或者仲裁申请副本送达对方时解除。对于当事人已穷尽协商与诉讼等法定合同解除手段，但仍未能解除合同而申请检察监督的，检察机关应履行监督职责，保障当事人能够按照法定条件和程序解除合同，实现公权监督与私权救济有机结合。

二是正确认定出租人负有的出租房屋权利瑕疵担保责任。在房屋租赁合同中，承租人与出租人签订租赁合同的目的在于使用租赁物并获得收益，出租人应当保证租赁物符合约定的用途，即承担对租赁物的瑕疵担保责任，包括物的瑕疵担保责任和权利的瑕疵担保责任。其中，出租人的权利瑕疵担保责任，是指出租人应担保不因第三人对承租人主张权利而使承租人不能依约使用、收益租赁物的责任。民法典第七百二十三条、第七百二十四条延续了合同法的相关规定精神，据此，检察机关在办理类似案件中应当着重审查三方面内容：第一，出租房屋权利瑕疵在签约时是否存在。如在签约时已存在，承租人有权请求出租人承担瑕疵担保责任。第二，承租人是否明知出租房屋存在权利瑕疵。如承租人在签约时不知存在权利瑕疵，则其为善意相对人，有权请求出租人承担瑕疵担保责任；如承租人明知存在权利瑕疵，自愿承担案外人主张讼争标的物权属可能带来的风险，则出租人不承担瑕疵担保责任。第三，承租人是否及时告知出租人权利瑕疵存在并要求出租人合理剔除。如承租人及时告知，但出租人未能合理剔除权利瑕疵，出租人应当承担权利瑕疵担保责任；如承租人怠于履行告知义务，导致出租人丧失剔除瑕疵时机，应当减轻或免除出租人的赔偿责任。

四、持续做好民事生效裁判精准监督

各级检察机关民事检察部门应当以学习贯彻第三十八批指导性案例为契机，持续做好民事生效裁判精准监督。

一是严格把握监督标准，实现民事检察精准监督。民事生效裁判监督是民事检察的基础性工作和核心内容，在开展民事生效裁判监督工作中，首先应依据法定性标准，即依据民事诉讼法相关规定审查民事生效裁判的违法性；在审查过程中还应当坚持必要性标准，结合裁判作出时的司法政策和社会背景对案件是否具有监督必要性进行认定，正确把握检察监督时机、方式和程度，做到“敢抗”和“抗准”有机统一。

二是不断规范监督程序，强化依法能动履职。在监督程序的启动方式上，应当始终坚持依申请监督和依职权监督相结合的启动方式。对于依申请监督的案件，重点审查涉案民事生效裁判是否经过法院再审程序，如符合法院驳回再审申请、法院逾期未对再审申请作出裁定以及再审判决、裁定有明显错误情形之一的，应当依法受理。对于符合最高人民检察院《人民检察院民事诉讼监督规则》第三十七条六种情形的，应当依职权启动监督程序，主动对错误司法裁判进行监督纠正。在调查核实方面，把握好以下几点：调查核实权的行使应与公权力监督属性相适应，即调查核实事项应与判断法院民事诉讼行为是否符合法律规定有关，避免超越监督职能收集证据，导致诉讼结构失衡；调查核实措施应适当，不得采用限制人身自由等强制性措施；调查核实必须严格遵守相关程序规定等。

三是不断优化监督方式，构建多元化监督格局。应不断完善抗诉、再审检察建议、检察建议等多元化监督格局。关于抗诉和再审检察建议的适用，从政策引导方面来看，抗诉一般适用于适用法律错误、案件比较重大或者裁判明显不公、发生重大错误情形。再审检察建议主要适用于认定事实错误，或生效裁判虽有错误，但实体上处理并不严重或者突出的情形。各级检察机关应针对不同情形选择适当的监督方式，实现同级监督与提请上级监督的动态平衡。

四是注重增进监督效果，提升监督能力和水平。检察机关对个案监督中发现的普遍性社会治理问题，可在履行监督职能的同时向有关部门制发检察建议，促使其开展治理、整改工作，有效防范化解重大风险。同时，办理民事生效裁判监督案件，检察机关既要善于从法律视角分析处理，又要善于从政治视角、社会视角促进问题解决，在综合考虑各方因素基础上提出处理意见，避免就案办案、机械司法。

最高人民检察院
关于印发最高人民检察院第三十九批指导性案例的通知

（2022 年 7 月 21 日公布　高检发办字〔2022〕102 号）

各省、自治区、直辖市人民检察院，解放军军事检察院，新疆生产建设兵团人民检察院：

经 2022 年 5 月 11 日最高人民检察院第十三届检察委员会第九十八次会议决定，现将陈某某刑事申诉公开听证案等四件案例（检例第 158—161 号）作为第三十九批指导性案例（刑事申诉公开听证主题）发布，供参照适用。

最高人民检察院

2022 年 7 月 21 日

陈某某刑事申诉公开听证案

（检例第158号）

【关键词】

刑事申诉　大检察官主持听证　刑民交叉　释法说理　矛盾化解　应听证尽听证

【要　旨】

检察机关办理疑难复杂和争议较大的刑事案件应当坚持“应听证尽听证”，做到厘清案情、释明法理、化解矛盾、案结事了。刑事申诉案件公开听证，重在释法说理，解开“心结”，引导当事人理解、认同人民检察院依法作出的处理决定。主办检察官主持听证，能当场作出决定的，可当场宣布处理决定并阐明理由。在听证员评议时，主办检察官可结合听证情况分别与双方当事人进一步沟通交流，做针对性更强、更为具体的矛盾化解和释法说理工作。听证员评议意见是人民检察院作出决定的重要参考，检察机关要保障听证员独立和充分发表意见。

【基本案情】

申诉人陈某某，系王某某、吕某某涉嫌合同诈骗案的被害人。

2010年至2013年，福建省某铝业有限公司（以下简称铝业公司）连续三年为福建省某塑胶制造有限公司（以下简称塑胶公司）向中国光大银行股份有限公司泉州分行（以下简称泉州分行）贷款提供担保，塑胶公司均按期还贷。2014年4月10日，塑胶公司与泉州分行签订有效期一年、最高授信额度2000万元的《综合授信协议》。铝业公司及王某某、吕某某（均为铝业公司股东）为塑胶公司提供最高额保证，保证期为塑胶公司履行债务期限届满之日起两年。在最高授信额度有效使用期限届满前二日，即2015年4月8日，塑胶公司利用南安市政府转贷“过桥”资金归还上述2000万元贷款，并于当日续贷2000万元，贷款期限至2015年10月6日。

2014年4月至2015年5月，陈某某得知铝业公司欲转让，遂多次到铝业公司实地考察。2015年5月12日，铝业公司股东王某某、吕某某与陈某某签订《股权转让协议书》，约定将铝业公司100%股权以1400万元转让给陈某某，并出具《保证书》，承诺铝业公司股权转让前对外不存在任何债务纠纷，股权转让后若铝业公司被第三方追讨债务，保证人愿意承担一切保证责任，所有债务及造成铝业公司或陈某某的损失，均由保证人承担。铝业公司总经理陈某钊作为该保证书的担保人。另约定，陈某某支付铝业公司库存材料款1400万元，其中1000万元直接由陈某某代偿铝业公司贷款。股权转让协议签订后，陈某某先后向铝业公司账户转款1000万元，向吕某某转款1800万元。

2015年10月6日，塑胶公司2000万元贷款到期后未能如期归还贷款及利息。2016年1月7日，泉州分行向泉州市丰泽区人民法院提起诉讼，要求塑胶公司和担保人铝业公司及股东王某某、吕某某归还贷款本息。2016年12月12日，泉州市丰泽区人民法院判决铝业公司和王某某、吕某某对塑胶公司2000万元贷款本息承担连带担保责任。

因铝业公司被诉，陈某某于2016年2月5日以王某某、吕某某涉嫌合同诈骗罪向连城县公安局报案，连城县公安局遂立案侦查。同年5月2日，陈某某又向泉州市中级人民法院提起撤销股权转让协议之诉，要求王某某、吕某某返还1400万元股权转让款。

2017年4月24日，连城县公安局以王某某、吕某某涉嫌合同诈骗罪移送连城县人民检察院审查起诉。同年11月3日，泉州市中级人民法院审理认为，陈某某因王某某、吕某某涉嫌合同诈骗一案已向连城县公安局提出控告，相关司法机关作为刑事案件受理并进入审查起诉阶段，故裁定予以驳回。陈某某不服，上诉至福建省高级人民法院。

2018年4月3日，连城县人民检察院以事实不清、证据不足为由对王某某、吕某某作出不起诉决定。同年7月23日，福建省高级人民法院作出裁定，鉴于连城县人民检察院已经作出不起诉决定，针对王某某、吕某某的刑事程序已经终结，遂指令泉州市中级人民法院审理陈某某诉王某某、吕某某等人股权转让合同纠纷一案。

2018年12月3日，泉州市中级人民法院审理认为，王某某、吕某某等人未如实告知陈某某铝业公司的担保事实，隐瞒真实情况，构成欺诈，判决撤销《股权转让协议书》，王某某、吕某某返还陈某某股权转让款1400万元，陈某钊对上述款项承担连带清偿责任。陈某钊不服，提出上诉。2019年9月26日，福建省高级人民法院裁定驳回上诉，维持原判。后陈某某申请执行，因被执行人王某某、吕某某、陈某钊暂无可供执行的财产，泉州市中级人民法院裁定终结该次执行程序。

陈某某不服连城县人民检察院以事实不清、证据不足为由对王某某、吕某某涉嫌合同诈骗作出的不起诉决定，提出申诉。龙岩市人民检察院经复查，维持原不起诉决定。福建省人民检察院审查认为申诉人陈某某的申诉理由不成立，不予立案复查。申诉人陈某某仍不服，以被不起诉人王某某、吕某某的行为构成合同诈骗罪，应当追究二人的刑事责任为由，向最高人民检察院提出申诉。

【检察听证过程】

听证前准备。最高人民检察院依法受理后，根据“群众信访件件有回复”工作制度，于七日内回复申诉人陈某某受理情况，并经初步审查，认为本案系民营企业之间股权转让纠纷引发，刑事和民事法律关系交织，疑难复杂，属于检察机关办理的涉嫌经济犯罪以事实不清、证据不足作出不起诉决定的典型案件。为依法妥善处理此案，最高人民检察院成立了以大检察官担任主办检察官的办案组，研究制定工作预案，调阅全案卷宗，全面梳理刑事、民事各诉讼阶段的事实证据、法律适用和争议焦点，制作案发前后涉案贷款担保明细和资金交易去向图表，参考专家学者的理论观点和司法实务案例，深入分析涉案行为性质，厘清民事欺诈行为与合同诈骗罪的界限，提出依法解决路径。办案组检察官两次赴案发地，了解案发背景、涉案企业经营状况，当面听取申诉人陈某某的申诉理由和请求，核实被不起诉人王某某、吕某某及家族企业经营情况，通过当地工商联与涉案企业原法定代表人（被不起诉人亲属）联系，走访相关人民法院等。经研判认为此类案件在检察机关办理的以证据不足不予起诉涉嫌经济犯罪案件中较为典型，为全面查证案情，释法说理，维护申诉人、原案被不起诉人合法权益，增强办理刑事申诉案件透明度，促进社会矛盾化解，经征得申诉人、被不起诉人同意，办案组决定召开听证会，公开审查此案。

公开听证。听证会于2020年10月22日在福建省人民检察院检察听证室举行，由最高人民检察院大检察官作为办案组主办检察官主持。申诉人陈某某，被不起诉人吕某某（被不起诉人王某某因病无法参加）及其代理律师张某某，四级检察院承办检察官，全国人大代表、法学专家以及最高人民检察院指定的人民监督员等五名听证员参加听证，被不起诉人亲属、当地民营企业家代表等现场旁听。

围绕被不起诉人吕某某、王某某的行为是否构成合同诈骗罪这一争议焦点，办案组充分听取各方意见。原案承办检察官阐述了民事欺诈行为与合同诈骗罪在主观故意、行为目的等方面的区别，逐一展示证人证言、书证等在案证据，围绕现有证据不足以证实被不起诉人吕某某、王某某存在故意转嫁担保责任等问题，详细说明了检察机关作出不起诉决定及审查维持不起诉决定的理由和依据。申诉人陈某某充分陈述了申诉理由和请求，认为被不起诉人吕某某、王某某在转让公司股权时隐瞒负有担保责任的行为，给其造成了巨大损失，已构成合同诈骗罪，要求检察机关追究被不起诉人吕某某、王某某的刑事责任。当主办检察官询问申诉人陈某某在受让铝业公司股份前是否做了尽职调查时，申诉人陈某某承认未做尽职调查，表示如果再有同样情形绝不会轻易签合同。被不起诉人吕某某、王某某则表示其在转让铝业公司股份前并不知道塑胶公司资金链断裂以及续贷等情况，造成现在的结果并非其本意。因为其未能执行民事判决，已被法院列入失信被执行人名单，企业生产、个人生活均受到很大影响，愿意与申诉人陈某某和解，尽早脱困。

听证员分别向双方当事人和原案承办检察官提问。有听证员提出股权转让协议签订时铝业公司已经在为塑胶公司提供担保，而铝业公司最终因担保问题不能正常经营，且吕某某存在恶意取现转让资金行为，主观上是否具有非法占有目的的问题。原案承办检察官回应，铝业公司自2010年至2013年连续四年先后八次为塑胶公司提供合计1亿元贷款的担保，塑胶公司均如期如数归还贷款，均未产生担保之债。铝业公司股权转让磋商、协议签订过程持续一年之久，陈某某实地考察和当面洽谈后，委托其妻子公司的法律顾问起草《股权转让协议书》《保证书》，由王某某、吕某某签字后生效。现无证据证实王某某、吕某某在签订股权转让时即明知塑胶公司资金链断裂，必将产生担保之债，恶意将债务转嫁给陈某某。在担保之债产生后，陈某某无法向银行贷款，经营困难时，吕某某还给予协助，积极帮助其渡过难关。从双方股权转让过程看，不存在明显不正常交易情形，没有证据证明王某某、吕某某具有非法占有的预谋。针对股权转让款去向问题，原案承办检察官再次展示了证人证言，其中吕某某到案后有过数次供述，其供述与证人黄某春、黄某电的证言能相互印证，即吕某某取得1400万元股权转让款后交由黄某春，用以偿还其先前购买铝业公司股权时向黄某电的借款。原案承办检察官通过详细客观的证据，再现了案发前后细节，充分回应了听证员的疑问。

听证员提问后，主办检察官宣布休会，由听证员对本案进行讨论评议。一名听证员认为，王某某、吕某某未如实告知陈某某铝业公司的担保事实，隐瞒真实情况，获取股权转让款予以转移，具有非法占有的目的，构成合同诈骗罪，应予追究其刑事责任。但多数听证员认为本案事实不清，证据存在短缺，是一件疑罪案件，检察机关按照疑罪从无的原则作出证据不足不起诉的决定是适当的。建议检察机关加强对民营企业的依法均衡保护，为涉案企业解决实际问题，及时修复破损的社会关系。同时，期待被不起诉人吕某某、王某某积极履行法院民事裁判，实现和解。

听证员评议期间，主办检察官结合听证情况，分别与申诉人和被不起诉人及代理律师、亲属交谈，进一步有针对性地释法说理，充分阐释了妥处本案，及时化解矛盾纠纷，使双方当事人回归正常生产生活的重要性，对双方当事人进行了矛盾调处和化解工作。指出被不起诉人及其亲属应当真诚、全力执行法院判决，早日从失信被执行人名单中解脱，恢复正常的生产生活。同时，向申诉人进一步解释检察机关作出不起诉决定的事实、证据和法律依据，并希望申诉人吸取教训，今后在签订合同前做好尽职调查，避免不必要的损失。申诉人和被不起诉人及代理律师、亲属均明确表示愿意接受最高人民检察院将作出的处理决定。

主办检察官宣布复会后，听证员代表发表了多数听证员的意见。结合听证意见，办案组讨论认为，王某某、吕某某确有隐瞒铝业公司负有担保责任的欺诈行为，但从签订、履行股权转让协议整个过程及客观行为分析判断，现有证据既不足以证实王某某、吕某某在签订股权转让协议时具有非法占有1400万元股权转让款的主观故意，也不足以证实王某某、吕某某在签订股权转让协议后实施了故意隐匿财产的行为，连城县人民检察院对王某某、吕某某作出的不起诉决定，并无不当，应予维持。理由如下：

一、现有证据不足以证实王某某、吕某某于2015年5月12日与申诉人陈某某签订股权转让协议时具有非法占有1400万元转让款的故意。经查，铝业公司转让磋商、协议签订过程持续一年之久，陈某某自愿实地考察和当面洽谈，并委托其妻公司法律顾问起草《股权转让协议书》《保证书》，最终由王某某、吕某某签字后生效。从双方合同协商、订立的过程看，不存在明显不正常交易情形，没有证据证明王某某、吕某某具有非法占有的预谋。按照一般交易习惯，受让方在订立合同和收购过程中应当对目标企业做尽职调查，但本案申诉人陈某某在签订股权转让协议过程中未做尽职调查。

二、现有证据不足以证实王某某、吕某某在签订股权转让协议时存在转嫁铝业公司担保责任的故意。申诉人陈某某称，王某某、吕某某在明知自身无财产可供偿债的情况下，在签订股权转让协议时以保证书形式承诺铝业公司股权转让前不存在任何债务纠纷，并承诺承担保证责任，属于故意隐瞒并转嫁担保责任。在案证据及公开听证情况表明，王某某、吕某某确有隐瞒铝业公司负有担保责任的欺诈行为，但这一行为并不必然构成刑法意义上的合同诈骗犯罪。本案中，从塑胶公司在泉州分行2010年至2013年贷款情况看，铝业公司连续三年先后八次为塑胶公司提供合计1亿元贷款的担保，塑胶公司均如期如数归还贷款，均未产生担保之债。认定王某某、吕某某二人是否存在故意转嫁铝业公司担保责任的故意，应当首先判断王某某、吕某某是否明知塑胶公司资金链断裂，必将产生担保之债，以及塑胶公司已经严重资不抵债。现有证据不能证实王某某、吕某某明知塑胶公司在最高授信额度有效使用期届满前二日续贷及还贷不能情况，故不能形成认定王某某、吕某某故意转嫁担保责任的证据链。

三、现有证据不足以证实王某某、吕某某在合同履行完毕后实施了故意隐匿财产的行为。经查，双方签订股权转让协议后，即开始履行合同约定的主要义务：陈某某积极履行支付义务，王某某、吕某某委托陈某钊协助陈某某办理资产清算、过户等手续；在陈某某无法贷款时，吕某某、陈某钊还给予协助。关于申诉人提出的支付履约现金去向问题，吕某某到案后有过数次供述，后期供述与证人黄某春、黄某电的证言能相互印证，即吕某某取出现金交由黄某春，用以偿还其先行购买铝业公司时向黄某电的借款。由此不能得出吕某某故意隐匿转让款的结论。

四、铝业公司转让申诉人陈某某前的实际控制人存疑。申诉人称，铝业公司以福建省闽发铝业股份有限公司（以下简称闽发铝业）为背景，铝业公司与闽发铝业存在关联。在案证据显示，铝业公司系家族企业，自2001年成立后至2011年期间共有三次股权变更，均系在亲属间流转，无现金交易记录；塑胶公司法定代表人陈某华等人证言证实，在铝业公司为塑胶公司提供担保、铝业公司股权转让谈判和协议签订等重大事项中，黄某电均不同程度地参与甚至起决策作用，且黄某电是铝业公司在泉州分行业务的指定联系人。作为商事合同，转让方在履约过程中存在欺诈行为，但有证据指向并归责一定实力的合同标的实际所有人，往往不必然导致受让方财产灭失，故难以认定王某某、吕某某具有诈骗犯罪的主观故意。

五、从法律后果看，担保责任一方提供担保并不必然导致担保人财产损失。本案中，铝业公司为塑胶公司向银行贷款提供担保，在签订公司股权转让协议时该担保只是一种“或然债务”，并不必然发生担保债务。虽然之后塑胶公司被法院判决返还银行欠款，铝业公司需承担连带保证责任，但从发生担保之债时企业经营情况看，塑胶公司在正常经营，铝业公司并不必然要实际履行担保债务，或履行该担保债务后无法向主债务人追偿，即铝业公司为塑胶公司提供担保并不必然导致铝业公司受让人陈某某财产损失。

主办检察官当场宣布了审查结论，申诉人陈某某表示无不同意见，被不起诉人吕某某及代理律师张某某明确表示，将尽快以实际行动与申诉人就民事判决的执行达成和解。

后续工作。听证会后，最高人民检察院办案组指导福建省检察机关继续做好案件后续工作。福建省三级检察院积极落实听证会对本案的处理决定，督促被不起诉人王某某、吕某某尽快履行福建省高级人民法院生效民事判决，为申诉人挽回经济损失。2020年11月2日，双方当事人自愿签署了《执行和解协议》，由被不起诉人王某某、吕某某以1200万元收回涉案企业铝业公司。2021

年3月10日，《执行和解协议》履行完毕。

【指导意义】

（一）办理疑难复杂和争议较大的刑事案件应当坚持“应听证尽听证”，保障司法公正，提升司法公信，促进矛盾化解。检察听证既是深化案件审查、查明案件事实的有效方式，又是做好释法说理、矛盾化解工作的客观需要。检察机关受理、首办疑难复杂、争议较大的刑民交叉案件，应当以听证方式审查，依法准确定性处理。对于拟依法作出不批准逮捕或者不起诉决定的刑事案件，当事人矛盾冲突尖锐，或者属有影响性案件的，检察机关应当组织召开听证会，就事实认定、证据采信、法律适用和案件处理等听取当事人、听证员及其他参加人的意见。对于诉求强烈、矛盾突出的刑事申诉案件，检察机关也应当通过听证方式当面听取申诉人和其他相关人员意见，充分释法说理，达到消除疑虑、增进理解、化解矛盾、促进案结事了的目的。

（二）各级人民检察院检察长、副检察长应当直接主持重大疑难复杂刑事申诉案件的检察听证。检察长、副检察长主持听证，要在全面阅卷、掌握案情和申诉争议焦点的基础上，结合听证过程，有针对性地做好矛盾化解工作。特别是在听证员进行评议的暂时休会期间，要不失时机地结合听证情况，分别与当事人进一步沟通交流，从人民检察院拟作出决定考虑，做更为具体的矛盾化解和释法说理工作，为当事人理解、接受将要作出的处理决定奠定基础。

（三）要充分尊重听证员的独立评议地位，听证员评议意见是人民检察院作出决定的重要参考。听证员受邀参加听证，其职责主要是听取当事人、案件承办人及其他参加人就案件争议焦点等问题作出陈述和说明，独立进行评议，并发表评议意见。要保障所有听证员独立和充分发表意见。评议完毕，可以推举一名听证员代表全体听证员发表意见。听证员之间有意见分歧的，听证员代表阐述完多数听证员共同意见后，也要对少数听证员的不同意见予以适当表述。听证员的意见应当作为人民检察院依法处理案件的重要参考，拟不采纳听证员多数意见的，应当层报检察长作出决定。

【相关规定】

《中华人民共和国刑事诉讼法》（2012年3月14日修正）第一百七十一条第四款、第一百七十六条（现为2018年10月26日修正后的第一百七十五条第四款、第一百八十条）

《人民检察院刑事诉讼规则（试行）》（2013年1月1日施行）第四百零三条、第四百零四条、第四百一十三条、第四百一十七条（现为2019年12月30日施行的《人民检察院刑事诉讼规则》第三百六十七条、第三百六十八条、第三百七十七条、第三百八十一条）

《人民检察院办理刑事申诉案件规定》（2020 年 9 月 22 日施行）第十八条、第五十七条

《人民检察院审查案件听证工作规定》（2020 年 9 月 14 日施行）第四条、第十三条、第十七条

吴某某、杨某某刑事申诉公开听证案

（检例第159号）

【关键词】

刑事申诉　刑事责任年龄　附带民事诉讼执行监督　司法救助　反向审视

【要　旨】

对于因司法机关依法改变原处理决定，但未对当事人释法说理引起刑事申诉的，检察机关应当充分做好释法说理，必要时组织检察听证，弥补原案办理中的缺陷，促进案结事了。要认真做好检察听证前的准备工作。出现申诉人不信任、不配合等抵触情形的，要做好情绪疏导工作，必要时争取当地有关部门支持配合，共同解开“心结”，确保听证顺利举行。办案过程中发现申诉人因案致困，符合司法救助条件的，应当及时给予救助帮扶。对于反向审视发现的原案办理中履职不到位或者不规范司法等问题，应当促使相关检察机关提出切实可行的整改措施，进一步规范司法行为，提升案件办理质效。

【基本案情】

申诉人吴某某、杨某某，系吴某坚抢劫案被害人吴某辉的近亲属。

2008年1月28日12时许，原审被告人吴某坚携带匕首在广西壮族自治区平南县大将客运中心乘坐被害人吴某辉的二轮摩托车，谎称去平南县官成镇横岭村。当摩托车行驶至平金公路转入横岭村的村级道路时，吴某坚用匕首连续捅刺吴某辉数刀。随后，吴某坚搜吴某辉的身体，抢走吴某辉的诺基亚牌手机1部、现金2元，并抢走吴某辉的二轮摩托车，逃离现场。经法医鉴定，吴某辉系颈动脉离断大出血死亡。2008年10月17日，贵港市人民检察院以吴某坚涉嫌抢劫罪向贵港市中级人民法院提起公诉。2009年8月20日，贵港市中级人民法院以吴某坚犯抢劫罪，判处其有期徒刑十五年。吴某坚以其犯罪时不满14周岁为由提出上诉。2010年7月30日，广西壮族自治区高级人民法院以原判认定事实不清、证据不足为由，裁定撤销原判，发回重审。同年12月28日，贵港市人民检察院以事实、证据有变化为由向贵港市中级人民法院申请撤回起诉，退回公安机关补充侦查。同年12月31日，贵港市中级人民法院裁定准许撤回起诉。2012年1月19日，贵港市中级人民法院经审理由吴某某、杨某某提起的附带民事诉讼，判决赔偿被告人吴某某、杨某某经济损失141075元。吴某某、杨某某不服，提出上诉。2012年5月4日，广西壮族自治区高级人民法院裁定驳回上诉，维持原判。吴某某、杨某某仍不服，以原审被告人吴某坚案发时已年满14周岁，构成抢劫罪为由，提出申诉。广西壮族自治区人民检察院审查认为申诉人的申诉理由不成立，审查结案。申诉人仍不服，向最高人民检察院提出申诉。

【检察听证过程】

听证前准备。经初步审查，本案是否为未成年人作案，存在罪与非罪的重大争议。案件办理过程中未向申诉人充分释法说理，检察机关撤回起诉并退回公安机关补充侦查后长期“挂案”，原审被告人未赔礼道歉、未充分履行民事赔偿义务，申诉人生活非常困难，未能及时获得司法救助，导致申诉人长年信访申诉，不接受司法机关作出的决定。最高人民检察院组成由大检察官为主办检察官的办案组，认真审查申诉材料，调阅了原案全部卷宗，核实相关证据，听取原案承办人意见，围绕案件争议焦点即原审被告人吴某坚作案时是否年满14周岁进行重点调查核实。鉴于本案疑难复杂，办案组决定召开听证会，公开审查此案。

听证会前，办案组检察官两赴案发地，当面听取申诉人意见，实地了解申诉人家庭情况，耐心引导申诉人依法理性维权。在听证会前一天，申诉人突然提出不参加听证会，办案组及时协调当地检察机关和政府部门共同对申诉人开展心理疏导，确保听证会如期召开。针对原审被告人吴某坚案发后未被教育惩戒，未认错悔过等情形，办案组要求当地检察机关找到已经成家立业的吴某坚，对其进行严肃批评教育，吴某坚表示认错悔过，将尽自己所能赔偿被害人经济损失。

公开听证。2021年6月18日，吴某某、杨某某刑事申诉案公开听证会在广西壮族自治区贵港市人民检察院检察听证室举行，办案组主办检察官主持听证会。申诉人及其委托代理人充分阐述申诉理由，原案一审公诉人就审查起诉情况、二审承办检察官就建议法院发回重审情况、二审主审法官就法院决定发回重审情况、重审案件公诉人就发回重审后检察机关撤回起诉情况、广西壮族自治区人民检察院办理申诉案件的检察官就申诉案件审查情况等详尽阐述和举证、示证，认真回应申诉人的诉求，并围绕争议焦点逐一释法说理。

听证会上，办案组检察官就吴某坚作案时是否年满14周岁，存在两组证据的情况向申诉人充分予以展示。一组认定吴某坚出生于1993年6月24日（农历端午节），作案时已年满14周岁的证据，有吴某坚的供述、嫌疑人信息登记表、在校学生名册、学籍卡、相关证人证言和公安部骨龄鉴定意见等。吴某坚供述系听其母亲讲出生于农历1993年5月5日，但该供述与其母亲的证言相矛盾；嫌疑人信息登记表所载吴某坚出生时间，为犯罪嫌疑人自述时间；在校学生名册、学籍卡所记载吴某坚的出生时间亦为其本人自行填报；一些证人证言表示，不知道吴某坚的具体出生日期；公安部骨龄鉴定意见证实吴某坚年龄为17±1岁，即使采信该骨龄鉴定意见认定吴某坚作案时16周岁，也与其他证据证实吴某坚作案时不满15周岁有较大差距。另一组证实吴某坚出生于1994年6月13日（农历端午节），作案时未满14周岁的证据，有证人柯某某（接生吴某坚的人）、王某、吴某成等人证言以及《未落实常住人口登记表》、水文资料等。其中，柯某某证言证实吴某坚是其唯一接生的孩子，因此印象深刻。之所以记得吴某坚出生于1994年，是因为当年是其嫁到江口镇以来洪水最大的一年，家里的房子都被洪水冲塌了。贵港市防汛办《贵港市浔江、郁江历次洪水记录》证实，1994年7月该市贵港站经历建国后第一大洪水，该书证与柯某某的证言能够相互印证；证人王某证言证实，其与吴某坚之母同年怀孕，且在吴某坚出生三四个月后其子于1994年10月出生；证人吴某成证言证实，之所以记得其子与吴某坚同岁（1994年出生）是因为“我们同祠堂，得男丁的要在清明节的时候抓阄鸡拜祖，所以记得很清楚”；《未落实常住人口登记表》证实，2007年12月人口普查时吴某坚登记出生日期为1994年。

五名听证员在充分听取案件事实和证据的基础上，经认真评议，形成听证意见，一致认为本案现有证据不足以证实原审被告人吴某坚作案时已满14周岁，骨龄鉴定意见也未能准确确定案发时吴某坚的真实年龄，而吴某坚在作案时的真实年龄是其应否承担刑事责任的关键，因此不能简单依骨龄鉴定意见认定，而应结合全案证据综合认定。故认定原审被告人吴某坚作案时已满14周岁的证据不足，检察机关撤回起诉并退回公安机关补充侦查的处理决定并无不当。鉴于被害人吴某辉死亡后，其妻子外出打工，下落不明；申诉人吴某某、杨某某以及被害人吴某辉的儿子吴某林祖孙三人目前仅靠每月870元左右的低保和养老金维持生活，无其他经济收入，加上申诉人吴某某、杨某某体弱多病，吴某林目前就读初中，尚未成年，祖孙三人的生活极为困难，符合国家司法救助条件，建议检察机关给予其国家司法救助。

办案组在全面审查案件的基础上，参考听证意见，在听证会上向申诉人说明，由于原审被告人吴某坚未在医院出生，没有出生证明，出生时其父母未向户籍管理部门申报户口，吴某坚的出生年龄无法通过出生证明、户籍证明等材料证实，根据《最高人民法院关于审理未成年人刑事案件具体应用法律若干问题的解释》第四条第一款“对于没有充分证据证明被告人实施被指控的犯罪时已经达到法定刑事责任年龄且确实无法查明的，应当推定其没有达到相应法定刑事责任年龄”的规定，推定吴某坚犯罪时未达到法定刑事责任年龄，故原办案机关综合全案证据所做处理决定，于法有据，并无不当，申诉人的申诉理由不能成立。办案组还当场播放了当地检察机关录制的吴某坚认错悔过和主动表示赔偿被害人经济损失的视频。申诉人表示服从检察机关作出的处理决定，承诺息诉罢访。

后续工作。2021 年 8 月 9 日，贵港市人民检察院向公安机关发出撤销案件的检察建议书。8 月 10 日，平南县公安局决定撤销此案。当地检察机关还依职权启动附带民事诉讼判决执行监督程序，向人民法院发出检察建议书，建议督促原审被告人吴某坚支付赔偿款。后吴某坚将 3 万元赔偿款汇至人民法院执行账户，并承诺今后每月履行 3300 元剩余赔偿款。为解决申诉人实际困难，广西壮族自治区三级检察院联合给予申诉人国家司法救助金，会同当地党委政法委、教委、妇联等部门，给予吴某林相应的民政救助，并开展心理辅导等。

广西壮族自治区人民检察院在全区范围就本案办理过程中，检察机关撤回起诉并退回公安机关补充侦查后长期“挂案”，检察机关既没有依法及时作出不起诉决定，也没有建议公安机关撤销案件；未对法院发回重审以及检察机关撤回起诉的具体理由和依据作出说明；未对被害人家属进行必要的释法说理，并给予帮扶救助；未对原审被告人吴某坚进行帮教，并移送相关部门采取相应的管束措施；未对附带民事诉讼判决执行情况跟进监督，导致赔偿款一直未执行到位，案未结、事未了等办案中的问题，开展专题反向审视，提出整改意见并督促落实，对相关责任人进行了责任追究。最高人民检察院向全国检察机关通报该案办理情况，要求各级检察机关进一步压实首办责任，建立常态化重复信访治理机制。

【指导意义】

（一）人民检察院组织检察听证，应当认真做好各项准备工作。对决定举行检察听证的刑事申诉案件，承办检察官在听证前要全面阅卷，充分了解案件事实、证据及焦点问题，并对相关问题进行调查核实。对于矛盾激化、诉求强烈的申诉案件，应当做好申诉人情绪引导和安抚工作，使其理解和自愿参加听证。

（二）人民检察院办理刑事申诉案件，发现申诉人因案致困，符合司法救助条件的，应当及时给予救助帮扶。在办理刑事申诉案件过程中，发现申诉人因案导致生活困难，经调查核实其经济收入、生活状况后，认为其符合司法救助条件的，应当主动告知其申请救助的方式，及时按程序提供救助。要联合社会各方力量，多渠道、更大力度解决申诉人的实际困难，给予申诉人更多的人文关怀、帮扶救济，让人民群众在司法案件的办理中不仅感受到公平正义，还感受到司法的温度。

（三）人民检察院办理刑事申诉案件，应当通过反向审视，对原案办理中的问题和瑕疵进行针对性整改。办理刑事申诉案件具有检视整个刑事诉讼过程的独特优势。要通过全面审查案件和公开听证，反向审视检察环节存在的履职不到位或者司法不规范等问题和瑕疵，促使相关检察机关提出切实可行的整改措施，并认真落实。要依规依纪追究相关人员司法责任，促进规范司法行为、严格依法办案，提升案件办理质效，增强司法公信力。

【相关规定】

《中华人民共和国刑法》第十七条、第二百六十三条

《最高人民法院关于执行〈中华人民共和国刑事诉讼法〉若干问题的解释》（1998 年 9 月 8 日施行）第一百七十七条（现为 2021 年 3 月 1 日施行《最高人民法院关于适用〈中华人民共和国刑事诉讼法〉的解释》第二百九十六条）

《最高人民法院关于审理未成年人刑事案件具体应用法律若干问题的解释》（2006 年 1 月 23 日施行）第四条第一款

《人民检察院民事诉讼监督规则（试行）》（2013 年 11 月 18 日施行）第四十一条第三项（现为 2021 年 8 月 1 日施行的《人民检察院民事诉讼监督规则》第三十七条第五项）

《人民检察院审查案件听证工作规定》（2020 年 9 月 14 日施行）第二条、第四条、第六条

董某某刑事申诉公开听证案

（检例第160号）

【关键词】

刑事申诉　检察听证　引导和解　检察建议　能动履职　综合治理

【要　旨】

检察机关办理因民间矛盾、邻里纠纷等引发的复杂、疑难刑事申诉案件，应当举行检察听证，消除双方当事人之间的误会和积怨，引导双方当事人和解。对于刑事申诉案件反映出的社会治理不完善的问题，检察机关应当依法能动履职，推动主管部门予以完善。必要时可以邀请相关主管部门负责人参加检察听证，就有效化解矛盾、妥善处理案件等提出意见建议，促进综合治理。

【基本案情】

申诉人董某某，江西省供销储运公司退休职工，系徐某某涉嫌故意伤害案的被害人。

被不起诉人徐某某，系南昌铁路局南昌供电段退休职工。

2017年7月6日晚18时40分许，董某某和徐某某在南昌铁路文化宫门口台阶处因跳广场舞发生口角，进而互相拉扯。多名广场舞队成员上前劝阻，场面一度混乱，董某某、徐某某等人在拉扯过程中摔下台阶。后经南昌市西湖区公安司法鉴定中心鉴定，董某某右锁骨肩峰端粉碎性骨折，右侧第2至第6根肋骨骨折，符合轻伤二级标准。2017年9月19日，徐某某主动到公安机关接受调查。2019年1月17日，公安机关侦查终结，以徐某某涉嫌故意伤害罪移送南昌铁路运输检察院审查起诉。南昌铁路运输检察院经审查并两次退回公安机关补充侦查，认为徐某某与被害人董某某二人相互拉扯，摔下台阶导致董某某轻伤，现有证据无法认定系徐某某将董某某推下台阶或者击打董某某导致董某某轻伤，认定徐某某故意伤害董某某的证据不足，本案不符合起诉条件，于2019年7月23日决定对徐某某不起诉。申诉人董某某不服，向江西省人民检察院南昌铁路运输分院提出申诉，要求以故意伤害罪对徐某某提起公诉，追究其刑事责任。南昌铁路运输分院经审查认为董某某的申诉理由不能成立，于2019年12月12日审查结案。申诉人董某某仍不服，于2020年4月24日向江西省人民检察院提出申诉。

【检察听证情况】

听证前准备。江西省人民检察院受理案件后，组成了以副检察长为主办检察官的办案组，调取了该案全部案卷材料，多次听取申诉人董某某及其委托代理律师的意见，详细了解申诉人诉求，对董某某伤情鉴定进行文证审查，询问被不起诉人徐某某，到案发地调查，核实相关证人证言。经调查了解，董某某申诉的主要原因是其受到伤害后没有得到徐某某的道歉和赔偿，徐某某虽然表示愿意赔偿，但由于双方对赔偿金额分歧过大，无法达成一致，导致双方的矛盾一直没有化解。

公开听证。申诉人董某某和被不起诉人徐某某均向江西省人民检察院提出书面调解申请，并同意检察机关组织公开听证。2020 年 6 月 12 日，办案组就该案举行公开听证，由主办检察官主持听证会。

听证会邀请了人大代表、政协委员、人民监督员、专家咨询委员、律师共五名听证员参加。听证会上，在主持人的引导下，申诉人董某某及其代理律师充分表达了申诉请求和理由，被不起诉人徐某某也表达了意见。三级检察机关承办检察官分别就案件办理经过、事实认定和证据情况以及作不起诉决定的理由向申诉人及其委托代理人进行了阐述和说明：一是认定徐某某实施伤害行为的证据存在疑问。董某某对于伤害过程的陈述前后不一致，在案多个证人证言内容相互矛盾，客观证据无法调取，徐某某是否实施了伤害行为存有疑问。二是认定徐某某主观上具有伤害故意存在疑问。现有证据仅能证实双方互有拉扯，徐某某未使用工具，没有确凿的证据显示徐某某有踢、打、推等伤害行为，证实徐某某主观上具有伤害董某某故意的证据不足。三是认定徐某某与他人共同犯罪的证据存在疑问。本案系突发性事件，没有证据显示徐某某与他人存在事先预谋、意思联络及共同行为。南昌铁路运输检察院经审查并两次退回补充侦查，仍然认为徐某某故意伤害董某某的证据不足，依法作出不起诉决定，并无不当。

五名听证员分别就有关问题向承办检察官、申诉人、被不起诉人进行了提问。经评议，听证员一致认为该案事发突然，徐某某是否殴打董某某，证人证言与董某某的陈述并不一致，徐某某坚决否认殴打董某某，侦查机关未提取到监控视频，依现有证据，难以认定徐某某具有伤害董某某的主观故意和行为，检察机关对徐某某作出不起诉决定正确，希望双方当事人推己及人、互让互敬，共同维护和谐稳定的社会秩序。申诉人董某某和被不起诉人徐某某均表示接受听证员意见。

本案办理过程中，办案组调查了解到，本案的起因系广场舞队活动场地纠纷引发。同时在该广场活动的广场舞队有铁路队、社区队。因场地、音乐声量等问题，两队纠纷不断，多次发生争斗事件，严重影响当地治安。为此，南昌铁路运输检察院曾向南站街道办制发检察建议书，针对其在规范管理、宣传引导和调解疏导等方面存在的问题，提出了改进工作、完善治理的检察建议。后又积极协助南站街道办落实检察建议，指派检察官支持配合南站街道办的调解工作。本着贯彻新时代“枫桥经验”，能动办案，诉源治理，举行听证会时，办案组还邀请了南站街道办、南昌铁路公安局南昌公安处治安支队、中国铁路南昌局集团有限公司政法办公室及退休管理科等部门的负责人，一并参加听证。听证会上，南昌铁路运输检察院检察长介绍了检察建议的制发和督促落实情况，南站街道办、南昌铁路公安局南昌公安处治安支队、中国铁路南昌局集团有限公司政法办公室及退休管理科等部门的负责人就检察建议落实情况、矛盾纠纷化解工作说明了情况。

后续工作。听证会后，江西省人民检察院继续做双方当事人和广场舞队场地纠纷调解工作，跟进落实检察建议。2020 年 6 月 28 日，承办检察官向申诉人董某某送达了刑事申诉审查结果通知书，认为南昌铁路运输检察院对徐某某作不起诉处理符合法律规定，申诉人董某某的申诉理由不能成立，不予支持。在检察机关的见证下，董某某和徐某某签署《和解协议》，徐某某向董某某支付 15000 元补偿款，董某某不再就其人身损害问题申请追究徐某某的刑事责任，息诉罢访。2020 年 8 月 4 日，两支广场舞队决定自主划分活动场地，邀请检察机关、南站街道办、南昌铁路文化宫等负责同志到场见证。检察机关办案人员再次对两支广场舞队代表进行法制教育，劝说她们和气共处、互谅互让、互相尊重，做好自我管理，自觉接受南昌铁路文化宫、社区、街道办等单位的管理。目前，两支广场舞队均在各自的场地划分区域开展活动，广场呈现安定平和景象。

【指导意义】

（一）人民检察院办理群众之间积怨较深、难解的“小案”，应当通过检察听证消除误会积怨，引导双方和解。因民间矛盾、邻里纠纷等引发的轻伤害案件常见多发，许多是典型的“小案”，但当事人申诉比例很高。究其原因，主要在于一些案件简单“依法”办理，走完诉讼程序，刑事和解、多元化解、释法说理等工作没有做到位，致矛盾激化，甚至存在诱发严重刑事案件的可能。对于此类案件，人民检察院拟作出不起诉决定时，应当举行检察听证，向当事人充分释法说理，将双方当事人的责任，犯罪嫌疑人是否构成犯罪的证据和法律依据、应当承担的损害赔偿等处理意见阐述清楚，引导双方当事人就民事赔偿达成和解，为当事人接受不起诉决定奠定基础。对于因释法说理和矛盾化解不到位导致反复申诉的“小案”，人民检察院也应当通过检察听证搭建沟通化解的平台，让申诉人有理能讲、有怨能诉、有惑得释，在摆事实、讲证据、释法理的基础上积极引导双方达成谅解，从而化解矛盾纠纷。

（二）人民检察院应当结合办案依法能动履职，积极促进社会治理。不少久诉不息的刑事申诉案件背后，都存在社会治理薄弱环节和突出问题。人民检察院在办理刑事申诉案件过程中，要自觉践行新时代“枫桥经验”，立足于法律监督定位，依法能动履职，对申诉案件反映出的社会治理不完善问题，通过制发检察建议推动解决。对于与案件处理有重要关系的问题，可以邀请相关主管部门负责人参加听证会，就案件处理和完善治理，就地化解矛盾、防范同类案事件发生等发表意见建议，协助案件的妥善处理。听证会后，要督促落实检察建议，积极促进综合治理，实现社会和谐稳定。

【相关规定】

《中华人民共和国刑事诉讼法》（2018 年 10 月 26 日修正）第一百七十五条第四款、第一百八十条

《人民检察院刑事诉讼规则》（2019 年 12 月 30 日施行）第三百六十七条、第三百六十八条、第三百七十七条、第三百八十二条

《人民检察院办理刑事申诉案件规定》（2020 年 9 月 22 日施行）第三十八条、第四十二条、第四十三条

《人民检察院审查案件听证工作规定》（2020 年 9 月 14 日施行）第四条、第十三条、第十七条

董某娟刑事申诉简易公开听证案

（检例第161号）

【关键词】

刑事申诉　自诉案件　简易公开听证　现场释惑　心理疏导

【要　旨】

检察机关办理申诉人走访申诉的案件，可以在12309检察服务中心等申诉案件办理场所举行简易公开听证，由检察官和听证员现场解答申诉人关于案件事实认定、证据采信和法律适用等方面的疑问。心理咨询师可以作为听证员或者辅助人员，参与检察听证，有针对性地给予申诉人专业化的心理疏导，纾解其心结，增强释法说理效果，促进矛盾化解、案结事了。

【基本案情】

申诉人董某娟，系王某某故意伤害案的自诉人。

2014年9月16日，董某娟因家庭矛盾与刘某甲（董某娟之嫂）、刘某乙（刘某甲之妹）发生口角和推搡。途经案发地并与刘某甲相熟的王某某见状，用拳数次击打董某娟鼻部，导致董某娟先后住院治疗21天，医疗费等各项经济损失共计15841.08元。经鉴定，董某娟的损伤程度为轻伤二级，十级伤残。董某娟以刘某甲、刘某乙、王某某犯故意伤害罪为由，向吉林省四平市铁西区人民法院提起自诉。2015年12月31日，四平市铁西区人民法院判决被告人刘某甲、刘某乙无罪；被告人王某某犯故意伤害罪，判处有期徒刑六个月，赔偿董某娟15841.08元。董某娟不服，认为刘某甲、刘某乙、王某某系共同犯罪，不应当只追究王某某的刑事责任，也应当追究刘某甲、刘某乙的刑事责任，提出上诉。2016年4月28日，四平市中级人民法院裁定驳回上诉，维持原判。董某娟仍不服，先后向四平市人民检察院和吉林省人民检察院申诉。两级检察院经审查，均认为原审裁判认定事实清楚，证据确实充分，适用法律正确，申诉人申诉理由不成立，予以结案。申诉人仍不服，到最高人民检察院12309检察服务中心走访申诉。

【检察听证过程】

听证前准备。最高人民检察院12309检察服务中心信访接待检察官受理案件后，初步审查并与申诉人沟通交流后认为，原审裁判认定事实清楚，证据确实、充分，定性准确，处理适当。两级检察机关的处理决定正确。本案系发生在亲属之间的矛盾纠纷案件，案情简单，申诉人之所以不服原审裁判及检察机关处理结论持续申诉的原因是，原案办理时未充分和清晰播放现场监控录像，没有就关键视频影像逐一进行说明质证，也未对申诉人进行充分的释法说理。两级检察机关在审查本案时，亦未对申诉人充分释法说理。因此，申诉人不信任司法机关的处理结论，不断信访申诉。

为回应申诉人的疑问，解开其“心结”，检察官在征得董某娟本人同意后，决定在12309检察服务中心举行简易公开听证。为依法有据向申诉人释法说理，检察官委托四平市铁西区人民检察院到四平市铁西区人民法院调取案发现场监控录像，查阅相关案例，为公开听证做好准备。由于调取案发现场监控录像需要时间，检察官与申诉人约定了简易公开听证的时间。

公开听证。2021年6月9日，董某娟刑事申诉案简易公开听证会在最高人民检察院12309检察服务中心召开，由当天在12309检察服务中心值班的律师、心理咨询师和从最高人民检察院控告申诉检察专家咨询库中邀请的一名刑事律师，共三人担任听证员。为纾解申诉人的对立情绪和消极心态，听证会前，在检察官的主持下，心理咨询师与申诉人进行了沟通交流，给予心理疏导。

听证会上，检察官播放了案发现场监控录像，就申诉人申诉的关键环节逐帧播放，向申诉人详细分析讲解案发时的情况。监控录像证实，董某娟与刘某甲、刘某乙发生口角，进而相互撕扯、踢踹，但并未伤及董某娟鼻子部位；随后，王某某来到案发现场，用拳击打董某娟，致董某娟鼻子受伤。检察官指出，刘某甲、刘某乙与董某娟之间因家庭矛盾引发争执，进而发生撕扯、踢踹等行为，双方在冲突过程中没有使用凶器，能够保持一定的克制，均不具备伤害对方的主观故意，不属于刑法意义上的故意伤害行为。王某某路过案发现场后，用拳击打董某娟头面部，其击打力度、击打部位和损害后果已经达到了严重损害人体健康的程度，属于刑法意义上的故意伤害行为。没有证据证实王某某与刘某甲、刘某乙事先、事中有通谋。检察官还结合原审裁判文书中被告人王某某供述、申诉人董某娟的陈述以及现场目击证人证言等证据，从证据采信、事实认定、法律适用等方面逐一回应申诉人的疑问。

听证员围绕案发起因、共同犯罪认定、诉讼程序适用等焦点问题发表了专业、客观的意见，一致认为，原审裁判并无不当，申诉人的申诉理由不能成立，并对申诉人进行了劝慰。

听证会让申诉人多年的疑惑得以明晰，打开了心结，主动表示相信法律的公平公正，接受司法机关的处理决定，息诉罢访。

后续工作。最高人民检察院依法作出决定，委托申诉人所在地检察机关上门向董某娟送达刑事申诉结果通知书，并再次向其释法说理。同时，结合其家庭困难等因素，由申诉人所在地检察机关给予其适当的司法救助。董某娟主动签订了息诉息访协议，一起申诉6年的案件圆满化解。

【指导意义】

（一）人民检察院对于申诉人走访申诉的案件，根据案件情况，可以举行简易公开听证。简易公开听证是检察机关办理刑事申诉案件，化解矛盾纠纷的方式创新。承办检察官经审查申诉材料、相关法律文书等，认为司法机关对原案的处理决定并无不当，只是未对申诉人充分释法说理的，可以采取即时或者预约的方式在12309检察服务中心等申诉案件办理场所举行简易公开听证，由听证员和检察官向申诉人充分释法说理，消除申诉人对司法机关处理决定的疑惑。简易公开听证是对普通听证程序的简化，一般不需要制定听证方案、发布听证会公告等，通常也无需邀请被申诉人、原案承办人员等参加听证会。出席简易公开听证的主要是办理刑事申诉案件的检察官、申诉人和听证员。听证员可由当天在12309检察服务中心值班的律师、心理咨询师等组成，一般为3人。听证过程中，听证员可以休会评议，也可以直接发表意见。

（二）对于因原案办理时释法说理不充分，矛盾没有得到有效化解而导致长年申诉、对立情绪和消极心态比较强烈的申诉人，可以邀请心理咨询师介入，做好申诉人的心理疏导工作。心理咨询师作为听证员参加检察听证，或者作为辅助人员参与听证过程，有针对性地进行专业的心理疏导，可以有效平复申诉人的心态，增强释法说理效果，促进矛盾化解。

【相关规定】

《中华人民共和国刑法》第二百三十四条

《人民检察院审查案件听证工作规定》（2020年9月14日施行）第二条、第四条

以听证助力检察履职 让公平正义可感可触
——最高人民检察院第三十九批指导性案例解读*

王庆民**

经最高人民检察院第十三届检察委员会第九十八次会议审议通过，最高人民检察院首次发布以刑事申诉案件公开听证为主题的指导性案例——第三十九批指导性案例（检例第158—161号）。为深化对该批指导性案例的理解与适用，现对案例涉及的重点和难点问题予以解读。

一、发布第三十九批指导性案例的背景和意义

进入新时代新发展阶段，人民群众在民主、法治、公平、正义、安全、环境等方面有着内涵更丰富、水平更高的新需求。习近平总书记在庆祝中国共产党成立100周年大会上的讲话中强调："维护社会公平正义，着力解决发展不平衡不充分问题和人民群众急难愁盼问题。"随着人民群众民主、法治意识的不断提高，越来越多的矛盾纠纷以案件形式进入司法检察领域。如何通过依法履职彰显公平正义、化解社会矛盾，让社会更加和谐有序，是新时代检察机关亟须解决的问题。公开听证融法、理、情于一体，以人民群众可感、可触、可信的方式化解矛盾纠纷，正是落实习近平总书记"坚持以法为据、以理服人、以情感人"① 的重要实践，让人民群众真正、切实感受到公平正义，进而对司法检察工作、党和政府更加信任，厚植党执政的政治基础。

早在2000年5月，最高人民检察院就印发了《人民检察院刑事申诉案件公开审查程序规定（试行）》，把举行听证会明确为刑事申诉案件公开审查的主要形式。党的十九大立足我国社会主要矛盾转化的新局面，鲜明提出要"不断满足人民日益增长的美好生活需要，不断促进社会公平正义"。② 最高人民检察院党组认真贯彻落实，2019年7月在大检察官研讨班专门作出部署，要求对一些多年申诉、各方关注的典型案件组织公开听证。最高人民检察院带头落实，当年就实现零的突破，举行了8场案件听证会。2020年1月召开的

---

* 原文载《人民检察》2022年第20期。

** 作者单位：最高人民检察院第十检察厅。

① 习近平：《论坚持全面依法治国》，中央文献出版社。

② 习近平：《决胜全面建成小康社会 夺取新时代中国特色社会主义伟大胜利——在中国共产党第十九次全国代表大会上的报告》，载《人民日报》2017年10月28日。

全国检察长会议又进一步提出“应听证尽听证”要求，最高人民检察院同年制发《人民检察院检察听证室设置规范》《人民检察院审查案件听证工作规定》（以下简称《规定》），进一步加强和规范检察听证工作。随着中国检察听证网开通，听证典型案例的公开发布，公开听证工作的开展更进一步。大检察官带头，各级检察院常态化落实，2020 年共组织听证 2.9 万件，是 2019 年的 10.8 倍，听证后矛盾、争议化解率达 83.7%。[①] 2021 年，最高人民检察院党组又把公开听证作为“检察为民办实事”的重要措施之一，全年共组织听证 10.5 万件，听证后矛盾纠纷化解率达到 76.5%，实现了三级检察院听证全覆盖。[②] 为进一步深化公开听证工作，最高人民检察院 12309 检察服务中心还积极创新，对群众来访常态化开展简易公开听证，推动信访矛盾及时就地化解。总的来看，经过全国检察机关的不懈努力，公开听证在制度和实践层面都迈出了新的更大步伐，呈现出“整体推进，全面开花”的良好发展态势。2021 年 6 月，党中央印发的《中共中央关于加强新时代检察机关法律监督工作的意见》提出，完善办理群众信访制度，引入听证等方式审查办理疑难案件，有效化解矛盾纠纷。由此，公开听证上升为党中央对检察工作的制度性要求，成为检察机关的一项重要政治任务。

从《规定》来看，听证分为公开听证和不公开听证。司法实践中，为了化解矛盾纠纷，释法说理，举行的听证一般为公开听证，刑事申诉案件办理过程中举行的听证也一般为公开听证，这是最为常见、最能发挥听证价值和作用的方式。为进一步发挥公开听证在刑事申诉案件办理过程中的重要作用，最高人民检察院决定发布以刑事申诉公开听证为主题的指导性案例，以期进一步统一刑事申诉案件公开听证的范围和适用标准，规范听证活动，客观展现检察机关发挥法律监督职能、化解社会矛盾纠纷、促进社会治理的重要过程，让司法办案阳光化、透明化，不断满足人民群众的知情权，积极回应社会关切，为常态化、制度化开展刑事申诉案件公开听证提供更强保障。

二、指导性案例理解适用中的重点、难点问题

该批指导性案例从不同角度总结和推广了各地在刑事申诉案件公开听证过程中的成功经验做法，统一了刑事申诉案件公开听证的范围和适用标准，为今

① 参见《最高人民检察院工作报告——2021 年 3 月 8 日在第十三届全国人民代表大会第四次会议上》，载最高人民检察院官网，https：//www.spp.gov.cn/spp/gzbg/202103/t20210315_512731.shtml。

② 参见《最高人民检察院工作报告——2022 年 3 月 8 日在第十三届全国人民代表大会第五次会议上》，载最高人民检察院官网，https：//www.spp.gov.cn/spp/gzbg/202203/t20220315_549267.shtml，闫晶晶、南茂林：《兼听则明，让公平正义经得起围观——第三届新时代检察工作论坛侧记》，载《检察日报》2021 年 10 月 17 日。

后各地更好地开展刑事申诉案件公开听证提供了指引。

（一）选取疑难复杂、有争议、有一定社会影响的刑事申诉案件举行公开听证，防止凑数听证，走过场

《规定》第四条指出，检察机关办理刑事申诉案件时，在事实认定、法律适用、案件处理等方面存在较大争议，或者有重大社会影响，需要当面听取当事人和其他相关人员意见的，经检察长批准，可以召开听证会。检例第158号陈某某刑事申诉公开听证案就是一起由股权转让纠纷引发的，涉及民事裁判与执行，刑事不起诉，定性有争议的疑难复杂案件；检例第159号吴某某、杨某某刑事申诉公开听证案是一起涉及抢劫杀人，在当地有重大社会影响的案件，但因犯罪嫌疑人是否年满14周岁，是否应追究其刑事责任存在争议，检察机关撤回起诉后又长期不予处理，导致申诉人生活困难，对司法机关不信任、矛盾激化，属于一起陈年积案；检例第160号董某某刑事申诉公开听证案是一起因社会治理不到位导致的广场舞纠纷，进而引发的打架斗殴、故意伤害刑事案件，严重影响当地社会稳定。检察机关选择这些案件举行公开听证，既可以客观展现检察机关发挥法律监督职能、化解社会矛盾纠纷、促进社会治理的价值作用，还可以通过案例还原案件真相，满足人民群众的知情权，积极回应社会关切，提高人民群众的法治意识。

实践中，有的检察院选取案情简单、矛盾已基本化解或本身就没有争议的拟不起诉、支持起诉案件甚至司法救助案件进行听证，属于为听证而听证，做样子、走过场。“凑数”听证不仅浪费司法资源，还有损检察公信力，应坚决予以纠正。“应听证尽听证”绝不是鼓励单纯追求听证数量，而是要求真正选择群众诉求强烈、矛盾纠纷突出的案件，疑难、复杂、引领性案件，最大限度彰显检察听证的价值和功能。

（二）院领导承办案件的，应当作为主办检察官主持公开听证，发挥示范引领作用

《规定》第十三条第二款明确指出，检察长或者业务机构负责人承办案件的，应当担任主持人。之所以作出这样的规定，是因为人民检察院组织法和检察官法有明确规定，同时这也是司法责任制的当然要求。院领导作为入额检察官，应当直接办理案件，而举行公开听证是办案的重要形式。院领导主动担当作为，带头办理重大疑难复杂敏感案件、新类型案件和在法律适用方面具有指导意义的刑事申诉案件时，举行公开听证，既发挥了示范表率作用，又充分彰显了公开听证在查明事实、解决疑难争议法律问题方面的独特功能。检例第158号陈某某刑事申诉公开听证案和检例第159号吴某某、杨某某刑事申诉公

开听证案均为最高检院领导承办并主持的听证案件，检例第160号董某某刑事申诉公开听证案系由江西省检察院院领导承办并主持的听证案件，是疑难复杂、有争议、社会影响大的案件，院领导承办并主持公开听证，取得了良好的政治效果、社会效果和法律效果。

实践中，院领导要承办的“重大复杂敏感案件、新类型案件和在法律适用方面具有普遍指导意义的案件”主要有以下几种：（1）长期未解决的疑难复杂信访申诉积案；（2）列席本级法院审委会讨论的抗诉案件；（3）重大职务犯罪、危害国家安全犯罪、涉黑犯罪、金融犯罪案件；（4）在当地具有较大影响，引发重大涉检舆情的案件；（5）在本地区很少发生，对法律适用具有一定指导意义的案件；（6）深入监管场所开展巡回检察，对发现的问题作出处理决定并督促整改落实的案件；（7）党中央统一部署的专项工作有关案件；（8）上级检察院或同级党委直接交办的案件。也就是说，有相当难度、具有示范意义的案件，领导干部就要带头办理，以上率下。但对于醉驾案件、司法救助案件、减刑假释暂予监外执行案件、备案审查、指定管辖案件、批准及提请批准延长侦查羁押期限等程序性案件以及案管流程案件，院领导原则上不宜直接办理，除非这些案件在办理过程中发现具有普遍指导意义或者其他适合由院领导直接办理情形的，才可以变更为院领导直接办理。

（三）做好公开听证前的准备工作，通过公开听证，促使检察机关反向审视工作中的不足

办案，依法是前提和基本要求。但形式上“依法办理”并不一定能取得良好的办案效果。为什么有的案子程序上结案了，当事人却不服、反复申诉上访，社会公众也不认可？除了案件实体处理缺乏公正性外，自由裁量权运用中未充分体现法理、社情、民意的要求也是重要原因，加之释法说理不到位，当事人、人民群众无法真切感受到公平正义。还有一些案件因司法机关依法改变原处理决定或者长期“挂案”，赔偿得不到执行，犯罪嫌疑人又未赔礼道歉，被害人因被侵害丧失劳动能力，但又未得到司法救助，进而导致对司法机关不信任、不配合。对此，检察机关应认真做好当事人的情绪疏导工作，必要时争取当地有关部门支持配合，共同解开当事人心结，确保听证顺利举行。检例158号陈某某刑事申诉公开听证案，听证会前，办案组多次与申诉人和被不起诉人沟通交谈，明确申诉人诉求，并核实被不起诉人王某某、吕某某及其家族企业经营情况，通过当地工商联与涉案企业原法定代表人（被不起诉人亲属）联系，走访相关法院等，补强案件证据，确保听证会上依法有理有据回应各方询问。检例第159号吴某某、杨某某刑事申诉公开听证案，在听证会前一天，申诉人突然提出不参加听证会，办案组及时协调当地检察机关和政府部门共同

对申诉人开展心理疏导，确保听证会如期召开。办案组还针对原审被告人案发后未被教育惩戒，未认错悔过等情形，要求当地检察机关对其严肃批评教育，促使其认错悔过，赔偿被害人经济损失。针对办案中发现的检察机关承办人员履职不到位或司法不规范等问题，责令相关检察机关提出切实可行的整改措施，规范司法行为，提升案件办理质效。检例第160号董某某刑事申诉公开听证案，针对申诉人之间因赔偿问题一直谈不拢，双方均不服、都在申诉的情形，承办检察官努力做好双方当事人工作，促使双方签署和解协议，并同意公开听证。检例第161号董某娟刑事申诉简易公开听证案，由于原审判机关在庭审时未对案发现场监控录像逐帧播放，就关键环节向申诉人详细分析讲解案发时的情况，导致申诉人一直不服法院生效判决。听证会前，承办检察官调取了案发现场监控录像，为成功举行听证会奠定了坚实基础。

在组织听证过程中，检察机关依法能动履职，发现申诉人因案致困，符合司法救助条件，而原办案机关未予司法救助时，应及时给予救助帮扶。检例第159号吴某某、杨某某刑事申诉公开听证案和检例第161号董某娟刑事申诉简易公开听证案，检察机关通过听证，认为申诉人生活困难，符合司法救助条件，督促原办案检察机关给予申诉人救助帮扶，取得良好效果。

（四）通过举行公开听证引导双方和解，落实检察建议，促进社会治理

检察工作服务经济社会高质量发展，与“大局”紧密关联。公开听证通过在检察机关、当事人及其代理人、相关办案单位、第三方听证员之间构建起良性互动机制，让当事人有理能讲、有怨能诉、有惑能问、有冤能申，检察机关也能更好地运用法治方式、多方智慧消弭积怨、化解矛盾，促进息诉罢访。公开听证过程中，检察机关邀请行政部门、相关主体等对话协商，坦诚面对问题，共同分析问题，推动解决问题，更好实现双赢多赢共赢。同时，听证过程本身就是生动的法治课，既对当事人以案释法，又用鲜活案例促进人民群众法治观念养成。做好听证中具体、生动、有效的诉源治理工作，本质上就是在推动落实法治轨道上的国家治理，就是在更好地为大局服务、为人民司法。

检例第158号陈某某刑事申诉公开听证案，检察机关通过听证，充分做好释法说理工作，最终促使双方当事人签署执行和解协议，握手言和。检例第160号董某某刑事申诉公开听证案，虽然是一起因广场舞场地争执引发的轻伤害刑事申诉案件，案件很“小”，但由于刑事和解、多元化解、释法说理等工作没有做到位，导致矛盾激化，是当地社会和谐稳定的一大隐患。检察机关通过举行公开听证，引导双方当事人就民事赔偿达成和解，并针对案件反映出的社会治理不完善问题，制发检察建议并督促落实，防范同类案事件发生，促进了社会综合治理。

（五）进一步规范简易公开听证，将心理咨询引入公开听证过程

简易公开听证，是检察机关在办理申诉人走访申诉的案件时，采取即时或者预约的方式在12309检察服务中心等申诉案件办理场所举行的简易听证活动。这是检察机关办理刑事申诉案件，化解矛盾纠纷的方式创新，实现了公开听证成本最低化、收益最大化、效果最佳化。检例第161号董某娟刑事申诉简易公开听证案就是最高人民检察院在12309检察服务中心为申诉人董某娟举行的一场简易公开听证，申诉人当场息诉服判。简易公开听证是对《规定》中公开听证程序的简化，但简易并不意味着简单，不能将简易听证弱化为简单案件的听证，走过场、搞形式。最高人民检察院第十检察厅于2022年4月印发《人民检察院办理控告申诉案件简易公开听证工作规定》，对检察机关开展简易公开听证作出了具体明确的要求。各地在实践中应坚持“程序简便、及时就地、规范高效”原则，结合控告申诉案件特点，简化听证程序，及时就地开展听证工作，有效化解矛盾纠纷。

简易公开听证不限于控告申诉案件，其他案件也可以采用这种方式。考虑到申诉人到检察机关走访申诉时可能情绪激动，内心存有抵触，可邀请心理咨询师作为听证员或者辅助人员，参与到公开听证中来，有针对性地给予申诉人专业化的心理疏导，纾解其心结，消除申诉人的对立情绪和消极心态，增强释法说理效果，促进矛盾化解，这一做法应予复制推广。

三、刑事申诉公开听证工作的下一步发展

刑事申诉公开听证工作已经走上了快速发展的新阶段，虽然取得了一些成绩，但也存在一些亟须解决的问题：一是发展不平衡现象较为突出。有的地方公开听证案件占结案数的比例达50%以上，有的地方则不足10%。有的地方对不服检察机关处理决定申诉案件适用公开听证顾虑较少，而对不服法院判决裁定申诉案件适用公开听证顾虑较多，不敢大胆运用公开听证方式办理这类案件。二是公开听证目的存在偏差。有的地方虽然公开听证案件较多，但大多是针对已有定论的案件进行公开听证，存在“为公开而公开”现象，没有真正做到以公开促公正，促使矛盾彻底化解。三是公开听证工作配套机制不健全。比如，在司法责任制改革背景下，入额检察官对哪些案件应当自主决定启动公开听证程序，决定公开听证的案件应当采取哪种办案组织形式，如何在检察官绩效考核中体现公开听证内容等，目前尚未形成成熟的工作机制。一些地方对公开听证程序中需要检委会决定的事项，尚未纳入检委会议事范畴。四是办案人员公开听证能力有待提高。公开听证工作对承办人的办案水平、案件汇报能力、临场答辩能力、组织协调能力等都有较高要求。有的承办人在公开听证过

程中，担心效果不好，过度干预第三方参加人员，影响公正司法；有的承办人对于申诉人及其亲属的临场问题准备不足、应对不当、说理不充分，影响公开听证效果。

下一步，检察机关应继续加大刑事申诉案件公开听证工作力度，推动此项工作制度化、长效化开展。一是进一步提高政治站位，不断满足人民群众对司法公正的新要求新期待，“能公开尽公开”，让每一起案件中蕴含的公平正义被人民群众看得见、感受到、能接受。对于一些申诉人长年信访、久诉不息的信访积案，应将公开听证作为化解信访积案的必经程序，除具有不宜公开的情形外，只要信访人同意的就必须举行公开听证。二是深入贯彻落实以人民为中心的发展思想，阳光执法、透明司法，主动接受监督。建立公民预约旁听公开听证制度，加强宣传报道，强化“谁执法谁普法”理念，不断提高公众法治意识和法律素养。三是加强公开听证的理论研究，融入法律文化内涵，从理论层面推动公开听证制度发展。

最高人民检察院
关于印发最高人民检察院第四十批指导性案例的通知

（2022年9月19日公布　高检发办字〔2022〕132号）

各省、自治区、直辖市人民检察院，解放军军事检察院，新疆生产建设兵团人民检察院：

经2022年3月24日最高人民检察院第十三届检察委员会第九十四次会议通过，现将吉林省检察机关督促履行环境保护监管职责行政公益诉讼案等四件案例（检例第162—165号）作为第四十批指导性案例（生态环境公益诉讼主题）发布，供参照适用。

最高人民检察院

2022年9月19日

吉林省检察机关督促履行环境保护监管职责行政公益诉讼案

（检例第162号）

【关键词】

行政公益诉讼　生态环境保护　监督管理职责　抗诉

【要　旨】

《中华人民共和国行政诉讼法》第二十五条第四款中的“监督管理职责”，不仅包括行政机关对违法行为的行政处罚职责，也包括行政机关为避免公益损害持续或扩大，依据法律、法规、规章等规定，运用公共权力、使用公共资金等对受损公益进行恢复等综合性治理职责。上级检察机关对于确有错误的生效公益诉讼裁判，应当依法提出抗诉。

【基本案情】

松花江作为吉林省的母亲河，串联起吉林省境内80%的河湖系统，相关流域生态系统保护十分重要。吉林省德惠市朝阳乡辖区内某荒地垃圾就地堆放，形成两处大规模垃圾堆放场，截至2017年已存在10余年。该垃圾堆放场位于松花江两岸堤防之间，占地面积巨大，主要为破旧衣物、餐厨垃圾、农作物秸秆、塑料袋等生活垃圾和农业固体废物，也包括部分砖瓦、石块、混凝土等建筑垃圾。该垃圾堆放场未作防渗漏、防扬散及无害化处理，常年散发刺鼻气味，影响松花江水质安全和行洪安全。

【检察机关履职过程】

（一）行政公益诉讼诉前程序

吉林省德惠市人民检察院（以下简称德惠市院）在开展“服务幸福德惠，保障民生民利”检察专项活动中发现该案件线索，经初步调查认为，垃圾堆放场污染环境，影响行洪安全，损害社会公共利益，遂于2017年3月31日对该线索立案调查。

经聘请专业机构对垃圾堆放场进行测绘，两处垃圾堆放场总占地面积为2148.86平方米，垃圾总容量为6051.5立方米。经委托环保专家进行鉴别，垃圾堆放场堆存物属于典型的农村生活垃圾，垃圾堆放处未见防渗漏等污染防治设施，垃圾产生的渗滤液可能对地表水及地下水造成污染，散发的含有硫、氨等的恶臭气体污染空气。环保专家及德惠市环境保护局出具意见，建议对堆存垃圾尽快做无害化处置。

德惠市院认为，根据《中华人民共和国环境保护法》《中华人民共和国固体废物污染环境防治法》以及住房城乡建设部、中央农办等10部门《关于全面推进农村垃圾治理的指导意见》（建村〔2015〕170号）等相关规定，德惠市朝阳乡人民政府（以下简称朝阳乡政府）对本行政区域环境保护负有监督管理职责，对违法堆放的垃圾有责任进行清运处理。2017年4月18日，德惠市院向朝阳乡政府发出检察建议，督促其对违法堆放的垃圾进行处理。因本案同时涉及河道安全，德惠市院同步向德惠市水利局制发检察建议，督促其依法履行河道管理职责，对擅自倾倒、堆放垃圾的行为依法进行处罚，恢复河道原状。德惠市水利局收到检察建议后，对案件现场进行了勘查并调取垃圾存放位置的平面图，确认两处垃圾堆放场均处于松花江两岸堤防之间，影响流域水体及河道行洪安全，属于松花江河道管理范围，遂派员到朝阳乡进行检查督导，并责令朝阳乡政府及时组织垃圾清理。

2017年5月12日，朝阳乡政府书面回复称对检察建议反映的问题高度重视，已制定垃圾堆放场整治方案。6月5日至6月23日，德惠市院对整改情况跟进调查发现，垃圾堆放场边缘地带陆续有新增的垃圾出现，朝阳乡政府在未采取防渗漏等无害化处理措施的情况下，雇佣人员、机械用沙土对堆放的垃圾进行掩埋处理，环境污染未得到有效整治，公益持续受损。

（二）提起行政公益诉讼

2017年6月27日，德惠市院向德惠市人民法院提起行政公益诉讼，请求：1. 确认被告朝阳乡政府对垃圾堆放处理不履行监管职责违法；2. 判令朝阳乡政府立即依法履行职责，对违法形成的垃圾堆放场进行处理，恢复原有的生态环境。朝阳乡政府辩称，垃圾堆放场属于松花江河道管理范围，监管主体是水利行政机关，其依法不应承担对涉案垃圾堆放场的监管职责。

2017年12月26日，德惠市人民法院作出一审行政裁定认为，本案垃圾是德惠市朝阳乡区域的生活垃圾，该垃圾堆放场位于松花江国堤内，属于松花江河道管理范围，其监管职责应当由有关行政主管部门行使，朝阳乡政府只对该事项负有管理职责，不是本案的适格被告，裁定驳回德惠市院的起诉。

2018年1月4日，德惠市院提出上诉认为，一审裁定在认定朝阳乡政府有管理职责的前提下，认定其不是适格被告，于法无据。长春市中级人民法院二审审理认为：行政机关对生态环境行政管理职责包含两方面的含义：一是运用公共权力使用公共资金，组织相关部门对生态环境进行治理；二是运用公共权力对破坏生态环境的违法行为进行监督管理。《中华人民共和国行政诉讼法》第二十五条第四款规定的“监督管理职责”应当不包括行政机关“运用公共权力使用公共资金，组织相关部门对生态环境进行治理”的管理职责。朝阳乡政府不是履行“对破坏生态环境的违法行为进行制止和处罚的监督管理职责”的责任主体。检察机关引用的法律法规及相关文件仅宏观规定了乡镇政府负责辖区内的环境保护工作，但没有具体明确如何负责。因此，朝阳乡政府是否履行清理垃圾的职责不受行政诉讼法调整；朝阳乡政府不是履行对破坏生态环境的违法行为进行制止和处罚的监督管理职责的责任主体。2018 年 4 月 20 日，长春市中级人民法院做出二审裁定，驳回检察机关上诉，维持原裁定。

（三）提出抗诉

吉林省人民检察院经审查，于 2018 年 6 月 25 日向吉林省高级人民法院提出抗诉，抗诉理由为二审裁定适用法律错误：一是现行行政诉讼法律体系对“监督管理职责”未做任何限定和划分，而二审法院将行政机关的法定监管职责区分为治理职责和对违法行为的监管职责，二审裁定提出的“目前行政诉讼有权调整的行政行为应当限定在行政机关运用公共权力对破坏生态环境的违法行为进行监督管理的范围内”，是对“监督管理职责”进行限缩解释，与立法原意不符；二是将行政机关的职责区分为治理职责和对违法行为的监管职责，没有法律依据，属于适用法律错误；三是法律、行政法规、地方性法规以及从省级到县级关于生态环境保护工作职责的文件，都明确规定了乡镇人民政府对于辖区环境卫生的监管职责，朝阳乡政府对其乡镇辖区存在的生活垃圾处理负有监管职责。

2019 年 5 月 29 日，吉林省高级人民法院对本案组织了听证，吉林省人民检察院和德惠市院、朝阳乡政府共同参加了听证会。同年 12 月 30 日，吉林省高级人民法院经审理作出再审裁定认为：本案争议的焦点是朝阳乡政府对其辖区范围内环境卫生是否负有监督管理职责。环境是典型的公共产品，环境卫生的“监督管理职责”具有一定的复杂性，并非某一行政部门或某级人民政府独有的行政职责。因此，对于垃圾堆放等破坏辖区范围内环境卫生的行为，乡级人民政府应当依法履行“监督管理职责”。本案中，案涉垃圾堆放地点位于朝阳乡辖区，朝阳乡政府具有“监督管理职责”，德惠市院提起的公益诉讼符合《中华人民共和国行政诉讼法》规定的起诉条件，本案应予实体审理。法律、法规、规章或其他规范性文件是行政机关职责或行政作为义务的主要来源，这其中无论是明确式规定，或者是概括式规定，都属于行政机关的法定职责范畴，二审沿用“私益诉讼”思路审理“公益诉讼”案件，忽略了环境保护的特殊性，对乡级人民政府环境保护"监督管理职责"作出限缩解释，确有不妥，本院予以纠正。裁定：支持吉林省人民检察院的抗诉意见，撤销一审、二审裁定，指定德惠市人民法院重新审理。

2020年9月18日，德惠市人民法院重新组成合议庭审理本案。在此期间，朝阳乡政府对案涉垃圾堆放场进行了清理，经吉林省、长春市、德惠市三级人民检察院共同现场确认，垃圾确已彻底清理，但因朝阳乡政府对其履职尽责标准仍然存在不同认识，德惠市院决定撤回第二项关于要求朝阳乡政府依法履职的诉讼请求，保留第一项确认违法的诉讼请求。2020年12月28日，德惠市人民法院作出行政判决认为，对于垃圾堆放等破坏辖区内环境卫生的行为，乡级人民政府应当依法履行"监督管理职责"，本案符合法定起诉条件。朝阳乡政府对辖区内的环境具有监管职责，在收到检察建议后未及时履行监管职责进行治理，虽然现在已治理完毕，但德惠市院请求确认朝阳乡政府原行政行为违法，于法有据。判决：确认朝阳乡政府原不依法履行生活垃圾处理职责违法。朝阳乡政府未提出上诉，该判决已生效。

【指导意义】

（一）正确理解行政机关的"监督管理职责"。《中华人民共和国行政诉讼法》第二十五条第四款规定的"监督管理职责"，不仅包括行政机关对违法行为的行政处罚职责，也包括行政机关为避免公益损害持续或扩大，依据法律、法规、行政规章和规范性文件相关授权，运用公共权力、使用公共资金等对受损公益进行修复等综合性治理职责。检察机关提起行政公益诉讼，其目的是通过督促行政机关依法履行监督管理职责来维护国家利益和社会公共利益。行政公益诉讼应当聚焦受损的公共利益，督促行政机关按照法律、法规、行政规章以及其他规范性文件的授权，对违法行为进行监管，对受损公益督促修复；在无法查明违法主体等特殊情形下，自行组织修复，发挥其综合性管理职责。《中华人民共和国地方各级人民代表大会和地方各级人民政府组织法》《中华人民共和国环境保护法》等法律赋予基层人民政府对辖区环境的综合性管理职责，对于历史形成的农村垃圾堆放场，基层人民政府应当主动依法履职进行环境整治，而不能将自身履职标准仅仅限缩于对违法行为的行政处罚。

（二）检察机关提起行政公益诉讼后，行政机关认为其不负有相应履职义务，即使对受损公益完成修复或治理的，检察机关仍可以诉请判决确认违法。《最高人民法院关于适用〈中华人民共和国行政诉讼法〉的解释》第八十一条对于行政机关在诉讼过程中履行作为义务下适用确认违法的情形作了规定。《最高人民法院、最高人民检察院关于检察公益诉讼案件适用法律若干问题的解释》第二十四条规定："在行政公益诉讼案件审理过程中，被告纠正违法行为或者依法履行职责而使人民检察院的诉讼请求全部实现，人民检察院撤回起诉的，人民法院应当裁定准许；人民检察院变更诉讼请求，请求确认原行政行为违法的，人民法院应当判决确认违法。”进一步明确了行政公益诉讼中确认违法的适用情形。据此，在行政公益诉讼案件审理过程中，行政机关认可检察机关起诉意见并依法全面履行职责，诉讼请求全部实现的，检察机关可以撤回起诉。但若行政机关对其法定职责及其行为违法性认识违背法律规定，即使依照诉讼请求被动履行了职责，检察机关仍可以诉请判决确认违法，由人民法院通过裁判明确行政机关的行为性质，促进形成行政执法与司法共识。

【相关规定】

《中华人民共和国行政诉讼法》（2017 年修正）第十三条、第二十五条第四款、第九十一条、第九十三条第一款、第二款

《中华人民共和国地方各级人民代表大会和地方各级人民政府组织法》（2015 年修正）第六十一条（现为 2022 年修正后的第七十六条）

《中华人民共和国环境保护法》（2014 年修订）第六条第二款、第十九条、第二十八条第一款、第三十三条第二款、第三十七条、第五十一条

《中华人民共和国固体废物污染环境防治法》（2016 年修正）第三十九条、第四十九条（现为 2020 修订后的第四十八条、第五十九条）

《村庄和集镇规划建设管理条例》（1993 年施行）第六条第三款、第三十九条

《最高人民法院、最高人民检察院关于检察公益诉讼案件适用法律若干问题的解释》（2018 年施行）第二十一条、第二十四条（现为 2020 年修正后的第二十一条、第二十四条）

《最高人民法院关于适用〈中华人民共和国行政诉讼法〉的解释》（2018 年施行）第八十一条

《人民检察院公益诉讼办案规则》（2021 年施行）第九条、第六十四条

《吉林省环境保护条例》第十五条（2004 年修正）（现为 2021 年实施的《吉林省生态环境保护条例》第五条第三款）

山西省检察机关督促整治浑源矿企非法开采行政公益诉讼案

（检例第163号）

【关键词】

行政公益诉讼诉前程序　重大公益损害　矿产资源保护　分层级监督　生态环境修复

【要　旨】

检察机关办理重大公益损害案件，要积极争取党委领导和政府支持。在多层级多个行政机关都负有监管职责的情况下，要统筹发挥一体化办案机制作用，根据同级监督原则，由不同层级检察机关督促相应行政机关依法履行职责。办案过程中，可以综合运用诉前检察建议和社会治理检察建议等相应监督办案方式，推动形成检察监督与行政层级监督合力，促进问题解决。

【基本案情】

山西浑源A煤业有限公司（以下简称A煤业公司）、山西浑源B露天煤业有限责任公司（以下简称B煤业公司）等32家煤矿、花岗岩矿、萤石矿等矿企，分别地处恒山国家级风景名胜区、恒山省级自然保护区和恒山国家森林公园及周边（以下简称恒山风景名胜区及周边）。上述矿企在开采和经营过程中，违反生态环境保护和自然资源管理法律法规，无证开采、越界开采，严重破坏生态环境和矿产、耕地及林草资源。其中，A煤业公司矿区在未办理建设用地使用手续的情况下非法占用农用地，造成农用地大量毁坏，涉及耕地面积达9305亩。B煤业公司等其他矿企也分别长期存在越界开采煤炭资源，违反矿山开发利用方案多采区同时开采，未经审批占用耕地、林地等违法行为，违法开采造成生态环境受损面积达8.4万余亩，经济损失约9.5亿元。

【检察机关履职过程】

（一）线索发现和立案调查

2017年12月，山西省人民检察院（以下简称山西省院）通过公益诉讼大数据信息平台收集到多条反映浑源县矿企破坏恒山风景名胜区及周边生态环境和自然资源的线索，报告最高人民检察院（以下简称最高检）后，最高检挂牌督办。山西省院启动一体化办案机制，统筹推进省市县三级检察院开展立案调查。

检察机关通过调取涉案地区卫星遥感图片和无人机航拍照片，初步查实恒山风景名胜区及周边露天开采矿企底数、生态破坏面积等基本情况。经委托专门鉴定机构现场勘查测绘，针对不同矿企制作现场平面图、三维建模图等，检察机关摸清了生态环境和资源遭受破坏情况并及时固定证据。初步认定，A煤业公司、B煤业公司等矿企长期实施非法采矿、非法占地、非法排污及无证经营等违法行为，使当地煤炭、花岗岩等矿产和耕地、林草资源遭到严重破坏。2018年9月3日，浑源县人民检察院（以下简称浑源县院）决定作为公益诉讼案件立案办理，此后相关检察院也经指定管辖先后依法立案。

（二）督促履职

根据查明的违法情形及损害后果，并结合行政机关法定职责，检察机关研判认为自然资源、林草、生态环境、应急管理、水务、市场监管部门及乡、镇政府等行政机关负有监管职责，且不同的矿产资源、林地权属及矿企的违法行为由不同层级的行政机关监管。其中，煤矿、花岗岩矿分别由省级和市级自然资源部门颁发采矿许可予以监管；矿企破坏林地的违法行为分别由市级、县级林草部门监管；矿企违法占地、未取得安全生产许可证生产、非法倾倒固体废物、无营业执照经营等违法行为分别由县级自然资源、应急管理、生态环境、市场监管等部门监管。

多年来，上述相应的行政机关对涉案矿企的违法行为曾采取过罚款、没收违法所得、责令退回本矿区范围内开采、下达停工通知和停止违法违规生产建设行为通知等监管治理措施，但生态环境和自然资源受损状况并未改观甚至日益加剧。2018年8月至12月，大同市两级检察机关针对花岗岩矿、萤石矿、粘土砖矿企业实施的破坏生态环境和自然资源违法行为，根据同级监督的原则，分别向负有监督管理职责的相应行政机关发出检察建议，督促对涉案矿企违法行为依法全面履行监管职责。

因该案涉及矿企数量众多，违法和公益损害的情形多样，涉及不同层级多个行政机关，为有效推进案件办理，大同市人民检察院（以下简称大同市院）发挥一体化办案优势，统筹辖区办案资源，除浑源县院外，还将该案相关具体线索分别指定辖区多个县级检察院管辖。根据大同市院的指定，云冈区检察院就A煤业公司剥离废渣石随意堆积污染环境违法情形，于2018年10月15日向浑源县生态环境部门制发诉前检察建议，建议其依法履职，督促该矿采取有效防范措施，防止固废污染环境。同年12月10日，生态环境部门回复已完成对剥离废渣石等固废的整治并建立矿山监管长效机制。广灵县、左云县、平城区、天镇县检察院根据大同市院指定，先后向大同市国土资源局、林业局，浑源县国土资源局、林业局、安监局以及浑源县青瓷窑乡、千佛岭乡政府等行政机关发出诉前检察建议并持续跟进，相关行政机关均按期回复，查处整治、植被恢复等整改任务都已落实到位。

山西省自然资源厅系A煤业公司、B煤业公司等5家涉案煤矿企业采矿许可证发证机关，对涉案煤企的违法行为负有监管职责。2019年1月21日，山西省院向山西省自然资源厅发出行政公益诉讼诉前检察建议，督促其对涉案煤矿企业破坏资源环境和耕地的违法行为依法全面履行监管职责。1月29日，山西省自然资源厅函复山西省院，对被非法占用的耕地和基本农田及时组织补划工作，协调开展技术评审。该厅派员赴大同市、浑源县对接查处整治和生态修复工作，全程指导浑源县矿山地质环境恢复、综合治理规划、露天采矿生态环境治理修复可行性研究、勘察设计制定、生态环境治理修复工程实施等工作。3月19日，该厅书面回复山西省院，已在全省开展严厉打击非法用地用矿专项行动，并组织对破坏资源的鉴定工作，建议动用5家煤矿企业预存的5500万元土地复垦费用直接用于生态修复，并联合省财政厅下达专项资金支持浑源县开展露天矿山生态修复。

鉴于相关违法行为具有一定的普遍性和典型性，且损害重大公共利益，为督促相关省级行政机关加大对下级主管部门的行政执法监督和指导力度，2019年1月29日，山西省院向省市场监督管理局、省应急管理厅、省生态环境厅、省林业和草原局等行政机关发出社会治理检察建议，建议上述机关分别针对涉案煤矿无安全生产许可证开采经营、无环评手续非法生产、擅自倾倒堆放固废、违法占用林地等违法行为督促大同市、浑源县有关部门依法及时查处。上述四厅局迅即向大同市、浑源县通报情况并实地督导，在项目规划、资金筹措、技术支持、法规适用等方面跟踪指导并相互配合，确保生态修复有序推进。

鉴于案情重大复杂，山西省院在办案过程中及时就案件进展情况向最高检和山西省委请示汇报，最高检持续进行督办，山西省委常委会专题研究并成立整治浑源县露天矿山开采破坏生态环境专项工作领导小组，扎实推动相关整改工作。

（三）综合整治成效

相关行政机关收到检察建议后，均在法定期限内予以回复，依法全面履职，整治涉案矿企违法违规行为，积极推进生态修复。通过采取注销采矿许可证、拆除、搬迁等措施，使涉案矿企违法违规开采及破坏环境资源违法行为得到全面遏制，部分花岗岩矿和粘土砖矿已完成搬迁拆除或注销，对涉案5家煤矿根据违法违规情形责令逐步分批分期退出。

在该案办理过程中，检察机关根据调查核实掌握的证据，就有关公职人员不依法履行监管职责、大面积耕地被非法占用等情况进行研判，向纪检监察机关移送公职人员违纪违法线索92件，其中77人受到党政纪处分，9人被追究刑事责任；向公安机关移送涉嫌非法占用农用地等涉嫌犯罪线索31件，公安机关立案侦查35人，检察机关向人民法院提起公诉30人。

当地政府制定了恒山风景名胜区及周边生态修复整治方案，提出“一年见绿，两年见树，三年见景”的生态修复目标。截至2021年底，修复工程完成矿山生态治理面积5.39万亩，其中恢复林地耕地1.1万亩，栽种各类树木348.55万株，铺设各类灌溉管网16.525万米，累计投入10亿余元。其余受损生态也在按修复整治方案因地因势治理中。

【指导意义】

（一）统分结合，分层级精准监督，推动受损生态全面修复。重大公益诉讼案件往往涉及到不同层级的多个行政机关，检察机关要统筹发挥一体化办案机制作用，在全面查清公益损害事实和相应监管机关的基础上，上级检察机关加强督办指导，采取统分结合的办法立案办理，由不同层级检察机关对应监督同级行政机关，督促不同行政机关各司其职，促进受损公益得到全面修复。

（二）多措并举，综合运用诉前检察建议和社会治理检察建议，推动行政机关上下联动。《中华人民共和国人民检察院组织法》第二十一条规定，人民检察院行使法律监督职权，可以向有关单位发出检察建议。《人民检察院检察建议工作规定》第十一条规定，“人民检察院在办理案件中发现社会治理工作存在下列情形之一的，可以向有关单位和部门提出改进工作、完善治理的检察建议……（四）相关单位或者部门不依法及时履行职责，致使个人或者组织合法权益受到损害或者存在损害危险，需要及时整改消除的。”根据上述规定，针对整改难度大、违法情形具有普遍性的重大公益损害案件，检察机关在通过制发诉前检察建议督促负有直接监督管理职责的行政机关依法履职的同时，可以向负有领导、督促和指导整改工作的上级行政机关发出社会治理检察建议，通过诉前检察建议和社会治理检察建议的结合运用，推动行政机关上下联动，形成层级监督整改合力，促进受损公益尽快得到修复。

（三）综合治理，争取党委领导、政府支持，协同发挥公益诉讼检察与刑事检察职能作用，并与纪检监察、公安等机关有效衔接配合。检察机关办理重大公益诉讼案件过程中，要积极向党委报告重大情况，争取政府支持，统筹推进整改工作。对发现的涉嫌犯罪或者职务违法、违纪线索，应当及时移送公安、纪检监察等有管辖权的机关依法惩治破坏环境资源等犯罪及其背后的职务犯罪，强化公益保护的整体效应。

【相关规定】

《中华人民共和国人民检察院组织法》（2018 年修订）第二十一条

《中华人民共和国行政诉讼法》（2017 年修正）第二十五条第四款

《中华人民共和国矿产资源法》（2009 年修正）第二十九条、第四十条、第四十四条、第四十五条

《中华人民共和国煤炭法》（2016 年修正）第二十一条、第二十二条第一款、第二十六条

《中华人民共和国土地管理法》（2004 年修正）第七十四条、第七十六条第一款、第八十一条（现为 2019 年修正后的第七十五条、第七十七条第一款、第八十二条）

《中华人民共和国森林法》（2009 年修正）第十五条第一、三款、第十八条第一款、第四十四条第一款（现为 2019 年修订后的第十五条第三款、第三十七条、第七十四条第一款）

《中华人民共和国固体废物污染环境防治法》（2016 年修正）第十七条第一款（现为 2020 年修订后的第二十条第一款）

《安全生产许可证条例》（2014 年施行）第三条第三款、第四款

《风景名胜区条例》（2016 年施行）第二十六条

《中华人民共和国矿产资源法实施细则》（1994 年施行）第八条第二款、第四款

《最高人民法院、最高人民检察院关于检察公益诉讼案件适用法律若干问题的解释》（2018 年施行）第二十一条第一款（现为 2020 年修正后的第二十一条第一款）

《人民检察院检察建议工作规定》第十一条（2019 年施行）

江西省浮梁县人民检察院诉A化工集团有限公司污染环境民事公益诉讼案

（检例第164号）

【关键词】

民事公益诉讼　跨省倾倒危险废物　惩罚性赔偿　侵权企业民事责任

【要　旨】

检察机关提起环境民事公益诉讼时，对于侵权人违反法律规定故意污染环境、破坏生态致社会公共利益受到严重损害后果的，有权要求侵权人依法承担相应的惩罚性赔偿责任。提出惩罚性赔偿数额，可以以生态环境功能损失费用为基数，综合案件具体情况予以确定。

【基本案情】

2018年3月3日至7月31日，位于浙江的A化工集团有限公司（以下简称A公司）生产叠氮化钠的蒸馏系统设备损坏，导致大量硫酸钠废液无法正常处理。该公司生产部经理吴某甲经请示公司法定代表人同意，负责对硫酸钠废液进行处置。在处置过程中，A公司为吴某甲报销了两次费用。吴某甲将硫酸钠废液交由无危险废物处置资质的吴某乙处理。吴某乙雇请李某某，由范某某押运、董某某和周某某带路，在江西省浮梁县寿安镇八角井、湘湖镇洞口村两处地块违法倾倒30车共计1124.1吨硫酸钠废液，致使周边8.08亩范围内土壤和地表水、地下水受到污染，当地3.6公里河道、6.6平方公里流域环境受影响，造成1000余名群众饮水、用水困难。经鉴定，两处地块修复的总费用为2168000元，环境功能性损失费用为57135.45元。

【检察机关履职过程】

江西省浮梁县人民检察院（以下简称浮梁县院）在办理吴某甲等6人涉嫌污染环境罪刑事案件时，发现公益受损的线索。浮梁县院即引导侦查机关和督促生态环境部门固定污染环境的相关证据，同时建议当地政府采取必要应急措施，防止污染进一步扩大。办案过程中，委托鉴定机构对倾倒点是否存在土壤污染以及生态修复所需费用、环境功能性损失费用等进行司法鉴定。经江西求实司法鉴定中心鉴定，浮梁县两处倾倒点的土壤表层均存在列入《国家危险废物名录》（2016年版）中的危险废物叠氮化钠污染，八角井倾倒点水体中存在叠氮化钠且含量超标2.2至177.33倍不等，对周边约8.08亩的范围内环境造成污染；两处地块修复的总费用为2168000元，环境功能性损失费用为57135.45元。

浮梁县院经审查，对吴某甲等6人提起刑事诉讼。2019年12月18日，浮梁县人民法院以污染环境罪判处被告人吴某甲等6人有期徒刑六年六个月至三年二个月不等，并处罚金5万元至2万元不等。一审宣判后，吴某甲、李某某不服提出上诉，2020年4月7日，江西省景德镇市中级人民法院裁定驳回上诉，维持原判。

（一）民事公益诉讼诉前程序

根据“两高”司法解释规定，民事公益诉讼由侵权行为地或者被告住所地中级人民法院管辖。因本案的环境污染侵权行为发生地和损害结果地均在浮梁县，且涉及的刑事案件已由浮梁县院办理，从案件调查取证、生态环境恢复等便利性考虑，应继续由浮梁县院管辖民事公益诉讼案件。经与江西省高级人民法院协商，江西省人民检察院2020年6月22日将本案指定浮梁县院管辖，江西省高级人民法院将该案指定浮梁县人民法院审理。7月1日，浮梁县院对本案立案审查并开展调查核实，同时调取了刑事案件卷宗和相关证据材料。

2020年7月2日，浮梁县院发布公告，公告期满后没有适格主体提起诉讼。

（二）提起民事公益诉讼

2020年11月17日，浮梁县院以A公司为被告提起民事公益诉讼，诉请法院判令被告承担污染修复费2168000元、环境功能性损失费57135.45元、应急处置费532860.11元、检测费、鉴定费95670元，共计2853665.56元，并在国家级新闻媒体上向社会公众赔礼道歉。

浮梁县院经审查认为，A公司工作人员将公司生产的硫酸钠废液交由无危险废物处置资质的个人处理，非法倾倒在浮梁县境内，造成了当地水体、土壤等生态环境严重污染，损害了社会公共利益。案件审理中，因《中华人民共和国民法典》已于2021年1月1日正式实施。虽然案涉污染环境、破坏生态的侵权行为发生在《民法典》施行前，但是侵权人未采取有效措施修复生态环境，生态环境持续性受损，严重损害社会公共利益，为更有利于保护生态环境，维护社会秩序和公共利益，根据《最高人民法院关于适用〈中华人民共和国民法典〉时间效力的若干规定》第二条规定，“民法典实施前的法律事实引起的民事纠纷案件，当时的法律、司法解释有规定，适用当时的法律、司法解释的规定，但是适用民法典的规定更有利于保护民事主体合法权益，更有利于维护社会和经济秩序，更有利于弘扬社会主义核心价值观的除外”。A公司生产部经理吴某甲系经法定代表人授权处理废液，公司也两次为其报销了产生的相关费用，吴某甲污染环境的行为应认定为职务行为，A公司应承担污染环境的侵权责任。因公司工作人员违法故意污染环境造成严重后果，为更加有力、有效地保护社会公共利益，根据《民法典》第一千二百三十二条之规定，A公司除应承担环境污染损失和赔礼道歉的侵权责任外，还应承担惩罚性赔偿金。

2021年1月3日，浮梁县院依法变更诉讼请求，在原诉讼请求基础上增加诉讼请求，要求A公司以环境功能性损失费的3倍承担环境侵权惩罚性赔偿金171406.35元。

（三）案件办理结果

2021年1月4日，浮梁县人民法院公开审理本案并当庭依法判决，支持检察机关全部诉讼请求：1. 被告于本判决生效之日起十日内赔偿生态环境修复费用2168000元、环境功能性损失费用57135.45元、应急处置费用532860.11元、检测鉴定费95670元，并承担环境污染惩罚性赔偿171406.35元，以上共计3025071.91元；2. 被告于本判决生效之日起三十日内对违法倾倒硫酸钠废液污染环境的行为在国家级新闻媒体上向社会公众赔礼道歉。

一审宣判后，被告未上诉。判决生效后，被告主动将赔偿款缴纳到位。为修复被污染的环境，2021年9月，浮梁县人民法院将被告缴纳的环境修复费用委托第三方依法公开招标确定修复工程施工主体，并邀请当地政府、环保部门和村民进行全程监督，目前被倾倒点生态环境修复治理已经完成。

【指导意义】

（一）检察机关提起环境民事公益诉讼时，可以依法提出惩罚性赔偿诉讼请求。《民法典》在环境污染和生态破坏责任中规定惩罚性赔偿，目的在于加大侵权人的违法成本，更加有效地发挥制裁、预防功能，遏制污染环境、破坏生态的行为发生。《民法典》第一千二百三十二条关于惩罚性赔偿的规定是环境污染和生态环境破坏责任的一般规定，既适用于环境私益诉讼，也适用于环境公益诉讼。故意污染环境侵害公共利益，损害后果往往更为严重，尤其需要发挥惩罚性赔偿的惩戒功能。检察机关履行公共利益代表的职责，在依法提起环境民事公益诉讼时应当重视适用惩罚性赔偿，对于侵权人违反法律规定故意污染环境、破坏生态造成严重后果的，可以请求人民法院判令侵权人承担惩罚性赔偿责任。

（二）检察机关应当综合考量具体案情提出惩罚性赔偿数额。基于保护生态环境的公益目的，检察机关在确定环境侵权惩罚性赔偿数额时，应当以生态环境受到损害至修复完成期间服务功能丧失导致的损失、生态环境功能永久性损害造成的损失等可量化的生态环境损害作为计算基数，同时结合具体案情，综合考量侵权人主观过错程度，损害后果的严重程度，生态修复成本，侵权人的经济能力、对案件造成危害后果及承担责任的态度、所受行政处罚和刑事处罚等因素，提出请求判令赔偿的数额。

（三）检察机关可以要求违反污染防治责任的企业承担生态环境修复等民事责任。我国对危险废物污染环境防治实行污染者依法承担责任的原则。危险废物产生者未按照法律法规规定的程序和方法将危险废物交由有处置资质的单位或者个人处置，属于违反污染防治责任的行为，应对由此造成的环境污染承担民事责任。同时，根据《民法典》第一千一百九十一条关于用人单位的工作人员因执行工作任务造成他人损害的，由用人单位承担侵权责任的规定，企业职工在执行工作任务时，实施违法处置危险废物的行为造成环境污染的，企业应承担民事侵权责任。因承担刑事责任和民事责任的主体不同，检察机关不能提出刑事附带民事公益诉讼的，可以在刑事诉讼结束后，单独提起民事公益诉讼，要求企业对其处理危险废物过程中违反国家规定造成生态环境损害的行为，依法承担民事责任。

【相关规定】

《中华人民共和国民法典》（2021 年施行）第一百二十条、第一百七十八条、第一百七十九条、第一千一百九十一条、第一千二百二十九条、第一千二百三十二条、第一千二百三十四条

《中华人民共和国环境保护法》（2014 年修订）第六条、第四十八条

《中华人民共和国民事诉讼法》（2017 年修正）第五十五条第二款（现为 2021 年修正后的第五十八条第二款）

《最高人民法院、最高人民检察院关于检察公益诉讼案件适用法律若干问题的解释》（2018 年施行）第十三条（现为 2020 年修正后的第十三条第一款、第二款）

《最高人民法院关于审理环境民事公益诉讼案件适用法律若干问题的解释》（2020 年修正）第十八条、第十九条、第二十条、第二十一条、第二十二条

《最高人民法院关于适用〈中华人民共和国民法典〉时间效力的若干规定》（2021 年施行）第二条

《人民检察院公益诉讼办案规则》（2021 年施行）第九十八条

《最高人民法院关于审理生态环境侵权纠纷案件适用惩罚性赔偿的解释》（2022 年施行）第十二条

山东省淄博市人民检察院对 A 发展基金会诉 B 石油化工有限公司、C 化工有限公司民事公益诉讼检察监督案

（检例第 165 号）

【关键词】

社会组织提起公益诉讼　和解协议　调查核实　书面异议

【要　旨】

人民检察院发布民事公益诉讼诉前公告后，社会组织提起民事公益诉讼的，人民检察院应当继续履行法律监督机关和公共利益代表职责。发现社会组织与侵权人达成和解协议，可能损害社会公共利益的，人民检察院应当依法开展调查核实，在人民法院公告期限内提出书面异议。人民法院不采纳书面异议而出具调解书，可能损害社会公共利益的，人民检察院应当依法提出抗诉或者再审检察建议。

【基本案情】

2014 年 4 月至 9 月间，B 石油化工有限公司（住所地山东省寿光市，以下简称 B 石化公司）、C 化工有限公司（住所地山东省高密市，以下简称 C 化工公司）分别将 125 车 5107.1 吨、70 车 2107.2 吨废硫酸交由不具有危险废物处置资质的个人，违法倾倒至山东省淄博市淄川区岭子镇台头崖村附近废弃煤井和渗坑中，造成严重环境污染。2017 年 3 月 1 日，淄博市淄川区人民检察院以被告单位 B 石化公司、C 化工公司、被告人刘某等 14 人犯污染环境罪向淄博市淄川区人民法院提起公诉。2020 年 3 月 23 日，淄博市淄川区人民法院判决两被告企业犯污染环境罪，分别判处罚金 1000 万元、600 万元，其他被告人被依法判处有期徒刑一年十个月至六年十个月不等，并处罚金两万元至四十五万元不等。

淄博市淄川区人民检察院在办理上述刑事案件中发现 B 石化公司、C 化工公司等污染环境的行为已严重损害社会公共利益，依法于 2018 年 1 月 26 日将该公益诉讼案件线索移送淄博市人民检察院（以下简称淄博市院）。2018 年 3 月 20 日，淄博市院依法立案并发布民事公益诉讼诉前公告。2018 年 4 月，A

发展基金会向淄博市中级人民法院提起民事公益诉讼，请求两被告企业承担环境侵权责任，具体赔偿生态环境损害费用以鉴定或评估报告为准，未请求其他侵权人承担环境侵权责任。

经淄博市环境保护局淄川分局委托，山东省环境保护科学研究设计院于2017年8月出具检验报告，评估被污染场地的生态环境损害费用为14474.18万元。2019年12月，淄博市中级人民法院根据淄博市公安局淄川分局查明的事实及上述检验报告，鉴于涉案环境污染系两被告以及河北省三家单位倾倒废硫酸共同造成，综合考量两被告非法倾倒污染物的数量及生态环境恢复的难易程度、防治污染设备的运行成本、被告因侵害行为获得的利益以及过错程度等因素，作出一审判决：两被告因非法倾倒造成涉案地环境污染，应承担生态环境修复费用和生态环境服务功能损失费，由B石化公司承担生态损害赔偿金6000万元，由C化工公司承担生态损害赔偿金3000万元，分别支付至山东省生态环境损害赔偿资金账户。

B石化公司不服一审判决，上诉至山东省高级人民法院。二审期间，A发展基金会、B石化公司、C化工公司三方达成和解协议：A发展基金会同意B石化公司、C化工公司在分别承担6000万元和3000万元生态损害赔偿金范围内自行修复所损害的生态环境。如按照修复方案完成修复工作，A发展基金会不再要求B石化公司、C化工公司承担生态损害赔偿金等。三方当事人请求法院对和解协议效力予以确认，2020年10月9日，山东省高级人民法院对该和解协议予以公告。

【检察机关履职过程】

淄博市院在和解协议公告期间得知协议内容，认为该和解协议未达到有效修复受损生态环境的目的，如被法院司法确认，社会公共利益可能受到严重损害，遂向山东省人民检察院报告。山东省人民检察院经审查，确定了“调查核实、提出异议、跟进监督”的工作指导意见。

检察机关通过向生态环境部门调取《山东省生态环境损害修复效果后评估工作办法》等文件资料，对被污染地进行现场勘验，询问当地村民，就环境修复问题咨询专业机构意见等方式调查取证，初步证明被污染地一直未修复，和解协议可能无法实现修复目的，损害社会公共利益。

检察机关会同市、区两级生态环境部门召开专家论证会，委托山东大学、山东省环境保护科学研究设计院等单位环保领域专家实地查看被污染现场，就和解协议实质内容、修复可行性、是否违反法律规定以及是否足以保护公共利益等进行论证。专家意见认为，和解协议在未对被污染地是否具有实际修复可行性论证的前提下，随意约定侵权人自行修复受损环境，并约定侵权人完成自行修复后不再承担生态损害赔偿金，缺乏第三方有效参与和监督，从程序上不足以保证社会公共利益切实得到应有保护。

经调查核实，检察机关认为和解协议不能确保受损生态环境得到有效修复，将损害社会公共利益。一方面，受损环境是否具有实际修复的可行性应在调查论证的基础上确定，不能由和解协议随意约定。山东省环境保护科学研究设计院出具的《淄川区岭子镇台头崖村污染环境案环境损害检验报告》证明，本案污染现场的环境损害范围已无法准确估算。A发展基金会与两涉案企业约定企业自行修复受损环境，不再承担生态环境损害赔偿金，可能损害社会公共利益。另一方面，案发6年多来，两涉案企业始终未出具任何修复方案，也未实际承担任何其他损害赔偿责任。和解协议未确定环境修复方案，由地处外地的侵权企业自行修复受损环境，缺乏当地环境保护部门和被污染地村民等第三方有效参与和监管，修复时间（协议约定5年内完成修复）和修复效果无法保证。

2020年11月9日，根据《最高人民法院关于审理环境公益诉讼案件的工作规范（试行）》第二十九条的规定，淄博市院会同淄博市生态环境局向山东省高级人民法院提出书面异议，指出和解协议内容达不到使受损生态环境得到有效修复的目的，可能损害社会公共利益，法院依法不应据此出具调解书；并将专家论证意见、走访当地村民以及政府工作人员调查笔录、生态环境损害结果地所在村村委会诉求书、相关刑事判决书等证据提交山东省高级人民法院。

山东省高级人民法院经审查认为，淄博市人民检察院和淄博市生态环境局在和解协议公告期间提出异议，故对和解协议效力不予确认。2020年12月10日依法作出民事判决，认为原审判决认定事实清楚，适用法律正确，B石化公司的上诉请求不能成立，不予支持，判决：驳回上诉，维持一审判决。

判决生效后，检察机关督促法院加大执行力度，并主动对接生态环境和财政部门，对已执行到账的生态环境损害赔偿金使用跟进监督，确保用于修复受损的生态环境。

【指导意义】

对于检察机关依法立案的民事公益诉讼案件，社会组织在公告期间提起民事公益诉讼的，检察机关应当继续关注，并依法履行法律监督机关和公共利益代表的相应职责。根据《最高人民法院、最高人民检察院关于检察公益诉讼案件适用法律若干问题的解释》第二条规定："人民法院、人民检察院办理公益诉讼案件主要任务是充分发挥司法审判、法律监督职能作用，维护宪法法律权威，维护社会公平正义，维护国家利益和社会公共利益，督促适格主体依法行使公益诉权，促进依法行政、严格执法。"对于社会组织依法提起民事公益诉讼的，检察机关可以督促其依法行使公益诉权。对损害后果严重、社会影响较大、社会组织诉讼能力较弱等情形，检察机关可以采取提供法律咨询、向人民法院提交支持起诉意见书、协助调查取证、派员出席法庭等方式支持起诉。对于社会组织和侵权人达成和解协议的，检察机关应从合法性、可行性、有效性等方面进行审查，对可能损害社会公共利益的，在协议公告期间届满前发现的，应当向人民法院提出书面异议。人民法院未采纳检察机关提出的书面异议而出具调解书，可能损害社会公共利益的，检察机关应当依法提出抗诉或者再审检察建议；在协议生效后发现的，应当依职权主动开展监督。

【相关规定】

《中华人民共和国民事诉讼法》（2017年修正）第五十五条第二款、第二百零八条（现为2021年修正后的第五十八条第二款、第二百一十五条）

《最高人民法院关于适用〈中华人民共和国民事诉讼法〉的解释》（2015年施行）第二百八十九条（现为2022年修正后的第二百八十七条）

《最高人民法院、最高人民检察院关于检察公益诉讼案件适用法律若干问题的解释》（2018年施行）第二条（现为2020年修正后的第二条）

《最高人民法院关于审理环境民事公益诉讼案件适用法律若干问题的解释》（2015年施行）第十一条、第二十五条（现为2020年修正后的第十一条、第二十五条）

《人民检察院公益诉讼办案规则》（2021年施行）第九条、第二十八条、第一百零一条、第一百零二条、第一百零三条

《最高人民法院关于审理环境公益诉讼案件的工作规范（试行）》（2017年施行）第二十八条、第二十九条

充分发挥公益诉讼检察制度在生态文明建设中的职能作用
——最高人民检察院第四十批指导性案例解读*

胡卫列 王 莉 刘盼盼**

近期，最高人民检察院以生态环境公益诉讼为主题连续发布了第四十批、第四十一批指导性案例，体现了检察机关努力践行习近平生态文明思想和习近平法治思想，深化生态环境领域公益诉讼检察工作探索创新所取得的成效，对于规范和强化生态环境公益诉讼检察工作，推进公益诉讼检察高质量发展具有重要的引领和指导作用。第四十批指导性案例共包含4个案例①，案例涉及的领域和事项均不相同，内涵十分丰富，具有很强的代表性，学习和运用该批指导性案例不能简单地就案论案，需放到生态文明建设和国家治理的大背景中深化认识。

一、发布第四十批指导性案例的背景和意义

“生态文明建设是关系中华民族永续发展的根本大计。”② 党的十八大以来，以习近平同志为核心的党中央在推进新时代中国特色社会主义伟大事业的历史进程中，以前所未有的力度抓生态文明建设，谋划开展了一系列根本性、开创性、长远性工作，美丽中国建设迈出重大步伐，我国生态文明建设发生了历史性、转折性和全局性的变化，③ 并逐步形成了较为完整的生态文明建设法律规范和制度体系。

公益诉讼检察制度始于党的十八届四中全会提出的“探索建立检察机关提起公益诉讼制度”，是以法治思维和法治方法促进国家治理体系和治理能力现代化建设的重大改革举措，是习近平生态文明思想和习近平法治思想的重要

---

* 原文载《人民检察》2022年第20期。

** 作者单位：最高人民检察院第八检察厅。

① 吉林省检察机关督促履行环境保护监管职责行政公益诉讼案（检例第162号），山西省检察机关督促整治浑源矿企非法开采行政公益诉讼案（检例第163号），江西省浮梁县人民检察院诉A化工集团有限公司污染环境民事公益诉讼案（检例第164号），山东省淄博市人民检察院对A发展基金会诉B石油化工有限公司、C化工有限公司民事公益诉讼检察监督案（检例第165号）。

② 习近平：《论坚持人与自然和谐共生》，中央文献出版社2022年版，第1页。

③ 参见中共中央宣传部、中华人民共和国生态环境部：《习近平生态文明思想学习纲要》，学习出版社、人民出版社2022年版，第1页，第87—88页。

组成部分。从制度发展演进的时间脉络看，生态文明建设的诸多重大改革举措肇始于党的十八届三中全会的部署，生态损害赔偿、中央环保督察与检察机关提起公益诉讼均于 2015 年开始进行试行或试点，从制度构想启动制度实践。随后，在党中央、国务院一系列关于生态文明建设文件和相关法律规范中写入了公益诉讼的内容，明确要求生态损害赔偿、中央环保督察与公益诉讼相衔接，2019 年党的十九届四中全会则强调要“完善生态环境公益诉讼制度”。《习近平生态文明思想学习纲要》也在“严明生态环境保护责任制度”部分明确提出“完善生态环境公益诉讼制度”，并要求“加强检察机关提起生态环境公益诉讼制度”。[①] 从制度内在逻辑看，党中央强调“用最严格制度、最严密法治保护生态环境”，公益诉讼制度具有监督和保障法律实施的功能，对此，习近平总书记在党的十八届四中全会的说明中作出深刻阐述，并明确将生态环境和资源保护作为公益诉讼的领域范围。从制度实践看，检察机关始终自觉地把公益诉讼作为生态文明建设的法治手段，要求将公益诉讼检察制度的优势切实转化为促进生态环境国家治理和社会治理的新动能，强调把生态环境和资源保护作为公益诉讼最重要的法定领域，始终将其放在突出重要的位置进行谋划部署，并持续加大办案力度。从办案数据看，生态环境和资源保护始终是检察公益诉讼最大的办案领域，自 2017 年 7 月公益诉讼检察制度全面实施五年来（2017 年 7 月 1 日至 2022 年 6 月 30 日），检察机关共立案办理公益诉讼案件 67.4 万件，其中生态环境和资源保护领域案件 34.4 万件，在公益诉讼案件中占比达 51%，[②] 不断实现办案模式和法律适用的创新引领。

随着生态环境公益诉讼制度实践的日益丰富和环境法典编纂工作的启动，学术界对生态环境公益诉讼功能价值与制度构建的理论研究和检察机关对生态环境公益诉讼检察业务框架与制度机制的探索同步推进，关于生态环境公益诉讼检察理论、制度和实践研究不断深入，各方面形成越来越多的共识，相关的业务框架体系在实践中初现端倪，构建和完善相关制度体系的条件日趋成熟。与此同时，公益诉讼法律制度建设与其实践发展不相适应，关于公益诉讼检察的操作性程序规范还比较欠缺，加快推进公益诉讼检察制度建设的呼声和需求日益强烈。在此背景下，公益诉讼检察指导性案例不仅具备与其他检察指导性

① 参见中共中央宣传部、中华人民共和国生态环境部：《习近平生态文明思想学习纲要》，学习出版社、人民出版社 2022 年版，第 1 页，第 87—88 页。

② 参见闫晶晶：《最高检发布第四十批指导性案例》，载《检察日报》2022 年 9 月 27 日。

案例相同的多重功能作用,[①] 而且对于推动公益诉讼检察这一新职能的制度与实践完善具有特殊的重要意义，可以对案件办理起到指导作用，在一定程度上弥补制度规范不足的问题，也可为公益诉讼立法提供参考，既是司法办案“刚需”，也是公益诉讼“法治实践的生动印记”。[②] 让指导性案例充分发挥示范引领作用是完善公益诉讼检察制度体系建设的重要组成部分，而生态环境作为公益诉讼检察中案件样本最丰富、最成熟的领域，有必要、有条件也应当为公益诉讼检察制度和实践提供样本。

二、第四十批指导性案例的特点

一是首次以生态环境公益诉讼为唯一主题。生态环境保护是国家治理的重大和关键问题，不仅事关党的使命宗旨，也最普惠民生福祉。检察机关始终将生态环境保护作为公益诉讼的重中之重，这一领域也是发布指导性案例最集中的领域。从试点至今，最高检先后发布公益诉讼主题的指导性案例 6 批[③] 23 件，还有其他主题公益诉讼指导性案例 4 件[④]，共 27 件。其中，生态环境和资源保护领域的指导性案例有 18 件，占比达 2/3。此前，由于党的十八届四中全会和民事诉讼法、行政诉讼法等相关法律规范均未区分生态环境和资源保护，将两者一并表述，因此各类案例发布中也未将生态环境领域单独区分。此次生态环境公益诉讼指导性案例首次单独发布，既体现了检察机关对习近平生态文明思想认识的进一步深化，也展现了公益诉讼检察工作全面实施五年来在专业化和精细化方向上取得的进展。

二是该批指导性案例覆盖面广，代表性强，影响力大，反映了公益诉讼检察在生态环境领域探索创新的新成果。该批案例虽然只有 4 个，但内涵丰富，内容、形式多样，在所保护的具体生态环境利益上，涉及耕地、林地资源保护，土壤污染治理，固体废物污染治理，危险废物污染治理等不同方面。在形式上，涉及行政公益诉讼诉前程序、提起诉讼以及提起民事公益诉讼和对社会组织提起的民事公益诉讼进行检察监督等。这些案例都是有影响的案件，比如，检例第 162 号“吉林省检察机关督促履行环境保护监管职责行政公益诉

① 最高人民检察院副检察长童建明认为，检察指导性案例是为民司法、服务大局的重要“检察产品”，是指引正确适用法律、促进严格公正司法的“样本”，是诠释法律精神、引领社会法治意识的“教科书”。参见童建明:《以习近平法治思想为指引，开创检察案例指导工作新局面》，载《检察日报》2021 年 7 月 15 日。

② 参见张杰:《检察指导性案例理论与实践》，中国检察出版社 2022 年版，第 3 页。

③ 最高人民检察院第 8 批、第 13 批、第 29 批、第 35 批、第 40 批、第 41 批指导性案例。

④ 最高人民检察院第 16 批指导性案例的检例第 63 号，第 23 批指导性案例的检例第 86 号、第 88 号、第 89 号。

讼案”，是第一个完整走完行政公益诉讼全流程的案件，包括了检察机关制发诉前检察建议、提起诉讼、提出上诉、抗诉，经过了一审、二审、再审程序，相关判决曾引起理论界和实务界的广泛关注。检例第164号“江西省浮梁县人民检察院诉A化工集团有限公司污染环境民事公益诉讼案”，是民法典实施后适用生态损害侵权赔偿责任第一案，入选最高人民法院典型案例，确立的相关规则得到最高法司法解释的确认。检例第165号“山东省淄博市人民检察院对A发展基金会诉B石油化工有限公司、C化工有限公司民事公益诉讼检察监督案”，则体现了对公益诉讼检察监督对象和领域的拓展。将社会关注度高的影响性案件进行法律规则意义上的总结和提炼，有助于扩大相关规则的辐射面，更好地发挥指导性案例的正向作用。

三是案例的指导意义从公益诉讼检察工作开展早期侧重于对范围领域的明确，逐步深入发展到对办案规则具体细化的指引。早期公益诉讼检察指导性案例多侧重于对监督范围、诉讼主体、诉讼请求范围、诉前程序运用以及案件管辖等基本规则的探索与释明。随着实践的日益丰富，第四十批指导性案例在最高人民检察院《人民检察院公益诉讼办案规则》实施一年之后发布，可阐述以及需要阐述的内容发生了显著变化，更着重于对具体办案规则的深入分析与指引。比如，检例第162号不仅明确了不服法院二审公益诉讼判决如何提出抗诉，也明确了在公益诉讼起诉过程中行政机关对受损公益整改到位的，何种情况下不适宜撤回起诉，而应当改为确认违法诉讼请求。检例第164号和检例第165号则分别说明了生态环境公益诉讼中惩罚性赔偿如何具体适用，对于社会组织提起公益诉讼如何实现既支持又监督等。这些案例反映出公益诉讼检察实践已经从“要不要做，能不能做”转化为“具体怎么操作，具体怎么做到更好”，是对《人民检察院公益诉讼办案规则》的形象释义，所提炼出可参照适用的规则，在法律和司法解释没有明确规定时，在事实认定、证据运用、法律适用、政策把握乃至办案方法等方面，都为检察机关提供了有效指引。

三、第四十批指导性案例的指导意义

（一）检察机关要因应国家治理新趋势、新要求，准确认识和把握行政机关的监督管理职责

行政机关的监督管理职责，是行政公益诉讼中认定行政机关是否依法履职、决定是否立案的基础，也通常是实践中争议的焦点。检例第162号所指引的就是正确理解和把握行政诉讼法关于行政机关监督管理职责的具体内涵问题。

吉林省德惠市朝阳乡辖区内某荒地垃圾就地堆放，形成两处大规模垃圾堆

放场，已逾十年。检察机关提起公益诉讼，请求判令乡政府对垃圾处理不履行监管职责违法，并依法履行职责，对违法形成的垃圾场进行治理。一、二审法院均以该乡政府仅负责辖区内的环境保护工作，而非对破坏生态环境违法行为进行制止和处罚的监督管理责任主体，故不是该案适格的被告为由，裁定驳回检察机关的起诉、上诉。其中，二审裁定认为，行政机关对生态环境的行政管理职责包含两方面的含义，一是运用公共权力、使用公共资金对生态环境进行治理，二是运用公共权力对破坏生态环境的违法行为进行监督管理，并认为行政诉讼法第二十五条第四款规定检察机关可以依法向法院提起公益诉讼的“监督管理职责”，应当限定在行政机关运用公共权力对破坏生态环境的违法行为进行监督管理的范围内，不应当包括行政机关运用公共权力、使用公共资金，组织相关部门对生态环境进行治理的职责。

吉林省检察院提出抗诉认为，法律和司法解释均未对行政机关的监督管理职责作任何限定，法律、法规、规章和其他规范性文件对行政机关法定义务的概括性规定，均属于行政机关监督管理职责范畴，行政诉讼法第二十五条第四款中的“监督管理职责”不仅包括行政机关对违法行为的行政处罚职责，也包括行政机关为避免公益损害持续或扩大，依法依授权运用公共权力、使用公共资金，组织对受损公益进行治理的综合性管理职责，二审裁定对“监督管理职责”进行限缩解释，缩小了公益诉讼受案范围，与立法原意不符。吉林省高级法院再审裁定认为，原审法院对乡级政府环境保护监督管理职责作出限缩解释，确有不妥，应予纠正，指令再审。案件再审过程中，垃圾得到彻底清理，但因乡政府对其履职尽责标准仍然存在不同认识，检察机关仅撤回了要求其依法履职的诉讼请求，保留了确认其不依法履行垃圾清理职责违法的诉讼请求，得到再审判决支持。

检察机关通过办理该案明确了对行政诉讼法第二十五条第四款规定的“监督管理职责”的理解，即行政机关的监督管理职责不仅包括行政机关对违法行为的行政处罚职责，也包括行政机关为避免公益损害持续或扩大，依据法律、法规、规章和规范性文件相关授权，运用公共权力、使用公共资金，对受损公益进行修复等综合性治理职责，对其进行限缩解释缺乏法律依据。

近年来，有多个指导性案例涉及行政机关监督管理职责问题，争议点一般涉及行政机关是否具有相应职责、履职是否到位两方面。与检例第162号类似的指导性案例还有检例第63号“湖北省天门市人民检察院诉拖市镇政府不依法履行职责行政公益诉讼案”，两者均涉及乡镇政府在生态环境治理中具体职责的认定，而检例第63号的特殊性在于，法院对“治理”和“监督管理”进行了区分。这种认识与以合法性控制和权利保障为目标的传统行政法理念相契合，有一定的代表性。但是随着经济社会的发展，行政管理的模式和理念发生了重大变化，在传统行政法的基础上，以“促进行政任务的有效履行和公共福祉的增进”[①]为使命的新行政法理念在全世界得到了重视和应用。在我国，在促进国家治理大背景下，一个突出的表现就是行政权力下放，通过法律、法规、规章和规范性文件，不断压实基层政府的管理职责，以更好地实现行政任务的有效履行。检察机关提起公益诉讼必须因应这一变化，站在有效促进国家治理角度，准确地理解相关规定，准确把握行政机关的法定职责并准确确定监督对象。

（二）检察机关要统筹运用一体化办案机制，统分结合充分发挥“一体化办案、分层级监督”模式的积极效用

检察一体化办案机制是近年来公益诉讼检察实践特别是重大案件办理中被重视和强调的工作机制。检例第163号“山西省检察机关督促整治浑源矿企非法开采行政公益诉讼案”就凸显了上下级检察机关充分发挥一体化办案机制的重要作用。

该案中，公益诉讼大数据信息平台收集到多条反映山西省大同市浑源县矿企破坏恒山风景名胜区及周边生态环境和自然资源的线索，案情重大，山西省检察院实时向最高人民检察院和山西省委请示汇报，最高人民检察院挂牌督办，山西省检察院启动一体化办案机制，统筹三级检察机关进行办理。主要包括：一是在厘清不同种类矿产资源、国有林地和非国有林地、农用地转用等行政监管部门和层级的基础上，市、县两级检察机关根据同级监督原则，分别向负有监管职责的对应行政机关发出诉前检察建议；二是统筹辖区办案资源，将该案相关具体线索分别指定辖区多个县级检察院管辖；三是省检察院向具有法定监管职责的省级行政机关发出行政公益诉讼诉前检察建议，并向其他有关省级行政机关发出社会治理检察建议，建议其督促市、县有关部门依法及时查处。

运用检察一体化办案机制办理重大公益诉讼案件是由这类案件的特殊性决定的，因为重大公益诉讼案件往往涉及对不同层级、不同领域的多个行政机关的监督，从办案资源的实际配置和办案规则的程序规定看，无论是上级检察院还是下级检察院，单独由某个检察院办理，都有其难以克服的障碍，需要统筹调配、使用辖区内公益诉讼办案资源。对于如何应用检察一体化办案机制，相关办案规则的规定比较原则，急需通过案例将实践中这项普遍使用的机制予以

① 章志远：《行政法学总论》（第二版），北京大学出版社2022年版，第486页。

明确和规范。第四十批指导性案例中每个案例在实际办理中都涉及了检察一体化办案，以不同方式体现了检察一体化办案机制的作用和分层级监督的优势。而检例第163号与第四十一批指导性案例的检例第166号万峰湖专案，堪称上级检察机关运用一体化办案机制统筹指挥办理重大公益诉讼案件的“姊妹篇”。检例第166号是由最高人民检察院直接以事立案办理的跨省区重大公益诉讼案件。检例第163号则由省级检察院立案办理，其指导意义在于，办理涉及监督不同层级、不同领域的多个行政机关的案件，检察机关要统筹发挥一体化办案机制作用，上级检察机关加强督办指导，各级检察机关采取统分结合的方式立案办理；由不同层级检察机关对应监督同级行政机关，各司其职。在制发诉前检察建议督促负有直接监督管理职责的行政机关依法履职的同时，还可以向负有领导、督促和指导整改工作的上级行政机关发出社会治理检察建议，通过“诉前检察建议＋社会治理检察建议”模式，推动行政机关上下联动，有效促进生态修复。

（三）检察公益诉讼要用足用好民法典等关于强化生态文明建设的法律武器

生态环境损害往往具有累积性、潜伏性、缓发性、公害性等特点，治理难度大，治理成本高；同时生态环境领域违法成本低的问题十分突出，亟待有效遏制。近年来，随着环境法律体系的逐步完善，生态环境法律制度的刚性和力度也不断加大，“让环境法长出牙齿”呼声得到了法律回应，民法典在民事责任体系中增加了对环境损害惩罚性赔偿的民事责任，检察机关要加强对各类环境保护新法律的学习掌握，用好、用准惩罚性赔偿制度等法律工具，统筹生态环境保护和经济社会发展。检例第164号是我国适用民事法环境损害惩罚性赔偿的第一案。在案件办理过程中，检察机关经委托鉴定发现，案涉两处倾倒点的土壤表层均存在危险废物叠氮化钠，对周边环境造成污染。检察机关认为，虽然案涉污染环境、破坏生态的侵权行为发生在民法典施行前，但是侵权人未采取有效措施修复生态环境，导致生态环境持续性受损，严重损害社会公共利益，适用民法典更有利于保护生态环境，维护社会秩序和公共利益，同时符合法律、司法解释关于法律溯及力的规定，故依据民法典第一千二百三十二条之规定，提起公益诉讼要求A公司承担环境污染损失和赔礼道歉的侵权责任，并承担惩罚性赔偿金，法院判决支持检察机关全部诉讼请求。

关于检察机关提起生态环境民事公益诉讼是否可以主张惩罚性赔偿的问题，在民法典施行初期存在争议。有观点认为，惩罚性赔偿不宜适用于公益诉讼，应仅限于私益诉讼。检察机关结合实践分析认为，一方面，民法典第一千二百三十二条关于惩罚性赔偿的规定是“环境污染和生态环境破坏责任”专章的一般规定，既适用于环境私益诉讼，也应当适用于环境公益诉讼，且故意污染环境侵害公共利益的，损害后果往往更为严重，更需要发挥惩罚性赔偿制度的惩戒、威慑功能。另一方面，生态环境损害涵盖对公共环境利益造成的损害，当破坏生态环境侵害社会不特定多数人利益时，检察机关作为社会公共利益代表，依法提起民事公益诉讼，旨在保护不特定社会公众的利益。检察机关作为“被侵权人”代表，在生态环境民事公益诉讼中有权提出惩罚性赔偿的诉讼请求，更能体现公益诉讼制度维护社会公共利益的宗旨，更加符合民法典保护生态环境的本意。

检察机关依据民法典规定，在生态环境民事公益诉讼中提出惩罚性赔偿的诉讼请求，并得到法院的支持，既维护了社会公共秩序、公共利益，也为后续司法解释相关规则的制定与公益诉讼制度的完善提供了实践样本，该案成为全国首例适用民法典惩罚性赔偿条款的生态环境民事公益诉讼案件，并入选最高人民法院发布的人民法院贯彻实施民法典典型案例（第一批）。2022 年 1 月，最高人民法院发布的《关于审理生态环境侵权纠纷案件适用惩罚性赔偿的解释》第十二条也明确国家规定的机关或者法律规定的组织作为被侵权人代表，可以提出要求侵权人承担惩罚性赔偿责任的诉讼请求。

关于惩罚性赔偿金的数额计算问题，民法典只规定了被侵权人有权请求“相应的惩罚性赔偿”，但是没有明确计算标准，在该案办理时，亦无相关司法解释可供参考。检察机关参照办理食品药品安全领域民事公益诉讼案件的做法，参考食品安全法、消费者权益保护法等法律对惩罚性赔偿的计算方式，即以被侵权人所受损失为计算基数，再乘以相应倍数以确定惩罚性赔偿数额。该案侵权人非法倾倒危险废液导致当地水体、土壤等环境向公众或者其他生态系统提供服务的功能减损，而该环境功能性损失费可以通过鉴定予以量化明确，因此，在确定该案环境侵权惩罚性赔偿数额时，检察机关探索以可量化的生态环境功能性损失费作为计算基数。因该案同时主张侵权人承担生态修复责任，故检察机关综合被告造成的生态环境损害后果、主观悔过态度以及前期承担损害赔偿修复责任等因素，提出按照环境功能性损失费用的 3 倍承担惩罚性赔偿的诉讼请求，既发挥了惩罚性赔偿制度的惩罚、威慑等功能，又不过于加重侵权人的责任负担。此后发布的最高人民法院《关于审理生态环境侵权纠纷案件适用惩罚性赔偿的解释》，亦明确了以生态环境受到损害至修复完成期间服务功能丧失导致的损失、生态环境功能永久性损害等可量化的生态环境损失数额作为惩罚性赔偿金的计算基数。在此基础上，还需综合考量侵权人主观过错程度，损害后果的严重程度，生态修复成本，侵权人的经济能力、赔偿态度、所受行政处罚和刑事处罚等因素，以合理准确适用惩罚性赔偿。

该案的办理除了具有法律上的指导意义外，还推动了对具体法律条款的理解适用和相关制度实践进程，并对公益诉讼案件办理具有重要启示作用。无论公益诉讼制度还是生态环境法律制度，都是根据实践发展不断成长，还没有完全定型的制度，检察公益诉讼更是被称为实践引领的制度，实践走在了制度和理论构建的前面，这就要求检察机关增强开拓创新的意识，秉持积极稳妥原则，自觉地以习近平生态文明思想为指导，在生态文明建设的法律制度体系中准确理解和把握法律的原则精神和立法原意。同时，检察公益诉讼不是检察机关的公益诉讼，须积极争取法院的理解支持，形成生态环境司法保护的合力。

（四）检察机关要依法支持、监督社会组织提起民事公益诉讼

根据民事诉讼法规定，社会组织和检察机关都是提起民事公益诉讼的法定主体，两者的诉讼顺位和在诉讼中的关系是公益诉讼理论和实践中的重要问题，也是争议较大的问题。有观点认为，检察机关提起公益诉讼会挤占社会组织提起公益诉讼的空间。事实上，这是一种不必要的担心。从制度设计看，最高人民法院、最高人民检察院关于公益诉讼的司法解释规定检察机关应对拟提起民事公益诉讼的案件进行公告，公告期内有适格的社会组织决定提起诉讼的，检察机关不再提起诉讼，明确了社会组织在民事公益诉讼中的优先诉权。从制度实践看，检察机关自觉地将支持社会组织提起公益诉讼作为一项公益诉讼履职活动，针对公益损害后果严重、社会影响较大、社会组织诉讼能力较弱等情形，通过提供法律咨询、提交支持起诉意见书、协助调查取证、出席法庭等方式支持社会组织起诉。根据最高人民法院《中国环境资源审判》相关数据显示，社会组织公益诉讼案件已从检察公益诉讼制度确立前的每年 60 件左右上升到每年 105 件左右。近年来仍保持较大幅度的增长态势。可见，检察机关提起公益诉讼不是抑制而是促进了社会组织公益诉讼的发展，检察机关与社会组织在公益诉讼中形成了协同联动、互相促进的良性关系。

与此同时，公益诉讼中也出现了一些新的问题和苗头。一些社会组织利用诉讼顺位优先的规定，通过检察机关的诉前公告获得公益诉讼案件的诉权后，长期拖延不提起诉讼，影响了公益的修复。有的社会组织随意或不当行使提起公益诉讼的权利，更有个别人员滥用社会组织提起公益诉讼的名义获取私利，对于这类情形，公益诉讼相关司法解释并没有作出具体规定，但是根据民事诉讼法相关原则性规定，根据检察机关法律监督的法定职责，基于维护公共利益和社会公平正义的要求，检察机关可以也应当依法对社会组织提起民事公益诉讼予以监督，依法履行作为法律监督机关和公共利益代表的相应职责。检例第 165 号以指导性案例形式，对这一原则要求给予了实务操作的指引，拓展并完善了检察机关对社会组织公益诉讼进行支持和监督的关系。

该案中，检察机关在社会组织和公益诉讼被告和解协议公告期间得知协议内容，认为该和解协议若被司法确认，可能损害社会公共利益，调查核实后，会同相关行政机关向法院提出书面异议。这表明，检察机关对于前期了解掌握的民事公益诉讼案件线索，若社会组织在公告期间提起民事公益诉讼的，应基于法律监督和维护公共利益的需要继续关注。对于达成和解协议的，检察机关应当从合法性、可行性、有效性等方面进行审查，对可能损害社会公共利益的，在协议公告期间届满前发现的，应当向法院提出书面异议。

检察机关对社会组织公益诉讼的监督采取了“调查核实、提出异议、跟进监督”总体思路，明确了相关程序要求。首先，确定和解协议内容是否损害社会公共利益。通过向生态环境部门调取文件、现场勘查、询问村民等方式调查取证；同时组织召开专家论证会，委托专家实地查看，就和解协议内容、修复可行性、是否违反法律规定等进行论证。专家论证认为和解协议在未对被污染地是否具有实际修复可行性论证的前提下，随意约定侵权人自行修复受损环境，并约定侵权人完成自行修复后不再承担生态损害赔偿责任，缺乏第三方有效参与和监督，不足以保护社会公共利益。其次，检察机关经调查核实确认和解协议不能使受损生态环境得到有效修复，损害了社会公共利益，向法院提出书面异议。二审法院审查后，对和解协议效力不予确认，驳回上诉并维持一审判决。最后，法院如未采纳检察机关提出的书面异议而出具调解书，损害社会公共利益的，检察机关应当依法提出抗诉或者再审检察建议；在协议生效后发现的，应当依职权主动开展监督。

最高人民检察院
关于印发最高人民检察院第四十一批指导性案例的通知

（2022 年 9 月 20 日公布　高检发办字〔2022〕133 号）

各省、自治区、直辖市人民检察院，解放军军事检察院，新疆生产建设兵团人民检察院：

经 2022 年 4 月 21 日最高人民检察院第十三届检察委员会第九十七次会议决定，现将最高人民检察院督促整治万峰湖流域生态环境受损公益诉讼案（检例第 166 号）作为第四十一批指导性案例（生态环境公益诉讼主题）发布，供参照适用。

最高人民检察院

2022 年 9 月 20 日

最高人民检察院督促整治万峰湖流域生态环境受损公益诉讼案

（检例第166号）

【关键词】

流域生态环境治理　跨区划公益损害　以事立案　一体化办案　检察听证　诉源治理

【要　旨】

对于公益损害严重，且违法主体较多、行政机关层级复杂，难以确定具体监督对象的，检察机关可以基于公益损害事实立案。

对于跨两个以上省或者市、县级行政区划的生态环境公益损害，共同的上级人民检察院可以直接立案。

上级人民检察院可以采用检察一体化办案模式，依法统一调用辖区的检察人员组成办案组，可同时在下级检察机关设立办案分组，统一工作方案，明确办案目标任务，统一研判案件线索，以交办或指定管辖等方式统一分配办案任务。上级人民检察院可以督办或者提办重点案件，下级人民检察院可以将办案中的重要问题逐级请示上级人民检察院决定，包括需要上级人民检察院直接协调解决的相关问题。

检察机关办理公益诉讼案件，对于拟采取的公益损害救济方案或者已经取得的阶段性治理成效，包括涉及不同区域之间利益关系调整的，或者涉及案件当事人以外的利益主体，特别是涉及不特定多数的利益群体和社会民众，可以通过公开听证等方式进行客观评估，或者征询对相关问题的治理对策和意见。

对于因跨行政区划导致制度供给不足等根源性问题，检察机关可以通过建立健全跨区划协同履职机制，在保护受损公益的同时，推动有关行政机关和相关地方政府统一监管执法，协同强化经济社会管理，促进诉源治理。

【基本案情】

万峰湖地处广西、贵州、云南三省（区）接合部，属于珠江源头南盘江水系，水面达816平方公里，是“珠三角”经济区的重要水源，其水质事关沿岸50多万人民群众的生产生活和珠江流域的高质量发展。多年来，湖区污染防治工作滞后，网箱养殖无序发展，水质不断恶化，水体富营养化严重，部分水域呈劣Ⅴ类水质，远超《地表水环境质量标准》（GB 3838—2002）相关项目标准限值。

2016年，第一轮中央生态环保督察第一批第六督察组在广西督察时发现："2015年全区11个重点湖库中有5个水质下降明显"，其中包括万峰湖的广西水域。2017年，第一轮中央生态环保督察第一批第七督察组在贵州督察时发现："珠江流域万峰湖库区网箱面积7072亩，超过规划养殖面积2.48倍。"贵州省黔西南州、广西壮族自治区百色市政府就督察发现的问题分别组织了整改，但相关问题并未从根本上解决。此外，万峰湖流域还存在干支流工业废水直排、生活垃圾污染等问题，也直接影响着万峰湖水质，公共利益受到损害。

（一）非法网箱养殖污染。广西壮族自治区隆林县、西林县辖区内水域违法网箱养殖面积达53.6万平方米，日均投放饲料达上百吨，导致网箱养鱼库湾及其附近水域水质总氮超标，投饵后部分水域水质为劣Ⅴ类水。云南省师宗县辖区内也有非法网箱养殖情况，对万峰湖库区的生态环境造成不利影响。

（二）水面浮房、钓台等污染。隆林县、西林县辖区分别有水面浮房397个、289个，浮房大多设置厨房、卫生间、休息室等；云南省罗平县辖区有钓台等水上浮动设施154个、总面积约为1.9万平方米，浮房、钓台使用过程中产生的生活垃圾、污水直排入湖。云南省曲靖市多依河沿岸周边有多个鱼塘，养鱼产生的废水直排多依河后注入万峰湖。

（三）船舶污染。西林县辖区内，有按照浮房模式进行改装的船舶约50艘，配备住宿床位4到12张不等，均无污水集中收集装置或过滤、净化设施，经营过程中产生的厨余油污、厨余垃圾以及生活污水，均直接排入湖中或倾倒岸边。罗平县A航运有限公司（简称A公司）有7艘船舶检验不合格、22艘船舶废机油收集后未按规定进行处置造成污染。

（四）沿岸垃圾污染。水域及沿岸有多条垃圾带，主要包括塑料瓶、塑料袋、泡沫、废弃油桶、浮房拆解残余物等，随水体流动漂浮到湖面并滞留。贵州省兴义市辖区某地长期堆放大量垃圾，未配套建设防渗漏等设施，导致汇入万峰湖的河流受到污染。

（五）生活和养殖污水直排。兴义市辖区两处居民安置区总占地面积637.76亩，安置户总数为1509户，安置区房屋多为自建，导致雨污混流，污水最终汇入万峰湖。

（六）企业偷排、乱排废水。贵州省普安县辖区两处小煤窑废弃矿井每天产生约90余吨的酸性废水，沿坡梗、沟渠、河道汇入万峰湖。普安县B能源有限公司C洗煤厂（简称B公司C洗煤厂）在建设生产过程中未严格按照

“三同时”制度（建设项目需要配置的环境保护设施必须与主体工程同时设计、同时施工、同时投产使用）、未落实“三防”（防扬散、防流失、防渗漏）措施，导致大量煤矸石、煤泥及煤渣中的有害物质经雨水冲刷后渗漏造成土壤污染，汇入万峰湖污染水体。

（七）破坏水文地质环境。隆林县辖区D渔港有限公司（简称D公司）在780水位线下施工，改变水文情况，造成岸坡泥土松动，可能存在引发水土流失、泥石流等自然灾害的风险。

【检察机关履职过程】

（一）依法立案

2019年11月，贵州省人民检察院向最高人民检察院（以下简称最高检）反映了万峰湖流域生态环境污染公益诉讼案件线索。

最高检初步调查查明，万峰湖流域污染问题由来已久，经中央生态环境保护督察，近年来，贵州省黔西南州部署开展了“清源、清网、清岸、清违”专项活动，云南省、广西自治区所辖湖区也陆续开展了治理行动，但由于三省（区）水域分割管理、治理标准、步调不一等原因，流域污染问题未能根治，此起彼伏，不时反弹蔓延。

最高检认为，万峰湖流域污染问题涉及重大公共利益，流域生态环境受损难以根治的重要原因，在于地跨三省（区），上下游、左右岸的治理主张和执行标准不统一，仅由一省（区）检察机关依法履职督促治理难以奏效。为根治污染，有必要由最高检直接立案办理。鉴于该案违法主体涉及不同地区不同层级不同行政机关，数量较多，如采取依监督对象立案的方式，不仅形成一事多案，且重复劳动、延时低效，公共利益难以得到及时有效保护。综合考虑本案实际，2019年12月11日，最高检决定基于万峰湖流域生态环境受损的事实直接进行公益诉讼立案。

（二）一体化办案

最高检启动一体化办案机制，组建由大检察官担任主办检察官的办案组，从本院及三省（区）检察机关抽调办案骨干作为办案组成员；三省（区）分别组建办案分组，负责摸排污染源线索、办理最高检交办和指定管辖的案件。由此整合四级检察机关办案力量，充分发挥不同层级检察机关的职能作用。

2020年1月13日，最高检向三省（区）人民检察院印发《万峰湖流域生态环境受损公益诉讼专案工作方案》，确定了“统分结合、因案施策、一体推进”的办案模式。最高检办案组统一研判案件线索，以交办、指定管辖等方式统一分配办案任务、调配办案力量，以案件审批、备案审查等方式把控办案质量，以下发通知、提示等方式统一开展指导，助力各办案分组破解办案困难和阻力，统筹全案办理进度。

统一研判案件线索。在办案过程中，各办案分组摸排并上报案件线索61条，主要包括非法网箱养殖、水面浮房和钓台、船舶、垃圾、违法排放废（污）水等污染和破坏水文地质环境等问题，涉及生态环境、农业农村、水利、交通运输等行政机关。因万峰湖流域污染问题涉及的行政机关多为基层，地方检察机关更熟悉本辖区情况，开展调查更及时、更便利，最高检办案组依据公益诉讼相关管辖规定，对案件线索统一研判并分类处置，统一分配办案任务。

对一般行政公益诉讼案件线索，交可能未依法履职的行政机关所对应的同级人民检察院办理；对民事公益诉讼案件线索，交违法行为发生地、损害结果地或者违法行为人住所地的市级检察院或者基层检察院办理；对两个检察院都有管辖权的，或存在管辖争议的，以指定管辖方式交最有利于公益保护的检察院办理。2020年4月和8月，最高检以交办、指定管辖等方式，将47条案件线索分两批交地方检察机关办理。鉴于该案是最高检立案的公益诉讼案件，最高检根据相关财务规定，对于地方检察机关的相关办案工作，给予了办案经费支持。

统一办案目标。鉴于非法网箱养殖是导致万峰湖流域污染的主要原因，也是万峰湖污染攻坚战中拖延多年想解决仍未解决的“硬骨头”，最高检立案后将全面清理万峰湖湖区非法养殖网箱明确为首要办案目标，通过履行公益诉讼检察职责，督促有关行政机关依法履职，让违法主体承担恢复原状等相应民事责任。2020年9月，非法养殖网箱已全部被拆除。办案进程中，为强化并落实诉源治理，最高检办案组将治理干支流污染、工矿企业污染、生活污水直排等问题新增为办案重点任务。

统一办案要求。为规范案件办理，最高检办案组下发有关立案、调查、磋商、检察建议、提起诉讼等关键环节的办案提示，把好办案质效标准。为确保办案节奏一致，最高检办案组先后五次召开办案推进会和案情分析会，了解问题困难，听取意见建议，提出工作要求。为确保办案质量、统一结案标准，2020年12月，最高检办案组对各办案分组办理的案件逐一进行结案审查。

凝聚保护合力。为营造良好的办案环境，有力推进案件依法办理，最高检在立案后指导三省（区）相关检察机关第一时间向地方党委和政法委报告有关情况。三省（区）党委政府主要领导对办案工作给予高度重视和支持，明确要求辖区水域所在市（州）和县（市）政府以及有关行政机关积极配合办案工作，依法解决万峰湖流域生态环境问题。沿湖三市（州）党委政府认真落实省（区）党委政府的指示要求，与检察机关密切配合，形成协同保护合力。沿湖五县（市）党委政府和相关行政机关高度重视办案中发现的问题，严格执行相关法律，切实履职，协同解决辖区内污染问题。沿湖三市（州）人大常委会为解决万峰湖生态环境保护因跨行政区划带来的执法差异问题，共同签署了《跨区域协同立法合作协议》，推动实现市域间立法资源共享、执法守法统一、规范。

破解办案阻力。对各分组办案中遇到的困难和阻力以及法律问题，最高检办案组要求逐级上报，由上级院履职推进问题解决。广西E集团旗下的F渔业有限公司是隆林县招商引资的龙头企业，其非法养殖的网箱面积达到24万平方米，每天投入饵料约为30吨左右，对水体造成严重污染。针对发展与保护的矛盾问题，2020年2月17日，广西自治区检察院基于某些环节存在的思想认识问题，报请最高检明确下步办案方向和要求。2月26日，最高检明确批复，企业的合法权益应当受法律保护，但对待经济发展中涉及的环境保护问题，应以习近平生态文明思想为指引，坚持生态优先、绿色发展的先进理念，不改变清理违法网箱的办案目标，但基于新冠肺炎疫情对鲜鱼市场的影响，允许在不再投放饵料前提下适当延缓拆除网箱时限，尽可能减少企业损失。8月25日，最高检办案组深入督导发现，该公司约8800余平方米网箱仍在持续投料喂养，直接向涉案企业阐明法律责任，向县政府主要负责人严肃指出存在问题，督促从严依法履职。9月13日，涉案企业自行拆除全部网箱。

（三）监督整改

最高检将非法网箱养殖污染等七类问题线索经由省（区）院交沿湖市（州）、县（市）两级检察院具体办理。相关检察机关在收到交办和指定管辖的案件线索后，经进一步调查，共依法立案45件，其中行政公益诉讼案件44件，民事公益诉讼1件。在办理行政公益诉讼案件过程中，地方检察机关严格落实“诉前实现公益保护是最佳司法状态”的办案要求，秉持双赢多赢共赢的办案理念，优先与有关行政机关就其存在违法行使职权或者不作为、公共利益受到侵害的后果、整改方案等事项进行磋商。在磋商不能解决问题的情况下，对于行政机关不依法履行职责，致使公共利益受到侵害的情形，依法制发检察建议。44件行政公益诉讼案件均在诉前程序中得到解决，其中通过磋商解决8件，通过制发检察建议解决36件。

1. 非法网箱养殖污染问题

针对广西隆林县辖区的非法网箱养殖污染问题，2020年2月，隆林县政府成立万峰湖库区环保专项整治指挥部，清理万峰湖隆林县辖区的非法养殖网箱和水面浮房。因鲜鱼存量大及新冠肺炎疫情影响等原因，拆除非法养殖网箱进度缓慢，截至同年5月，仍有25.4万平方米网箱未拆除。5月27日，隆林县检察院就此对隆林县生态环境局和县农业农村局立案开展行政公益诉讼。6月4日，广西自治区政府召开万峰湖生态环境问题整治工作会议，要求坚决清理万峰湖污染源。百色市政府明确下达网箱、浮房拆除的最后期限，隆林县政府组织责任单位及相关部门集中开展整治行动。9月1日，隆林县检察院进一步加大工作力度，向隆林县生态环境局和县农业农村局发出检察建议，督促其彻底清理万峰湖隆林县辖区剩余非法网箱。9月13日，万峰湖隆林县辖区前述非法养殖网箱全部拆除。

针对广西西林县辖区的非法网箱养殖污染问题，2020年1月21日，西林县检察院与县政府进行磋商，确定由县政府立即成立整治工作指挥部，组织有关行政机关对万峰湖西林水域生态环境开展综合整治。1月24日，西林县政府组织农业、生态环境、水利、林业、沿湖乡镇等部门深入库区开展整治工作。历时近3个月，西林县累计投入231.9万元，出动人员4370人次，拆除了辖区全部非法养殖网箱6.3万平方米。

针对云南师宗县辖区的非法网箱养殖污染问题，2020年10月15日，师宗县检察院对师宗县农业农村局立案开展行政公益诉讼，并多次与该局就非法网箱养殖的现状、执法情况和治理方案等进行磋商。11月2日，师宗县检察院向县农业农村局发送检察建议，要求其根据相关法律规定，结合该局的工作职责和“三定”方案等规定依法履职，取缔南盘江干流龙庆乡凤凰谷电站附近以及干流的非法养殖网箱，并依法处理网箱养殖造成损害生态环境的遗留问题。11月3日，师宗县农业农村局牵头会同县水务局、交通局、龙庆乡政府召开南盘江师宗段综合整治工作推进会，严格按照程序依法依规拆除网箱。截至2020年11月14日，共拆除2175平方米非法养殖网箱。

办案成效。为评估非法网箱养殖整治效果，2020年9月23日至25日，隆林县、西林县检察院分别召开公开听证会，邀请全国人大代表、政协委员、人民监督员作为听证员到万峰湖隆林县、西林县辖区水域实地巡湖检查，听证员一致认为相关辖区非法养殖网箱污染问题整治成效明显，生态环境得到恢复。检察机关通过办案，共督促有关行政机关拆除非法养殖网箱53.6万平方米，彻底解决该类污染。

2\. 水面浮房、钓台等污染问题

针对水面浮房、钓台等污染问题，2020年1月，广西西林县检察院与县政府及相关部门进行磋商并促进整改。罗平县政府发布万峰湖流域罗平段治理通告，组织水务、环保、农业农村、鲁布革乡政府等部门单位开展联合整治，共拆除水面浮房、钓台等水上浮动设施120个。

办案成效。检察机关通过公益诉讼办案，督促有关行政机关拆除水面浮房、钓台等设施899个，劝返万峰湖垂钓人员500余人，彻底清理浮房、钓台问题。

3. 船舶污染问题

针对为钓客提供食宿服务的改装船生活污水直排和垃圾污染问题，2020年10月16日，广西百色市检察院对百色海事局立案开展行政公益诉讼。经磋商，双方就海事局是否负有监管职责未达成一致意见。百色市检察院认为，本案改装船舶的用途系供钓客住宿以及从事其他活动，性质上应为农（自）用船舶，不属于渔业船舶，根据法律等相关规定，由海事部门对船舶污染负总监管责任，农（自）用船舶和“三无”船舶的污染应由海事部门监管。而百色海事局认为，根据2020年6月30日农业农村部渔业渔政管理局发布的《休闲渔船管理办法（征求意见稿）》规定，本案改装船“是为了向钓客提供食宿”，符合上述休闲渔船的定义，其涉渔导致的污染应由农业农村部门负责监管。

为推进案件依法办理，百色市检察院举行专家论证会、听证会，一致意见认为，海事部门负有船舶排污监管职责。百色市检察院据此再次与百色海事局磋商，仍未达成共识。根据一体化办案要求，广西自治区检察院接到报告后开展跟进监督，与广西海事局沟通协商达成共识，进而督促百色海事局对违法改装船舶造成水体污染情况进行整治，拆除了船舶违法改装设施，消除了污染源。

针对罗平县辖区A公司船舶污染问题，2020年4月，罗平县检察院与县政府开展磋商。4月15日，县政府发布整改公告，相关行政机关积极履行职责，对万峰湖水上客船和农（自）用船进行定期检查，督促废旧机油依法依规处置，防止造成环境污染。

*办案成效。*检察机关通过公益诉讼办案，依法督促有关行政机关对万峰湖流域的船舶加强监管，违法违规生产经营造成污染问题得到实质性整改。

4. 垃圾污染问题

针对西林县、兴义市辖区内湖面存在的漂浮垃圾难以确定管辖问题，2020年9月27日，最高检通过指定管辖交广西西林县检察院办理。9月30日，西林县检察院立案；10月19日向西林县生态环境局制发诉前检察建议，督促其依法履行监管职责，及时清理湖面垃圾。相关职能部门积极行动，落实检察建议要求。11月19日，经办案分组实地查验，原有漂浮垃圾已全部清理，受损公益已得到恢复。

针对万峰湖流域干支流河道及沿岸的垃圾问题，办案组统一部署相关检察机关属地管辖办理案件。云南陆良县检察院对辖区内的南盘江干流和支流进行全线巡查，于2020年10月21日立案后，经与县水务局进行磋商，确认违法事实。11 月 2 日，向县水务局发出诉前检察建议，建议其依法全面履行对本辖区内河道的监督管理职责，做好日常水面漂浮物的清理打捞工作。截至 11 月 9 日，县水利局协同相关乡镇政府累计组织出动人员 2000 余人次，清理河道漂浮垃圾 2929.8 吨。同时以清运漂浮垃圾为契机，在全县境内南盘江流域范围 593 个自然村建立了垃圾清运制度，建立健全河道保洁长效机制，组织开展河道日常保洁工作。

贵州兴义市检察院于 2020 年 5 月 26 日和 6 月 1 日分别对市综合行政执法局（兴义市城市管理局）、洛万乡政府立案调查。6 月 5 日、10 日分别向两行政机关发出检察建议，督促依法对行政区域内生活垃圾收集、运输、处置等各个环节监督管理，对污染的土地进行治理，恢复该地块原状。贵州安龙县检察院摸排发现辖区内万峰湖流域沿岸存在游湖、垂钓等产生的生活垃圾违法倾倒问题，依法对万峰湖镇政府公益诉讼立案，制发检察建议，督促其对辖区内万峰湖流域的污染物进行清理，同时加强宣传，引导群众文明游湖、垂钓，妥善处理废弃垃圾。上述案件中被监督单位都认真落实了整改要求。

*办案成效。*检察机关通过公益诉讼办案，督促有关行政机关清理湖面 8.1 平方千米、垃圾 22 万吨，干支流沿岸垃圾污染问题得以全面解决。

5. 生活污水直排问题

针对兴义市部分安置区雨污未分流污水直排问题，2020 年 5 月 21 日，兴义市检察院向市委专题汇报。兴义市委、市政府立即组织住建、水务、环保及兴义市十个街道办等部门召开专题会议，组织普查发现全市存在问题的雨污管网总计 669 公里。就未有效整改违法问题，7 月 8 日，兴义市检察院以公开宣告的方式，向市水务局、桔山街道办事处送达诉前检察建议，督促依法履职整改。收到检察建议后，兴义市水务局、兴义市桔山街道办事处高度重视，以积极姿态开展整改，投入必要财政资金启动城市雨污分流工程，完善雨污分流设施，解决支管错搭乱接问题等，修复了污水收集系统。

6. 沿湖（河）工矿企业废水污染问题

针对贵州普安县楼下镇废弃矿井水污染问题，2020 年 6 月 23 日，普安县检察院立案调查，7 月 8 日向普安县楼下镇政府发出诉前检察建议，建议其依法履行法定职责，对两处历史遗留废弃小煤窑矿井废水污染环境问题进行有效治理。同时，黔西南州检察院授权普安县检察院向黔西南州生态环境局发出诉前检察建议，要求该局依法履行环境污染治理法定监管职责。收到检察建议后，黔西南州生态环境局、楼下镇政府投入资金 20 余万元，对案涉两处矿井废水污染环境问题进行初步治理和修复。普安县政府召开专题会议研究部署整治措施，邀请专家现场勘查，并编制废弃小煤窑矿井废水污染环境问题的治理技术方案。截至目前，共投资830万元，已修建完毕5个沉淀池，污水经过多级沉淀已实现达标排放，废弃矿井水污染的问题已得到有效治理。

针对普安县B公司C洗煤厂污水直排问题，2020年6月20日，普安县检察院立案开展行政公益诉讼，8月10日向楼下镇政府发出诉前检察建议，督促该镇政府依法履行环境污染治理主体职责，对普安县B公司C洗煤厂直排马别河的污染问题进行有效治理。同时针对洗煤厂直排废水污染土地问题，2020年11月9日，黔西南州检察院以民事公益诉讼立案。2021年9月2日，该院依法向州中级法院提起诉讼，请求判令B公司对污染的土地进行修复治理，并从源头消除污染隐患，直至验收通过；承担本案开展生态环境损害调查评估费用26万元；就其污染行为在黔西南州州级媒体向社会公众公开赔礼道歉。2月17日，经法院主持，黔西南州院与被告达成调解协议，B公司对检察机关的诉讼请求全部予以认可，现已履行完毕。

办案成效。通过公益诉讼办案，共推动完善、新建流域辖区内污水处理设施、垃圾压缩中转站等53个，干支流工业废水直排问题得到有效解决。

7. 破坏水文地质环境问题

针对隆林县D公司破坏沿岸水土问题，2020年6月23日，隆林县检察院立案调查。6月26日，该院分别与县水利局、天生桥镇政府进行磋商，督促其依法履行监管职责。9月23日，隆林县水利局、天生桥镇政府答复整改情况：已依法处置在780水位线下弃置固体废弃物；及时对在780线下施工可能造成的岸坡水土流失问题采取防护措施。经办案组实地查看，受损公益确已得到恢复。

办案成效。检察机关通过公益诉讼办案，共督促相关行政机关组织拆除占用河堤的违章建筑1144平方米。

（四）公开听证问效求计

由于万峰湖流域生态环境受损涉及三省（区）五县（市），管理主体分散、利益诉求多元，各方认识不一，为了评估整改效果、凝聚治理共识，自觉接受社会监督，2020年12月24日，最高检办案组对该案公开听证，沿湖三市（州）政府和五县（市）政府负责人以及群众代表作为案件当事人；邀请全国人大代表、专业人员作为听证员参加听证；邀请生态环境部、水利部、农业农村部相关代表列席听证会。听证会议题包括两方面：一是案件是否取得整治网箱养殖污染等成效；二是探讨开展渔业生态养殖保护生态的可行性，以及如何通过统一管理等方式实现依法规范治理。

听证员和其他听证会参加人员充分肯定了案件办理取得的成效，形成了下一步沿湖五县（市）统一开展生态养殖、协同规范治理、推动万峰湖流域生态环境持续向好的共识。最高检办案组结合听证意见，综合考虑受损社会公共利益经整治得到有效保护的实际情况，对该案作出了终结案件决定，同时推动五县（市）联合执法监管和统一生态养殖，守好沿岸绿水青山、变成金山银山，造福沿湖人民群众。

通过办案督促整治，万峰湖生态环境污染问题得到有效整改，湖面非法养殖、沿湖岸线及干支流污染等问题得到有效解决，水质持续好转。2020 年 12 月，三省（区）共用自动检测设备对万峰湖库区国控断面监督点每月 1 次的断面水质检测结果表明，万峰湖水质均达到或优于《地表水环境质量标准》（GB3838－2002）Ⅲ类水质；2022 年二季度，万峰湖水质均达到Ⅱ类以上，多数监测点水质已为Ⅰ类。

（五）诉源治理

为从源头预防污染问题发生，形成跨区划保护合力，推动解决万峰湖流域统一执法、统一生态养殖等可持续发展问题，2021 年 1 月，最高检办案组指导三省（区）检察机关对案件办理效果开展“回头看”工作，跟踪了解整改落实情况，并指导沿湖三市（州）检察院共同签署了《关于万峰湖流域生态环境和资源保护协作机制（试行）》，强化公益诉讼检察职能对万峰湖的生态保护作用。2021 年 6 月、8 月和 9 月，最高检办案组三次赴沿湖五县（市）调研，推动相关政府部门坚定绿色发展理念，消除分歧，统一执法监管、统一生态养殖，形成共管、共治、共建、共享的新发展格局。2021 年 12 月，五县（市）检察机关就建立黔桂滇三省（区）五县（市）万峰湖联合检察机制达成一致意见，联合制定《关于万峰湖流域生态环境检察公益诉讼案件跨区划管辖暂行办法（试行）》。2022 年 3 月，五县（市）党委政府决定成立联合执法指挥部，并会签《关于成立黔桂滇三省（区）五县（市）万峰湖联合执法指挥部的通知》，对湖区实行统一联合执法监管。2022 年 6 月，五县（市）党委政府就万峰湖大水面生态养殖项目达成共识，并会签《黔桂滇三省（区）五县（市）万峰湖产业发展框架协议》，合作成立“黔桂滇万峰湖渔业开发有限公司”，携手走上万峰湖流域长效保护、绿色发展和乡村振兴之路。

【指导意义】

（一）对于案情复杂、一时难以确定监督对象的公益损害线索，可以基于公益损害事实立案。生态环境和资源保护领域中的重大公益受损问题往往涉及多个侵权违法主体，还可能涉及多地多层级多个行政机关，一时难以确定具体监督对象，如果查证清楚再行立案，难免迁延时日，使公益损害继续扩大，影响公益保护的及时性、有效性。人民检察院即使尚未查明具体违法履职的行政机关，或者实施具体侵害公益的民事违法主体，也可以基于公益损害事实及时立案。《人民检察院公益诉讼办案规则》第二十九条对此作了明确规定。

（二）对于江河湖泊流域性生态环境治理或者跨行政区划重大公益损害案件线索，上级人民检察院可以依法直接立案。跨两个以上省、市、县级行政区划的生态环境和自然资源公益损害，被公认为是治理难题，各地执法标准不一，治理进度和力度不同，由具有管辖权的各个基层人民检察院直接办案难度较大，对此，所涉行政区划共同的上级人民检察院可以直接立案。

（三）发挥检察一体化优势，上、下级人民检察院统分结合，充分发挥各自的职能作用。上级人民检察院可以采用检察一体化办案模式，依法统一调用辖区的检察人员组成办案组，或者在下级人民检察院设立办案分组。上级人民检察院统一制定办案方案，明确办案目标、办案形式、办案步骤、办案要求等内容，统一把握案件进度、标准，通过案件审批、备案审查等方式把关具体案件立案、调查、磋商、制发检察建议、听证、提起诉讼等关键办案环节，统筹指挥开展办案活动。对于具体的违法和公益损害线索，基于下级人民检察院更熟悉本辖区情况，监督同级行政机关更直接、具体等办案实际，上级人民检察院可以以交办或者指定管辖等方式交由下级人民检察院立案办理。下级人民检察院对于办案中发现并难以处理的重要问题，包括需要上级人民检察院直接协调解决的相关问题，可逐级请示交办和指定管辖的上级人民检察院决定。直接立案的上级人民检察院对下级人民检察院请示的、案件办理中的重大问题承担兜底统筹的主体责任。从而形成上级人民检察院以事立案为主案，下级人民检察院以监督对象立案为从案，主案与从案统分结合、因案施策、一体推进的办案模式。

（四）发挥检察听证作用，评估办案成效，凝聚治理共识，提升办案效果。检察机关办理公益诉讼案件，往往关系到行政执法监管、经济社会管理的主要事项，具体涉及案件当事人以外的多元利益主体，包括行政管理对象，特别是可能涉及不特定多数的利益群体和社会民众，或者涉及不同区域之间重大利益关系的调整等。对于公益诉讼的阶段性治理成效，通过公开听证会等方式征询相关主体代表的意见，对公益损害救济状况、办案成效进行评估，有利于形成共识，提升公益保护的实效；对于尚未付诸实践或者具有探索性质的治理对策，也有必要借助公开听证听取各方面意见，确保治理措施的合法性和可行性，更好践行公益保护为了人民、依靠人民的理念，更好落实“谁执法谁普法”普法责任制，实现“办理一案、警示一片、教育影响社会面”的良好办案效果。

（五）以跨区划流域治理问题为导向，建立常态化公益保护机制，推进诉源治理。“上下游不同步、左右岸不同行”等流域治理问题的根源在于跨行政区划管理制度机制的供给不足或者不完善，导致公益损害现象在取得治理成效后仍存在反弹隐患。检察机关可以通过建立健全跨区划协同履职机制，在保护受损公益的同时，协调、推动有关行政机关和相关地方政府统一监管执法，协同强化经济社会管理，促进诉源治理。万峰湖流域因为多头管理、难以管理、都不管理现象突出，导致养殖污染严重，只有通过沿湖五县（市）统一、严格规范下的生态养殖，统一联合执法和检察协同督促，才可能有效根治违法养殖导致污染，守住一湖碧水，才可能通过科学利用湖泊资源，助力脱贫区域乡镇振兴，造福一方百姓，打造绿水青山就是金山银山的样板。

【相关规定】

《中华人民共和国人民检察院组织法》（2018 年修订）第二十四条

《中华人民共和国行政诉讼法》（2017 年修正）第二十五条第四款

《中华人民共和国环境保护法》（2014 年修订）第六条、第十条、第五十一条

《中华人民共和国渔业法》（2013 年修正）第十一条、第四十条

《中华人民共和国水污染防治法》（2017 年修正）第四条、第九条、第十九条、第三十三条、第三十八条、第四十二条、第四十九条、第八十五条

《中华人民共和国固体废物污染环境防治法》（2016 年修正）第十七条（现为 2020 年修订后的第二十条）

《中华人民共和国土壤污染防治法》（2019 年施行）第五条、第七条、第八十七条

《城镇排水与污水处理条例》（2014 年施行）第五条、第二十条

《建设项目环境保护管理条例》（2017 年修订）第十五条

《人民检察院检察建议工作规定》（2019 年施行）第十条

《人民检察院公益诉讼办案规则》（2021 年施行）第十七条、第二十九条

《人民检察院审查案件听证工作规定》（2020 年施行）第四条、第五条

更好发挥检察公益诉讼制度效能 贡献跨区划生态环境司法保护的“中国方案”*

胡卫列　吕洪涛　刘家璞**

近期，最高人民检察院发布了第四十一批指导性案例——最高人民检察院督促整治万峰湖流域生态环境受损公益诉讼案（以下简称“万峰湖专案”）。该案作为最高人民检察院直接立案办理的第一起公益诉讼案件，在办案过程中，最高人民检察院坚持以习近平生态文明思想和习近平法治思想为指引，探索提出“以事立案”新方式、深化一体化办案模式、拓展检察听证功能、持续做好办案“后半篇文章”从而实现诉源治理，既丰富了办案实践，为今后办理同类案件提供借鉴，又极具规则意义，多项成果被《人民检察院公益诉讼办案规则》吸收。同时，“万峰湖专案”开创了指导性案例发布形式上的先例，首次采用“一批次一案例”的形式发布，首次在办案现场发布。为更好地理解和适用本案例，我们拟从办案背景、办案重点难点和办案影响等方面重点加以解读。

一、专案办理的背景和形势

（一）贯彻习近平生态文明思想和习近平法治思想的实践要求

以习近平同志为核心的党中央高度重视检察公益诉讼制度。党的十八届四中全会正式提出探索建立检察机关提起公益诉讼制度，党的十九届四中全会强调拓展公益诉讼案件范围，党的二十大再次强调完善公益诉讼制度。检察公益诉讼制度是党中央和习近平总书记亲自决策、部署和推进的重大改革举措，是习近平生态文明思想和习近平法治思想的重要组成部分。2019 年 10 月，十三届全国人大常委会第十四次会议专项听取最高人民检察院关于开展公益诉讼检察工作情况的报告，明确要求“最高检和省级检察院要依法直接办理一些涉及面广、危害大的典型公益诉讼案件，彰显司法权威，发挥法治威力”。最高人民检察院直接立案办理“万峰湖专案”，这种“顶格”管辖，本质上是以实际行动贯彻落实习近平生态文明思想和习近平法治思想，将党中央的决策部署实实在在地落实到公益诉讼检察实践。

---

* 原文载《中国检察官》2023 年第 1 期。

** 作者单位：最高人民检察院第八检察厅。

（二）新形势下公益诉讼检察高质量发展的工作需要

公益诉讼检察工作全面推行五年来，检察机关已经办理公益诉讼案件70多万件，工作理念不断更新，办案数量逐年稳步上升，案件范围逐步拓展，办案质效不断提升。同时也要看到，与新时代党中央对全面依法治国的新要求相比，与人民群众对民主、法治、公平、正义、安全、环境等方面的更高要求相比，公益诉讼检察还有一定差距。新形势要求公益诉讼检察向纵深发展、向追求更高质效转型，不断彰显公益诉讼更好地促进国家治理、服务人民群众的制度价值，充分体现其有用、有效、不添乱的功能特点，这就要用更多的案例呈现，更好的效果证明。最高人民检察院直接办理“万峰湖专案”，并将其独立作为一批指导性案例发布，为今后最高人民检察院和各省级检察院直接办理涉及面广、危害大公益诉讼案件树立了标杆，也为检察一体化办案模式的运用及检察机关通过办案推进诉源治理等积累了有益经验，进一步夯实检察公益诉讼制度发展的实践基础。

（三）跨省级行政区划流域污染治理的检察作为

万峰湖生态环境受损问题由来已久，其地处黔、桂、滇三省（区）结合部，虽经中央生态环境保护督察，贵州省、云南省、广西壮族自治区所辖湖区陆续开展了治理行动，但由于地跨三省（区）五县（市），上下游、左右岸的治理主张和执行标准不统一，流域污染问题拖延多年、无法根治。通过丰富的办案实践，检察公益诉讼独具特色的“公益之诉、督促之诉、协同之诉”的职能定位愈加清晰，激活现有体制机制失灵、僵化、缺漏的功能作用更加明显，最高人民检察院直接立案办理“万峰湖专案”，有效破解了仅靠一省（区）难以完成的跨省级行政区划流域污染治理的问题，有力推动解决了跨省级行政区划大江大河大湖协调联动不足的问题。“万峰湖专案”的成功办理，再一次印证了检察机关通过履行公益诉讼检察职能，可让现有体制机制更加完整、完善、有效，从而实现系统治理、协同治理，对解决跨行政区划生态环境受损问题具有独特的价值作用。

二、专案办理的重点和难点

（一）探索以事立案方式，解决责任主体众多立案难题

横跨三省（区）五县（市）的万峰湖流域生态环境受损问题客观存在，相关责任主体既涉及不同行政区划和层级，又涉及水务、环保、交通、农业农村、乡镇政府等不同行政部门，还涉及企业、单位、个人等不同民事主体，若按传统的以监督对象立案模式，就需要确定具体的侵权人或负有监督管理职责的行政机关，这样势必需要大量时间进行调查核实，在短时间内国家利益和社

会公共利益就不能得到及时有效的保护。为此，最高人民检察院探索创制“以事立案”方式，将国家利益和社会公共利益摆在首位，提出基于万峰湖流域跨省（区）生态环境受损的事实立案调查。以事立案，有利于检察机关依法及时有效行使调查取证权，提高办案效率，有利于检察机关化解不必要的办案阻力，争取各方的支持和配合，有利于检察机关更好发挥督促协同作用，更好实现公益保护。

（二）运用一体化办案机制，增强办案合力

“万峰湖专案”问题交织，涉及面宽，工作量很大，这就需要充分发挥检察机关上下级领导关系的体制优势，抽调四级检察机关的精干力量，形成分工明确的办案“兵团”，以一体化办案模式完成。一是人员不足，化零为整，在案件办理中，最高人民检察院组建由张雪樵副检察长担任主办检察官的办案组，从本院及相关省（区）检察机关抽调办案骨干作为办案组成员，最高人民检察院第八检察厅统一负责案件线索管理、关键环节把关、办案人员调度、对外协调宣传以及技术后勤保障，相关省（区）分别组建办案分组，负责摸排案件线索、办理最高人民检察院交办和指定管辖的案件，从而形成了以最高人民检察院为“龙头”、省级院与市州院为“枢纽”、基层院为“支点”的一体化办案模式。二是工作量大，化整为零，探索自办与交办相结合的“1＋N”专案办理模式，“1”是指最高人民检察院以事立案的1个总案，“N”是指针对侵害具体公益问题所立的全部子案件。对于“N”个子案件，在对专案具体线索统一研判的基础上，最高人民检察院认为符合立案条件的，原则上以交办方式交由属地检察院办理，接到线索的检察院再开展进一步调查，应立尽立，确实不需要立案或者不符合立案条件的，要层报最高人民检察院专案组审批。通过化零为整，有机整合了四级院的办案力量，充分发挥不同层级的职能优势，大大提升了办案能力；通过化整为零，既有效分解了专案办案任务，也有助于属地检察机关破解办案困难阻力，提升办案积极性。

（三）坚持双赢多赢共赢的理念，推动跨区划协同综合治理

万峰湖流域生态环境受损问题涉及三个省（区），由于沿湖五县（市）的经济发展水平不同，管辖的水域面积不同，对万峰湖水资源禀赋利益的需求也不同，从而导致对保护万峰湖生态环境的重要性认识不一，治理投入的资金和力量不一，执法整治的节奏和力度不一，直接影响万峰湖生态环境的非法网箱养殖及非法捕鱼等问题久治不绝，甚至陷入了“越治越乱”的逆循环。为凝聚公益保护合力，破解跨行政区划造成的“各自为政”、保护力量分散问题，“万峰湖专案”立案后，最高人民检察院在第一时间即要求三省（区）院分别

向党委和政法委报告情况，争取领导和支持，三省（区）党委主要领导均做出支持性批示，凝聚起万峰湖协同综合治理共识，为专案的顺利推进营造了良好的办案环境。为破解跨行政区划造成的万峰湖流域治理制度机制不足等问题，最高人民检察院推动沿湖五县（市）党委政府成立联合执法指挥部，对湖区实行统一联合执法监管。为强化公益诉讼检察职能对万峰湖的生态保护作用，最高人民检察院通过推动沿湖三市（州）检察院共同签署了《关于万峰湖流域生态环境和资源保护协作机制（试行）》，并促成建立了跨省级行政区划的黔桂滇三省（区）五县（市）万峰湖联合检察室。在保护受损公益的同时，推动加强流域检察机关之间、检察机关与行政机关之间、行政机关之间的协作，建立跨区划执法、司法协作机制，甚至推动完善流域立法，深化流域生态环境治理。

（四）推进诉前程序司法化，拓展检察听证功能

"万峰湖专案"没有一件行政公益诉讼案件进入诉讼程序，实现了诉前维护公益这一最佳司法状态，但诉前程序的单向性、封闭式运行模式，导致存在公开性不够、程序性不强等问题，检察机关是否完成办案任务，万峰湖流域污染问题是否得到根本治理，沿岸群众是否满意等，都是专案能否顺利结案的"必答题"。为客观评价专案的办案成效，提高专案办理的公信力、说服力，2020年12月24日，专案组在贵州省兴义市举行公开听证会。邀请3名全国人大代表、4名专家学者担任听证员，邀请水利部、生态环境部、农业农村部相关代表，以及百色、曲靖、黔西南三地市级政府领导参加，邀请沿湖五市（市）政府领导和群众代表旁听。"万峰湖专案"公开听证既是对整治湖面非法网箱养殖污染等办案实效的综合评价，也是对案件是否符合结案条件的客观认定，实现了实体公正与程序公开并举的办案目的，推动了公益诉讼诉前程序司法化。同时，通过公开听证还进一步巩固办案成效，调动各方积极探讨万峰湖流域渔业生态养殖和生态开发的可行性，推动从整治生态环境到实现生态产品价值的纵深发展，力争以一个案件的办理推动一类问题有效解决，以检察公益诉讼助推当地绿色发展，万峰湖流域正在成为"绿水青山就是金山银山"的生动实践。"万峰湖专案"是最高人民检察院直接立案办理的第一起公益诉讼案件，此次听证会也是最高人民检察院召开的首次公益诉讼案件听证会。

一般而言，检察听证的功能是对办案中遇到的疑难复杂事实认定或者法律适用等方面问题进行厘清，但是万峰湖专案拓展了检察听证的功能，该案举行检察听证是对办案成效进行客观评价，问计于民，并凝聚多部门、多层级等相关方面对流域生态环境保护和修复的共识，明确案件延伸的全流域综合治理、生态开发等后续工作，促进制度建设的完善，巩固案件办理效果，防止环境污

染问题反弹。

（五）统筹生态环境保护与经济社会高质量发展，推进“两山”理念的落实

万峰湖专案第一阶段工作，彻底解决了湖面非法网箱养殖污染等问题，实现了“绿水青山”的阶段性工作目标。但沿湖五县（市）都曾是国家级贫困地区，当地群众大多靠湖吃湖，如果生计问题得不到解决，网箱养殖等问题很可能再次反弹。为此，最高人民检察院未简单停留于就案办案，主动延伸监督触角，着力解决公益受损背后的深层次、隐藏性矛盾。在与沿湖五县（市）充分沟通达成共识的基础上，专案第二阶段工作主要聚焦“绿水青山”与“金山银山”的衔接转化，进一步发挥公益诉讼检察职能作用，统筹万峰湖流域生态环境保护与经济社会高质量发展，推动沿湖五县（市）统一监管执法，统一开发生态渔业，助力实现万峰湖长效治理和绿色发展。在最高人民检察院的推动下，2022年6月，沿湖五县（市）党委政府就万峰湖大水面生态养殖项目达成共识，并会签《黔桂滇三省（区）五县（市）万峰湖产业发展框架协议》。2022年7月，推荐组织五县（市）政府分管县长到千岛湖参加生态渔业专项培训。2022年8月，五县（市）合作成立“黔桂滇万峰湖渔业开发有限公司”。在开展诉源治理时，还注意充分尊重行政机关作为公共利益保护第一顺位代表的地位，严格把握职能界限，坚持“不越位、不缺位、不混同”原则，督促行政机关“治未病”，同步实现“生态美”“百姓富”目标。

三、专案办理的影响和意义

（一）推动省级以上检察机关直接立案全覆盖，在服务中心和大局中彰显检察担当

万峰湖专案成功办理后，最高人民检察院又直接立案办理公益诉讼案件7件，带动各省级人民检察院直接立案办理案件160件，并实现省级院自办案件立案全覆盖，推动解决了一大批重大公益受损问题。2021年，对涉及山东、江苏、河南、安徽4省8市53条入湖河流的“南四湖”流域生态环境受损问题，最高人民检察院直接立案办理，用时一年，督促全流域协力扭转治污困局，重现一湖碧水。2022年，最高人民检察院还立案办理了长江流域船舶污染治理公益诉讼专案，从长江上游云南开始，到贵州、四川、上海等11个省（市）同步推进解决长江流域船舶造成的生活污染、含油污水、固废等污染问题治理，将党中央“共抓大保护、不搞大开发”决策部署落到实处。

（二）引领规则创新，推动公益诉讼制度机制完善

万峰湖专案既丰富了办案实践，又极具规则意义，在法治轨道上实现立案

模式、办案模式和结案追求的创新。最高人民检察院通过探索以事立案，破解涉案主体众多等难题；运用一体化办案机制，突破办案阻力，提升办案能力；统一调用检察人员成立专案组，解决办理重大疑难案件力量不足问题，以上成果被《人民检察院公益诉讼办案规则》吸收，推动检察公益诉讼制度进一步完善。此外，最高人民检察院持续跟踪监督，以整治非法网箱污染为突破口，推动万峰湖流域环保治污七大方面问题全面解决，探索总结形成了一系列跨行政区划重大疑难复杂公益诉讼案件办理的工作经验；聚焦诉源治理，充分发挥检察公益诉讼制度“公益之诉、督促之诉、协同之诉”的功能优势，推动形成了万峰湖治理开发齐抓共管大格局，统筹万峰湖流域经济社会高质量发展；创新开展“一个案件两次听证”，主动运用互联网直播，更大范围展示专案第二阶段工作成效，让广大网民见证、监督万峰湖流域的绿色发展，进一步提升检察公益诉讼制度的影响力；探索完善“培训 + 办案 + 研究”立体化精准培训新模式，以“办案”为核心，调训下级院业务骨干参与办案，跟案学习，开展精准培训，深化业务能力提升，以“调查研究”促进深入思考，推动成果转化运用，实现学、用、研有机结合，为全国公益诉讼检察业务能力建设提供了新路径。

（三）扩大制度影响，为破解“公地悲剧”贡献公益司法保护“中国方案”

流域治理是世界性难题，大江大湖上下游不同行、左右岸不同步的顽症痼疾同样是摆在我们面前的难题。万峰湖专案以最低的司法成本、在最短的时间解决横跨三省（区）的湖泊流域问题，办成了多年想办而没办成的难事。万峰湖重现一湖碧水，流域生态环境更加优美，人民群众更加安居乐业，对公益诉讼制度有了更多赞许，对中国特色社会主义道路更加自信。贵州、广西、云南三省党委政府主要领导对专案办理给予大力支持，要求行政机关主动支持配合检察机关开展公益诉讼，案件办理成效受到中央领导批示肯定。中央电视台系列专题片《为了公众的利益》中以上、下两集《万峰湖专案纪实》对专案进行全景展现，各大媒体争相报道万峰湖专案指导性案例发布情况，公益诉讼制度影响力持续扩大，公益保护社会参与度、知晓度不断提升。万峰湖专案发挥公益诉讼检察促进国家治理独特制度效能，高效破解“公地悲剧”难题，也引起了国际法律界人士的高度关注。巴西联邦总检察署高等委员会副主席，前巴西联邦总检察长拉克尔·道奇（Raquel Dodge）指出：“中国正在积极拓展检察官的职能，为切实的挑战提供真正的解决方案，也就是（真正采取行动）应对环境损害。”万峰湖专案是检察公益诉讼助力推进国家治理体系和治理能力现代化的生动样本，展现了鲜明的中国特色，为世界他国解决跨区划生态环境治理问题提供了“中国方案”。

最高人民检察院
关于印发最高人民检察院第四十二批指导性案例的通知

（2023年2月15日公布　高检发办字〔2023〕25号）

各省、自治区、直辖市人民检察院，解放军军事检察院，新疆生产建设兵团人民检察院：

经2022年11月23日最高人民检察院第十三届检察委员会第一百零九次会议决定，现将陈某诉江苏省某市人社局撤销退休审批检察监督案等四件案例（检例第167—170号）作为第四十二批指导性案例（行政检察推进社会治理主题）发布，供参照适用。

最高人民检察院

2023年2月15日

陈某诉江苏省某市人社局撤销退休审批检察监督案

（检例第 167 号）

【关键词】

行政检察　抗诉　职工退休年龄　劳动者权益保护　社会治理

【要　旨】

企业职工退休年龄应当依据所从事的岗位类型依法确定。人民检察院办理行政诉讼监督案件，发现行政机关未依照国家关于企业职工管理从身份管理向岗位管理转变的要求审批退休，人民法院生效裁判予以错误维持的，应当依法监督。针对办案发现的企业职工退休审批中存在的违反法律政策的问题，人民检察院与人民法院、相关行政机关加强沟通磋商，推动规范完善企业职工退休审批标准和程序，促进依据岗位类型确定退休年龄的国家政策有效落实，保障劳动者合法权益。

【基本案情】

陈某，女，1964 年 4 月出生。1981 年经招工成为江苏省某市印染厂职工，2001 年 7 月经招聘进入某集团有限公司的子公司某投资公司工作。2005 年起，某投资公司多次行文，委派陈某到其下属的石化公司、纺织公司任财务科长、财务部副经理、财务总监等职务。某投资公司也多次发文明确陈某享受管理岗位相应待遇。

2014 年 8 月 14 日，某投资公司以陈某已年满 50 周岁达到工人退休年龄为由，为陈某办理退休手续。同月 18 日，某市人社局批准陈某自 2014 年 4 月起退休。陈某认为自己属于管理岗位人员，按照规定应在 55 周岁退休，向人民法院提起行政诉讼，要求撤销市人社局退休审批手续。

2016 年 3 月 24 日，某区人民法院作出行政判决，以现有证据无法证明陈某的工作岗位已按照程序被确定为管理或技术岗位为由，驳回其诉讼请求。陈某不服一审判决，提起上诉。2016 年 10 月 30 日，某市中级人民法院作出二审判决，认为无证据证明陈某曾从工人身份转换为干部身份，且某投资公司对陈某 45 周岁前后的管理或者技术岗位不予认可，故陈某应按工人身份 50 周岁退休，人社局批准其退休并无不当，遂判决驳回上诉，维持原判。陈某向江苏省高级人民法院申请再审，被以相同的理由裁定驳回。

【检察机关履职过程】

案件来源。陈某不服人民法院生效判决，向某市人民检察院申请监督。某市人民检察院经审查，于2019年6月24日提请江苏省人民检察院抗诉。

调查核实。围绕本案争议焦点，检察机关重点开展了以下调查核实工作：一是向陈某了解情况、调阅某集团有限公司相关资料，查明陈某自40岁起先后在某投资公司下属石化公司、纺织公司等从事财务管理工作，并得到某集团有限公司的确认。二是向某市人社局了解关于退休审批的政策规定，发现其为陈某办理退休审批手续依据的是原江苏省劳动厅《关于实施劳动合同制度有关问题的补充处理意见》（2015年12月21日被废止）。该《意见》第十三条规定，企业内生产操作岗位和技术管理岗位的划分，由本企业根据编制定员和生产经营实际自行确定，经过职工代表大会讨论通过后实施。因某投资公司自成立到本案争议时从未召开过职工代表大会确定区分工人岗、管理岗的目录，故人社局以无证据证明陈某工作岗位已按照程序被确定为管理岗或技术岗为由，以其工人身份审批50周岁退休。

监督意见。江苏省人民检察院审查后认为：1. 二审判决以无证据证明陈某工作岗位已按照程序被确定为管理岗或技术岗为由，直接认定陈某应按工人身份50周岁退休，与客观事实不符。2. 人社部门应当根据陈某实际工作岗位审批退休申请。人社部门作为社会保险行政部门，对于陈某退休具有审批权，虽然某投资公司未对管理和非管理岗位作出明确划分和界定，但人社部门应当根据陈某曾被公司多次任命管理职务的客观实际，确定陈某的岗位性质、退休年龄。3. 陈某可以年满55周岁退休。根据国家关于退休年龄的相关规定，原劳动部《关于贯彻执行〈中华人民共和国劳动法〉若干问题的意见》中，关于“……职工在用人单位内由转制前的原工人岗位转为原干部（技术）岗位或由原干部（技术）岗位转为原工人岗位，其退休年龄和条件，按现岗位国家规定执行”的规定，以及《〈江苏省企业职工基本养老保险规定〉实施意见》中“关于45周岁前在管理或技术岗位上工作、45周岁后仍继续在管理或技术岗位上工作过的女工人，年满55周岁退休”的规定，陈某属于可以年满55周岁退休的情形。

2019年8月16日，江苏省人民检察院向江苏省高级人民法院提出抗诉。

监督结果。江苏省高级人民法院再审期间，江苏省人民检察院副检察长受检察长委托列席审判委员会会议发表法律监督意见。省人民检察院还会同省高级人民法院办案人员多次联合走访陈某、某集团有限公司、省市两级人社部门，释法说理，指出企业应当积极落实从身份管理转向岗位管理的国家政策和劳动法的相关规定。最终促成和解，陈某书面撤回监督申请，某集团有限公司补偿陈某被提前退休的损失。2022 年 1 月 25 日，省高级人民法院裁定终结诉讼。

推进治理。江苏省人民检察院在办案中发现，虽然原省劳动厅《关于实施劳动合同制度有关问题的补充处理意见》已于 2015 年 12 月 21 日被废止，但省市两级人社部门依然在延用该文件第十三条的规定。省人民检察院就该案反映出的一些企业未按照有关规定对管理和非管理岗位作出明确界定，人社部门依职工原身份直接认定管理岗和技术岗不符合客观实际的问题，与省高级人民法院、省人社厅多次沟通，反复磋商，达成一致。省人社厅采纳省检察院的意见，在制定《江苏省企业职工养老保险实施办法》中明确女职工退休年龄的审批标准和程序，规定："女工人 50 周岁时在管理技术岗位上工作，或者在管理技术岗位上工作累计满 5 年且 45 周岁后在管理技术岗位上工作过的，按照女干部退休年龄执行；……""企业应当制定本单位的岗位目录（包括岗位名称、岗位性质等)，经职工大会或职工代表大会通过后，提供给人力资源社会保障部门，作为确定女职工退休年龄和办理退休手续的依据之一。"同时规定，企业应当按照岗位目录确定女职工所从事的岗位性质，岗位发生变动时，应当及时通过签订岗位变动协议或者变更劳动合同等形式确定，并向社会保险经办机构申报变更岗位性质信息。

2022 年 3 月 1 日，《江苏省企业职工养老保险实施办法》正式施行。某集团有限公司按照该实施办法规定的民主和决策程序制定了内部机构和岗位"三定"方案，明确了集团总部的岗位目录并区分管理岗和工人岗，向市人社部门履行了报备程序。

【指导意义】

人民检察院通过依法监督人民法院生效行政裁判，推动依据岗位类型确定退休年龄的国家政策有效落实，并由个案到类案，与行政机关磋商，促进劳动纠纷诉源治理。退休年龄关涉企业和职工缴纳社会保险等的年限和数额，与企业和职工利益直接相关，应当依法确定。1995 年 1 月《中华人民共和国劳动法》实施以后，为适应社会主义市场经济体制，推行劳动合同制，企业管理员工从身份管理转向岗位管理。女职工退休年龄应当依据所实际从事的岗位性质依法确定，与其原有的工人或干部身份不必然相关。人民检察院办理企业员工不服退休审批的行政诉讼监督案件，应当审查企业、人社部门及人民法院是否正确执行依员工实际工作岗位确定退休年龄的规定，对人民法院生效行政裁判维持以身份确定女职工退休年龄的行政审批决定，认定事实与女职工实际从事工作岗位不符的情形，应当依法予以监督。检察机关在办理涉及企业职工合法权益个案的同时，发现企业职工退休审批中存在的共同性、普遍性问题，应当查找分析其制度性、管理性根源，推动相关职能部门健全管理制度，明确企业职工退休审批标准和程序，推动相关企业规范职工岗位管理，保护劳动者合法权益，提升社会治理水平。

【相关规定】

《中华人民共和国行政诉讼法》（2017 年修正）第九十一条、第九十三条

《中华人民共和国劳动法》（2018 年修正）第四条

《最高人民法院关于适用〈中华人民共和国行政诉讼法〉的解释》（2018 年施行）第一百二十一条

《人民检察院行政诉讼监督规则》（2021 年施行）第六条

原劳动部《关于贯彻执行〈中华人民共和国劳动法〉若干问题的意见》（1995 年施行）

志某诉湖南省甲县公安局确认执法信息录入行政行为违法检察监督案

（检例第 168 号）

【关键词】

行政检察　抗诉　检察建议　执法信息数据管理　人格尊严社会治理

【要　旨】

人民检察院办理行政诉讼监督案件，对于违法行政行为严重侵犯公民人格尊严，当事人要求行政机关赔礼道歉的，应当予以支持。人民检察院对办案中发现的执法信息数据采集、使用、管理中带有普遍性的问题，可以依法制发检察建议，督促行政机关加强和改进管理监督工作，健全完善执法信息数据录入与审查核实机制，从源头上消除防范侵犯公民人格权的风险隐患。

【基本案情】

2016 年，湖南省甲县公安局在补录罪犯信息时，审核不严格，操作不规范，误将志某的身份信息录入到“全国违法犯罪人员信息资源库”。志某因此失去工作，社会活动受到诸多限制。志某多次请求甲县公安局解决未果，遂于 2018 年 1 月向人民法院提起行政诉讼，请求确认甲县公安局行政行为违法，并责令甲县公安局从该信息资源库中删除本人信息，赔偿损失，赔礼道歉。

甲县人民法院以行政诉讼、行政赔偿诉讼两个案件立案，合并审理。行政诉讼案一审判决确认甲县公安局将志某的个人信息录入“全国违法犯罪人员信息资源库”的行政行为违法，限判决生效后五日内将志某从该信息资源库中删除。甲县公安局不服一审判决，提起上诉。衡阳市中级人民法院于 2018 年 7 月 25 日受理。二审期间，甲县公安局于 2018 年 10 月向该院提交《关于删除错录志某犯罪信息情况说明》，称自 2018 年 1 月起，已对“全国违法犯罪人员信息资源库”等数据平台中志某的错录数据予以删除。衡阳市中级人民法院认为，甲县公安局将志某的信息录入到“全国违法犯罪人员信息资源库”的行政行为没有事实依据，程序违法，由于错录的信息已被删除，故无须再判决甲县公安局限期删除，遂判决撤销一审行政判决，撤销甲县公安局将志某的个人信息录入“全国违法犯罪人员信息资源库”的行政行为。人民法院对行政赔偿诉讼案作出的二审生效判决，判处甲县公安局赔偿志某精神损害抚慰金 30000 元。志某认为，其诉讼请求没有得到完全支持，多次到当地人大等有关机关反映情况。

【检察机关履职过程】

案件来源。衡阳市人大监察司法委将该案线索转交衡阳市人民检察院。衡阳市人民检察院依法受理并审查后，提请湖南省人民检察院抗诉。

调查核实。检察机关调查查明，志某原户籍地为乙县某镇，乙县公安、司法机关在办理恩某盗窃案中未核查其身份信息，致恩某冒用志某名字被追究刑事责任，投入甲县看守所服刑。2000 年前后，湖南省监所执法管理系统启用信息化管理，甲县看守所对所内历年来羁押人员信息进行补录，工作人员按照判决书信息配对人口信息网时，发现乙县某镇只有志某的信息与罪犯恩某的信息较为相符，便认定志某为判决书上的“志某”，将其录入看守所管理系统。2016 年看守所管理系统并入全国违法犯罪人员信息资源库，志某的错录信息同步进入资源库并被公开到相应应用系统。

监督意见。湖南省人民检察院经审查认为：1. 志某在诉讼中并未变更诉讼请求，其关于赔礼道歉的诉讼请求，本案一审、二审判决和另案行政赔偿判决，均未予以回应。2. 虽然甲县公安局在二审判决前已将志某的错录信息删除，原行政行为的违法状态已经消除，但根据《中华人民共和国行政诉讼法》第七十四条规定，被告改变原违法行政行为，原告仍要求确认原行政行为违法，不需要撤销或者判决履行的，人民法院应当判决确认违法，故二审判决“撤销行政行为”属于适用法律错误。2021 年 5 月，湖南省人民检察院向湖南省高级人民法院提出抗诉。

监督结果。湖南省高级人民法院依法再审，判决确认甲县公安局将志某的个人信息录入“全国违法犯罪人员信息资源库”的行政行为违法。再审法院指出，本案一、二审期间志某均未变更其诉讼请求，一审遗漏了志某“赔礼道歉”的诉讼请求，但在二审庭审过程中，甲县公安局当庭向志某予以赔礼道歉。此种情形，二审判决既未在判决理由予以回应，亦未在判项中对该诉讼请求进行处理，确有不当。鉴于志某“赔礼道歉”的诉讼请求已经得到解决，再审判决对一审、二审的遗漏予以指正。再审中，行政机关负责人当庭向志某诚恳道歉，平复了志某的不满情绪。

推进治理。检察机关针对该案反映出的公民身份信息录入错误进一步调查核实，发现当地公安机关执法信息数据采集使用管理工作存在对录入信息审核监督不足，把关不严，怠于纠正错录信息等问题。针对上述问题，衡阳市人民检察院 2021 年 5 月依法向衡阳市公安局发出检察建议书，建议公安机关集中整治公民身份信息录入工作中存在的突出问题；建立健全公民身份信息录入工作机制，从根本上堵住管理上的漏洞；加强队伍政治业务培训，不断提高公民信息录入管理能力水平；做好矛盾化解工作，切实防范社会稳定风险。

衡阳市公安局收到检察建议后成立工作专班，对全市违法犯罪人员信息录入工作进行全面清查，对执法领域冒用他人身份信息情况进行纠正，对相关承办民警予以追责处理。衡阳市公安局将整改相关情况报告湖南省公安厅，2022年4月，省公安厅出台《湖南省公安机关执法办案信息数据采集使用管理工作规定》，完善了公民身份信息录入审批监督机制。湖南省公安厅还在全省公安机关开展错误录入公民违法犯罪信息问题专项清查整治工作，截至2022年7月，将排查出的2019年1月以来被错误录入“全国违法犯罪人员信息资源库”人员信息全部予以纠错，并对相关责任人追责处理。

【指导意义】

（一）人民检察院办理因违法行政行为造成公民精神损害引起的行政诉讼监督案件，对于法院生效裁判遗漏赔礼道歉诉讼请求的，可以依法监督，促进行政争议实质解决。当事人提起行政诉讼，诉请确认行政行为违法并要求赔礼道歉，人民法院在行政判决主文中对赔礼道歉的诉讼请求未予以回应，在判项中也未作出判决的，属于遗漏诉讼请求情形，人民检察院可以提出抗诉。行政机关及其工作人员的侵权行为往往会给受害人带来不同程度的困扰和精神痛苦，赔礼道歉作为行政机关承担责任的方式之一，有利于抚慰受害人。检察机关办理因违法行政行为造成公民精神损害引起的行政诉讼监督案件，监督人民法院纠正遗漏判项，促使行政机关向受害人赔礼道歉，有利于实质性化解行政争议。

（二）人民检察院针对发现的执法信息数据采集使用管理安全隐患问题，制发社会治理检察建议督促行政机关及时修补管理监督漏洞，有利于从源头上消除违法和侵权隐患，保护公民信息安全。信息化时代，行政机关采集使用管理公民信息紧密关联公民的人格尊严和合法权益，影响公民基本权利行使。行政机关有义务依法客观准确采集使用公民信息。人民检察院在办案中发现执法信息采集、审核机制不健全，可以通过制发检察建议书督促行政机关堵塞管理漏洞，消除违法犯罪风险和侵害公民信息安全隐患，维护公民合法权益，发挥源头治理实效。

【相关规定】

《中华人民共和国人民检察院组织法》（2018年修订）第二十一条

《中华人民共和国行政诉讼法》（2017年修正）第七十条、第七十四条、第九十一条

《人民检察院检察建议工作规定》（2019年施行）第三条、第十一条

浙江省杭州市某区人民检察院督促治理虚假登记市场主体检察监督案

（检例第169号）

【关键词】

行政检察　虚假登记　类案监督　检察一体化　数字化治理

【要　旨】

人民检察院在开展行政诉讼监督中发现存在虚假登记市场主体问题，可以依法制发检察建议，督促行政主管部门依法履行监管职责。要积极运用大数据赋能法律监督，注重从个案发现类案监督线索，通过社会治理检察建议推动跨部门高效协同社会治理。

【基本案情】

2018年8月，王某在购买车票时发现自己被纳入限制高消费名单，经查询得知，其遗失的身份证被他人冒名用于登记设立某咨询公司，王某被登记为公司法定代表人，因某咨询公司欠款未还，王某被法院列为失信被执行人。2018年11月，王某向某区市场监督管理局申请撤销登记，该局未同意。王某申请笔迹鉴定，鉴定意见证明注册的登记资料和委托书上的“王某”签名均非其本人书写。2019年3月，王某向某区人民法院提起行政诉讼，请求判令某区市场监督管理局撤销公司登记。因王某提起的行政诉讼已超过法定起诉期限，依据浙江省高级人民法院、浙江省人民检察院《关于共同推进行政争议实质性化解工作的纪要》，某区人民法院邀请检察机关共同开展行政争议实质性化解工作。

【检察机关履职过程】

案件来源。某区人民检察院应邀参与化解工作。经调查查明王某确系被冒名登记，遂于2019年11月18日向某区市场监督管理局发出检察建议书，建议其依法启动公示和调查程序。某区市场监督管理局收到检察建议后，按照规定启动了公示调查程序，并于2020年4月23日撤销王某名下的某咨询公司。针对王某案反映出的提交虚假材料或者采取其他欺诈手段隐瞒重要事实取得市场主体登记（以下简称虚假登记）问题，某区人民检察院研判认为该问题并非个案，经检索检察业务应用系统，发现该院办结的朱某某诈骗案中，朱某某等人为骗取街道招商引资引荐奖金，通过购买、借用他人身份信息，虚假登记26家公司。经对辖区内涉嫌虚假登记线索进一步筛查，发现2019年11月至2020年1月期间，杭州某灯饰有限公司等74家公司分别以杭州市已处于歇业状态的某宾馆3－8层74个房间号为经营地址登记注册，涉嫌提交虚假材料取得公司登记，遂依法启动行政检察类案监督。

调查核实。某区人民检察院开展了以下调查核实工作：一是向该区市场监督管理局调取相关公司登记材料；二是向人社部门、税务部门调取涉案公司人员社保缴纳信息、税款缴纳情况；三是向该区公安分局刑事侦查大队了解电信诈骗团伙犯罪相关情况；四是实地查看74家公司登记地址，调取该地址经营的某宾馆有限公司营业执照、租赁合同。查明：某宾馆有限公司是74间房屋产权所有方，74家公司系邓某某等人伪造租赁合同和办公租用协议，加盖伪造的“某宾馆有限公司”的印章，冒用他人身份信息，通过浙江省企业登记全程电子化平台登记设立公司，申请银行对公账户，某宾馆有限公司对74家公司擅自使用其地址注册公司的行为并不知情；该74家公司均无社保、税费缴纳记录，未在登记地址实际经营。其中有4家公司的对公账户已证实被用于电信诈骗活动，其余公司及其对公账户也被转卖给他人用于违法犯罪活动。上述74家公司冒用某宾馆有限公司经营地址，影响了该公司破产程序的进行。

监督意见。某区人民检察院经审查认为，杭州某灯饰有限公司等74家公司提交虚假材料取得公司登记用于违法犯罪活动，已严重损害人民群众的财产安全、信用安全，情节严重，根据《中华人民共和国公司法》第一百九十八条、《中华人民共和国公司登记管理条例》第六十四条规定，应当吊销营业执照。杭州市某区市场监督管理局对上述违法行为负有法定监督管理职责，但并未依法尽责履职。2020年5月29日，某区人民检察院向区市场监督管理局发出检察建议书，建议：1．履行监管职责，吊销杭州某灯饰有限公司等74家公司的营业执照；2．开展涉案公司法定代表人的关联公司信息排查专项行动；3．建立长效监管机制，利用大数据排查等方式加强日常巡查。

监督结果。某区市场监管局针对检察建议书的内容，对所涉及的74家公司的违法行为依法进行了相关调查处理，查明74家公司提供的租赁合同和办公租用协议确属伪造，依法作出吊销杭州某灯饰有限公司等74家公司营业执照的行政处罚决定。区市场监督管理局在全区范围内开展虚假登记专项检查，撤销20家因冒用他人身份证登记的公司，将200余家无社保缴纳记录、无缴税记录、同一地址登记多家公司等异常公司列入重点管控企业名录。朱某某诈骗案所涉及的26家公司亦被依法吊销营业执照。

针对案件办理过程中发现的职能衔接不畅、信息共享不及时、传统监管手段滞后等问题，某区人民检察院会同区法院、公安、人社、市场监管、税务等部门，建立线索移送反馈、快速联动查处、定期案情通报等工作机制，形成虚假登记行政监管“快通道”。

推进治理。案件办理后，某区人民检察院组建由行政检察牵头，刑事检察、检察技术部门共同参与的办案团队，开展类案解析、要素梳理、规则研判，建立数字办案模型，对检察业务应用系统中“营业执照、对公账户、公司登记、公司注册”等关键词和数据进行检索和碰撞，从而获取虚假登记线索。针对案件反映出互联网商事登记审核虚化、执法办案数据与司法办案数据存在信息壁垒、对异常信息的辨识和预警能力不足等行政监管问题，某区人民检察院撰写调研报告、检察情况反映报送区委及其政法委、区政府，得到充分肯定和支持。为提升治理效果，某区人民检察院会同区委政法委、区人社局、市场监管局、税务局签订《关于建立某区综合治理虚假登记公司共同守护法治营商环境工作机制的意见》，成立工作专班，共建“虚假公司综合治理一件事”多跨应用场景，打通了检察机关与行政机关的数据壁垒，对数字办案模型筛选出来的虚假登记线索与市场监管局的企业基本信息数据、人社局的企业社保缴纳数据、税务局的企业缴税数据进行实时对比碰撞，获取社保缴纳异常、缴税情况异常的企业清单，并将上述线索通过“法治营商环境共护”平台线上移送给相关部门处理，实现对虚假登记监督办案、处置反馈、动态预警、综合治理的全流程实时分析，形成覆盖“数据—平台—机制”的长效动态治理模式。

2022 年 1 月，杭州市人民检察院以某区经验为范本，在全市范围内开展数字监督集中专项行动，借助“法治营商环境共护”平台对近年来杭州市内刑事案件中涉及虚假登记及关联公司的情况进行排查。2022 年 4 月，浙江省人民检察院在全省推广某区经验，开展虚假登记数字监督专项行动，通过数字赋能，促进社会治理。截至 2022 年 7 月，全省检察机关通过制发检察建议的方式，督促市场监督管理部门对 753 家公司撤销登记或者吊销营业执照。杭州市检察机关向市市场监督管理部门推送涉案公司 918 家、关联公司 822 家，10 个区县（市）同步启动治理，市场监督管理部门已撤销 29 家公司登记，吊销 97 家公司营业执照，另有 846 家公司被列入经营异常名录。

【指导意义】

（一）人民检察院在履行行政诉讼监督职责中发现虚假登记市场主体问题，依法制发检察建议，督促行政机关依法履职，并运用大数据挖掘分析，从个案办理发现类案线索，透过案件发现深层次问题，有助于推动跨部门高效协同数字化诉源治理。人民检察院依法能动履职，以个案办理、类案监督为切口，运用大数据构建关键词检索、关联数据碰撞的类案监督模型，对案件进行特征归纳，发掘案件背后执法司法、制度机制、管理衔接等方面存在的共性问题，适时提出检察建议，促进社会治理。要主动加强与其他执法司法机关协作，打通“数据孤岛”，推动建立执法和司法办案数据互联互通的数字化治理平台，建立数据交换、业务协同、关联分析、异常预警的数字化治理模式，实现跨部门协同治理，以监督推进共享、以共享赋能监督，有效维护公平竞争的市场秩序，营造法治化营商环境。

（二）人民检察院在办案中要坚持系统思维，充分发挥检察一体化办案机制优势，上下联动、内部融合，优化检察资源配置，提升法律监督质效。人民检察院在办案中，要凝聚检察机关上下级之间的纵向监督合力，以及内部各业务部门之间的横向监督合力，构建“线索同步发现、双向移送、协同办理”办案模式。根据办案需要，组建跨部门一体化专业办案团队，整合上下级检察机关和同一检察机关各部门资源，紧密衔接、同向发力，形成法律监督合力。上级检察机关在加大自身办案和对下指导力度的同时，要对下推动跨区域协作办案，实现检察监督效果的倍增、叠加效应。

【相关规定】

《中华人民共和国人民检察院组织法》（2018 年修订）第二十一条

《中华人民共和国公司法》（2018 年修正）第一百九十八条

《人民检察院检察建议工作规定》（2019 年施行）第三条、第十一条

《中华人民共和国公司登记管理条例》（2016 年修订）第二条、第四条、第六十四条（现为 2022 年 3 月 1 日施行的《中华人民共和国市场主体登记管理条例》第五条、第十七条、第四十条、第四十四条）

国家市场监督管理总局《关于撤销冒用他人身份信息取得公司登记的指导意见》（2019 年施行）

广东省某市人民检察院督促住房和城乡建设行政主管部门依法履行监管职责检察监督案

（检例第170号）

【关键词】

行政检察　建设工程质量　竣工验收备案　检察建议　类案监督　专题分析

【要　旨】

人民检察院办理住建领域行政诉讼监督案件，发现相关行政机关未依法履行工程竣工验收备案审查职责的，可以向相关行政机关提出检察建议。经调查分析，不严格依法履职情形具有一定普遍性的，可以形成专题报告，向党委、人大报告，向行政机关及人民法院等通报，推动相关部门完善保障建设工程质量的长效监管和规范执法机制，发挥行政检察监督在促进社会治理方面的职能作用。

【基本案情】

2015年10月22日，王某霞与某发展有限公司签订《商品房认购协议》，以342万余元购买案涉房屋。2016年5月5日，双方又签订《改造及装饰装修协议书》，约定由某发展有限公司对该房屋加建夹层、卫生间等。因该房屋加建后王某霞认为未完成消防验收、备案，拒绝收房。2019年11月7日，王某霞要求某市住建局对小区大楼公共区域及其所购买的房屋进行消防评审及竣工验收备案。同年11月15日，某市住建局就王某霞所提要求作出书面回复，王某霞对该回复不服，2020年5月14日，以某市住建局应当撤销回复、重新作出答复为由提起行政诉讼，请求法院判令某市住建局履行对案涉房屋改建部分进行竣工验收并依法备案的法定职责。法院审理后，以诉讼请求包含公共区域，王某霞以自己的名义提起诉讼不符合法定起诉条件为由，裁定驳回起诉。为解决纠纷，王某霞随后以某发展有限公司为被告诉至某市某区人民法院，请求法院判令某发展有限公司承担未完成房屋竣工验收备案的违约责任。一审、二审均未支持其请求，再审裁定驳回后，王某霞于2021年8月26日向某市人民检察院申请监督。

【检察机关履职过程】

案件来源。广东省某市人民检察院依法受理王某霞申请监督案，经审查发现该案系“民行交叉”案件，法院作出的行政裁定事实清楚，适用法律正确，裁定驳回起诉并无不当，法院作出的民事裁判也并无不当。市住建局在接到王某霞投诉后，已于2019年11月责令某发展有限公司补办消防审核和验收手续，某发展有限公司已补办上述手续，但并未依法进行竣工验收备案，住建部门对未依法备案存在未依法履职的行政不作为问题。经进一步了解，该市市民热线2017年至2020年间接到的关于住建、城乡规划领域的投诉、举报、咨询共7000余条；该市两级人民法院2018年1月至2021年6月受理的竣工验收备案类纠纷案件总计422件。建设工程竣工验收备案制度落实不到位既是当地住建领域行政执法中存在的带有普遍性的问题，也是引发商品房买卖纠纷的重要诱因，还是人民群众向市民热线投诉的热点问题。为促进诉源治理，某市人民检察院经请示省检察院后，决定启动涉住建领域竣工验收备案专项行政检察监督。

调查核实。某市人民检察院多次走访市区两级住建部门了解情况，发现住建部门在执法过程中存在以下问题：一是对建设单位在工程竣工验收合格后未依法及时办理工程竣工验收备案的，未依法责令限期改正、处以罚款；二是建设单位提交的竣工验收备案材料不齐全的，未严格审查便予以竣工验收备案。商品房买卖合同通常约定，交付房屋的条件为取得建设工程竣工验收备案证明文件，但当地行政主管部门对建设工程竣工验收备案监管缺位，部分商品房验收合格后仍然不符合合同约定的交付条件，导致一系列民事纠纷。

监督意见。某市人民检察院审查认为，根据《建设工程质量管理条例》的规定，建设单位应当自建设工程竣工验收合格之日起15日内，报建设行政主管部门或者其他有关部门备案；建设行政主管部门或者其他有关部门发现建设单位在竣工验收过程中有违反国家有关建设工程质量管理规定行为的，责令停止使用，重新组织验收；建设单位未按照国家规定报送备案的，由备案机关责令改正、处以罚款。商品房开发建设企业应在工程竣工验收合格后依法及时办理消防、环保、人防工程等验收并备案，行政机关应当高效便民，加强对竣工验收的各环节监督，督促企业提高项目竣工验收效率，减少有关竣工验收的诉讼纠纷。据此，检察机关向市住建部门发出检察建议书，建议开展房地产开发项目竣工验收备案专项检查整治；并撰写《关于涉住建领域执法规范行政检察专项监督情况的专题分析》，向市住建部门进行通报，向市委政法委报告，抄送市中级人民法院和市司法局，提出解决问题的路径：一是加大对建设单位违法违规行为查处力度，全面开展建设工程项目排查；二是进一步规范建设工程竣工验收备案审查工作；三是加强房地产信用管理力度；四是加大宣传力度，增强各参与主体的法律意识；五是进一步推进房屋建设和市政基础设施工程竣工联合验收工作。

监督结果。住建部门收到检察建议书和专题分析报告后，采纳检察机关的意见建议，研究解决方案，推动整改落实：1. 全面排查未按时办理竣工验收备案的项目。检察建议书中指出的问题项目均完成了竣工验收备案手续；2. 严格工程验收备案资料审核，结合营商环境整治工作，向辖区建筑企业派发竣工验收备案宣传册，并采取承诺制优化备案工作，对未按时完成竣工验收备案的企业进行扣分并计入房地产开发企业信用档案；3. 由住建部门牵头成立联合验收专班，积极推动联合验收工作。

某市市委政法委收到专题分析报告后批转至市政府。市政府常务会议专题听取住建部门关于住建领域执法情况汇报，会后印发《市政府常务会议决定事项通知》，要求住建部门认真对照检察机关的专题分析报告，整改落实，联合自然资源局、生态环境局、水务局、城市管理综合执法局，进一步规范建设工程竣工验收备案管理工作。

某市人民检察院向广东省人民检察院汇报了专项监督情况，省检察院高度重视，前往省住建厅调研走访，推动省住建厅在全省范围内对房屋建筑和市政基础设施工程竣工联合验收不规范行为进行专项整治。省住建厅还制定出台《广东省房屋市政工程建设单位落实质量安全首要责任管理规定（试行）》《广东省房屋市政工程安全生产治理行动实施方案》等相关配套制度机制。

【指导意义】

人民检察院履行法律监督职责，发现行政机关存在不履行法定职责情形，可以制发检察建议促使整改。必要时，可以针对普遍性问题进行专题分析，形成报告报送上级领导机关，通报相关部门，推动形成解决问题的合力。国家实行建设工程质量监督管理制度，取消房地产开发项目竣工验收行政审批后，建设工程竣工验收后须向主管部门备案。从事前审批转到事后监管，有助于提升行政效率，强化企业的主体责任，行政主管部门仍然负有监管职责。人民检察院在办案中发现行政机关怠于履行职责，在制发检察建议的同时，为促进形成解决问题的合力，可以对监督中发现的共性问题进行深入分析，形成专题报告，向党委、人大报告，向行政机关等相关部门通报，将检察监督效果向推进完善社会治理延伸。上级检察机关要加强指导，上下联动，共同助推相关部门建立健全长效机制，填补制度管理漏洞，以依法监督的“我管”促进相关行政职能部门依法履职的“都管”，以能动履职促进诉源治理。

【相关规定】

《中华人民共和国人民检察院组织法》（2018 年修订）第二十一条

《中华人民共和国建筑法》（2019 年修正）第六十一条

《人民检察院检察建议工作规定》（2019 年施行）第三条、第十一条

《建设工程质量管理条例》（2019 年修订）第四十九条、第五十六条

住房和城乡建设部《房屋建筑和市政基础设施工程竣工验收备案管理办法》（2009 年修正）第三条、第九条

最高人民检察院
关于印发最高人民检察院第四十三批指导性案例的通知

（2023 年 2 月 24 日公布　高检发办字〔2023〕24 号）

各省、自治区、直辖市人民检察院，解放军军事检察院，新疆生产建设兵团人民检察院：

经 2023 年 2 月 1 日最高人民检察院第十三届检察委员会第一百一十三次会议决定，现将防止未成年人滥用药物综合司法保护案等四件案例（检例第 171—174 号）作为第四十三批指导性案例（未成年人综合司法保护主题）发布，供参照适用。

最高人民检察院
2023 年 2 月 24 日

防止未成年人滥用药物综合司法保护案

（检例第 171 号）

【关键词】

综合履职　附条件不起诉　行政公益诉讼　滥用药物　数字检察

【要　旨】

检察机关办理涉未成年人案件，应当统筹发挥多种检察职能，通过一体融合履职，加强未成年人综合司法保护。对有滥用药物问题的涉罪未成年人适用附条件不起诉时，可以细化戒瘾治疗措施，提升精准帮教的效果。针对个案中发现的社会治理问题，充分运用大数据分析，深挖类案线索，推动堵漏建制、源头保护，提升"个案办理—类案监督—系统治理"工作质效。

【基本案情】

被附条件不起诉人杨某某，男，作案时 17 周岁，初中文化，公司文员。

被附条件不起诉人李某某，男，作案时 17 周岁，初中文化，无业。

被附条件不起诉人杜某某，男，作案时 16 周岁，初中文化，在其父的菜场摊位帮工。

被附条件不起诉人何某某，男，作案时 17 周岁，小学文化，无业。

被告人郭某某，男，作案时 17 周岁，初中文化，休学。

被告人张某某，男，作案时 16 周岁，初中文化，无业。

被告人陈某某，男，作案时 16 周岁，初中文化，休学。

2019 年至 2020 年 7 月，杨某某等 7 名未成年人在汪某等成年人（另案处理，已判刑）的纠集下，多次在浙江省湖州市某县实施聚众斗殴、寻衅滋事等违法犯罪活动。经查，杨某某、李某某长期大量服用通过网络购买的氢溴酸右美沙芬（以下简称"右美沙芬"），形成一定程度的药物依赖。"右美沙芬"属于非处方止咳药，具有抑制神经中枢的作用，长期服用会给人带来兴奋刺激，易产生暴躁不安、冲动、醉酒样等成瘾性身体表现，易诱发暴力型犯罪或遭受侵害。该药物具有一定的躯体耐受性，停药后会出现胸闷、头晕等戒断反应。

【检察机关履职过程】

审查起诉和附条件不起诉。2020 年 10 月，浙江省湖州市某县公安局将杨某某等 7 名未成年人分别以涉嫌聚众斗殴、寻衅滋事罪移送审查起诉，某县人民检察院受理后，及时启动社会调查、心理测评等特别程序。经综合评估 7 名未成年人在共同犯罪中的作用及其成长经历、主观恶性、悔罪表现、监护帮教条件、再犯可能性等因素，依法对杨某某、李某某、杜某某、何某某作出附条件不起诉决定。针对杨某某、李某某的暴力行为与长期大量服用“右美沙芬”成瘾相关，检察机关将禁止滥用药物、配合戒瘾治疗作为所附条件之一，引入专业医疗、心理咨询机构对二人进行“右美沙芬”戒断治疗，并阶段性评估和调整帮教措施，使二人的药物依赖问题明显改善。对犯罪情节严重的郭某某、张某某、陈某某等 3 人，依法提起公诉。后人民法院以聚众斗殴罪、寻衅滋事罪数罪并罚，判处郭某某、张某某、陈某某有期徒刑二年至二年三个月不等。

行政公益诉讼。办案期间，某县人民检察院对当地近年来发生的类似刑事案件进行梳理，发现多名涉案未成年人存在“右美沙芬”滥用情况，与未成年人实施犯罪或遭受侵害存在一定关联。在将该情况报告湖州市人民检察院后，湖州市人民检察院在浙江检察大数据法律监督平台上开展数字建模分析，汇总 2020 年 1 月起线下线上“右美沙芬”流通数据，集中筛选购买时间间隔短、频次高、数量大的人员，并与检察业务应用系统内的涉案未成年人信息以及公安行政违法案件中的未成年人信息进行数据碰撞，经比对研判后发现，该市 46 名涉案未成年人有“右美沙芬”滥用史。

经初步调查，当地部分实体、网络药店等违反《中华人民共和国药品管理法》《中华人民共和国药品管理法实施条例》等有关规定，存在部分微商无资质或者违法加价网络销售“右美沙芬”、部分网络平台未设置相关在线药学服务渠道等问题。同时，销售“右美沙芬”未履行用药风险提示和指导用药义务等情况也普遍存在。湖州市市场监督管理局作为承担药品安全监督管理职责的行政部门，未依法全面履行药品经营和流通监督管理职责，导致未成年人可以随意购买“右美沙芬”，危害未成年人身体健康，损害社会公共利益。2021 年 4 月，湖州市人民检察院作为行政公益诉讼立案并开展调查取证工作，将在刑事案件中调取的涉案人员微信聊天记录、手机交易记录等，作为公益诉讼案件证据材料，并固定药物来源、用药反应、用药群体、公益受损事实等关联证据，证实不特定未成年人利益受到损害。

2021 年 4 月 25 日，湖州市人民检察院向湖州市市场监督管理局发出行政公益诉讼诉前检察建议：一是严格落实监测药品销售实名登记制度，对未成年人购药异常情况予以管控。二是加大“右美沙芬”网络经营流通的监管力度，依法查处非法销售问题。三是对“右美沙芬”成瘾性及安全风险开展测评，推动提升药品管制级别。检察建议发出后，湖州市市场监督管理局采纳检察建议，依法排查销售记录34112条，排查网络销售企业326家，梳理异常购药记录600余条，查处网络违法售药案件8起，追踪滥用涉案药物人员89名；建立按需销售原则，明确医师的用药指导和安全提示义务；落实实名登记、分级预警等综合治理措施。

促进社会治理。湖州市人民检察院会同当地市场监督管理部门、药学会、药品经营企业代表围绕未成年人滥用药物风险防控深入研讨、凝聚共识，推动湖州市市场监督管理局制发《未成年人药物滥用风险管控实施意见（试行）》，加强对实体、网络药品销售企业的监督管理，健全涉未成年人滥用药物事件应急预警处置机制。浙江省人民检察院对湖州检察机关办案情况加强指导，同时建议浙江省教育厅、市场监督管理局等单位开展涉案药物的交易监测、专项检查、成瘾性研究，自下而上推动国家层面研究调整“右美沙芬”药物管制级别。2021年12月，国家药品监督管理局根据各地上报案件信息和反映情况，将“右美沙芬”口服单方制剂由非处方药转为处方药管理。2022年11月，国家药品监督管理局发布《药品网络销售禁止清单（第一版）》公告，将“右美沙芬”口服单方制剂纳入禁止通过网络零售的药品清单。

【指导意义】

（一）统筹运用多种检察职能，推动完善一体履职、全面保护、统分有序的未检融合履职模式，综合保护未成年人合法权益。检察机关应当充分发挥未检业务集中统一办理优势，强化系统审查意识和综合取证能力，在办理涉未成年人刑事案件过程中，一并审查未成年人相关公共利益等其他权益是否遭受损害。对经审查评估需要同步履行相关法律监督职责的案件，应当依法融合履职，综合运用法律赋予的监督手段，系统维护未成年人合法权益。

（二）附条件不起诉考验期监督管理规定的设定，应当以最有利于教育挽救未成年人为原则，体现帮教考察的个性化、精准性和有效性。检察机关对未成年人作出附条件不起诉决定时，应当考虑涉罪未成年人发案原因和个性需求，细化矫治教育措施。对共同犯罪的未成年人，既要考虑其共性问题，又要考虑每名涉罪未成年人的实际情况和个体特点，设置既有共性又有个性的监督管理规定和帮教措施，并督促落实。对存在滥用药物情形的涉罪未成年人，检察机关应当会同未成年人父母或其他监护人，要求其督促未成年人接受心理疏导和戒断治疗，并将相关情况纳入监督考察范围，提升精准帮教效果，落实附条件不起诉制度的教育矫治功能，帮助涉罪未成年人顺利回归社会。

（三）能动运用大数据分析，提升法律监督质效，做实诉源治理。检察机关要综合研判案件背后的风险因素、类案特质，主动应用数字思维，通过数字建模进行数据分析和比对，深挖药品流通过程中的问题，系统梳理类案监督线索，精准发现案发领域治理漏洞，通过开展公益诉讼等方式实现协同治理，促进有关方面依法履职、加强监管执法，推动从顶层设计上健全制度机制，完善相关领域社会治理，实现办案法律效果和社会效果的有机统一。

【相关规定】

《中华人民共和国刑事诉讼法》（2018 年修正）第二百八十三条

《中华人民共和国行政诉讼法》（2017 年修正）第二十五条第四款

《中华人民共和国未成年人保护法》（2020 年修订）第一百零六条

《中华人民共和国预防未成年人犯罪法》（2020 年修订）第四条

《中华人民共和国药品管理法》（2019 年修订）第三条、第十一条、第十二条、第五十一条、第五十二条

《中华人民共和国药品管理法实施条例》（2019 年修订）第十五条、第十九条、第五十一条

阻断性侵犯罪未成年被害人感染艾滋病风险综合司法保护案

（检例第172号）

【关键词】

奸淫幼女　情节恶劣　认罪认罚　艾滋病暴露后预防　检察建议

【要　旨】

检察机关办理性侵害未成年人案件，在受邀介入侦查时，应当及时协同做好取证和未成年被害人保护救助工作。对于遭受艾滋病病人或感染者性侵的未成年被害人，应当立即开展艾滋病暴露后预防并进行心理干预、司法救助，最大限度降低犯罪给其造成的危害后果和长期影响。行为人明知自己系艾滋病病人或感染者，奸淫幼女，造成艾滋病传播重大现实风险的，应当认定为奸淫幼女"情节恶劣"。对于犯罪情节恶劣，社会危害严重，主观恶性大的成年人性侵害未成年人案件，即使认罪认罚也不足以从宽处罚的，依法不予从宽。发现类案风险和社会治理漏洞，应当积极推动风险防控和相关领域制度完善。

【基本案情】

被告人王某某，男，1996年8月出生，2016年6月因犯盗窃罪被刑事拘留，入所体检时确诊为艾滋病病毒感染者，同年10月被依法判处有期徒刑6个月。2017年10月确诊为艾滋病病人，但王某某一直未按县疾病预防控制中心要求接受艾滋病抗病毒治疗。

被告人王某某与被害人林某某（女，案发时13周岁）于案发前一周在奶茶店相识，被害人告诉王某某自己在某中学初一就读，其父母均在外务工，自己跟随奶奶生活。2020年8月25日晚，被告人王某某和朋友曹某某、被害人林某某在奶茶店玩时，王某某提出到林某某家里拿酒喝。21时许，王某某骑摩托车搭乘林某某、曹某某一同前往林某某家，到达林某某所住小区后曹某某有事离开。王某某进入林某某家后产生奸淫之意，明知林某某为初一学生，以扇耳光等暴力手段，强行与林某某发生性关系。当晚林某某报警。次日下午，王某某被抓获归案，但未主动向公安机关供述自己系艾滋病病人的事实。

【检察机关履职过程】

开展保护救助。2020年，四川省某县人民检察院与各镇（街道）政法委员和村（社区）治保委员建立了应急处置、线索收集、协作协同等涉未成年人保护联动机制。2020年8月26日上午，县公安局向县检察院通报有留守儿童在8月25日晚被性侵，县检察院通过联动机制获知该犯罪嫌疑人已被确诊艾滋病。县检察院受邀介入侦查，一方面建议公安机关围绕行为人是否明知自己患有艾滋病、是否明知被害人系不满十四周岁的幼女，以及被害人遭受性侵后身心状况等情况调查取证；另一方面，启动未成年人保护联动应急处置机制，协同公安机关和卫生健康部门对被害人开展艾滋病暴露后预防，指导被害人服用阻断药物。因阻断工作启动及时，取得较好效果，被害人在受到侵害后进行了三次艾滋病病毒抗体检测，均呈阴性。检察机关还会同公安机关全面了解被害人家庭情况，协调镇、村妇联、教育行政部门开展临时生活照料、情绪安抚、心理干预、法律援助、转学复课、家庭教育指导工作，并对被害人开展司法救助。

组织不公开听证。本案审查过程中，对于犯罪嫌疑人王某某的行为已构成强奸罪不存在争议，但对于能否适用《中华人民共和国刑法》第二百三十六条第三款第一项“奸淫幼女情节恶劣”存在认识分歧。为保护被害人隐私，2021年1月13日，县检察院组织召开不公开听证会，听取艾滋病防治专家、法学专家和未成年人保护单位等各方面意见。听证员认为，犯罪嫌疑人已经确诊为艾滋病病人，案发时处于发病期，其体内病毒载量高，传染性极强，给被害人带来了极大的感染风险。犯罪嫌疑人明知自己系艾滋病病人，性侵幼女，严重危及被害人身心健康，其社会危害性与《中华人民共和国刑法》第二百三十六条第三款第二项至五项规定的严重情形具有相当性。经评议，听证员一致认为本案应按照“奸淫幼女情节恶劣”论处。

指控和证明犯罪。某县人民检察院根据案件事实、证据并参考听证意见审查认为，王某某属奸淫幼女“情节恶劣”，决定以强奸罪提起公诉，综合王某某系累犯，以及具有进入未成年人住所、采取暴力手段、对农村留守儿童实施犯罪等司法解释性文件规定的从严惩处情节，提出判处有期徒刑十五年、剥夺政治权利五年的量刑建议。

2021年2月8日，某县人民法院依法不公开开庭审理本案。被告人王某某及其辩护人对检察机关指控的主要犯罪事实、证据无异议，但提出以下辩解及辩护意见：一是被告人的行为没有造成被害人感染艾滋病的后果，不应当认定为奸淫幼女情节恶劣的情形；二是被告人认罪认罚，建议从宽处理。

针对第一条辩解及辩护意见，公诉人答辩指出：本案适用的是《中华人民共和国刑法》第二百三十六条第三款第一项情节加重，而不是第五项结果加重。本案被告人的行为应当评价为“情节恶劣”，主要理由：一是王某某明知自己患有艾滋病，亦明知自己的行为可能导致的严重危害后果，仍强行与不满14周岁的幼女发生性关系，无视他人的健康权和生命权，其行为主观恶性大。二是不满14周岁的幼女自我保护能力更弱，是刑法特殊保护对象。本案被害人是只有13周岁的幼女，被艾滋病病人王某某性侵，有可能因感染艾滋病导致身体健康终身受害，被告人王某某的行为造成艾滋病传播重大现实风险，犯罪性质恶劣，社会危害严重。三是虽然被害人目前未检出艾滋病病毒，但危害后果的阻断得益于司法机关和卫生健康部门的及时干预，不能因此减轻被告人的罪责。而且，由于检测窗口期和个体差异的存在，尚不能完全排除被害人感染艾滋病病毒的可能。这种不确定性将长期影响未成年被害人及其家人的生活。因此，应当认定被告人奸淫幼女“情节恶劣”。

针对第二条辩解及辩护意见，公诉人答辩指出：根据《最高人民法院、最高人民检察院、公安部、国家安全部、司法部关于适用认罪认罚从宽制度的指导意见》，被告人认罪认罚后是否从宽，由司法机关根据案件具体情况决定。本案被告人王某某犯罪情节恶劣，社会危害严重，主观恶性大。且王某某系累犯，又有采取暴力手段奸淫幼女、对农村留守儿童实施犯罪等多项从严惩处情节，虽然认罪认罚，但根据其犯罪事实、性质、情节和影响，不属于《中华人民共和国刑事诉讼法》第十五条规定的“可以依法从宽处理”的情形。

处理结果。2021年2月，某县人民法院采纳检察机关的公诉意见和量刑建议，以强奸罪判处王某某有期徒刑十五年，剥夺政治权利五年。判决宣告后，王某某未提出上诉，判决已生效。

制发检察建议。艾滋病病人或感染者性侵害犯罪案件，若不能及时发现和确认犯罪嫌疑人系艾滋病病人或感染者，并立即开展病毒阻断治疗，将给被害人带来感染艾滋病的极大风险。结合本案暴露出的问题，检察机关开展了专项调查，通过调阅本县2017年至2020年性侵案件犯罪嫌疑人第一次讯问、拘留入所体检等相关材料，以及到卫生健康部门、公安机关走访了解、查阅档案、询问相关人员、听取意见等，查明：按照《艾滋病防治条例》的规定，公安机关对依法拘留的艾滋病病人或感染者应当采取相应的防治措施防止艾滋病传播，卫生健康部门要对建档的艾滋病病人或感染者进行医学随访，对公安机关采取的防治措施应当予以配合。但实践中，犯罪嫌疑人一般不会主动告知被害人和公安机关自己系艾滋病病人或感染者，公安机关主要通过拘留入所体检才能发现犯罪嫌疑人系艾滋病病人或感染者。通过办案数据分析，拘留入所体检超过案发时间24小时的占比达85.7%，这就势必会错失对被艾滋病病人或感染者性侵的被害人开展暴露后预防的24小时黄金时间。存在此问题的原因主要在于公安机关和卫生健康部门之间对案发后第一时间查明犯罪嫌疑人是否系艾滋病病人或感染者缺乏有效沟通核查机制，对性侵害被害人健康权、生命权保护存在安全漏洞。某县人民检察院随即向县公安局制发检察建议并抄送县卫生健康局，建议完善相关信息沟通核查机制，对性侵害案件犯罪嫌疑人应当第一时间开展艾滋病信息核查，对被害人开展艾滋病暴露后预防时间一般应当在案发后24小时之内。检察建议引起相关部门高度重视，县检察院会同县公安局、卫生健康局多次进行研究磋商，三部门联合制定《关于建立性侵害案件艾滋病信息核查制度的意见》，明确了对性侵害案件犯罪嫌疑人进行艾滋病信息核查的时间要求和方式、对被害人开展暴露后预防的用药时间，以及持续跟踪关爱保护未成年被害人等措施，切实预防艾滋病病毒通过性侵害等行为向被害人特别是未成年被害人传播。

【指导意义】

（一）对于性侵害未成年人犯罪案件，检察机关受邀介入侦查时应当同步开展未成年被害人保护救助工作。性侵害未成年人案件存在发现难、取证难、危害大的特点，检察机关在受邀介入侦查时，应当建议侦查机关围绕犯罪嫌疑人主观恶性、作案手段、被害人遭受侵害后身心状况等进行全面取证。同时，建议或协同公安机关第一时间核查犯罪嫌疑人是否系艾滋病病人或感染者。确定犯罪嫌疑人系艾滋病病人或感染者的，应当立即协同公安机关和卫生健康部门开展艾滋病暴露后预防，切实保护未成年被害人健康权益。检察机关应当发挥未成年人检察社会支持体系作用，从介入侦查阶段就及时启动心理干预、司法救助、家庭教育指导等保护救助措施，尽可能将犯罪的伤害降至最低。

（二）犯罪嫌疑人明知自己是艾滋病病人或感染者，奸淫幼女，造成艾滋病传播重大现实风险的，应当认定为奸淫幼女"情节恶劣"。行为人明知自己患有艾滋病或者感染艾滋病病毒，仍对幼女实施奸淫，放任艾滋病传播风险的发生，客观上极易造成被害人感染艾滋病的严重后果，主观上体现出行为人对幼女健康权、生命权的极度漠视，其社会危害程度与《中华人民共和国刑法》第二百三十六条第三款第二项至六项规定的情形具有相当性，应当依法认定为奸淫幼女"情节恶劣"，适用十年以上有期徒刑、无期徒刑或者死刑的刑罚。对成年人性侵害未成年人犯罪，应综合考虑案件性质、主观恶性、具体情节、社会危害等因素，从严适用认罪认罚从宽制度。对于犯罪性质和危害后果严重、犯罪手段残忍、社会影响恶劣的，可依法不予从宽。

（三）办理案件中发现未成年人保护工作机制存在漏洞的，应当着眼于最有利于未成年人原则和社会公共利益维护，推动相关领域制度机制完善。对于案件中暴露出的未成年人保护重大风险隐患，检察机关应当深入调查，针对性采取措施，促进相关制度和工作机制完善，促使职能部门更加积极有效依法履职尽责，推动形成损害修复与风险防控相结合，事前保护与事后救助相结合的未成年人综合保护模式。艾滋病暴露后预防有时间窗口，及时发现和确定性侵犯罪嫌疑人系艾滋病人或感染者是关键。办案机关同卫生健康部门之间建立顺畅有效的相关信息沟通核查机制是基础。检察机关针对这方面存在的机制漏洞，会同相关部门建章立制、完善制度措施，有利于最大化保护性侵害案件未成年被害人的生命健康权。

【相关规定】

《中华人民共和国刑法》（2020 年修正）第二百三十六条

《中华人民共和国未成年人保护法》（2020 年修订）第一百条

《艾滋病防治条例》（2019 年修订）第三十一条

《最高人民法院、最高人民检察院、公安部、司法部关于依法惩治性侵害未成年人犯罪的意见》（2013 年施行）第二十五条

《最高人民法院、最高人民检察院、公安部、国家安全部、司法部关于适用认罪认罚从宽制度的指导意见》（2019 年施行）第五条

《人民检察院检察建议工作规定》（2019 年施行）第十一条

惩治组织未成年人进行违反治安管理活动犯罪综合司法保护案

（检例第173号）

【关键词】

组织未成年人进行违反治安管理活动罪　有偿陪侍　情节严重　督促监护令　社会治理

【要　旨】

对组织未成年人在KTV等娱乐场所进行有偿陪侍的，检察机关应当以组织未成年人进行违反治安管理活动罪进行追诉，并可以从被组织人数、持续时间、组织手段、陪侍情节、危害后果等方面综合认定本罪的"情节严重"。检察机关应当针对案件背后的家庭监护缺失、监护不力问题开展督促监护工作，综合评估监护履责中存在的具体问题，制发个性化督促监护令，并跟踪落实。检察机关应当坚持未成年人保护治罪与治理并重，针对个案发生的原因开展诉源治理。

【基本案情】

原审被告人张某，女，1986年11月出生，个体工商户。

自2018年开始，张某为获取非法利益，采用殴打、言语威胁等暴力手段，以及专人看管、"打欠条"经济控制、扣押身份证等限制人身自由的手段，控制17名未成年女性在其经营的KTV内提供有偿陪侍服务。张某要求未成年女性着装暴露，提供陪酒以及让客人搂抱等色情陪侍服务。17名未成年被害人因被组织有偿陪侍而沾染吸烟、酗酒、夜不归宿等不良习惯，其中吴某等因被组织有偿陪侍而辍学，杜某某等出现性格孤僻、自暴自弃等情形。

【检察机关履职过程】

刑事案件办理。2019年6月27日，山东省某市公安局接群众举报，依法查处张某经营的KTV，7月14日张某到公安机关投案。同年11月，某市人民检察院以组织未成年人进行违反治安管理活动罪对张某提起公诉。2020年4月，某市人民法院作出判决，认定张某具有自首情节，以组织未成年人进行违反治安管理活动罪判处张某有期徒刑二年，并处罚金十万元。一审宣判后，张某以量刑过重为由提出上诉，某市中级人民法院以“积极主动缴纳罚金”为由对其从轻处罚，改判张某有期徒刑一年六个月，并处罚金十万元。

同级检察机关认为二审判决对张某量刑畸轻，改判并减轻刑罚理由不当，确有错误，按照审判监督程序提请山东省人民检察院抗诉。2021 年 2 月，山东省人民检察院依法向山东省高级人民法院提出抗诉，省高级人民法院依法开庭审理。原审被告人张某及其辩护人在再审庭审中提出本罪“情节严重”目前无明确规定，从有利于被告人角度出发，不应予以认定，且张某构成自首，原审判决量刑适当。省检察院派员出庭发表意见：一是侵害未成年人犯罪依法应予严惩，本案查实的未成年陪侍人员达 17 名，被侵害人数众多；二是张某自 2018 年开始组织未成年人进行有偿陪侍活动，持续时间较长；三是张某采用殴打、言语威胁、扣押身份证、强制“打欠条”等手段，对被害人进行人身和经济控制，要求陪侍人员穿着暴露，提供陪酒以及让客人搂抱、摸胸等色情陪侍服务，对被害人身心健康损害严重；四是 17 名被害人因被组织有偿陪侍，沾染吸烟、酗酒、夜不归宿等不良习惯，部分未成年人出现辍学、自暴自弃、心理障碍等情况，危害后果严重。综合上述情节，本案应认定为“情节严重”。此外，张某虽自动投案，但在投案后拒不承认其经营 KTV 的陪侍人员中有未成年人，在公安机关掌握其主要犯罪事实后才如实供述，依法不应认定为自首。2021 年 11 月 29 日，山东省高级人民法院依法作出判决，采纳检察机关意见，改判张某有期徒刑五年，并处罚金三十万元。

制发督促监护令。检察机关办案中发现，17 名未成年被害人均存在家庭监护缺失、监护不力等问题，影响未成年人健康成长，甚至导致未成年人遭受犯罪侵害。检察机关对涉案未成年人的生活环境、家庭教育、监护人监护履责状况等进行调查评估，针对不同的家庭问题，向未成年被害人的监护人分别制发个性化督促监护令：针对监护人长期疏于管教，被害人沾染不良习气及义务教育阶段辍学问题，督促监护人纠正未成年被害人无心向学、沉迷网络等不良习惯，帮助其返校入学；针对监护人教养方式不当，导致亲子关系紧张问题，督促监护人接受家庭教育指导，改变简单粗暴或溺爱的教养方式，提高亲子沟通能力；针对被害人自护意识、能力不足的问题，督促监护人认真学习青春期性教育知识，引导孩子加强自我防护等。检察机关还与公安机关、村委会协作联动，通过电话回访、实地走访等方式推动督促监护令落实。对落实不力的监护人，检察机关委托家庭教育指导师制定改进提升方案，并协调妇联、关工委安排村妇联主席、“五老”志愿者每周两次入户指导。通过上述措施，本案未成年被害人家庭监护中存在的问题得到明显改善。

制发检察建议。针对办案中发现的 KTV 等娱乐场所违规接纳未成年人问题，2020年9月，检察机关向负有监督管理职责的市文化和旅游局等行政职能部门制发检察建议，督促依法履职。收到检察建议后，相关行政职能部门组织开展了娱乐场所无证无照经营专项整治、校园周边文化环境治理等专项行动，重点对违规接纳未成年人、未悬挂未成年人禁入或者限入标志等违法经营行为进行查处，共检查各类经营场所80余家次，查处整改问题20余个，关停4家无证经营歌舞娱乐场所。针对多名被害人未完成义务教育的情形，2020年12月，检察机关向市教育和体育局制发检察建议，督促其履行职责，市教育和体育局组织全面排查工作，劝导78名未成年人返回课堂，完善了适龄入学儿童基础信息共享、入学情况全面核查、辍学劝返、教师家访全覆盖、初中毕业生去向考核等义务教育阶段“控辍保学”机制。针对本案17名被害人均来自农村，成长过程中法治教育和保护措施相对缺乏，检察机关延伸履职，主动向市委政法委专题报告，推动将未成年人保护纳入村域网格化管理体系。在市委政法委的统一领导下，检察机关依托村级活动站建立未成年人检察联系点，择优选聘915名儿童主任、村妇联主席协助检察机关开展法治宣传、社会调查、督促监护、强制报告、公益诉讼线索收集等工作，共同织密未成年人保护工作网络。

【指导意义】

（一）准确把握组织未成年人有偿陪侍行为的定罪处罚，从严惩处侵害未成年人犯罪。《刑法修正案（七）》增设组织未成年人进行违反治安管理活动罪，旨在加强未成年人保护，维护社会治安秩序。《娱乐场所管理条例》将以营利为目的的陪侍与卖淫嫖娼、赌博等行为并列，一并予以禁止，并规定了相应的处罚措施，明确了该行为具有妨害社会治安管理的行政违法性。处于人生成长阶段的未成年人被组织从事有偿陪侍服务，不仅败坏社会风气，危害社会治安秩序，更严重侵害未成年人的人格尊严和身心健康，构成组织未成年人进行违反治安管理活动罪。检察机关办理此类案件，可以围绕被组织人数众多，犯罪行为持续时间长，采用控制手段的强制程度，色情陪侍方式严重损害未成年人身心健康等情形，综合认定为“情节严重”。

（二）聚焦案件背后的问题，统筹使用督促监护令、检察建议等方式，以检察司法保护促进家庭、社会、政府等保护责任落实。在办理涉未成年人案件过程中，检察机关应当注重分析案件暴露出的家庭、社会等方面的问题，结合办案对未成年人的生活环境、家庭教育、监护人监护履责状况等进行调查评估，制定个性化督促监护方案，并跟踪落实，指导、帮助和监督监护人履行监护职责。检察机关应当依法能动履行法律监督职能，督促相关职能部门加强管理、落实责任。检察机关还可以加强与相关部门的协作联动，形成整体合力，积极促进区域未成年人保护制度完善和社会综合治理，更好保护未成年人合法权益和公共利益。

【相关规定】

《中华人民共和国刑法》（2020 年修正）第二百六十二条之二

《中华人民共和国刑事诉讼法》（2018 年修正）第二百五十四条

《中华人民共和国未成年人保护法》（2020 年修订）第七条、第一百一十八条

《中华人民共和国家庭教育促进法》（2022 年施行）第四十九条

《娱乐场所管理条例》（2020 年修订）第三条、第十四条

未成年人网络民事权益综合司法保护案

（检例第 174 号）

【关键词】

未成年人网络服务　支持起诉　行政公益诉讼　社会治理

【要　旨】

未成年人未经父母或者其他监护人同意，因网络高额消费行为引发纠纷提起民事诉讼并向检察机关申请支持起诉的，检察机关应当坚持未成年人特殊、优先保护要求，对确有必要的，可以依法支持起诉。检察机关应当结合办案，综合运用社会治理检察建议、行政公益诉讼诉前检察建议等监督方式，督促、推动网络服务提供者、相关行政主管部门细化落实未成年人网络保护责任。

【基本案情】

原告程某甲，女，2005 年 9 月出生，在校学生。

法定代理人程某，男，系程某甲父亲。

法定代理人徐某，女，系程某甲母亲。

被告上海某网络科技有限公司（以下简称某公司）。

2020 年 7 月，程某甲在父母不知情的情况下，下载某公司开发运营的一款网络游戏社交应用软件（APP），并注册成为其用户，后又升级至可以进行高额消费的高级别用户。至 2021 年 2 月，程某甲在该 APP 上频繁购买虚拟币、打赏主播，累计消费人民币 21.7 万余元。程某甲的法定代理人程某、徐某，对程某甲登录该 APP 并进行高额消费的行为不予追认。

【检察机关履职过程】

支持起诉。2021 年 2 月，程某甲的父亲程某发现女儿的网络高额消费行为，与某公司多次协调未果后向多个相关部门求助，但问题未得到解决。程某通过电话向上海市人民检察院与共青团上海市委员会共建的“上海市未成年人权益保护监督平台”寻求帮助，该平台将线索移至公司注册地某区人民检察院。检察机关受理后，立即向程某了解详细情况。经调查核实，该 APP 虽然在用户协议中载明“不满 18 周岁不得自行注册登录”，但对用户身份审核不严，致程某甲注册为能够进行高额消费的用户。检察机关向程某甲及其法定代理人解释民法典、未成年人保护法和相关规定，建议程某甲及其法定代理人向人民法院提起民事诉讼。

2021 年 3 月，程某甲及其法定代理人向某区人民法院提起民事诉讼，要求确认程某甲与某公司的网络服务合同无效，某公司全额返还消费款。同时，程某甲及其法定代理人向检察机关申请支持起诉。检察机关审查认为：程某甲系限制民事行为能力人，未经监护人同意实施与其年龄、智力不相符合的高额网络消费行为，其法定代理人亦明确表示对该行为不予追认，程某甲实施的消费行为无效，程某甲及其法定代理人要求网络服务提供者返还钱款符合法律规定。本案系未成年人涉网络案件，相较于应对该类问题经验丰富的某公司，程某甲及其法定代理人在网络证据收集、网络专业知识等方面均处于弱势，其曾采取多种形式维权，但未取得实际效果，检察机关有必要通过支持起诉的方式，帮助程某甲依法维护权益。检察机关指导程某甲的法定代理人收集、梳理证据，固定程某甲在该 APP 上的聊天、充值记录，对注册登录过程、使用及消费情况进行公证。同年 5 月，某区人民法院开庭审理此案，检察机关派员出庭，并结合指导程某甲收集的证据发表支持起诉意见，某公司表示认可。检察机关积极配合人民法院开展诉讼调解工作，原、被告自愿达成调解协议并经法庭确认，某公司全额返还程某甲消费款项。同时，针对程某甲父母疏于对女儿心理状况关心，忽视对其网络行为监管等问题，检察机关要求程某甲父母切实履行监护责任，加强对程某甲关心关爱，引导和监督其安全、合理使用网络。

制发检察建议。在支持起诉过程中，检察机关通过大数据摸排、实地走访行政主管部门、法院发现，相关部门受理了大量与涉案 APP 有关的未成年人网络消费投诉和立案申请，本案具有一定普遍性。该 APP 兼具网络游戏和社交功能，属于网络服务新业态，作为该领域知名企业之一的某公司，没有完全落实未成年人保护相关法律、行政法规规定的法律责任。针对该 APP 用户超出本区管辖范围的情况，某区人民检察院及时报告，在上海市人民检察院指导下，于 2021 年 5 月向某公司制发检察建议，要求其全面落实未成年人网络保护主体责任，按照未成年人保护法有关要求优化产品功能、强化内容管理，完善未成年用户识别认证和保护措施。该公司成立专项整改小组，推出完善平台实名制认证规则、提高平台监管能力、增设未成年人申诉维权通道、升级风险防控措施、完善未成年人个人信息保护制度等六个方面的 12 项整改措施。

开展行政公益诉讼。结合本案及多起与该 APP 有关的涉未成年人网络服务案件，检察机关发现，相关行政主管部门对网络服务新业态的监管不到位，存在侵害不特定未成年网络消费者合法权益的隐患。2021 年 6 月，某区人民检察院向区文化和旅游局执法大队制发行政公益诉讼诉前检察建议，要求对某公司的整改情况进行跟踪评估，并加强本区互联网企业监管，督促网络服务提供者严格落实未成年人网络保护法律规定和网络保护措施。执法大队完全采纳检察建议，对该公司进行约谈，并以新修订的未成年人保护法正式施行为契机，组织相关网络服务提供者开展网络“护苗行动”。

形成网络保护合力。检察机关立足法律监督职能，邀请市网络游戏行业协会、某区相关行政主管部门，对某公司落实检察建议内容、完善网络服务规则和设定相应技术标准、构建“网游＋社交”新业态未成年人保护标准等方面进行跟踪评估。为进一步净化未成年人网络环境，上海市人民检察院组织全市检察机关开展“未成年人网络保护”专项监督，主动会商市网络和信息管理办公室，联合市网络游戏行业协会及某公司等30余家知名网络游戏企业发起《上海市网络游戏行业未成年人保护倡议》，明确技术标准、增设智能筛查和人工审核措施，严格落实未成年人网络防沉迷、消费保护措施，强化未成年人网络游戏真实身份认证，促进建立政府监管、行业自治、企业自律、法律监督的未成年人网络保护“四责协同”机制。检察机关还联合相关部门举办“未成年人网络文明主题宣传”“清朗e企来”等活动，通过座谈交流、在线直播、拍摄公益宣传片等方式，向全社会开展以案释法，促进提升未成年人网络保护意识。

【指导意义】

（一）依法能动履行支持起诉职能，保障未成年人民事权益。未成年人保护法明确规定，人民检察院可以通过督促、支持起诉的方式，维护未成年人合法权益。未成年人及其法定代理人因网络服务合同纠纷提出支持起诉申请的，检察机关应当坚持未成年人特殊、优先保护要求，对支持起诉必要性进行审查。对于网络服务提供者未落实未成年人网络保护责任，当事人申请符合法律规定，但存在诉讼能力较弱，采取其他方式不足以实现权利救济等情形的典型案件，检察机关可以依法支持起诉。检察机关可以通过法律释明引导、协助当事人收集证据，制发《支持起诉意见书》，还可以派员出席法庭，发表支持起诉意见，更有力维护未成年人合法权益。同时，检察机关可以结合案件办理开展以案释法宣传，为同类案件处理提供指引，提高当事人依法维权能力。

（二）以司法保护推动网络空间诉源治理，增强未成年人网络保护合力。检察机关针对行政机关履行未成年人网络保护监管职责不到位的情况，可以加强磋商联动，以行政公益诉讼促进未成年人网络保护行政监管落地落实。发现有的互联网平台存在未成年人权益保护措施缺失、违法犯罪隐患等问题的，要依法审慎选择履职方式，充分运用检察建议督促企业依法经营，主动落实未成年人网络保护主体责任。检察机关可以加强与相关行政主管部门、行业协会的联动，将个案办理与类案监督、社会治理相结合，推动未成年人网络保护多方协同、齐抓共管。

【相关规定】

《中华人民共和国民法典》（2021 年施行）第一百四十五条、第一百五十七条

《中华人民共和国民事诉讼法》（2021 年修正）第十五条

《中华人民共和国未成年人保护法》（2020 年修订）第六十六条、第七十四条、第七十五条、第七十八条、第一百零六条